LES

ŒUVRES

COMPLETES

DE

VOLTAIRE

24

VOLTAIRE FOUNDATION
OXFORD

2011

ISBN 978 0 7294 0974 2

Voltaire Foundation Ltd
University of Oxford
99 Banbury Road
Oxford OX2 6JX

www.voltaire.ox.ac.uk

A catalogue record for this book
is available from the British Library

OCV: le sigle des *Œuvres complètes de Voltaire*

The Forest Stewardship Council is an international network to
promote responsible management of the world's forests.

PRINTED ON FSC-CERTIFIED AND CHLORINE-FREE PAPER AT
T J INTERNATIONAL LTD IN PADSTOW, CORNWALL, ENGLAND

Essai sur les mœurs et l'esprit des nations

sous la direction de

Bruno Bernard, John Renwick
Nicholas Cronk, Janet Godden

Texte et bibliographie établis par

Henri Duranton

The research for this edition has received
generous support from the
Arts and Humanities Research Council
of Great Britain

Arts & Humanities
Research Council

Tome 4
Chapitres 68-102

Ont collaboré à ce tome

Dimitris Apostolopoulos, Jesús Astigarraga,
Bruno Bernard, Karen Chidwick, Philippe Contamine,
Nicholas Cronk, Henri Duranton, Philippa Faucheux,
Janet Godden, Gianluigi Goggi, James Hanrahan,
Ursula Haskins Gonthier, Gérard Laudin, Kate Marsh,
Myrtille Méricam-Bourdet, Michel Mervaud, Olga Penke,
John Renwick, Françoise Tilkin, Elizabeth Zachariadou

Secrétaire de l'édition

Karen Chidwick

REMERCIEMENTS

La préparation des *Œuvres complètes de Voltaire* dépend de la compétence et de la patience du personnel de nombreuses bibliothèques de recherche partout dans le monde. Nous les remercions vivement de leur aide généreuse et dévouée. Parmi eux, certains ont assumé une tâche plus lourde que d'autres, en particulier le personnel de la Bibliothèque royale de Belgique, Bruxelles; de l'Edinburgh University Library (Special Collections); de l'Institut et musée Voltaire, Genève; de la Bibliothèque cantonale et universitaire de Lausanne; de la Bodleian Library, de la Taylor Institution Library, de la bibliothèque de St John's College, et de la bibliothèque de All Souls College, Oxford; de la Bibliothèque nationale de France et de la Bibliothèque de l'Arsenal, Paris; et de la Bibliothèque nationale de Russie, Saint-Pétersbourg.

Les éditeurs et collaborateurs ont bénéficié de l'aide et des conseils de leurs collègues et amis David Adams et Gianni Iotti. Ils remercient également Stephen Ashworth, Dominique Lussier et Martha Repp pour leur précieuse collaboration lors de l'élaboration du présent volume. Enfin, la Voltaire Foundation et les éditeurs tiennent particulièrement à remercier la Fondation Philippe Wiener-Maurice Anspach (Université libre de Bruxelles), son président, M. le Professeur Jean-Victor Louis, et son administrateur délégué, Mme le Professeur Kristin Bartik, du soutien financier qu'ils ont bien voulu apporter à ce projet d'édition.

La Voltaire Foundation remercie l'Académie française pour l'attribution du Prix Hervé Deluen 2010 en soutien à l'édition des *Œuvres complètes de Voltaire*.

TABLE DES MATIÈRES

COLLABORATEURS

La responsabilité de l'annotation des chapitres du présent tome a été répartie comme suit:

DIMITRIS APOSTOLOPOULOS avec JOHN RENWICK, 89, 90, 91

JESÚS ASTIGARRAGA, 102

BRUNO BERNARD, 82, 83, 84, 94, 95

JANET GODDEN, 96, 101

GIANLUIGI GOGGI, 68, 71

JAMES HANRAHAN, 97, 98, 99, 100

URSULA HASKINS GONTHIER, 76, 77, 78

GÉRARD LAUDIN, 70

KATE MARSH, 75

MYRTILLE MÉRICAM-BOURDET, 79; avec JOHN RENWICK, 80, 86, 87

MICHEL MERVAUD, 88

OLGA PENKE, 69

JOHN RENWICK, 74, 80, 81, 85, 86, 87, 89, 93

FRANÇOISE TILKIN, 72, 73

ELIZABETH ZACHARIADOU avec JOHN RENWICK, 92

ILLUSTRATIONS

ABRÉVIATIONS

Annales	Voltaire, *Annales de l'Empire*, *M*, t.13
Bengesco	*Voltaire: bibliographie de ses œuvres*, 1882-1890
Bh	Bibliothèque historique de la ville de Paris
BnC	BnF, *Catalogue général des livres imprimés*, Auteurs, 214, Voltaire
BnF	Bibliothèque nationale de France, Paris
BV	*Bibliothèque de Voltaire: catalogue des livres*, 1961
CN	*Corpus des notes marginales de Voltaire*, 1979-
D	Voltaire, *Correspondence and related documents*, *OCV*, t.85-135, 1968-1977
DgV	*Dictionnaire général de Voltaire*, ed. R. Trousson et J. Vercruysse (Paris, 2003)
DP	Voltaire, *Dictionnaire philosophique*
EM	Voltaire, *Essai sur les mœurs*
Kehl	*Œuvres complètes de Voltaire*, 1784-1789
LP	Voltaire, *Lettres philosophiques*, éd. G. Lanson, rév. André M. Rousseau, 2 vol. (Paris, 1964)
M	*Œuvres complètes de Voltaire*, éd. Louis Moland, 1877-1885
OCV	*Œuvres complètes de Voltaire / Complete works of Voltaire*, 1968-
OH	Voltaire, *Œuvres historiques*, éd. R. Pomeau, 1957
QE	Voltaire, *Questions sur l'encyclopédie*
SVEC	*Studies on Voltaire and the eighteenth century*
Trapnell	William H. Trapnell, 'Survey and analysis of Voltaire's collective editions', *SVEC* 77 (1970)

PRÉSENTATION DE L'ÉDITION

1. *Le texte*

Sous des titres qui ont souvent varié, l'*Essai sur les mœurs* a été beaucoup édité du vivant de Voltaire, d'abord de manière fragmentaire, puis complète à partir de 1756. On ne tiendra naturellement pas compte des nombreuses contrefaçons ou éditions pirates parues sans la participation de l'auteur. La liste des textes qui font autorité et qui ont été retenus pour l'établissement des variantes n'en est pas moins longue.

Au point de départ, se trouve un état manuscrit qui couvre à peu près la première moitié de l'œuvre (jusqu'au chapitre 140 de la version définitive). Rédigé à une date indéterminée, il en existe plusieurs exemplaires. Le plus intéressant, car comportant des corrections autographes, donné par l'auteur à l'électeur palatin, est conservé à Munich, sous la cote Cod. Gall. 100-101. Il sera désigné par le sigle MSP. Au même endroit, un autre, absolument identique, mais sans correction, n'avait pas à être pris en compte (Cod. Gall. 102-103). En revanche une autre copie conservée à Gotha, qui propose quelques variantes, a été retenue (MSG). Quant à Voltaire, il a fait usage d'un quatrième manuscrit, aujourd'hui perdu, qui lui a été envoyé de Paris par Mme Denis. En gage de sa bonne foi, lui qui prétendait haut et fort que cette version était très supérieure à la première édition dont il va être question, il l'a fait authentifier à Colmar devant notaires. Or, tant les nombreux exemples relevés dans l'acte notarié que la comparaison du texte du futur 'tome 3' avec le manuscrit MSP ne laissent aucun doute sur la conformité entre eux de ces différents exemplaires.

Des fragments de ce premier état, comportant de nombreuses variantes, ont paru, avec l'accord de Voltaire, dans le *Mercure de France*, d'abord en 1745/46, puis en 1750 (variantes signalées dans nos tomes 2 et 3 par les sigles 45 et 50).

La première édition est parue à La Haye, en 1753 (sigle: 53). Elle est fort incomplète, car proclamant aller jusqu'à Charles-Quint, elle s'arrête en fait à Charles VII, alors que l'intention explicite de Voltaire était de raccorder sans solution de continuité chronologique l'*EM* au *Siècle de Louis XIV*. Faite sans l'accord de l'auteur par le libraire Néaulme, à partir d'un manuscrit d'origine indéterminée, qui était en fait une version antérieure à l'état MSP-MSG, elle a provoqué l'indignation et la rage de son auteur qui a pris l'Europe entière à témoin de cet acte de brigandage.

Malgré ses dénégations, Voltaire prendra cette malencontreuse édition pour point de départ des corrections et augmentations ultérieures pour tout ce qui concerne cette partie de l'*EM*, et non pas la version du manuscrit palatin, dont il n'a pourtant cessé de dire qu'elle était très préférable. Pour commencer, il a envoyé à divers éditeurs/libraires des errata pour corriger quelques fautes de cette édition Néaulme que l'on s'empressait de reproduire. Peu de chose en fait, mais qui en dit long sur le souci de Voltaire de réagir immédiatement à cette première édition, de fait passablement fautive (sigles: 54L, Lambert; 54C, Colmar; 54BD1, Walther; 54N, Néaulme). Ces errata, simples corrections de la négligente première édition, n'ont pas été pris en compte dans l'établissement des variantes.

Puis il a, toutes affaires cessantes, préparé une suite sous la forme d'un tome 3, qui devait, selon ses dires, être sa justification face aux deux volumes de l'édition de La Haye. Pour cette suite, il s'est naturellement fondé sur le manuscrit qui venait d'être soumis aux notaires de Colmar, ce dont témoignent dans la présente édition les variantes des chapitres correspondants. Cette continuation est publiée en 1754 conjointement par le libraire Schoepflin de Colmar (*Essai sur l'histoire universelle. Tome troisième*; sigle 54LD; 54LDA, dans nos tomes 2 et 3) et par Walther de Dresde (*Histoire universelle depuis Charlemagne*; sigle 54BD2). On y ajoutera 54LD*, qui signale un exemplaire de 54LD, envoyé par Voltaire à son ami Clavel de Brenles avec quelques ajouts et corrections autographes que l'on retrouvera pour la plupart dans w56.

Moins de deux ans après le scandale de l'édition Néaulme, Voltaire fait paraître chez Cramer une édition en quatre volumes qu'il présente comme une refonte complète de l'œuvre. On peut considérer que c'est la première édition qui correspond à peu près aux intentions de son auteur (sigle w56). Une seconde (w57G), parue peu après, se contente de corriger les fautes de la première.

Par la suite, l'*EM* ne connaîtra pas de changements majeurs. Il est d'ailleurs significatif que c'est toujours à l'occasion de la publication d'une nouvelle série d''Œuvres complètes' que l'ouvrage est repris. Néanmoins, à chaque fois, Voltaire le relit entièrement, le corrige et le complète. Ce sera le cas:

— dans une édition parue chez Cramer en 1761-1763. Cette édition est incorporée dans une nouvelle série d'œuvres complètes datées de 1764 (sigle 61);
— dans une autre collection parue en 1768 (sigle w68);
— dans l'édition dite 'encadrée', dont Voltaire ne fut d'ailleurs que médiocrement satisfait (sigle w75G). Il lui reproche, par exemple, d'avoir privilégié le futile (le fameux encadrement) au détriment de l'utile (les manchettes qui scandaient le texte dans les éditions antérieures). Signalons au passage que, par fidélité à la volonté formelle de Voltaire, notre édition reproduit ces manchettes, pourtant absentes de notre texte de base.

Peu avant sa mort, Voltaire est revenu une dernière fois à l'*EM*. Ce fut à l'occasion d'un nouveau projet d'édition d'œuvres complètes proposé par le libraire Panckoucke. Voltaire, dans le tumulte de ses préparatifs d'un voyage à Paris dont il ne devait pas revenir, n'eut le temps que de revoir rapidement quelques volumes de l'édition encadrée, principalement les tomes qui contiennent l'*EM*. Ces exemplaires ont partagé le sort du reste de la bibliothèque de Voltaire et sont donc conservés à la bibliothèque Saltikov-Chtédrine de Saint-Pétersbourg. Il est d'usage de l'appeler l''encadrée corrigée' (sigle w75G*). Dernier état revu par l'auteur, il s'imposait pour servir de texte de base pour l'établissement de notre édition. Par précaution, on a retenu aussi l'édition de Kehl, parue à l'initiative de Beaumarchais à partir de 1784. Elle propose parfois un texte légèrement différent, mais dont l'authenticité ne peut être garantie. Les divergences signifiantes figurent donc dans les variantes (sigle κ).

2. *Les variantes*

Par le relevé exhaustif des variantes du texte, on a essayé de rendre visible la méthode de travail de Voltaire historien qui, en règle générale, corrige peu et ajoute beaucoup. L'intérêt principal des variantes est donc de pouvoir observer les strates successives déposées au fil des éditions.

Le mouvement est continu, Voltaire travaillant sur un exemplaire de la dernière édition parue quand il en prépare une nouvelle. La filiation est donc: 53 → w56 → w57G → 61 → w68 → w75G → w75G*. Les lettres suivies de chiffres sont réservées aux recueils, ici w pour les éditions complètes, le numéro suivant signale l'année de parution, et la lettre finale (quand il y en a une) signale le lieu de publication (ici G pour Genève) quand il s'agit de deux éditions en un seul an. L'astérisque indique un exemplaire particulier, qui d'ordinaire contient des corrections manuscrites. w75G* – le sigle de notre texte de base – renvoie à un exemplaire avec corrections manuscrites d'une édition des œuvres complètes de Voltaire publiée en 1775 à Genève.

Pour être complet on a ajouté les éditions dérivées, alors même qu'elles n'apportent rien de nouveau, ou rien d'autre que le report des fautes signalées par l'errata (cas de w57G par rapport à w56) ou qu'elles ne fournissent que de rares corrections originales (cas des éditions qui reprennent 53, jusqu'à 54N). Dans le cas où la variante n'existe qu'à ce stade, on aura la présentation suivante: 53-54N ou w56-w57G. Et logiquement, dans les autres cas, ne sera marqué que le point de départ et celui d'arrivée: par exemple, 53-61 inclut toutes les éditions qui se trouvent entre 53 et 61.

Deux états du texte en revanche sont déviants: les publications partielles dans le *Mercure* (1745-1746, 1750-1751; voir nos tomes 2 et 3); surtout le manuscrit palatin Cod. Gal. 100 corrigé de la main de Voltaire (MSP) qui couvre plus de la moitié des chapitres du texte définitif. Or pour un même chapitre, il n'est pas possible de déterminer avec certitude lequel, le *Mercure*, MSP ou 53, représente la première version, même s'il y a de fortes présomptions pour que l'ordre soit: *Mercure*, 53, MSP.

Dans le doute, la présentation suivante a été adoptée ici: MSP est isolé par une virgule, alors que 53 est relié par un trait d'union avec les états suivants pour marquer que, par exemple, la filiation 53-W56 est directe, alors que celle qui joint MSP à 53 est indéterminée. Par convention, MSP figure toujours en tête de la liste des états successifs du texte. On aura donc, par exemple, la présentation: MSP, 53-61.

Par convention encore, quand il est présent, c'est-à-dire pour la quasi-totalité des 140 premiers chapitres, MSP est pris comme texte de départ, ce qui est signalé par la mention: '*Première rédaction de ce chapitre*: MSP', porté en début de chapitre pour chaque relevé de variantes. Choix justifié par le fait que MSP propose le texte le plus cohérent et le plus complet des versions primitives.

Le lecteur dispose donc du point de départ (marqué *Première rédaction*, en général MSP) et du point d'arrivée (le texte de base, W75G*). S'il n'y a point de variante, le texte d'origine est d'emblée le texte définitif.

Dans le cas d'un établissement progressif du texte, il peut s'agir soit d'une vraie variante, soit d'un ajout (cas le plus fréquent). La variante sera répertoriée comme telle, de sa première apparition à la dernière édition où elle figure.

L'ajout sera marqué en variante par une absence dans les éditions précédentes, également de la première fois où elle est constatée, jusqu'à la dernière.

Exemple: chapitre 78, ligne 77

Texte définitif: 'à l'âge de quatorze ans commencés, et...'

Variante: 77   MSP, 53-61: ans et

Commentaire: 'commencés,' est un ajout de W68, état qui vient tout de suite après 61.

Les signes typographiques conventionnels suivants sont employés:

— les mots supprimés sont placés entre crochets obliques (< >);
— la lettre grecque bêta (β) désigne le texte de base;
— le signe de paragraphe (¶) marque l'alinéa;
— deux traits obliques (//) indiquent la fin d'un chapitre ou d'une partie du texte;
— Les mots ajoutés à la main par Voltaire ou Wagnière sont précédés, dans l'interligne supérieur, de la lettre ^{V} ou ^{W};
— la flèche verticale dirigée vers le haut (↑) ou vers le bas (↓) indique que l'addition est inscrite au-dessus ou au-dessous de la ligne;
— le signe + marque la fin de l'addition, s'il y a lieu.

MSP propose des manchettes; 53 et w56 n'en comportent pas. D'autres figurent dans 61, puis dans w68, mais pas dans l'édition w75G, l'encadrement ornemental systématique du texte ne laissant pas de place disponible, au grand mécontentement de Voltaire. Elles sont restituées dans notre édition et les manchettes de MSP, quand elles sont originales, sont reproduites en variantes.

Les deux manuscrits, de Munich (manuscrit palatin, dit MSP) et de Gotha (MSG), sont parfaitement identiques dans leur recopie d'un troisième manuscrit, aujourd'hui disparu, à trois exceptions près: 1) Quelques erreurs dues aux copistes; facilement identifiables et sans intérêt, elles ont été négligées. 2) Le manuscrit de Munich comporte des corrections de la main de Voltaire, qui sont naturellement signalées comme telles dans le relevé des variantes. 3) Enfin, en de très rares endroits (mais qui suffisent pour prouver que les deux manuscrits ne sont pas copie l'un de l'autre, mais d'un troisième absent), le manuscrit de Gotha ajoute au texte de Munich. Dans ce cas, la variante est signalée, précédée de la mention MSG. A ces exceptions près, la très fréquente mention MSP vaut pour les deux manuscrits.

3. *L'Annotation*

Chaque chapitre (ou dans certains cas, quelques chapitres regroupés) contient une note liminaire qui décrit l'histoire de la composition du chapitre jusqu'à sa forme finale, les sources principales utilisées par Voltaire et les débats historiographiques contemporains dans lesquels il s'est impliqué (ou a choisi de ne pas l'être). Afin de ne pas laisser le lecteur avec une impression trompeuse, nous avons attiré l'attention sur des erreurs significatives concernant les faits rapportés dans le texte de Voltaire en les comparant aux sources qu'il a utilisées, mais l'annotation ne 'corrige' pas ou ne met pas 'à jour' Voltaire à l'aide de connaissances auxquelles il n'avait pas accès. Nous fournissons un minimum d'informations concernant le contexte lorsque cela est nécessaire pour aider à l'identification des personnes ou des événements auxquels Voltaire fait référence.

La liste complète des sources mentionnées dans ce volume constitue les 'Ouvrages cités'. Dans l'annotation, les livres qui se trouvent toujours dans la bibliothèque de Voltaire (aujourd'hui dans la Bibliothèque nationale de Russie, Saint-Pétersbourg) sont indiqués par les lettres 'BV', et sa propre annotation de ces livres telle que publiée dans le *Corpus des notes marginales de Voltaire* par les lettres '*CN*'. L'information complète sur chaque source apparaît dans la note liminaire ou lors de la première mention de l'ouvrage dans chaque chapitre. Etant donné que certaines sources majeures apparaissent plus ou moins simultanément dans différentes éditions, dans différents formats et dans différents tomes, les références internes par livre, chapitre et année sont fournies au lieu du volume et de la page là où les divisions des livres le permettent.

Une introduction générale à l'*EM* paraîtra dans le volume I de cette édition. Cette introduction n'a pu être composée avant que tous les volumes du texte soient préparés.

MANUSCRITS ET ÉDITIONS

1. *Manuscrits*

Des manuscrits nombreux de l'état primitif de l'*EM* seuls nous sont parvenues les deux copies ci-dessous, faites sur une originale et à une date incertaine. Le sigle MSP dans les variantes comprend également MSG. Seules les différences entre les deux manuscrits sont indiquées par le sigle MSG (voir les variantes suivantes: ch.68, lignes 80-83; ch.71, lignes 34, 196-97; ch.73, lignes 52-53; ch.74, lignes 11-181; ch.75, lignes 11-12, 30, 84, 207-208, 370-405; ch.76, lignes 98, 118-27; ch.77, ligne 84; ch.78, ligne 35; ch.79, lignes 124-26; ch.80, lignes 135, 179; ch.83, ligne 1; ch.87, lignes 1, 96-100; ch.88, lignes 63-72, 152; ch.89, lignes 50-54; ch.102, lignes 2-3).

MSP

Bibliothèque d'Etat de Bavière, Munich, Cod. Gall. 100-101, ayant appartenu à l'électeur palatin: 'Essay sur les révolutions du monde et sur l'histoire de l'esprit humain depuis Charlemagne jusqu'à nos jours', avec des corrections autographes de Voltaire.

Sous la cote Cod. Gall. 102-103, la même bibliothèque possède un autre manuscrit qui donne le même texte mais sans les corrections.

MSG

Forschungsbibliothek, Gotha, Chart. B 1204 (cote ancienne F.104).

Presque semblable à ceux de Munich.[1] Sans les corrections de Voltaire.[2]

---

[1] Voir A. Brown et U. Kölving, 'Un manuscrit retrouvé de l'*Essai sur les mœurs*', *Cahiers Voltaire* 6 (2007), p.27-34.

[2] Mais voir Brown et Kölving, p.29n.

2. *Editions*

Seules sont comprises dans cette liste les éditions dont sont tirées les variantes pour ce volume. Une bibliographie définitive des éditions de l'*EM* fera partie de l'Introduction générale.

53

Abrégé de l'histoire universelle depuis Charlemagne, jusques à Charlequint par Mr. de Voltaire. 2 vol. (La Haye, Jean Néaulme, 1753).

Première édition de l'*Abrégé* parue sans l'accord de Voltaire. Elle est à l'origine de nombreuses éditions. Malgré ses protestations, Voltaire la prendra comme base pour l'édition de 56. Chapitres non numérotés.

54B

Abrégé de l'histoire universelle, depuis Charlemagne, jusques à Charlequint par Mr. de Voltaire. 2 vol. (Basle, Aux depens de la Compagnie, 1754). xiv.214 p.; iv.239 p.

54BD1

Essai sur l'histoire universelle depuis Charlemagne; attribué à Mr de Voltaire, Gentilhomme de la Chambre du Roi de France; des académies de Paris, de Londres, de Petersbourg, de Boulogne [sic], de Rome, de la Crusca, etc. Cinquième édition purgée de toutes les fautes qu'on trouve dans les autres et considérablement augmentée d'après un manuscrit plus ample et plus correct. 2 vol. (Basle; Dresde, Walther, 1754).

Edition de l'*Abrégé* faite par Walther sur 53, avec l'accord de Voltaire qui a fournit des corrections.

54C

Histoire universelle depuis Charlemagne jusqu'à Charles-Quint. Par M. de Voltaire, gentilhomme ordinaire de la chambre du Roi de France; des Académies de Paris, de Londres, de Petersbourg, de Boulogne, de Rome, de la Crusca, etc. Nouvelle édition, corrigée & beaucoup augmentée. 2 vol. (Colmar, chez Fontaine, 1754).

Trois cartons aux p.73-78 pour la correction des espèces monétaires sous Charlemagne.

Edition de l'*Abrégé* faite par Vernet sur 53, avec l'accord de Voltaire qui a fourni des corrections.

54L

Abrégé de l'histoire universelle, depuis Charlemagne, jusques à Charlequint. Par Mr. de Voltaire. Nouvelle édition, dans laquelle on a fait usage des corrections importantes & augmentations envoyées par l'auteur. 2 parties (Londres, chez Jean Nourse, 1754).

Edition faite à Paris par Michel Lambert sur 53. Elle incorpore des corrections envoyées par Voltaire.

54N

Abrégé de l'histoire universelle depuis Charlemagne, jusques à Charlequint. Par Mr de Voltaire. Nouvelle édition corrigée & augmentée [suivi de:] *Supplément à l'Abrégé de l'histoire universelle de Mr de Voltaire contenant des augmentations et des corrections considérables.* 3 vol. (La Haye et Berlin, chez Jean Néaulme, libraire, 1754).

54LD

Essai sur l'histoire universelle. Tome troisième. Contenant les temps depuis Charles VII. Roi de France, jusqu'à l'Empereur Charle-Quint. (Leipzig et Dresde, chez George Conrad Walther [Colmar, Schoepflin], 1754.)

Continuation de l'*Abrégé*. Le volume est isolé, ne faisant pas suite à une réédition des tomes 1 et 2.

54LD*

Exemplaire de 54LD envoyé par Voltaire à Clavel de Brenles avec corrections autographes.

w56

Collection complète des œuvres de M. de Voltaire. [Genève, Cramer] 1756. 17 vol. 8°.

Tome 11-14: *Essay sur l'histoire générale, et sur les mœurs et l'esprit des nations, depuis Charlemagne jusqu'à nos jours.*

La première des éditions des frères Cramer. Préparée avec la collaboration de Voltaire.

L'*EM* proprement dit forme 164 chapitres. Il se continue, du ch.165 au ch.215 par le *Siècle de Louis XIV*, qui occupe les t.15-17 de cette édition.

Première édition à peu près complète de l'*EM*.

w57g

Collection complète des œuvres de M. de Voltaire. [Genève, Cramer] 1757. 10 vol. 8°.

Edition révisee de w56, préparée avec la collaboration de Voltaire.

L'*EM* occupe également les t.11-14.

Mêmes références que w56 à la différence près que le faux-titre porte: SECONDE ÉDITION.

w64g (désignée dans les variantes par le sigle 61)

Collection complette des œuvres de Mr. de Voltaire. [Genève, Cramer] 1764. 10 vol. 8°.

Tome 11-18: *Essay sur l'histoire générale, et sur les mœurs et l'esprit des nations, depuis Charlemagne jusques à nos jours. Nouvelle édition, revuë, corrigée & considérablement augmentée.*

Edition corrigée et augmentée de w57g, préparée avec la collaboration de Voltaire. L'*EM*, suivi du *Siècle de Louis XIV*, forme un ensemble de 8 vol. in-8°. Les sept premiers tomes sont de 1761, le huitième de 1763. A la fin du t.8 se trouvent les *Eclaircissements historiques*, les *Additions aux Observations* et une *Table des matières*.

w68

Collection complette des œuvres de M. de Voltaire. [Genève, Cramer; Paris, Panckoucke] 1768-1777. 30 ou 45 vol. 4°.

Tome 8-10: *Essai sur les mœurs et l'esprit des nations, et sur les principaux faits de l'histoire, depuis Charlemagne jusqu'à Louis XIII.*

Les t.1-24 furent publiés par Cramer, sous la surveillance de Voltaire. Les t.25-30 furent sans doute publiés en France pour Panckoucke. Les t.31-45 furent ajoutés en 1796 par Jean-François Bastien.

w75G

La Henriade, divers autres poèmes et toutes les pièces relatives à l'épopée. [Genève, Cramer et Bardin] 1775. 37 vol. (40 vol. avec les *Pièces détachées*). 8°.

Tome 14-17: *Essai sur les mœurs, et l'esprit des nations; et sur les principaux faits de l'histoire, depuis Charlemagne, jusqu'à Louis XIII.*

L'édition dite *encadrée*, préparée avec la collaboration de Voltaire.

w75G*

Exemplaire de w75G corrigé par Voltaire et qui sert de texte de base à la présente édition.[3] Nous avons corrigé le texte au ch.82, ligne 162 ('hymnes latines rimées' en hymnes latins rimés'), au ch.85, ligne 153 ('son très *amé* fils' en 'son très *aimé* fils'), et au ch.88, ligne 115 ('repasse' en 'repassa').

K

Œuvres complètes de Voltaire. [Kehl,] Société littéraire-typographique, 1784-1789. 70 vol. (seul le t.70 porte la date de 1789). 8°.

Tome 16-19: *Essai sur les mœurs, et l'esprit des nations; et sur les principaux faits de l'histoire, depuis Charlemagne, jusqu'à Louis XIII.*

[3] Sur les interventions de Voltaire, voir S. Taylor, 'The definitive text of Voltaire's works: the Leningrad encadrée', *SVEC* 124 (1975), p.7-132; pour l'*EM*, p.64-90.

Bien que de nombreuses modifications dans l'édition de Kehl semblent être des corrections éditoriales autorisées, les éditeurs de Kehl ont parfois modifié le texte de Voltaire sur la base de sources dont nous ne disposons plus.

SIGLES UTILISÉS POUR LA PRÉSENTATION DES VARIANTES

MSP   Munich Cod. Gal. 100-101
Version manuscrite jusqu'à Charles Quint

MSG   Manuscrit de Gotha, identique au précédent

53   Néaulme, La Haye, 1753
Abrégé I-II
Bengesco 199, 988

54BD1   Walther, Bâle et Dresde, 1754
Abrégé I-II (corrections)
Beuchot 286

54C   Colmar [Philibert, Genève], 1754
Abrégé I-II (corrections)
G.11885-11886

54L   Londres [Lambert, Paris], 1754
Abrégé I-II (corrections)
G.11887

54N   Néaulme, La Haye et Berlin, 1754
Abrégé, 3 vol.
G.11895

54LD   Walther, Leipzig et Dresde [Schoepflin, Colmar], 1754
Essai sur l'histoire universelle
G.11884

54LD*   54LD, exemplaire avec corrections, 1754

W56   Cramer, Genève, 1756
Essai sur l'histoire générale, 4 vol.
Z.24586-24592

W57G   Cramer, Genève, 1757
Essai sur l'histoire générale, 4 vol.

61[1]   [Cramer, Genève]
Essai sur l'histoire générale, 5 vol.
G.32435-32438 (hors d'usage) Beuchot 21 (12-19)

w68   [Cramer], Genève
Essai sur les mœurs, 3 vol.
Z.4942-4944

w75G   s.l. [Cramer et Bardin, Genève], 1775
Essai sur les mœurs, 4 vol.
Z.24852-24855

w75G*   w75G, exemplaire de Saint-Pétersbourg

K   Kehl, 1784, in-8°
Essai sur les mœurs, 4 vol.
Z.24935-24938

---

[1] Voir ci-dessus, la description de l'édition w64G.

PRÉFACE

Prenant le relais du *Discours sur l'histoire universelle* (1681) de 'l'illustre Bossuet', qui s'était arrêté à Charlemagne, Voltaire, dans son *Essai sur les mœurs* – le titre en soi est une trouvaille – cherche d'abord à ne pas s'encombrer, ni non plus ses lecteurs et ses lectrices, de stériles détails chronologiques et dynastiques: son propos se veut sélectif car à ses yeux il importe que la connaissance de l'Histoire ait une portée morale et philosophique. Il est partisan d'un vigoureux élagage de l'arbre Histoire qu'il convient de débarrasser de ses innombrables branches mortes ou tordues. Voltaire cherche ensuite à élargir son champ de vision: non pas la France mais l'Europe, non pas l'Europe mais à la limite l'ensemble des civilisations, chrétienne, islamique, indienne, chinoise... Il cherche enfin à ne pas se borner au récit des événements ecclésiastiques, politiques et militaires mais à traiter aussi, voire surtout, des usages, des institutions, de la société, des arts et des lettres (déjà Fénelon, dans sa *Lettre à l'Académie* de 1714, avait proposé un semblable programme). On le voit par exemple déplorer que l'histoire de l'Europe soit devenue 'un immense procès-verbal de contrats de mariage, de généalogies, et de titres disputés, qui répandent partout autant d'obstacles que de sécheresse, et qui étouffent les grands événements, la connaissance des lois et celle des mœurs, objets plus dignes d'attention' (ch.74). Il souhaite saisir les mouvements de fond, cerner les mentalités: 'Mon but est toujours d'observer l'esprit du temps; c'est lui qui dirige les grands événements du monde' (ch.80). 'Je voudrais', dit-il encore, 'découvrir quelle était alors la société des hommes, comment on vivait dans l'intérieur des familles, quels arts étaient cultivés, plutôt que de répéter tant de malheurs et tant de combats, funestes objets de l'histoire, et lieux communs de la méchanceté des hommes' (ch.81). Il entend parler du 'sort des hommes plutôt que [des] révolutions du trône' (ch.84), et cela à l'encontre de la pratique de la plupart des historiens, attachés surtout à décrire les batailles. Cela dit, il juge que les choses bougent, même si c'est dans une confusion aussi évidente que pénible: 'L'histoire des usages, des lois, des privilèges, n'est en beaucoup de pays, et surtout en France, qu'un tableau mouvant' (ch.85). Incontestablement, Voltaire a le sens du temps et de l'espace.

Evoquées dans la préface et rappelées ici ou là dans le cours de l'ouvrage, ces vastes ambitions, que ne refuserait pas de nos jours un disciple de Marc Bloch ou de Lucien Febvre, dans quelle mesure d'une part ont-elles été réalisées, à l'intérieur des quelque soixante chapitres, courts et nerveux, qui couvrent la période allant du début du XIVe au début du XVIe siècle, et d'autre part rencontrent-elles l'adhésion d'un spécialiste actuel de la fin du Moyen Age? Compte tenu en effet des travaux disponibles à son époque, compte tenu aussi de sa manière de composer et d'écrire, Voltaire ne se fixait-il pas un dessein hors de sa portée? Et si par chance il avait vu juste, cela ne rendrait-il pas caducs les inlassables efforts entrepris depuis son époque par des générations d'historiens et d'érudits? Ne serait-il pas décourageant qu'il ait raison?

D'une manière générale, Voltaire n'est pas en empathie précisément avec cette époque, occupée, à ses yeux, par des querelles mesquines ou stériles, dominée par le jeu cruel et gratuit de monarques dépourvus de vertu morale et de valeur intellectuelle, où la barbarie était partout et où fleurissaient la superstition et l'ignorance. Seule peut-être l'Italie échappe à cette condamnation. Il partage avec un grand nombre de ses contemporains l'idée que l'antiquité, malgré ses limites, est seule vraiment digne d'étude et d'admiration. 'Il ne faut connaître l'histoire de ces temps-là que pour la mépriser. Si les princes et les particuliers n'avaient pas quelque intérêt à s'instruire des révolutions de tant de barbares gouvernements, on ne pourrait plus mal employer son temps qu'en lisant l'histoire' (ch.94).

Les mentions qu'il fait de Cimabue, de Giotto et de Brunelleschi, de Dante, avec 'son poème bizarre, mais brillant de beautés

naturelles, intitulé *Comédie'* (ch.82), de Pétrarque, dont il tient à
citer quelques vers, de la Ligue hanséatique, de la Peste noire (dont
il voit l'origine soit en Afrique, soit en Arabie, soit en Chine), la
référence à Tamerlan, le rappel de l'invention des miroirs, des
lunettes, des horloges mécaniques et de l'artillerie, ou encore le
chapitre sur les 'Egyptiens' (les Tsiganes), plaident assurément en
faveur de sa culture et de son ouverture d'esprit. Mais il faut bien
dire qu'il ne s'agit là que de simples notations, faites en passant.

Les thèmes qui lui tiennent vraiment à cœur sont en nombre plus
restreint. Parmi ceux-ci figure son appréciation catégoriquement
négative de la scolastique, dans son esprit comme dans ses
méthodes. Elle représente pour lui un authentique désastre
intellectuel: 'La théologie scolastique, fille bâtarde de la philosophie d'Aristote, mal traduite et méconnue, fit plus de tort à la
raison et aux bonnes études que n'en avaient fait les Huns et les
Vandales' (ch.82).

La vision que formule Voltaire de la conquête ottomane et de ses
suites est originale. On sent sa volonté, quelque peu provocatrice,
de s'en prendre à l'opinion commune. Après avoir déploré les
croisades, qui ont eu pour résultat d'ébranler l'empire de Constantinople et de dépeupler l'Europe, après avoir regretté que les
Byzantins, à la veille de périr, aient persisté à consacrer leur énergie
à d'absurdes querelles théologiques, il trace de Mahomet II un
portrait plutôt nuancé. Ce souci d'équilibre, on le retrouve dans
son jugement sur les Turcs eux-mêmes. Ils sont plus tolérants que
les chrétiens, et ils ignorent la noblesse, les titres de noblesse, et
même, à y bien regarder, la féodalité. Car leurs *timars* ne sont pas
des seigneuries mais plutôt de grosses métairies. Il reconnaît que
les Grecs, depuis la conquête ottomane, sont demeurés 'dans
l'oppression', mais il ajoute aussitôt 'non pas dans l'esclavage.
On leur laissa leur religion et leurs lois; et les Turcs se conduisirent
comme s'étaient conduits les Arabes en Espagne. Les familles
grecques subsistent dans leur patrie, aviles, méprisées, mais
tranquilles' (ch.93). Il s'interroge sur le prétendu despotisme du
Grand sultan. Son analyse mérite d'être prise en compte (ch.93):

Non seulement les Turcs sont tous libres, mais ils n'ont chez eux aucune distinction de noblesse. Ils ne connaissent de supériorité que celle des emplois. Leurs mœurs sont à la fois féroces, altières et efféminées [...]. Leur orgueil est extrême. Ils sont conquérants et ignorants; c'est pourquoi ils méprisent toutes les nations. L'empire ottoman n'est point un gouvernement monarchique, tempéré par des mœurs douces, comme le sont aujourd'hui la France et l'Espagne; il ressemble encore moins à l'Allemagne, devenue avec le temps une république de princes et de villes, sous un chef suprême qui a le titre d'empereur. Il n'a rien de la Pologne, où le peuple est esclave. Il est aussi éloigné de l'Angleterre par sa constitution que par la distance des lieux. Mais il ne faut pas imaginer que ce soit un gouvernement arbitraire en tout, où la loi permette aux caprices d'un seul d'immoler à son gré des multitudes d'hommes, comme des bêtes fauves qu'on entretient dans un parc pour son plaisir. [...] La crainte d'être déposé est un plus grand frein pour les empereurs turcs que toutes les lois de l'*Alcoran*.

Et d'ailleurs 'Louis XI, Henri VIII, Sixte-Quint, d'autres princes ont été aussi despotiques qu'aucun sultan'. 'Leur art est de commander' à des peuples divers. Mais 'la grande différence entre les conquérants turcs et les anciens conquérants romains, c'est que Rome s'incorpora tous les peuples vaincus, et que les Turcs restent toujours séparés de ceux qu'ils ont soumis, et dont ils sont entourés' (ch.93). A la racine de cette attitude, on trouve le fait que 'les Turcs ont pour la race ottomane une vénération qui leur tient lieu de loi fondamentale' (ch.93).

Ses flèches les plus nombreuses, les plus meurtrières, il les réserve aux papes, aussi cupides que cyniques, et dont la fonction lui semble non seulement inutile mais nuisible, et au clergé qui les entoure, dont la fourberie dépasse celle des prêtres de l'antiquité. A propos du grand schisme d'Occident, il a cette formule: 'Le clergé, les moines, avaient tellement gravé dans les têtes des princes et des peuples l'idée qu'il fallait un pape, que la terre fut longtemps troublée pour savoir quel ambitieux obtiendrait par l'intrigue le droit d'ouvrir les portes du ciel' (ch.71). Toutefois, son anti-cléricalisme décidé n'est pas nécessairement antireligieux: selon lui, 'la religion pure adoucit les mœurs en éclairant l'esprit', c'est la

superstition qui, 'en l'aveuglant, inspire toutes les fureurs' (ch.82).
Comme on le verra, son indignation éclate lorsqu'il en vient à
parler de Savonarole: 'Vous regardez en pitié ces scènes d'absurdité et d'horreur; vous ne trouverez rien de pareil chez les Romains
et chez les Grecs, ni chez les barbares. C'est le fruit de la plus
infâme superstition qui ait jamais abruti les hommes, et du plus
mauvais des gouvernements' (ch.108). Il s'étonne ou plutôt feint de
s'étonner que les princes aient toléré les scandales de la cour de
Rome, notamment au temps d'Alexandre VI. L'explication pour
lui est la suivante: les princes, qui auraient dû protester contre ces
horribles sacrilèges, les combattre de tout leur pouvoir, n'avaient
eux-mêmes aucune religion, ils étaient quasiment des athées, du
même coup ils laissaient les choses aller librement leur cours.
Quant aux peuples, ils n'avaient pas leur mot à dire, bien mieux ils
étaient 'hébétés'. Et c'est ainsi que, contre tout bon sens, le pape
demeurait le 'saint père' et ses États le 'Saint-Siège'.

Peut-être malgré lui, en raison du simple fait qu'il se trouve en
terrain connu (il a quelque connaissance de Froissart et de
Commynes, et il peut s'appuyer sur Mézeray et le Père Daniel,
quitte à s'en démarquer sans vergogne mais non sans malice), ses
remarques piquantes relatives à l'évolution parallèle de la France et
de l'Angleterre depuis Philippe de Valois et Edouard III jusqu'au
régent Bedford et à la Pucelle retiennent l'attention.

L'idée générale est qu'à partir de la fin du XIIIe siècle
l'Angleterre sut mettre en place un régime politique plus équilibré
que celui de son voisin et adversaire, que les Anglais sont un peuple
plus tenace de même que leurs armées sont plus disciplinées. Telles
sont les principales raisons de leur réussite. Du même coup,
Voltaire se plaît à regretter presque l'intervention de Jeanne
d'Arc. En revanche, pour les Anglais, le succès de la Pucelle fut
une chance car cela leur valut d'échapper au mode de gouvernement autoritaire et capricieux propre à la France, qui se serait
possiblement introduit chez eux si un seul roi avait régné de part et
d'autre de la Manche. Ici se place le point de vue de Voltaire
(l'historien et non le poète) sur la Pucelle, découverte ou repérée,

dit-il, par le fameux Robert de Baudricourt dans une auberge de Vaucouleurs alors qu'elle avait déjà vingt-sept ans. On retrouve là une variante du récit adopté et reproduit dès le XVe siècle par les chroniqueurs bourguignons, un récit qui depuis n'avait jamais été oublié. Cette fille audacieuse réussit à tromper l'entourage religieux et judiciaire de Charles VII à moins que cet entourage n'ait été assez habile pour accepter de l'être. En tout cas, le peuple suivit. Ce qui n'empêche pas que Jeanne d'Arc, en se chargeant de son entreprise, se montra une véritable héroïne. De même qu'elle avait feint le miracle, Bedford feignit de la croire sorcière, et l'université de Paris se hâta de suivre cette opinion, soit par conviction soit par lâcheté. Enfin, 'Charles VII rétablit depuis sa mémoire, assez honorée par son supplice même' (ch.80).

La royauté française aurait pu saisir l'occasion des états généraux de 1355 pour développer une institution apparentée au parlement d'Angleterre, mais il n'en fut rien: 'Ainsi le peu d'habitude que la nation a eue d'examiner ses besoins, ses ressources et ses forces, a toujours laissé les états généraux destitués de cet esprit de suite, et de cette connaissance de leurs affaires qu'ont les compagnies réglées' (ch.84). Si le malheureux Jean le Bon fut une catastrophe, son fils Charles V trouve grâce aux yeux de Voltaire, de même que Du Guesclin, qu'il compare à Turenne. Autre règne estimable: celui de Charles VII, lui qui reconquit son royaume par des 'petits combats' (ch.80), en mettant de surcroît à son profit les divisions chez l'ennemi. Du moins le résultat est-il là: l'ordre s'établit en France alors qu'il avait été ignoré 'depuis la décadence de la famille de Charlemagne' (ch.80). La chaîne des temps était comme renouée.

Devant Louis XI, son jugement hésite. 'Il y a peu de tyrans qui aient fait mourir plus de citoyens par les mains des bourreaux, et par des supplices plus recherchés', jamais il n'y eut moins d'honneur en France que sous son règne, tous les caractères étaient comme aplatis par la crainte et par l'esprit de courtisanerie. Sous ce roi, 'pas un grand homme. Il avilit la nation. Il n'y eut nulle vertu: l'obéissance tint lieu de tout, et le peuple fut enfin tranquille comme les forçats le sont dans une galère' (ch.94). Mais voici la contrepartie: car ce 'cœur artificieux et dur', ce connaisseur cynique des hommes et des affaires, ce 'grand politique', qui vivait misérablement dans 'l'ennui, les remords, la crainte et la douleur d'être détesté' (ch.94), ne manqua pas de courage, sut agrandir son royaume (encore aurait-il pu faire mieux, ne laissa-t-il pas échapper la Franche-Comté et les Pays-Bas?) et fut le premier à avoir abaissé les grands. 'Environ cinquante familles en ont murmuré et plus de cinq cent mille ont dû s'en féliciter' (ch.94).

Son regard sur les deux successeurs de Louis XI est plus banal: faute d'intelligence, Charles VIII n'a pas su profiter de ce qu'il disposait du plus beau royaume de toute la chrétienté; quant à Louis XII, même s'il accumula les bourdes et les échecs, du moins fut-il 'le père du peuple', surnom donné par les états généraux en 1506 (ch.101).

S'il reconnaît un mérite aux rois de France, c'est celui d'avoir, par le gallicanisme et par l'introduction de l'appel comme d'abus, établi une distance, voire une barrière juridique, entre le royaume très chrétien et la cour de Rome, en sorte que les bulles pontificales ne font pas la loi de ce côté-ci des Alpes.

Intrépide ennemi de la féodalité, encore qu'il tente d'en saisir la logique (un assemblage de grands terriens qui voulaient être maîtres chez eux, dans un environnement social et économique dépourvu de villes et de bourgeoisie), Voltaire n'est cependant pas hostile à la chevalerie, dont il place l'apogée précisément au XIVe siècle: en effet, elle contribua, à cette époque barbare, à répandre dans une certaine mesure ce que Norbert Elias devait bien plus tard appeler la 'civilisation des mœurs', notamment au bénéfice du sexe féminin. De la chevalerie procéda la courtoisie. 'Ces temps de grossièreté, de sédition, de rapines et de meurtres furent cependant le temps le plus brillant de la chevalerie: elle servait de contrepoids à la férocité générale des mœurs' (ch.76). La chevalerie était 'un établissement guerrier qui s'était fait de lui-même parmi les seigneurs, comme les confréries dévotes parmi les bourgeois' (ch.97). Il s'agit d'une 'institution vertueuse' pour protéger les dames (ch.97). On songe bien sûr à la tragédie de *Zaïre* où la chevalerie chrétienne et française est également mise en valeur, dans le cadre cette fois de la croisade. De la même façon, il parle des tournois avec une relative indulgence. En revanche, les duels rencontrent son incompréhension. Il se félicite qu'ils n'existent plus depuis Louis XIV, et cela peut-être d'abord en raison d'une modification dans l'appréciation du courage: jadis, il consistait pour chaque gentilhomme à défier l'ennemi lance couchée, désormais, avec les armes à feu, il s'agit d'affronter collectivement l'adversaire au cours d'une progression lente et uniforme.

Sur la noblesse française son siège est fait: il se peut qu'autrefois elle ait eu sa raison d'être mais depuis la multiplication des anoblissements au profit de toutes sortes de gens, 'banquiers, chirurgiens, marchands, domestiques de princes, commis', les uns et les autres ayant vocation à prendre chez leur notaire 'le titre de très hauts et très puissants seigneurs', il n'en va plus de même (ch.98). 'Cette multitude ridicule de nobles sans fonction et sans vraie noblesse, cette distinction avilissante entre l'anobli inutile qui ne paie rien à l'Etat, et le roturier utile qui paie la taille, ces charges qu'on acquiert à prix d'argent, et qui donnent le vain nom d'écuyer, tout cela ne se trouve pas ailleurs. Il est dément qu'un gouvernement avilisse ainsi la plus grande partie de la nation' (ch.98). Le contraste est patent avec l'Angleterre où quiconque 'a quarante francs de revenu en terre est *homo ingenuus*, franc citoyen, libre Anglais, nommant des députés au parlement; tout ce qui n'est pas simple artisan est reconnu pour gentilhomme, *gentleman;* et il n'y a de nobles, dans la rigueur de la loi, que ceux qui dans la chambre haute représentent les anciens barons, les anciens pairs de l'Etat' (ch.98).

Quoi qu'il en soit de son programme, Voltaire évoque de façon trop sommaire et discontinue le monde ibérique, le monde germanique et même l'Italie, bien qu'elle lui soit un peu plus familière, pour qu'on s'y arrête. La façon dont il présente la série d'événements qui devait, bien plus tard, à partir des années 1820, être désignés sous l'expression de 'guerre de Cent ans' n'est pas à dédaigner dans la mesure où il prend plaisir à s'élever au-dessus des passions et des préjugés nationaux, le parallèle des deux noblesses, française et anglaise, est à retenir, et après tout le traitement décapant qu'il réserve à la papauté et à la haute Eglise de la fin du Moyen Age ne peut être écarté d'un revers de main.

En revanche, sa condamnation sans phrase de la scolastique tardive et des institutions et des milieux universitaires ne pourrait que surprendre si l'on oubliait le peu d'informations dont il disposait dans ce domaine (il lui aurait fallu de bien plus vastes lectures, qu'il ne se souciait pas d'entreprendre, pour adoucir sa sévérité). Il aborde de façon plutôt mesquine l'humanisme du *Trecento* et du *Quattrocento*. Naturellement, l'existence à la même époque d'un humanisme français lui échappe à peu près complètement. A le suivre, la France de la fin du Moyen Age n'aurait connu ni les beaux-arts ni les belles-lettres: le gothique rayonnant et flamboyant, les miniaturistes du XVᵉ siècle tels que les frères Limbourg et Jean Fouquet, l'*ars nova* dans le domaine de la musique sacrée, les traductions en langue vulgaire des traités d'Aristote et de la *Cité de Dieu* de saint Augustin au temps et sur l'ordre de Charles V, tout cela lui est inconnu. Il ne cite ni Philippe de Mézières, ni Eustache Deschamps, ni Christine de Pizan, ni Geoffroy Chaucer, ni Alain Chartier, ni Charles d'Orléans, ni François Villon. L'absence chez lui du concept de 'genèse de l'Etat moderne' par lequel on désigne désormais le développement, à partir des années 1280, des idées et des institutions politiques un peu partout en Europe, et notamment dans les grandes monarchies occidentales (France, Angleterre, royaumes de Naples, de Castille et d'Aragon) l'empêche de donner un sens à quantité de phénomènes qu'il connaît ou soupçonne mais qu'il présente de façon parcellaire, telle la mise en place de la fiscalité d'Etat et de l'armée permanente. Il a beau citer Gerson, les nouvelles formes de religiosité propres à cette époque, qu'on désigne parfois par l'expression de *devotio moderna* et qui trouva son expression durable dans l'*Imitation de Jésus-Christ*, ne sont présentées par lui que sur le mode caricatural. Notamment en France, un des grands thèmes qui hantèrent ce qu'on peut d'ores et déjà appeler l'opinion publique fut celui de la réforme conjointe de l'Eglise, de l'Etat et de la société: Voltaire ne dit rien de cette attente, de cette espérance. A le lire, on ne saisit que très imparfaitement le dynamisme économique dont firent preuve un certain nombre de milieux dans un certain nombre de régions, malgré un climat d'incertitude politique, de troubles monétaires et de dépression démographique. Même s'il mentionne Jacques Cœur, il lui échappe largement que les grandes découvertes furent le fruit de la maturation, voire de la mutation intellectuelle qui affectèrent quelques secteurs de la société aux XIVe et XVe siècles.

Faut-il lui reprocher d'avoir été insensible à ce qui fait non seulement l'intérêt mais encore la grandeur d'une période certes profondément troublée, dont il retient surtout le manque presque absolu de lumière et de sagesse? Autrement dit, indépendamment du stock limité de matériaux à sa disposition, lui qui se voulait un amateur d'histoire philosophique œuvrant pour les honnêtes gens et non point un érudit besogneux à la manière de Du Cange (qu'il cite) et des bénédictins de Saint-Maur, s'il avait abordé cette période avec moins de préjugé idéologique, serait-il parvenu à une vue qui aurait été moins décevante, plus acceptable, pour le médiéviste professionnel du début du XXIe siècle? On ne peut l'exclure. Pour ne citer que deux noms, n'est-il pas plus instructif, plus enrichissant, plus satisfaisant, de parcourir *De l'esprit des lois* et plus encore peut-être de se plonger dans l'œuvre d'Edward Gibbon, lequel a su mettre sa splendide érudition au service de la réflexion philosophique, à travers une narration toujours plaisante?

Saluons dans l'*Essai sur les mœurs* un défi audacieux, quoique lancé trop tôt. Le style et l'esprit de M. de Voltaire s'y manifestent avec éclat, dans sa plénitude. Nul ennui à le lire. Saluons la performance. Mais Clio, muse chaste et savante, y trouve-t-elle son compte?

Philippe Contamine
Institut de France

ESSAI SUR LES MŒURS
ET L'ESPRIT
DES NATIONS

CHAPITRE 68

Suite de l'état où étaient l'empire, l'Italie et la papauté, au quatorzième siècle.

Nous avons entamé le quatorzième siècle. Nous pouvons remarquer que depuis six cents ans, Rome faible et malheureuse est

a-228 [*Première rédaction de ce chapitre*: MSP]
a MSP: Chapitre 47
   W56-W57G: Chapitre 56
   61: Chapitre 64
b MSP: *l'Italie, la*
1-42 MSP, 53-54N: Depuis Frédéric II mort en 12^V<48>50 [53-54N: 1248], les empereurs qui se disaient rois [53-54N: maîtres] de Rome et chefs de l'Occident

* Il y a toute une symbolique du pouvoir impérial et papal qui, déjà présente dans des chapitres précédents, est pour ainsi dire réactivée et mise en scène une nouvelle fois dans le ch.68. Le déploiement de cette symbolique comporte: l'arrivée ou la descente en Italie des empereurs et leur couronnement à Rome; la revendication du droit de suzeraineté; le serment de fidélité; l'excommunication et la déposition; la création d'un antipape. Il s'agit d'actes en quelque sorte rituels, mais qui se jouent, cette fois, pour la plupart, 'en idée', comme le souligne Voltaire (ligne 116), et qui entraînent des issues contradictoires ou aboutissent à des situations, de quelque façon, 'décalées'. Ainsi, l'arrivée de l'empereur à Rome est entravée de toutes les manières possibles, y compris par la force des armes; le couronnement d'Henri VII est effectué non par le pape, mais par trois cardinaux; encore, ce qui est pour le pape un serment de fidélité est-il pour l'empereur un acte uniquement cérémoniel; enfin, à la revendication de suzeraineté de l'un s'oppose la prétention symétrique et inverse de l'autre à cette même suzeraineté, tout comme à l'excommunication et la déposition 'en idée' de l'empereur par le pape, fait suite la création d'un antipape par l'empereur, lequel accuse le pape d'hérésie... Cette accusation tout à fait artificieuse et instrumentale montre, comme le remarque Voltaire (lignes 145-46 var.), que 'la haine et même la politique emploient quelquefois des armes ridicules'. Tout cela a en effet sa source dans la symbolique des rapports entre le pape et l'empereur, un héritage du passé qui fonctionne grâce à une étrange force d'inertie. Au cours des premières décennies du XIVe siècle, elle semble d'ailleurs bien masquer l'avènement d'une nouvelle réalité: l'accroissement du pouvoir économique et financier des

toujours le principal objet de l'Europe. Elle domine par la religion, tandis qu'elle est dans l'avilissement et dans l'anarchie; et malgré

---

n'avaient pas mis le pied en Italie jusqu'à l'an 1312, ce qui fait une période de 74 années. Et les papes, en ce temps-là même, quoique souverains de Rome, n'osaient pas aller dans leur capitale. Clément V qu'on appelait le pape gascon rendait [53-54N: 5 Clément V rendait] le Saint-Siège ambulant à Lyon, à Vienne, à Avignon, menant publiquement avec lui sa maîtresse, la comtesse de Périgord, fille du comte de Foix, et amassant [53-54N: maîtresse, et amassant] ce qu'il pouvait de trésors. ¶Enfin on vit un empereur à Rome. Henri VII de la maison de Luxembourg, successeur d'Albert d'Autriche et couronné à Aix-la-Chapelle en 1309, renouvela ses droits sur l'Italie,   10 toujours divisée par des factions et toujours respirant la liberté. ¶Les querelles des empereurs et des papes avaient fait naître les factions guelphe et gibeline. Ces parties subsistaient quoique l'Italie n'eût ni empereur ni pape. Il [53-54N: d'Albert d'Autriche, renouvela ses droits sur l'Italie, Il] est évident qu'alors les Césars allemands n'avaient plus aucun domaine, direct et immédiat [53-54N: aucun droit] dans toutes ces villes   15 italiennes. Elles étaient comme Strasbourg, Nuremberg, Francfort en Allemagne, reconnaissant seulement l'empereur comme chef de l'empire dont elles faisaient partie. J'en excepte Venise qui se croyait un Etat absolument séparé et qui était assez puissante pour soutenir ce droit d'indépendance. Presque toutes les autres villes, celles mêmes qui avaient acheté leur liberté de Rodolphe de Habsbourg, donnèrent   20 quelque argent à Henri VII, comme une espèce de tribut que leur gouvernement, d'ailleurs indépendant, payait à l'empereur. Il n'y eut pas jusqu'aux Vénitiens qui ne lui envoyassent des présents pour les terres dont ils s'étaient emparé en

---

papes. Ceux-ci loin de l'Italie et de Rome, loin donc des terres, comme celles de la comtesse Mathilde (ligne 94), qui constituaient jusqu'alors la base de leur 'richesse', finissent par mettre en œuvre tout un système visant à tirer des 'rétributions' (94) de leurs fidèles, et des revenus de l'administration des bénéfices ecclésiastiques. Un pape gascon, Clément V, commence l'œuvre, mais un autre pape gascon (79-80 var.), Jean XXII, a le vrai 'mérite' (96) de la mise en place de ce système basé sur les 'taxes de la chancellerie romaine' et la gestion centralisée des bénéfices à laquelle la cour papale parvient 'par l'art des réserves' (179). C'est à la suite de cette réussite que ce dernier pape, fils d'un savetier, est à placer 'au nombre de ces pontifes qui eurent d'autant plus de hauteur dans l'esprit que leur origine était plus basse aux yeux des hommes' (91-93). Tandis que l'empereur tournait le dos à l'Italie et à ses luttes déchirantes et qu'il cherchait à s'établir dans une Allemagne non-exempte de troubles (163), les papes, loin du 'séjour orageux de Rome', dans la cour tranquille d'Avignon, ont affermi leur pouvoir en recourant à des 'infamies plus ridicules et plus odieuses que tout ce qu'on raconte de l'insolente fourberie des prêtres de l'antiquité' (185-87). Le point d'aboutissement de cette évolution opposée est souligné avec force par Voltaire: alors que Louis de Bavière, 'tout sage qu'il était,

5   tant d'abaissement et tant de désordres, ni les empereurs ne peuvent
y établir le trône des Césars, ni les pontifes s'y rendre absolus. Voilà
depuis Frédéric II, quatre empereurs de suite qui oublient entièrement l'Italie, Conrad IV, Rodolphe Ier, Adolphe de Nassau, Albert
d'Autriche. [1] Aussi c'est alors que toutes les villes d'Italie rentrent

---

terre ferme. L'empereur regardait ces présents comme un tribut et les Vénitiens
25   comme une libéralité intéressée. [53-54N: toutes ces villes italiennes.] ¶Rome [2]

---

mourut pauvre dans son pays', le pape, 'éloigné de Rome et tirant peu de secours de
l'Italie, laissa en mourant dans Avignon', un trésor considérable (même si on peut
avancer des doutes sur 'la valeur de vingt-cinq millions de florins', dont parle le
chroniqueur Giovanni Villani). C'est là, pour ainsi dire, la 'morale de la fable' de ce
chapitre, mais plus généralement la 'morale' des luttes acharnées entre la puissance
spirituelle des papes et la puissance temporelle des empereurs au cours de la première
moitié du XIVe siècle. A côté de la source fondamentale qu'est l'*Histoire ecclésiastique*
de C. Fleury (La Haye et Bruxelles, 1692-1693; Paris, 1720-1738, BV1350, t.19, 20),
Voltaire emploie les ouvrages historiques sur l'empire qu'il a déjà précédemment
utilisés, de J. Heiss von Kogenheim (*Histoire de l'Empire*, Paris, 1731, BV1605) à
J. Barre (*Histoire générale d'Allemagne*, Paris, 1748, BV270). Dans la partie
concernant la mise en place du nouveau système de gestion des bénéfices et la
définition de la 'taxe de la chancellerie', il a recours, d'un côté, à l'ouvrage de
P. Sarpi, *Traité des bénéfices* (Amsterdam, 1699, BV3093), de l'autre, à un texte qui
constitue un véritable cheval de bataille philosophique, la *Taxe de la chancellerie
romaine ou la banque du pape dans laquelle l'absolution des crimes les plus énormes se
donne pour de l'argent* [éd. J.-B. Renoult] (1740; réimpr. Rome, 1744, BV3252).
Signalons enfin qu'il consulte aussi, semble-t-il, les *Rerum italicarum scriptores* de
L. A. Muratori (Milan, 1723-1751): si, dans le cas de la chronique de Villani
(lignes 172-73), il est aidé par le renvoi précis de Fleury, dans celui qui concerne
L. Monaldesco (lignes 122-28), il a recours, de façon autonome, au recueil de
l'historien italien.

  [1] Sur cette suite d'empereurs, dont les règnes s'étendent de 1250 à 1308, voir les
Annales de l'Empire (*M*, t.13, p.356-83).

  [2] Par rapport à la version primitive des lignes 1-42, la version définitive, à partir de
w56, comprend quelques précisions supplémentaires (les quatre empereurs, lignes 8-
9; les villes italiennes, lignes 9-13; la 'captivité de Babilone', lignes 15-19; l'affaire des
templiers, lignes 23-24; une explication plus approfondie des effets de la division
entre guelfes et gibelins, lignes 24-32), mais ne mentionne plus avec autant de détail
l'indépendance de Venise, ni les sens différents que les Vénitiens et l'empereur
Henri VII donnent aux 'présents' envoyés par la ville au souverain (lignes 1-42 var.).

dans leurs droits naturels et lèvent l'étendard de la liberté.[3] Gênes et   10
Pise sont les émules de Venise. Florence devient une république
illustre. Bologne ne reconnaît alors ni empereurs ni papes. Le
Transmigration gouvernement municipal prévaut partout, et surtout dans Rome.[4]
du siège papal. Clément V qu'on appela le pape gascon,[5] aima mieux transférer le
1312. Saint-Siège hors d'Italie, et jouir en France des contributions   15
payées alors par tous les fidèles, que disputer inutilement des
châteaux et des villes auprès de Rome. La cour de Rome fut établie
sur les frontières de France par ce pape; et c'est ce que les Romains
appellent encore aujourd'hui le temps de la captivité de Babilone.[6]

[3] Voltaire s'est déjà arrêté sur l'aspiration à la liberté des villes italiennes (notre t.3, ch.48, lignes 88-97) et il va y revenir surtout dans la suite (voir, par exemple, ch.83).

[4] Voltaire a souligné plusieurs fois les différentes formes de gouvernement municipal, à Rome et ailleurs: voir notre t.2, ch.12, p.224; ch.22, p.345-46; ch.30, p.431-32; et notre t.3, ch.47, lignes 88-111; ch.48, lignes 52-78; ch.50, lignes 95-100.

[5] L'origine gasconne de Clément V (1305-1314), alias Bertrand de Got, originaire de Villandraut dans les Landes, est soulignée dans ses différentes biographies: voir B. Platina, *De vitis pontificum romanorum* (Cologne, 1600), col.249: 'Clemens quintus, natione Vasco' (*Les Vies, les mœurs et actions des papes de Rome*, trad. le Sieur Coulon, Paris, Clouzier, 1651, 1re partie, art. 'Clément V'). Mais l'indication prend déjà chez les premiers chroniqueurs une nuance particulière, en référence à la traditionnelle réputation de vanité des Gascons. Elle sert en effet à décrire le caractère vain et ambitieux du pontife: voir G. Villani, *Nuova Cronica* ou *Historia universalis*, livre 8, ch.80, dans Muratori, *Rerum italicarum scriptores* (t.13, col.417). La donnée revient dans les historiens postérieurs: G. Daniel: 'L'archevêque, homme qui, selon le génie de son pays, aimait passionnément la gloire' (*Histoire de France*, Paris, 1696; Paris, 1729, BV938, ann.1304); à peu près la même chose chez F. Eudes de Mézeray (*Abrégé chronologique de l'histoire de France*, Paris 1667-1668; Amsterdam, 1673-1701, BV2443-44, ann.1304); F. Bruys (*Histoire des papes*, La Haye, 1732-1734, ann.1314). C'est en s'appuyant sur ce trait de caractère que Voltaire a créé, pour la première fois dans la version manuscrite, l'expression 'le pape gascon', définitivement reprise à partir de w56.

[6] Voir J.-H. Heidegger, *Histoire du papisme, ou Abrégé de l'histoire de l'Eglise romaine* (Amsterdam, 1685, BV1603; il manque le t.1): 'le Siège resta à Avignon, ce qui a fait appeler ce temps-là à quelques Italiens, le temps de la captivité de Babylone' (t.1, 1re partie, 'Age cinquième', p.210). Il s'agit d'une donnée commune: voir aussi L. Coulon, *L'Histoire et la vie des papes de Rome* (Paris, 1658), 'Clément V, Jean XXI [sic], Benoît XI dit XII', ann. 1305; Bruys, ann.1305; ou encore Giannone, *Histoire civile du royaume de Naples* (La Haye [Genève], 1742, BV1464), livre 22, ch.8, §1.

20 Clément allait de Lyon à Vienne en Dauphiné, à Avignon, menant
publiquement avec lui la comtesse de Périgord, et tirant ce qu'il
pouvait d'argent de la piété des fidèles. [7] C'est celui que vous avez
vu détruire le corps redoutable des templiers. [8]

Comment les Italiens dans ces conjonctures ne firent-ils pas, loin
25 des empereurs et des papes, ce qu'ont fait les Allemands, qui sous
les yeux mêmes des empereurs ont établi de siècle en siècle leur
association au pouvoir suprême, et leur indépendance? Il n'y avait
plus en Italie ni empereurs ni papes: qui forgea donc de nouvelles
chaînes à ce beau pays? la division. Les factions guelfe et gibeline,
30 nées des querelles du sacerdoce et de l'empire, subsistaient toujours
comme un feu qui se nourrissait par de nouveaux embrasements. [9]

22-24   w56-w57G: fidèles. ¶Comment

---

[7] En ce qui concerne la 'comtesse de Périgord' (Brunissende, fille du comte
Roger-Bernard III de Foix, veuve en 1311 d'Hélie VII, comte de Périgord) et
l'avidité de Clément V, Fleury cite et traduit la chronique de Giovanni Villani
(livre 9, ch.58, dans Muratori): '[Clément V] aima fort l'argent en sorte qu'on vendait
à sa cour tous les bénéfices. On disait publiquement qu'il avait pour maîtresse la
comtesse de Périgord très belle femme, fille du comte de Foix. Il laissa à ses neveux et
à ses autres parents des trésors immenses [en manchette: J. Villani, IX, c.58]'
(livre 92, ann.1314, §11). Voir Villani: '[Clément V] fu huomo molto cupido di
moneta e simoniaco, che ogni beneficio per moneta in sua corte si ve[n]dea, e fu
lusurioso, che palese si dicea che tenea per amica la Contessa di Palagorgo, bellissima
donna, figliola del Conte di Fos' (t.13, col.471).

[8] Voir notre t.3, ch.66.

[9] A ce sujet, voir aussi notre t.3, ch.52 (lignes 40-50, 82-84), 61 (lignes 42-43), 65
(lignes 14-36). Voltaire sait, peut-être à la suite de ce qu'il a lu dans Giannone (t.2,
livre 16, ch.1), que les deux factions ont pris naissance à Florence (voir le *Saint-
Fargeau notebook*: 'Les factions guelfe et gibeline commencent à éclater à Florence',
OCV, t.81, p.123). Il s'appuie vraisemblablement ici sur Fleury: 'En toute l'Italie les
troubles augmentaient toujours, et les factions des guelfes et des gibelins s'échauf-
faient de plus en plus' (livre 93, ann.1323, §1); ou sur Giannone: '[Jean XXII]
continua les procédures qu'il avait commencées; il excommunia Louis de Bavière, et
le déclara hérétique. De là toute l'Italie fut en discorde, et divisée en deux partis, celui
des guelfes partisans du pape, et celui des gibelins attachés aux intérêts de l'empereur'

La discorde était partout.[10] L'Italie ne faisait point un corps; l'Allemagne en faisait toujours un. Enfin le premier empereur entreprenant qui voudrait repasser les monts, pouvait renouveler les droits et les prétentions des Charlemagnes et des Othons. C'est 35 *L'empereur* ce qui arrive enfin à Henri VII de la maison de Luxembourg en *Henri VII à* 1311. Il descend en Italie avec une armée d'Allemands. Il vient se *Rome.* faire reconnaître. Le parti guelfe regarde son voyage comme une nouvelle irruption de barbares; mais le parti gibelin le favorise. Il soumet les villes de Lombardie; c'est une nouvelle conquête. Il 40 marche à Rome pour y recevoir la couronne impériale.[11]

Rome qui ne voulait ni d'empereur ni de pape, et qui ne put *1313.* secouer tout à fait le joug de l'un et de l'autre, ferma ses portes en vain.[12] Les Ursins, et le frère de Robert roi de Naples, ne purent empêcher que l'empereur n'entrât l'épée à la main, secondé du parti 45 des Colonnes. On se battit longtemps dans les rues, et un évêque de Liège fut tué à côté de l'empereur. Il y eut beaucoup de sang répandu pour cette cérémonie du couronnement, que trois

42-43 MSP, 53-54N: ne put jamais secouer le joug ni de l'un ni [53-54N: joug de l'un et] de l'autre
47 MSP: Liège qui combattait à côté de l'empereur, y fut tué.

(t.3, livre 22, ch.2, p.231). Voir aussi Barre, ann.1316-1317. Sur le début des factions des gibelins et des guelfes, voir les *Annales*, ann.1253-1254: 'Les factions des gibelins et des guelfes partageaient et désolaient l'Italie. Elles avaient commencé par les querelles des papes et des empereurs' (p.359-60); et ann.1311-1312: 'Les factions des guelfes et des gibelins partageaient toujours l'Italie: mais ces factions n'avaient plus le même objet qu'autrefois: elles ne combattaient plus l'une pour l'empereur, l'autre pour le pape; ce n'était plus qu'un mot de ralliement, auquel il n'y avait guère d'idée fixe attachée' (p.385-86).

[10] Voir les *Annales*: 'Il faut se représenter dans ces temps-là, l'Italie aussi divisée que l'Allemagne. Les guelfes et les gibelins la déchirent toujours' (ann.1317, p.390). L'état de désordre de l'Italie à cette époque est souligné par de nombreux historiens: voir, par exemple, Coulon, p.518; Bruys, ann.1320-1321.

[11] En ce qui concerne Henri VII (1308-1313), Voltaire semble suivre Fleury (livre 91, ann.1311, §48).

[12] Voir les *Annales*: 'le peuple romain ne veut ni d'empereur ni de pape' (p.390).

cardinaux firent enfin au lieu du pape. [13] Il ne faut pas oublier que
Henri VII, protesta par-devant notaire, que le serment, par lui
prêté à son sacre, n'était point un serment de fidélité. Les papes
osaient donc prétendre que l'empereur était leur vassal. [14]

Maître de Rome, il y établit un gouverneur. [15] Il ordonna que
toutes les villes, que tous les princes d'Italie lui payassent un tribut
annuel. [16] Il comprit même dans cet ordre le royaume de Naples,
séparé alors de celui de Sicile, et cita le roi de Naples à comparaître. [17]
Ainsi l'empereur réclame son droit sur Naples. Le pape en était

50

55

---

49   MSP: [*manchette*] *Protestation singulière de l'empereur.*
49-50   MSP: que l'empereur protesta
51-53   MSP, 53-61: fidélité. ¶Maître
56   MSP: séparé de celui
56-60   MSP, 53-W57G: comparaître. ¶Le pape était suzerain [53-W57G: de
Naples] et l'empereur se disait suzerain du pape; étranges droits de tous côtés.
L'empereur allait

---

[13] Fleury parle de l'arrivée d'Henri VII à Rome, du combat 'sanglant' qui a lieu
dans la ville et de la mort de l'évêque de Liège, Thibaut de Bar, qui, d'après lui, meurt
trois jours après le combat à la suite des blessures reçues (livre 92, ann.1312, §1). Voir
aussi Barre, ann.1312. Les 'Ursins' (ligne 44) sont les membres de la famille Orsini,
traditionnelle rivale des Colonna ('le parti des Colonnes', ligne 46). Le 'frère de
Robert roi de Naples' (ligne 44) est Jean de Durazzo (1294-1336). N'ayant pu
prendre le Vatican, Henri VII est couronné empereur au château Saint-Ange le
29 juin 1312.

[14] Voir Fleury, ann.1312, §1; Barre, ann.1312. Dans un passage du *Saint-Fargeau
notebook* (*OCV*, 81, p.146), Voltaire semble reprendre et traduire la première partie
de la formule du serment transcrite par L. A. Muratori, *Antiquitates italicae medii aevi*
(Milan, 1738), t.1, *Dissertatio tertia. De imperatorum romanorum, et regum italicarum
electione*, col.102.

[15] Voir Barre: 'Ce prince content d'avoir reçu la couronne régla le mieux qu'il put
les affaires de Rome, et laissa aux Colonnes le gouvernement de cette ville'
(ann.1312). Mais quelques pages plus loin le même historien parle de 'plusieurs
tentatives inutiles' faites par l'empereur 'pour se rendre entièrement maître de
Rome', ce dont Voltaire ne tient pas compte.

[16] Sur ce tribut, voir ci-dessus, lignes 1-41 var. MSP, 53-54N, lignes 17-24.

[17] Voir Barre, ann.1313.

suzerain; l'empereur se disait suzerain du pape, et le pape se croyait suzerain de l'empereur. [18]

Henri VII cru
empoisonné.
1313.

Henri VII allait soutenir sa prétention sur Naples par les armes, quand il mourut, empoisonné, comme on le prétend. Un dominicain mêla, dit-on, du poison dans le vin consacré.

Les empereurs communiaient alors sous les deux espèces, en qualité de chanoines de saint Jean de Latran. [19] Ils pouvaient faire l'office de diacres à la messe du pape, et les rois de France y auraient été sous-diacres.

On n'a point de preuves juridiques que Henri VII ait péri par cet empoisonnement sacrilège. Frère Bernard Politien de Montepulciano en fut accusé, et les dominicains obtinrent trente ans après du fils de Henri VII, Jean roi de Bohême, des lettres qui les déclaraient innocents. Il est triste d'avoir eu besoin de ces lettres. [20]

60

65

70

60-61   MSP: Naples quand
61-72   MSP: dominicain qui le communiait dans Buon-Convento, mêla (dit-on) du poison dans le vin consacré. Il est difficile de prouver de tels crimes. Mais les dominicains n'obtinrent du fils de Henri VII Jean roi de Bohême des lettres qui les déclarèrent innocents, que trente ans après la mort de l'empereur, il eût mieux valu pour leur honneur avoir ces lettres dans le temps même qu'on commençait à les accuser de cet empoisonnement sacrilège. De même
62-72   53-54N: consacré. ¶De même

5

[18] Fleury fait état de la querelle entre le pape et l'empereur (livre 92, ann.1312, §1). Toutefois, il n'emploie pas le terme 'suzerain' mais 'protecteur'. Voir aussi à ce propos notre t.3, ch.61, lignes 18-29.

[19] Voltaire pouvait notamment trouver cette information chez Du Cange, *Glossarium ad scriptores mediae et infimae latinitatis* (Paris, 1733-1736, BV1115), art. 'Canonici Honorarii, seu laïci' (t.2, col.178).

[20] Henri VII, mort empoisonné, est déjà rappelé dans les *LP* comme un cas de fanatisme religieux (8, t.1, p.92). Ici, il devient un cas douteux parmi d'autres de mort par empoisonnement: voir l'art. 'Empoisonnements' des *QE* (*OCV*, t.41, p.87-93) et les épisodes cités au ch.61 (notre t.3, p.437-38, lignes 10-17). Dans les *Notebook fragments*, on trouve une note sur Henri VII empoisonné 'dans une hostie' (*OCV*, t.82, p.649); à propos des lettres obtenues par les dominicains, voir les *Annales* (p.387). Pour les sources, Fleury précise que le dominicain Bernard de Montpulcien 'avait mis du poison dans le vin de l'ablution qu'il lui avait donné après la communion' (livre 92, ann.1313, §7); Heiss (livre 2, ch.25) et Barre (ann.1313) évoquent également l'empoisonnement de l'empereur.

De même qu'alors peu d'ordre régnait dans les élections des papes, celles des empereurs étaient très mal ordonnées. Les hommes n'avaient point encore su prévenir les schismes par de sages lois.

75 Louis de Bavière, et Frédéric le Beau, duc d'Autriche, furent élus à la fois au milieu des plus funestes troubles. Il n'y avait que la guerre qui pût décider ce qu'une diète réglée d'électeurs aurait dû *1322.* juger. Un combat dans lequel l'Autrichien fut vaincu et pris, donna la couronne au Bavarois. ²¹

80 On avait alors pour pape Jean XXII élu à Lyon en 1315. Lyon se *Jean XXII.* regardait encore comme une ville libre; mais l'évêque en voulait toujours être le maître, et les rois de France n'avaient encore pu soumettre l'évêque. Philippe le Long, à peine roi de France, avait assemblé les cardinaux dans cette ville libre: et après leur avoir juré

---

75   MSP: [*manchette*] *1314.*

79-80   MSP: Bavarois. ¶On avait alors pour pape Jacques d'Euse, autre Gascon, longtemps évêque de Fréjus, qui élu en 1315 à Lyon, prit le nom de Jean XXII. ¶Lyon se

80-83   MSP: Lyon avait été assez longtemps une ville libre impériale qui avait disputé sa liberté contre ses archevêques. Le roi de France Philippe le Bel pour mettre d'accord l'archevêque et les citoyens s'était rendu maître de la ville, en lui laissant des privilèges que le temps diminue toujours. [MSP *raturé*, MSG: Lyon se regardait alors comme une ville libre mais l'évêque voulait toujours en être le maître, et les rois de France n'ayant jamais soumis l'évêque elle ressemblait à beaucoup de villes d'Italie dont le sort n'était pas décidé.] ¶Philippe

84   MSP: dans ⱽ<cette ville libre> Lyon⁺, et

---

²¹ Fleury, livre 92, ann.1314, §15. Louis IV de Bavière (1282-1347) et son cousin Frédéric le Beau d'Autriche (1286-1330) sont élus l'un après l'autre en 1314, et s'affrontent pendant quelques années pour la couronne impériale. Fleury parle de la 'sanglante bataille' de Mühldorf am Inn, le 28 septembre 1322, où Frédéric est fait prisonnier (livre 93, ann.1323, §1). Voir aussi L. Maimbourg, *Histoire de la décadence de l'empire* (Paris, 1679), livre 4, ann.1316. Dans les *Annales*, Voltaire s'arrête sur les différentes phases de la querelle entre les deux cousins empereurs: combat de trente champions suivi d'une bataille qui demeure indécise (ann.1319), enfin bataille décisive en 1322 (p.389-91).

qu'il ne leur ferait aucune violence, il les avait enfermés tous, et ne   85
les avait relâchés qu'après la nomination de Jean XXII. [22]

Ce pape est encore un grand exemple de ce que peut le simple
mérite dans l'Eglise; car il faut sans doute en avoir beaucoup pour
parvenir de la profession de savetier au rang dans lequel on se fait
baiser les pieds. [23]   90

Il est au nombre de ces pontifes qui eurent d'autant plus de
hauteur dans l'esprit que leur origine était plus basse aux yeux des
hommes. Nous avons déjà remarqué que la cour pontificale ne
subsistait que des rétributions fournies par les chrétiens. [24] Ce fonds
était plus considérable que les terres de la comtesse Mathilde. [25]   95
Quand je parle du mérite de Jean XXII, ce n'est pas de celui du
désintéressement. Ce pontife exigeait plus ardemment qu'aucun de
ses prédécesseurs, non seulement le denier de saint Pierre, que
l'Angleterre payait très irrégulièrement, mais les tributs de Suède,
de Dannemarck, de Norvège, et de Pologne. [26] Il demandait si   100

86-97   MSP: Jean XXII. ¶Ce pontife
86-114   53-54N: Jean XXII. ¶Ce pontife fit déclarer les Visconti qui étaient
gibelins et qui s'emparaient d'une partie de ces terres de la comtesse Mathilde,
hérétiques par l'Inquisition. Comme il était
89-91   w56-w57G: savetier à la première place du monde chrétien. ¶Il est au
rang de

[22] Voltaire semble suivre Fleury, livre 92, ann.1316, §21-22. Jacques Duèse ou
d'Euze, évêque d'Avignon et de Porto, est élu pape sous le nom de Jean XXII le
7 août 1316. Le concile a été convoqué en mars par Louis X le Hutin, roi de France
depuis 1314, qui est décédé le 5 juin. Son frère et successeur Philippe V le Long (1316-
1322) a fait cerner le concile par son armée le 28 juin. Quant à la ville 'libre' de Lyon,
l'archevêque y a fait reconnaître, en 1173 par l'empereur, son autorité politique.

[23] Voltaire aime souligner la basse extraction de certains papes (voir notre t.3,
ch.46, ligne 55; 47, lignes 120-33). Fleury utilise une périphrase: 'Il était né à Cahors
de bas lieu' (livre 92, ann.1315, §22). Voltaire pouvait trouver la donnée ailleurs: chez
Sarpi, et chez Maimbourg (ann.1316), cité par Bruys (ann.1316).

[24] Voir ci-dessus, lignes 21-22 ('argent de la piété des fidèles').

[25] Voir notre t.3, ch.46, lignes 291-316, et l'art. 'Donations' des *QE* (*OCV*, t.40,
p.515-16).

[26] Pour le 'denier de saint Pierre', Voltaire suit Fleury, livre 92, ann.1317, §25.
Voir aussi l'art. 'Donations' des *QE* (p.518).

souvent et si violemment, qu'il obtenait toujours quelque argent. Ce qui lui en valut davantage fut la taxe apostolique des péchés; il évalua le meurtre, la sodomie, la bestialité; et les hommes assez méchants pour commettre ces péchés furent assez sots pour les payer.[27] Mais être à Lyon et n'avoir que peu de crédit en Italie, ce n'était pas être pape.[28]

Pendant qu'il siégeait à Lyon, et que Louis de Bavière s'établissait en Allemagne, l'Italie se perdait, et pour l'empereur et pour lui. Les Visconti commençaient à s'établir à Milan.[29] L'empereur Louis ne pouvant les abaisser, feignait de les protéger, et leur laissait le titre de ses lieutenants.[30] Ils étaient gibelins: comme tels ils s'emparaient d'une partie de ces terres de la comtesse Mathilde, éternel sujet de discorde. Jean les fit déclarer hérétiques

Jean XXII dépose l'empereur Louis de Bavière.

101-105 M3P, W56-61: argent. Mais
113 MSP: Jean XXII les

[27] Voir aussi ci-dessous, lignes 182-85. Voltaire fait référence ici à l'ouvrage intitulé *Taxe de la chancellerie romaine*, t.1, titres 27-34 (sur les différents homicides), titre 43 (sur la sodomie et la bestialité); voir l'illustration, p.14. Dans l'art. 'Taxe' des *QE*, Voltaire cite quelques éditions de cet ouvrage datant du XVIe siècle (*M*, t.20, p.484-85), d'après la *Taxe de la chancellerie romaine*, p.xxiii. Une de ses sources est peut-être Bayle, *Dictionnaire historique et critique* (5e éd., Amsterdam, 1740), art. 'Banck (Laurent)' et 'Pinet (Antoine du)'. Voir aussi l'art. 'Superstition' du *DP* (*OCV*, t.36, p.542) et l'*Extrait du Tarif des droits*' dans l'art. 'Droit canonique' des *QE* (*OCV*, t.40, p.568-70). A propos de l'établissement de la 'taxe', Voltaire critique, dans l'art. 'Taxe' des *QE*, son attribution à Léon X: il suit le texte de la *Taxe de la chancellerie romaine* (p.xxii) et il ajoute, d'après la même source (p.xx-xxi): 'Polydore Virgile [avec note: 'Livre 8, ch.2, des *Inventeurs des choses*'] et le cardinal d'Ossat ['Lettre 303'] s'accordent à placer la taxe de la chancellerie sous Jean XXII, vers l'an 1320, et le commencement de celle de la pénitencerie seize ans plus tard, sous Benoît XII' (p.485): voir Polydori Virgilii, *De inventoribus rerum libri octo* (Bâle, 1554), livre 8, ch.2; et les *Lettres de l'illustrissime et révérendissime cardinal d'Ossat* (Rouen, 1643), livre 7, ann.1601, lettre 296.

[28] En fait, Jean XXII s'installe à Avignon très peu de temps après son élection.

[29] A propos des Visconti, qui dominent à Milan dès la fin du XIIIe siècle, voir Fleury (livre 92, ann.1321, §60).

[30] Après sa défaite de Mühldorf am Inn en 1322, Frédéric le Beau a officiellement renoncé au titre d'empereur en 1325. Louis IV de Bavière l'associe cependant depuis lors au gouvernement de l'empire.

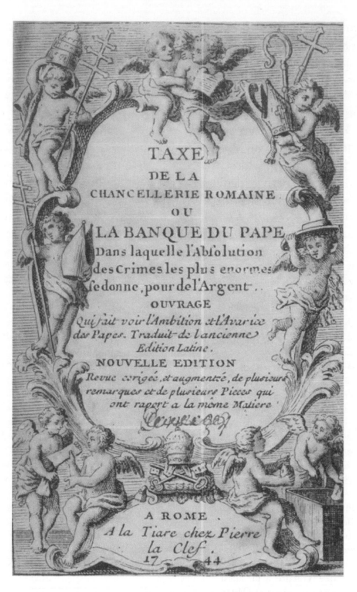

TAXE
DE LA
CHANCELLERIE ROMAINE.
OU
LA BANQUE DU PAPE.
Dans laquelle l'Abſolution
des Crimes les plus enormes
ſe donne, pour de l'Argent.
OUVRAGE
Qui fait voir l'Ambition et l'Avarice
des Papes. Traduit de l'ancienne
Edition Latine.
NOUVELLE EDITION
Revue corigée, et augmentée, de plusieurs
remarques et de plusieurs Pieces qui
ont rapprt a la même Matiere.

A ROME.
A la Tiare chez Pierre
la Clef.
17 44

1. [J.-B. Renoult, éd.] *Taxe de la chancellerie romaine*
(Rome, 1744), page de titre.

par l'Inquisition.[31] Il était en France, il pouvait sans rien risquer
donner une de ces bulles qui ôtent et qui donnent les empires. Il
déposa Louis de Bavière en idée par une de ces bulles, *le privant,*
dit-il, *de tous ses biens meubles et immeubles.*[32]

L'empereur ainsi déposé se hâta de marcher vers l'Italie, où celui *1327.*
qui le déposait n'osait paraître; il vint à Rome, séjour toujours
passager des empereurs, accompagné de Castracani tyran de
Luques, ce héros de Machiavel.[33]

Ludovico Monaldesco, natif d'Orviette, qui à l'âge de cent *Auteur âgé de*
quinze ans écrivit des mémoires de son temps, dit qu'il se *cent quinze ans.*
ressouvient très bien de cette entrée de l'empereur Louis de *1328.*
Bavière. *Le peuple chantait*, dit-il, *Vive Dieu et l'empereur; nous
sommes délivrés de la guerre, de la famine et du pape.* Ce trait ne vaut
la peine d'être cité que parce qu'il est d'un homme qui écrivait à
l'âge de cent quinze années.[34]

114   MSP: l'Inquisition. Comme il était
118-20   53-54N: l'Italie. Il vint à Rome, accompagné
121-29   53-54N: Machiavel. ¶Louis
126-29   MSP: *pape.* ¶Louis

[31] Voir Fleury, livre 92, ann.1321, §60.
[32] Voltaire suit Fleury, qui date la bulle d'excommunication du 23 octobre 1327
(livre 93, §39).
[33] Sur Louis de Bavière à Rome, voir Fleury, livre 93, §41. Castracani est
mentionné par Barre (ann.1327-1328). Voltaire avait déjà traité ce point dans les
Annales: 'Le célèbre Castruccio Castracani, tyran de Lucques, créé d'abord par
l'empereur comte du palais de Latran et gouverneur de Rome, le conduit à
Saint Pierre' (ann.1328, p.394). Sur Castruccio Castracani degli Antelminelli
(1281-1328), il renvoie à *La Vita di Castruccio Castracani da Lucca* de
N. Machiavelli (voir *Opere*, La Haye, 1726, BV1035; *CN*, t.5, p.471; 2e partie,
p.109; pagination autonome et suivie avec le *Principe*). D'après *CN*, Voltaire exploite
la page citée qui traite des rapports de Castruccio avec Frédéric d'Autriche en 1320.
Pour ce faire, il 'corrige' le nom de l'empereur (*Ludovico* au lieu de *Federigo*) dans le
texte de Machiavel, qui a favorisé sa méprise par des altérations particulières des faits
historiques (voir *Opere*, éd. M. Bonfantini, Milan et Naples, 1954, p.542-46). Notons
enfin que Voltaire a pu aussi trouver la *Vita Castruccii* dans Muratori, *Rerum
italicarum scriptores*, t.11 (Milan, 1727), col.1315-44.
[34] Voltaire fait référence aux *Fragmenta annalium romanorum* (*Fragments des annales
romaines*) publiés pour la première fois dans Muratori, t.12, col.529-42. A propos de

*Louis de
Bavière dépose
le pape, et le
condamne à
mort.* Louis de Bavière convoqua dans Rome une assemblée générale, semblable à ces anciens parlements de Charlemagne et de ses 130 enfants. Ce parlement se tint dans la place même de Saint-Pierre. Des princes d'Allemagne et d'Italie, des députés des villes, des évêques, des abbés, des religieux y assistèrent en foule. L'empereur assis sur un trône au haut des degrés de l'église, la couronne en tête et un sceptre d'or à la main, fit crier trois fois par un moine 135 augustin, *Y a-t-il quelqu'un qui veuille défendre la cause du prêtre de Cahors qui se nomme le pape Jean?* Personne n'ayant comparu, Louis prononça la sentence, par laquelle il privait le pape de tout

1328. bénéfice, et le livrait au bras séculier pour être brûlé comme hérétique. Condamner ainsi à la mort un souverain pontife, était le 140 dernier excès où pût monter la querelle du sacerdoce et de l'empire. 35

Quelques jours après, l'empereur, avec le même appareil, créa pape un cordelier napolitain, l'investit par l'anneau, lui mit lui-même la chape, et le fit asseoir sous le dais à ses côtés; mais il se garda bien de déférer à l'usage de baiser les pieds du pontife. 36 145

---

129 MSP: [*manchette*] *Le pape jugé à Rome en plein parlement.*

129-31 53-54N: générale. Ce

131-33 53-54N: Saint-Pierre. L'empereur

139-42 MSP, 53-54N: séculier comme hérétique. ¶Quelques

143 MSP: napolitain, qu'on nommait frère Pierre Corbiero, l'investit

145-46 MSP: pontife. ¶C'était un crime singulier que l'hérésie dont l'empereur prétendait accuser le pape Jean vingt-deuxième. Ce seul mot d'hérésie fait voir que la haine et même la politique emploient quelquefois des armes ridicules. ¶Parmi

---

l'âge de Lodovico Bonconte Monaldesco (qui serait né en 1327 et n'a donc pu être témoin de l'entrée de l'empereur à Rome, en janvier 1328), voir la 'Préface' de Muratori, col.527, et le début des *Annales romaines*, col.529. Pour ce qu'il dit sur l'entrée de Louis de Bavière à Rome à la fin de l'ann.1327, et la citation, voir col.529-30.

35 Voltaire condense le récit de Fleury, livre 93, ann.1328, §44. Cette déposition a lieu en avril 1328.

36 L'antipape Pierre Rainalducci, laïc marié entré en 1310 dans l'ordre des franciscains (ou des 'cordeliers'), est élu le 12 mai 1328 sous le nom de Nicolas V. Voltaire suit Fleury, qui cependant n'évoque pas la question du baisement des pieds (livre 93, ann.1328, §46). Voir, à ce sujet, ci-dessus, ligne 90, notre t.2, ch.13, p.238, et les *Leningrad notebooks* (*OCV*, t.81, p.220, 230).

16

Parmi tous les moines, dont je parlerai à part, les franciscains faisaient alors le plus de bruit. Quelques-uns d'eux avaient prétendu que la perfection consistait à porter un capuchon plus pointu et un habit plus serré. Ils ajoutaient à cette réforme l'opinion *Cordeliers brûlés.*
150 que leur boire et leur manger ne leur appartenaient pas en propre. Le pape avait condamné ces propositions. La condamnation avait révolté les réformateurs. Enfin la querelle s'étant échauffée, les inquisiteurs de Marseille avaient fait brûler quatre de ces mal- *1318.* heureux moines. [37]

155 Le cordelier fait pape par l'empereur était de leur parti; voilà pourquoi Jean XXII était hérétique. Ce pape était destiné à être *Jean XXII* accusé d'hérésie; car quelque temps après, ayant prêché que les *hérétique.* saints ne jouiraient de la vision béatifique qu'après le jugement dernier, et qu'en attendant ils avaient une vision imparfaite, ces
160 deux visions partagèrent l'Eglise, et enfin Jean se rétracta. [38]

Cependant ce grand appareil de Louis de Bavière à Rome, n'eut pas plus de suite que les efforts des autres Césars allemands. Les troubles d'Allemagne les rappelaient toujours, et l'Italie leur échappait.

146-47   MSP, 53-54N: à part, les cordeliers faisaient
149   MSP: serré que les autres.
150   MSP: propre, qu'ils n'en avaient que l'usufruit.
153   MSP: [*manchette*] 1328.
157   MSP: d'hérésie par tout le monde, car
159-60   MSP: imparfaite, cette opinion sur les deux visions alarma beaucoup de docteurs et
161   MSP: Rome, cette armée triomphante, cet acte de juridiction sur un pape, tout cela n'eut

[37] Sur les franciscains ('parmi tous les moines dont je parlerai à part', ligne 146), voir ch.139 sur les ordres religieux. Voltaire condense le récit détaillé de Fleury (livre 92, ann.1318, §43), réduit le schisme à une divergence triviale et incompréhensible, condamnée par Jean XXII, et lui donne une conclusion relativement paradoxale. Les quatre cordeliers sont brûlés à Marseille en 1318.
[38] Sur la 'vision béatifique', voir Fleury, livre 94, ann.1331, §21, et ann.1333, §32-33; sur la rétractation du pape, livre 94, ann.1333, §34.

Louis de Bavière, au fond peu puissant, ne put empêcher à son   165
retour que son pontife ne fût pris par le parti de Jean XXII, et ne fût
conduit dans Avignon, où il fut enfermé. [39] Enfin telle était alors la
différence d'un empereur et d'un pape, que Louis de Bavière, tout
sage qu'il était, mourut pauvre [40] dans son pays, et que le pape,
éloigné de Rome et tirant peu de secours de l'Italie, laissa en   170
mourant dans Avignon, la valeur de vingt-cinq millions de florins
d'or, si on en croit Villani auteur contemporain. Il est clair que
Villani exagère. Quand on réduirait cette somme au tiers, ce serait
encore beaucoup. [41] Aussi la papauté n'avait jamais tant valu à
personne; mais aussi jamais pontife ne vendit tant de bénéfices, et   175
si chèrement.

Il s'était attribué la réserve de toutes les prébendes, de presque

1344.
Pape
Jean XXII
très riche, et
pourquoi?

169   MSP: [*manchette*] *1334.*

172-74   MSP: Villani contemporain. Quand même Villani se tromperait de la
moitié, jamais la papauté n'avait tant

      53-54N: Villani. Jamais la papauté n'avait tant

176-88   53-54N: chèrement. ¶Les papes

[39] Le 25 juillet 1330, il obtient à Avignon 'le pardon' de Jean XXII. Il est dès lors
consigné dans le palais pontifical jusqu'à son décès, en 1333.

[40] Fleury écrit: 'sa mort fut regardée comme une punition divine' (livre 95,
ann.1347, §39), mais il ne fait pas mention de sa pauvreté. Louis IV ayant été déchu en
1346, par le pape Clément VI (1342-1352), de sa dignité impériale au profit de
Charles IV de Luxembourg (voir ci-dessous, ch.70), c'est peut-être ce à quoi
Voltaire fait ici allusion. Toutefois, l'opposition, entre pape 'riche' et empereur
'pauvre' relève en grande partie du procédé littéraire.

[41] Fleury traduit Villani, auquel il renvoie (livre 94, ann.1334, §39). Voltaire a pu
consulter directement Villani dans Muratori, *Rerum italicarum scriptores*, t.13,
livre 11, ch.20. Le récit de Villani (et/ou de Fleury) est repris dans Bruys,
ann.1334. Si Voltaire, toujours méfiant en matière de chiffres (voir, par exemple,
notre t.3, ch.60, p.419, ligne 155, n.*a*), juge exagérée l'estimation de Villani, en
général la 'sincérité' et la 'probité' de celui-ci est au contraire appréciée par Fleury
(livre 95, ann.1348, §44). Frappé par le spectacle de la déchéance de Rome comparé à
celui de l'essor de sa ville natale, Giovanni Villani (*c.*1276-1348) — banquier et
homme politique florentin — consacra sa *Nuova Cronica* (éd. G. Porta, Parma, 1990-
1991) à l'histoire de Florence. C'est l'ouvrage publié par Muratori sous le titre
d'*Historia universalis*.

tous les évêchés, et le revenu de tous les bénéfices vacants. Il avait trouvé par l'art des réserves, celui de prévenir presque toutes les

180 élections et de donner tous les bénéfices. Bien plus, jamais il ne nommait un évêque qu'il n'en déplaçât sept ou huit. Chaque promotion en attirait d'autres, et toutes valaient de l'argent. [42] Les taxes pour les dispenses et pour les péchés furent inventées et rédigées de son temps. Le livre de ses taxes a été imprimé plusieurs

185 fois depuis le seizième siècle, et a mis au jour des infamies plus ridicules et plus odieuses tout ensemble que tout ce qu'on raconte de l'insolente fourberie des prêtres de l'antiquité. (*a*)

Les papes ses successeurs restèrent jusqu'en 1371 dans Avignon. Cette ville ne leur appartenait pas; elle était aux comtes de

190 Provence; mais les papes s'en étaient rendus insensiblement les maîtres usufruitiers, tandis que les rois de Naples comtes de Provence, disputaient le royaume de Naples.

(*a*) Voyez[43]

178-80   MSP: évêchés. Bien
182-88   MSP: l'argent. Les cardinaux partagèrent ses dépouilles immenses.
¶Les papes
185-88   w56-w75G: des abus bien violents que l'Eglise a toujours condamnés et qu'elle a difficilement abolis. [*note absente*] ¶Les papes
n.*a*   MSP, 53-w75G: [*absente*]
        K: Voyez le *Dictionnaire philosophique*.
191-228   53-54N: maîtres.//

[42] Voir Fleury, livre 94, ann.1334, §38-39, et, peut-être, Sarpi, ch.37 (qui explique ce qu'est la 'réserve' ou 'réservation' d'un bénéfice).

[43] Voltaire reviendra sur la question des taxes sur les péchés dans plusieurs art. des *QE*, notamment 'Taxe' (*M*, t.20, p.484-91); voir aussi 'Droit canonique' (p.568-71), 'Expiation' (*OCV*, t.41, p.298-304). Critiqué par Nonnotte (*Les Erreurs de Voltaire*, Avignon et Paris, 1762; Amsterdam [Paris], 1766, BV2579; ch.24), il lui répond en 1763, dans les *Eclaircissements historiques à l'occasion d'un libelle calomnieux* (*M*, t.24, p.503), ce qui suscite, en 1770, une réplique de Nonnotte dans une nouvelle édition de son ouvrage (t.2, 'Réponse aux Eclaircissements', §21). Voir ci-dessus, n.* et l'illustration (p.14, pour le titre complet de l'ouvrage *Taxe de la chancellerie romaine*, que Voltaire possédait).

La malheureuse reine Jeanne, dont nous allons parler, se crut heureuse en 1348 de céder Avignon au pape Clément VI pour quatre-vingt mille florins d'or, qu'il ne paya jamais. [44] La cour des papes y était tranquille: elle répandait l'abondance dans la Provence et le Dauphiné, et oubliait le séjour orageux de Rome.

Rome veut   Je ne vois presque aucun temps depuis Charlemagne dans lequel *toujours être* les Romains n'aient rappelé leurs anciennes idées de grandeur et de *libre.* liberté. Ils choisissaient, comme on a vu, tantôt plusieurs sénateurs, tantôt un seul, ou un patrice, ou un gouverneur, ou un consul, quelquefois un tribun. [45] Quand ils virent que le pape achetait Avignon, ils songèrent encore à faire renaître la république. Ils

195

200

193-95   MSP: Jeanne dont nous parlerons, fut trop heureuse en 1347 de tirer quatre-vingt mille florins d'or du pape Clément VI pour le comtat d'Avignon qui resta pour jamais à l'Eglise romaine en franc-alleu. C'est là l'origine de cette petite souveraineté des papes en France. L'opinion populaire est qu'ils la tiennent de la liberté des rois de France, mais ces rois n'avaient alors ni Avignon ni la Provence.   5 ¶La cour

[44] Tandis que des chroniqueurs et des historiens, surtout napolitains (Costanzo, Summonte: voir sur ce point Giannone, t.3, livre 23, ch.1), insistent sur le fait que la reine Jeanne (voir ci-dessous, ch.69) aurait fait présent d'Avignon au pape, Fleury parle de vente et indique clairement le prix: 80 000 florins d'or (livre 95, ann.1347-1348, §43). La même thèse sur les 80 000 florins payés à la reine est soutenue par L. Moréri, *Grand Dictionnaire historique* (Lyon, 1674; Amsterdam, 1740, BV2523; art. 'Avignon', t.1, p.767) et par Bruzen de La Martinière, *Grand Dictionnaire géographique et critique* (La Haye, 1726-1739, BV564; art. 'Avignon'). Voltaire semble bien s'être appuyé ici sur Mézeray, qui remarque en manchette que 'quelqu'uns' disent que le pape ne paya pas (ann.1347). En outre, la question de la manière dont Avignon était passé aux papes avait été déjà examinée par Bayle dans l'art. 'Naples (Jeanne I, reine de)', sur lequel Bruys attire l'attention (ann.1348, n.55). Bayle suggère clairement (n.*m*) que Jeanne peut avoir donné Avignon au pape à titre à peu près gratuit, en échange de la sentence favorable que le consistoire émit sur l'affaire du meurtre d'André de Hongrie, dans lequel la reine était, semble-t-il, impliquée (pour ce qu'en pense Voltaire, voir ci-dessous, ch.69, lignes 28-35). Voltaire revient sur la 'vente illusoire' d'Avignon au pape dans l'art. 'Avignon' des *QE* (*OCV*, t.39, p.230-31). Sur toutes ces questions, voir aussi les *Recherches historiques concernant les droits du pape sur la ville et l'Etat d'Avignon* de C. F. Pfeffel von Kriegelstein (s.l., 1768).

[45] Voir notre t.2, ch.30, p.431-32; t.3, ch.61, lignes 154-60.

revêtirent du tribunat un simple citoyen, nommé Nicolas Rienzi, et *Cola Rienzi*
205 vulgairement Cola, homme né fanatique et devenu ambitieux, *tribun du peuple,*
capable par conséquent de grandes choses. [46] Il les entreprit, et donna *ridicule, et*
des espérances à Rome; c'est de lui que parle Pétrarque dans la plus *assassiné.*
belle de ses odes ou *canzoni*; il dépeint Rome échevelée et les yeux
mouillés de larmes, implorant le secours de Rienzi:

210
> *Con gli occhi di dolor bagnati e molli*
> *Ti chier' mercè da tutti i sette colli.* [47]

Ce tribun s'intitulait *sévère et clément libérateur de Rome, zélateur
de l'Italie, amateur de l'univers.* [48] Il déclara que tous les peuples
d'Italie étaient libres et citoyens romains. Mais ces convulsions
215 d'une liberté depuis si longtemps mourante, ne furent pas plus
efficaces que les prétentions des empereurs sur Rome. Ce tribunat
passa plus vite que le sénat et le consulat en vain rétablis. Rienzi
ayant commencé comme les Gracchus, finit comme eux: il fut
assassiné par la faction des familles patriciennes. [49]

212-13   MSP: *libérateur de l'Italie, amateur de l'Italie.*

[46] Sur 'Cola di Rienzo', ou 'Cola de Rienzi' en dialecte de Rome (Nicola di
Lorenzo Gabrini, 1313-1354), voir Fleury: 'Entre les députés [...] était un nommé
Nicolas Laurent, en Italien Nicola di Rienzo et par abrégé Cola Rienzo. Il était fils
d'un meunier et notaire dans Rome, mais éloquent et hardi en sorte que dans un
grand parlement qui se tint à Rome le jour de la Pentecôte, vingtième mai 1347 [...] il
fut élu par acclamation tribun du peuple' (livre 95, ann.1347, §38).

[47] 'Les yeux pleins de langueur et baignés de larmes, elle t'implore de toutes les
sept collines': il s'agit des deux derniers vers (105-106) de la 'canzone' qui commence
par *Spirto gentil che quelle membra reggi* (F. Petrarca, *Canzoniere*, éd. M. Santagata,
Milan, 1996, n° 53, p.270-73). Il n'est pas sûr que le destinataire de cette 'canzone' soit
Cola di Rienzo (voir Santagata, p.273-74). Dans le *Cambridge notebook*, on trouve le
début d'un sonnet de Pétrarque (*OCV*, t.81, p.81); et dans les *Leningrad notebooks* le
terme de 'génie' lui est attribué (p.415).

[48] Voltaire résume Fleury, livre 95, ann.1347, §38. Dans les *Annales*, Voltaire
donne la titulature complète: 'Rienzi s'intitulait *Chevalier* [...] *et tribun auguste*'
(p.404).

[49] Alors que dans les *Annales*, Voltaire attribuait l'assassinat de Cola di Rienzo au
caractère changeant du peuple (p.404), il l'attribue ici aux factions patriciennes.
Fleury met clairement en cause 'les grands qui animaient le peuple contre lui' mais ne
nomme que les Colonna (livre 96, ann.1347, §23).

21

Rome devait dépérir par l'absence de la cour des papes, par les 220
troubles de l'Italie, par la stérilité de son territoire, et par le
transport de ses manufactures à Gênes, à Pise, à Venise, à Florence. [50]
Les pèlerinages seuls la soutenaient alors. Le grand jubilé surtout
institué par Boniface VIII de siècle en siècle, mais établi de
cinquante en cinquante ans par Clément VI, attirait à Rome une 225
si prodigieuse foule, qu'en 1350 on y compta deux cent mille
pèlerins. [51] Rome sans empereur et sans pape est toujours faible, et
la première ville du monde chrétien.

221   MSP: son terroir,
227-28   MSP: pèlerins.//

[50] Les suites à Rome de l'absence des papes sont souvent soulignées aussi par
Fleury (voir, par exemple, livre 95, ann.1343, §14), mais Voltaire se distingue par
l'attention qu'il porte aux suites économiques de cette absence.
[51] Sur la 'réduction' du jubilé, voir Fleury, ann.1343, §14. Fleury donne ce chiffre
pour les seuls pèlerins venus en été, mais, pour la période allant de Noël à Pâques, son
estimation est plus haute: 'depuis un bon million jusqu'à douze cent mille' (ann.1350,
§50).

CHAPITRE 69

De Jeanne reine de Naples.

Nous avons dit que le siège papal acquit Avignon de Jeanne d'Anjou et de Provence. [1] On ne vend ses Etats que quand on est

a-129 [*Première rédaction de ce chapitre*: w56-w57G]
a w56-w57G: Chapitre 57
   61: Chapitre 65
1 w56-61: le Saint-Siège acquit

* Ce chapitre est rédigé d'un seul élan en 1756-1757 et ne varie pratiquement plus. Il est entièrement fondé sur une source que Voltaire suit dès le second paragraphe jusqu'à l'avant-dernier: l'*Histoire civile du royaume de Naples* de P. Giannone (La Haye, 1742, BV1464, t.3, p.302-54; *CN*, t.4, p.91-141). L'idée centrale de ce livre correspond à la conception de Voltaire selon laquelle il faut subordonner la vie institutionnelle de l'Eglise à l'Etat. Il estime cet auteur, exilé et mort en prison, comme en témoignent plusieurs de ses ouvrages. Dans *Le Siècle de Louis XIV*, il note que 'son utile *Histoire de Naples*' est fiable quand il parle des 'affaires [...] de son pays' (*OH*, p.790, 1030). Dans les *Annales de l'Empire* il parle du 'savant et exact Giannone' (p.276). En 1768, il remarque que Giannone est le 'seul qui ait jeté quelque jour sur l'origine de la domination suprême affectée par les papes sur le royaume de Naples' (*Les Droits des hommes et les usurpations des papes*, *OCV*, t.67, p.151) et, en 1770, que 'l'*Histoire de Naples* par Giannone fait voir quels désordres les ecclésiastiques ont causés dans ce royaume' (art. 'Bulle' des *QE*, *OCV*, t.39, p.487). Ce livre célèbre, publié, après son édition italienne de 1723, en traduction française, anglaise et allemande, attribue la situation morale du royaume de Naples à l'influence néfaste de la cour romaine sur la vie politique napolitaine. Ainsi qu'en témoignent ses nombreux signets et papillons, et comme nous l'avons déjà vu (ch.68, ci-dessus), Voltaire consulte régulièrement cet ouvrage. Dans ce bref chapitre, afin de dévoiler les causes qui ont abouti au schisme de l'Eglise, il extrait d'une cinquantaine de pages de Giannone les faits qui relient la destinée personnelle de la reine et les événements publics. Cette histoire chaotique, où les intérêts des grandes familles s'entremêlent à ceux de la cour papale, est transformée par Voltaire en un passionnant récit dont la succession même est nécessairement fatale. Par ses ajouts, il souligne l'idée qu'un acte illégitime, légèrement entrepris par des têtes couronnées, mène au désastre non seulement les personnages concernés, mais aussi tout un pays jadis 'florissant', dont la décadence morale et économique devient dès lors inévitable, rendant ainsi le peuple lui-même malheureux.

[1] Voltaire reprend l'idée de la fin du chapitre précédent.

malheureux. Les infortunes et la mort de cette reine entrent dans tous les événements de ce temps-là, et surtout dans le grand schisme d'Occident, que nous aurons bientôt sous les yeux. [2]

Crime et malheurs de la belle Jeanne reine de Naples.
Naples et Sicile étaient toujours gouvernées par des étrangers; Naples par la maison de France, l'île de Sicile par celle d'Arragon. [3] Robert qui mourut en 1343, avait rendu son royaume de Naples florissant. [4] Son neveu Louis d'Anjou avait été élu roi de Hongrie. [5] La maison de France étendait ses branches de tous côtés: mais ces branches ne furent unies, ni avec la souche commune, ni entre elles; toutes devinrent malheureuses. [6] Le roi de Naples Robert avait avant de mourir marié sa petite-fille Jeanne son héritière à André frère du roi de Hongrie. Ce mariage qui semblait devoir cimenter le bonheur de cette maison, en fit les infortunés. [7] André prétendait régner de son chef. Jeanne toute jeune qu'elle était, voulut qu'il ne fût que le mari de la reine. Un moine franciscain nommé frère Robert, qui gouvernait André, alluma la haine et la discorde entre

Les troubles de sa maison commencent par un moine.

11-12   61: elles; devinrent
15   w68: infortunes

[2] Voltaire relie, comme Giannone, les 'désordres' du règne de Jeanne et le 'schisme': il attribue à la 'confusion' établie le fait que les princes ne pouvaient pas contrôler les bouleversements politiques et les 'entreprises des papes' (livre 22, ch.8, §3, t.3, p.295). Pour le grand schisme, voir ci-dessous, ch.70, 71.

[3] Les Anjou régnaient à Naples depuis 1266, les Aragon sur la Sicile depuis 1282. Voir notre t.3, ch.61.

[4] Voir Giannone, livre 23, ch.2, t.3, p.310.

[5] Sous le nom de Louis Ier le Grand (1342-1382).

[6] Voltaire fait allusion ici au fait que des descendants des capétiens règnent sur différents pays européens: notamment la maison de Bourgogne sur le Portugal (voir notre t.3, ch.64, lignes 10-12), Louis d'Anjou sur la Hongrie, mais aussi la Pologne (voir ci-dessous, ligne 51); enfin Charles de Valois, frère de Philippe le Bel, s'est vu octroyer par le pape le titre, il est vrai assez théorique, d''empereur d'Orient' (t.3, ch.65, lignes 49-53).

[7] Née en 1326, Jeanne de Naples est fiancée en 1334 par son grand-père, le roi de Naples Robert d'Anjou (1309-1343), à son cousin André, né en 1327. Leur mariage a lieu alors qu'ils accèdent ensemble au trône en 1343 (Giannone, livre 22, ch.9, t.2, p.235).

les deux époux. [8] Une cour de Napolitains auprès de la reine, une
20 autre auprès d'André composée de Hongrois, regardés comme des
barbares par les naturels du pays, augmentait l'antipathie. [9] Louis
prince de Tarente, prince du sang qui bientôt après épousa la reine,
d'autres princes du sang, les favoris de cette princesse, la fameuse
Catanoise sa domestique si attachée à elle, résolvent la mort
25 d'André. [10] On l'étrangle dans la ville d'Averse dans l'antichambre
de sa femme et presque sous ses yeux; on le jette par les fenêtres.
On laisse trois jours le corps sans sépulture. [11] La reine épouse au
bout de l'an le prince de Tarente accusé par la voix publique. Que
de raisons pour la croire coupable! [12] Ceux qui la justifient allèguent
30 qu'elle eut quatre maris, et qu'une reine qui se soumet toujours au
joug du mariage ne doit pas être accusée des crimes que l'amour fait
commettre. Mais l'amour seul inspire-t-il les attentats? Jeanne
consentit au meurtre de son époux par faiblesse, et elle eut trois
maris ensuite par une autre faiblesse plus pardonnable et plus
35 ordinaire, celle de ne pouvoir régner seule. [13]

1346.
Mari de Jeanne étranglé.

[8] Voltaire suit Giannone, qui attribue à ce moine, à la tête de l'entourage hongrois
d'André, le déclenchement des malheurs (livre 23, t.3, p.296).

[9] Chez Giannone, Jeanne est 'soumise à toutes les volontés des barbares Hongrois'
(livre 23, t.3, p.296), mais 'l'antipathie' des 'naturels du pays' est surtout provoquée
par 'l'oisiveté' dans laquelle son entourage hongrois entretient André (p.297).

[10] Voltaire souligne, comme Giannone, qu'il s'agit des 'princes du sang' (livre 23,
t.3, p.298-99). Louis de Tarente (1320-1362) est un parent de Jeanne, fils d'un frère de
son grand-père Robert, Philippe Ier d'Anjou. Voltaire fait ici allusion à l'ouvrage de
l'abbé Lenglet Du Fresnoy, *La Catanoise, ou Histoire secrète des mouvements arrivés
au royaume de Naples, sous la reine Jeanne* (Paris, 1731). Philippine Cabane (La
Catanoise car native de Catane) était d'abord dame d'honneur à la cour de Catherine
d'Autriche, femme de Charles, duc de Calabre (dont elle avait été la nourrice).
Gouvernante de leur fille aînée, Jeanne Ire, et confidente de Louis de Tarente, elle fut
arrêtée après l'assassinat d'André. Elle était devenue légendaire car elle mourut
(1345) sous la torture sans avoir compromis sa maîtresse.

[11] Voltaire suit de près Giannone pour relater les circonstances de la mort
d'André, en septembre 1345, mais avec moins de détails (livre 23, t.3, p.299).

[12] Ce passage résume trois pages de Giannone (livre 23, ch.1, t.3, p.301-303), qui
n'évoque pas aussi clairement que Voltaire les soupçons pesant sur Louis de Tarente
et son entourage dans l'assassinat d'André. Le mariage a lieu en juin 1346.

[13] Voltaire évoque la 'faiblesse' de Jeanne, s'écartant ici de Giannone (t.3, p.304).
Voir aussi ci-dessous, ligne 54. Au ch.119, il écrit carrément que Jeanne 'fit étrangler'

Louis de Hongrie frère d'André écrivit à Jeanne qu'il vengerait la mort de son frère sur elle et sur ses complices. Il marcha vers Naples par Venise et par Rome, et fit accuser Jeanne juridiquement à Rome devant ce tribun Cola Rienzi, qui dans sa puissance passagère et ridicule vit pourtant des rois à son tribunal comme les anciens Romains. Rienzi n'osa rien décider, et en cela seul il montra de la prudence. [14]

Cependant le roi Louis avança vers Naples, faisant porter devant lui un étendard noir sur lequel on avait peint un roi *1347.* étranglé. Il fait couper la tête à un prince du sang Charles de *Mari de Jeanne* Durazzo, complice du meurtre. [15] Il poursuit la reine Jeanne, qui fuit *vengé.* avec son nouvel époux dans ses Etats de Provence. Mais ce qui est bien étrange, on a prétendu que l'ambition n'eut point de part à la vengeance d'André. Il pouvait s'emparer du royaume, et il ne le fit pas. On trouve rarement de tels exemples. Ce prince avait, dit-on, une vertu austère qui le fit élire depuis roi de Pologne. Nous parlerons de lui quand nous traiterons particulièrement de la Hongrie. [16]

Jeanne vend Jeanne coupable et punie avant l'âge de vingt ans d'un crime qui *Avignon au* attira sur ses peuples autant de calamités que sur elle, abandonnée *pape.* à la fois des Napolitains et des Provençaux, va trouver le pape

40

45

50

55

48   w56-w68: étrange, c'est que

---

son mari. R. Pomeau (*EM*, 2ᵉ éd., 2 vol., Paris, 1990, t.1, p.677) renvoie à *Voltaire Œuvres inédites* (éd. F. Caussy, Paris, 1914, t.1, p.178), où Voltaire note que 'Giannone la justifie en vain'.

[14] Voltaire a présente à l'esprit (ci-dessus, ch.68, lignes 204-19) l'histoire de Cola di Rienzo ou Rienzi, qu'il juge sévèrement: 'homme né fanatique et devenu ambitieux'. Ni Giannone, ni Fleury, n'évoquent ce procès dont Voltaire a pu prendre connaissance dans *Nicolas Gabrini dit de Rienzi, tyran de Rome en MCCCXLVII* (Amsterdam, 1734) du P. J.-A. du Cerceau (livre 5, p.113-22), et dans Moréri, art. 'Rienzi (Nicolas Gabrini, dit de)'.

[15] Les détails de l'expédition militaire et de la décapitation sont chez Giannone (livre 23, ch.1). Charles de Durazzo, cousin de Louis de Tarente, est exécuté en janvier 1348.

[16] Sur la Hongrie, voir ch.119.

Clément VI dans Avignon dont elle était souveraine; elle lui abandonne sa ville et son territoire pour quatre-vingt mille florins d'or qu'elle ne reçut point. [17] Pendant qu'on négocie ce sacrifice, elle *1348.*
60 plaide elle-même sa cause devant le consistoire; et le consistoire la déclare innocente. [18] Clément VI pour faire sortir de Naples le roi de Hongrie, stipule que Jeanne lui paiera trois cent mille florins. Louis répond, qu'il n'est pas venu pour vendre le sang de son frère, qu'il l'a vengé en partie, et qu'il part satisfait. L'esprit de chevalerie
65 qui régnait alors, n'a produit jamais ni plus de dureté, ni plus de générosité. [19]

La reine chassée par son beau-frère et rétablie par la faveur du *Jeanne se* pape, perdit son second mari, et jouit seule du gouvernement *remarie souvent.* quelques années. Elle épousa un prince d'Arragon qui mourut
70 bientôt après. Enfin à l'âge de quarante-six ans, elle se remarie avec *1376.* un cadet de la maison de Brunsvick nommé Othon. C'était choisir plutôt un mari qui pût lui plaire qu'un prince qui la pût défendre. [20] Son héritier naturel était un autre Charles de Durazzo son cousin, seul reste alors de la première maison de France Anjou à Naples;
75 ces princes se nommaient ainsi, parce que la ville de Durazzo, conquise par eux sur les Grecs, et enlevée ensuite par les Vénitiens,

57   w56-w57G: Clément V [*corrigé par l'errata*]
61   w56-w57G: Clément V [*corrigé par l'errata*]

[17] Giannone mentionne la somme (t.3, p.307n), se référant à Lünig (*Codex Italiae diplomaticus*, Francfort-Leipzig, 1725-1735, t.2, p.782). Il ne met pas en doute la réception par Jeanne, en 1348, du produit de la vente et écrit même qu'elle l'employa à 'armer dix galères' (p.309), mais il signale que selon 'Ange' [Angelo di] Costanzo (*Istorie del regno di Napoli*, Naples, 1572) elle en fit donation au pape Clément VI (1342-1352).
[18] Voir Giannone, t.3, p.305-306.
[19] Voltaire abrège considérablement le texte de Giannone, mais mentionne comme lui la réaction de Louis de Hongrie (t.3, p.309). Giannone utilise à son propos le terme d'"esprit de chevalerie' et mentionne des tournois de la cour. Le jugement de Voltaire est plus nuancé. Devenu roi de Naples, Louis de Hongrie quitte le royaume peu après, à l'arrivée de la peste noire.
[20] Elle épouse en 1362 Jacques de Majorque, prince d'Achaïe, qui part pour l'Espagne en 1373 et meurt en 1375. L'année suivante elle épouse le condottiere Othon de Brunswick (1320-1399).

avait été leur apanage: elle reconnut ce Durazzo pour son héritier, elle l'adopta même. Cette adoption, et le grand schisme d'Occident, hâtèrent la mort malheureuse de la reine. [21]

Déjà éclataient les suites sanglantes de ce schisme dont nous parlerons bientôt. [22] Brigano qui prit le nom d'Urbain VI, et le comte de Genève qui s'appela Clément VII, se disputèrent la tiare avec fureur. [23] Ils partageaient l'Europe. Jeanne prit le parti de Clément qui résidait dans Avignon. Durazzo ne voulant pas attendre la mort naturelle de sa mère adoptive pour régner, s'engagea avec Brigano-Urbain.

1380.
Jeanne déposée
par un pape.

Ce pape couronne Durazzo dans Rome, à condition que son neveu Brigano aura la principauté de Capoue. Il excommunie, il dépose la reine Jeanne; et pour mieux assurer la principauté de Capoue à sa famille, il donne tous les biens de l'Eglise aux principales maisons napolitaines.

Le pape marche avec Durazzo vers Naples. L'or et l'argent des églises furent employés à lever une armée. La reine ne peut être secourue, ni par le pape Clément qu'elle a reconnu, ni par le mari qu'elle a choisi; à peine a-t-elle des troupes: elle appelle contre l'ingrat Durazzo un frère de Charles V roi de France aussi du nom d'Anjou; [24] elle l'adopte à la place de Durazzo.

[21] Voltaire suit Giannone pour présenter cette période de la vie de la reine et pour juger de la sagesse de la fin de son règne. Il choisit parmi les nombreux événements ceux qui sont strictement liés à la reine, tandis que l'auteur italien s'étale également sur ceux qui sont en rapport avec sa famille (livre 23, ch.3, t.3, p.318-23). Charles Durazzo (1345-1386) devient Charles III de Naples en 1381.

[22] Les renvois réitérés de Voltaire au ch.71 ('Grand schisme d'Occident') ont pour objectif d'augmenter de plus en plus l'intérêt du lecteur à l'égard de cet événement qui 'plonge [...] l'Europe dans de nouvelles dissensions'.

[23] Sur les 'deux papes', comme en témoigne son signet (t.3, p.334-35; *CN*, t.4, p.107), Voltaire consulte Giannone, qui cite en note Lünig (livre 23, ch.4, t.3, p.324). A la mort de Grégoire IX, Bartolomeo Prignano (chez Voltaire, 'Brigano' ou 'Brigagno'; voir ci-dessous, ch.71, ligne 17), est élu pape, à Rome, sous le nom d'Urbain VI en avril 1378. En septembre, à Avignon, treize cardinaux, la plupart français, élisent Robert de Genève qui prend le nom de Clément VII.

[24] Louis Ier d'Anjou (1339-1384) est roi de Naples à partir de 1382.

Ce nouvel héritier de Jeanne, Louis d'Anjou, arrive trop tard pour défendre sa bienfaitrice et pour disputer le royaume qu'on lui donne.

Le choix que la reine a fait de lui aliène encore ses sujets. On craint de nouveaux étrangers. Le pape et Charles Durazzo avancent. Othon de Brunsvick rassemble à la hâte quelques troupes; il est défait et prisonnier. [25]

Durazzo entre dans Naples: six galères que la reine avait fait venir de son comté de Provence, et qui mouillaient sous le château de l'Œuf, [26] lui furent un secours inutile. Tout se faisait trop tard. La fuite n'était plus praticable. Elle tombe dans les mains de l'usurpateur. Ce prince pour colorer sa barbarie, se déclara le vengeur de la mort d'André. Il consulta Louis de Hongrie, qui *Jeanne étouffée.* toujours inflexible, lui manda qu'il fallait faire périr la reine de la *1382.* même mort qu'elle avait donnée à son premier mari. Durazzo la fit étouffer entre deux matelas. [27] On voit partout des crimes punis par d'autres crimes. Quelles horreurs dans la famille de saint Louis! [28]

La postérité toujours juste quand elle est éclairée, a plaint cette reine, parce que le meurtre de son premier mari fut plutôt l'effet de sa faiblesse que de sa méchanceté, vu qu'elle n'avait que dix-huit ans quand elle consentit à cet attentat, et que depuis ce temps on ne lui reprocha ni débauche, ni cruauté, ni injustice. [29] Mais ce sont les

114-15   w56-w57G: crimes. ¶La postérité
117   w56-w57G: méchanceté, parce qu'elle

[25] Libéré, il entre au service de Louis II d'Anjou (1384-1417) et prend Naples en 1387.
[26] La reine Jeanne est en détention en 1381 dans le château de l'Œuf de Naples.
[27] Chez Giannone: 'dans un lit de plume' (livre 23, ch.5, t.3, p.341). Il raconte la fin du règne sur douze pages, ce que Voltaire résume en quelques paragraphes. Chez Fleury les détails de l'assassinat sont entièrement différents: Durazzo fait tuer la reine par quatre Hongrois (*Histoire ecclésiastique*, livre 98, ann.1382, §12).
[28] Voltaire ne résiste pas au plaisir de souligner le contraste entre le roi canonisé et la conduite immorale et sanglante de ses descendants.
[29] Ce commentaire du règne de Jeanne est semblable à celui de Giannone (p.341-46), mais Voltaire ne se réfère pas, comme lui, à maintes sources pour donner plus de poids à son avis.

peuples qu'il faut plaindre; ils furent les victimes de ces troubles. [30]   120
Louis duc d'Anjou enleva les trésors du roi Charles V son frère, et
appauvrit la France pour aller tenter inutilement de venger la mort
de Jeanne, et pour recueillir son héritage. Il mourut bientôt dans la
Pouille sans succès et sans gloire, sans parti et sans argent. [31]

Le royaume de Naples, qui avait commencé à sortir de la   125
barbarie sous le roi Robert, y fut replongé par tous ces malheurs,
que le grand schisme aggravait encore. Avant de considérer ce
grand schisme d'Occident, que l'empereur Sigismond éteignit,
représentons-nous quelle forme prit l'empire.

---

[30] Voltaire ramène ici le lecteur à ce qui est pour lui l'essentiel: le sort des
populations, maltraitées à cause des querelles stupides et égoïstes des 'grands'. En
1764, s'adressant à ces derniers dans l'art. 'Guerre' des *QE* (*M*, t.19, p.322), il leur
conseille de ne pas 'exposer [leur] peuple à la plus horrible misère, dans l'idée si
souvent chimérique d'accabler [leur] cher frère le sérénissime prince limitrophe!'
[31] Sur le sort et la mort de Louis duc d'Anjou, Voltaire suit le récit de Giannone
(livre 24, ch.1, t.3, p.349-54), mais l'appréciation est tout à fait différente: chez
l'auteur italien Louis était 'un prince sage et valeureux'. Voltaire souligne ainsi mieux
que sa source l'idée que les princes, eux aussi, deviennent également les 'victimes' des
'troubles'.

CHAPITRE 70

De l'empereur Charles IV. De la bulle d'or. Du retour du Saint-Siège d'Avignon à Rome. De sainte Catherine de Sienne, etc.

L'empire allemand (car dans les dissensions qui accompagnèrent

a-169 [*Première rédaction de ce chapitre*: MSP]
a MSP, 53-54N: [*Pas de rupture, suite du chapitre précédent*]
  W56-W57G: Chapitre 58
  61: Chapitre 66
b-d W56-W57G: *De l'empereur Charles IV et du retour du Saint-Siège d'Avignon à Rome.*//
1 MSP: L'empereur allemand

* Au début de ce chapitre, l'allusion aux troubles intérieurs de l'empire prolonge pour la période autour de 1330-1340 les développements du début du ch.63. Le paradoxe du Saint Empire est d'avoir atteint son maximum d'extension et de puissance à l'époque de Barberousse et d'Henri VI (ch.48, 49), tout en n'étant en fait 'ni saint, ni romain, ni empire' (ligne 114). En même temps, les troubles intérieurs, incessants depuis le début du second millénaire, incitent Voltaire à parler de 'Bas-Empire' (110), une expression tout à fait insolite appliquée au Saint Empire, pour suggérer une analogie avec la décadence de l'*Imperium romanum*, une décadence largement provoquée par les luttes intestines. Barre, dont Voltaire s'inspire ici comme dans ses autres chapitres sur l'empire, dit clairement: 'Les princes qui possédaient de grands fiefs se disputaient le pas dans les assemblées, et tous prétendaient avoir droit à l'élection des empereurs', et les princes des branches cadettes de Saxe et de Bavière se plaignaient d'être exclus de la participation à l'élection (*Histoire générale d'Allemagne*, Paris, 1748, BV270, ann.1355-1356). C'est pour obvier à ces 'inconvénients' et pour mettre fin aux conflits incessants qui secouent l'empire que Charles convoque à Nuremberg une diète qui rédige un cadre réglementant l'élection impériale. L'empereur Charles IV (1346-1378) illustre cette décadence et ce paradoxe. Si Voltaire le présente d'abord comme l'empereur qui mit fin, au moins provisoirement, par la bulle d'or, aux conflits internes, il souligne également le décalage entre sa puissance réelle et sa rhétorique ou son faste (lignes 82-83, 94-102) et le présente comme plus soucieux de ses propres territoires et de son titre d'empereur que de l'empire, et prompt à

les dernières années de Louis de Bavière,[1] il n'était plus d'empire
romain)[2] prit enfin une forme un peu plus stable sous Charles IV de

2 MSP: [manchette] 1354. / Bulle d'or.

---

abandonner l'Italie à son destin. Il déplace vers des enjeux politiques les contrastes et
contradictions du personnage de Charles IV et se montre moins soucieux que ses
sources de sa psychologie. Il s'écarte ainsi tant de J. Heiss von Kogenheim (*Histoire de
l'Empire*, La Haye, 1685, BV1604; Paris, 1731, BV1605) que de Barre: Charles IV, un
homme cultivé qui nourrissait 'une affection particulière pour les belles-lettres, et
pour les savants', fonda l'université de Prague et eut grand soin de la justice, fut 'bon
prince, mauvais empereur', car il était un manipulateur peu scrupuleux qui tira parti
de sa fonction impériale en aliénant à son profit les biens de l'empire (Heiss, livre 2,
ch.27). Barre souligne qu'il abdique tout pouvoir en Italie pour s'assurer la couronne
impériale par un 'ignominieux traité' qui le déshonore et accélère la décadence de
l'empire en Italie (ann.1346), et qu'il eût été 'le souverain le plus accompli, s'il avait eu
'plus de zèle pour les intérêts de l'empire, et moins d'ambition pour agrandir sa
maison' (ann.1376); mais Barre évoque aussi ses entreprises militaires de 1368-1373
contre les Visconti (ann.1373) et surtout la paix qu'il sut rétablir dans la partie
allemande de l'empire: 'Les princes de l'empire ne lui donnaient aucune inquiétude:
on n'entendait plus parler ni de troubles, ni de querelles, ni de stérilité, ni d'indigence;
la paix et l'abondance régnaient également dans toutes les provinces d'Allemagne'
(ann.1375). Ces deux aspects sont négligés par Voltaire, plus attentif à ce qui dans
l'action de Charles IV s'inscrit dans la longue durée: sa politique italienne favorise à
terme la scission de l'empire, et le désordre que Wenceslas (1378-1400) laisse
s'installer en Allemagne anéantit la pacification intérieure menée à bien par son père.

[1] Sur les troubles agitant l'empire et opposant le roi de Bohême à la Bavière, ou le
pape et l'empereur durant ces années, voir Heiss (livre 2, ch.26) et Barre (ann.1337,
1338). En 1334 déjà, Jean, roi de Bohême (1310-1346), s'est efforcé de faire couronner
empereur son fils, Charles de Luxembourg. En 1346, au moment de la mort de Louis
de Bavière, de graves conflits opposent toujours les princes de l'empire (Heiss,
ch.26).

[2] De nombreux passages de Heiss et de Barre reviennent sur le fait que la plupart
des villes du royaume d'Italie 'ne reconnaissaient plus l'autorité de l'empereur' et se
soumettent 'au pape ou à ses vicaires' (Barre, ann.1340). En 1329, l'empereur
Louis IV (1314-1347) trouva en Allemagne 'tant d'affaires importantes à régler qu'il
ne put plus penser à Rome', de sorte que les Romains 'se mirent sous l'obéissance du
pape Jean' (Heiss, livre 2, ch.26, ann.1329). Tandis que l'empereur parvenait à
rabaisser 'l'autorité temporelle du pape en Allemagne, il perdait la sienne en Italie'
(Heiss, ann.1329).

Luxembourg roi de Bohême, petit-fils de Henri VII.[3] Il fit à
5 Nuremberg cette fameuse constitution qu'on appelle bulle d'or, à
cause du sceau d'or qu'on nommait *bulla* dans la basse latinité. On
voit aisément par là pourquoi les édits des papes sont appelés
bulles.[4] Le style de cette charte se ressent bien de l'esprit du temps.
Le jurisconsulte Bartole, l'un de ces compilateurs d'opinions qui
10 tiennent encore lieu de lois, rédigea cette bulle. Il commence par
une apostrophe à l'orgueil, à Satan, à la colère, à la luxure. On y dit
que le nombre des sept électeurs est nécessaire pour s'opposer aux
sept péchés mortels. On y parle de la chute des anges, du paradis
terrestre, de Pompée et de César. On assure que l'Allemagne est
15 fondée sur les trois vertus théologales, comme sur la Trinité.[5]

1356.
Bulle d'or.

4   53-54N: Luxembourg. Il
5-16   53-54N: d'or. ¶Cette célèbre loi
8-10   MSP, W56-W57G: temps. On commence

[3] Voltaire suit Heiss (livre 2, ch.27). Né à Prague en 1316, Charles IV est 'déclaré
solennellement roi des Romains' en 1346 (Barre, ann.1346). Henri VII a été empereur
de 1308 à 1313 (voir ci-dessus, ch.68, lignes 35-71).

[4] Voltaire suit Heiss: constatant que les troubles de l'empire tiennent largement au
fait qu'il n'existe pas de dispositions réglant l'élection des empereurs, Charles IV fait
convoquer une diète à Nuremberg pour janvier 1356 (livre 2, ch.27). Voltaire passe
ici sous silence la fronde des princes mécontents de l'élection de Charles IV en 1346
qui font élire successivement deux empereurs concurrents. L'élection de Charles IV
ne sera finalement confirmée qu'en 1354 (Heiss, ch.27; Barre, ann.1348, 1349). Pour
les détails à propos de la bulle qui, au XVIIIe siècle, font normalement partie de la
culture générale, Voltaire cite Heiss presque mot pour mot: 'Cet édit fut appelé la
bulle d'or, à cause de son sceau d'or, qu'on nommait alors une bulle' (ch.27). Voir
aussi C. Du Cange, *Glossarium ad scriptores mediae et infimae latinitatis* (Paris, 1678;
1733-1736, BV1115).

[5] Mentionné par Barre (ann.1348, 1349), Bartolus de Sassoferrato (1313-1357)
enseignait le droit à l'université de Pérouse. L'expression 'esprit du temps' – comme
celle d'"opinions qui tiennent encore lieu de lois' (lignes 9-10) que Voltaire accuse
'Bartole' d'avoir platement compilées – est généralement dépréciative sous sa plume
(voir, par exemple, notre t.3, ch.46, ligne 240). Elle peut s'appliquer aux diverses
invocations bibliques et historiques présentes dans le préambule, décrit ici aux
lignes 10-14, que Barre qualifie d'"extrêmement singulier' (ann.1356, manchette:
'La loi fondamentale'). Voltaire peut accéder au texte de la bulle d'or

Cette loi de l'empire fut faite en présence et du consentement de tous les princes, évêques, abbés, et même des députés des villes impériales, qui pour la première fois assistèrent à ces assemblées de la nation teutonique. [6] Ces droits des villes, ces effets naturels de la liberté, avaient commencé à renaître en Italie, en Angleterre, en France et en Allemagne. [7] On sait que les électeurs furent alors fixés au nombre de sept. Les archevêques de Mayence, de Cologne et de Trèves, en possession depuis longtemps d'élire des empereurs, ne souffrirent pas que d'autres évêques, quoique aussi puissants,

20

18   MSP: qui [V]<pour la première fois>[+] assistèrent
19-20   MSP: droits naturels des villes avaient
19-21   53-54N: teutonique. ¶On
20-21   MSP, W56-W57G: Italie, ensuite en Angleterre, puis en France, et enfin ils furent admis en Allemagne

---

dans différents ouvrages: M. Goldast (*Collectio constitutionum imperialium*, Francfort-sur-le-Main, 1613), A. van Wicquefort (*Discours historique de l'élection de l'empereur et des électeurs de l'empire*, Paris, 1658, BV3838; éd. consultée, Rouen, 1711), ou E. Mauvillon (*Le Droit public germanique*, Amsterdam et Leipzig, 1756, BV2374), plus probablement chez Heiss (nouv. éd., Amsterdam, t.6, 1733, p.382-452; rééd. in-4°, 1731, t.3/2 ou t.7 de l'éd. in-8°), où une note de Vogel (Paris, 1731, t.7, p.2, n.*b*; Amsterdam, 1733, p.383) parle d'un 'véritable sermon où l'on fait déclamer l'empereur contre les sept péchés mortels'. Le texte contient bien les éléments rapportés par Voltaire, sauf la mise en relation explicite des sept électeurs (qualifiés de 'septem candelabria') et des sept péchés mortels.

[6] Heiss: Charles IV fit convoquer une diète à Nuremberg, 'où les électeurs, les autres princes, les comtes, les seigneurs, et les députés des villes libres, se rendirent en grand nombre'. Le texte en fut lu et publié 'en sa présence, et du consentement de tous les princes et Etats de l'empire, qui étaient présents' (livre 2, ch.27, ann.1356). En revanche, le fait que les villes soient représentées pour la première fois ne ressort pas des récits de Heiss et de Barre, ni des chapitres synthétiques de Heiss sur les institutions impériales (livre 6).

[7] Sur les villes italiennes, dont Muratori fait remonter l'aspiration à la liberté au milieu du XIe siècle, voir *Annali d'Italia*, t.6, p.188, 216, ann.1059, 1067. Voltaire a déjà fait allusion à de nombreuses reprises à ce mouvement d'émancipation des villes (voir, par exemple, notre t.3, ch.46, ligne 10; 47, lignes 89-91; 48, lignes 53-54, 115, 158-59; 50, lignes 79-80, 88-89, 95-96; 63, lignes 11-18, 22-23; 67, lignes 14-15; ci-dessus, ch.68, lignes 9-10).

25 partageassent cet honneur.[8] Mais pourquoi le duché de Bavière ne fut-il pas mis au rang des électorats? Et pourquoi la Bohême, qui originairement était un Etat séparé de l'Allemagne, et qui par la bulle d'or n'a point d'entrée aux délibérations de l'empire, a-t-elle pourtant droit de suffrage dans l'élection? On en voit la raison.

30 Charles IV était roi de Bohême, et Louis de Bavière avait été son ennemi.[9]

On dit dans cette bulle composée par Bartole, que les sept électeurs étaient déjà établis; ils l'étaient donc, mais depuis fort peu de temps; tous les témoignages antérieurs du treizième siècle et du

35 douzième font voir que jusqu'au temps de Frédéric II les seigneurs et les prélats possédant les fiefs élisaient l'empereur; et ce vers d'Hoved en est une preuve manifeste:

Origine des sept électeurs.

> *Eligit unanimis cleri procerumque voluntas.*

La volonté unanime des seigneurs et du clergé fait les empereurs.

40 Mais comme les principaux officiers de la maison étaient des

---

31-56 MSP, 53-W57G: ennemi. ¶Au

---

[8] L'affirmation de Voltaire se déduit de Heiss et de Barre, mais il attribue ce souci d'exclusivité aux seuls archevêques. Barre: 'Comme le nombre des électeurs et des suffrages n'était pas encore réglé par aucune constitution de l'empire, ni déterminé par l'usage, plusieurs princes se portaient pour électeurs: il est vrai que les archevêques de Mayence, de Trèves et de Cologne, le roi de Bohême, le comte palatin du Rhin, le duc de Saxe, le marquis de Brandebourg devenus plus puissants que les autres, s'étaient peu à peu attribués le droit exclusif d'élire l'empereur; mais les princes des branches cadettes de Saxe et de Bavière protestèrent toujours contre cette exclusion' (ann.1355-1356).

[9] Barre rapporte les rivalités, querelles et conflits qui opposent en particulier les branches cadettes de Saxe et de Bavière mécontentes d'être écartées de la dignité électorale (ann.1356) et rappelle que le roi de Bohême fut reconnu électeur, contre l'avis de 'quelques seigneurs de l'empire', grâce à l'appui du Palatin (ann.1356), et Heiss précise qu'Othon IV fit admettre en 1208 le roi de Bohême au nombre des électeurs de l'empire, une dignité confirmée par la bulle d'or (livre 6, ch.8). Les ducs de Bavière seront élevés à la dignité d'électeurs par l'empereur Ferdinand II en 1623.

35

princes puissants, comme ces officiers déclaraient celui que la pluralité avait élu; enfin, comme ces officiers étaient au nombre de sept, ils s'attribuèrent à la mort de Frédéric II le droit de nommer leur maître, et ce fut la seule origine des sept électeurs. [10]

Origine des charges de l'empire. Auparavant, un maître d'hôtel, un écuyer, un échanson, étaient des principaux domestiques d'un homme; et avec le temps ils s'étaient érigés en maîtres d'hôtel de l'empire romain, en échansons de l'empire romain. [11] C'est ainsi qu'en France, celui qui fournissait le vin du roi s'appela grand bouteillier de France; son panetier, son échanson, devinrent grands panetiers, grands échansons de France, quoique assurément ces officiers ne servissent ni pain, ni vin, ni viande à l'empire et à la France. [12] L'Europe fut inondée de ces dignités héréditaires, de maréchaux, de grands veneurs, de chambellans d'une province. Il n'y eut pas jusqu'au grand maître

45

50

---

[10] Voltaire suit ici une note par laquelle Vogel corrige Heiss (livre 5, ch.1, n.*a*). Selon Vogel, les historiens et jurisconsultes allemands 'soutiennent que l'élection n'a été réduite à sept électeurs qu'au treizième siècle', alors que Heiss fait remonter cette réduction à Lothaire II (1125-1137) (auparavant le nombre n'en était pas fixé). Au même endroit, Heiss mentionne que Conrad III fut élu en 1138 selon cette procédure devenue une pratique coutumière. La citation de 'Hoved' (sans guère de doute le chroniqueur anglais du XIIe siècle Roger de Hoveden, ou Howden), que Muratori mentionne dans d'autres contextes, ne se trouve ni chez Heiss, ni chez Barre, ni chez Fleury, *Histoire ecclésiastique*. La citation est intégrée, au XIIIe siècle, dans *La Philippide* (chant 4) du chroniqueur Guillaume Le Breton. Voltaire a pu la trouver, entre autres, dans les *Rerum italicarum scriptores* de L. A. Muratori (Paris, 1723-1751; 1731, t.13, p.198) qui mentionne Hoveden, ou l'*Historiae Francorum scriptores* d'A. Du Chesne (Paris, 1636-1649, t.5, p.141).

[11] Voltaire propose un résumé quelque peu ironique du récit que font Heiss et Barre du festin donné par Charles IV aux nouveaux électeurs, après la cérémonie de proclamation de la bulle (Heiss, livre 2, ch.27, ann.1356; Barre, ann.1356). L'ironie provient de l'expression 'maîtres d'hôtel de l'empire romain', alors qu'il ressort manifestement de Heiss qu'il s'agit de gestes symboliques. Voir le détail de cette cérémonie ci-dessous, lignes 87-93.

[12] Pour ce passage, ajouté en 1764 (dans 61), Voltaire a peut-être consulté *L'Etat de la France* de J. Pinsson de La Martinière, N. Besongne et L. Trabouillet (Paris, 1665; réed. 1736), t.1, ch.2, art.4.

36

55 des gueux de Champagne qui ne fût une prérogative de famille. [13]

Au reste la dignité impériale, qui par elle-même ne donnait alors aucune puissance réelle, ne reçut jamais plus de cet éclat qui impose aux peuples, que dans la cérémonie de la promulgation de la bulle d'or. Les trois électeurs ecclésiastiques, tous trois archichanceliers,

60 y parurent avec les sceaux de l'empire. Mayence portait ceux d'Allemagne, Cologne ceux d'Italie, Trèves ceux des Gaules. [14] Cependant l'empire n'avait dans les Gaules que la vaine mouvance des restes du royaume d'Arles, de la Provence, du Dauphiné, bientôt après confondus dans le vaste royaume de France. La

65 Savoie qui était à la maison de Maurienne, relevait de l'empire; la Franche-Comté sous la protection impériale était indépendante; et appartenait à la branche de Bourgogne de la maison de France. [15]

Dignité impériale, suprême et vaine.

56-57   MSP: ne donne aucune
58-59   MSP, 53-W57G: peuples. Les
61-62   MSP: des Gaules, que la vaine
64-80   53-W57G: France, la Savoie qui était à la maison de Maurienne, la Franche-Comté qui était indépendante. ¶On
66-68   61, 68: indépendante. ¶L'empereur
66-80   MSP, 53: indépendante. ¶On

[13] Il ne peut guère s'agir ici que d'une plaisanterie de Voltaire, fondée sur le fait que les gueux formaient des confréries, et non d'une assimilation de 'gueux' à '(maître) queux', suggérée plus tard par Littré et critiquée par W. Wartburg dans la *Revue de linguistique romane* 23 (1959), p.228. La Champagne 'pouilleuse' était réputée très pauvre avant la lente mise en place de la culture de la vigne, à partir du début du XIIe siècle.

[14] Voltaire suit Heiss (livre 2, ch.27, ann.1356).

[15] L'expression 'vaine mouvance' (ligne 62) n'a aucun contenu juridique, mais est simplement une façon pour Voltaire de souligner l'aspect théorique de cette souveraineté. Heiss note que le duc de Savoie et Piémont 'prend l'investiture de l'empereur', 'le vicaire perpétuel [de l'empereur] en Italie' (livre 6, ch.21). Sur les origines du duché de Savoie, voir notre t.3, ch.43, lignes 51-62. Selon l'*Encyclopédie* (art. 'Maurienne', t.10, 1765), sous Rodolphe III (970-1032), dernier roi de Bourgogne, Humbert (mort en 1047) est créé comte de Maurienne par l'empereur qui y joint le comté de Savoie – les successeurs de ce prince sont appelés comtes de

Dauphin de France précédé par un cardinal. L'empereur était nommé dans la bulle le chef du monde, *caput orbis.* [16] Le dauphin de France, fils du malheureux Jean de France, assistait à cette cérémonie, [17] et le cardinal d'Albe prit la place au-dessus de lui; tant il est vrai qu'alors on regardait l'Europe comme un corps à deux têtes; et ces deux têtes étaient l'empereur et le pape; [18] les autres princes n'étaient regardés aux diètes de l'empire et aux conclaves que comme des membres qui devaient être des vassaux. [19] Mais, observez combien ces usages ont changé; les électeurs alors cédaient aux cardinaux; ils ont depuis mieux senti le prix de leur dignité; nos chanceliers ont longtemps pris le pas sur ceux qui

70

75

77   w68: dignité; des chanceliers

Maurienne et préfèrent ce titre à celui de Savoie – mais le nom de Savoie l'emporte, de sorte que quand l'empereur Sigismond crée duc le comte Amédée (en 1417), c'est la Savoie et non la Maurienne qu'il érige en duché. Voir aussi les *Annales de l'Empire*, ann.888. Sur le rattachement, assez théorique, de la Franche-Comté à l'empire, et son appartenance à 'Othon [IV, *c.*1248-1303], comte palatin de Bourgogne', voir notre t.2, ch.23, lignes 63-65; Barre, ann.1292, 1293.

[16] Cette expression, absente chez Heiss, modifie une formule de la bulle d'or où le chef du Saint Empire est qualifié de '*Imperator semper Augustus*' et où l'on trouve: '*eligere* [...] *temporale caput populo christiano*' (et plus loin: '*temporale caput mundo*'), ce que Wicquefort traduit par 'chef temporel de la chrétienté' (ch.7.2, p.82), Barre par 'chef temporel [du] peuple chrétien' (ann.1356).

[17] Heiss mentionne la présence du dauphin, futur Charles V, mais pas explicite-ment le détail de préséance lignes 70-71. Peut-être Voltaire interprète-t-il ainsi l'ordre dans lequel Heiss nomme les présents à l'assemblée de Metz, où les sept articles complémentaires de la bulle d'or furent 'publiés en présence des mêmes électeurs, princes et Etats de l'empire, du cardinal évêque d'Albe, et de Charles fils aîné de France, [...] neveu de l'empereur' (livre 2, ch.27, ann.1356). La présence du dauphin à Metz est à peine mentionnée par Mézeray (*Abrégé chronologique*, ann.1356) et Daniel (*Histoire de France*, ann.1356).

[18] Le pape se voit lui aussi attribuer l'épithète 'caput orbis'. Voir dans l'une des éditions des *Œuvres complètes de saint François de Sales*, ch. 'Controverses', §'Les éloges, titres et prérogatives que les anciens Pères et les conciles ont attribués aux papes de Rome'.

[19] Heiss et Barre ne disent rien d'aussi explicite, mais suggèrent toujours la préséance par l'ordre dans lequel ils énumèrent les électeurs.

38

avaient osé précéder le dauphin de France. Jugez après cela s'il est quelque chose de fixe en Europe.

80   On a vu ce que l'empereur possédait en Italie. [20] Il n'était en Allemagne que souverain de ses Etats héréditaires. Cependant il parle dans sa bulle en roi despotique; il y fait tout *de sa certaine science et pleine puissance*, mots insoutenables à la liberté germanique, qui ne sont plus soufferts dans les diètes impériales, où

85 l'empereur s'exprime ainsi: *Nous sommes demeurés d'accord avec les Etats, et les Etats avec nous.* [21]

    Pour donner quelque idée du faste qui accompagna la cérémonie de la bulle d'or, il suffira de savoir que le duc de Luxembourg et de Brabant, neveu de l'empereur, lui servait à boire; que le duc de

90 Saxe, comme grand maréchal, parut avec une mesure d'argent pleine d'avoine; que l'électeur de Brandebourg donna à laver à l'empereur et à l'impératrice; et que le comte palatin posa les plats d'or sur la table, en présence de tous les grands de l'empire. [22]

    On eût pris Charles IV pour le roi des rois. Jamais Constantin, le

Charles IV servi par des souverains, mais ne peut coucher à Rome.

86-115   53-54N: *nous.* ¶Les électeurs
94   MSP: [*manchette*] *Grandeur et petitesse.*

---

[20] Voltaire ne mentionne pas, comme le fait Heiss, l'application mise par Charles IV à arrondir ses possessions personnelles, y incorporant notamment la Silésie et la Lusace (livre 2, ch.27, ann.1357).

[21] De fait, les expressions 'par la plénitude de la puissance impériale' et 'de notre certaine science' se trouvent, la première dans le préambule, la seconde au début du ch.1 de la bulle (Heiss, voir, après livre 6, les 'Pièces servant de preuves à l'Histoire de l'empire', 'Bulle d'or'). Ce genre d'expression se retrouve bien plus tard encore, par exemple dans la capitulation de Charles VI de 1711 (Heiss, 'Pièces servant de preuves', 'Capitulation faite par l'empereur Charles VI'). La citation des lignes 85-86 se trouve chez Barre (ann.1654): l'empereur ayant utilisé dans le recès de la diète de Ratisbonne de 1654 l'expression 'de notre pleine puissance et autorité impériale', les députés de la diète s'en plaignirent, l'empereur s'excusa en invoquant l'ignorance de son secrétaire et fit remplacer cette formule par celle que Voltaire reproduit. Le récit de Voltaire révèle bien les susceptibilités des membres de la diète, mais suggère une adhésion sincère de l'empereur au nouveau rôle dans lequel on le cantonne, et non une reculade stratégique.

[22] Tous ces détails proviennent de Heiss (livre 2, ch.27, ann.1356).

plus fastueux des empereurs, n'avait étalé des dehors plus 95
éblouissants. Cependant Charles IV tout empereur romain qu'il
1346. affectait d'être, avait fait serment au pape Clément VI, avant d'être
élu, que s'il allait jamais se faire couronner à Rome, il n'y
coucherait pas seulement une nuit, et qu'il ne rentrerait jamais
en Italie sans permission du Saint-Père; et il y a encore une lettre de 100
lui au cardinal Colombier doyen du Sacré Collège, datée de l'an
1355, dans laquelle il appelle ce doyen, *Votre Majesté.*[23]

Aussi laissa-t-il à la maison de Visconti l'usurpation de Milan et
de la Lombardie, aux Vénitiens Padoue, autrefois la souveraine de
Venise, mais qui alors était sa sujette, ainsi que Vicence et Vérone.[24] 105

100-103 MSP: Saint-Père. ¶Aussi
105 MSP: qui était alors sa

[23] Voltaire reprend presque mot pour mot la fin du serment de Charles IV
rapporté par Fleury: 'je n'entrerai point à Rome avant le jour marqué pour mon
couronnement; et j'en sortirai le jour même avec tous mes gens: puis je me retirerai
incessamment des terres de l'Eglise romaine, et n'y reviendrai plus sans la permission
du Saint-Siège' (livre 95, ann.1346, §32). Barre considère que ce serment, 'cet
ignominieux traité', 'déshonore' Charles IV et l'empire (ann.1346, t.6, p.642). Le
cardinal Pierre Bertrand du Colombier (1299-1361), éminent juriste qui a participé à
la rédaction de la bulle d'or, est envoyé à Rome par le pape Innocent VI (1352-1362)
afin d'y couronner en son nom l'empereur Charles IV. Voir notamment l'art. à son
nom dans Moréri, *Grand Dictionnaire historique.* Cette mention suggère que Voltaire
doit avoir une autre source aussi sur la bulle d'or, car rien dans Moréri ne signale ce
rôle.

[24] Heiss souligne sa 'négligence inexcusable pour les affaires d'Italie [...] Il avait
vendu aux ducs Sforza le vicariat de Milan, moyennant une grande somme d'argent;
et [...] il ne s'était nullement soucié de recouvrer les villes de Padoue, de Vérone et de
Vicence, ni les autres domaines de l'empire, non plus que leurs juridictions, dont les
Vénitiens s'étaient peu à peu appropriés la possession' (livre 2, ch.27, ann.1361).
Voltaire rectifie l'erreur de Heiss: ce sont les Visconti qui s'emparent de Milan (voir
aussi Heiss, ch.27, ann.1365; ch.28, ann.1396; Barre, ann.1360-1361, 1368). Toutefois,
la présentation de la politique italienne de Charles IV demeure chez Voltaire, tout
comme chez Heiss, unilatérale: il passe sous silence des offensives de Charles IV en
Italie, en particulier contre Bernabo Visconti (1323-1385) entre 1368 et 1373 (Barre).
Sur les rapports historiques entre Padoue et Venise, voir notre t.3, ch.43,
lignes 94-98.

Il fut couronné roi d'Arles dans la ville de ce nom, mais c'était à condition qu'il n'y resterait pas plus que dans Rome.[25] Tant de changements dans les usages et dans les droits, cette opiniâtreté à se conserver un titre, avec si peu de pouvoir, forment l'histoire du Bas-Empire.[26] Les papes l'érigèrent en appelant Charlemagne et ensuite les Othons dans la faible Italie.[27] Tous les papes le détruisirent autant qu'ils le purent. Ce corps qui s'appelait, et qui s'appelle encore, le Saint Empire romain, n'était en aucune manière, ni saint, ni romain, ni empire.[28]

Les électeurs dont les droits avaient été affermis par la bulle d'or de Charles IV, les firent bientôt valoir contre son propre fils, l'empereur Venceslas, roi de Bohême.[29]

110

115

107-15 MSP, W56-W57G: Rome. ¶Les électeurs

[25] Voltaire suit Heiss: Charles IV se rend à Avignon, où il est 'fort honorablement reçu par le pape'; 'après quoi il va se faire couronner roi d'Arles dans la ville de ce nom' (ch.27, ann.1365). La 'condition' évoquée par Voltaire est absente chez Heiss, Fleury (livre 96, ann.1365, §48), Bruys (*Histoire des papes*, ann.1365) et Barre, qui évoque pourtant longuement cet épisode (ann.1365). Peut-être s'agit-il de l'interprétation que donne Voltaire du serment évoqué ligne 100: Charles IV y renonce à occuper des terres appartenant à l'Eglise romaine, tant en Italie qu'au dehors, et mentionne expressément 'le comté Venaissin'; mais, dans ce même passage, la promesse de ne pas passer de nuit à Rome ne concerne que le jour de son couronnement (Fleury, livre 95, ann.1346, §32).

[26] Voltaire souligne, avec moins de force néanmoins que ses sources, à quel point Charles IV abdique tout pouvoir en Italie pour se concilier l'appui du pape dans la seule entreprise qui lui tienne à cœur: préserver son titre impérial et accroître ses territoires personnels.

[27] Voir notre t.2, ch.16, p.272-73, lignes 62-80; ch.35, p.493, lignes 120-21.

[28] Cette paradoxale et amusante formule de Voltaire résume bien ce qu'il veut démontrer: dans la lutte qui oppose, du XIe au XIIIe siècle, papes et empereurs, ce sont les premiers qui l'emportent. Voir déjà notre t.3, ch.46, lignes 1-14.

[29] Ce passage est probablement inspiré de Heiss et de Barre. Heiss précise que Charles IV verse '100 000 ducats à chaque électeur' pour le faire élire roi des Romains (livre 2, ch.27, ann.1376). Tant Heiss que Barre soulignent l'anarchie qui règne dans l'empire sous Wenceslas, tant et si bien que les électeurs, 'ennuyés de voir l'Allemagne sans chef, ayant de plus appris les aliénations de biens de l'empire que

Venceslas et le
roi Charles VI
malades du
cerveau en même
temps.
La France et l'Allemagne furent affligées à la fois d'un fléau sans exemple. Le roi de France et l'empereur avaient perdu presque en même temps l'usage de la raison. D'un côté Charles VI, par le dérangement de ses organes, causait celui de la France; [30] de l'autre Venceslas abruti par les débauches de la table, laissait l'empire dans l'anarchie. [31] Charles VI ne fut point déposé. Ses parents désolèrent la France en son nom; [32] mais les barons de Bohême enfermèrent Venceslas, qui se sauva un jour tout nu de sa prison, [33] et les électeurs en Allemagne le déposèrent juridiquement par une sentence publique. La sentence porte seulement qu'il est déposé comme *négligent, inutile, dissipateur et indigne*. [34]

1393.
1400.

120

125

118   MSP: [*manchette*] *Empereur et roi de France insensés.*
119   53-54N: L'empereur et le roi de France avaient
126   53-54N: électeurs le déposèrent
127-29   53-54N: publique. [*avec note*: L'an 1400.] ¶On dit

Venceslas faisait à son profit' le prient en 1383 d'établir sa résidence dans l'empire, ce que Wenceslas refuse (Heiss, livre 2, ch.28). Ils le déposeront par la suite (voir ci-dessous, lignes 123-28).

[30] Les premières manifestations de la folie de Charles VI (1380-1422) remontent à 1392 (voir Daniel). Ses retours périodiques à la raison empêchent la mise en place d'une régence.

[31] Voltaire suit Heiss: 'Venceslas se plongeant en toutes sortes de débauches de vin et de femmes, se rendait de plus en plus méprisable à ses sujets', avant de s'attirer leur haine par les impôts qu'il levait (livre 2, ch.28, ann.1386, 1393).

[32] Sur la manière dont les oncles de Charles VI (ducs d'Anjou, de Berry, de Bourbon et de Bourgogne) gouvernent la France, durant sa minorité, de 1380 à 1388, Voltaire peut s'inspirer de Daniel ou de Mézeray (ann.1380).

[33] Qu'il se soit évadé 'tout nu' ne se trouve ni chez Heiss, ni chez Barre, mais Barre (ann.1394) et Dom Calmet (*Histoire universelle sacrée et profane*, Strasbourg, 1735-1747, t.13, ch.133, §34) mentionnent tous deux que la première évasion (il y en eut une seconde en 1396; Heiss, livre 2, ch.28) de Wenceslas a lieu quinze semaines après son arrestation, à la faveur d'un bain aux étuves de Prague, ce qui peut expliquer l'expression employée par Voltaire.

[34] Voyant que Wenceslas est en train de vendre les terres impériales d'Italie à des usurpateurs italiens, les électeurs songent dès 1396 à le déposer, ce qu'ils feront le 20 août 1400, avec l'assentiment du pape Boniface IX (Heiss, livre 2, ch.28). Le texte de l'acte de déposition, reproduit par Barre (ann.1400), contient bien tous les termes mentionnés par Voltaire.

On dit que quand on lui annonça sa déposition, il écrivit aux
130 villes impériales d'Allemagne, qu'il n'exigeait d'elles d'autres
preuves de leur fidélité que quelques tonneaux de leur meilleur vin. [35]

L'état déplorable de l'Allemagne semblait laisser le champ libre
aux papes en Italie. Mais les républiques et les principautés qui
s'étaient élevées avaient eu le temps de s'affermir. Depuis
135 Clément V, Rome était étrangère aux papes. [36] Le Limousin
Grégoire XI, qui enfin transféra le Saint-Siège à Rome, ne savait
pas un mot d'italien. [37]

Ce pape avait de grands démêlés avec la république de Florence,
qui établissait alors son pouvoir en Italie. [38] Florence s'était liguée   *1376.*

132-33   53-54N: libre en
138-39   53-54N: Florence. Elle s'était liguée

[35] Ce détail ne se trouve pas chez Barre. Mais Heiss rapporte qu'au début du règne
de l'empereur Robert, les habitants de Nuremberg furent déchargés de leur serment
de fidélité envers le nouvel empereur 'moyennant quelques pièces de vin de
Bacharac, dont ils firent présent à Venceslas' (livre 2, ch.29, ann.1400). Peut-être
Voltaire amalgame-t-il ce récit avec un autre passage de Barre: un jour où l'on
annonce à Wenceslas que son château de Višegrad a brûlé, il répond: 'la perte n'est
pas si grande' puisque la cave du château est intacte ainsi que le vin qu'elle contient
(ann.1411).
[36] Sur la papauté siégeant à Avignon depuis Clément V (1305-1314), voir ci-
dessus, ch.68.
[37] Sur Grégoire XI (1370-1378), son élection et sa décision de transférer le siège
pontifical à Rome en 1375, puis son arrivée à Rome en 1376, voir Fleury (livre 97,
ann.1370, §19; 1375, §35; 1377, §43). Le fait qu'il ignore l'italien est mentionné lors de
sa rencontre avec Catherine de Sienne (Fleury, livre 97, §40). Le qualifier de
'Limousin', fait parfaitement exact, établit un lien plaisant avec des personnages
pittoresques de romans (voir Rabelais) et de comédie (voir Molière), mais Fleury
(ann.1377, §47) et Bruys (ann.1378) préfèrent le présenter comme savant et ami des
lettres.
[38] Sur les prémices de l'avènement de Florence au rang des grands Etats d'Italie,
voir ci-dessus, ch.68, ligne 11.

Les papes avec Bologne. Grégoire qui par l'ancienne concession de Mathilde   140
rétablissent enfin se prétendait seigneur immédiat de Bologne, ne se borna pas à se
leur cour à Rome venger par des censures. Il épuisa ses trésors pour payer les
condottieri, qui louaient alors des troupes à qui voulait les acheter. [39]
Les Florentins voulurent s'accommoder et mettre les papes dans
leurs intérêts. Ils crurent qu'il leur importait que le pontife résidât à   145
Rome. Il fallut donc persuader Grégoire de quitter Avignon. [40] On
ne peut concevoir comment dans des temps où les esprits étaient si
éclairés sur leurs intérêts on employait des ressorts qui paraissent
Sainte Catherine aujourd'hui si ridicules. On députa au pape sainte Catherine de
de Sienne et Sienne, non seulement femme à révélations, mais qui prétendait   150
sainte Brigitte. avoir épousé Jésus-Christ solennellement, et avoir reçu de lui à son

140   MSP, 53-54N: Boulogne. Le pape qui
      53-54N: Boulogne; et le pape qui
140-44   MSP, 53-54N: Mathilde, était seigneur immédiat de Boulogne, ne
pouvait se venger que par des censures. [53-54N: β] Les Florentins
145   53-54N: le pape résidât
146-49   MSP, 53-54N: Avignon. Apparemment qu'ils avaient une idée étrange
du Saint-Père, puisqu'ils lui députèrent sainte
149   MSP: [*manchette*] *Sainte Catherine de Sienne, députée au pape.*

[39] Les Florentins se révoltent parce qu'ils se considèrent malmenés par les
gouverneurs que les papes envoient d'Avignon en Italie (Fleury, livre 97,
ann.1376, §39). Les 'censures' du pape concernent leur commerce auquel elles
portent 'un préjudice notable' (Bruys, ann.1376), ce qui les incite à se rebeller. Bruys
mentionne que Bologne se joint la première à Florence, suivie de Pérouse
(ann.1376). Sur le lien féodal unissant Bologne au pape, la donation de la comtesse
Mathilde et le Patrimoine de Saint-Pierre, voir notre t.2, ch.13, p.237, lignes 120-242
var.; t.3, ch.46, p.146-47, lignes 291-317; 47, p.160, 163, lignes 53-54, 80-86; 48, p.182,
lignes 167-69; 49, p.193, lignes 69-72. Pour récupérer le Patrimoine de Saint-Pierre
'entièrement pillé', le pape envoie en Italie un cardinal avec une armée commandée
par deux capitaines, un Anglais et un Breton (Bruys, ann.1376; Fleury, livre 97, §39),
qui sont sans doute les 'condottieri' dont Voltaire parle ici (un terme qui n'apparaît
pas plus dans ses sources que le fait qu'il ait 'épuisé ses trésors').

[40] Bruys suggère que ce sont les menaces pesant sur le Patrimoine de Saint-Pierre
qui déterminèrent le pape à venir se fixer de nouveau en Italie (ann.1376). De son
côté, Fleury écrit que les Florentins, voyant les préjudices que le pape leur portait par
ses décrets leur interdisant le commerce, 'témoignèrent désirer la paix et pour
l'obtenir, ils envoyèrent à Avignon Catherine de Sienne' (livre 97, ann.1376, §40).

mariage un anneau et un diamant. Pierre de Capoue son confesseur, qui a écrit sa vie, avait vu la plupart de ses miracles: *J'ai été
témoin*, dit-il, *qu'elle fut un jour transformée en homme, avec une petite
barbe au menton; et cette figure, en laquelle elle fut subitement
changée, était celle de Jésus-Christ même.* Telle était l'ambassadrice
que les Florentins députèrent. [41] On employa d'un autre côté les
révélations de sainte Brigite née en Suède, mais établie à Rome, et à
laquelle un ange dicta plusieurs lettres pour le pontife. [42] Ces deux

155

152-56 53-54N: diamant. Telle
153-54 MSP: miracles, entre autres il avait été témoin *qu'elle avait été un jour*
155 MSP: *figure* (dit-il) *en*
158-64 53-54N: Brigitte. Tous
159-67 MSP: pontife. Tous les papes n'ont pas été des hommes de génie.
Grégoire était simple. Il fut ému par des machines proportionnées à son entendement
et ce qu'un autre eût fait par politique, il le fit par faiblesse. Le Saint-Siège

[41] La vie de la dominicaine Catherine de Sienne (1347-1380), 'qui était en grande
réputation de sainteté' et prétendait n'avoir d'autre maître que Jésus-Christ dans la
vie spirituelle, a été écrite par son confesseur Raimond de Capoue (1318-1399),
général des dominicains (Fleury, livre 97, ann.1376, §40). Tout ce que mentionne
Voltaire, y compris son mariage et le diamant, provient de Fleury, tout comme le
récit rapporté lignes 153-54. Perce, chez Fleury, une distance critique que Voltaire
accentue par le rythme de son récit et par un détail: 'petite barbe au menton', qui
remplace 'barbe médiocre' chez Fleury. La dernière phrase, relativement neutre chez
Fleury ('Telle était Catherine quand les Florentins résolurent de l'envoyer à
Avignon', §40) prend un tour ironique chez Voltaire, par l'emploi du terme
'ambassadrice' dont le caractère officiel contraste avec le portrait qu'il vient de
faire de Catherine. Le terme de 'femme à révélations' est d'ailleurs très péjoratif sous
sa plume. Il l'applique également, au ch.38 du *Siècle de Louis XIV*, à la mystique
quiétiste Jeanne-Marie Bouvier de Lamothe-Guyon (1648-1717), dite 'Mme Guyon',
'femme à révélations, à prophéties et à galimatias' (*M*, t.15, p.65).

[42] Pour l'essentiel, Voltaire suit Fleury, qui rapporte une rencontre de sainte
Brigitte (1302-1373) avec le pape à Montefiascone en 1370 (livre 97, ann.1370, §17).
Toutefois, le messager de la volonté de Dieu est, chez Fleury, 'la Sainte Vierge' qui
lui est apparue et non un ange qui lui aurait dicté plusieurs lettres. Fleury ne la dit pas
non plus établie à Rome (où elle est cependant décédée), un détail que Voltaire peut
tirer d'une lecture rapide de Bruys: 'La très dévote sainte Brigide [...] était en Italie'
(ann.1370).

45

saintes, divisées sur tout le reste, se réunirent pour ramener le pape   160
à Rome. Brigite était la sainte des cordeliers, et la Vierge lui
révélait qu'elle était née immaculée; mais Catherine était la sainte
des dominicains, et la Vierge lui révélait qu'elle était née dans le
péché. [43] Tous les papes n'ont pas été des hommes de génie. Grégoire
était-il simple? Fut-il ému par des machines proportionnées à son   165
entendement? Se conduisit-il par politique ou par faiblesse? Il céda
enfin; et le Saint-Siège fut transféré d'Avignon à Rome au bout de
soixante-douze ans; mais ce ne fut que pour plonger l'Europe dans
de nouvelles dissensions. [44]

168   MSP: soixante et dix ans

[43] Chez Fleury, les deux récits se suivent, mais c'est Voltaire qui les met en
relation, ajoutant ainsi une tournure plaisante, soutenue par quelques procédés
rhétoriques et l'expression ambiguë suggérant les deux saintes œuvrant pour le
retour du pape à Rome. Selon Fleury, Catherine entra à 'l'Institut des sœurs de la
pénitence de saint Dominique' (livre 97, ann.1376, §40) et Brigitte fonda en Suède un
monastère de l'ordre de saint Augustin (ann.1370, §17).

[44] Voir Fleury, livre 97, ann.1377, §42-43. En se demandant si le pape Grégoire XI
était 'simple' d'esprit et s'il a été influencé par des 'machines' (nous dirions
'manœuvres'), Voltaire insiste sur les conséquences négatives du retour de la
papauté à Rome, le grand schisme, auquel il consacre le ch.71, ci-dessous.

CHAPITRE 71

Grand schisme d'Occident.

Le Saint-Siège ne possédait alors que le Patrimoine de Saint-Pierre *Etats du Saint-*
en Toscane, la campagne de Rome, le pays de Viterbe et *Siège.*

a-202 [*Première rédaction de ce chapitre*: MSP]
a MSP: Chapitre 48
   w56-w57G: Chapitre 59
   61: Chapitre 67
1-6 MSP, 53: Depuis l'an 1138 les cardinaux s'étaient mis en possession

* Ce chapitre continue le récit, amorcé au ch.68, des 'affaires italiennes' au XIVᵉ siècle. Voltaire y décrit, avec une certaine ironie, le grand schisme qui déchire l'Eglise d'Occident entre 1378 et 1417, et aboutit à la coexistence, pendant quelques années, de trois papes concurrents. Aucun des souverains pontifes de cette époque ('ces misérables', ligne 101) ne trouve grâce à ses yeux, les uns étant trop faibles, les autres emplis d'une ambition démesurée, ou même pervers comme Urbain VI (lignes 73-85). Mais ce que Voltaire veut surtout mettre en évidence aux yeux du lecteur, c'est que le côté trivial et 'temporel' l'emporte de loin, dans le comportement des souverains pontifes, sur les aspects spirituels censés constituer l'essentiel de leurs préoccupations. Il plaint par ailleurs, à plusieurs reprises, les Romains, désireux d'indépendance mais condamnés, de par le statut de leur ville, à être sans cesse le jouet des ambitions rivales des papes et des souverains. Au niveau stylistique, la caractéristique textuelle fondamentale du ch.71 est la dissémination de signes qui indiquent la rupture, le renversement complet des rapports entre des personnes auparavant liées entre elles, la trahison, etc. La dominance du noyau sémantique 'schisme' semble 'commander' l'actualisation de toute une série de signes qui s'y rapportent. L'époque est, pour ainsi dire, dominée par une dérive 'schismatique' qui, du niveau ecclésiastique et théologique, s'étend à l'ensemble de la société. L'explication qui en est donnée dans le texte est liée à la diffusion de la 'raison d'Etat' (ligne 161), de comportements 'politiques' qui ne se règlent pas sur la morale commune. Cette explication 'politique', tout en retenant bien des éléments de vérité, semble ne pas rendre compte du caractère, pour ainsi dire, envahissant ou totalisant, que l'écriture voltairienne attribue à la tendance 'schismatique'. Il suffit d'en donner quelques exemples: Charles de Durazzo 'usurpateur devenu possesseur tranquille' (61); ou encore, Charles de Durazzo 'créature et persécuteur' d'Urbain VI;

47

1378.

tifes legitimement élûs , la paix & la liberté des élections fut rétablie sous Innocent II. Car aprés que le fameux Schisme de Pierre de Leon, dit Anaclet, & de Victor IV. eût esté entiérement éteint par les soins principalement de Saint Bernard, tous les Cardinaux réünis sous l'obéïssance d'Innocent, & fortifiez des principaux membres du Clergé de Rome, que ce Pape, par une grande adresse, mit avec eux dans le Sacré College, aquirent tant d'autorité, qu'aprés sa mort ils firent seuls l'élection du Pape Celestin II. & depuis ce tems-là ils se sont toûjours maintenus dans la possession de ce beau droit, le Senat, le Peuple, & le reste du Clergé ayant enfin cessé d'y prétendre aucune part. Il y avoit donc à la mort de Grégoire XI. deux cens trente-cinq ans que les Cardinaux estoient en possession de faire seuls l'élection des Papes, laquelle ils faisoient enfermez dans un Conclave, depuis Honoré III. ou selon le sentiment de quelques Auteurs, depuis Grégoire X. & pour estre legitime & canonique, il falloit qu'elle fût libre, & que celuy qu'on éliroit, eût les deux parts des voix. Grégoire XI. néanmoins, qui prévit les désordres qui arriveroient, si l'on ne luy donnoit promtement un Successeur, qui fût librement élû, fit trois jours avant sa mort une Bulle, par laquelle il permit aux Cardinaux, pour cette fois seulement, de faire l'élection d'un Pape, à la

pluralité

Panuin. ad Plat. post Inn. 2.
Vit. Alphons. Ciacon. in Calest. 2.
1143.

Ciacon. in Honor. 3.
1216.
Panuin. ad Vit. Greg. X.
1274.

M S. Process. ap. Methym. Camp. fol. 35. ex Biblioth. Harlaá.

2. L. Maimbourg, *Histoire du grand schisme d'Occident* (Paris, 1678), p.16.

d'Orviette, la Sabine, le duché de Spolette, Bénévent, une petite partie de la marche d'Ancone. [1] Toutes les contrées réunies depuis à son domaine étaient à des seigneurs vicaires de l'empire ou du siège papal. Les cardinaux s'étaient mis depuis 1138 en possession d'exclure le peuple et le clergé de l'élection des pontifes, et depuis 1216 il fallait avoir les deux tiers des voix pour être canoniquement élu. [2] Il n'y avait à Rome au temps dont je parle que seize cardinaux, onze français, un espagnol et quatre italiens. [3]

---

l'antipape Jean XXIII qui ôte l'investiture à son bienfaiteur et à son vengeur (160-63); Lancelot qui trahit Louis II d'Anjou, son bienfaiteur (174-76). Enfin, le fruit du concile de Pise avec trois papes ou antipapes ('tout fut plus brouillé qu'auparavant', 130): c'est bien cet effet de 'brouillage' généralisé que l'écriture voltairienne semble mimétiquement exprimer et rendre sensible au lecteur. La source fondamentale de ce chapitre est l'ouvrage du jésuite L. Maimbourg, *Histoire du grand schisme d'Occident* (Paris, 1678). En outre, il semble avoir également utilisé les deux ouvrages du pasteur calviniste J. Lenfant, *Histoire du concile de Constance* (Amsterdam, 1714; 'bien faite et bien écrite', selon le *Catalogue des écrivains* du *Siècle de Louis XIV*) et surtout l'*Histoire du concile de Pise et de ce qui s'est passé de plus mémorable depuis ce concile jusqu'au concile de Constance* (2 t. en 1 vol., Amsterdam, 1724). Il va sans dire qu'il a parfois aussi recours, comme d'habitude, à l'*Histoire ecclésiastique* de Fleury.

[1] Il a déjà été question du Patrimoine de Saint-Pierre, au ch.46, lignes 304-305; 49, lignes 70-75 (notre t.3). Voir Maimbourg: 'Il n'y avait rien de plus déplorable que l'état où se trouvaient alors et cette capitale [Rome] du christianisme, presque entièrement désolée par la longue absence des papes, et l'état ecclésiastique, dont une partie s'était révoltée. L'autre était occupée par des seigneurs particuliers, qui en avaient usurpé le domaine; et le peu qui restait était ravagé par la guerre que les Florentins faisaient au Saint-Siège' (livre 1, ann.1377). Même chose chez Lenfant (*Histoire du concile de Pise*, t.1, livre 1, §5).

[2] Les renseignements sur les critères suivis dans l'élection des papes sont clairement tirés de Maimbourg (livre 1, ann.1378; voir l'illustration, p.48); 'Il y avait donc à la mort de Grégoire XI deux cents trente-cinq ans que les cardinaux étaient en possession de faire seuls l'élection des papes, laquelle ils faisaient enfermés dans un conclave, depuis Honoré III ou, selon le sentiment de quelques auteurs, depuis Grégoire X et pour être légitime et canonique, il fallait qu'elle fût libre, et que celui qu'on élirait, eût les deux parts des voix' (en manchette, 1216).

[3] Maimbourg donne la liste complète des 24 cardinaux et des 16 qui étaient à Rome (ann.1378).

Le peuple romain, malgré son goût pour la liberté, malgré son aversion pour ses maîtres, voulait un pape qui résidât à Rome, parce qu'il haïssait beaucoup plus les ultramontains [4] que les papes, et surtout parce que la présence d'un pontife attirait à Rome des richesses. Les Romains menacèrent les cardinaux de les exter- 15 miner, s'ils leur donnaient un pontife étranger. [5] Les électeurs *1378.* épouvantés nommèrent pour pape Brigagno évêque de Barri, Napolitain, qui prit le nom d'Urbain dont nous avons fait mention en parlant de la reine Jeanne. [6] C'était un homme impétueux et *Emportements* farouche, et par cela même peu propre à une telle place. [7] A peine 20 *du pape* fut-il intronisé, qu'il déclara dans un consistoire qu'il ferait justice *Urbain VI.* des rois de France et d'Angleterre, qui troublaient, disait-il, la

13   53-54N: les Français que
13-14   MSP: papes et que la
17   MSP, 53-W57G: Brigano
     MSP: Barry
18-19   53-54N: d'Urbain II. C'était
     W56-W75G: d'Urbain. C'était
20   MSP: et peu propre par cela même pour une

[4] Comme le montre la variante de 53-54N, il s'agit des Français, appelés ainsi parce qu'ils vivaient au-delà des monts des Alpes. C'était un terme courant appliqué surtout en Italie aux papes et aux cardinaux de France. Voir Lenfant: 'C'est-à-dire, *Français*' (*Histoire du concile de Pise*, t.1, livre 1, §10, n.*a*).

[5] Maimbourg détaille longuement les menaces des Romains adressées au cardinaux (ann.1378): 'ces furieux qui investirent le palais [...] se mirent à crier épouvantablement toute la nuit, qu'ils voulaient un pape romain, ou italien, en faisant d'horribles menaces de tout massacrer, s'ils n'en avaient un'. Sur les menaces du peuple romain, on peut consulter aussi Fleury (livre 97, ann.1378, §48) et Lenfant (*Histoire du concile de Pise*, t.1, livre 1, §7).

[6] Urbain VI (1378-1389) est nommé 'Barthélemy de Prignano, archevêque de Bari' par Maimbourg, Fleury et Lenfant. La graphie 'Brigagno' (les éditions 53-W57G portent 'Brigano') est propre à Voltaire. Notons que dans les *Annales de l'Empire*, la graphie adoptée est 'Prignano' (ann.1378, p.422). Sur Jeanne de Naples et Urbain VI, voir ci-dessus, ch.69.

[7] Voir Maimbourg: 'Urbain [...] était d'un naturel extrêmement impétueux, et [...] ne gardait aucunes mesures, quand il était une fois échauffé contre quelqu'un' (ann.1378).

chrétienté par leurs querelles.[8] Ces rois étaient Charles le Sage et
Edouard III.[9] Le cardinal de la Grange, non moins impétueux que le
25 pape, le menaçant de la main, lui dit, *qu'il avait menti*; et ces trois
paroles plongèrent l'Europe dans une discorde de quarante années.[10]

La plupart des cardinaux, les Italiens mêmes, choqués de   *On en élit un*
l'humeur féroce d'un homme si peu fait pour gouverner, se   *autre.*
retirèrent dans le royaume de Naples.[11] Là ils déclarent que l'élection
30 du pape, faite avec violence, est nulle de plein droit. Ils procèdent
unanimement à l'élection d'un nouveau pontife. Les cardinaux
français eurent alors la satisfaction assez rare de tromper les
cardinaux italiens.[12] On promit la tiare à chaque Italien en
particulier, et ensuite on élut Robert fils d'Amédée comte de
35 Genève, qui prit le nom de Clément VII.[13] Alors l'Europe se

28 MSP: d'un pape si
34 MSP: élit <Amédée, fils> �V Robert fils d'Amédée+ du comte
    MSG: élit Amédée
    53-54N: élut Amédée, fils du comte

[8] Voir Maimbourg: 'Urbain [...] s'emporta jusqu'à dire, comme s'il eût été le
maitre des souverains, qu'il ferait même justice des rois de France et d'Angleterre,
qui troublaient toute la chrétienté par leur querelles' (ann.1378).

[9] Charles V de France, dit Charles le Sage (1364-1380). Au moment du consistoire
(printemps 1378), c'est Richard II (1377-1400) qui est roi d'Angleterre.

[10] Maimbourg: 'le cardinal d'Amiens Jean de la Grange [...] était un homme
pour le moins aussi fier qu'Urbain [...] C'est pourquoi [...] il se lève tout en furie,
et s'adressant au pape, il lui dit avec un geste menaçant, *que comme archevêque de
Bari il en avait menti*' (ann.1378). Voir aussi Lenfant, *Histoire du concile de Pise*,
t.1, livre 1, §14. L'épisode manque dans Fleury. Conseiller de Charles V le Sage,
Jean de La Grange (c.1325-1402) sera l'un des principaux soutiens de l'antipape
Clément VII. Voir ci-dessous, lignes 34-35; Mézeray, *Abrégé chronologique*,
ch. 'Charles VI'.

[11] Vers la mi-mai, les cardinaux quittent Rome pour Anagni. En août, ils
s'installent à Fondi, dans le royaume de Naples. Voir Maimbourg, ann.1378;
Fleury, livre 97, ann.1378, §52, 54.

[12] Voir Maimbourg, ann.1378.

[13] L'antipape Clément VII (1378-1394) est élu à Fondi, en septembre 1378. Il était
auparavant archevêque de Cambrai, et cardinal. Il s'installe à Avignon. Voir
Maimbourg, ann.1378; Fleury, livre 97, ann.1378, §54.

partagea. L'empereur Charles IV, l'Angleterre, la Flandre, la Hongrie reconnurent Urbain, à qui Rome et l'Italie obéissaient. La France, l'Ecosse, la Savoie, la Lorraine furent pour Clément. [14] Tous les ordres religieux se divisèrent, tous les docteurs écrivirent, toutes les universités donnèrent des décrets. Les deux papes se traitaient mutuellement d'usurpateurs et d'*antéchrist*; ils s'excommuniaient réciproquement. [15] Mais ce qui devint réellement funeste, on se battit avec la double fureur d'une guerre civile, et d'une guerre de religion. Des troupes gasconnes et bretonnes, levées par le neveu de Clément, marchent en Italie, surprennent Rome; [16] ils y tuent dans leur première furie tout ce qu'ils rencontrent: mais bientôt le peuple romain, se ralliant contre eux, les extermine dans ses murs, et on y égorge tout ce qu'on trouve de prêtres français. [17] Bientôt après, une armée du pape Clément, levée dans le royaume de Naples, se présente à quelques lieues de Rome devant les troupes d'Urbain. [18]

1379.
Excommunica-
tion et guerre
civile.

40

45

50

36-37 MSP: partagea comme s'il avait été nécessaire de prendre parti. L'empereur Charles IV qui mourut bientôt après, son fils Vencielas, le roi d'Angleterre, le comte de Flandres, la Hongrie

41-42 MSP: d'Antéchrist, s'excommuniaient, s'anathématisaient, prêchaient la croisade l'un contre l'autre. Mais ce qui fut réellement

53-54N: s'excommunaient. Mais

48 MSP: français qui postulaient des bénéfices.

48-49 K: français. Peu de temps après

[14] A propos du partage de l'Europe entre les deux papes (ceux qui reconnaissent Urbain et ceux qui sont pour Clément), voir Maimbourg, ann.1378.

[15] Voltaire semble suivre encore Maimbourg (ann.1378, 1379), mais le ton un peu virulent du passage pourrait faire penser à un texte d'inspiration protestante comme Bruys (*Histoire des papes*): 'Les deux papes s'excommuniaient l'un l'autre, et se disaient leurs vérités; car il s'appelaient réciproquement antéchrists, schismatiques, hérétiques, voleurs, traitres, tyrans, enfants de Bélial, et une infinité d'autres injures, toutes trop bien fondées' (ann.1378).

[16] Voir Maimbourg, ann.1379.

[17] A propos du massacre de 'tout ce qu'il y avait d'ultramontains dans Rome' et en particulier des 'prélats' français, voir Maimbourg (ann.1379).

[18] Voir Maimbourg, ann.1379.

Chacune des armées portait les clefs de saint Pierre sur ses drapeaux.[19] Les Clémentins furent vaincus. Il ne s'agissait pas seulement de l'intérêt de ces deux pontifes. Urbain vainqueur, qui

55 destinait une partie du royaume de Naples à son neveu, en déposséda la reine Jeanne protectrice de Clément, laquelle régnait depuis longtemps dans Naples avec des succès divers, et une gloire souillée.[20]

Nous avons vu cette reine assassinée par son cousin Charles de

60 Durazzo, avec qui Urbain voulait partager le royaume de Naples. Cet usurpateur devenu possesseur tranquille, n'eut garde de tenir

52 MSP, 53-54N: armées avait les
52-53 MSP: sur les chapeaux
55-56 MSP, 53-54N: destinait le royaume [MSP: de Naples] à son neveu, en voulut d'abord déposséder la reine
57 MSP: longtemps à Naples
58-64 MSP, 53-54N: souillée, dit-on, de plus d'un crime [53-54N: quelques crimes]. La reine pour se défendre adopta Louis d'Anjou, le frère de Charles le Sage, le déclara son successeur au royaume de Naples et au comté de Provence. C'était pour la troisième fois qu'un prince d'Anjou parvenait à cette couronne que nous

5 avons vu de nos jours tomber encore à un autre duc d'Anjou, petit-fils de Louis XIV et roi d'Espagne.[21] ¶Si le schisme des deux papes était fatal au royaume de Naples, cette donation ne fut pas moins fatale à la France. Le duc d'Anjou pour se préparer à ce voyage commença par s'emparer du trésor que la sage économie de Charles V avait amassé dans des temps difficiles. Il se montait à dix-sept millions de livres de

10 compte. C'était la ressource de la France et cette ressource fut dissipée.[22] ¶[manchette: *1381*.] Le pape [53-54N: Espagne. Le pape] Urbain donne alors les Etats de Naples à Charles de Duras, neveu et ennemi de la reine [53-54N: Jeanne], mais à condition que le tiers du royaume sera pour le neveu de Sa Sainteté. Il fallait

[19] Maimbourg s'attarde sur ce détail: 'Ce fut alors qu'on vit ce qu'on n'avait pas encore vu, à savoir les clefs de saint Pierre et des tiares pontificales opposées les unes aux autres, et si je l'ose dire, s'entre-menaçant sur les drapeaux et les cornettes des deux armées ennemies' (ann.1379).

[20] Sur la victoire d'Urbain, voir Maimbourg, ann.1379. Sur les visées du pape voulant favoriser son neveu, François Prignano, et sur le sort de la reine Jeanne, voir Maimbourg (livre 2, ann.1380).

[21] Il s'agit de Philippe V (1700-1746).

[22] Voir aussi ci-dessous, ch.78. L'ensemble des informations contenues dans cette longue variante sera repris, à partir des éditions w56-w57G, dans un nouveau chapitre 57, devenu le ch.69, ci-dessus, dans l'édition définitive.

ce qu'il avait promis à un pape qui n'était pas assez puissant pour l'y contraindre. [23]

Urbain prisonnier. Ses vengeances exécrables.

Urbain plus ardent que politique, eut l'imprudence d'aller trouver son vassal sans être le plus fort. L'ancien cérémonial obligeait le roi de baiser les pieds du pape et de tenir la bride de son cheval. Durazzo ne fit qu'une de ces deux fonctions; il prit la bride, mais ce fut pour conduire lui-même le pape en prison. [24] Urbain fut gardé quelque temps prisonnier à Naples, négociant continuelle-

65

---

une armée à Charles de Duras; le pape Urbain vendit [53-54N: y employa] l'argent et l'or des églises, les croix, les calices, taxa tout le clergé, emprunta des Vénitiens et des Génois [53-54N: Génois et des Vénitiens]. Duras eut ainsi des troupes qu'il grossit en rançonnant les villes. Il [53-54N: troupes. Il] marche jusqu'à Naples sans que Louis d'Anjou qui s'était emparé des trésors de la France pour défendre son héritage, pensât encore à s'embarquer. Naples ouvre ses portes à Duras et au cardinal Sangri, légat du pape, tous deux également cruels. On mit aux fers tous les cardinaux et les évêques du parti de Clément, qui étaient [53-54N: était] bienheureux alors de s'être retirés [53-54N: retiré] dans Avignon. La reine Jeanne fut jetée dans un cachot. Elle avait été la plus belle princesse de son temps, la mieux faite et la plus aimable. Son esprit était cultivé dans un siècle où l'ignorance régnait encore dans les cours de l'Europe, mais où les beaux-arts commençaient à renaître en Italie. Elle écrivait en italien avec grâce et avait mérité les éloges de Pétrarque. Nous avons vu que c'est d'elle que les papes tiennent la ville d'Avignon. Elle [53-54N: cachot. Elle] avait eu quatre maris. On l'avait accusée d'avoir fait étrangler le premier qui était André de Hongrie. L'obligation où elle fut de se justifier est encore une tache à sa mémoire. *manchette: 1382.* Louis d'Anjou [53-54N: Hongrie. Louis d'Anjou] partit trop tard pour aller défendre cette malheureuse reine. Il n'entra dans le royaume de Naples que pour s'y mal conduire et y mourir de maladie [53-54N: *avec note*: L'an 1382.], sans avoir rien fait pour sa cause ni [53-54N: et] pour son honneur. Charles de Duras, maître du royaume [53-54N: de Naples], n'avait plus pour ennemi que le pape [53-54N: même] à qui il devait sa couronne. Urbain voulait toujours le tiers du [53-54N: de ce] royaume pour son neveu. C'était une convention que le vainqueur n'avait garde de tenir. Le pape, plus

15

20

25

30

35

65   53-W68: fort et mal accompagné.
67   MSP: [*manchette*] 1383.
      MSP, 53-W68: Duras

[23] Voir ci-dessus, ch.69.
[24] A propos d'Urbain VI et de son vassal, Charles de Durazzo ou de Duras (1345-1386), voir Maimbourg (livre 2, ann.1383), qui évoque également le non-respect de l'ancien cérémonial par Charles de Durazzo.

70 ment avec son vassal, et traité tantôt avec respect, tantôt avec mépris. Le pape s'enfuit de sa prison, et se retira dans la petite ville de Nocéra. Là il assembla bientôt les débris de sa cour. Ses cardinaux et quelques évêques, lassés de son humeur farouche, et plus encore de ses infortunes, prirent dans Nocéra des mesures

75 pour le quitter, et pour élire à Rome un pape plus digne de l'être. Urbain, informé de leur dessein, les fit tous appliquer en sa présence à la torture. Bientôt obligé de s'enfuir de Naples et de se retirer dans la ville de Gênes, qui lui envoya quelques galères, il traîna à sa suite ces cardinaux et ces évêques estropiés et enchaînés.

80 Un des évêques, demi-mort de la question qu'il avait soufferte, ne pouvant gagner le rivage assez tôt au gré du pape, il le fit égorger sur le chemin. Arrivé à Gênes, il se délivra par divers supplices de cinq de ces cardinaux prisonniers.[25] Les Caligula et les Néron avaient fait des actions à peu près semblables, mais ils furent punis, et

85 Urbain mourut paisiblement à Rome.[26] Sa créature et son persécu- *1389.*
teur, Charles de Durazzo, fut plus malheureux; car étant allé en

---

71 MSP: mépris. Son neveu qui devait partager le royaume, ayant enlevé une religieuse, fut condamné à être pendu pour cette action qu'on aurait laissé impunie dans tout autre. Le pape, ayant à peine obtenu la grâce de ce neveu, s'enfuit avec lui de

72 MSP: rassembla

75 MSP: et pour aller élire

78 MSP: envoya des galères

82 MSP: [*manchette*] *1386.*

86 MSP, 53-61: Duras

---

[25] Toute l'histoire de la fuite du pape de sa prison de Naples, de sa retraite à Nocera, au nord de Salerne, où il fait 'assembler toute sa cour', et de son passage à Gênes est détaillée par Voltaire d'après, semble-t-il, le récit de Maimbourg (livre 2, ann.1384-1386). Maimbourg s'attarde aussi sur les cardinaux mis à la question et sur celui (l'évêque d'Aquila) égorgé sur le chemin. Voir également Fleury, livre 98, ann.1385, §23, 25.

[26] Alors que la comparaison/opposition d'Urbain VI aux Caligula et Néron ne se trouve que dans le texte de Voltaire, l'adverbe 'paisiblement' est repris de Maimbourg, dans son récit des dernières années du pape: 'après y [à Rome] avoir passé plus paisiblement le peu qui lui restait à vivre, qu'il n'avait fait tout son pontificat jusques alors, il y mourut' (livre 3, ann.1389).

Hongrie pour envahir la couronne qui ne lui appartenait point, il y fut assassiné. [27]

Schisme continue Après la mort d'Urbain, cette guerre civile paraissait devoir
après Urbain. s'éteindre; mais les Romains étaient bien loin de reconnaître 90
Clément. [28] Le schisme se perpétua des deux côtés. Les cardinaux
urbanistes élurent Perin Tomasel; et ce Perin Tomasel étant mort,
ils prirent le cardinal Méliorati. [29] Les Clémentins firent succéder à
Clément, mort en 1394, Pierre Luna Aragonais. Jamais pape n'eut
moins de pouvoir à Rome que Méliorati: et Pierre Luna ne fut 95
bientôt dans Avignon qu'un fantôme. Les Romains, qui voulurent
encore rétablir leur gouvernement municipal, chassèrent Méliorati,
après bien du sang répandu, quoiqu'ils le reconnussent pour pape;
1403. et les Français, qui avaient reconnu Pierre Luna, l'assiégèrent dans
Avignon même, et l'y tinrent prisonnier. [30] 100
Cependant tous ces misérables se disaient hautement les vicaires
de Dieu et les maîtres des rois. Ils trouvaient des prêtres qui les

88   MSP: [*manchette*] *1386.*
91   MSP: Clément, qui n'était pour eux que pape d'Avignon. Le schisme
92   MSP: élurent un Perin
94   53-54N: 1390
100-105   MSP, 53-W75G: prisonnier. ¶Les états

[27] Voir Maimbourg, ann.1386. Sur le contexte de l'assassinat de Charles de Durazzo le 24 février 1386, voir ci-dessus, ch.69, lignes 12-46.
[28] Urbain VI meurt en octobre 1389.
[29] Sur l'élection, sous le nom de Boniface IX (1389-1404), de Pietro Tomacelli, voir Maimbourg (livre 3, ann.1389) et Fleury (livre 98, §48). Sur celle de Cosimo de Meliorati (Innocent VII, 1404-1406), voir Maimbourg (ann.1404) et Fleury (livre 99, ann.1404, §45). Par un de ces raccourcis dont il est coutumier ('étant mort', ligne 92), Voltaire laisse croire que le pontificat de Boniface IX est extrêmement bref.
[30] Sur l'élection du cardinal Pedro de Luna (Benoît XIII, 1394-1423), voir Maimbourg (livre 3, ann.1393) et Fleury (livre 99, ann.1394, §4). Il est 'prisonnier cinq ans entiers [1398-1403] dans son propre château d'Avignon' (*Annales*, ann.1398, p.427; voir aussi Maimbourg, ann.1393, et Fleury, livre 99, ann.1398, §22). Sur les désordres qui ont lieu à Rome après l'élection d'Innocent VII et qui finissent par causer la fuite du pape à Viterbe, voir Fleury (livre 99, ann.1405, §51, 52) et Maimbourg (ann.1405).

servaient à genoux, comme des vendeurs d'orviétan trouvent des Gilles.[31]

105 Les états généraux de France avaient pris dans ces temps funestes une résolution si sensée, qu'il est surprenant que toutes les autres nations ne l'imitassent pas. Ils ne reconnurent aucun pape.[32] Chaque diocèse se gouverna par son évêque: on ne paya point d'annates, on ne reconnut ni réserves ni exemptions; Rome
110 alors dut craindre que cette administration, qui dura quelques années, ne subsistât toujours. Mais ces lueurs de raison ne jetèrent pas un éclat durable. Le clergé, les moines avaient tellement gravé dans les têtes des princes et des peuples l'idée qu'il fallait un pape, que la terre fut longtemps troublée pour savoir quel ambitieux
115 obtiendrait par l'intrigue le droit d'ouvrir les portes du ciel.[33]

La France ne reconnaît aucun pape.

---

109   MSP: ne connut ni réserves ni exemptions, et Rome
111-16   MSP, 53-w68: toujours. ¶Luna

---

[31] Comme dans le cas d'Urbain VI (ci-dessus, n.26), la comparaison avec des vendeurs d'orviétan sert ici à Voltaire à tourner en dérision les papes schismatiques, en démasquant, en termes philosophiques, la mauvaise 'comédie' qu'ils ont jouée. Quelques lignes plus loin (114-15), il insiste sur ce jugement négatif en assimilant les papes à des ambitieux sans scrupules qui exercent 'le droit d'ouvrir les portes du ciel'. Selon le Littré, un 'gille' est 'un homme niais qu'on bafoue'.

[32] Il n'y a pas eu d'états généraux consacrés aux questions relatives au schisme, mais bien, de 1398 à 1408, différentes assemblées du clergé et d'autres institutions (parlement, etc.) afin d'arriver à 'une soustraction d'obédience' et de déclarer la 'neutralité' de la France vis-à-vis des deux papes concurrents (Benoît XIII et Boniface IX, puis Benoît XIII et Innocent VII). Voir Maimbourg, livre 3, ann.1398 (assemblée du clergé); ann.1406 (Parlement et assemblée du clergé); ann.1408, (Conseil du roi élargi). A propos des mêmes événements, voir aussi respectivement: Fleury, livre 99, ann.1398, §19; ann.1406, §57; livre 100, ann.1408, §10, 11, 12; Lenfant, *Histoire du concile de Pise*, livre 2, §10, 58, 114. Sur le contexte historique, voir N. Valois, *La France et le grand schisme d'Occident* (Paris, 1896-1902), t.3, p.27-323.

[33] On peut comparer ce que dit Voltaire sur l'administration de l'Eglise de France pendant cette période où elle ne reconnut point de pape avec le point de vue protestant de Bruys: 'Les petits génies, les génies superstitieux, se figureront que les Français durent être accablés de grands malheurs, en conséquence de leur révolte

Luna, avant son élection, avait promis de se démettre pour le bien de la paix, et n'en voulait rien faire. Un noble vénitien, nommé Corario, qu'on élut à Rome, fit le même serment, qu'il ne garda pas mieux.[34] Les cardinaux de l'un et de l'autre parti, fatigués des *Concile de Pise.* querelles générales et particulières que la dispute de la tiare traînait 120 *1409.* après elle, convinrent enfin d'assembler à Pise un concile général.[35] Vingt-quatre cardinaux, vingt-six archevêques, cent quatre-vingt-douze évêques, deux cent quatre-vingt-neuf abbés, les députés de toutes les universités, ceux des chapitres de cent deux métropoles, trois cents docteurs de théologie, le grand-maître de Malte et les 125 ambassadeurs de tous les rois, assistèrent à cette assemblée.[36] On y

117   MSP: [*manchette*] *1406.*
122-23   MSP, 53-54N: cent quatre-vingt-deux évêques
123   MSP: abbés, soit présents, soit par procureurs, les
124   MSP: cent deux églises métropolitaines,
125   MSP: grand-maître de Rhodes et
126   MSP: [*manchette*] *1409.*

---

contre le Saint-Siège. Et quelques-uns se représenteront une espèce d'anarchie dans l'Eglise. Rien moins que tout cela. On fit des règlements si sages, pour prévenir le désordre, qu'il serait à souhaiter qu'on les observât encore aujourd'hui, plutôt que de subir en esclave le joug tyrannique d'un pape, dont l'ambition n'est jamais satisfaite' (ann.1397). Voir aussi les *Annales*: 'Ainsi l'Eglise de France ne reconnaissant point de pape pendant ces cinq années montrait que l'Eglise pouvait subsister sans pape' (ann.1398, p.427). En soulignant le contraste entre les basses ambitions humaines et la maîtrise des 'portes du ciel' à laquelle accède en principe le souverain pontife, Voltaire ramène l'élection du pape au rang de farce inutile. Sur le contexte historique, voir E. Delaruelle, E.-R. Labande, P. Ourliac, *L'Eglise au temps du grand schisme et de la crise conciliaire (1378-1449)*, dans l'*Histoire de l'Eglise depuis les origines jusqu'à nos jours*, éd. J.-B. Duroselle et E. Jarry, t.14 (Paris, 1962), p.295-343.

[34] Sur l'élection de 'Corario' (Angelo Corer, Grégoire XII, 1406-1415) et son serment, voir Maimbourg (livre 4, ann.1406). Grégoire XII enverra sa renonciation au pontificat au concile réuni à Constance; voir ci-dessous, ch.72.

[35] Voir Maimbourg, ann.1408.

[36] La liste des participants au concile de Pise (mars-août 1409) provient, semble-t-il, de Maimbourg (ann.1409: 'Il y avait alors à Pise vingt-quatre cardinaux'). Voir aussi Lenfant, *Histoire du concile de Pise*, t.1, livre 3, §27 (en appendice, il y a une 'Liste des membres du concile de Pise').

créa un nouveau pape, nommé Pierre Philargi, Alexandre V.[37] Le
fruit de ce grand concile fut d'avoir trois papes, ou antipapes, au
lieu de deux.[38] L'empereur Robert ne voulut point reconnaître ce
130   concile, et tout fut plus brouillé qu'auparavant.[39]

On ne peut s'empêcher de plaindre le sort de Rome. On lui
donnait un évêque et un prince malgré elle: des troupes françaises,
sous le commandement de Tannegui du Châtel, vinrent encore la
ravager pour lui faire accepter son troisième pape.[40] Le Vénitien
135   Corario porta sa tiare à Gayette, sous la protection du fils de
Charles de Durazzo que nous nommons Lancelot, qui régnait alors

127   MSP: Alexandre V. C'était un grand exemple de ce qu'on nomme les jeux de
la fortune. Ce Philargi était originairement un enfant trouvé qui, après avoir
longtemps mendié son pain, comme Adrien IV, fut, comme lui, moine, cardinal et
souverain pontife. Le

129-30   MSP: voulut jamais reconnaître ce concile de Pise, et

131   MSP: Rome, victime de tous ces désordres.

133   MSP: Tangui

134   MSP: accepter un troisième

136   MSP, 53-w68:   Duras

[37] Sur l'élection de Pietro Filargo da Candia sous le nom d'Alexandre V (1409-
1410), voir Maimbourg (ann.1409) et Fleury (livre 100, §32). Voir aussi les *Annales*,
ann.1409, p.432.

[38] Voir Maimbourg: 'le schisme ne cessa pas, et au lieu de deux papes incertains
qu'il y avait auparavant, il y en eût trois, un véritable, et deux faux' (livre 4,
ann.1409). Voir aussi Lenfant, *Histoire du concile de Constance* (Amsterdam, 1727):
'De sorte qu'au lieu des deux papes qu'il y avait auparavant [avant le concile de Pise]
il s'en trouva trois' (t.1, livre 1, §2). Voltaire se montre encore plus dubitatif: sa
formule 'trois papes, ou antipapes' vise de toute évidence à tourner totalement la
papauté en dérision.

[39] Voir Maimbourg, ann.1409, et surtout ann.1410. Robert (Ruprecht) de
Palatinat est roi des Romains de 1400 à 1410.

[40] Sur le sac de Rome par les troupes du Breton Tanneguy Duchâtel (*c.*1369-
*c.*1458), voir Maimbourg (livre 4, ann.1411). Voir ce que Voltaire dit de Duchâtel
dans le ch.79 (ci-dessous) et dans l'*Histoire du parlement de Paris*, ch.6 (*OCV*,
t.68, p.182).

59

à Naples; [41] et Pierre Luna transféra son siège à Perpignan. [42] Rome fut saccagée, mais sans fruit, pour le troisième pape; il mourut en chemin; et la politique qui régnait alors, fut cause qu'on le crut empoisonné. [43]

Le concile élit le corsaire Coʒʒa. Les cardinaux du concile de Pise, qui l'avaient élu, s'étant rendus maîtres de Rome, mirent à sa place Balthazar Cozza Napolitain. C'était un homme de guerre: il avait été corsaire, et s'était signalé dans les troubles que la querelle de Charles de Durazzo et de la maison d'Anjou excitait encore; depuis légat en Allemagne, il s'y était enrichi en vendant des indulgences. Il avait ensuite acheté assez cher le chapeau de cardinal, et n'avait point acheté moins chèrement sa concubine Catherine, qu'il avait enlevée à son mari. [44] Dans les conjonctures où était Rome, il lui

140

145

---

137   MSP: son Saint-Siège à
139   MSP, 53-54N: cause que tout le monde le crut
141   MSP: [*manchette*] *Jean XXIII / 1410.*
143-46   MSP, 53-54N: homme de guerre, qui avait été à la fois diacre et corsaire. Il avait fait longtemps le métier de pirate dans la guerre qui subsistait toujours au royaume de Naples [53-54N: homme de guerre qui subsistait au moyen de celle qu'il y avait] entre le fils de Charles de Duras et le fils du duc d'Anjou. S'étant signalé dans ses courses en faveur du successeur d'Urbain, il avait été fait légat en Allemagne et [53-54N: Allemagne. Il] s'était enrichi
149   MSP: mari. S'étant ensuite fait donner la légation de Boulogne, il avait levé à ses dépens une petite armée avec laquelle il avait conquis cette ville sur les Visconti. ¶Dans

5

---

[41] La fuite de Grégoire XII à Gaète, au nord de Naples, a lieu en octobre 1409. Voir Maimbourg, livre 4, ann.1409; Lenfant, *Histoire du concile de Pise*, t.1, livre 3, §74. Le surnom 'Lancelot', attribué en français au roi de Naples Ladislas le Magnanime (1386-1414), est attesté par Maimbourg (livre 2, ann.1380), Fleury (livre 98, ann.1387, §36) et Lenfant (*Histoire du concile de Pise*, t.1, livre 1, §40).

[42] Voir Maimbourg, livre 4, ann.1408.

[43] Les rumeurs sur la mort par empoisonnement, à Bologne, en avril 1410, d'Alexandre V, sont répercutées par Lenfant (*Histoire du concile de Pise*, t.1, livre 3, §108). Ni Maimbourg (ann.1410), ni Fleury (livre 100, ann.1410, §44) n'en font état.

[44] Dans les *Annales*, la graphie est 'Balthazar Cossa' (ann.1409, p.432). Maimbourg (ann.1410) traite de l'élection de l'antipape Jean XXIII (Baldassare Cossa,

150 fallait peut-être un tel pape. Elle avait plus besoin d'un soldat que d'un théologien.

Depuis Urbain VI, les papes rivaux négociaient, excommuniaient, et bornaient leur politique à tirer quelque argent. Celui-ci fit la guerre. Il était reconnu de la France et de la plus grande partie 155 de l'Europe sous le nom de Jean XXIII. Le pape de Perpignan n'était pas à craindre, celui de Gayette l'était, parce que le roi de Naples le protégeait. Jean XXIII assemble des troupes, publie une croisade contre Lancelot roi de Naples, arme le prince Louis d'Anjou, auquel il donne l'investiture de Naples. [45] On se bat auprès 160 de Garillan. [46] Le parti du pape est victorieux; mais la reconnaissance n'étant pas une vertu de souverain, et la raison d'Etat étant plus forte que tout le reste, le pape ôte l'investiture à son bienfaiteur et à

---

150   MSP, 53-54N: d'un conquérant que
152   MSP, 53-54N: Urbain V
157   MSP: Naples, Lancelot, fils de Charles de Duras, le
158   MSP: Lancelot, arme
160   MSP: Gariglian

1410-1415), mais beaucoup de détails présents tant dans l'*EM* que dans les *Annales* (la guerre de course, la vente des indulgences, l'achat du chapeau de cardinal, la relation avec la concubine Catherine) semblent provenir de Fleury (livre 100, ann.1410, §46), tout comme les autres détails présents dans la version manuscrite et 53-54N (lignes 143-46 var.) et supprimés par la suite. Jean XXIII commença sa carrière comme aventurier pirate dans la guerre navale de 1411 entre Louis d'Anjou et Ladislas de Naples, protecteur de Grégoire XII. Aidé par Louis d'Anjou, Jean avait pu s'établir à Rome. Mais pendant l'été 1413 Ladislas se retourna contre lui et l'obligea à s'enfuir. Dans cette situation difficile, Jean XXIII demanda l'aide de Sigismond, qui exigea pour prix de son soutien la tenue d'un concile à Constance.

[45] Voir Maimbourg, ann.1410, 1411. Sur la croisade lancée contre Ladislas, voir Maimbourg, ann.1412. Né en 1377, Louis II d'Anjou est le fils et héritier de Louis Ier, que Jeanne de Naples avait adopté en 1380. Comme son père avant lui, il doit affronter un Durazzo pour affirmer ses droits sur le royaume de Naples, mais sans succès.

[46] La bataille de Roccasecca, ou du Garigliano, eut lieu le 19 mai 1411 (Maimbourg, ann.1411).

son vengeur, Louis d'Anjou. Il reconnaît Lancelot son ennemi pour roi, à condition qu'on lui livrera le Vénitien Corario. [47]

Aventures du Lancelot, qui ne voulait pas que Jean XXIII fût trop puissant, 165
pape Coʒʒa. laissa échapper le pape Corario. Ce pontife errant se retira dans le château de Rimini chez Malatesta, l'un des petits tyrans d'Italie. [48] C'est là que, ne subsistant que des aumônes de ce seigneur, et n'étant reconnu que du duc de Bavière, il excommuniait tous les rois, et parlait en maître de la terre. [49] 170

Le corsaire Jean XXIII seul pape de droit, puisqu'il avait été créé, reconnu à Rome par les cardinaux du concile de Pise, et qu'il avait succédé au pontife élu par le même concile, était encore le seul pape en effet. Mais comme il avait trahi son bienfaiteur Louis d'Anjou, le roi de Naples Lancelot dont il était le bienfaiteur, le 175 trahit de même.

163 MSP: son vainqueur Louis d'Anjou.
164-65 MSP: Corrario, le troisième pape qui tenait sa cour à Gayette. Lancelot
166 MSP: laissa le pape Corrario échapper.
168 MSP: que, subsistant des
170-71 MSP: terre. ¶Jean XXIII fut pape de droit

[47] Comme ci-dessous, lignes 174-75, est ici souligné le cynique renversement des rapports entre le bienfaiteur et celui qui a joui de ses bienfaits: il s'agit certes de montrer un aspect de 'la politique qui régnait alors' (ligne 139), mais Voltaire se plaît aussi à insister sur le fait que l'histoire des hommes se fait par contradictions et par ruptures violentes et inopinées. On peut à ce propos rappeler que, d'après les *Annales*, la politique n'est que 'cet esprit de jalousie, d'intrigue, de rapine, de crainte, et d'espérance qui brouille tout dans le monde' (ann.1409, p.432). Maimbourg détaille les conditions du 'traité' signé le 15 juin 1412 par Jean XXIII et Ladislas, et en souligne, comme Lenfant (*Histoire du concile de Pise*, t.2, livre 6, §4, p.90-91), le caractère 'honteux' (ann.1412).

[48] Voir Maimbourg, ann.1412; Lenfant, *Histoire du concile de Pise*, t.2, livre 6, §4, 6. Les Malatesta, alliés traditionnels des papes, sont seigneurs de Rimini depuis 1334. Le condottiere Carlo Malatesta (1368-1429) a d'ailleurs été l'un des délégués envoyés par Grégoire XII au concile de Constance.

[49] Voir Maimbourg, livre 4, ann.1413. Louis III de Bavière dit le Barbu, électeur palatin du Rhin (1410-1436), est un adversaire de Jean XXIII; de concert avec l'empereur Sigismond, il le fera emprisonner de 1415 à 1418 (voir ci-dessous, ch.72).

Lancelot victorieux voulut régner à Rome. Il surprit cette malheureuse ville.[50] Jean XXIII eut à peine le temps de se sauver. Il fut heureux qu'il y eût alors en Italie des villes libres. Se mettre, comme Corario, entre les mains d'un des tyrans, c'était se rendre esclave. Il se jeta entre les bras des Florentins, qui combattirent à la fois contre Lancelot pour leur liberté et pour le pape.[51]

Lancelot allait prévaloir. Le pape se voyait assiégé dans Bologne.[52] Il eut recours alors à l'empereur Sigismond, qui était descendu en Italie pour conclure un traité avec les Vénitiens. Sigismond, comme empereur, devait s'agrandir sur l'abaissement des papes, et était l'ennemi naturel de Lancelot tyran de l'Italie.[53] Jean XXIII propose à l'empereur une ligue et un concile: la ligue pour chasser l'ennemi commun, le concile pour affirmer son droit au pontificat. Ce concile était même devenu nécessaire. Celui de Pise l'avait indiqué au bout de trois ans.[54] Sigismond et Jean XXIII le convoquent dans la petite ville de Constance; mais Lancelot opposait ses armes victorieuses à toutes ces négociations.[55] Il n'y

179   MSP: fut alors heureux qu'il y eût en
190   MSP: pontificat contre les deux autres papes qui négociaient plus que jamais. Ce
191   MSP: ans et les trois ans étaient écoulés.
192   MSP: Constance, devenue fameuse par cette assemblée;

[50] Voir Maimbourg, ann.1413; Lenfant, *Histoire du concile de Pise*, t.2, livre 7, §1-3.

[51] Voir Fleury: '[Jean XXIII] alla à Florence [...] les Florentins étant divisés, les uns tenant pour lui, les autres pour le roi de Naples' (livre 102, ann.1413, §69). Une brève mention chez Maimbourg (ann.1413).

[52] Fleury, livre 102, §72, ann.1413. Voir Maimbourg, livre 4, ann.1414; et surtout Lenfant, *Histoire du Concile de Constance*, t.1, livre 1, §11. Notons que d'après Maimbourg, Jean XXIII se réfugia à Bologne après sa rencontre avec l'empereur Sigismond (voir ci-dessous, n.53). L'exposé de Voltaire semble suivre l'ordre des événements présenté par Fleury.

[53] Pour les contacts et les accords de Jean XXIII avec l'empereur Sigismond (1411-1437), tous deux désireux de mettre un terme au schisme, voir Fleury (livre 102, ann.1413, §74-77) et Maimbourg (ann.1413).

[54] Voir Maimbourg, ann.1412.

[55] Fleury: 'il fut arrêté entre eux d'assembler le concile à Constance le premier novembre 1414' (livre 102, ann.1413, §78).

avait qu'un coup extraordinaire qui en pût délivrer le pape et
1414. l'empereur. Lancelot mourut à l'âge de trente ans dans des 195
douleurs aigües et subites, et les poisons en passaient alors pour
fréquents. [56]

Jean XXIII défait de son ennemi, n'avait plus que l'empereur et
le concile à craindre. Il eût voulu éloigner ce sénat de l'Europe, qui
peut juger les pontifes. La convocation était annoncée, l'empereur 200
la pressait, et tous ceux qui avaient droit d'y assister, se hâtaient d'y
venir jouir du titre d'arbitres de la chrétienté.

---

195   MSP: de quarante ans
196-97   MSP, 53-W57G: poisons étaient [MSG: alors] fort fréquents
198   MSP: plus alors que
202   53-W57G: venir pour jouir

---

[56] Maimbourg attribue la mort de Ladislas, en août 1414, à une intervention de
Dieu, par l'entremise d'un philtre d'amour préparé par la fille d'un médecin de
Pérouse, qui provoque 'un mal inconnu et très violent' (ann.1414), récit repris par le
continuateur de Fleury (livre 102, ann.1414, §100-101). Voir aussi Lenfant, *Histoire
du concile de Constance*, t.1, livre 1, §11; Fleury, livre 102, ann.1414, §101. Né en 1376,
Ladislas meurt à l'âge de 38 ans environ.

CHAPITRE 72

Concile de Constance.

Sur le bord occidental du lac de Constance, la ville de ce nom fut

a-152 [*Première rédaction de ce chapitre*: MSP]
a   MSP: Chapitre 49
    W56-W57G: Chapitre 60
    61: Chapitre 68

* Après avoir traité du schisme d'Occident, Voltaire consacre le ch.72 aux aspects politiques du concile de Constance, réservant au chapitre suivant la question de l'hérésie, autre objet du concile, qui amène la question du fanatisme. La conclusion du chapitre dit clairement cette répartition thématique (lignes 150-53) qui tranche avec les écrits chronologiques sur le concile que Voltaire a pu utiliser: sans doute principalement le t.21 (1726) de l'*Histoire ecclésiastique* de Fleury, l'*Histoire du grand schisme d'Occident* de L. Maimbourg (éd. consultée, *Histoires du sieur Maimbourg*, Paris, 1686, t.8), et l'*Histoire du concile de Constance* de J. Lenfant (Amsterdam, 1714; éd. consultée, Amsterdam, 1727; voir ci-dessus, ch.71, n.*), parmi autres sans doute l'*Histoire générale d'Allemagne* de J. Barre (Paris, 1748, BV270), t.7; l'*Histoire des controverses* de L.-E. Dupin (Paris, 1701, BV1165); l'*Histoire des papes* de F. Bruys (La Haye, 1732-1734, BV563), t.4 (1733); l'*Histoire des controverses* de L.-E. Dupin (Paris, 1701, BV1165); l'*Histoire de l'Empire* de J. Heiss von Kogenheim (La Haye, 1685, BV1604; éd. consultée, La Haye, 1694). Après la présentation des différents dignitaires participant au concile et de leurs coûteuses suites, Voltaire dresse un tableau très réaliste des forces en présence: face à la faiblesse et aux divisions de la France de Charles VI, au dédain de l'Angleterre vis-à-vis de Rome, au chauvinisme espagnol en faveur de l'antipape Pedro de Luna, et aux ambitions vénitiennes, c'est finalement l'empereur Sigismond qui, disposant de troupes, s'impose et se fait livrer le pape 'légitime', Jean XXIII, par le protecteur de celui-ci, le duc d'Autriche, vassal félon repenti, avant de le faire traduire devant le concile, qui le dépose, puis de l'emprisonner. L'antipape Angelo Correr se démet tandis que Pedro de Luna, qui refuse de le faire, est traité comme quantité négligeable. Un nouveau pape, issu de la célèbre famille des Colonna, est élu sous le nom de Martin V. Voltaire, qui présente celui-ci sous un jour plutôt favorable, lui attribuant à la fois 'les qualités d'un prince et les vertus d'un évêque', souligne néanmoins qu'il ne procède que très superficiellement aux réformes anti-ultramontaines demandées surtout par le clergé gallican et les juristes de la Sorbonne, et que, même si le concile lui a, momentanément, été reconnu supérieur, le souverain pontife, désormais incontesté, a manifestement repris toute son autorité au sein de l'Eglise. Par rapport à ses

bâtie, dit-on, par Constantin. [1] Sigismond la choisit pour être le théâtre où cette scène devait se passer. [2] Jamais assemblée n'avait

2   MSP: Constantin. Sa situation et les commodités que le grand négoce y apportait la firent choisir par Sigismond pour

sources, Voltaire résume, simplifie, globalise, mais sa plume, rapide, retient par ailleurs des précisions propres à animer son récit ou à asseoir insidieusement la critique, comme, par exemple, dans le cas des revendications gallicanes insatisfaites. Maints développements de la version manuscrite sont raccourcis et aboutissent à un récit plus dépouillé où ne figure que le strictement essentiel (variantes des lignes 106, 145-48, 149-50): il a désormais à cœur de ne pas s'écarter de l'unique ligne de force de ce chapitre. Plus court, 53 (l'*Abrégé de l'histoire universelle*), et ses éditions dérivées, a été retouché, à deux moments surtout: pour l'édition de 1756 (un ajout important: le deuxième paragraphe, lignes 5-24, qui figurait en partie dans MSP) et lors de la révision de l'Encadrée (quelques retouches anticléricales et un ajout du même ordre aux lignes 47-49). La remarque, importante, sur la supériorité du concile est intégrée dans l'Encadrée (lignes 138-40). L'édition de Kehl n'apporte que quelques corrections, dont une mise à jour de données chiffrées (ligne 22). Le récit des *Annales de l'Empire* (p.435-44) se distingue de celui des ch.72 et 73 de l'*EM* par un traitement plus évidemment chronologique des événements (ainsi les affaires relatives à Jean Hus et à Jérôme de Prague sont traitées à leur place), plus centré sur l'empire (l'affaire Jean Petit n'est pas envisagée) et plus complet sur le plan politique, bien qu'on n'y retrouve pas certains détails concernant quelques épisodes du concile présents ici. Des parentés textuelles existent qui seront relevées en notes. Sur le concile de Constance dans l'œuvre de Voltaire, voir les *Annales*, p.435-36; l'art. 'Conciles' du *DP* (*OCV*, t.35, p.628) et des *QE* (*OCV*, t.40, p.160). Quand Voltaire évoque Constance, c'est habituellement, à l'apogée de la grande campagne contre l'Infâme, pour déplorer la mise à mort de Jean Hus et Jérôme de Prague (à ce propos, voir ci-dessous, ch.73, n.39). Voir par ailleurs les *Conseils raisonnables à M. Bergier*, M, t.27, p.2-3, 49; *Dieu et les hommes*, *OCV*, t.69 (1), p.425-26, 483.

[1] Le Constantin dont il s'agit ici n'est pas le fondateur de Constantinople, mais son père, Constantius (Constance Chlore), qui, en 304, fortifia le nouvel *oppidum* qui lui doit son nom. Voir Maimbourg, livre 5, ann.1414.

[2] Constance, en terre d'empire, relevait de Sigismond de Luxembourg, roi de Hongrie, empereur de 1411 à 1437. Les ambassadeurs du pape Jean XXIII acceptèrent le choix de cette ville pour un concile dont l'idée avait été imposée par Sigismond (Maimbourg, livre 4, ann.1413; Fleury, livre 102, §77). La version manuscrite justifie le choix du lieu par sa 'situation' et des 'commodités' dues au 'grand négoce' (ligne 2 var.). Les auteurs du temps précisent les avantages de la situation de la ville, sur un plan politique ou géographique: sa proximité pour les

été plus nombreuse que celle de Pise: le concile de Constance le fut
5 davantage. [3]

Outre la foule des prélats et des docteurs, il y eut cent vingt-huit *Préparatifs du*
grands vassaux de l'empire. L'empereur y fut presque toujours *concile.*
présent. Les électeurs de Mayence, de Saxe, du Palatinat, de
Brandebourg, les ducs de Bavière, d'Autriche et de Silésie y
10 assistèrent; [4] vingt-sept ambassadeurs y représentèrent leurs souverains; chacun y disputa de luxe et de magnificence; on en peut
juger par le nombre de cinquante orfèvres qui vinrent s'y établir
avec leurs ouvriers pendant la tenue du concile. On y compta cinq
cents joueurs d'instruments, qu'on appelait alors ménétriers, et sept
15 cent dix-huit courtisanes, sous la protection du magistrat. [5] Il fallut

5-24 53-54N: davantage. ¶Avant
6-7 MSP: cent vingt-huit comtes, cent barons. L'empereur
15-20 MSP: courtisanes, commodément logées avec leurs domestiques sous la
protection du magistrat. Au reste

---

participants au concile, son étendue et, ce que reprend Voltaire, la circulation aisée
des marchandises ou des provisions grâce au lac. Voir Maimbourg, livre 5, ann.1414;
Fleury, §76; Bruys, 'Jean XXIII', ann.1413; Barre, ann.1413; Lenfant, livre 1, 'Etat de
l'Europe', §9.

[3] Fleury (ann.1414, §77), Barre (ann.1414-1415) et Lenfant (livre 1, ann.1414, §55)
évoquent 100 000 étrangers, chiffre retenu par J. Gill, *Constance et Bâle-Florence*
(Paris, 1965), p.41.

[4] Selon la liste fournie par Lenfant à la suite du livre 7, étaient présents au concile:
Jean II de Nassau, électeur et archevêque de Mayence de 1397 à 1419; Rodolphe III de
Saxe, électeur (1388-1419); Louis III le Vieux ou le Barbu, électeur palatin (1410-
1436); Frédéric Ier de Hohenzollern, électeur de Brandebourg (1415-1440); Louis VII
le Barbu, duc de Bavière-Ingolstadt (1413-1447), beau-frère du roi de France,
Charles VI; Henri XVI le Riche, duc de Bavière-Landshut (1393-1450); Guillaume
III, duc de Bavière-Munich (1397-1435); Frédéric IV, duc d'Autriche (1402-1439);
Henri IX l'aîné, duc de Silésie-Glogow (1412-1467); et Jan Kropildo, duc de Silésie-
Opole (1400-1421). Voir aussi Bruys, ann.1414.

[5] Voltaire résume ou sélectionne des informations qu'il a pu trouver dans Lenfant,
qu'il semble privilégier ('Préface de la première édition', p.xxi, et liste mentionnée ci-
dessus, n.4), ou dans Bruys (ann.1414). Un passage reproduisant exactement les
mêmes chiffres figure dans les *Annales* (p.435-36). Voltaire note plus tard que le
nombre des musiciens présents à Constance 'fait voir que l'art était en beaucoup de

bâtir des cabanes de bois pour loger tous ces esclaves du luxe et de l'incontinence, que les seigneurs et, dit-on, les Pères du concile traînaient après eux. On ne rougissait point de cette coutume; elle était autorisée dans tous les Etats, comme elle le fut autrefois chez presque tous les peuples de l'antiquité. Au reste l'Eglise de France 20 donnait à chaque archevêque député au concile dix francs par jour, (qui reviennent environ à cinquante de nos livres) huit à un évêque, cinq à un abbé, et trois à un docteur. [6]

Avant de voir ce qui se passa dans ces Etats de la chrétienté, je dois me rappeler en peu de mots quels étaient alors les principaux 25 princes de l'Europe, et en quels termes étaient leurs dominations.

Sigismond joignait le royaume de Hongrie à la dignité d'empereur. Il avait été malheureux contre le fameux Bajazet *1.393.* sultan des Turcs. La Hongrie épuisée, et l'Allemagne divisée,

17 W56-W75G: et non les
21-22 MSP: francs (qui reviennent environ à cinquante de nos livres) par jour huit francs à
22 K: à soixante-dix de
27 MSP: Sigismond, fils de Charles IV, frère de Venceslas, joignait
29 MSP: Turcs, [*manchette*: *1.393.*] par lequel il avait été défait et sans le Tartare Tamerlan qui depuis vainquit Bajazet, la Hongrie [7]

---

mains' (*EM*, 'Chapitre des arts'). Ceux-ci réapparaissent au nombre de 500, associés au supplice de Jean Hus et de Jérôme de Prague, dans *Les Lois de Minos* (1771), I.ii, n.*g* (*OCV*, t.73, p.176), avec les 'sept cent dix-huit courtisanes magnifiquement parées', liées au thème de la vérole, dans *L'Homme aux quarante écus*, ch. 'De la vérole' (1768; *OCV*, t.66, p.383).

[6] Le taux des indemnités journalières se trouve tel quel dans Lenfant, livre 1, ann.1414, §12. C.-F. Nonnotte (*Les Erreurs de Voltaire*, Avignon et Paris, 1762; Amsterdam [Paris], 1766, BV2579) met bien en avant la fonction de ce long paragraphe. Décrire le concile comme 'l'assemblée la plus solennelle du monde par le nombre des princes et des prélats qui y assistèrent' et souligner qu'on a 'tolérait tous les désordres de l'incontinence' permet effectivement d'opposer l'importance de l'assemblée au peu de résultats obtenus par le concile (ci-dessous, lignes 136-37) et sous-entend un décalage entre l'objet de cette assemblée, qui voulait réformer l'Eglise, et sa 'magnificence' (ch.21, 1er paragraphe).

[7] C'est en 1402 que Bajazet marcha contre Tamerlan qui avait envahi l'Anatolie. Il fut vaincu à la bataille d'Ankara (20 juillet 1402). Voir ch.88, ci-dessous.

30 étaient menacées du joug mahométan. Il avait encore eu plus à souffrir de ses sujets que des Turcs. Les Hongrois l'avaient mis en prison, et avaient offert la couronne à Lancelot roi de Naples. *1410.* Echappé de sa prison, il s'était rétabli en Hongrie, et enfin avait été choisi pour chef de l'empire. [8]

35 En France le malheureux Charles VI tombé en frénésie, avait le *Etat de l'Europe* nom de roi; ses parents, occupés à déchirer la France, en étaient *au temps du* moins attentifs au concile; [9] mais ils avaient intérêt que l'empereur *concile.* ne parût pas le maître de l'Europe.

32   MSP: à ce même Lancelot, roi de Naples, dont nous avons vu les exploits et la mort.

34-35   MSP: l'empire. C'est lui qui vendit pour quatre cent mille florins d'or l'électorat de Brandebourg à Frédéric burgrave de Nuremberg, dont descendent les rois de Prusse aujourd'hui. ¶En [10]

35   MSP: tombé dès longtemps en

[8] A la tête d'une croisade européenne contre les Turcs, Sigismond fut battu à Nicopolis (25 septembre 1396) par Bajazet, ou Bayazid Ier, sultan de l'empire Ottoman (1389-1402). N'osant revenir dans son Etat, Sigismond erra longtemps à Constantinople et à Rhodes. Sitôt rentré chez lui, il fut fait prisonnier par des vassaux mécontents et enfermé dans la citadelle de Siklós (1401). Il fut élu empereur en 1411. Ses motivations politiques sont expliquées au ch.71, ci-dessus (lignes 186-87), et sa situation politique à Constance est encore analysée au ch.74, ci-dessous. Voir aussi l'art. 'Sigismond' des *Annales*. Lancelot ou Ladislas, surnommé le Magnanime, fut roi de Naples (1386-1414) et de Hongrie (après 1403).

[9] En 1392, Charles VI, dit le Bien-Aimé ou le Fou, roi de France (1380-1422), fut frappé de démence (ou 'frénésie': 'égarement d'esprit, aliénation d'esprit, fureur violente', *Dictionnaire de l'Académie*, éd. 1740), ce qui contribua à livrer la France à une guerre civile dont Henri V roi d'Angleterre (1413-1422) profita pour remporter la bataille d'Azincourt (1415). Les parents dont il s'agit sont ses oncles, les ducs d'Anjou, de Berry, de Bourgogne et de Bourbon, rivaux depuis 1380. Sur les malheurs de ce règne, voir ci-dessous, ch.79.

[10] Sigismond avait été électeur de Brandebourg de 1378 à 1388, et de nouveau de 1411 à 1415. C'est au concile de Constance (30 avril 1415) qu'il éleva Frédéric de Hohenzollern aux titres de margrave et de prince-électeur de Brandebourg. C'est Barre qui indique la somme convenue: 'se réservant néanmoins la faculté de racheter l'électorat moyennant la somme de quatre cents mille florins d'or de Hongrie, s'il venait à avoir des enfants mâles' (ann.1417, p.198).

Ferdinand régnait en Arragon, et s'intéressait pour son pape
Pierre Luna. [11]   40

Jean II roi de Castille n'avait aucune influence dans les affaires
de l'Europe; mais il suivait encore le parti de Luna, et la Navarre
s'était rangée à son obédience. [12]

Henri V roi d'Angleterre, occupé, comme nous le verrons, de la
conquête de la France, souhaitait que le pontificat déchiré et avili,   45
ne pût jamais ni rançonner l'Angleterre, ni se mêler des droits des
couronnes; et il avait assez d'esprit pour désirer que le nom de pape
fût aboli pour jamais. [13]

Rome délivrée des troupes françaises, maîtresses pourtant
encore du château Saint-Ange, et retournée sous l'obéissance de   50
Jean XXIII, n'aimait point son pape, et craignait l'empereur. [14]

46   MSP: ne fût [erreur] désormais ni rançonner
47-49   MSP, 53-W75G: couronnes. ¶Rome
49   MSP: troupes de Naples,

[11] Ferdinand Ier, dit le Juste et l'Honnête, roi d'Aragon et de Sicile (1412-1416),
eut une grande influence en Italie et dans l'empire. L'Aragonais Pedro Martínez de
Luna y Pérez de Gotor succéda à l'antipape Clément VII sous le nom de Benoît XIII
(septembre 1394-juillet 1417). Sa résistance aux pressions contribua à perpétuer le
schisme. Voir aussi les *Annales*, 'Venceslas', p.427.

[12] Jean II (1405-1454), roi de Castille et de León (1406-1454). Les *pays d'obédience*
sont ceux 'où le pape nomme aux bénéfices, et où il exerce une juridiction [...]
étendue' (*Dictionnaire de l'Académie*, éd. 1740). Voltaire évoque ici le fait que la
Navarre (suivant l'exemple de la France, de la Sicile et de la Castille) a prêté
hommage d'obédience à Benoît XIII en 1398. Le roi de Navarre était Charles III
(1387-1425), étroitement lié à Jean II.

[13] Voir Lenfant, livre 6, ann.1418, §'Angleterre'. Il se peut que Voltaire ait conclu
à la sympathie d'Henri V pour l'opposition de Wycliffe à toute sujétion de son pays
envers Rome à partir de ce passage de Varillas: 'L'obstination de Henri V roi
d'Angleterre cessa, lorsqu'il eut découvert la conjuration des vicléfistes, et qu'il se fut
sauvé par une espèce de miracle des mains de ceux qui voulaient lui ôter la vie'
(*Histoire de l'hérésie de Viclef, Jean Hus, et Jérôme de Prague*, Lyon, 1682, BV3400,
t.i, p.82). Il n'est pas question d'Henri V dans cet ouvrage avant ce passage. Le
contexte paraît cependant clairement indiquer que l''obstination' – forcément
péjorative – dont il est question est le 'vicléfisme' auquel Varillas se montre
constamment hostile.

[14] Sur le passé de Jean XXIII, voir ci-dessus, ch.71, n.44.

Les villes d'Italie divisées ne mettaient presque point de poids dans la balance. Venise, qui aspirait à la domination de l'Italie, profitait de ses troubles et de ceux de l'Eglise. [15]

55 Le duc de Bavière, pour jouer un rôle, protégeait le pape Corario réfugié à Rimini; et Frédéric duc d'Autriche, ennemi secret de l'empereur, ne songeait qu'à le traverser. [16]

Sigismond se rendit maître du concile, en mettant des soldats autour de Constance pour la sûreté des Pères. Le pape corsaire, *Le pape s'enfuit du concile.*

60 Jean XXIII eût bien mieux fait de retourner à Rome, où il pouvait être le maître, que de s'aller mettre entre les mains d'un empereur qui pouvait le perdre. Il se ligua avec le duc d'Autriche, l'archevêque de Mayence et le duc de Bourgogne; et ce fut ce qui le perdit. L'empereur devint son ennemi. [17] Tout pape légitime

53   MSP: aspirait sourdement à la domination d'Italie
59-60   53-W75G: Pères. Jean XXIII
62   MSP: perdre et d'une assemblée dont chaque membre voulait avoir l'honneur de juger le pape et l'Eglise. Il

[15] Depuis l'époque de *La Henriade*, Voltaire est fasciné par l'essor et la puissance de Venise ('ce prodige du monde', *OCV*, t.2, p.581), enrichie par le commerce. Voir notre t.3, ch.43, p.75-79; ch.55, p.309; ch.56, p.340-41; ch.57, p.343n, 351; ch.58, p.389; ch.59, p.394; et ci-dessous, ch.74 et 106.

[16] Angelo Correr ou Corrario, élu en 1406 sous le nom de Grégoire XII, avait été soutenu par Robert Ier de Wittelsbach, duc de Bavière (Robert III du Palatinat) et roi des Romains (1400-1410) (Bruys, ann.1410). Il fut déposé en même temps que Benoît XIII lors de la 15e session du concile de Pise qui élut un nouveau pape, Alexandre V. Correr se mit sous la protection de Ladislas de Naples, mais banni de Naples en 1411, suite au traité conclu entre Jean XXIII et Ladislas, il se réfugia auprès de Carlo Malatesta, seigneur de Rimini. Sa situation est décrite au ch.71 (lignes 117-40, 152-70, 177-82). Sur Frédéric IV, duc d'Autriche, voir ci-dessus, n.4. *Traverser quelqu'un* (dans ses desseins): '[lui] susciter des obstacles pour empêcher le succès de quelque entreprise' (*Dictionnaire de l'Académie*, éd. 1740).

[17] A la mort de Ladislas, son ennemi, le 6 août 1414, Jean XXIII avait songé à reprendre Rome plutôt qu'à partir pour Constance. Mais il s'y rendit, convaincu que sa position de pape était assurée et que les voix prépondérantes des Italiens lui permettraient de régler les affaires du concile. Au début de l'année 1415, il ne put pourtant que constater que les deux papes déjà déposés étaient traités par Sigismond – jusqu'alors son allié – sur le même pied que lui, et que l'opinion s'affirmait que l'unité

qu'il était, on exigea de lui qu'il cédât la tiare, aussi bien que Luna et   65
Corario. Il le promit solennellement, et s'en repentit le moment
d'après. Il se trouvait prisonnier au milieu du concile même auquel
1415. il présidait. [18] Il n'avait plus de ressource que dans la fuite.
L'empereur le faisait observer de près. Le duc d'Autriche ne
trouva pas de meilleur moyen pour favoriser l'évasion du pape, que   70
de donner au concile le spectacle d'un tournoi. Le pape au milieu du
tumulte de la fête, s'enfuit, déguisé en postillon. Le duc d'Autriche
part un moment après lui. Tous deux se retirent dans une partie de
la Suisse qui appartenait encore à la maison autrichienne. [19] Le pape
devait être protégé par le duc de Bourgogne, puissant par ses Etats   75
et par l'autorité qu'il avait en France. Un nouveau schisme allait
recommencer. Les chefs d'ordre, attachés au pape, se retiraient déjà

---

de l'Eglise ne se referait que par l'abdication des trois papes. L'origine de la brouille
entre Sigismond et Jean XXIII est expliquée par Maimbourg (livre 5, ann.1415):
outre l'alliance du pape avec les propres vassaux de l'empereur (voir aussi, à
l'ann.1414, Barre; Fleury, livre 102, §106; Lenfant, livre 1, §14; et Bruys, qui fait en
outre état du marquis de Bade), c'est la crainte qu'il ne tente, pour se maintenir, de
provoquer, en quittant Constance, la fin du concile (voir ci-dessous, lignes 77-79).
La situation de Jean XXIII a déjà été longuement analysée au ch.71 (lignes 152-202).
Sa situation politique est aussi évoquée dans les *Annales*, p.432-35.

[18] Le 16 février 1415, une liste d'accusations courant contre lui, Jean XXIII
accepta d'abdiquer, mais la formule de cession fut l'objet de discussions. Le pape fit
des lectures du texte de sa cession les 1er et 2 mars. Par précaution, sa décision fut
incorporée dans la bulle *Pacis bonum* (7 mars). Voltaire condense des faits qui sont
longuement racontés à l'ann.1415, par Fleury (livre 102, §144-52), Lenfant (livre 1,
§74-81) et Bruys, mais il ne voit que versatilité là où ces historiens mettent en
évidence la maîtrise de soi, voire la duplicité de Jean XXIII.

[19] La fuite de Jean XXIII lors d'un tournoi organisé hors les murs le 20 mars 1415
est un épisode célèbre que Voltaire résume également dans les *Annales* (p.436; voir à
l'ann.1415, Barre; Bruys; Fleury, livre 102, §160; Heiss, 1re partie, livre 2, ch.30;
Lenfant, livre 1, §89). Voltaire retient le terme 'postillon', mentionné par Fleury,
Lenfant et Bruys ('en palefrenier ou en postillon'), tandis que Maimbourg évoque un
'cavalier vêtu de gris' (livre 5). Les formulations 'Le duc d'Autriche [...] ne crut pas
trouver de meilleur expédient' (Barre, p.163) et 'le meilleur expédient que le duc
trouva' (Lenfant, Bruys) sont assez proches du texte voltairien. Le nom de la ville où
fuit le pape, Schaffhouse, possession des Habsbourg depuis 1330, est donné par
Fleury, Lenfant, Maimbourg et Bruys, mais seul Heiss mentionne la Suisse.

de Constance;[20] et le concile, par le sort des événements, pouvait devenir une assemblée de rebelles. Sigismond, malheureux en tant
80 d'occasions, réussit en celle-ci. Il avait des troupes prêtes. Il se saisit des terres du duc d'Autriche en Alsace, dans le Tirol, en Suisse.[21] Ce prince, retourné au concile, y demande à genoux sa grâce à l'empereur. Il lui promet, en joignant les mains, de ne rien entreprendre jamais contre sa volonté. Il lui remet tous ses Etats,
85 pour que l'empereur en dispose en cas d'infidélité. L'empereur tendit enfin la main au duc d'Autriche, et lui pardonna à condition qu'il lui livrerait la personne du pape.[22]

Le pontife fugitif est saisi dans Fribourg en Brisgau, et transféré   *Le pape est pris.*

78-79 · MSP: pouvait ne devenir qu'une
81   MSP: Alsace, en Tyrol
84   MSP: contre son autorité.
53-54N: contre son secours.
85   MSP: d'infidélité. Le duc de Bavière, le burgrave de Nuremberg (celui qui ensuite fut électeur de Brandebourg) se jetèrent avec lui aux pieds de Sigismond. L'empereur
87   MSP: [*manchette*] *1415.*
88   MSP: Fribourg, et

[20] Ni Maimbourg, ni Fleury, ni Bruys, ni Lenfant n'évoquent précisément ce départ de délégués au concile fidèles au pape, mais bien un mouvement plus général de démobilisation, l'impression s'étant répandue à Constance que la poursuite des sessions était désormais compromise. Barre mentionne le départ des ambassadeurs des rois et de ceux des universités (ann.1415).

[21] Récit rapide des événements d'avril 1415. Si Barre (ann.1415), Fleury (livre 103, §5) et Lenfant (livre 2, §29) énumèrent les places enlevées au duc et donnent des indications sur l'armée de Sigismond ('environ quarante mille hommes'), Lenfant est le seul à mentionner le Tyrol, ce qui en fait peut-être la source de Voltaire.

[22] Le 5 mai 1415, le duc Frédéric d'Autriche obtint par sa soumission le pardon de Sigismond contre la remise à l'empereur de tous ses domaines, la promesse de ramener le pape Jean XXIII à Constance et d'y rester lui-même comme otage. L'épisode, très résumé dans les *Annales* ('Ce prince est obligé de livrer le pape, et de demander pardon à genoux à l'empereur', p.436) est plus étoffé ici, même si, par rapport aux récits, à l'ann.1415, de Barre, Fleury (livre 103, §32) ou Lenfant (livre 2, §62), Voltaire simplifie les faits en ne mentionnant pas les deux accompagnateurs du duc, ni la première demande de pardon par l'un d'entre eux, ni la lecture de l'acte de soumission qui suivit la cérémonie.

dans un château voisin. [23] Cependant le concile instruit son procès.

On l'accuse d'avoir vendu les bénéfices et des reliques, d'avoir 90 empoisonné le pape son prédécesseur, d'avoir fait massacrer plusieurs personnes; l'impiété la plus licencieuse, la débauche la plus outrée, la sodomie, le blasphème, lui furent imputés; mais on supprima cinquante articles du procès-verbal, trop injurieux au pontificat. [24] Enfin, en présence de l'empereur, on lut la sentence de 95

89-90   MSP: procès. On ne pouvait le déposer comme pape illégitime. Jamais évêque n'avait été élu plus solennellement. Il fallut donc rechercher ses mœurs. Le grand-maître de Rhodes, l'archevêque de Milan, plusieurs évêques, plusieurs officiers de la chambre apostolique déposèrent juridiquement contre lui. On l'accusa

90   MSP, 53-54N: l'accusa d'avoir vendu les [MSP: des] bénéfices

93   MSP: imputés. ¶[manchette: Pape condamné.] Il est sûr que s'il avait été coupable d'empoisonnement, de brigandage et de meurtres, il méritait la mort. Mais on

95   MSP: pontificat et qui eussent manifesté trop de honte. Enfin

[23] Le pape s'enfuit à Fribourg-en-Brisgau le 15 avril 1415. Le 'château voisin' est le château de Radolfzell, 'ville de Souabe, à deux bonnes lieues de Constance' (Fleury, livre 103, §48), où il est conduit le 17 mai (Lenfant, livre 2, §79).

[24] La formulation de la version manuscrite (lignes 89-90 var.) se montrait moins complaisante à l'égard de l'accusation, l'expression 'il fallut [...] rechercher ses mœurs' suggérant qu'on voulait à tout prix trouver un prétexte pour le déposer. Voltaire condense ici les faits sans rompre l'ordre chronologique de son récit. Lors de la neuvième session du concile (13 mai), une commission eut pour mission de rassembler les charges contre Jean XXIII. Un dossier fut rédigé qui comprenait un nombre important de chefs d'accusation (70, selon Fleury et Lenfant) qui ne furent pas tous retenus contre le pape lors de la onzième session du 25 mai: 20 furent supprimés, et 50 'lus en plein concile' (à l'ann.1415: Fleury, livre 103, §44, 45; Lenfant, livre 2, §78; Bruys). Voltaire, qui compte 'cinquante articles' supprimés, a sans doute confondu le nombre des articles retenus avec celui des articles supprimés – felix culpa, puisqu'elle met en évidence la censure opérée pour préserver la réputation du 'pontificat'. L'existence de cette censure est controversée, bien plus que le nombre des articles, qui varie selon les auteurs (sur ces variations, voir C.-J. Hefele, Histoire des conciles, t.7, Paris, 1916, p.234n). On n'envisage une censure que si l'on accorde du crédit aux accusations – c'est le raisonnement de Maimbourg (livre 5, ann.1415). Or, Lenfant, Bruys et Fleury précisent bien que les 70 chefs 'furent tous prouvés et attestés'. A l'inverse, Nonnotte (ch.21) critique le chiffre donné par Voltaire et ne prend en considération que le nombre des articles notifiés à Jean XXIII reposant sur des faits assurés, qu'il estime à 54 (il affirme, sans citer ses sources, qu'il n'y eut que quatorze

déposition. Cette sentence porte que *le concile se réserve le droit de*   *Condamné.*
punir le pape pour ses crimes suivant la justice ou la miséricorde. [25]   *29 mai 1415.*

Jean XXIII qui avait eu tant de courage quand il s'était battu
autrefois sur mer et sur terre, n'eut que de la résignation quand on
100   lui vint lire son arrêt dans sa prison. [26] L'empereur le garda trois ans
prisonnier dans Manheim, avec une rigueur qui attira plus de
compassion sur ce pontife, que ses crimes n'avaient soulevé contre
lui de haine. [27]

On avait déposé le vrai pape. On voulut avoir les renonciations
105   de ceux qui prétendaient l'être. Corario envoya la sienne; mais le
fier Espagnol Luna ne voulut jamais plier. Sa déposition dans le

98   MSP, 53-54N: Le pape qui
99   MSP: mer n'eut
100   MSP: prison. Point de plaintes, point de protestations, point de récusation
contre ses accusateurs. La nécessité lui servit de loi. Il s'accommoda au temps.
L'empereur
102-103   K: n'avaient excité de haine contre lui.
105   MSP: sienne de sa retraite de Rimini, mais
106   MSP: plier. ¶L'empereur Sigismond fit des démarches qui paraîtraient
aujourd'hui bien singulières: il alla lui-même conférer avec le roi d'Arragon pour

---

articles supprimés). L'emploi des superlatifs ('l'impiété la plus licencieuse, la
débauche la plus outrée') étant réservé par Voltaire aux accusations qui furent
supprimées, Nonnotte y voit la volonté de noircir le portrait du pape.

[25] La formulation de Voltaire est très proche du texte de la déposition lu le 29 mai
1415, tel que rapporté par Fleury (livre 103, §60), Lenfant (livre 2, §89) et Bruys.

[26] Voltaire ironise sur l'attitude humble du pape, qui fait contraste avec celle du
corsaire d'autrefois. C'est le 31 mai qu'eut lieu cette lecture. La version manuscrite
(ligne 100 var.) insistait encore davantage sur la résignation forcée de Jean XXIII.
Fleury emploie le terme plus objectif de 'soumission' (livre 103, ann.1415, §62).
Maimbourg, qui a pourtant critiqué le pape, y voit 'une action si chrétienne, et si
héroïque, et si digne d'un saint pénitent, que quand il aurait fait encore de plus grands
crimes que ceux qu'on lui a reprochés [...] elle en doit avoir effacé la mémoire, pour le
couronner d'une gloire immortelle' (livre 5, ann.1415), ce qui révolte le protestant
Lenfant, qui s'était contenté de relever la 'docilité' du pape (livre 2, §91; voir sa
critique, §92).

[27] Voltaire n'énumère pas les lieux où le pape a été emprisonné entre Radolfzell et
Mannheim. Il ne fut relâché qu'après l'élection de Martin V.

concile n'était pas une affaire; mais c'en était une de choisir un pape. [28] Les cardinaux réclamaient le droit d'élection; et le concile représentant la chrétienté voulait jouir de ce droit. [29] Il fallait donner un chef à l'Eglise et un souverain à Rome. Il était juste que les cardinaux, qui sont le conseil du prince de Rome, et les Pères du concile qui avec eux représentent l'Eglise, jouissent tous du droit de suffrage. [30] Trente députés du concile joints aux cardinaux, élurent

110

---

arracher la cession de Luna. Les voyages des rois dans les cours étrangères étaient alors communs. Les souverains, moins délicats qu'aujourd'hui, se voyaient, se parlaient. Sigismond alla même en Suisse, à Paris et à Londres. Il prévalut auprès du roi d'Arragon, mais non auprès de Luna, qui abandonné de toute la terre et n'ayant plus pour lui que deux cardinaux, se retira fièrement dans un château de sa famille, jouant jusqu'au bout sa comédie de souverain pontife. Sa déposition

5

109 MSP, 53-54N: chrétienté instituée par Jésus-Christ voulait
 MSP: droit à l'exclusion des cardinaux institués par les papes.
112-13 MSP, 53-54N: eux représentaient [53-54N: représentent] l'Eglise, eussent tous leurs suffrages.

[28] Grégoire XII abdiqua le 4 juillet 1415, lors de la quatorzième session du concile. La résistance de Luna obligea le concile à des procédures pour aboutir à sa déposition. La version manuscrite évoque le voyage de l'empereur à Perpignan et les négociations menées pour amener Luna à démissionner (juillet-décembre). Ces dernières sont souvent évoquées par les auteurs, de même que les voyages de Sigismond en France (1416) et en Angleterre (mars-avril). Ces voyages sont traités avec un certain détail dans les *Annales* (p.436-37), comme dans la version manuscrite de l'*EM* (ligne 106 var.). Déjà déposé, en même temps que Grégoire XII, par le concile de Pise le 5 juin 1409, P. de Luna fut condamné et déposé à Constance le 26 juillet 1417.

[29] La version manuscrite et les éditions de 1753-1754 présentent le concile comme le représentant de l'*ecclesia* (ἐχχλησία), l'assemblée des croyants 'instituée par Jésus-Christ'. Sur ce thème, voir notamment l'art. 'Eglise' des *QE*, §'De la primitive Eglise' (*OCV*, t.41, p.20-23). Voir aussi ci-dessous, ch.85, lignes 222-23 et n.31.

[30] Les modalités d'élection du nouveau pape ont effectivement retenu assez longuement l'attention du concile, qui décida le 30 octobre 1417 que pourraient voter avec le collège des cardinaux six représentants de chacune des nations. La majorité des deux tiers était requise. Dans les *Annales*, Voltaire soulignait l'originalité du mode d'élection: 'Vingt-trois cardinaux et trente-trois prélats du concile, députés des nations, s'assemblent dans un conclave. C'est le seul exemple que d'autres prélats que des cardinaux aient eu droit de suffrage, depuis que le Sacré Collège s'était réservé à

d'une commune voix Othon Colonne, de cette même maison de *1417.*
115 Colonne excommuniée par Boniface VIII jusqu'à la cinquième *Martin V.*
génération. [31] Ce pape, qui changea son beau nom contre celui de
Martin, avait les qualités d'un prince et les vertus d'un évêque. [32]
Jamais pontife ne fut inauguré plus pompeusement. Il marcha
vers l'église, monté sur un cheval blanc, dont l'empereur et
120 l'électeur palatin à pied tenaient les rênes. Une foule de princes et

116-17   MSP: génération. Toute l'Europe, excepté Luna, applaudit à la nomination de Colonne qui changea ce beau nom contre celui de Martin. Ce pape avait

117-18   MSP: évêque. ¶Sigismond, maître du concile et qui pouvait reprendre les
anciens droits des empereurs, se prosterna aux pieds du nouveau pape au milieu de la
foule empressée à l'adorer. ¶Jamais

120   MSP: palatin tenaient

---

lui seul l'élection des papes; car Grégoire VII fut élu par acclamation du peuple'
(p.438). Il se contente ici d'évoquer le problème (qui fait de l'élection papale 'une
affaire') dans ses grandes lignes, sans considérer les modalités électorales très
particulières (voir *Les Conciles œcuméniques*, éd. G. Alberigo, t.1, Paris, 1994, p.216)
exposées rapidement, à l'ann.1417, par Barre, Bruys et Fleury (livre 104, §69), et en
détail par Lenfant (livre 5, §40, 84, 85).

[31] Voltaire se contente de dénombrer les députés (effectivement au nombre de
trente, si on néglige les quelques députés nommés de la part des cardinaux) et de
mentionner les cardinaux (voir Fleury, livre 104, ann.1417, §79, 80; Lenfant, livre 5,
§88), mais ne raconte pas l'élection à laquelle il rapporte l'unanimité obtenue, qui est
donc traitée comme une simple circonstance et non comme un fait lui-même
circonstancié (voir, à l'ann.1417, Barre; Bruys; Fleury, §81; Lenfant, §91). Il ne
retient sur la famille du pape qu'un trait paradoxal: son excommunication en 1297 par
Boniface VIII (Lenfant; Bruys, pour lequel ils sont excommuniés 'jusqu'à la
quatrième génération', p.58).

[32] Odone Colonna (pape de 1417 à 1431) se fit appeler Martin pour honorer saint
Martin de Tours, dont la fête tombait le jour de son élection. Voltaire se contente
apparemment d'opposer deux noms: celui de Colonne, qualifié de 'beau', et celui de
Martin, qui apparaît dans sa banalité. La formule est également dans les *Annales*,
p.438: 'On élit le 11 novembre Othon Colonne, qui change ce beau nom contre celui
de Martin'. L'appréciation de Voltaire (lignes 116-17) est plus rapide, mais plus
uniment élogieuse qu'à l'ann.1417, chez Barre, Bruys, Maimbourg (livre 6), Fleury
(livre 104, §82) et Lenfant (livre 5, §91).

un concile entier fermaient la marche. [33] On le couronna de la triple couronne, que les papes portaient depuis environ deux siècles. [34]

Les Pères du concile ne s'étaient pas d'abord assemblés pour détrôner un pontife; mais leur principal objet avait paru être de réformer toute l'Eglise. C'était surtout le but du fameux Gerson, et des autres députés de l'université de Paris. [35]   125

On avait crié pendant deux ans dans le concile contre les

121   61-w75G: couronne
122   MSP: couronne, nommée tiare, que les papes portaient depuis deux siècles et que Grégoire VII avait, dit-on, porté le premier quoique d'autres imputent cette innovation à Benoît XII.
    53-54N: siècles et que Benoît XII avait portée le premier.
124   MSP: pontife et pour en faire un autre, mais
125   MSP: l'Eglise dans son chef et dans ses membres.
126-27   MSP: Paris. Cependant on intrigua beaucoup pour faire un pape et on abandonna presque la réforme. Les docteurs parlèrent, écrivirent, consultèrent et les politiques agirent. ¶On

[33] Les éléments de cette intronisation cités par Voltaire se retrouvent dans les sources, où ils apparaissent avec quelques variations, dont la plus importante concerne l'identité du second personnage guidant le cheval. Dans les *Annales*, Voltaire mentionne l'électeur de Brandebourg (p.438), également cité, à l'ann.1417, par Maimbourg (livre 6), Fleury (livre 104, §83) et Lenfant (livre 6, §6). La version la plus proche de celle de Voltaire, parce qu'assez succincte, est celle de Barre (ann.1417). On peut s'étonner que Voltaire ne commente pas la signification symbolique ambiguë de ce pape à cheval et dominant deux grands princes laïcs, mais également guidé par eux. Dans la version manuscrite (lignes 117-18 var.), il s'étonnait plus explicitement des marques de soumission prodiguées au pape par Sigismond.

[34] La triple couronne est la tiare du pape, 'un bonnet orné de trois couronnes, que le pape porte quelquefois dans les grandes cérémonies' (*Dictionnaire de l'Académie*, éd. 1740). A partir de w56, Voltaire a escamoté par une estimation chronologique assez lâche la difficile question de son origine, qu'il avait fait remonter dans la version manuscrite à Benoît XII (pape en Avignon de 1334 à 1342) ou même à Grégoire VII (pape en 1073). Notons que Lenfant opte pour Benoît XII (livre 6, ann.1417, §5), mais que, dans la 10e des 'Remarques pour servir de supplément à l'*EM*', Voltaire remonte jusqu'à Boniface VIII (1294-1303): 'Martin V, élu au concile de Constance, est, je crois, le premier qui soit représenté sur les monnaies avec la triple couronne, inventée par Boniface VIII'.

[35] Sur Gerson, voir ci-dessous, n.40.

annates, les exemptions, les réserves, les impôts des papes sur le clergé au profit de la cour de Rome, contre tous les vices dont
130 l'Eglise était inondée.[36] Quelle fut la réforme tant attendue? Le pape Martin déclara 1°. qu'il ne fallait pas donner d'exemptions sans connaissance de cause; 2°. Qu'on examinerait les bénéfices réunis; 3°. Qu'on devait disposer selon le droit public des revenus des églises vacantes. 4°. Il défendit inutilement la simonie. 5°. Il
135 voulut que ceux qui auraient des bénéfices, fussent tonsurés. 6°. Il défendit qu'on dît la messe en habit séculier. Ce sont là les lois qui furent promulguées par l'assemblée la plus solennelle du monde.[37] Le concile déclara qu'il était au-dessus du pape; cette vérité était

133 MSP: du revenu
137-41 MSP, 53-W68: monde. ¶Gerson

[36] Lenfant évoque les 'plaintes générales' sur lesquelles 'on avait assemblé le concile de Constance' (livre 6, ann.1417, §11). Il y est effectivement question, entre autres, des réservations des papes, des exemptions, des annates et du fait que 'tout l'argent allait à Rome'.

[37] Les cinq premiers points de la déclaration de Martin V reprennent, dans l'ordre, les cinq premiers décrets publiés lors de la 43e session (21 mars 1418) mentionnés par Fleury (livre 104, §122) ou les cinq premières constitutions correspondantes dans Lenfant (livre 6, §59), mais le 6e point correspond au 7e de ces énumérations. La source principale de Voltaire est peut-être Lenfant, qui, comme lui, utilise l'expression 'sans connaissance de cause' à propos des exemptions et qui précise la réforme des habits ecclésiastiques; Fleury dit seulement: 'Le septième renouvelle les lois sur la modestie des ecclésiastiques dans les habits'. Voltaire a également envisagé les résultats du concile de Constance dans les *Annales*: 'Le pape, ayant promis de travailler à la réformation de l'Eglise, publie quelques constitutions touchant les revenus de la chambre apostolique et les habits des clercs. Il accorde à l'empereur le dixième de tous les biens ecclésiastiques d'Allemagne pendant un an, pour l'indemniser des frais du concile: et l'Allemagne en murmura' (p.436). La minceur des résultats engrangés par le concile de Constance – que Voltaire avait notamment attribuée, dans la version manuscrite, à l'obsession de l'élection (lignes 126-27 var.) – est soulignée, à l'ann.1418, par toutes les sources: voir notamment Fleury (livre 104, §141), Barre, Bruys, et les analyses de Lenfant (livre 6, §59, 60, 'Remarques sur cette session').

bien claire, puisqu'il lui faisait son procès: mais un concile passe, la
papauté reste, et l'autorité lui demeure. [38]   140

Gerson eut même beaucoup de peine à obtenir la condamnation
de ces propositions, qu'il y a des cas où l'assassinat est une action
vertueuse, beaucoup plus méritoire *dans un chevalier que dans un
écuyer, et beaucoup plus dans un prince que dans un chevalier*. [39] Cette
doctrine de l'assassinat avait été soutenue par un nommé Jean Petit,   145
docteur de l'université de Paris, à l'occasion du meurtre du duc
d'Orléans, propre frère du roi. Le concile éluda longtemps la
requête de Gerson. [40] Enfin il fallut condamner cette doctrine du

145   53-54N: un cordelier nommé
145-48   MSP: soutenue en présence du dauphin de France, fils de Charles VI, des
princes du sang et de tous les grands du royaume, par un cordelier nommé Jean Petit,
docteur en théologie, à l'occasion du meurtre du propre frère du roi, le duc
d'Orléans, assassiné par son oncle, Jean Sans Peur, duc de Bourgogne. Le monde
était accoutumé aux assassinats, mais il ne l'était pas encore à voir la religion les   5
justifier. Le concile éluda longtemps la requête de Gerson qui était la cause du genre
humain. Le duc de Bourgogne était à ménager. Enfin
146-47   53-W75G: meurtre du propre

[38] La supériorité du concile sur le pape a été déclarée lors de la 5ᵉ session (6 avril
1415): voir, par exemple, Lenfant (livre 2, §25-26). Voltaire ne fait que mentionner le
fait, qui lui paraît ici purement circonstanciel. Son scepticisme, mis cette fois sous
l'égide de Grégoire de Nazianze, se fait encore jour dans l'art. 'Conciles' de
L'Opinion en alphabet, où il est question du concile de Constance: 'je n'ai jamais
vu de concile qui ait eu une bonne fin' (*M*, t.18, p.213). Dans la version manuscrite
(ligne 62 var.), il était plus affirmatif quant à la supériorité alors communément
admise du concile sur le pape, et au désir des délégués laïcs de juger l'Eglise.

[39] La source de Voltaire est peut-être la quatrième des huit propositions de la
majeure du plaidoyer intitulé *Justification du duc de Bourgogne* que Jean Petit (1360-
1411), docteur en Sorbonne, fit le 8 mars 1408 à propos de l'assassinat par celui-ci, en
1407, du duc Louis d'Orléans, citée par Lenfant: 'il est plus méritoire, honorable et
licite, [que ce] tyran soit occis par un des parents du roi que par un étranger qui ne
serait point du sang du roi, et par un duc que par un comte, et par un baron que par un
simple chevalier, et par un simple chevalier que par un simple homme' (livre 3,
ann.1415, §19).

[40] Jean Charlier (1363-1429), plus connu sous le nom de Gerson, docteur,
chanoine et chancelier de l'Université de Paris, combattit cette justification qui fut
condamnée en 1414 par la Faculté de théologie de Paris et par la ville de Paris. Au

meurtre; mais ce fut sans nommer le cordelier Jean Petit. [41]

150   Voilà l'idée que j'ai cru me devoir faire de tous les objets

149   K: Jean Petit, ni Jean de Rocha, aussi cordelier, son apologiste.

149-50   MSP: Jean Petit. ¶Tout était cependant sous l'obédience de Martin V, hors le pape espagnol Luna. Le roi d'Arragon Ferdinand que l'empereur avait gagné était mort. Alphonse V, son fils, régnait et avait d'autres vues. Maître de l'île de Sicile comme son père, il voulut conquérir le royaume de Naples toujours en proie aux
5   étrangers. C'était faire la guerre au pape qui avait confirmé la donation de ce royaume à la sœur de Lancelot, Jeanne deuxième ou Jeannette, fille de Charles de Duras. Alponse V opposa aussitôt le pape Luna au pape Martin. [manchette: 1423.] Luna mourut à l'âge de quatre-vingt-dix ans entre les bras de ses deux cardinaux qui composaient son Sacré Collège. Il protesta en expirant qu'il était le seul pape, et fit
10   jurer à son Collège de lui élire un digne successeur. Ces deux cardinaux élurent un chanoine de Barcelone nommé Gilles Mugnos. Alphonse V le fit reconnaître en Arragon, à Valence, en Sicile, en Sardaigne dont il était maître, et il n'abandonna ce

concile de Constance, l'affaire Jean Petit intéressait surtout les membres français du concile, principalement Jean Gerson, qui avaient été chargés d'y soutenir la condamnation portée contre la doctrine du tyrannicide. Toutefois, la paix entre le roi de France et le duc de Bourgogne au début de l'année 1415 compliqua leur tâche. Le 6 juillet 1415, le concile condamna le principe du tyrannicide, sans mentionner Jean Petit, ni personne d'autre, pour ménager le duc de Bourgogne. Voltaire reviendra sur l'assassinat du duc d'Orléans et condamnera la défense de Jean Petit au ch.79, et la figure de Jean Petit intervient plusieurs fois dans l'œuvre voltairienne: voir, par exemple, le *Traité sur la tolérance*, ch.11 (*OCV*, t.56C, p.187, n.*b*), où la critique de sa doctrine est liée à celle de la puissance papale; l'*Anecdote sur Bélisaire* (*OCV*, t.63A, p.186); l'*Histoire du parlement de Paris*, ch.6 (*OCV*, t.68, p.180-81). Voir aussi la référence à la condamnation par le concile de Constance de la doctrine du tyrannicide dans le *Supplément au siècle de Louis XIV*, 1re partie (*OH*, p.1250-51). Gerson est présenté dans le *Discours de Maître Belleguier* (1773) comme l'"honneur éternel de l'université', s'opposant 'aux fureurs de quatre antipapes' et 'fidèle à son roi légitime' (*OCV*, t.75A, p.21). Dans les *Réflexions pour les sots* (1760), il est aussi 'philosophe' (*M*, t.24, p.123).

[41] L'absence de référence à Jean Petit dans la condamnation 'générale' qui intervint lors de la 15e session, le 6 juillet 1415, est souvent soulignée (Lenfant, livre 3, §46), parfois dans des termes proches de ceux de Voltaire (Fleury, livre 103, §108; Moréri, *Grand Dictionnaire historique*, art. 'Petit, Jean'). L'édition de Kehl remarque une autre omission, celle du nom d'un partisan de Jean Petit et adversaire de Gerson au concile: Jean de Rocha, cordelier, docteur en théologie de Toulouse (Lenfant, livre 4, ann.1415, §18).

politiques qui occupèrent le concile de Constance. Les bûchers que le zèle de la religion alluma, sont d'une autre espèce. [42]

---

fantôme qu'en se faisant céder en Sicile et ailleurs des droits bien réels par le vrai pontife. ¶A l'égard de cet ancien pape Jean XXIII, il ne trouva d'appui que dans un citoyen de Florence, simple négociant, mais qui eut après sa mort le titre de Père de la patrie. C'était le vieux Cosme de Médicis. Il avait autant de considération qu'aucun prince en Europe; il eut le crédit de tirer le pape son ami de prison. Jean XXIII, qui suivit probablement les conseils de cet homme sage, alla se jeter dans Florence aux pieds de Martin en plein consistoire; [*manchette: 1419.*] ce spectacle tira des larmes des yeux de l'assemblée. Ses disgrâces et son procédé firent oublier ses fautes. Martin V, généreux, lui donna un rang au-dessus des autres cardinaux. ¶Enfin, ce qui montre bien qu'il n'y a point de malheur dont on ne puisse tirer avantage, Jean XXIII flétri et déposé vécut encore honoré et paisible. Martin V entretint la paix dans l'Eglise, fut l'arbitre de l'Italie, reprit Bologne, embellit Rome, sut plaire aux Romains mêmes, et après un règne de treize années, mourut regretté de l'Europe. ¶Voilà

15

20

25

[42] Dans la version manuscrite (lignes 149-50 var.), ce paragraphe de conclusion est précédé d'un assez long épilogue historique à l'élection de Martin V évoquant les destins de Luna et de Jean XXIII, notamment l'appel au secours lancé par celui-ci à Cosme de Médicis l'Ancien (1389-1464), et l'épisode célèbre où le pape déchu se jette aux pieds de Martin V, ce qui lui valut de devenir cardinal-évêque de Frascati (voir Lenfant, livre 6, ann.1418, §85; Bruys, ann.1420; Fleury, livre 104, ann.1419, §156).

CHAPITRE 73

De Jean Hus, et de Jérôme de Prague.

Tout ce que nous avons vu dans ce tableau de *l'histoire générale*, Esprit de ces
montre dans quelle ignorance avaient croupi les peuples de temps.

a-178 [*Première rédaction de ce chapitre*: MSP]
a   MSP: Chapitre 50
    W56-W57G: Chapitre 61
    61: Chapitre 69
1-12   MSP, 53-54N: La barbarie et l'ignorance, née des ruines de l'empire
romain, avaient soumis longtemps l'Occident aux religieux et au clergé, seuls
dépositaires pendant six ou sept siècles du peu de science qu'on avait conservé. Ils
établirent leur domination sur la stupidité universelle. Il n'y eut

* Il existe du ch.73 une version manuscrite assez divergente. L'*Abrégé de l'histoire
universelle* (53) et ses dérivés se caractérisent par leur brièveté: des passages
importants n'y figurent pas ou sont rapportés d'une manière succincte (lignes 30-
34: sur les idées de Wycliffe sur le pape; 51-69: la diffusion du 'wicléfisme' en Bohême
et la position de Jean Hus; 86-88: la 'citation' du texte du sauf-conduit; 141-50:
comparaison du supplice de Jean Hus et de Jérôme de Prague avec la mort de
Socrate; 176-78: non-respect du sauf-conduit comme cause des guerres de Bohême).
L'essentiel des modifications apportées en 1756, avec l'allongement du premier
paragraphe (1-12 var.), concerne l'introduction de ces passages qui figurent dans la
version manuscrite. Ensuite, le texte évolue assez peu. Après avoir, au ch.72,
examiné les 'objets politiques qui occupèrent le concile de Constance', Voltaire
consacre le ch.73 à la question de l'hérésie, dont l'extirpation était un des principaux
objectifs du concile. Elle l'intéresse parce qu'elle est un lieu d'exercice du fanatisme:
les 'bûchers' de Jean Hus et de Jérôme de Prague ont été allumés par 'le zèle de la
religion' (ci-dessus, ch.72, lignes 151-52). Pourtant l'angle d'attaque est ici politique
et culturel. En témoigne le long rappel sur l'*Esprit de ces temps* qui couvre les deux
premiers paragraphes (lignes 1-25). L'ignorance, en Occident, a assis l'autorité et,
partant, la puissance temporelle des clercs, mais cette puissance, parce qu'elle sécrète
l'opulence' et l'ambition', les a ensuite rendus à l'ignorance des laïques'. D'où
l'essor des universités, lieux de science, mais aussi de critique, autant des 'scandales'
du clergé que des 'mystères' de la doctrine. John Wycliffe, puis Jean Hus, qui en
subit l'influence, sont dès lors présentés dans leur contexte universitaire respectif,
Oxford et Prague, et leurs opinions, caractérisées dans leur double dimension:
politique d'abord, qui concerne les institutions religieuses et leur fonctionnement,

l'Occident. Les nations soumises aux Romains étaient devenues

---

théologique ensuite (lignes 26-74). De même, la participation de Jean Hus au concile de Constance est contextualisée sur un double plan, universitaire et politique (74-80), et son supplice, comme celui de Jérôme de Prague, aura des conséquences politiques: les guerres de Bohême, qui entraveront la carrière de Sigismond (156-78). D'emblée, Voltaire esquisse sa vision de la Réforme: associant Hus à Wycliffe, Wycliffe à Bérenger et aux Vaudois, et ces derniers aux protestants, il fait indirectement de ces deux hérétiques des pré-réformateurs, la Réforme n'étant pas pour lui un phénomène isolé, mais l'aboutissement d'une suite d'hérésies (G. Gargett, *Voltaire and protestantism*, *SVEC* 188, Oxford 1980, p.23-24). La participation de Jean Hus au concile de Constance (lignes 81-127) constitue la plus longue séquence du chapitre (celle de Jérôme de Prague n'est qu'un contrepoint: lignes 128-40). Jean Hus en est la figure centrale: c'est un homme impeccable sur le plan moral et doctrinal, que le concile s'acharne à perdre et à condamner au feu, sans hésiter pour cela à violer le droit des gens. La violence est entièrement du côté conciliaire: face à elle l'inflexibilité de Hus apparaît dérisoire. Voltaire n'évite pas les sujets controversés sur lesquels, sans insister, il prend nettement position: il fait état du sauf-conduit, plein et entier, accordé à Hus et violé; il déclare la conformité doctrinale de Jean Hus; il fait de Wycliffe, de Hus et de Jérôme de Prague des hommes vertueux, et de Hus et de Jérôme de Prague, des martyrs. Le concile de Constance, haut lieu du fanatisme (en octobre 1741 il l'associe à la Saint-Barthélémy, D2559), est d'abord, pour Voltaire, le 'concile œcuménique / Qui de Jean Hus brûla les os' (à Frédéric II de Prusse, novembre 1742, D2685). Mais c'est heureusement l'image d'une barbarie dépassée (ci-dessous, ch.86; l'*Anecdote sur Bélisaire*, *OCV*, t.63A, p.183): puisqu'il n'est plus possible de juger 'juste' 'le supplice de Jean Hus et de Jérôme de Prague', c'est pour Voltaire la preuve de 'ce qu'on dit dans cette histoire, que la raison humaine s'est perfectionnée de nos jours chez les hommes qui réfléchissent' (*Conclusion et examen de ce tableau historique*, 'I. Critiques qui révoltent un siècle aussi éclairé que le nôtre', *M*, t.24, p.476). Le contraste entre les conciles de Bâle et de Constance met d'ailleurs en exergue la même idée d'adoucissement des temps (*Annales de l'Empire*, 'Sigismond', p.443). Le récit, dans sa rapidité, n'élude ni la violence des troubles de Bohême, ni leur cible privilégiée: les églises et les prêtres. Le concile et les hussites sont renvoyés dos à dos, et les violences ont une cause commune: le 'zèle de la religion', le fanatisme. Vu son contenu, c'est ce ch.73 qui a surtout retenu l'attention (et souvent la sagacité) de C.-F. Nonnotte dans le ch.21 des *Erreurs de Voltaire* (Avignon et Paris, 1762; Amsterdam [Paris], 1766, BV2579). Voltaire sait se dégager des opinions que véhiculent ses sources, qui sont sans doute: l'*Histoire du concile de Constance* de J. Lenfant (Amsterdam, 1714; éd. consultée, Amsterdam, 1727); la 'Lettre de Pogge à Léonard Arétin, sur le supplice de Jérôme de Prague' dans le *Poggiana, ou la vie [...] de Pogge Florentin*, publié par Lenfant (Amsterdam, 1720, BV2776), t.1, 2ᵉ partie, p.241-55 (ci-après, *Poggiana*; ce

barbares dans le déchirement de l'empire, et les autres l'avaient
5 toujours été. Lire et écrire était une science bien peu commune
avant Frédéric II;[1] et le fameux bénéfice de clergie,[2] par lequel un
criminel condamné à mort obtenait sa grâce en cas qu'il sût lire, est
la plus grande preuve de l'abrutissement de ces temps. Plus les
hommes étaient grossiers, plus la science, et surtout la science de la
10 religion, avait donné sur eux au clergé, et aux religieux, cette
autorité naturelle que la supériorité des lumières donne aux maîtres
sur les disciples.[3] De cette autorité naquit la puissance. Il n'y eut
point d'évêque en Allemagne et dans le Nord qui ne fût souverain;
nul en Espagne, en France, en Angleterre, qui n'eût, ou ne disputât
15 les droits régaliens.[4] Presque tout abbé devint prince; et les papes,
quoique persécutés, étaient les rois de tous ces souverains.[5] Les

14   MSP: qui ne disputât
15   MSP: tout moine abbé

---

texte figure aussi dans l'*Histoire du concile de Constance* de Lenfant, livre 4, ann.1416,
§86); l'*Histoire ecclésiastique* de Fleury, livres 101-104; l'*Histoire de l'hérésie de Viclef,
Jean Hus, et Jérôme de Prague* d'A. Varillas (Lyon, 1682, BV3400); l'*Histoire générale
d'Allemagne* de J. Barre (Paris, 1748, BV270), t.7; l'*Histoire des papes* de F. Bruys (La
Haye, 1732-1734, BV563), t.4 (1733); l'*Histoire de l'Empire* de J. Heiss von
Kogenheim (La Haye, 1685, BV1604; éd. consultée, La Haye, 1694), 1re partie,
livre 2, ch.30.
  [1] Flatterie ou ironie? Introduite en 1756, période où les deux hommes sont loin
d'être réconciliés après le départ précipité de Voltaire de Berlin au printemps 1753 et
son assignation à résidence à Francfort, cette mention du roi de Prusse paraît
cependant plutôt élogieuse pour la promotion qu'il fait des lettres dans ses Etats, en
contraste avec le passé de ces régions du nord-est de l'Europe, qui avaient 'toujours
été' barbares auparavant.
  [2] Selon le Littré, 'Instruction, savoir. Privilège établi autrefois, en faveur de
certains criminels, dans le cas où ils possédaient les premiers éléments des lettres.'
  [3] Cf. D1359: 'Pour moi [...] je suis toujours étonné que dans les temps d'ignorance
les papes n'aient pas eu la monarchie universelle' (à Frédéric II, 30 juillet 1737).
  [4] 'Les droits attachés à la souveraineté' (*Dictionnaire de l'Académie*, éd. 1740).
Voir, par exemple, notre t.3, p.83n, 204.
  [5] Sur la compétition entre princes et prêtres pour le pouvoir, voir D1359 du
30 juillet 1737, et sur l'utilité de la Réforme qui libère les princes des prêtres et leur
offre des possibilités d'enrichissement, D1326 (à Frédéric II, 14 mai 1737).

vices attachés à l'opulence, et les désastres qui suivent l'ambition, ramenèrent enfin la plupart des évêques et des abbés à l'ignorance des laïques. Les universités de Bologne, de Paris, d'Oxford, fondées vers le treizième siècle, cultivèrent cette science qu'un   20
clergé trop riche abandonnait.

Les docteurs de ces universités, qui n'étaient que docteurs, éclatèrent bientôt contre les scandales du reste du clergé; et l'envie de se signaler les porta à examiner des mystères qui pour le bien de la paix devaient être toujours derrière un voile. [6]   25

Wiclef.   Celui qui déchira le voile avec le plus d'emportement, fut Jean Wiclef, docteur de l'université d'Oxford. [7] Il prêcha, il écrivit, tandis qu'Urbain V et Clément désolaient l'Eglise par leur schisme, et publiaient des croisades l'un contre l'autre. [8] Il prétendit qu'on devait faire pour toujours ce que la France avait fait un temps, ne   30
reconnaître jamais de pape. [9] Cette idée fut embrassée par beaucoup de seigneurs indignés dès longtemps de voir l'Angleterre traitée comme une province de Rome; mais elle fut combattue par tous ceux qui partageaient le fruit de cette soumission.

20   MSP: le quatorzième siècle
        53-54N: fondées au quatorzième siècle
21   MSP: abandonnait, malheureuse science après tout, destituée de raison et qui était le chaos d'Aristote embrouillé par des commentaires.
23   MSP: clergé qui était puissant et
30-35   53-54N: temps. ¶Wiclef

[6] Pour cette opposition entre l'Eglise et la science, ainsi que le rôle éclairant des universités, voir les *Annales*, 'Robert', p.431. Le 'qui n'étaient que docteurs' (ligne 22) vise à faire ressortir l'hostilité jalouse de ces membres relativement modestes mais savants du clergé envers leurs ignorants et 'scandaleux' confrères évêques et abbés qui s'attirent tous les honneurs.

[7] John Wycliffe (1320-1384), théologien anticlérical et anti-ultramontain, mais aussi partisan de réformes sociales.

[8] Il s'agit en fait d'Urbain VI (pape de 1378 à 1389) et de Clément VII (Robert de Genève), antipape en Avignon de 1378 à 1394, dont l'élection déclencha le grand schisme.

[9] Une proposition de Wycliffe condamnée par le concile de Londres en 1382 était 'qu'après la mort d'Urbain sixième l'Angleterre devait vivre à la mode des Grecs, et ne plus reconnaître le souverain pontife' (Varillas, t.1, p.78-79; voir aussi p.70).

35   Wiclef fut moins protégé dans sa théologie que dans sa
politique. [10] Il renouvela les anciens sentiments proscrits dans
Bérenger. [11] Il soutint qu'il ne faut rien croire d'impossible et de
contradictoire, qu'un accident ne peut subsister sans sujet, qu'un
même corps ne peut être à la fois tout entier en cent mille endroits,
40   que ces idées monstrueuses étaient capables de détruire le
christianisme dans l'esprit de quiconque a conservé une étincelle
de raison, qu'en un mot le pain et le vin de l'eucharistie demeurent
du pain et du vin. [12] Il voulut détruire la confession introduite dans

38-42   MSP, W56-W57G: sujet; qu'en
40-41   61: détruire la foi dans
43-45   MSP, W56-W57G: confession les indulgences, la hiérarchie ecclésiastique,
ce que
43-50   53: confession les indulgences, la hiérarchie ecclésiastique. ¶Sa

[10] Varillas souligne que Wycliffe reçoit notamment les soutiens intéressés et
puissants du duc Henri de Lancastre, qui ambitionne la couronne, et d''Alix Perez'
(Alice Perrers), la maîtresse du roi Edouard III. Tous deux ont intérêt à
l'affaiblissement politique du clergé qui résulterait de la confiscation de ses biens
prônée par Wycliffe. Le souverain lui-même manifeste une certaine bénévolence
face à l'hérésie, sans oser l'encourager contre Rome avec laquelle il a pourtant des
démêlés (t.i, p.11-16). Voir aussi Lenfant (livre 2, ann.1415, §57): 'Cependant il
trouva des adversaires non seulement dans l'université, mais aussi parmi les grands
du royaume, qui n'approuvaient pas autant sa doctrine sur l'Eucharistie, que sur le
sujet du pape et de la cour de Rome.'
[11] Les propositions sur l'Eucharistie de Bérenger de Tours (998-1088), héré-
siarque et philosophe nominaliste (voir l'art. 'Secte' du DP, OCV, t.36, n.2, p.518;
Traité sur la tolérance, 1762, ch.3, OCV, t.56C, p.142, n.8), ont déjà été évoquées au
ch.45 (notre t.3, p.103-106; voir aussi le Traité sur la tolérance, ch.11, 16). Bérenger a
opposé Voltaire et Nonnotte, qui cite et critique (ch.21) un passage du ch.45. Sans
entrer dans une discussion théologique, Voltaire répond de manière à la fois
prudente et cinglante dans les Eclaircissements historiques ('XIIIe sottise de Nonnotte', 'Sur Bérenger', M, t.24, p.493).
[12] Voir également la note de Voltaire dans le Traité sur la tolérance (ch.3, p.142,
n.a). Les similitudes avec l'ouvrage de Lenfant sont ici nombreuses. Dans l'examen
que fait celui-ci du Trialogue de Wycliffe (livre 2, ann.1415, §59, sic, pour 60), on lit:
'Dans le chapitre 8 il entreprend de faire voir [...] qu'il est impossible, et contradictoire, que le pain et le corps de J. C. soient la même chose.' Cette formulation

l'Occident, les indulgences par lesquelles on vendait la justice de
Dieu, la hiérarchie éloignée de sa simplicité primitive. Ce que les 45
Vaudois enseignaient alors en secret, il l'enseignait en public; et à
peu de chose près sa doctrine était celle des protestants, qui
parurent plus d'un siècle après lui, et de plus d'une société établie
longtemps auparavant. [13]

Sa doctrine fut réprimée par l'université d'Oxford, par les 50

49-50 MSP: auparavant. ¶Elle fut

'impossible et contradictoire' semble reprise par Voltaire. Lenfant cite (§59 *proprio
sensu*) les 45 articles de la doctrine de Wycliffe déjà condamnés à Rome qui furent lus
lors de la 8ᵉ session du 4 mai 1415. L'article 2 stipule: 'Les accidents du pain ne
demeurent pas sans sujet dans le sacrement de l'autel' (voir ci-dessus, ligne 38). A
propos de l''étincelle de raison' évoquée par Voltaire (lignes 41-42), Lenfant a
rappelé que le ch.5 du *Trialogue* avait 'posé d'abord, comme un principe
incontestable et généralement reconnu, que Dieu ne peut rien faire qui soit contre
la raison' (§59, *sic*, pour 60). Enfin, on lit à propos de l'Eucharistie: 'Que selon le
témoignage des sens le pain, et le vin, consacrés sur l'autel, par le prêtre, et que l'on
croit vulgairement être le corps, et le sang de J. C. demeure[nt] pain, et vin, après la
consécration'. La formulation est très proche chez Voltaire.

[13] Lier Wycliffe à Bérenger, puis Bérenger aux Vaudois (voir ch.128, où il est dit
que Pierre Valdo suit les dogmes de Bérenger), et aux protestants, intègre la Réforme
et la pré-Réforme dans une suite d'hérésies et n'en fait pas des phénomènes isolés
(voir Gargett, p.23-24). D'autres liens sont encore tissés par Voltaire, par exemple:
des Vaudois à Wycliffe, Hus, Luther et Zwingli (*EM*, ch.138), du rejet du culte des
images aux protestants (*Le Siècle de Louis XIV*, ch.36, *OH*, p.1042-43), d'Arius, à
Hus, à Luther et Calvin (à Mme Denis, 19 août 1752, D4984), de Wycliffe et Hus à
Luther et Zwingli (l'*Examen important de milord Bolingbroke*, 1761, ch.39, *OCV*,
t.32B, p.247-48). La *Défense de milord Bolingbroke* (1752) donne une liste de
'réformateurs': 'Wiclef, Luther, Jean Hus, Calvin, Mélanchthon, Œcolampade,
Zwingle, Storck, Parker, Servet, Socin, Fox' (*OCV*, t.32B, p.247-48). Voir aussi la
remarque de Voltaire dans sa lettre du 11 mars 1765 au président Hénault, dont la
7ᵉ édition de l'*Abrégé de l'histoire de France* vient de paraître: 'Vous pouviez aussi, à
l'année 1450, éclaircir en deux lignes l'article de Bérenger. *Première hérésie*, dites
vous, *sur la réalité*, etc. C'est en effet le premier hérétique condamné à ce sujet, mais il
s'en faut bien qu'il ait été le premier de son opinion' (D12450).

évêques et le clergé, mais non étouffée. [14] Ses manuscrits, quoique mal digérés et obscurs, se répandirent par la seule curiosité qu'inspiraient le sujet de la querelle et la hardiesse de l'auteur, de qui les mœurs irrépréhensibles donnaient du poids à ses
55 opinions. [15] Ces ouvrages pénétrèrent en Bohême, pays naguère barbare, qui de l'ignorance la plus grossière commençait à passer à cette autre espèce d'ignorance qu'on appelait alors *érudition*. [16]

L'empereur Charles IV, législateur de l'Allemagne et de la Bohême, avait fondé une université dans Prague, sur le modèle de
60 celle de Paris. Déjà on y comptait, à ce qu'on dit, près de vingt mille

Origine de la persécution contre Hus.

51-52   MSP, W56-W57G: Ses livres, quoique mal écrits et
51-69   53-54N: Ses livres, mal écrits et obscurs étant tombés entre les mains de Jean Hus, bachelier de l'université de Prague et confesseur de la reine Sophie de Bavière, femme de Venceslas, il rejeta
52-53   MSG: seule autorité qu'inspiraient
54   MSP: mœurs d'ailleurs irrépréhensibles
60   MSP: comptait près

[14] Voltaire n'envisage pas – ou traite ici de manière très allusive – les problèmes de carrière de Wycliffe à Oxford, qui sont pourtant un lieu commun dans sa biographie (voir, par exemple, Moréri, *Grand Dictionnaire*, art. 'Wiclef, Jean'; Varillas, t.1, p.9-10; et la réaction de Lenfant, livre 2, ann.1415, §57). Il s'en tient au plan des idées, et évite de traiter un épisode qui paraît donner au combat de Wycliffe des motivations assez triviales.

[15] Voltaire souligne la pureté des mœurs de Wycliffe, comme il le fera pour Jean Hus et Jérôme de Prague. Les mauvaises mœurs des réformateurs servaient régulièrement à discréditer la Réforme. Notons aussi qu'il attribue en partie le succès de sa prédication à la curiosité qu'elle suscite dans le public. Varillas évoque des 'nouveautés prêchées avec une véhémence artificielle par un homme assez emporté de son naturel' (t.1, p.10).

[16] Les contacts entre Wycliffe et Hus sont un lieu commun de l'historiographie sur le concile de Constance (Moréri, art. 'Wiclef, Jean'; Fleury, livre 103, ann.1415, §26; Varillas, t.1, p.93; Heiss, ann.1415), ce qui appuie la vision voltairienne de liens entre hérésies passées et Réforme. Voir les *Annales*, 'Robert': 'Jean Hus [...] ayant lu les manuscrits de Wiclef, prêchait à Prague les opinions de cet Anglais. Rome ne s'était pas attendue que les premiers coups que lui porterait l'érudition viendraient d'un pays qu'elle appela si longtemps barbare' (p.431). Voltaire est fréquemment ironique à l'égard de l'érudition universitaire des théologiens (voir, par exemple, ch.8, notre t.2, p.167, lignes 59-61; ch.109). Voir aussi ci-dessous, ligne 113, à propos de l'"esprit d'opiniâtreté qu'on puise dans les écoles'.

étudiants au commencement du quinzième siècle. [17] Les Allemands avaient trois voix dans les délibérations de l'académie, et les Bohémiens une seule. Jean Hus, né en Bohême, devenu bachelier de cette académie, et confesseur de la reine Sophie de Bavière femme de Venceslas, obtint de cette reine que ses compatriotes au contraire eussent trois voix, et les Allemands une seule. Les Allemands irrités se retirèrent; et ce furent autant d'ennemis irréconciliables que se fit Jean Hus. [18] Il reçut dans ce temps-là quelques ouvrages de Wiclef; il en rejeta constamment la doctrine, mais il en adopta tout ce que la bile de cet Anglais avait répandu contre les scandales des papes et des évêques, contre celui des excommunications lancées avec tant de légèreté et de fureur; enfin contre toute puissance ecclésiastique, que Wiclef regardait comme une usurpation. [19] Par là il se fit de bien plus grands ennemis; mais

65

70

73-74   MSP, 53-W68: ecclésiastique dont Wiclef ni lui ne distinguèrent pas assez les droits et les usurpations. Par

[17] Varillas indique que c'est son admiration pour l'Université de Paris, découverte pendant un voyage en France, qui aurait déterminé Charles IV de Luxembourg (roi des Romains en 1346, empereur germanique de 1355 à 1378) à en fonder une 'tout à fait semblable' à Prague et comprenant les nations de Saxe, de Bavière, de Pologne (qui rassemblaient les 'Allemands') et de Bohême (t.1, p.97-98).

[18] Jean Hus est né à Husinec en 1369. Fleury précise qu'il fut 'maître ès arts et bachelier en 1393. Ordonné prêtre en 1400. Doyen de la faculté philosophique en 1401 et recteur de l'*Académie* en 1409' (livre 101, ann.1401, §8). Selon Lenfant, Jean Hus en effet a 'obtenu [...] de la cour' le décret modifiant le mode d'attribution des voix qui aurait entraîné le départ de 'trente à 40 000' 'écoliers allemands' (*Histoire du concile de Pise*, Amsterdam, 1724, livre 3, ann.1409, §36). Ayant 'beaucoup d'ascendant' sur l'esprit de la reine, Hus s'était fait 'de puissants amis à la cour' (Lenfant, livre 1, ann.1414, §21), mais Voltaire paraît avoir ici extrapolé quant à l'intervention de la souveraine.

[19] Voltaire perçoit les liens entre Wycliffe, Hus et les protestants. Toutefois, il distingue ici un plan doctrinal, où l'influence de Wycliffe sur Jean Hus serait nulle – il suit Lenfant (livre 1, ann.1414, §21), qui dit qu'il jugeait ses ouvrages 'dignes du feu' ou de 'la rivière'; Varillas (t.1, p.65) et Fleury (livre 102, ann.1414, §94) affirment le contraire – et un plan institutionnel, où elle serait totale (voir ci-dessous,

75 aussi il se concilia beaucoup de protecteurs, et surtout la reine qu'il
dirigeait. On l'accusa devant le pape Jean XXIII, et on le cita à
comparaître vers l'an 1411. Il ne comparut point. On assembla
cependant le concile de Constance, qui devait juger les papes et les *1414.*
opinions des hommes. Il y fut cité. L'empereur lui-même écrivit en
80 Bohême qu'on le fît partir pour venir rendre compte de sa doctrine.
    Jean Hus, plein de confiance, alla au concile, où ni lui ni le pape
n'auraient dû aller. Il y arriva, accompagné de quelques gentilshommes bohémiens et de plusieurs de ses disciples; et ce qui est très
essentiel, il ne s'y rendit que muni d'un sauf-conduit de l'empereur,
85 daté du 18 octobre 1414, sauf-conduit le plus favorable et le plus
ample qu'on puisse jamais donner, et par lequel l'empereur le
prenait sous sa sauvegarde *pour son voyage, son séjour, et son
retour.* [20] A peine fut-il arrivé qu'on l'emprisonna; et on instruisit

79-80   msp: écrivit à la cour de Bohême qu'on le fît partir pour y rendre
86-88   53-54n: donner. A peine
87   msp, 61: prenait dans sa sauvegarde pour son voyage, pour son séjour

---

ch.86). En quelque sorte, pour Voltaire, Jean Hus parvient à la fois à demeurer
catholique et à être un précurseur du protestantisme par son anticléricalisme. Voir
aussi ci-dessous, lignes 109-10.
  [20] Fleury mentionne trois gentilshommes chargés par l'empereur Sigismond et
son frère, Wenceslas IV de Bohême, de protéger Jean Hus (livre 102, ann.1414, §111).
Le texte du sauf-conduit est souvent cité. Il porte, dans Moréri, par exemple, 'de le
laisser librement et sûrement passer, demeurer, s'arrêter, et *retourner*, en le
pourvoyant même, s'il en est besoin, de bons passeports, pour l'honneur et le
respect de la majesté impériale' (art. 'Hus, Jean'; voir aussi Barre, ann.1414). Les
auteurs protestants écrivent qu'avoir fait mourir Jean Hus malgré le sauf-conduit est
un manquement 'à la foi, à l'honneur, au droit des gens'. Pour les catholiques, le sauf-
conduit n'aurait permis à Jean Hus que d'aller rendre compte de sa doctrine au
concile, étant entendu qu'il se soumettrait à celui-ci s'il était convaincu d'hérésie
(Fleury, livre 103, ann.1415, §112-13). Varillas évoque deux sauf-conduits, un
émanant de l'empereur, un du concile lui-même, plus limité (t.1, p.139-51). Barre
retient l'idée d'un seul sauf-conduit impérial, ce qui laissait au concile sa liberté, mais
disculpe l'empereur qui n'avait pas le droit d'octroyer de sauf-conduit en matière de
foi en l'absence de sauf-conduit conciliaire (ann.1415). Bruys souligne l'irrégularité
du procédé et les vaines protestations des protecteurs tchèques de Hus (ann.1414).

son procès en même temps que celui du pape.[21] Il s'enfuit comme ce pontife, et fut arrêté comme lui. L'un et l'autre furent gardés quelque temps dans la même prison.[22]

1415.
Jean Hus innocent et opiniâtre.

Enfin il comparut plusieurs fois, chargé de chaînes.[23] On l'interrogea sur quelques passages de ses écrits. Il faut l'avouer, il n'y a personne qu'on ne puisse perdre en interprétant ses paroles. Quel docteur, quel écrivain est en sûreté de sa vie, si on condamne au bûcher quiconque dit 'qu'il n'y a qu'une Eglise catholique, qui renferme dans son sein tous les prédestinés; qu'un réprouvé n'est pas de cette Eglise; que les seigneurs temporels doivent obliger les

90

95

Voir aussi les arguments développés par Lenfant dans son *Apologie pour l'auteur de l'Histoire du concile de Constance, contre le Journal de Trévoux* (Amsterdam, 1726). L'opinion de Voltaire, qui insiste sur le sauf-conduit accordé à Hus, sur ses termes et sur son non-respect, est proche de celle des protestants (voir aussi les *Annales*, 'Sigismond', p.436). Le supplice de Jean Hus en dépit du sauf-conduit (voir ci-dessous, ligne 124) est en effet pour Voltaire un viol du droit des gens: au ch.120, il rappelle qu'à Constance, Sigismond 'parut dans toute sa gloire', mais 'sortit avec la honte d'avoir violé le droit des gens en laissant brûler Jean Hus et Jérôme de Prague' (lignes 19-21). Voir aussi les *Conseils raisonnables à M. Bergier* (1768), §2 (*M*, t.27, p.36). Si, même à ce sujet, Voltaire constate (ch.128, lignes 210-14) une évolution favorable et oppose l'attitude de Charles Quint et celle de Sigismond – Luther n'eut pas les ennuis de Jean Hus (voir aussi les *Annales*, 'Charles-Quint', p.484) – dans les *Questions sur les miracles* (1765) par contre, il demeure amer, jugeant la 'sauvegarde royale', 'rarement efficace, depuis que l'empereur Sigismond, ayant protégé Jean Hus, le laissa rôtir par le pieux concile de Constance' (*M*, t.25, 'Troisième lettre du proposant à M. le professeur en théologie', p.384).

[21] Jean Hus est arrivé à Constance le 3 novembre 1414 (le jour fixé pour le concile était le 1er novembre, mais il ne s'ouvrit que le 5). Il fut arrêté le 28 novembre. Toutefois, le caractère précipité de l'arrestation de Hus est souvent noté, mais pas par rapport à la date de son arrivée à Constance, ce qui, ici, dramatise le fait (voir Heiss, sur sa défense, ann.1415; Bruys, sur l'arrêt pris pour son emprisonnement, ann.1414; Moréri, art. 'Hus, Jean', sur ses célébrations de la messe).

[22] Jean Hus et Jean XXIII se trouvèrent enfermés en même temps dans la forteresse de Gottlieben, en Thurgovie. La coïncidence est signalée, à l'ann.1415, par Fleury (livre 103, §63), Bruys, et Lenfant (livre 2, §93).

[23] Circonstance dramatique qui prend tout son poids dans un récit aussi bref que celui de Voltaire. On lit dans Fleury: 'le cinquième de juin, il fut amené de Gotleben à Constance dans le monastère des franciscains, où il demeura chargé de chaînes jusqu'à sa condamnation' (livre 103, ann.1415, §68; voir aussi, Moréri, art. 'Hus, Jean').

prêtres à observer la loi; qu'un mauvais pape n'est pas le vicaire de
Jésus-Christ?'[24]

Voilà quelles étaient les propositions de Jean Hus. Il les expliqua
toutes d'une manière qui pouvait obtenir sa grâce; mais on les
entendait de la manière qu'il fallait pour le condamner.[25] Un Père
du concile lui dit: *Si vous ne croyez pas l'universel* a parte rei, *vous ne*
croyez pas la présence réelle.[26] Quel raisonnement et de quoi
dépendait alors la vie des hommes![27] Un autre lui dit: *Si le sacré*
concile prononçait que vous êtes borgne, en vain seriez-vous pourvu de
deux bons yeux, il faudrait vous confesser borgne.[28]

Jean Hus n'adoptait aucune des propositions de Wiclef, qui

Etranges
discours des
Pères du concile.

105-109   MSP, 53-W57G: *réelle.* De quoi dépendait alors la vie des hommes?
¶Jean
109   MSP: aucune de ces opinions de

[24] Lors de la troisième audience qui lui fut accordée, le 8 juin 1415, Jean Hus eut à
répondre à 39 articles. Les quatre propositions mentionnées correspondent littéralement ou étroitement à quatre de ces articles dont Fleury, par exemple, donne la liste
aux art.1, 6, 19 et 10 respectivement (livre 103, ann.1415, §73, 74). Voir aussi Lenfant,
livre 3, 1415, §7 (même numérotation).

[25] Constat plus laconique, mais aussi très sévère dans les *Annales*: 'Il est manifeste
qu'on voulait que Jean fût brûlé et il le fut' (p.436).

[26] La réplique du Père du concile s'adressant à Jean Hus renvoie sans doute à
l'intervention du cardinal de Cambrai dans une longue discussion du 7 juin 1415 sur la
question de l'Eucharistie (Lenfant, livre 3, ann.1415, §5). Voltaire ne rapporte pas la
réponse de Hus, mais la phrase précédente (lignes 101-103), qui s'applique aux deux
'Etranges discours des Pères du concile', indique bien qu'il y a eu échange.
Effectivement, la discussion a impliqué selon Lenfant plusieurs intervenants. Les
Annales proposent un échange de répliques entre un cardinal et Jean Hus
('Sigismond', p.436).

[27] L'ajout, à partir de l'édition de 1761, de 'Quel raisonnement' vient accentuer
l'absurdité des disputes théologiques, porte ouverte au fanatisme. Dans une lettre à
Théodore Tronchin du 15 janvier 1758, Voltaire évoque 'cet amas de dogmes
absurdes [...], fléau du genre humain' et les 'disputes puériles qui ont fait couler ces
torrents de sang, et qui troublent encore la terre' (D7584).

[28] Voltaire démarque Lenfant (livre 3, ann.1415, §15) qui dit citer Jean Hus lui-
même 'dans sa Lettre XXXII'. Nonnotte (ch.21) reproche à Voltaire sa sélection des
chefs d'accusation: il exclut ceux qui auraient montré le 'fanatisme', l''extravagance'
et l''esprit de rébellion' de Hus.

séparent aujourd'hui les protestants de l'Eglise romaine. [29] Cependant il fut condamné à expirer dans les flammes. En cherchant la cause d'une telle exécution, je n'ai jamais pu en trouver d'autre que cet esprit d'opiniâtreté qu'on puise dans les écoles. Les Pères du concile voulaient absolument que Jean Hus se rétractât; et Jean Hus, persuadé qu'il avait raison, ne voulait point avouer qu'il s'était trompé. L'empereur touché de compassion, lui dit: 'Que vous coûte-t-il d'abjurer des erreurs qui vous sont faussement attribuées? Je suis prêt d'abjurer à l'instant toutes sortes d'erreurs: s'ensuit-il que je les aie tenues?' Jean Hus fut inflexible. Il fit voir la différence entre abjurer des erreurs en général, et se rétracter d'une erreur. [30] Il aima mieux être brûlé, que de convenir qu'il avait eu tort.

Le concile fut aussi inflexible que lui; mais l'opiniâtreté de courir à la mort avait quelque chose d'héroïque; celle de l'y condamner était bien cruelle. [31] L'empereur, malgré la foi du sauf-conduit, ordonna à l'électeur palatin de le faire traîner au supplice. Il fut

110

115

120

125

111   MSP: condamné unanimement et du consentement de l'empereur même à
112   K: telle atrocité,
124   53-54N: bien plus cruelle

[29] Voir ci-dessus, n.19. Voltaire réaffirme ici la pureté doctrinale de Jean Hus. C'est une vision assez répandue chez les protestants (voir M. de Larroque, *Conformité de la discipline ecclésiastique des protestants de France avec celle des anciens chrétiens*, Quevilly, 1678), pour qui Hus a été condamné injustement, puisqu'il n'est pas un précurseur du protestantisme. Lenfant se range à cette thèse, avec des nuances (livre 3, ann.1415, §49-58). Notons que Bossuet non plus ne prête à Jean Hus d'autres sentiments sur l'Eucharistie que ceux de l'Eglise romaine: pour lui, ses attaques contre le pape ne suffisent pas à en faire un martyr ou un des 'prédécesseurs des Réformés' (*Histoire des variations des Eglises protestantes*, Paris, 1747; 1752, BV484, livre 11, §163).
[30] Les lignes 114-21 correspondent assez étroitement à un passage de Lenfant, citant la comparution du 8 juin 1415 où, poussé à se rétracter, Jean Hus, dans une assez longue réplique, maintient au contraire ses idées (livre 3, ann.1415, §10).
[31] Jean Hus a été condamné comme 'hérétique manifeste, scandaleux, opiniâtre, et incorrigible' (Lenfant, livre 3, §49). Jean Hus a-t-il été opiniâtre? Lenfant, qui examine la question d'un point de vue juridique, répond non. Voltaire conclut à l'opiniâtreté des deux parties, mais magnifie l'attitude de Hus et dénonce la cruauté du concile.

brûlé vif en présence de l'électeur même, et loua Dieu jusqu'à ce que la flamme étouffât sa voix. [32]

130 Quelques mois après, le concile exerça encore la même sévérité contre Hiéronyme, disciple et ami de Jean Hus, que nous appelons Jérôme de Prague. C'était un homme bien supérieur à Jean Hus en esprit et en éloquence. [33] Il avait d'abord souscrit à la condamnation de la doctrine de son maître; mais ayant appris avec quelle grandeur d'âme Jean Hus était mort, il eut honte de vivre. Il se rétracta publiquement, et fut envoyé au bûcher. Poggio Florentin, [34] *Beau*
135 secrétaire de Jean XXIII, et l'un des premiers restaurateurs des *témoignage du* lettres, présent à ses interrogatoires et à son supplice, dit qu'il *Poggio.* n'avait jamais rien entendu qui approchât autant de l'éloquence des Grecs et des Romains, que les discours de Jérôme à ses juges. [35] 'Il

129-30 MSP: Hieronyme, que nous appelons Jérôme de Prague, disciple et ami de Jean Hus. C'était

131-32 MSP: condamnation de son

133-34 MSP: <était mort> ᵛavait bravé le bûcher⁺; il se rétracta publiquement et fut envoyé au <bûcher> ᵛmême supplice.⁺ Le fameux Poggio

[32] Même chose dans les *Annales*, 'Sigismond', p.436. Voir également Varillas (t.2, p.2). Dans la 16ᵉ des 'Remarques pour servir de supplément à l'*EM*' ('Du protestantisme et de la guerre des Cévennes'), Voltaire, qui rapproche l'intrépidité de Jean Hus et de Jérôme de Prague de celle des martyrs chrétiens du deuxième siècle, insistera sur la différence entre le sénat romain et le concile de Constance: 'les chrétiens étaient obligés de leur religion à ne pas persécuter'.

[33] La supériorité de Jérôme de Prague (1360-1416), admirateur affirmé de Wycliffe et principal disciple de Jean Hus, sur son maître, notamment en éloquence, est un lieu commun: Fleury, livre 102, ann.1410, §22; Barre, ann.1416; Lenfant, livre 2, 1415, §21. Voir aussi les *Annales*, p.437.

[34] Gian Francesco Poggio Bracciolini (1380-1459), dit Le Pogge, humaniste italien, est l'auteur d'une 'Lettre de Pogge à Léonard Arétin, sur le supplice de Jérôme de Prague' qui fit grand bruit (*Poggiana*, t.1, 1ʳᵉ partie, p.11-12). C'est à cette lettre que se réfère Voltaire dans ce paragraphe. Léonard Arétin était un autre secrétaire de Jean XXIII présent à Constance.

[35] On lit dans la lettre du Pogge sur le supplice de Jérôme de Prague: 'J'avoue que je n'ai jamais entendu personne, qui dans la défense d'une cause criminelle approchât davantage de cette éloquence des Anciens que nous admirons tous les jours' (*Poggiana*, t.1, 2ᵉ partie, p.241).

parla, dit-il, comme Socrate, et marcha au bûcher avec autant
d'allégresse que Socrate avait bu la coupe de ciguë.' [36]   140

   Puisque le Poggio a fait cette comparaison, qu'il me soit permis
d'ajouter, que Socrate fut en effet condamné comme Jean Hus, et
Jérôme de Prague, pour s'être attiré l'inimitié des sophistes et des
prêtres de son temps; mais quelle différence entre les mœurs
d'Athènes, et celles du concile de Constance; entre la coupe d'un   145
poison doux, qui loin de tout appareil horrible et infâme, laissait
expirer tranquillement un citoyen au milieu de ses amis, et le
supplice épouvantable du feu, dans lequel des prêtres, ministres de
clémence et de paix, jetaient d'autres prêtres, [37] trop opiniâtres sans
doute, mais d'une vie pure et d'un courage admirable! [38]   150

   Puis-je encore observer que dans ce concile un homme accusé de
tous les crimes, ne perdit que des honneurs; et que deux hommes
accusés d'avoir fait de faux arguments, furent livrés aux flammes? [39]

140-51   53-54N: ciguë.' ¶Puis-je
144   MSP: de leur temps

[36] Le Pogge affirme que 'Socrate ne prit pas le poison avec plus d'allégresse'
(*Poggiana*, p.255; on y voit Jérôme de Prague évoquer lui-même l'exemple de
Socrate, p.248). Le rapprochement avec Socrate est aussi dans les *Annales*, p.437:
'Condamné comme Socrate par des ennemis fanatiques, il mourut avec la même
grandeur d'âme.' Dans une lettre à Mme de Bentinck, *c*.23 juin 1752, c'est par leur
martyre que Voltaire allie Jean Hus et Socrate: 'Je veux vivre tranquille, et je
n'ambitionne ni le martyre de Jean Hus ni celui de Socrate' (D4921).
[37] L'argument est peut-être emprunté à Jérôme de Prague lui-même dont Le
Pogge rapporte le discours (*Poggiana*, p.247-49).
[38] Souligner le 'courage admirable' de Jean Hus et de Jérôme de Prague renvoie à
leur mort exemplaire qui les a érigés en martyrs aux yeux des protestants. Par
ailleurs, les mauvaises mœurs des réformateurs ont été un argument – que, dans la
Défense de milord Bolingbroke (p.246), Voltaire juge dépassé – pour avancer que la
Réforme ne pouvait être un 'ouvrage du Saint-Esprit'. Il n'est pas innocent ici, de la
part de Voltaire, de souligner la pureté morale de Jean Hus et de Jérôme de Prague
(voir Lenfant, livre 1, ann.1414, §20, à propos de Jean Hus), après avoir mis en
évidence les mœurs indécentes du pape Jean XXIII.
[39] Remarques similaires dans l'art. 'Conciles' du *DP* (*OCV*, t.35, p.628-29), mais
aux crimes de Jean XXIII, Voltaire oppose l'opiniâtreté de Jean Hus et de Jérôme de
Prague, évoquée à la ligne 149. Voir les *Conseils raisonnables à M. Bergier*, où il est
reproché à Jean Hus d''avoir dit qu'un mauvais pape n'est point pape, que les chrétiens
doivent communier avec du vin, et que l'Eglise ne doit pas être trop riche' (p.37).

Tel fut ce fameux concile de Constance, qui dura depuis le
155 1ᵉʳ novembre 1413 jusqu'au 20 mai 1418.

Ni l'empereur, ni les Pères du concile n'avaient prévu les suites *Suites de la*
du supplice de Jean Hus et d'Hiéronyme. Il sortit de leurs cendres *cruauté du*
une guerre civile.⁴⁰ Les Bohémiens crurent leur nation outragée. *concile.*
Ils imputèrent la mort de leurs compatriotes à la vengeance des
160 Allemands retirés de l'université de Prague. Ils reprochèrent à
l'empereur la violation du droit des gens. Enfin, peu de temps *1419.*
après, quand Sigismond voulut succéder en Bohême à Venceslas
son frère, il trouva que tout empereur, tout roi de Hongrie qu'il
était, le bûcher de deux citoyens lui fermait le chemin du trône de
165 Prague. Les vengeurs de Jean Hus étaient au nombre de quarante
mille.⁴¹ C'étaient des animaux sauvages que la sévérité du concile
avait effarouchés et déchaînés.⁴²

164-65 MSP: trône. Les

⁴⁰ Les 'cendres de Jean Hus' amènent des images dans les *Annales*, p.439: '1419.
De plus grands troubles s'élevaient en Bohême. Les cendres de Jean Hus et de
Jérôme de Prague excitaient un incendie.' Il est aussi question d''étincelles sorties des
cendres de Jean Hus' (p.441).

⁴¹ Les hussites sont les 'vengeurs de Jean Hus'. L'expression apparaît dans les
Annales (p.440). L'idée d'une vengeance de Venceslas et de Žižka (voir ci-dessous,
lignes 168-74) est présente chez Lenfant (livre 4, 1413, §28), et celle d'une vengeance
des hussites, chez Barre (ann.1416), ou Varillas ('Avertissement', t.1, p.5), par
exemple. Pour le nombre d'insurgés, Voltaire est proche de Moréri: 'Lorsque la
doctrine de Jean Hus se fut répandue dans toute la Bohême, il se fit chef des hussites,
et se vit bientôt à la tête de quarante mille hommes, avec lesquels il remporta
plusieurs victoires sur les catholiques' (art. 'Zisca ou Ziska (Jean)'). Il est ailleurs
question d'une armée de 40 000 hommes levée par les hussites, mais il s'agissait alors
de déposer Venceslas (Fleury, livre 104, ann.1417, §16).

⁴² La violence des guerres de Bohême est ici bien marquée, comme elle l'était à la
phrase précédente par l'estimation numérique des forces hussites, mais le récit
voltairien se contente de résumer ce qui est un leitmotiv des récits historiques.
Surtout, il l'explique expressément par l'attitude du concile et la 'sévérité' du supplice
de Jean Hus et de Jérôme de Prague, vu comme la cause des guerres de Bohême.
Cette explication est souvent avancée (Barre, ann.1418; Heiss, ann.1418; Fleury, livre
104, ann.1417, §16, et ann.1418, §113; Lenfant, livre 5, ann.1417, §22, et livre 6,
ann.1418, §54; Varillas, 'Avertissement', t.1, p.5, et t.2, p.2). C'est toutefois un point
controversé. Voltaire ne dissimule pas la violence des hussites mais la renvoie à une

Les prêtres qu'ils rencontraient, payaient de leur sang la cruauté des Pères de Constance. [43] Jean, surnommé Ziska, qui veut dire *borgne*, chef barbare de ces barbares, battit Sigismond plus d'une fois. [44] Ce Jean Ziska, ayant perdu dans une bataille l'œil qui lui restait, marchait encore à la tête de ses troupes, donnait ses conseils aux généraux, et assistait aux victoires. [45] Il ordonna qu'après sa

170

173   MSP: généraux, les assistait

autre violence, conciliaire celle-là (voir *Dieu et les hommes*, 1769, ch.42, *OCV*, t.69, p.483) et met ironiquement en balance la dévotion du concile qui décide du supplice de Jean Hus et les guerres hussites dont il estime 'hardiment' les victimes à 150 000. La violence des hussites peut en effet être une arme anti-protestante. Bossuet ne s'est pas privé de l'utiliser (livre 9, §167), ou encore Maimbourg dans son *Histoire du calvinisme* (Paris, 1682), auquel a répondu Bayle dans sa *Critique générale de l'Histoire du calvinisme* (1682; lettre 8, p.105). Dans les *Conseils raisonnables à M. Bergier* (1768), lequel l'avait attaqué dans *La Certitude des preuves du christianisme* (1767), Voltaire s'attache avec force à renverser la perspective de Bergier, en réaffirmant que ce sont les guerres qui découlent du supplice de Jérôme de Prague et non l'inverse (p.36-37).

[43] C'est sous la manchette 'Cruauté de Ziska' que Varillas entérine la destruction des églises catholiques et les meurtres de prêtres (t.2, p.136-37; voir aussi p.17-18), souvent mentionnés dans les sources (voir, par exemple, Barre, ann.1420; Fleury, livre 103, ann.1416, §227, livre 104, 1417, §16, 43-44; Heiss, ann.1418; Lenfant, livre 5, 1417, §22).

[44] Voltaire s'en tient à la signification du nom *borgne*, qui est un lieu commun (Fleury, livre 103, ann.1415, §141; Moréri, art. 'Zisca'; Lenfant, livre 4, 1413, §28), sans expliquer la perte de l'œil, ce qui est aussi l'usage (voir le *Poggiana*, t.2, 4ᵉ partie, §31, p.288; Varillas, t.2, p.25). Dans les *Annales*, où Žižka est un protagoniste important, il propose une comparaison: 'le mot Žižka signifiait *borgne* en langue esclavonne, et on appelait ainsi ce guerrier comme Horatius avait été nommé *Cocles*' (p.440). Fleury compte que Žižka a 'vaincu' Sigismond 'huit fois en bataille rangée' (livre 104, ann.1424, §241). Jan Žižka (1370-1424) avait en effet inventé le système dit du *wagenburg*, une chaîne de chariots lourdement armés qui permettait de résister aux attaques.

[45] C'est au siège de Rabi que, le 15 mars 1421, Žižka perdit son second œil. Voltaire ne donne aucune précision sur l'événement, mais utilise la détermination du personnage après l'accident pour forger la figure d'un grand capitaine (voir, par exemple, Fleury, livre 104, ann.1421, §195; Moréri, art. 'Zisca'; *Poggiana*, p.288; Varillas, t.2, p.90). Voir aussi les *Annales*, p.444.

mort on fît un tambour de sa peau. On lui obéit. [46] Ce reste de lui-
175 même fut encore longtemps fatal à Sigismond, qui put à peine en
seize années réduire la Bohême, avec les forces de l'Allemagne et la
terreur des croisades. Ce fut pour avoir violé son sauf-conduit qu'il
essuya ces seize années de désolation. [47]

176-78   53-54N: Bohême.//

[46] Voir les *Annales*: 'Rien n'est plus connu que la disposition qu'on prétend qu'il
fit de son corps en mourant. "Je veux qu'on me laisse en plein champ, dit-il; j'aime
mieux être mangé des oiseaux que des vers; qu'on fasse un tambour de ma peau: on
fera fuir nos ennemis au son de ce tambour"' (p.441; voir aussi Fleury, livre 104,
ann.1424, §262; Barre, ann.1424; *Poggiana*, p.288; Varillas, t.2, p.153; Moréri, art.
'Zisca'). Dès 1743, Voltaire s'était intéressé au tambour de Žižka: dans une lettre du
16 novembre, il interroge Frédéric II: 'Est-il vrai que dans votre cour / Vous avez
placé cet automne / Dans les meubles de la couronne, / La peau de ce fameux
tambour / Que Zisca fit de sa personne? / La peau d'un grand homme enterré /
D'ordinaire est bien peu de chose, / Et malgré son apothéose, / Par les vers il est
dévoré. / Le seul Zisca fut préservé / Du destin de la tombe noire; / Grâce à son
tambour conservé, / Sa peau dure autant que sa gloire. / C'est un sort assez
singulier' (D2887).
[47] Cf. les *Annales*: 'Cette guerre dura seize années. Si l'empereur n'avait pas violé
son sauf-conduit, tant de malheurs ne seraient pas arrivés' (p.440). En faisant du non-
respect du sauf-conduit attribué à Jean Hus par Sigismond la cause des guerres de
Bohême, Voltaire donne à son analyse une dimension proprement juridique, que l'on
retrouve, avec netteté, dans Heiss (ann.1415). Faisant allusion dans *Le Philosophe
ignorant* (1766) à l'arrestation de Jean Hus, Voltaire écrira: 'Je suppose que chaque
homme porte en soi la loi évidente, qui ordonne qu'on soit fidèle à son serment;
comment tous ces hommes, réunis en corps, auront-ils statué qu'il ne faut pas garder
sa parole à des hérétiques?' (doute 35, 'Contre Locke', *OCV*, t.62, p.83).

99

CHAPITRE 74

De l'état de l'Europe, vers le temps du concile de Constance. De l'Italie.

En réfléchissant sur ce concile même, tenu sous les yeux d'un empereur, de tant de princes et de tant d'ambassadeurs, sur la

a-181   [*Première rédaction de ce chapitre*: MSP, W56-W57G]
a   MSP: Chapitre 51
  W56-W57G: Chapitre 62
  61: Chapitre 70
b-c   MSP: *De l'état de l'Europe au XIVe siècle.//*
  53-54N: *De l'état de l'Europe.//*
  W56, 61: *de Constance.//*

* A l'origine (MSP, 53-54N, lignes 1-11, 11-181 var.), Voltaire proposait dans ce chapitre une synthèse tellement lapidaire de l'état de l'Europe au XIVe siècle qu'elle était à peine apte à satisfaire une curiosité des plus mitigées. Très fugitivement, et à tour de rôle, il y évoquait non seulement la prééminence morale du pape et de l'empereur dans une Europe catholique morcelée, mais aussi les différents Etats d'Italie qui rivalisaient d'importance avec l'Aragon, possesseur de la Sicile, de la Corse et de la Sardaigne. Quoique disposé à fournir plus de détails à propos de Naples (où la reine Jeanne II avait réussi à mettre la discorde entre la France et l'Espagne), Voltaire retrouvait la même allure expéditive pour terminer son exposé sur l'annonce de la matière du chapitre suivant, laquelle précédait une très brève notation qui promettait de parler de la Castille et du Portugal en temps voulu. Vite conscient de la nature inadéquate de cette trentaine de lignes dans un ouvrage qui se targuait de son sérieux, Voltaire fit de ces brèves remarques (que l'on retrouve en filigrane dans W56-W57G) le point de départ d'une réflexion infiniment plus soutenue. Dans cette nouvelle version, les chefs de l'Europe catholique sont toujours le pape et l'empereur, mais leur faiblesse réelle est désormais mise en relief par le devenir des différents Etats d'Italie. Ceux-ci étaient toutefois une réunion de paradoxes: de plus en plus florissants (lignes 27, 110) et féconds en hommes de génie (120; voir aussi ci-dessous, ch.81), ils étaient tous en même temps des foyers d'assassinats et d'empoisonnements (ligne 67). Bref, on y 'cultivait les arts, et on conspirait' (42-43) avec autant de subtilité que Catilina (64-65, 67). Etats culturel-lement florissants donc mais incessamment en proie – l'espace de 300 ans – à des

République chrétienne. déposition du souverain pontife, sur celle de Venceslas, on voit que l'Europe catholique était en effet une immense et tumultueuse république, [1] dont les chefs étaient le pape et l'empereur, et dont les 5 membres désunis sont des royaumes, des provinces, des villes

---

3 MSP: Venceslas, sur tout ce qui précéda, et qui suivit, on
4-5 53-W57G: immense république

---

luttes fratricides et à la tyrannie des leurs *intra muros*: témoin les Visconti, les Sforza, les della Scala, autant de dynasties d'usurpateurs aussi évanescentes les unes que les autres. Mais si ces divisions troublaient l'Italie (à l'exception notable de Venise; voir lignes 71-81), les malheurs de celle-ci finiraient par augmenter avec l'immixtion dans ses affaires de nations étrangères prétextant des 'titres' de succession (voir aussi ch.101, 107, 110, qui traitent du duché de Milan et de Naples): témoin Naples surtout (lignes 131-68), qui devint un très sérieux sujet de discorde entre la France et l'Espagne. Circonstance qui permet à Voltaire philosophe de clore ce chapitre de façon passablement provocatrice (167-81): l'histoire des Grands de ce monde et de leurs prétentions stériles ne sert qu'à étouffer 'les grands événements, la connaissance des lois, et celle des mœurs, objets plus dignes de l'attention' (179-81). A l'évidence satisfait de cette nouvelle mouture, Voltaire profita néanmoins de 61 pour y incorporer un petit nombre de menues retouches: on y relève quelques jugements de valeur additionnels (4, 42, 104, 124), la transformation d'un 'on' en 'vous' pour perpétuer (comme ailleurs) la présence de l'inspiratrice de l'*EM* (119), et la correction d'une inexactitude historique (97). L'addition la plus conséquente (48-54), concernant Ezzelino da Romano, tyran de Padoue, sert à renforcer le tableau des horreurs commises par les 'tyrans qui s'emparaient de ces villes' d'Italie dont il a tracé l'histoire. A partir de 61, le texte a trouvé sa forme définitive. Car w68 ne sert qu'à reconnaître tardivement que l'intitulé du chapitre n'en indiquait pas assez fidèlement le contenu (ligne c). Pour rédiger les grandes lignes de ce chapitre, Voltaire pouvait se contenter des informations générales sur l'Italie qu'il avait engrangées lors de la préparation des ch.68 et 69, et en prévision des ch.101, 105-107 (voir les différentes notes liminaires pour les sources utilisées). Pour certains points de détail présents ici depuis le début (MSP, 53 et les différentes éditions de 54), Voltaire utilisa principalement *La Vita di Castruccio Castracani da Lucca* de Machiavel (*Opere*, 2ᵉ partie, La Haye, 1726, BV2242); en 1761, il y ajouta l'*Histoire de la vie et faits d'Ezzelin III surnommé Da Romano* de P. Gerardo (Paris, 1644, BV1456). Une grande partie de l'information est tirée des *Annali d'Italia* de Muratori que Voltaire mentionne (ligne 53).

[1] Ces lignes résument l'une des principales idées du ch.72.

libres sous vingt gouvernements différents. Il n'y avait aucune affaire dans laquelle l'empereur et le pape n'entrassent. Toutes les parties de la chrétienté se correspondaient même au milieu des discordes. L'Europe était en grand ce qu'avait été la Grèce, à la politesse près.

Rome et Rhodes étaient deux villes communes à tous les chrétiens du rite latin, et ils avaient un commun ennemi dans le sultan des Turcs. ² Les deux chefs du monde catholique, l'empereur

7 MSP: différents, mais tous ayant presque les mêmes usages. Cette république chrétienne avait même deux villes en commun. Rome en était le centre de la religion et Rhodes où des chevaliers de tous les pays chrétiens opposaient déjà une barrière aux armes musulmanes. Il n'y

8 MSP: n'entrassent. Ce que faisait Venise alors commençait à intéresser jusqu'aux puissances du septentrion. Toutes

11-181 MSP, 53-54N: près. ¶Je vois dans le quatorzième siècle et au commencement du quinzième, l'Italie agitée, mais florissante; Venise maîtresse du quart de l'empire des Grecs, étendant son domaine jusqu'à Ferrare; Gênes [53-54N: Grecs; Gênes], rivale de Venise et victorieuse des Pisans, perdit sa puissance à la fin du quatorzième siècle. Gouvernée alors moins sagement que Venise qu'elle avait auparavant vaincue, elle fut la proie de ses voisins et prête d'être accablée, tantôt par les Florentins, tantôt par les Milanais. Elle [53-54N: siècle. Elle] se donna à la France sous Charles VI et n'y resta pas longtemps. ¶La maison de Savoie s'agrandissait. L'empereur Sigismond, qui donnait au moins des titres, ne pouvant guère alors donner des Etats, érigea la Savoie en duché. ¶Les rois d'Arragon possédaient toujours l'île de Sicile et celles de Corse et de Sardaigne. La fille de Charles de Durazzo, Jeanne II, régna dans Naples jusqu'en 1435. Elle avait épousé un prince de la maison de Bourbon, qui lassé d'être le témoin de ses débauches et l'objet de ses mépris, se fit cordelier à Besançon et n'en fut peut-être pas plus estimé. N'ayant [53-54N: Besançon. N'ayant] point d'enfants, elle adopta Alphonse V, roi d'Arragon, et

² Référence oblique à l'ordre des hospitaliers de Saint-Jean-de-Jérusalem, qui fut contraint d'abandonner Saint-Jean-d'Acre en 1291, et qui s'installa à Chypre (où se trouvait le roi titulaire de Jérusalem, Henri II de Lusignan). A cause de ses rivalités avec ce dernier, l'ordre décida de quitter Chypre (1309) pour s'établir à Rhodes qu'il gouverna jusqu'en 1522. Fondé en 1113 pour soigner et protéger les pèlerins qui se rendaient en Palestine (voir ch.55, notre t.3), l'ordre devint carrément militaire vers 1140 (essentiellement pour protéger les forteresses qu'on lui avait confiées), et avait pour principal ennemi les Turcs.

et le pape, n'avaient précisément qu'une grandeur d'opinion, nulle ₁₅
puissance réelle. Si Sigismond n'avait pas eu la Bohême et la
Hongrie dont il tirait encore très peu de chose, le titre d'empereur
n'eût été pour lui qu'onéreux. Les domaines de l'empire étaient
tous aliénés. ³ Les princes et les villes d'Allemagne ne payaient
point de redevance. Le corps germanique était aussi libre, mais non ₂₀
si bien réglé qu'il l'a été par la paix de Vestphalie. Le titre de roi
d'Italie était aussi vain que celui de roi d'Allemagne. L'empereur
ne possédait pas une ville au-delà des Alpes.

C'est toujours le même problème à résoudre, comment l'Italie
n'a pas affermi sa liberté, et n'a pas fermé pour jamais l'entrée aux ₂₅
étrangers. Elle y travailla toujours, et dut se flatter alors d'y
parvenir. Elle était florissante. La maison de Savoie s'agrandissait
sans être encore puissante. Les souverains de ce pays, feudataires
de l'empire, étaient des comtes. Sigismond qui donnait au moins
des titres, les fit ducs en 1416. ⁴ Aujourd'hui ils sont rois indépen- ₃₀
dants malgré le titre de feudataires. Les Viscontis possédaient tout
le Milanais; et ce pays devint depuis encore plus considérable sous
les Sforzes. ⁵

Florence.   Les Florentins industrieux étaient recommandables par la

---

ensuite Louis Duc d'Anjou [MSG: héritier des prétentions de la maison d'Anjou].
Cette double adoption fut un double flambeau de discorde entre la France et
l'Espagne. ¶La Castille faisait avec succès la guerre aux Maures de Grenade. Je
parlerai de la Castille et du Portugal quand je serai parvenu aux grands événements
qui distinguèrent ces Etats. Je [53-54N: Grenade. Je] vais me mettre à présent sous les ₂₀
yeux ce que furent la France et l'Angleterre vers le quatorzième et le quinzième
siècles.//

³ Sigismond de Luxembourg, roi de Hongrie par mariage (1387) et roi de Bohême
(1419), fut empereur germanique de 1411 jusqu'à sa mort. Le mot *aliéné* signifiait à
l'époque de la féodalité 'transféré à un autre'. Voltaire a déjà évoqué Sigismond sous
cet angle dans les *Annales de l'Empire* (ann.1389, etc.). Voir aussi ci-dessus, ch.71-73.
⁴ Amédée VIII (1383-1451), comte de Savoie (1391-1416), fut le premier duc en
1416. En 1439 il fut élu pape sous le nom de Félix V par une fraction du 17ᵉ concile
œcuménique restée à Bâle qui avait déposé Eugène IV. Il se soumit à Nicolas V en
1449. Il est le dernier antipape.
⁵ Sur les Visconti, voir ci-dessus, ch.68, 70; sur les Sforza, ch.105.

35 liberté, le génie, et le commerce. On ne voit que de petits Etats jusqu'aux frontières du royaume de Naples, qui tous aspirent à la liberté. Ce système de l'Italie dure depuis la mort de Frédéric II, jusqu'aux temps des papes Alexandre VI et Jules II, [6] ce qui fait une période d'environ trois cents années. Mais ces trois cents années se 40 sont passées en factions, en jalousies, en petites entreprises d'une ville sur une autre, et de tyrans qui s'emparaient de ces villes. C'est l'image de l'ancienne Grèce, mais image barbare. On cultivait les arts, et on conspirait: mais on ne savait pas combattre comme aux Thermopyles, et à Marathon. [7]

45   Voyez dans Machiavel l'histoire de Castracani tyran de Lucques *Tyrans divers.* et de Pistoie du temps de l'empereur Louis de Bavière. [8] De pareils desseins heureux ou malheureux sont l'histoire de toute l'Italie. Lisez la vie d'Ezzelino d'Aomano tyran de Padoue, très naïvement et très bien écrite par Pietro Gerardo son contemporain: cet 50 écrivain affirme que le tyran fit périr plus de douze mille citoyens de Padoue au treizième siècle. Le légat qui le combattit en fit mourir autant de Vicence, de Vérone et de Ferrare. Ezzelin fut enfin pris prisonnier, et toute sa famille mourut dans les plus

42   W56-W57G: Grèce. On
47-54   W56-W57G: l'Italie. Une famille

   [6] Frédéric II, empereur germanique, mourut en 1250; Alexandre VI fut pape de 1492 à 1503, et eut Jules II pour successeur (1503-1513).
   [7] Les deux batailles, celle des Thermopyles (480 av. J.-C.) et celle de Marathon (490 av. J.-C.), symbolisaient depuis toujours la résistance courageuse et efficace que peut opposer un inférieur confronté à des forces d'une écrasante supériorité. Voltaire présente une image des Etats de l'Italie sans grandeur politique ou militaire, où le pouvoir s'acquiert par lâcheté, sans prestige aucun. Il dépeint ici une volonté de puissance à l'échelle individuelle basée sur la tyrannie. Cf. ci-dessous, lignes 65-66.
   [8] Voir Machiavel, p.99-129; *CN*, t.5, p.471. Castruccio Castracani degli Antelminelli, gibelin, dictateur de Lucques (1314-1328), combattit en France, en Angleterre et en Lombardie puis rentra à Lucques en 1320, combattit Florence (1325) et reçut le titre de duc de Lucques de l'empereur germanique Louis IV de Bavière (1328). Ce dernier (*c.*1286-1347) fut roi des Romains (1314), et – ayant imposé à Frédéric le Beau de Habsbourg de renoncer à l'empire – empereur germanique (1328).

affreux supplices.[9] Une famille de citoyens de Vérone nommée Scala, que nous appelons l'Escale, s'empara du gouvernement sur la fin du treizième siècle, et y régna cent années. Cette famille soumit vers l'an 1330 Padoue, Vicence, Trevize, Parme, Brescia et d'autres territoires. Mais au quinzième siècle, il ne resta pas la plus légère trace de cette puissance.[10] Les Viscontis, les Sforzes ducs de Milan, ont passé plus tard et sans retour. De tous les seigneurs qui partageaient la Romagne, l'Ombrie, l'Emilie, il ne reste aujourd'hui que deux ou trois familles devenues sujettes du pape.

Si vous recherchez les annales des villes d'Italie, vous n'en trouverez pas une dans laquelle il n'y ait eu des conspirations conduites avec autant d'art que celle de Catilina. On ne pouvait dans de si petits Etats ni s'élever, ni se défendre avec des armées. Les assassinats, les empoisonnements y suppléèrent souvent. Une émeute du peuple faisait un prince: une autre émeute le faisait tomber. C'est ainsi que Mantoue, par exemple, passa de tyrans en tyrans jusqu'à la maison de Gonzague, qui s'y établit en 1328.[11]

Venise. Venise seule a toujours conservé sa liberté, qu'elle doit à la mer qui l'environne, et à la prudence de son gouvernement. Gênes sa rivale lui fit la guerre, et triompha d'elle sur la fin du quatorzième siècle; mais Gênes ensuite déclina de jour en jour, et Venise s'éleva toujours jusqu'au temps de Louis XII et de l'empereur Maximilien, où nous la verrons intimider l'Italie, et donner de la jalousie à

---

[9] Gerardo, *Histoire de la vie et faits d'Ezzelin III.* Le seul titre de cet ouvrage eût pu donner à Voltaire la matière de son affirmation, mais divers signes de lecture prouvent qu'il en avait consulté le contenu (*CN*, t.4, p.84). Ezzelino III da Romano (1194-1259) conquit Padoue en 1236 pour le compte de l'empereur Frédéric II. Excommunié par Innocent IV (1254) – qui lança contre lui une croisade – il perdit Padoue en 1256. Blessé et capturé le 16 septembre 1259, il mourut dans sa prison des suites de ses blessures. Quand Voltaire évoque 'toute sa famille', il pense sans doute au frère d'Ezzelin, Albéric: obligé de se rendre aux confédérés guelfes (21 août 1260), il fut contraint d'assister au massacre de sa femme et ses fils, avant d'être torturé et attaché à la queue d'un cheval indompté.

[10] Les della Scala gouvernèrent Vérone entre 1262 et 1387.

[11] Aux XIIᵉ-XIVᵉ siècles, Mantoue était une république. En 1273 elle passa sous la domination des Bonacolsi (guelfes), et en 1328 sous celle des Gonzague (gibelins).

toutes les puissances qui conspirent pour la détruire. De tous les gouvernements, celui de Venise était le seul réglé, stable, et uniforme: il n'avait qu'un vice radical, qui n'en était pas un aux
80 yeux du sénat; c'est qu'il manquait un contrepoids à la puissance patricienne, et un encouragement aux plébéiens. [12] Le mérite ne put jamais dans Venise élever un simple citoyen, comme dans l'ancienne Rome. La beauté du gouvernement d'Angleterre, depuis que la chambre des communes a part à la législation,
85 consiste dans ce contrepoids et dans ce chemin toujours ouvert aux honneurs pour quiconque en est digne. [13]

Pise qui n'est aujourd'hui qu'une ville dépeuplée dépendante de *Pise.* la Toscane, était aux treizième et quatorzième siècles une république célèbre, et mettait en mer des flottes aussi considérables que
90 Gênes. [14]

Parme et Plaisance appartenaient aux Viscontis. Les papes *Parme.* réconciliés avec eux, leur en donnèrent l'investiture, parce que les Viscontis ne voulurent pas alors la demander aux empereurs, dont la puissance s'anéantissait en Italie. La maison d'Este, qui
95 avait produit cette fameuse comtesse Mathilde bienfaitrice du Saint-Siège, possédait Ferrare et Modène. [15] Elle tenait Ferrare de l'empereur Othon III, et cependant le Saint-Siège prétendait des droits sur Ferrare, et en donnait quelquefois l'investiture, ainsi que

97   w56-w57G: Othon Ier

[12] Voltaire parle fréquemment et longuement de Venise dans l'*EM* (voir, par exemple, ch.43, 56, notre t.3; ci-dessus, ch.72, ligne 54).

[13] Lieu commun récurrent de la pensée de Voltaire depuis l'époque des *Lettres philosophiques* (voir *LP*, t.2, p.157-59).

[14] L'essor de Pise date de 1135, année où Innocent II régla le sérieux différend qui s'était élevé en 1119 entre Pise et Gênes. Fidèle à l'empereur et au parti gibelin, elle devint encore plus forte en 1206 grâce à son traité avec Venise. Le déclin inexorable de la république date du 6 août 1284, jour où sa flotte fut décimée par la république de Gênes à la bataille de Meliora.

[15] Voltaire est systématiquement très dur pour la comtesse Mathilde car elle était 'la véritable cause de toutes les guerres entre les empereurs et les papes qui ont si longtemps désolé l'Italie' (*Annales*, p.298). Sur cette 'bienfaitrice du Saint-Siège', voir ch.46 (notre t.3).

de plusieurs Etats de la Romagne; source intarissable de confusion
et de trouble.   100

Empire et   Il arriva que pendant la transmigration du Saint-Siège des bords
Saint-Siège. du Tibre à ceux du Rhône, il y eut deux puissances imaginaires en
Italie, les empereurs et les papes, dont toutes les autres recevaient
des diplômes pour légitimer leurs usurpations; et quand la chaire
pontificale fut rétablie dans Rome, elle y fut sans pouvoir réel, et les   105
empereurs furent oubliés jusqu'à Maximilien Ier. [16] Nul étranger ne
possédait alors de terrain en Italie. On ne pouvait plus appeler
étrangères la maison d'Anjou établie à Naples en 1266, et celle
d'Arragon souveraine de Sicile depuis 1287. [17] Ainsi l'Italie, riche,
remplie de villes florissantes, féconde en hommes de génie, pouvait   110
se mettre en état de ne recevoir jamais la loi d'aucune nation. Elle
avait même un avantage sur l'Allemagne, c'est qu'aucun évêque,
excepté le pape, ne s'était fait souverain, et que tous ces différents
Etats gouvernés par des séculiers en devaient être plus propres à la
guerre.   115

L'Italie ne fit   Si les divisions dont naît quelquefois la liberté publique,
jamais un corps troublaient l'Italie, elles n'éclataient pas moins en Allemagne, où
comme les seigneurs ont tous des prétentions à la charge les uns des autres.
l'Allemagne. Mais comme vous l'avez déjà remarqué, l'Italie ne fit jamais un
corps, et l'Allemagne en fit un. Le flegme germanique a conservé   120
jusqu'ici la constitution de l'Etat saine et entière. L'Italie, moins
grande que l'Allemagne n'a jamais pu seulement se former une

104   w56-w57G: pour constater leurs droits ou leurs usurpations;
119   w56-w57G: comme on l'a remarqué

[16] Le premier des papes d'Avignon (à ne pas confondre avec les antipapes) fut
Clément V (Bertrand de Got) qui s'y installa en 1309 (Fleury, *Histoire ecclésiastique*,
livre 91, ann.1309, §33). Le dernier fut Grégoire XI, qui se laissa convaincre (1376) de
rétablir la papauté à Rome (17 janvier 1377; voir Bruys, *Histoire des papes*, ann.1376;
Fleury, livre 97, ann.1376, §42-43). Maximilien Ier, archiduc d'Autriche, roi des
Romains (1486), empereur germanique (1493-1519), fut le fondateur de la puissance
des Habsbourg. Il laissa à son successeur, Charles Quint, un empire qui dominait la
moitié de l'Europe.
[17] Sur Naples et Sicile, voir ch.40-41, 52, 61 (notre t.3); ci-dessus, ch.68-69, 71.

constitution: et à force d'esprit et de finesse elle s'est trouvée partagée en plusieurs Etats affaiblis, subjugués et ensanglantés par des nations étrangères.

Naples et Sicile, qui avaient formé une puissance formidable sous les conquérants normands, n'étaient plus, depuis les Vêpres siciliennes, que deux Etats jaloux l'un de l'autre, qui se nuisaient mutuellement. [18] Les faiblesses de Jeanne Ire ruinèrent Naples, et la Provence dont elle était souveraine. Les faiblesses plus honteuses encore de Jeanne II achevèrent la ruine. Cette reine, la dernière de la race que le frère de saint Louis avait transplantée en Italie, fut sans aucun crédit, ainsi que son royaume, tout le temps qu'elle régna. Elle était sœur de ce Lancelot qui avait fait trembler Rome dans le temps de l'anarchie qui précéda le concile de Constance: mais Jeanne II fut bien loin d'être redoutable. Des intrigues d'amour et de cour firent la honte et le malheur de ses Etats. Jacques de Bourbon son second mari essuya ses infidélités, et quand il voulut s'en plaindre, on le mit en prison. Il fut trop heureux de s'échapper, et d'aller cacher sa douleur, et ce qu'on appelait sa honte, dans un couvent de cordeliers à Besançon. [19]

Cette Jeanne II ou Jeannette, fut, sans le prévoir, la cause de deux grands événements. Le premier fut l'élévation des Sforzes au duché de Milan; le second, la guerre portée par Charles VIII et par Louis XII en Italie. L'élévation des Sforzes est un de ces jeux de la fortune, qui font voir que la terre n'appartient qu'à ceux qui peuvent s'en emparer. Un paysan nommé Jacomuzio, qui se fit soldat, et qui changea son nom en celui de Sforza, devint le favori

Naples et Sicile.
Les deux
Jeannes.

---

124   W56-W57G: subjugués par

[18] Voir ch.61, notre t.3.

[19] En évoquant ici ces monarques et potentats défaillants, incapables de faire honneur à leurs obligations, Voltaire parle des descendants de Charles Ier d'Anjou, roi de Naples et de Sicile (1266-1285; voir ch.58, notre t.3): Jeanne Ire d'Anjou (1326-1382), reine de Naples et comtesse de Provence (1343); et Jeanne II (1371-1435), reine de Naples de 1414 à 1435. Ce que dit Voltaire à propos de son mari, Jacques de Bourbon, est exact.

de la reine, connétable de Naples, gonfalonier de l'Eglise; et acquit
assez de richesses pour laisser à un de ses bâtards de quoi conquérir   150
le duché de Milan. [20]

Le second événement, si funeste à l'Italie et à la France, fut causé
par des adoptions. On a déjà vu Jeanne Ire adopter Louis Ier de la
seconde branche d'Anjou, frère du roi de France Charles V. Ces
adoptions étaient un reste des anciennes lois romaines; elles   155
donnaient le droit de succéder, et le prince adopté tenait lieu de
fils; mais le consentement des barons y était nécessaire. Jeanne II
adopta d'abord Alphonse V d'Arragon, surnommé par les Espagnols le Sage et le Magnanime. Ce sage et magnanime prince ne fut
pas plus tôt reconnu l'héritier de Jeanne, qu'il la dépouilla de toute   160
autorité, la mit en prison, et voulut lui ôter la vie. François Sforze,
le fils de cet illustre villageois Jacomuzio, signala ses premières
armes, et mérita la grandeur où il monta depuis, en délivrant la
bienfaitrice de son père. La reine alors adopta un Louis d'Anjou,
petit-fils de celui qui avait été si vainement adopté par Jeanne Ire.   165
Ce prince étant mort, elle institua pour son héritier en 1435 René
d'Anjou frère du décédé. [21] Cette double adoption fut longtemps un
double flambeau de discorde entre la France et l'Espagne. Ce René
d'Anjou, appelé pour régner dans Naples par une mère adoptive, et
en Lorraine par sa femme, fut également malheureux en Lorraine   170
et à Naples. On l'intitule *roi de Naples, de Sicile, de Jérusalem,
d'Arragon, de Valence, de Majorque, duc de Lorraine et de Bar.* Il ne
fut rien de tout cela. C'est une source de la confusion dans nos
histoires modernes, qui les rend souvent désagréables, et peut-être
ridicules, que cette multiplicité de titres inutiles fondés sur des   175
prétentions qui n'ont point eu d'effet. L'histoire de l'Europe est
devenue un immense procès-verbal de contrats de mariage, de
généalogies, et de titres disputés, qui répandent partout autant

---

[20] Jacopo Muzio, dit Sforza (1369-1424), condottiere, combattit pour Florence,
pour le pape, et pour Jeanne II. Son fils naturel est Francesco Ier Sforza. En 1441, le
duc de Milan, Filippo Maria Visconti, lui donna sa fille en mariage. A la mort de son
beau-père, il se fit reconnaître comme duc de Milan (1450).

[21] Pour tout ce développement (lignes 152-67), voir ci-dessus, ch.69.

180 d'obscurité que de sécheresse, et qui étouffent les grands événements, la connaissance des lois, et celle des mœurs, objets plus dignes de l'attention.

CHAPITRE 75

De la France et de l'Angleterre, du temps de Philippe
de Valois, d'Edouard II et d'Edouard III. Déposition
du roi Edouard II par le parlement. Edouard III
vainqueur de la France. Examen de la loi salique.
De l'artillerie, etc.

L'Angleterre reprit sa force sous Edouard Ier, vers la fin du

a-451 [*Première rédaction de ce chapitre*: MSP]
a   MSP: Chapitre 52
     W56-W57G: Chapitre 63
     61: Chapitre 71
b-f MSP: *De l'Angleterre.//*
     53-54N: *De la France et de l'Angleterre.//*
     W56-W57G: *De la France et de l'Angleterre au temps de Philippe de Valois et*
d'Edouard III.//
1   MSP: L'Angleterre, malheureuse et affaiblie sous les règnes de Jean Sans
Terre et de Henri III, reprit

* Après les ch.50-51 (voir notre t.3, p.196-224, 225-45), Voltaire a laissé de côté
l'histoire de l'Angleterre, soit domestique, soit entrecroisée avec celle de la France,
pour se concentrer sur d'autres problèmes qu'il juge plus pressants (par exemple, les
croisades, les Cathares, l'irruption de Gengis Khan, Philippe le Bel, l'extinction de
l'ordre des templiers). Chronologiquement parlant, le moment est venu de reprendre
le problème de cette rivalité qui oppose Français et Anglais depuis la fin du
XIIIe siècle jusqu'aux premiers affrontements meurtriers de la guerre de Cent
Ans. Ce chapitre se concentre donc délibérément sur les débuts de cette guerre et sur
les batailles de la plus haute importance qui marquèrent les premières campagnes.
Voilà pourquoi, contrairement aux histoires de Daniel, de Mézeray et de Rapin de
Thoyras, il exclut presque totalement, par exemple, toute mention des guerres des
Anglais contre les Ecossais, et des démêlés de la France avec les Flamands, de
l'expédition de Philippe le Long en Italie, et même des guerres franco-anglaises en
Guyenne et en Bretagne qui n'eurent pas leurs Sluys ou leur Crécy. Ce chapitre
constituait à l'origine (version manuscrite) deux chapitres autonomes (le 52, lignes 1-
97, et le 53, lignes 98-450). Ces deux entités n'en font plus qu'une à partir de 53-54N,
dotée d'un nouvel intitulé, globalisant mais sommaire (*De la France et de*

treizième siècle. Edouard Ier, successeur de Henri III son père, fut obligé à la vérité de renoncer à la Normandie, à l'Anjou, à la

---

l'Angleterre). Celui-ci sera progressivement modifié afin de tenir compte de la manière dont le contenu évoluait sensiblement dans w56-w57G, et surtout 61, édition dans laquelle, reflétant non seulement les grandes lignes de l'enquête, mais aussi les modifications intervenues dans ces deux éditions, le titre devient définitif (voir lignes b-f). Qu'en est-il de ce contenu en évolution? En dehors des inévitables changements, soit d'ordre stylistique, soit dans le temps des verbes (voir lignes 40, 41, 47, 51, 86, 125, etc.), on note surtout dans 53-54N la volonté – maintes fois en évidence – de supprimer des phrases ou des membres de phrases jugés – parfois à tort – superfétatoires (voir 5, 11-12, 15-16, 17, 35, etc.). Mais jusque-là peu de changements substantiels, sauf dans les lignes 286-317 où Voltaire décide de supprimer ses réflexions fugitives surtout sur le rôle joué par l'artillerie à la bataille de Crécy, et dans les lignes 409-50 où il abrège encore plus son court paragraphe final consacré aux acquisitions territoriales de Philippe de Valois (thèmes qu'il reprendra en w56-w57G en les étoffant considérablement: voir lignes 290-316, 410-50). On note aussi dans cette édition une partie de l'ajout substantiel (410-50) consacré à *l'appel comme d'abus* comparé au *Praemunire*, où la comparaison est tout à l'honneur d'une Angleterre plus jalouse de ses droits que la France et donc plus libre (433-50); le même genre d'admiration (71-76) devient visible dans 61 quand Voltaire évoque le *procès* d'Edouard II devant le parlement (60-69), réflexion qui vient renforcer les lignes 16-19, 20-30 de la version manuscrite, où Voltaire parle admirativement des *libertés* anglaises. Mais affinant, dans w56-w57G, sa réflexion d'historiographe, il ajoute aussi, dans cette dernière édition, deux développements importants: l'un consacré à la loi salique (187-98), l'autre à la diplomatie d'Edouard III au début de la guerre de Cent Ans (218-54). Dans 61, les modifications majeures sont également de deux sortes: le philosophe approfondit encore plus sa pensée sur la loi salique (151-65, 193-98), et, pyrrhonien, introduit l'épisode des Bourgeois de Calais (voir 334-64 var.), qu'il augmentera considérablement dans w75G* (voir 334-64 var., et 335-63). Dans cette édition définitive, on trouve aussi des ajouts (58-59, 66-69, 93) sortis de la plume d'un vieillard qui ne connaît que trop bien le monde et la nature humaine, deux corrections (l'une d'un point de détail, 144-45; l'autre stylistique, 327-29), et deux renvois (notes *a* et *b*) aux *QE*. La source pour l'histoire de l'Angleterre est toujours Rapin de Thoyras, *Histoire d'Angleterre*, t.3, livre 9 pour les règnes d'Edouard Ier et Edouard II, livre 10 pour Edouard III et la guerre de Cent Ans (éd. citée, La Haye, 1724, que Voltaire commande dès sa première parution, D186, mars 1724; nouv. éd. N. Tindal, Paris, 1749, BV287, traces de lecture. Le texte de Rapin dans ces deux éditions est identique). Voltaire consulte également Daniel, *Histoire de France*; et Mézeray, *Abrégé chronologique de l'Histoire de France*, t.1, 2 (Amsterdam, 1673-1674, BV2443; éd. consultée, Amsterdam, 1701, BV2444). Pour

Touraine, patrimoines de ses ancêtres; mais il conserva la Guienne; il s'empara du pays de Galles; il sut contenir l'humeur des Anglais et les animer. Il fit fleurir leur commerce autant qu'on le pouvait alors.[1] La maison d'Ecosse étant éteinte en 1291, il eut la gloire d'être choisi pour arbitre entre les prétendants.[2] Il obligea d'abord le parlement d'Ecosse à reconnaître que la couronne de ce pays relevait de celle d'Angleterre; ensuite il nomma pour roi Baillol,

1283.
Edouard Ier
estimé des
Anglais.

---

4   MSP: ancêtres. Il ne se réserva que trente livres de rente sur la Normandie pour tout le reste de ses droits, mais il conserva

5   MSP: [*manchette*] *1282.*

    MSP: Galles qui avait été libre huit cents années; il sut

6   53-54N: animer [*avec note*: L'an 1283.]

6-7   MSP, 53-54N: commerce et par là se fit aimer. La maison

---

divers points de détail, il est évident que Voltaire consulta aussi J. Bignon, *De l'excellence des rois et du royaume de France* (Paris, 1610, BV410); G. Daniel, *Histoire de la milice française* (Paris, 1721, éd consultée; Paris, 1728, BV939); J.-B. Du Halde, *Description géographique* [...] *de l'empire de la Chine* (La Haye, 1736, BV1132); E. Pasquier, *Œuvres* (Amsterdam, 1723, BV2657); Tindal, *Remarques historiques et critiques sur l'Histoire d'Angleterre* (La Haye, 1733); J.-A. de Thou, *Histoire universelle* (La Haye, 1733; Bâle, 1742, BV3297); et P.-F. Velly, *Histoire de France* (Paris, 1755-1774, BV3409; cont. par C. Villaret et J.-J. Garnier, Paris, 1755-1786; ci-après Velly).

[1] Sur l'essentiel de ce développement (lignes 1-5, et certains des détails des lignes 6-13), voir ch.63 (notre t.3, p.487 et n.16). Dès la version manuscrite, le texte reprend le leitmotiv concernant les Anglais ('ce peuple devenu puissant, célèbre par le commerce', ch.26, notre t.2, p.388) – truisme qui reviendra sans cesse sous la plume de Voltaire – mais la modification ultérieure (w56-w57G) en transforme la portée initiale, en situant les succès d'Edouard Ier dans les limites du XIIIe siècle, époque à laquelle l'Angleterre n'était pas encore une puissance maritime.

[2] Suivant la mort sans héritier d'Alexandre III (19 mars 1286), Edouard 'avait formé le projet d'unir les deux royaumes' (Rapin, ann.1290, p.24) en mariant son fils à la toute jeune Marguerite de Norvège, petite-fille d'Alexandre. La mort de celle-ci (26 septembre 1290) créa immédiatement un problème car rien n'avait été décidé concernant la succession. Sur ce, Jean de Balliol (né *c.*1248) et Robert de Brus (né en 1274), tous deux alliés aux plus puissantes familles d'Ecosse, se mirent sur les rangs (sans parler des dix autres qui se firent connaître). C'est pour éviter une guerre civile qu'on pria Edouard 'd'être le juge de ce différend' (voir Rapin, ann.1290, p.28).

qu'il fit son vassal.[3] Edouard prit enfin pour lui ce royaume d'Ecosse,[4] et le conquit après plusieurs batailles; mais il ne put le garder.[5] Ce fut alors que commença cette antipathie entre les

11-12 MSP: vassal. Sur les moindres querelles [MSG: vassal et sur les moindres querelles l'obligea] à comparaître à la barre du parlement de Londres, de même que les rois de France citaient les rois d'Angleterre à la cour des Pairs. J'ai déjà remarqué qu'à cette occasion le pape Boniface VIII avait prétendu que l'Ecosse appartenait à la cour romaine. La prétention singulière du pape n'empêcha pas Edouard de prendre   5
enfin pour lui-même ce royaume d'Ecosse qu'il avait donné et qui ne lui appartenait pas plus qu'au pape.[6] Il le conquit

[3] Edouard trancha en faveur de Jean de Balliol, le 17 novembre 1292, 'se réservant néanmoins à lui-même et à ses successeurs le droit de poursuivre leurs prétentions sur le même royaume, quand ils le jugeraient à propos' (Rapin, ann.1292, p.47). Balliol prêta le serment de fidélité à Edouard le 20 novembre 1292 (Rapin, p.47) et fut *de facto* roi d'Ecosse de 1292 à 1296.

[4] Ce que Voltaire préfère taire, c'est que – lors de la réunion des Etats (dès le 10 mai 1291) – Edouard 'requérait les Etats [...] de le reconnaître pour souverain et seigneur direct de l'Ecosse' (Rapin, ann.1291, p.29). Ils évitèrent de donner une réponse (silence qu'Edouard 'prit pour un consentement', p.32). Mais la même demande ayant été faite à Robert de Brus (p.31) et à Jean de Balliol (p.32), ceux-ci, répondant affirmativement par écrit, mirent Edouard en possession du royaume. Voltaire passe également sous silence (attitude éloquente) les quelque quinze pages consacrées aux preuves alléguées du droit de souveraineté des rois d'Angleterre sur l'Ecosse (p.29-44).

[5] Regrettant d'avoir consenti à sa sujétion, Balliol profita de la guerre renouvelée entre la France et l'Angleterre pour s'allier avec cette première (5 juillet 1295: la 'Vieille Alliance'). Edouard décida d'envahir l'Ecosse une première fois (il y fera trois expéditions jusqu'en 1300) pour punir son vassal. Voltaire dit 'plusieurs batailles' sans doute parce que Rapin, tout en y faisant allusion, ne les énumère pas (p.56-58), sauf celle de Dunbar (27 avril 1296). A celle-ci, il convient d'ajouter la bataille de Stirling (11 septembre 1297) et celle de Falkirk (22 juillet 1298, dont parle Rapin, ann.1297, p.73). La rébellion de Robert de Brus (1307-1314), couronnée par la bataille de Bannockburn (24 juin 1314), mit fin à l'hégémonie anglaise.

[6] Voici le premier exemple (dans 53-54N) de ces nombreuses suppressions dans la version manuscrite qui, comme nous l'avons dit dans la note liminaire, sont pour le moins curieuses. Pourquoi escamoter une référence directe à la volonté d'un souverain de tenir tête à un pape alors que Voltaire se plaît normalement – toute sa carrière en fait foi – à en souligner chaque occurrence?

Anglais et les Ecossais, qui aujourd'hui, malgré la réunion des deux
peuples, n'est pas encore tout à fait éteinte. [7]

Sous ce prince on commençait à s'apercevoir que les Anglais ne
seraient pas longtemps tributaires de Rome; on se servait de
prétextes pour mal payer, et on éludait une autorité qu'on n'osait
attaquer de front. [8]

Le parlement d'Angleterre prit vers l'an 1300 une nouvelle
forme, telle qu'elle est à peu près de nos jours. Le titre de barons et

Chambre des communes.

15-16   MSP: éteinte. ¶Acquérir l'Ecosse, ce n'était pas acquérir des richesses. Ce
pays stérile peut à peine fournir la quarantième partie des subsides de l'Angleterre.
Mais c'était acquérir des sujets belliqueux. [9] ¶Sous
17   MSP: Rome. Ils ne pensaient pas encore à la vérité à se délivrer entièrement
du tribut de mille marcs imposé par Innocent III et du denier de saint Pierre, mais on
se servait

[7] En 1756 Voltaire retire de son texte quelques phrases désobligeantes pour
l'Ecosse et les Ecossais. Dans le *Précis du siècle de Louis XV*, ch.24-25, il reviendra
sur la réalité des rapports entre les Anglais et les Ecossais malgré l'Acte d'Union en
1707 qui associe les deux royaumes (*OH*, p.1423-48). Voltaire élucidera l'importance
historique de l'antipathie entre l'Ecosse et l'Angleterre dans le ch.119.

[8] Désemparés par leur défaite, les Ecossais offrirent à Boniface VIII la souveraineté de leur pays (Rapin, ann.1300, p.76-77). Le bref que le pape envoya à
Edouard était tellement hautain que celui-ci le soumit au parlement qui pria 'le
pontife de laisser le roi et le peuple d'Angleterre jouir de leurs droits, sans
entreprendre de les troubler' (Rapin, ann.1300, p.78; Tindal, *Remarques*, t.1,
p.193; voir aussi Fleury, ann.1300, livre 90, §2. Sur Boniface et Edouard, voir
ch.63, notre t.3, p.488). Quant à la déclaration: 'on se servait de prétextes pour mal
payer', Rapin rapporte – sans donner plus de précisions – que le parlement
's'appliqua encore [...] à prendre des précautions contre les extorsions de la cour
de Rome. [...] Il fit même des statuts qui auraient pu apporter quelque soulagement à
ce mal, s'ils eussent été bien exécutés' (ann.1307, p.86). La version manuscrite, qui
précise la somme de mille marcs, renvoie au traité du 15 mai 1213 entre Jean Sans
Terre et Innocent III où le roi anglais se soumettait au pape en lui donnant
l'Angleterre et l'Irlande, qu'il tiendrait désormais 'comme vassal du pape' (voir
ch.50, notre t.3, p.221-23 et n.58-61). Même somme indiquée dans l'art. 'Donations'
des *QE* (*OCV*, t.40, p.519). Voir aussi ch.13, notre t.2, p.239-40.

[9] Ces déclarations sont autant de lieux communs au XVIIIe siècle (voir Moréri,
Grand Dictionnaire historique, art. 'Ecosse'). Voltaire évoque plus souvent la pauvreté
du pays (voir, ci-dessous, ch.81, lignes 76-81; *L'Ecossaise*, *OCV*, t.50 (1), p.381; le
Précis du siècle de Louis XV, *OH*, p.1425; l'art. 'Bled ou blé' des *QE*, *OCV*, t.39,
p.415).

de pairs ne fut affecté qu'à ceux qui entraient dans la chambre haute. La chambre des communes commença à régler les subsides. Edouard Ier donna du poids à la chambre des communes pour pouvoir balancer le pouvoir des barons. Ce prince, assez ferme et 25 assez habile pour les ménager et ne les point craindre, forma cette espèce de gouvernement qui rassemble tous les avantages de la royauté, de l'aristocratie et de la démocratie; mais qui a aussi les inconvénients de toutes les trois, et qui ne peut subsister que sous un roi sage. [10] Son fils ne le fut pas, et l'Angleterre fut déchirée. 30

Edouard Ier mourut lorsqu'il allait conquérir l'Ecosse, trois fois subjuguée et trois fois soulevée. [11] Son fils, âgé de vingt-trois ans, à la tête d'une nombreuse armée, abandonna les projets du père, pour se livrer à des plaisirs qui paraissaient plus indignes d'un roi en Angleterre qu'ailleurs. [12] Ses favoris irritèrent la nation, et surtout 35

24-25   MSP: pour balancer
29   MSP: tous les
30   MSG: fils Edouard Second ne
32   MSP: Le fils
35   MSP: ailleurs. Des passions que les Grecs et les Italiens mettaient presque au rang des plaisirs permis corrompirent sa jeunesse. Ses favoris
35-36   MSP: surtout sa femme, fille du roi de France, Philippe
         53-W57G: surtout la femme du roi, fille de Philippe

[10] Voici, dans ce développement (lignes 20-30), un exemple de l'histoire téléologique de Voltaire qui souligne les origines Plantagenêt du système anglais de la balance dont il fait l'éloge pour la première fois dans les *LP*, 8, 'Sur le parlement' (p.88-101; voir aussi plus généralement le ch.51, notre t.3, p.226 et n.1). C'est ce connaisseur qui glose ici deux courts paragraphes de Rapin à la fin du résumé qu'il donne du règne d'Edouard (et qui constituent par là son éloge déterminant): 'Suite des parlements depuis ce règne. / Droit des communes'; 'Le titre de baron est restreint' (ann.1307, p.88). Quant à l'imprécision de la ligne 20 ('vers l'an 1300'), signalons que Rapin ne donne ici aucune date, et que Voltaire doit se baser sur le contenu du premier paragraphe qui semble prolonger un paragraphe de la p.72 (ann.1297).

[11] Tombé malade à Carlisle, Edouard 'se fit porter à petites journées en Ecosse, voulant mourir dans un pays dont il avait trois fois fait la conquête' (Rapin, ann.1307, p.87). Son vœu ne fut pas exaucé: il mourut, le 7 juillet 1307, à Burgh by Sands, Cumberland.

[12] Voltaire puise visiblement dans Rapin, qui fournit la même précision sur la jeunesse d'Edouard II (ann.1307, p.88-89, 90-91). La variante manuscrite de la

l'épouse du roi, Isabelle fille de Philippe le Bel, femme galante et impérieuse, jalouse de son mari qu'elle trahissait. Ce ne fut plus dans l'administration publique que fureur, confusion et faiblesse. [13]   *1312.*
Une partie du parlement fait trancher la tête à un favori du
40   monarque, nommé Gaveston. [14] Les Ecossais profitent de ces

37   MSP: mari qu'elle haïssait.

40   MSP: profitèrent

---

ligne 35 avait insisté plus explicitement sur la prétendue homosexualité d'Edouard II. Bien que, dans 53-54N, Voltaire se fasse donc pudique (voir aussi la périphrase de la ligne 51), il se rattrapera dans 61 (lignes 59-68). Alors que Rapin n'a pas de doutes sur la nature de leur intimité (ann.1307, p.91), Daniel (*Histoire de France*, ann.1313, ann.1325) et Mézeray (ann.1326) sont plus discrets. Sur l'attitude de Voltaire vis-à-vis de l'homosexualité, voir le ch.66 (notre t.3, p.543 et n.26).

[13] Isabelle de France (*c*.1292-1358), fille de Philippe IV de France 'le Bel' et Jeanne Ire de Navarre, avait épousé Edouard en 1308. Au cours du remaniement de son texte (voir ligne 37 var.), Voltaire, échangeant 'haïr' pour 'trahir', décide de formuler un jugement négatif sur Isabelle. Ce faisant, son texte, à partir de 53-54N, donne la fâcheuse impression qu'il s'agissait de causes et d'effets instantanés, alors que la période dont il s'agit est celle qui s'étend de 1308 à 1325. Mais le verbe 'trahir' (qui est à prendre littéralement – voir ligne 49 – et figurativement) indique une période tardive: Isabelle prit Roger de Mortimer (*c*.1287-1330), premier comte de la Marche (1328), comme amant (voir ligne 86), et comme co-conspirateur, en 1325. C'est Rapin qui attire l'attention sur 'le dépérissement entier des affaires' de l'Etat à cause de l'influence de Gaveston sur Edouard (ann.1307, p.91).

[14] Piers Gaveston (né *c*.1284) était le fils d'un chevalier gascon, vassal d'Edouard Ier en tant que duc d'Aquitaine, qui servit ce dernier dans les guerres au Pays de Galles (1282-1283) et en Ecosse (1296-1300). A l'origine employé par Edouard Ier dans la Maison de son fils, qui n'était alors que comte de Caernarvon, Gaveston devint si scandaleusement intime avec ce dernier que le roi le bannit du royaume (Rapin, ann.1307, p.86). En condensant le récit de Rapin (couvrant les années 1308-1312), qui détaille le fulgurant essor de l'outrecuidant Gaveston, dont l'influence égalait celle d'Edouard II (ann.1307-1308, p.92-94), et qui mérita l'hostilité réunie de la noblesse et du parlement (p.94-100), Voltaire modifie tous ces détails et le récit de l'exécution (ann.1312, p.100) pour cerner davantage les conséquences pour le royaume. Ce fut le comte de Warwick qui, craignant fort qu'Edouard n'éludât encore une fois ses responsabilités, conduisit Gaveston, son prisonnier, à Warwick, lui fit son procès, et trancher la tête (ann.1312, p.100).

troubles. Ils battent les Anglais; et Robert Bruss, devenu roi d'Ecosse, la rétablit par la faiblesse de l'Angleterre. [15]

1316. On ne peut se conduire avec plus d'imprudence, et par *Edouard II* conséquent avec plus de malheur qu'Edouard II. Il souffre que *vicieux, faible,* sa femme Isabelle, irritée contre lui, passe en France avec son fils, *détrôné.* qui fut depuis l'heureux et le célèbre Edouard III. [16]   45

Charles le Bel, frère d'Isabelle, régnait en France. Il suivait cette politique de tous les rois, de semer la discorde chez ses voisins; il encouragea sa sœur Isabelle à lever l'étendard contre son mari. [17]

41 MSP: battirent

42-43 MSP: Angleterre. ¶Les dissensions entre Edouard et la nation duraient toujours, tantôt violentes, tantôt faibles. De nouveaux favoris en étaient la cause et le prétexte. ¶On

45 MSP: [*manchette*] *1326.*

MSP: France, c'est-à-dire chez ses ennemis, avec

47 MSP: Il suivit

[15] Couronné roi (25 mars 1305), Robert Ier de Brus, ayant été défait à la bataille de Methven (19 juin 1306), se trouvait par là en fâcheuse posture. Il fut sauvé par le décès d'Edouard Ier et l'ardeur cruellement défaillante d'Edouard II (Rapin, ann.1313, p.102). Dès lors, il eut toute liberté de détruire ses ennemis domestiques (1307-1309) et l'occupant anglais (1310-1314) qu'il finit par anéantir à la bataille de Bannockburn (23-24 juin 1314). Il est surprenant, dans ce développement où il parle des malheurs de l'Angleterre, de constater que Voltaire passe sous silence la famine subie par l'Angleterre en 1315 qu'évoque Rapin (ann.1315, 1316. p.106-107).

[16] Voltaire escamote le cours des événements, très compliqués entre 1320 et 1325 (voir Rapin, p.111-24). Il n'est pas exclu qu'il privilégie ici le résumé, soit de Daniel (ann.1325), soit de Mézeray (ann.1325-1326). On s'explique mal la date de sa manchette (dès 53-54N: 1316), car étant donné que le '1326' de la version manuscrite est exact, s'agirait-il, non d'une variante, mais d'une coquille jamais relevée? Les relations entre Edouard et Isabelle, qui se dégradaient dès 1320, empirèrent définitivement en 1325, époque à laquelle – contrecarrée partout – Isabelle chercha le moyen de détruire son mari et les Despenser (Rapin, ann.1325, p.123). La formulation de Voltaire donne à croire qu'Isabelle et le prince Edouard partirent à Paris ensemble, de connivence. Isabelle arriva en France au mois de mars 1325 (Daniel), alors qu'Edouard partit pour l'y rejoindre le 12 septembre 1325 (Rapin, p.126).

[17] Grande divergence ici entre Voltaire et Rapin (ann.1325, p.124) et leurs prédécesseurs, qui s'accordent à dire que Charles le Bel ne joue pas de rôle important

50   Ainsi donc, sous prétexte qu'un jeune favori nommé Spencer, gouvernait indignement le roi d'Angleterre, sa femme se prépare à faire la guerre. Elle marie son fils à la fille du comte de Hainaut et de Hollande. Elle engage ce comte à lui donner des troupes. Elle repasse enfin en Angleterre, et se joint à main armée aux ennemis
55 de son époux. Son amant Mortimer était avec elle à la tête de ses troupes, tandis que le roi fuyait avec son favori Spencer. [18]

    La reine fait pendre à Bristol le père du favori, âgé de quatre-   *1326.* vingt-dix ans: cette cruauté, qui ne respecta point l'extrême

51   MSP: gouverne
53   MSP: ce comte de Hainaut à
56-57   MSP: Spencer. Le scandale était extrême des deux côtés, mais celui de la reine cessa presque d'être scandale par le succès. ¶Elle fit pendre
58-59   MSP, 53-W75G: ans. Elle punit

---

dans les actions de sa sœur. Selon Daniel, 'il lui dit, que dans les conjonctures présentes, il ne pouvait pas avec honneur prendre de tels prétextes pour sujet d'une nouvelle rupture avec le roi d'Angleterre' (ann.1325). Chez Mézeray, 'Le roi Charles [...] lui promit secours d'argent et d'hommes, autant qu'il pourrait, sans rompre avec l'Angleterre, pour châtier cet insolent favori' (ann.1325).

[18] La formule 'sous prétexte que' (ligne 50) est ambiguë: cherchant à rétablir son influence, Isabelle fut contrecarrée dans ses projets par les Despenser, père et fils, qui exerçaient une influence maligne sur le roi. La goutte qui fit déborder le vase, ce fut les 'chagrins qu'elle en reçut [qui] la portèrent à chercher les moyens de se venger à son tour' (Rapin, ann.1323, p.120). Jamais elle n'allégua comme cause de sa descente en Angleterre la conduite homosexuelle du roi. C'est le caractère politiquement inepte de son faible mari, et les affronts qu'on lui avait infligés en tant que reine, qui l'y poussèrent, et non l'envoûtement pratiqué par son favori. Le 'jeune' favori (la terminologie voulue n'est pas indifférente), Hugh Despenser, premier Lord Despenser, né c.1286, était plus jeune que son roi. Il avait 40 ans en 1326. Il joua un rôle de plus en plus important dans l'intimité du roi dès 1318 (chambellan du roi). Charles ne pouvant, ou ne voulant, soutenir sa sœur à visage découvert, celle-ci fut obligée de chercher un protecteur qui 'pût ouvertement soutenir ses intérêts' (Rapin, ann.1326, p.127). Pour l'y engager, elle proposa un mariage stratégique entre le futur Edouard III et Philippa, 'comme si elle eût eu le pouvoir de disposer du jeune prince' (p.127).

vieillesse, est un exemple unique. [19] Elle punit ensuite du même supplice dans Herford le favori lui-même, tombé dans ses mains: mais elle exerça dans ce supplice une vengeance que la bienséance de notre siècle ne permettrait pas; elle fit mettre dans l'arrêt qu'on arracherait au jeune Spencer les parties dont il avait fait un coupable usage avec le monarque: l'arrêt fut exécuté à la potence; elle ne craignit point de voir l'exécution. Froissard ne fait point difficulté d'appeler ces parties par leur nom propre. Ainsi cette cour rassemblait à la fois toutes les dissolutions des temps les plus efféminés et toutes les barbaries des temps les plus sauvages. [20]

60

65

60-69   MSP, 53-W56: tombé entre ses mains. On lui arrache sur la potence les parties dont on prétendait qu'il avait fait un usage coupable avec le monarque. Ainsi l'opprobre fut au comble. [53-W56: monarque.] ¶Enfin

66-69   61-W75G: propre. Il y a loin de ces temps à des temps polis. ¶Enfin

[19] Ayant appris la descente de sa femme (24 septembre 1326) et le ralliement à sa cause de bon nombre de magnats, Edouard et les Despenser prirent la fuite. Hugh Despenser, premier comte de Winchester, assiégé dans Bristol, fut pris et immédiatement pendu (27 octobre 1326). Né en 1262, il avait donc 64 ans. Mais ici Voltaire répète ce que l'on trouve chez Rapin: 'ce vieillard âgé de 90 ans y fut incontinent pendu' (ann.1326, p.130-31). On note avec intérêt l'ajout de W75G* (lignes 58-59). Dès l'époque des *Scythes* (*M*, t.6, p.263, 264, etc.), on relève dans les textes de Voltaire la présence de plus en plus insistante – stratégie purement ludique – d'un vieillard: clin d'œil complice adressé par l'écrivain vieillissant à ses lecteurs. Or, celui-ci, se formalisant du peu de respect que certains lui vouent, a tendance aussi – dès la même époque – à prendre la défense des vieillards. Voir, par exemple, *Les Honnêtetés littéraires* (*OCV*, t.63B, p.148-49), la *Lettre à l'évêque d'Annecy* (*M*, t.28, p.71-76), les art. 'Age' et 'Eglogue' des *QE* (t.38, p.129; t.41, p.51-52).

[20] Ni Rapin (ann.1326, p.132), ni Daniel (ann.1325) n'évoquent en toutes lettres la vengeance exercée sur le favori du roi. Les détails (MSP, 53-W56, lignes 60-69 var.) se trouvent chez Mézeray (ann.1326), dont Voltaire reprend l'essentiel y compris l'allusion pudique aux parties 'dont il avait fait un usage coupable'. Voltaire affirme (alors que Rapin laisse entendre) que c'est la reine qui est la meneuse de jeu, alors que Mézeray prétend que c'est 'la sentence des barons'. C'est en lisant Velly, qui évoque l'exécution de Hugh Despenser, que Voltaire trouva, en manchette (*Histoire de France*, t.8, 1762, ann.1326, §'Elle débarque en Angleterre'), la référence à Froissart, *Histoire et chronique mémorable*: 'Froiss. t.1, fol. 4 *verso*-fol. 5 *recto*'. Comme le texte de Velly n'est guère différent de celui de Mézeray, on peut inférer que, curieux, Voltaire alla consulter Froissart lui-même. Ce dernier ne fait nulle mention du texte de l'arrêt

Enfin le roi, abandonné, fugitif dans son royaume, est pris,
70 conduit à Londres, insulté par le peuple, enfermé dans la Tour,
jugé par le parlement, et déposé par un jugement solennel. Un
nommé Trussel lui signifia sa déposition en ces mots rédigés dans
les actes: 'Moi Guillaume Trussel, procureur du parlement et de la
nation, je vous déclare en leur nom et en leur autorité, que je
75 renonce, que je révoque, et rétracte l'hommage à vous fait, et que je
vous prive de la puissance royale.' [21] On donna la couronne à son
fils, âgé de quatorze ans, et la régence à la mère assistée d'un
conseil. Une pension d'environ soixante mille livres de notre
monnaie fut assignée au roi pour vivre. [22]
80 Edouard II survécut à peine une année à sa disgrâce. On ne *1327.*

71-76   MSP, 53-W57G: solennel. On donne la
77   MSP: conseil. Des députés du parlement vont signifier au roi prisonnier sa
déposition. Il tomba en défaillance en leur présence, leur remit la couronne et le
sceptre. Une pension
79-80   MSP: assignée. ¶Mais de la prison des rois à leur tombeau le chemin est
presque toujours très court. Edouard II

(ligne 62), ni de la présence de la reine à l'exécution (ligne 65), mais s'y exprime
crûment: 'on lui coupa tout premier le vit et les couilles pour tant qu'il était
hérét[iqu]e et sodomite ainsi qu'on disait' (Froissart, Paris, 1574, t.1, p.10). Voltaire
profita de sa lecture pour remanier le texte de w56, et pour noircir encore plus
Isabelle. Notons de nouveau la réapparition dans w75G* (lignes 67-69) du vieillard
de plus en plus désapprobateur.

[21] Edouard accepta de se démettre, rendant ainsi couronne et sceptre, le 20 janvier
1327. Les paroles de Trussel se trouvent presque mot pour mot chez Rapin
(ann.1327, p.134; et chez Velly, ann.1326, §'Elle détrône le roi son époux'). Voltaire
avait-il découvert cette sentence à la seule lecture tardive de Velly, ou décida-t-il
d'en inclure le texte (qui lui était peut-être connu depuis les années quarante) pour la
bonne raison qu'il est désormais plus soucieux de corroborer, pièces à l'appui,
certaines déclarations importantes?

[22] Les sources habituelles de Voltaire ne disent rien de cette demande d'une
pension, et précisent que le roi a été traité très sévèrement après son abdication.
Voltaire pense peut-être à Richard II, car il est également question d'une telle
demande dans son cas (voir ci-dessous, ch.78, lignes 125-26).

trouva sur son corps aucune marque de mort violente. Il passa pour constant qu'on lui avait enfoncé un fer brûlant dans les entrailles à travers un tuyau de corne. [23]

Mère d'Edouard III punie par son fils. 1331. Le fils punit bientôt la mère. Edouard III mineur encore, mais impatient et capable de régner, saisit un jour aux yeux de sa mère 85 son amant Mortimer, comte de la Marche. Le parlement juge ce favori sans l'entendre, comme les Spencers l'avaient été. Il périt par le supplice de la potence, non pour avoir déshonoré le lit de son roi, l'avoir détrôné et l'avoir fait assassiner, mais pour les concussions, [24]

81-82   MSP, 53-W75G: violente. On dit qu'on lui

83-84   MSP: corne. Ce raffinement horrible de cruauté fut avoué par un des meurtriers. ¶Le fils

84   MSP: la mère des attentats dont il recueillait [MSG: recueillit] le fruit. Edouard

84   MSP: [*manchette*] *1331.*

84-85   MSP: encore, saisit

86   MSP: jugea

87   53-54N: favori [*avec note:* 1327.]

[23] Le récit de la mort brutale d'Edouard II – qui est de facture tardive (milieu du XIVe siècle) – est dans toutes les sources mais les détails varient. Si les récits de Rapin (ann.1327, p.145), de Mézeray (ann.1326) et de Daniel (ann.1325) se ressemblent, Voltaire suit de près les deux premiers qui évoquent le fer chaud introduit dans le corps 'par un tuyau de corne'. Notons (voir ligne 81) que Rapin est le seul à certifier qu'on ne trouva pas sur son corps 'des marques d'une mort violente' (p.146). Chez Daniel, il s'agit de 'son apothicaire, qui, sous prétexte de lui donner un remède, inséra dans la seringue un fer tout rouge, qu'il lui enfonça jusques dans les entrailles' (ann.1325). Nulle trace toutefois, où que ce soit, de l'aveu prétendument fait 'par un des meurtriers' (voir lignes 83-84 var. MSP). Nous ne savons ce qui autorise (lignes 81-82) la position intransigeante qu'adopte Voltaire dans w75G*.

[24] Rapin détaille les nombreuses raisons qu'avait Edouard de détester sa mère et Mortimer (ann.1327-1331). Ayant enfin décidé de mettre fin à leur mainmise sur le pouvoir, il fit arrêter ce dernier (octobre 1330), et le fit juger pour haute trahison. Voltaire, confronté aux sept chefs d'accusation retenus contre Mortimer est plutôt sélectif dans son appréciation. Ce dernier fut accusé (Rapin, ann.1331, p.161) d'avoir illégitimement exercé le pouvoir souverain (chefs 1 et 2), d'avoir fait assassiner Edouard II et son demi-frère, Edmond de Woodstock, comte de Kent (3 et 4). Ceux que Voltaire retient (5 et 6) relèvent effectivement de la concussion. Le dernier, que Voltaire préfère nier, était d'avoir 'vécu avec la reine, mère du roi, dans une

90 les malversations dont sont toujours accusés ceux qui gouvernent. La reine, enfermée dans le château de Risin avec cinq cents livres sterling de pension, différemment malheureuse, pleura dans la solitude ses infortunes plus que ses faiblesses et ses barbaries. [25]

Edouard III maître, et bientôt maître absolu, commence par *1332.* 95 conquérir l'Ecosse; mais alors une nouvelle scène s'ouvrait en France. L'Europe en suspens ne savait si Edouard aurait ce royaume par les droits du sang ou par ceux des armes. [26]

La France, qui ne comprenait ni la Provence, ni le Dauphiné, ni *Ce qu'était la* la Franche-Comté, était pourtant un royaume puissant; mais son *France.* 100 roi ne l'était pas encore. De grands Etats, tels que la Bourgogne, l'Artois, la Flandre, la Bretagne, la Guienne, relevant de la couronne, faisaient toujours l'inquiétude du prince beaucoup plus que sa grandeur. [27]

92 MSP: malheureuse par son mari, par son amant, par son fils, pleura

93-94 MSP, 53-W75G: infortunes plus que ses fautes. ¶Edouard

94-95 MSP: absolu, semblable à son grand-père et nullement à son père, commence par conquérir l'Ecosse. David, héritier de Robert Bruce, est obligé de fuir en France, son asile naturel; mais alors

96-97 MSP: si Edouard n'aurait point ce royaume par les droits du sang et par ceux des armes.// Chapitre 53 / *De la dispute pour la couronne; de la loi salique et des guerres d'Edouard III au quatorzième siècle.*

100 MSP: tels qu'étaient la Bourgogne

---

familiarité peu respectueuse'. Jugé, 'sans être ouï' (Rapin, p.161), Mortimer fut exécuté à Tyburn le 29 novembre 1330.

[25] Voltaire répète ici fidèlement tout ce qu'il trouvait chez Rapin (ann.1331, §'La reine est confinée'). Le vieillard irascible (ligne 93) profite de W75G* pour noircir encore plus Isabelle qui s'apitoie plus sur elle-même que sur le destin pitoyable du royaume dont elle aurait été responsable.

[26] Allusion à la réouverture des hostilités contre l'Ecosse (1333-1336), traitées longuement par Rapin (ann.1331, p.162-68). Faisons remarquer que, loin de 'conquérir l'Ecosse', Edouard, ayant remporté la victoire à Halidon Hill (19 juillet 1333), repris Stirling, Edimbourg et Perth, et regagné Berwick, n'était pas maître du royaume. Mais ici Voltaire copie Rapin (p.168).

[27] Le Dauphiné fut rattaché à la couronne en 1349, la Provence en 1487, et la Franche-Comté en 1678. Des Etats que Voltaire mentionne, et qui tous créèrent des problèmes ponctuels plus ou moins graves à la monarchie, il convient de retenir

Les domaines de Philippe le Bel, avec les impôts sur ses sujets immédiats, avaient monté à cent soixante mille livres de poids. [28] 105
Quand Philippe le Bel fit la guerre aux Flamands en 1302, et que presque tous les vassaux de la France contribuèrent à cette guerre, on fit payer le cinquième des revenus à tous les séculiers que leur état dispensait de faire la campagne. Les peuples étaient malheureux, et la famille royale l'était davantage. Rien n'est plus connu que 110
l'opprobre dont les trois enfants de Philippe le Bel se couvrirent à la fois, en accusant leurs femmes d'adultère en plein parlement. Toutes trois furent condamnées à être enfermées. Louis Hutin l'aîné fit périr la sienne, Marguerite de Bourgogne, par le cordeau. Les amants de ces princesses furent condamnés à un nouveau genre 115

105-106 MSP, 53-54N: monté à quatre-vingt mille marcs, qui ne font pas tout à fait quatre millions d'aujourd'hui. Quand [53-54N: marcs. Quand]

108-109 MSP, 53-54N: on fut obligé de faire payer le cinquième des revenus de tous ceux qui ne feraient point la campagne. Les peuples

115 MSP: amants de deux de ces princesses

---

surtout la Bourgogne (voir ch.50, notre t.3, p.199n) et la Guyenne. Cette dernière, possession du roi d'Angleterre de 1188 à 1453, est une des causes principales de la guerre de Cent Ans, occasionnée par un contentieux dynastique (genre de problème que Voltaire traitera longuement dans les lignes suivantes).

[28] Sur le règne de Philippe le Bel (1285-1314), voir ch.65 (notre t.3, p.513-16, 518-34), et ch.66, consacré à sa lutte contre les templiers, p.535-47. En 1302, après la révolte populaire de Bruges, Philippe décida de subjuguer la Flandre, mais connut un revers sanglant à la bataille des Eperons d'or (11 juillet 1302). Cherchant à se venger de cette défaite humiliante, Philippe leva une nouvelle armée parmi la noblesse et les Communes, et taxa les non-nobles et les non-combattants aussi (inductions imputables à Voltaire). Mais ce que rapporte Voltaire là-dessus n'est pas exact: 'On taxa tous ceux qui avaient cent livres de rente, ou cent livres de revenus en terre, à vingt livres par an; et ceux qui avaient cinq cents livres en meubles, à vingt-cinq livres. [...] de sorte que la taxe était le cinquième du revenu' (Daniel, ann.1303). On ignore la source du chiffre de la ligne 105. Mais c'est en préparant le ch.65 (voir notre t.3) que Voltaire avait trouvé, dans P. Dupuy, *Histoire du différend d'entre le pape Boniface VIII et Philippe le Bel* (Paris, 1655), la référence aux 'quatre-vingt mille marcs' (p.38).

de supplice; on les écorcha vifs.[29] Quels temps! et nous nous plaignons encore du nôtre!

Après la mort de Louis Hutin, qui avait joint la Navarre à la France comme son père, la question de la loi salique émut tous les esprits. Ce roi ne laissait qu'une fille.[30] On n'avait encore jamais examiné en France si les filles devaient hériter de la couronne; les lois ne s'étaient jamais faites que selon le besoin présent.[31] Les anciennes lois saliques étaient ignorées:[32] l'usage en tenait lieu, et

1316. Loi salique.

120

116-18 MSP: vifs. Joignez à tant de désastres publics et particuliers, les bûchers des templiers, le sang qui coula dans la guerre des Flandres, guerres qui n'aboutirent à rien. Il faudra plaindre les hommes que Dieu fit naître dans ce siècle. ¶Après
118   53-54N: Hutin [*avec note*: L'an 1316.]

[29] Les détails de ce que l'Histoire appelle 'l'affaire de la Tour de Nesle' (scène des ébats supposés), se trouvent éparpillés chez Mézeray sous trois rubriques différentes ('Philippe IV, 1314'; 'Jeanne femme de Philippe le Long'; 'Les trois femmes de Charles le Bel'). Si Voltaire l'a consulté, c'est pour lui emprunter le détail concernant l'assassinat de Marguerite de Bourgogne ('Louis, plus vindicatif, fit étrangler la sienne avec un linceul'). Pour l'essentiel il semble s'être contenté de Daniel, qui fait un récit lapidaire du scandale (ann.1314). Selon Daniel, qui fournit les noms des amants des deux princesses, leur punition fut 'également rigoureuse et infâme pour des gens de leur naissance: mais proportionnée à l'attentat qu'ils avaient commis'. Daniel fait allusion à un problème que Voltaire va traiter longuement dans ce chapitre (lignes 118-97): l'inconduite de Marguerite, femme de l'héritier de Philippe le Bel, aida tangentiellement à lancer les débats sur la loi salique.

[30] Louis X le Hutin, roi de France 1314-1316, roi de Navarre depuis 1305, père de la future Jeanne II, reine de Navarre. Son fils Jean Ier le Posthume ne vécut que cinq jours. Ce fut Philippe V qui succéda à Louis X. D'où le premier problème dynastique des Capétiens-Valois et le profit qu'on tira de l'affaire de la Tour de Nesle: on fit courir le bruit que Jeanne (née le 28 janvier 1312) pourrait très bien être illégitime car la liaison de sa mère avec Philippe d'Aunoy datait de 1311. Voir Daniel (ann.1316) et Mézeray ('Régence sans roi cinq mois durant', ann.1316, 1317).

[31] Bien que Voltaire ne le dise pas ici ouvertement, la raison essentielle de l'hostilité envers Jeanne était la crainte très réelle que la branche bourguignonne des Capétiens (à laquelle appartenait Jeanne) ne devienne par là toute puissante (voir lignes 164-65, où Voltaire mentionne l'action de son oncle, Eudes IV). Exclure cette possibilité était non seulement un 'besoin présent' mais aussi un besoin pressant.

[32] Les lois saliques furent un code complet élaboré pour les Francs, dits Saliens, vers la fin du règne de Clovis Ier (481-509). Personne, comme le dit Voltaire, n'en parlait plus au XIVe siècle car les articles de ce code (lui-même oublié) avaient été

cet usage variait toujours en France. Le parlement sous Philippe le Bel avait adjugé l'Artois à une fille au préjudice du plus prochain mâle. La succession de la Champagne avait tantôt été donnée aux filles, et tantôt elle leur avait été ravie. Philippe le Bel n'eut la Champagne que par sa femme, qui en avait exclu les princes. On voit par là que le droit changeait comme la fortune, et qu'il s'en fallait beaucoup que ce fût une loi fondamentale de l'Etat d'exclure une fille du trône de son père. [33]

Mauvaises raisons. Dire, comme tant d'autres, *que la couronne de France est si noble qu'elle ne peut admettre de femmes*, c'est une grande puérilité. Dire avec Mézerai, que *l'imbécillité du sexe ne permet pas aux femmes de régner*, c'est être doublement injuste. La régence de la reine

125

130

135

125 MSP: adjugea
128 MSP: les mâles.
130 MSP: Etat bien reconnue d'exclure
132 MSP: tant d'auteurs,
133 MSP, 53-W75G: c'est, me semble, une puérilité
135-38 MSP, 53-W57G: injuste. La plupart des règnes de femmes ont été glorieux. D'ailleurs [53-54N: injuste. D'ailleurs]

---

progressivement incorporés dans le droit coutumier. C'est à ce moment précis qu'on privilégia, dans ce corpus de lois (art. 62: *De Alode*), l'insistance sur la succession agnatique (désormais dite: la loi salique). Voltaire a déjà évoqué celle-ci (voir ch.22, notre t.2, p.344), et il y reviendra vers la fin de sa vie. Voir les art. 'Equivoque', 'Femme', 'Franc, ou Franq' des *QE* (*OCV*, t.41, p.206-207, 349, 492-94), et 'Loi salique' (*M*, t.19, p.607-13); voir aussi son *Commentaire sur l'Esprit des lois* (*OCV*, t.80B, p.405-406, 424, 438-47, 450). Une source d'informations importante pour Voltaire dans ce domaine fut la 'Dissertation sur la loi salique et sur le différend entre Philippe de Valois et Edouard III' de Rapin, livre 10 (p.249-67).

[33] Il s'agit de Mahaut (ou Mathilde), fille de Robert II comte d'Artois, qui succéda à son père en 1302. Son neveu, Robert III d'Artois, disputa souvent ses droits, mais fut tout aussi souvent débouté. Quand Mathilde mourut (1329), lui succéda sa propre fille, qui fut tout aussi constamment soutenue dans ses droits. Jeanne de Champagne succéda à son père, Henri Ier de Navarre, en 1274 (à l'âge de trois ans). Lors de son mariage à Philippe le Bel en 1284, le comté entra dans le domaine royal. Sauf erreur, Mathilde et Jeanne sont les seules femmes à avoir exercé la souveraineté comme de droit. Dans l'art. 'Loi salique' des *QE*, Voltaire répétera ses observations sur la nature changeante du droit (p.612-13), et les lois fondamentales de l'Etat (p.608-609).

Blanche, et le règne glorieux de tant de femmes dans presque tous
les pays de l'Europe, réfutent assez la grossièreté de Mézerai. [34]
D'ailleurs l'article de cette ancienne loi, qui ôte toute hérédité aux
filles en terre salique, semble ne la leur ravir que parce que tout
140 seigneur salien était obligé de se trouver en armes aux assemblées
de la nation. [35] Or une reine n'est point obligée de porter les armes,
la nation les porte pour elle. Ainsi on peut dire que la loi salique,
d'ailleurs si peu connue, regardait les autres fiefs et non la
couronne. C'était si peu une loi pour les rois, qu'elle ne se
145 trouve que sous le titre *de allodiis: des alleuds*. [36] Si c'est une loi

142   MSP, 53-54N: Ainsi l'on pourrait dire que cette [53-54N: que la] loi
144-48   MSP, 53-54N: couronne. ¶De plus
144-45   W56-W75G: rois, qu'elle a été rédigée sous le titre

[34] Les termes exacts des lignes 132-33 aiguillent vers Bignon (et plus particulièrement aux p.293-94): 'les femmes ont toujours été rejetées du gouvernement [...] à
plus forte raison le doivent-elles l'être de la royauté, autant que cette forme d'Etat est
plus excellente que les autres' (signet, 'Salique', p.288-89; *CN*, t.1, p.353-54). Quant à
Mézeray (Philippe VI, ann.1328), il affirme en effet que le 'sujet de l'exclusion [...] est
l'imbécillité du sexe' (voir *CN*, t.5, p.614: corne dans Mézeray, t.3, p.148 où paraît
cette expression), mais Voltaire le lit (peut-être délibérément) de travers: le mot
'imbécillité' signifiait dans ce contexte faiblesse (du latin *imbecillus*, physiquement
faible). Voltaire joue toutefois sur l'acception moderne car le *Dictionnaire de
l'Académie française* (éd. 1762) définit le mot comme signifiant faiblesse d'esprit.
Suivant la mort de Louis VIII (1226), Blanche de Castille devint régente car Louis IX
n'avait que douze ans. Ce fut un moment particulièrement critique que Blanche
maîtrisa: en 1226 elle mata la révolte du comte de Clermont et du duc de Bretagne,
repoussa l'attaque d'Henri III d'Angleterre (1230) et acheva la conquête du
Languedoc. Voltaire chante les louanges de Blanche et 'de tant de femmes' tout
aussi fortes (ligne 136) dans l'art. 'Loi salique' des *QE* (p.611).

[35] Voltaire se base ici sur le commentaire fourni par Rapin dans sa 'Dissertation
sur la loi salique': 'le but de ce paragraphe VI était de distinguer les terres saliques des
terres allodiales communes par la raison que les premières étaient sujettes à des
services militaires que les femmes ne pouvaient point rendre' (p.253-54).

[36] Alleu (terme du droit féodal) signifie 'bien héréditaire'. L'article de la loi
salique (LIX.1-4) auquel Voltaire se réfère (LIX.4) est ainsi conçu: 'Aucune portion
de la terre salique ne passera aux femelles, mais elle appartiendra aux mâles, c'est-à-
dire, que les enfants mâles succéderont à leur père' (trad. de Montesquieu, *De l'esprit
des lois*, livre 18, ch.22).

des anciens Saliens, elle a donc été faite avant qu'il y eût des rois de France. Elle ne regardait donc point ces rois. (*a*)

De plus il est indubitable que plusieurs fiefs n'étaient point soumis à cette loi: à plus forte raison pouvait-on alléguer que la couronne n'y devait pas être assujettie.

Plus mauvaises raisons. On a toujours voulu fortifier ses opinions quelles qu'elles fussent, par l'autorité des livres sacrés. Les partisans de la loi salique ont cité ce passage, *que les lis ne travaillent ni ne filent*; et de là ils ont conclu que les filles qui doivent filer ne doivent pas régner dans le royaume des lis. [37] Cependant, les lis ne travaillent point, et un prince doit travailler. Les léopards d'Angleterre et les tours de Castille ne filent pas plus que les lis de France, et les filles peuvent régner en Castille et en Angleterre. [38] De plus, les armoiries des rois de France ne ressemblèrent jamais à des lis; c'était évidemment le bout d'une hallebarde, telles qu'elles sont décrites dans les mauvais

150

155

160

(*a*) Voyez Loi salique dans les Questions sur l'Encyclopédie.

n.*a*   MSP, 53-W75G: [*absente*]
   K: Voyez l'article *Loi salique* dans le *Dictionnaire philosophique*.
150-65   MSP, 53-W57G: être sujette [W56-W57G: assujettie]. Ces raisons furent quelque temps soutenues

[37] Matthieu 6:28. Voltaire aurait pu dénoncer ici l'influence d'Aristote (voir, par exemple, Bignon, p.289), mais pour des raisons évidentes (en 1761) préfère privilégier la Bible. Daniel, Mézeray, et Rapin ne citant pas la Bible comme justification de la loi salique, dans quelle source Voltaire puise-t-il? Il est probable qu'il se rappelle ici de Thou, qui raconte comment Inigo de Mendoza, l'ambassadeur espagnol, vint à Paris pour soutenir les droits de l'Infante d'Espagne au trône d'Henri III. Un anonyme publia un pamphlet contre les prétentions des Espagnols: 'Il avait ajouté à cet écrit cette inscription tirée de l'Ecriture sainte: *Les lis ne travaillent ni ne filent*, pour signifier que les femmes ne pouvaient régner en France' (livre 106, 'Henri IV', ann.1595). Parmi ceux qui, comme Voltaire, ridiculisaient cet argument, citons Mme Du Noyer, dans ses *Lettres historiques et galantes de deux dames de condition* (Cologne, 1718, BV1150; Amsterdam, 1720, t.1, p.398).

[38] Le blason de l'Angleterre, formé de trois léopards d'or, fut introduit par Richard Ier (A. C. Fox-Davies, *A complete guide to heraldry*, Londres, 1993, p.192). La source qu'utilise Voltaire n'est pas évidente, mais on peut signaler que Pasquier traite des armoiries et de l'Angleterre et de la Castille (t.1, ch.17, col.141-42).

vers de Guillaume le Breton. *Cuspidis in medio uncum emittit acutum.* L'écu de France est un fer pointu au milieu de la hallebarde. [39]

Toutes les raisons contre la loi salique furent opiniâtrement soutenues par le duc de Bourgogne, oncle de la princesse fille de Hutin, et par plusieurs princesses du sang. [40] Louis Hutin avait deux frères, qui en peu de temps lui succédèrent, comme on sait, l'un après l'autre: l'aîné, Philippe le Long, et Charles le Bel le cadet. Charles alors, ne croyant pas qu'il touchait à la couronne, combattit la loi salique, par jalousie contre son frère.

Disputes sur cette loi.

Philippe le Long ne manqua pas de faire déclarer dans une assemblée de quelques barons, de prélats et de bourgeois de Paris, que les filles devaient être exclues de la couronne de France. Mais si le parti opposé avait prévalu, on eût bientôt fait une loi fonda-mentale toute contraire. [41]

171   MSP: [*manchette*] *1322.*
174   MSP: eût fait
175-76   MSP: contraire. Lorsque Philippe le Long se fit sacrer à Reims, la comtesse d'Artois soutint sa couronne en qualité de pair de France. Cette cérémonie même dans laquelle une femme faisait la fonction d'un pair était une espèce de protestation solennelle contre la loi salique. Ce roi qui n'est guère

[39] L'hypothétique origine de la fleur de lys, comme Voltaire le propose, est effectivement une hallebarde, ou plutôt 'ranseur' à deux fers recourbés vers la hampe (voir ch.51, notre t.3, p.232 et n.12). Guillaume le Breton (*c.*1165-1226) est l'auteur d'un poème latin en douze chants qui est la biographie de Philippe Auguste: *Philippidos libri duodecim* (Zwickau, 1657). Le vers cité par Voltaire se lit p.328; le texte exact est: '*Cuspidis in medio uncos emittit acutos*'.

[40] Daniel traite de la tentative d'Eudes, duc de Bourgogne, d'établir les droits de sa nièce Jeanne (ann.1316). Mais nulle mention, chez lui ni chez les autres historiens, des autres prétendantes (ligne 166).

[41] Voltaire diminue-t-il l'importance de cette assemblée pour diminuer la légitimité de ses conclusions (qu'il juge inopportunes)? Car Daniel précise que Philippe 'convoqua une assemblée pour le jour de la Purification [2 février 1317] où un *grand nombre* de noblesse, *presque tous* les prélats, et les *plus considérables* bourgeois de Paris se trouvèrent. L'université y fut aussi appelée' (ann.1317, nous soulignons). Faisons remarquer aussi que, dans la version manuscrite (lignes 175-76 var.), non seulement Voltaire intervertit l'ordre des événements (le couronnement de Philippe

Philippe le Long, qui n'est guère connu que pour avoir interdit l'entrée du parlement aux évêques, étant mort après un règne fort court, ne laissa encore que des filles. [42] La loi salique fut confirmée alors une seconde fois. [43] Charles le Bel, qui s'y était opposé, prit incontestablement la couronne, et exclut les filles de son frère.   180

Charles le Bel en mourant laissa encore le même procès à décider. [44] Sa femme était grosse. Il fallait un régent au royaume. Edouard III prétendit la régence en qualité de petit-fils de Philippe le Bel par sa mère, et Philippe de Valois s'en saisit en qualité de premier prince du sang. Cette régence lui fut solennellement   185

181   MSP: [*manchette*] *1328.*
185   MSP: premier seigneur du sang

---

eut lieu le 6 ou le 9 janvier 1317, donc avant l'assemblée du 2 février), mais il souligne aussi que la présence de la comtesse Mathilde d'Artois 'qui soutint la couronne sur la tête du roi ' 'parut fort extraordinaire, la chose ne convenant guère à une femme, et étant sans exemple'. Tant et si bien que 'plusieurs [beaucoup] en furent fort choqués' (Daniel, ann.1317).

[42] Pourquoi Voltaire fait-il si peu de cas de Philippe V (mort le 3 janvier 1322, après un règne de six ans)? Daniel brosse de lui un portrait très positif (ann.1322). Quant au 'seul' acte 'remarquable' de son règne, Daniel précise: 'Ce prince l'an 1319 fit une ordonnance, par laquelle il fixa le nombre des officiers qui devaient composer le parlement, et elle est remarquable pour un article qui regarde les évêques. Par cet article ils étaient exclus du parlement. [...] Voici les termes dont-il est conçu: *il n'aura nuls prélats depuis au parlement; car le roi fait conscience de eux empêcher* [de vaquer] *au gouvernement de leurs spiritualités*'. Le membre de phrase apparemment manquant se trouve chez Velly (ann.1303, §'Le parlement rendu sédentaire à Paris', avec note: 'Cette ordonnance est du 3 décembre 1319'). Une autre source possible est Pasquier, t.1, ch.3, col.52, même passage que chez Daniel (signet, *CN*, t.6, p.221).

[43] Daniel, certifiant que par là on ne faisait que confirmer de façon plus ou moins automatique la décision du 2 février 1317, écrit: 'Charles monta sur le trône, et fut sacré au mois de février, sans aucune opposition, et sans que personne, pour la [le] lui disputer, osât faire mention des filles du roi défunt' (ann.1322).

[44] Voltaire fait un sort aux développements que l'on trouve chez Daniel, et ramène les règnes de Philippe le Long (ann.1316-1322) et de Charles le Bel (ann.1322-1315) à la seule loi salique. Il passe sous silence, par exemple, le projet de Philippe de faire l'expédition de la Terre Sainte (Daniel, ann.1320) et n'énumère aucun de ses accomplissements. Quant à Charles, le silence s'explique par le fait que Daniel le juge comme 'un de ces princes ordinaires qui n'eut rien de fort distingué'.

déférée, et la reine douairière ayant accouché d'une fille, il prit la couronne du consentement de la nation. [45] La loi salique qui exclut les filles du trône, était donc dans les cœurs; elle était fondamentale par une ancienne convention universelle. [46] Il n'y en a point d'autre. Les hommes les font et les abolissent. Qui peut douter que si jamais il ne restait du sang de la maison de France qu'une princesse digne de régner, la nation ne pût et ne dût lui décerner la couronne?

Non seulement les filles étaient exclues, mais le représentant d'une fille l'était aussi: on prétendait que le roi Edouard ne pouvait avoir par sa mère un droit que sa mère n'avait pas. [47] Une raison plus forte encore, faisait préférer un prince du sang à un étranger, à un prince né dans une nation naturellement ennemie de la France. Les peuples donnèrent alors à Philippe de Valois le nom de

190

195

---

186   MSP: étant accouchée
187-98   MSP, 53-54N: nation. ¶Les peuples
192-98   W56-W57G: couronne? ¶Les peuples
197   W56-W75G: né d'une nation

---

[45] Charles le Bel mourut le 1er février 1328. Philippe de Valois, son cousin, fut déclaré régent en attendant que la femme de Charles accouchât. Le 1er avril naquit Blanche de France, et le problème de la succession à la couronne se perpétua (car l'enjeu de la régence avait été précisément cela). Comme le disent Mézeray, Daniel (ann.1328) et Rapin (ann.1329, p.155-56), Philippe, cousin germain de Charles, invoqua la loi salique, alors qu'Edouard, le neveu de Charles, qui était par là son plus proche parent, nia sa pertinence. Philippe fut sacré à Reims le 27 mai 1328.

[46] Dans W56-W57G, Voltaire ajoute à ses réflexions sur la loi salique deux observations ironiques. Dans la première, il cite Bignon textuellement ('Cette loi ayant été gravée [...] dans le cœur des Français', p.285), mais dans la seconde, il paraphrase le sens de ses arguments qui soulignent la nature antique et universelle de la succession agnatique (p.286, 288-95).

[47] Quant à la succession après la mort de Charles le Bel, Mézeray en explique le déroulement par une idée reçue: '[Edouard III] demeurait bien d'accord que les filles ne pouvaient parvenir à la couronne de France, à cause de l'imbécillité du sexe, aussi ne la demandait-il pas pour sa mère: mais il soutenait que les fils des filles n'ayant point ce défaut, n'en étaient point incapables, et qu'ainsi on le devait préférer, lui qui était mâle et petit-fils du roi Philippe le Bel, à Philippe de Valois qui n'en était que le neveu' (ann.1328).

fortuné.[48] Il put y joindre quelque temps celui de *victorieux* et de *juste*; car le comte de Flandres son vassal ayant maltraité ses sujets, 200 et les sujets s'étant soulevés, il marcha au secours de ce prince; et ayant tout pacifié, il dit au comte de Flandres: 'Ne vous attirez plus tant de révoltes par une mauvaise conduite.'[49]

On pouvait le nommer *fortuné* encore, lorsqu'il reçut dans Amiens l'hommage solennel que lui vint rendre Edouard III.[50] 205 Mais bientôt cet hommage fut suivi de la guerre. Edouard disputa la couronne à celui dont il s'était déclaré le vassal.

201   MSP: [*manchette*] *1328.*
      MSP: de ce prince, vainquit les Flamands, et
203-204   MSP: conduite. J'aurais droit de vous demander le dédommagement du service que je vous ai rendu, mais mettez-vous dorénavant hors d'état d'en avoir besoin.' ¶On pouvait
207-208   MSP: vassal. Son hommage [MSG: même] accusait sa guerre d'injustice. ¶Un brasseur

[48] Dans l'ajout de 61, Voltaire juge utile d'expliciter textuellement (lignes 193-95) les raisons exactes (et juridiques) alléguées par les Français (et citées par ses sources habituelles), alors que dans les lignes 195-97, c'est Voltaire lui-même qui parle. Quant au surnom de Philippe, et l'époque à laquelle il le mérita, c'est Daniel qui autorise pleinement cette leçon (ann.1350).

[49] Pour secourir le comte de Flandre, Louis de Nevers (1304-1346), gendre de Philippe le Long et vassal de la cour de France, le roi envahit la Flandre et écrasa les mutins à la bataille de Cassel (23 avril 1328). Daniel détaille longuement l'intervention (ann.1328), mais dans les lignes 202-203, Voltaire a créé une citation composite. Dans Daniel, Philippe dit: 'Peut-être avez-vous donné occasion à tant de révoltes par votre conduite [...]. Faites en sorte que je ne sois plus obligé de revenir [...] pour un pareil sujet'.

[50] Sur 'l'hommage solennel', voir Rapin, ann.1329, p.156-59; Mézeray et Daniel (ann.1329). La cérémonie eut lieu dans la cathédrale d'Amiens le 6 juin 1329 (pour le texte de l'acte d'hommage, voir Daniel). Voltaire n'a cure de traiter de la décision longuement délibérée de la part d'Edouard de s'y rendre. Comme nous allons le voir (lignes 208-59, 270-363), les multiples péripéties du règne d'Edouard III sont réduites aux grands affrontements militaires entre lui et Philippe. Edouard décida de partir en guerre contre Philippe car, cédant aux instigations de Robert, comte d'Artois, et se sentant désormais de taille à l'affronter (ayant maté les Ecossais, 1333-1336), il était persuadé que ses droits à la couronne de France avait été traîtreusement méprisés (Rapin, ann.1336, p.169, 171; Mézeray, ann.1336; Daniel, ann.1335).

Un brasseur de bière de la ville de Gand fut le grand moteur de cette guerre fameuse, et celui qui détermina Edouard à prendre le
210 titre de roi de France. Ce brasseur, nommé Jacques d'Artevelt, [51] était un de ces citoyens que les souverains doivent perdre ou ménager. Le prodigieux crédit qu'il avait, le rendit nécessaire à Edouard; mais il ne voulut employer ce crédit en faveur du roi anglais, qu'à condition qu'Edouard prendrait le titre de roi de
215 France, [52] afin de rendre les deux rois irréconciliables. Le roi d'Angleterre et le brasseur signèrent le traité à Gand, longtemps après avoir commencé les hostilités contre la France. [53] L'empereur Louis de Bavière se ligua avec le roi d'Angleterre avec plus d'appareil que le brasseur, mais avec moins d'utilité pour Edouard.
220 Remarquez avec une grande attention le préjugé qui régna si longtemps dans la république allemande, revêtue du titre d'empire romain. Cet empereur Louis qui possédait seulement la Bavière, investit le roi Edouard III dans Cologne de la dignité de vicaire de l'empire, en présence de presque tous les princes et de tous les

Edouard III vicaire de l'empire. 1338.

---

212   MSP: ménager. C'était un républicain intrépide, riche, accrédité, l'ennemi de l'orgueil des princes et des nobles. Ce qu'il détestait le plus après le comte de Flandres, c'était Philippe de Valois, vainqueur des Flamands. Le prodigieux
214   MSP: anglais, et faire soulever les Flamands pour lui, qu'à condition
216   MSP: brasseur de bière signèrent
217-55   MSP: France. ¶Je m'épargne
217-57   53-54N: France. ¶J'observe qu'Edouard

---

[51] Il semble qu'on est confronté ici à un exemple du goût de Voltaire pour le rapprochement contrasté des grands et des petits faits de l'histoire. Il est vrai que Mézeray et Daniel précisent le rôle joué par ce 'marchand brasseur de bière' (ann.1337) mais Rapin est d'avis que, malgré les alliances avec l'empereur Louis de Bavière, le duc de Brabant, les comtes de Gueldre et de Hainaut, etc., elles 'n'étaient pas à beaucoup près si avantageuses que celle qui lui fut procurée, par Robert d'Artois, avec Jacques d'Artevelle, brasseur de bière à Gand' (p.171).
[52] Voltaire copie Rapin (ann.1340, p.176) et Daniel (ann.1339).
[53] La guerre fut déclarée en octobre 1337, et la première bataille est celle de Cadzand (9 novembre 1337).

chevaliers allemands et anglais.[54] Là il prononce que le roi de France est déloyal et perfide, qu'il a forfait la protection de l'empire, déclarant tacitement par cet acte Philippe de Valois et Edouard ses vassaux.

225

L'Anglais s'aperçut bientôt que le titre de vicaire était aussi vain par lui-même que celui d'empereur, quand l'Allemagne ne le secondait pas; et il conçut un tel dégoût pour l'anarchie allemande, que depuis, lorsqu'on lui offrit l'empire, il ne daigna pas l'accepter.[55]

230

Anglais vainqueurs. Cette guerre commença par montrer quelle supériorité la nation anglaise pouvait un jour avoir sur mer. Il fallait d'abord qu'Edouard III tentât de débarquer en France avec une grande armée, et que Philippe l'en empêchât. L'un et l'autre équipèrent en très peu de temps chacun une flotte de plus de cent vaisseaux.[56] Ces navires n'étaient que de grosses barques. Edouard n'était pas comme le roi de France, assez riche pour les construire à ses dépens; des cent vaisseaux anglais, vingt lui appartenaient, le reste était fourni par toutes les villes maritimes d'Angleterre. Le pays était si peu riche en espèces, que le prince de Galles n'avait que vingt schellings par jour pour sa paie. L'évêque de Derham, un des

235

240

[54] Daniel écrit que 'même Louis de Bavière, pour donner plus d'autorité au roi d'Angleterre, le déclara son vicaire dans l'empire' (ann.1338). Mézeray et Rapin détaillent également les circonstances de l'investiture. Mais Voltaire y ajoute son point de vue sur les machinations de l'empereur Louis et son scepticisme vis-à-vis de l'influence réelle de l'empire romain. Il fait état de son jugement sur l'impuissance de Louis au ch.68, ci-dessus.

[55] L'empereur Louis IV (mort le 11 octobre 1347) fut remplacé par Charles IV, élection qui n'était pas du goût de certains des princes-électeurs, d'où l'offre de la couronne à Edouard. Voici la suite de l'affaire, et la lecture, quelque peu partiale, de Rapin: 'Mais ce prince qui n'ignorait pas combien il en avait autrefois coûté à Richard, frère de Henri III, pour avoir voulu accepter cette dignité dans une semblable conjoncture, était trop sage pour se jeter dans les mêmes embarras. D'ailleurs il avait besoin de toutes ses forces et de toute son application pour acquérir la couronne de France, qui lui paraissait un bien plus solide' (ann.1348, p.200).

[56] Rapin dit qu'Edouard 'avait augmenté sa flotte jusqu'à trois cents vaisseaux', alors qu'il estime la flotte française 'forte de quatre cents voiles' (ann.1340, p.177). Daniel dit que la flotte française était 'composée de six-vingts gros vaisseaux' et ajoute qu'il y en avait 'encore un grand nombre de plus petits' (ann.1340). Tindal attribue à son tour à Edouard 300 voiles, mais à Philippe 500 vaisseaux (t.1. p.286).

245 amiraux de la flotte, n'en avait que six, et les barons quatre. [57] Les plus pauvres vainquirent les plus riches, comme il arrive presque toujours. Les batailles navales étaient alors plus meurtrières qu'aujourd'hui; on ne se servait pas du canon qui fait tant de bruit; mais on tuait beaucoup plus de monde. Les vaisseaux s'abordaient par la proue, on abaissait de part et d'autre des 250 ponts-levis, et on se battait comme en terre ferme. [58] Les amiraux de Philippe de Valois perdirent soixante-dix vaisseaux, et près de *1340.* vingt mille combattants. Ce fut là le prélude de la gloire d'Edouard, et du célèbre Prince Noir son fils, qui gagnèrent en personne cette bataille mémorable. [59]

255 Je m'épargne ici les détails des guerres, qui se ressemblent *Duel proposé.* presque toutes; mais insistant toujours sur ce qui caractérise les mœurs du temps, j'observerai qu'Edouard défia Philippe de Valois

257-58 MSP: Philippe de Valois dans un combat

[57] Ces chiffres ne se retrouvent pas dans les sources consultées pour ce chapitre.

[58] Dans ce court développement, Voltaire semble prendre pour source l'*Histoire de la milice* de Daniel, qui, dans sa 'Relation de la bataille navale devant l'Ecluse en Flandre l'an 1340, tirée du premier volume de Froissart, chap.51', se penche sur ce qu'il considère comme une nouvelle forme de bataille navale (t.2, p.655-58). Voir l'illustration, p.138.

[59] Il s'agit ici de la bataille de Sluys (ou de l'Ecluse), 24 juin 1340. Aucune de ses sources habituelles ne donne de chiffres pour la perte en vaisseaux. Rapin parle de 30 000 victimes du côté français (p.178), Mézeray de '4000 Anglais et plus de 20 000 Français' (ann.1340) et Daniel de '10 000 Français' (ann.1340). Les lignes 217-54 semblent indiquer que, lors de préparer 53-54N, Voltaire devint conscient qu'en abordant, dans la version manuscrite, la guerre de Cent Ans, il avait été coupable d'un oubli, car la diplomatie d'Edouard, qui lui avait enfin permis d'envisager avec une certaine confiance une guerre avec Philippe, devait en effet se solder par une victoire écrasante sur la France dans une bataille navale, commandée par Edouard en personne, mauvais présage pour l'avenir, car: 'Ce fut là le prélude de la gloire d'Edouard' (ligne 252). Les lignes 255-57 (ajoutées dans w56-w57G) sont à la fois un reflet de la philosophie de l'histoire de Voltaire, et une échappatoire qui lui permet, le cas échéant, de ne privilégier que les grandes lignes caractéristiques d'un règne telles qu'il les comprend. A titre d'exemple, voir lignes 280-81 où Voltaire fait l'économie de toute la période 1341-1346.

A. La ville de Lecluse. B. L'armée Françoise. C. L'armée Angloise. D. Corps de reserve de l'armée Angloise.

3. G. Daniel, *Histoire de la milice française* (Paris, 1721), t.2, p.656-67, la bataille navale devant l'Ecluse.

à un combat singulier. Le roi de France le refusa, disant qu'un souverain ne s'abaissait pas à se battre contre son vassal. [60]

260 Cependant un nouvel événement semblait renverser encore la *1341.* loi salique. La Bretagne, fief de France, venait d'être adjugée par la cour des pairs à Charles de Blois, qui avait épousé la fille du dernier duc; et le comte de Montfort, oncle de ce duc, avait été exclu. Les lois et les intérêts étaient autant de contradictions. Le roi de France,

265 qui semblait devoir soutenir la loi salique dans la cause du comte de Montfort, héritier mâle de la Bretagne, prenait le parti de Charles de Blois, qui tirait son droit des femmes; et le roi d'Angleterre, qui devait maintenir le droit des femmes dans Charles de Blois, se déclarait pour le comte de Montfort. [61]

258-59   53-54N: qu'un seigneur ne
260-61   MSP: semblait donner encore atteinte à la loi salique
263-64   MSP, W56-W57G: été déshérité. Les lois et
              53-54N: été déshérité. Le roi
266   53-54N: Montfort, prenait
267   53-54N: Blois et le roi

[60] Rapin (ann.1340, p.179) et Daniel (ann.1340) identifient Edouard comme étant l'auteur du défi, mais chez eux la proposition (comme chez Mézeray) comporte trois alternatives (combat 'par le duel', ou 'par le combat de cent hommes', ou 'par une bataille générale'). Mais ici Voltaire privilégie Mézeray car c'est lui qui ajoute lapidairement: 'On lui répondit qu'un seigneur ne reçoit point de défi de son vassal' (ann.1340).

[61] Rapin (ann.1341, p.182-84), Daniel (ann.1341) et Mézeray (ann.1341-1342) traitent longuement des débuts de la guerre de Succession de Bretagne. Jean III le Bon, étant mort (30 avril 1341) sans désigner de successeur, Jean de Montfort (son demi frère) et Jeanne (nièce de Jean le Bon, et femme de Charles de Blois) se mirent sur les rangs. Montfort s'empara de la Bretagne et, en secret, en rendit hommage à Edouard, le reconnaissant pour roi de France. Informé de cette 'félonie', Philippe voulut le contrecarrer, et la Cour des pairs décida en faveur de Charles de Blois, 'qui tirait son droit des femmes' (7 septembre 1341). Montfort étant prisonnier, son épouse, Jeanne de Flandre, renouvela l'alliance avec Edouard, lui donnant ainsi l'occasion d'occuper la Bretagne. Goguenard, Voltaire ne peut laisser passer l'occasion de démontrer encore une fois (grâce ici à la loi salique) que les rois ont toujours montré qu'ils respectaient ou méprisaient la loi de leur pays selon les impératifs de la raison d'Etat.

La guerre recommence à cette occasion entre la France et 270 l'Angleterre. On surprend d'abord Montfort dans Nantes, et on l'amène prisonnier à Paris dans la Tour du Louvre. Sa femme, fille du comte de Flandres, était une de ces héroïnes singulières qui ont paru rarement dans le monde, et sur lesquelles on a sans doute imaginé les fables des Amazones. [62] Elle se montra, l'épée à la main, 275 le casque en tête, aux troupes de son mari, portant son fils entre ses bras. Elle soutint le siège de Hennebon, fit des sorties, combattit sur la brèche, et enfin, à l'aide de la flotte anglaise qui vint à son secours, elle fit lever le siège. [63]

1346. 26 août. Cependant la faction anglaise et le parti français se battirent 280 longtemps en Guienne, en Bretagne, en Normandie. Enfin, près de la rivière de Somme, se donne cette sanglante bataille de Créci entre Edouard et Philippe de Valois. Edouard avait auprès de lui son fils le prince de Galles, qu'on nommait le Prince Noir, à cause de sa cuirasse brune et de l'aigrette noire de son casque. Ce jeune 285

270   MSP: recommença
272   MSP: prisonnier à la tour
273-75   53-54N: Flandres se montra
277-78   53-54N: Hennebon et enfin
280-81   53-W57G: se battent en Guyenne
281   MSP: [*manchette*] *1346.*
     53-54N: Normandie [*avec note*: L'an 1346.]
284   MSP: qu'on nomme

[62] Voltaire suit de près le récit de Daniel: 'Je parle de Jeanne de Flandre [...] laquelle doit passer sans doute pour une des plus illustres princesses, et une des plus extraordinaires femmes dont notre histoire fasse mention. Nous la verrons bientôt soutenir des sièges, marcher en campagne le casque en tête et l'épée à la main, et commander et combattre comme une amazone' (ann.1341). Dans le récit de Voltaire le fils de Jeanne de Flandre figure en tant que symbole de son courage, tandis que chez Daniel, il symbolise le rôle de Jeanne en tant que mère: 'Elle assembla les habitants et la milice, et leur parla si pathétiquement tenant entre ses bras son fils qui n'avait que cinq ans.'
[63] Les détails concernant le siège de Hennebont et les exploits de Jeanne se trouvent dans Daniel (ann.1342).

prince eut presque tout l'honneur de cette journée. Plusieurs historiens ont attribué la défaite des Français à quelques petites pièces de canon dont les Anglais étaient munis. Il y avait dix ou douze années que l'artillerie commençait à être en usage. [64]

286-87   53-54N: journée. On peut entre autres attribuer la défaite
          W56-W57G: journée. Quelques historiens
286-317 MSP: journée. Le roi son père qui commandait le corps de réserve posté sur le penchant d'une colline, prêt à marcher où le besoin l'appellerait, voyait son fils vaincre dans la plaine. Il paraît qu'Edouard avait mieux disposé ses troupes que le roi de France, qu'elles étaient plus disciplinées et que leurs chefs savaient mieux obéir et
5   commander. L'armée française au contraire était pleine de confusion. Elle avait des arbalétriers génois par lesquels on fit commencer le combat, avec des arcs dont les cordes étaient mouillées par la pluie; ils ne purent résister aux Anglais qui avaient pris plus de précautions. Les Génois s'enfuirent et le comte d'Alençon, frère du roi, à la tête de sa gendarmerie, passa sur le ventre aux Génois, au lieu de rétablir la bataille.
10 Voilà probablement la cause de cette grande défaite. Elle peut encore être attribuée à quelques petites pièces de canon dont les Anglais étaient munis. Il y avait déjà dix ou douze ans que l'artillerie commençait à être en usage, sans qu'on sache d'où est venue cette nouvelle invention de détruire les hommes et les villes. ¶La Chine connaissait depuis longtemps la composition et les effets de la poudre inflammable, mais elle ne
15 les connaissait que pour les plaisirs et les fêtes. Peut-être le Vénitien Marc-Paul avait rapporté ce secret de son voyage à la Chine. Peut-être le moine Berthold Schwart l'avait inventé dans Fribourg. ¶Il est bien plus étonnant que cet usage déjà établi alors ne fût pas plus fréquent. Un prince qui aurait eu cinquante canons dans son armée aurait pu subjuguer l'Europe. Mais l'on ignorait absolument l'art de fondre de
20 grosses pièces, et c'était encore un secret d'en fondre de petites. ¶On prétend
287 MSP: [manchette] Usage de l'artillerie.
289-317 53-54N: usage, sans qu'on sache d'où est venue cette nouvelle invention de détruire les hommes et les villes. ¶On prétend

[64] Rapin (ann.1346, p.193-96) et Daniel (ann.1346) font le récit de la bataille de Crécy bien moins succinctement que Mézeray (ann.1346). C'est chez tous les trois que Voltaire trouva les divers détails dont il eut besoin pour rédiger les lignes 281-89, et les treize premières lignes de la version manuscrite (286-317 var.). Les historiens (lignes 286-87) qui réservent un rôle important – mais non pas, comme le prétend Voltaire, déterminant – à l'artillerie, sont Rapin (p.194) et Mézeray qui mentionnent quatre ou cinq pièces de canon. Mais Voltaire les contredit silencieusement pour avoir soutenu que leur usage, qui fit son 'apparition' à Crécy, était auparavant inconnu en France (lignes 288-89). Car Daniel, tout en reconnaissant cette arme chez les Anglais le 26 août 1346, disait que les Français n'en avaient pas 'en cette occasion', sans doute pour ne pas 'retarder leur marche'. Et d'enchaîner: 'un registre de la

Invention de la Cette invention des Chinois fut-elle apportée en Europe par les 290
poudre. Arabes qui trafiquaient sur les mers des Indes? Il n'y a pas
d'apparence. C'est un bénédictin allemand, nommé Berthold
Schwartz, qui trouva ce secret fatal. Il y avait longtemps qu'on y
touchait. Un autre bénédictin anglais, Roger Bacon, avait longtemps auparavant parlé des grandes explosions que le salpêtre 295
enfermé pouvait produire. [65] Mais pourquoi le roi de France
n'avait-il pas de canon dans son armée, aussi bien que le roi
d'Angleterre? et si l'Anglais eut cette supériorité, pourquoi tous
nos historiens rejettent-ils la perte de la bataille sur les arbalétriers
génois que Philippe avait à sa solde? La pluie mouilla, dit-on, la 300

294   w56-w68: bénédictin, Roger

Chambre des Comptes de Paris' marque, 'dès l'an 1338', le transfert d'une somme
d'argent à 'Henri de Famechon, pour avoir poudres et autres choses nécessaires aux
canons qui étaient devant Pui-Gauillaume' (voir aussi son *Histoire de la milice*, t.2,
ch.5: 'Des armes offensives depuis l'invention des armes à feu', p.441-42). On
remarquera (lignes 6-8 de la variante) la mésaventure des arbalétriers génois
(Daniel, ch.5; Rapin, p.194) et la prétendue prévoyance des archers anglais
(prévoyance que personne ne mentionne). Quand ces observations, absentes dans
53-54N, reparurent dans w56-w57G, Voltaire – auteur en herbe du *Pyrrhonisme de
l'histoire* – profita de l'occasion pour faire la leçon à ses devanciers (voir lignes 300-
301). Mais Rapin lui avait montré le chemin. Répondant aux historiens français qui
attribuaient la perte de la bataille à cette mésaventure, Rapin (soit ironique, soit
sérieux) écrit: 'Il fallait que les cordes des arbalètes génoises fussent d'une autre
matière que celles des Anglais puisque la pluie ne faisait pas le même effet sur les unes
et sur les autres' (p.194, n.1). On notera aussi que les lignes 290-316, dans leur
nouvelle rédaction, w56-w57G, intervertissent l'ordre des réflexions originelles de la
version manuscrite, et permettent surtout à Voltaire de diminuer l'importance des
arcs et des arbalètes, et de parler plus longuement de la poudre à canon.

[65] Sur une cinquantaine d'années, depuis l'*Essai sur la poésie épique* (*OCV*, t.3B,
p.312-13, 408-409) jusqu'à *La Tactique* (*OCV*, t.75A, p.369-70), Voltaire revient
assez souvent – vu leur nature révolutionnaire – sur l'origine du canon et de la
poudre, comme sur l'époque de leur premier usage offensif (voir, par exemple, la
Lettre sur Roger Bacon, *OCV*, t.20A, p.312-15; la 8e des 'Remarques pour servir de
supplément à l'*EM*'; l'art. 'Armes, armées' des *QE*, *OCV*, t.39, p.22-24; les
Fragments sur l'Inde, *OCV*, t.75B, p.243-44). Il varie peu dans ses opinions, sauf
sur la date du premier usage du canon.

corde de leurs arcs: mais cette pluie ne mouilla pas moins les cordes des Anglais. [66] Ce que les historiens auraient peut-être mieux fait d'observer, c'est qu'un roi de France, qui avait des archers de Gênes, au lieu de discipliner sa nation, et qui n'avait point de canon quand son ennemi en avait, ne méritait pas de vaincre.

Il est bien étrange que cet usage de la poudre ayant dû changer absolument l'art de la guerre, on ne voie point l'époque de ce changement. Une nation qui aurait su se procurer une bonne artillerie, était sûre de l'emporter sur toutes les autres. C'était de tous les arts le plus funeste, mais celui qu'il fallut le plus perfectionner. Cependant jusqu'au temps de Charles VIII il reste dans son enfance; tant les anciens usages prévalent, tant la lenteur arrête l'industrie humaine. On ne se servit d'artillerie aux sièges des places que sous le roi de France Charles V, et les lances firent toujours le sort de la bataille dans presque toutes les actions, jusqu'aux derniers temps de Henri IV. [67]

Se servit-on d'artillerie à Créci?

On prétend qu'à la journée de Créci, les Anglais n'avaient que deux mille cinq cents hommes de gendarmerie et quarante mille fantassins, et que les Français avaient quarante mille fantassins et près de trois mille gendarmes. Ceux qui diminuent la perte des Français, disent qu'elle ne monta qu'à vingt mille hommes. Le comte de Blois, qui était l'une des causes apparentes de la guerre,

317   MSP: [*manchette*] *1346*.
318   MSP, 53-54N: et trente mille
320   MSP, 53-54N: de trente mille
320   MSP, 53-w68: diminuent le plus la perte
322-23   MSP: était la cause apparente de la guerre y fut pris et le lendemain les communes

[66] Daniel (ann.1346, §'Disposition de l'armée française'), qui est l'objet de la censure de Voltaire, affirme que la lâcheté des arbalétriers génois, face aux archers anglais, est la raison principale de la perte de la bataille. Dans la 1re des 'Remarques pour servir de supplément à l'*EM*', Voltaire affirme l'incrédulité de Mme Du Châtelet devant son explication qui l'exaspérait tellement qu'elle 'jetait le livre'.

[67] Tout le sens de ce développement (lignes 306-16) se trouve dans Daniel (*Histoire de la milice*, t.1) plus spécialement p.441, 444, 449-50; sur l'usage continu des arcs et des arbalètes, voir p.426-27, et sur celui des lances, p.430-31.

y fut tué, et le lendemain les troupes des communes du royaume furent encore défaites. Edouard, après deux victoires remportées en deux jours, prit Calais, qui resta aux Anglais deux cent dix années. [68]

Duel de rois
encore proposé. On dit que pendant ce siège, Philippe de Valois, ne pouvant attaquer les lignes des assiégeants, et désespéré de n'être que le témoin de ses pertes, proposa au roi Edouard de vider cette grande querelle par un combat de six contre six. Edouard ne voulant pas remettre à un combat incertain, la prise certaine de Calais, refusa ce duel, comme Philippe de Valois l'avait d'abord refusé. Jamais les

325

330

326-64   MSP, 53-W57G: années. ¶Cette guerre

327   MSP: [*manchette*] *1347.*

327-29   MSP, 53-W75G: Valois, qui ne put atttaquer les lignes des assiégeants et qui était désespéré, proposa

---

[68] Confronté aux chiffres que citent Rapin (ann.1346, p.193, 196), Mézeray (ann.1346) et Daniel (*Histoire de France*, ann.1346), pour les pertes du 26 août, et celles du 27 (quand les communes de Rouen et de Beauvais furent décimées), Voltaire a, semble-t-il, fait ses propres calculs. Daniel, sachant que ce genre d'interrogation est plus qu'aléatoire, est prudent, citant entre 20 000 et 30 000 morts du côté français, renvoyant en manchette à Froissart et Villani. Méprisant la pratique historiographique habituelle chez la presque totalité des historiens qu'il consulte pour rédiger l'*EM* (qui donnent tous des listes détaillées des Grands qui perdirent la vie en combattant), Voltaire centre son récit (dès la version manuscrite), et avec une intention ironique à peine cachée, sur la mort de Charles (détail rectifié dans 53-54N), comte de Blois (voir ci-dessus, lignes 260-69). Continuant sa marche vers le Nord, Edouard mit le siège devant Calais le 8 septembre, et prit la ville le 3 août 1347. Comme le dit Voltaire (qui arrondit après avoir fait ses propres calculs), elle ne fut reconquise que 210 ans plus tard. Elle passa à la couronne anglaise par le traité de Brétigny (8 mai 1360). Voltaire résume ici une longue description de Rapin (ann.1346-1347, p.196-99), qui ajoute que la raison pour laquelle les Anglais ont pu garder la ville de Calais si longtemps, c'est qu'ils ont fait sortir tous les habitants 'pour y mettre une colonie anglaise': 'C'est vraisemblablement à cette précaution que l'Angleterre a dû la conservation de cette place pendant deux cents ans' (p.199).

princes n'ont terminé eux seuls leurs différends; c'est toujours le sang des nations qui a coulé. [69]

335   Ce qu'on a le plus remarqué dans ce fameux siège qui donna à l'Angleterre la clef de la France, et ce qui était peut-être le moins mémorable, c'est qu'Edouard exigea, par la capitulation, que six

Six habitants de Calais se dévouent à la

334-64   61-W75G: coulé. ¶Ce qu'il y eut de plus mémorable dans ce siège, c'est que le roi Edouard se réserva, par la capitulation, le droit de faire pendre à son choix six des meilleurs citoyens et on n'en voit pas la raison, car les habitants de Calais n'étaient pas des rebelles. Nos historiens s'extasient sur la générosité, sur la grandeur

5   d'âme des six habitants qui se dévouèrent à la mort. Mais au fond ils devaient bien se douter que si Edouard III voulait qu'ils eussent la corde au cou, ce n'était pas pour la faire serrer. Il les traita très humainement et leur fit présent à chacun de six écus qu'on appelait des nobles à la rose. ¶S'il avait voulu faire pendre quelqu'un, il aurait été en droit de se venger ainsi de Geoffroi de Charni qui après la perte de Calais, tentat de

10   corrompre le gouverneur anglais par l'offre de vingt mille écus et qui fut pris en se présentant aux portes avec le chevalier Eustache de Ribaumont. Ce Ribaumont en se défendant, porta le roi Edouard à terre. Ce roi donna un festin le même jour à l'un et à l'autre et fit présent à Ribaumont d'une couronne de perles qu'il lui posa lui-même sur la tête. Il est donc ridicule d'avoir imaginé qu'il eût jamais l'intention de faire

15   pendre six braves citoyens qui avaient combattu vaillamment pour leur patrie. ¶Cette guerre

[69] Pour l'anecdote du combat six contre six, voir Rapin (ann.1347, p.198), qui se plaît à raconter que le comte de Derby donna la même réponse que naguère Philippe (voir lignes 258-59). Les lignes 332-34 offrent un exemple des réflexions générales que Voltaire introduit dans l'*EM*. Elles soulignent comme d'habitude l'importance dans son historiographie, non des rois et de leurs batailles, mais des conséquences de leurs actes pour la nation. A partir de 61, dans un nouveau développement remarquable (voir lignes 334-64 var.), Voltaire, pyrrhonien, prétend par deux fois, en traitant de l'épisode des Bourgeois de Calais, qu'on se doit de parler de la clémence d'Edouard III, alors que ses prédécesseurs ont tous signalé le désir de vengeance inflexible qui l'animait: voir Rapin (ann.1347, p.199), Mézeray et Daniel (ann.1347). Mais cette première version trahit aussi, dans son interprétation, une certaine négligence. Tous ses prédécesseurs disent expressément que les Bourgeois de Calais eurent la vie sauve grâce à la reine Philippa; d'ailleurs le présent de 'six écus' qu'Edouard leur aurait donné est aussi à mettre sur le compte de sa femme (voir Rapin, p.199; Daniel et Mézeray, ann.1347); seul Daniel ajoute qu'elle leur donna aussi 'des habits et quelque argent'. Le deuxième épisode, traitant de la trahison manquée du gouverneur anglais (en réalité Aimeri de Pavie, Lombard), et le comportement chevaleresque d'Edouard est par contre un fidèle résumé des sources habituelles (Rapin, ann.1349, p.201-202; Daniel, ann.1349).

mort, mais ils n'ont rien à craindre. bourgeois vinssent lui demander pardon à moitié nus et la corde au cou, c'était ainsi qu'on en usait avec des sujets rebelles. [70] Edouard était intéressé à faire sentir qu'il se regardait comme roi de France. 340 Des historiens et des poètes se sont efforcés de célébrer les six bourgeois qui vinrent demander pardon, comme des Codrus qui se dévouaient pour la patrie; [71] mais il est faux qu'Edouard demandât ces pauvres gens pour les faire pendre. La capitulation portait que *six bourgeois pieds nus et tête nue viendraient hart au col lui apporter les* 345 *clefs de la ville, et que d'iceux le roi d'Angleterre et de France en ferait à sa volonté.* [72]

Edouard III généreux ne fait point pendre de braves gens. Certainement Edouard n'avait nul dessein de faire serrer la corde que les six Calaisiens avaient au cou puisqu'il fit présent à chacun de six écus d'or et d'une robe. [73] Celui qui avait généreuse- 350

[70] Pyrrhonien impénitent (et peut-être irascible), Voltaire revint dans w75G* sur les deux épisodes de Calais (voir lignes 335-63) pour contredire de nouveau tous ses prédécesseurs quant aux six Bourgeois. Le plus récent à se prononcer, Velly, avait d'ailleurs insisté, encore plus longuement que ses prédécesseurs, sur le caractère vindicatif et inflexible d'Edouard (ann.1346-1348), qui ne consentit à les gracier qu'à la prière instante de sa femme. Pour Voltaire, qui – en martelant ses propos – insiste cinq fois sur la conduite chevaleresque d'Edouard (voir les lignes 350, 352, 354, 355, 359), un tel homme ne pouvait avoir eu l'intention de mettre à mort de pauvres innocents. Il s'agit là d'une intuition invérifiable.

[71] L'addition du terme 'poètes' à celui des historiens (ligne 341) est une allusion au succès de la pièce patriotique de Pierre-Laurent de Belloy (dit Dormant de Belloy), *Le Siège de Calais* (Paris, 1762, BV337), qui triompha à la Comédie-Française le 13 février 1765. Le 27 mars 1765, Voltaire avait écrit à Damilaville: 'Je viens de lire le siège de Calais; l'auteur est mon ami; je suis bien aise du succès inouï de son ouvrage, c'est au temps à le confirmer' (D12508). Codrus, roi d'Athènes (*c*.1089-1068 av. J.-C.), donna sa vie pour sauver sa patrie lors de l'invasion des Doriens.

[72] Le texte que Voltaire rapporte (à la troisième personne du singulier) ne correspond pas tout à fait à Daniel (ann.1347) et Velly (ann.1347, §'Reddition de Calais') où Edouard parle en son nom propre.

[73] Velly (ann.1347, §'Reddition de Calais') fait sienne la thèse de Rapin (ann.1347, p.199) et de Daniel (ann.1347) qui sont formels: c'est la reine qui leur donna 'six pièces d'or', à manger et des habits. On s'explique mal l'opiniâtreté de Voltaire, mais il est probable qu'il suit un partisan d'Edouard; D. Hume (*Histoire de la maison de Plantagenet* 2, Amsterdam, 1765), qui suit Froissart, doute qu'un 'prince si magnanime eût formé une résolution si barbare contre de tels hommes' (ann.1347, §'Prise de Calais').

ment nourri toutes les bouches inutiles chassées de Calais par le commandant Jean de Vienne, [74] celui qui pardonna si généreusement au traître Aimeri de Pavie nommé par lui gouverneur de Calais convaincu d'avoir vendu la place aux Français; celui qui étant venu
355 lui-même battre les Français venus pour la prendre; celui qui au lieu de faire trancher la tête à Charni et à Ribeaumont coupables d'avoir fait ce marché pendant une trêve, leur donna à souper après les avoir pris de sa main et leur fit les plus nobles présents; enfin celui qui traita avec tant de grandeur et de politesse son malheureux
360 captif le roi de France Jean, [75] n'était pas un barbare. L'idée de réparer les désastres de la France par la grandeur d'âme de six habitants de Calais et de mettre d'assez mauvaises raisons en mauvais vers en faveur de la loi salique est d'un énorme ridicule. [76]

Cette guerre, qui se faisait à la fois en Guienne, en Bretagne, en
365 Normandie, en Picardie, épuisait la France et l'Angleterre d'hommes et d'argent. [77] Ce n'était pas pourtant alors le temps de se détruire pour l'intérêt de l'ambition. Il eût fallu se réunir contre un fléau d'une autre espèce. Une peste mortelle, qui avait fait

Peste générale.
1347 et 1348.

[74] Jean de Vienne (1321-1396) était en 1346 le gouverneur de Calais. Voyant qu'Edouard entendait réduire la place par la famine, 'il mit dehors les bouches inutiles au nombre de plus de dix-sept cents tant hommes que femmes et enfants. Le roi d'Angleterre leur permit de passer au travers de son camp, leur donna des vivres, et à chacun deux sterlins. Cette générosité lui fit beaucoup d'honneur dans le monde' (Daniel, ann.1346). Rapin (ann.1346, p.196-197) et Velly (ann.1346, §'Siège de Calais') proposent les mêmes détails.

[75] Vaincu à Poitiers (19 septembre 1356), Jean II, captif à Bordeaux, fut transféré à Londres en 1360 où ses conditions d'incarcération étaient littéralement royales (voir ci-dessous, ch.76).

[76] Il s'agit ici, dirait-on, de deux allusions: la première à la pièce de Belloy (voir lignes 341-43), la seconde — beaucoup plus acerbe — à Guillaume le Breton (lignes 160-62).

[77] Dans la version manuscrite (voir lignes 370-404 var.), Voltaire évoque très fugitivement les malheurs de la France (dont un signe certain était la dépréciation voulue des monnaies: voir Mézeray, 'on changea plusieurs fois les monnaies avec tant de rigueur qu'on cisaillait toutes les vieilles qui étaient de bon aloi'). C'est en lisant Boulainvilliers, *Histoire de l'ancien gouvernement de la France* (Amsterdam, 1727, BV505), que Voltaire trouva les informations suivantes: 'Ne voulant pas [...] que l'on pût s'apercevoir dans le public de tout le déchet réel qu'il y avait dans la

le tour du monde, et qui avait dépeuplé l'Asie et l'Afrique, vint alors
ravager l'Europe, et particulièrement la France et l'Angleterre.   370
   Elle enleva, dit-on, la quatrième partie des hommes. C'est une de
ces causes qui font que dans nos climats le genre humain ne s'est
point multiplié dans la proportion où l'on croit qu'il devrait l'être. [78]
   Mézerai a dit après d'autres, que cette peste vint de la Chine, et

---

370   53-54N: l'Europe [*avec note*: L'an 1350.]
370-405   MSP: l'Angleterre. ¶Un signe certain des malheurs d'un Etat, c'est la
variation et la mauvaise foi dans les monnaies. A quelle extrémité Philippe de Valois
était-il réduit, puisqu'il fit fabriquer des espèces d'un titre plus bas que celui de ses
propres ordonnances? C'était en effet faire de la fausse monnaie. Il ordonnait en vain
aux maîtres des monnaies de garder le silence. Il leur faisait [MSG: fit] jurer en vain le   5
secret sur les Evangiles; pensait-il que les négociants ne s'en apercevraient pas?
¶Philippe
         53-54N: l'Angleterre. ¶Philippe
     371   MSP: [*manchette*] 1340.

---

fabrique, voici comme il [Philippe de Valois] parle aux officiers de la Monnaie de
Paris dans une Ordonnance de l'année 1350 au mois d'avril. *Faites aloyer par les
marchands et par les changeurs leur billon à deux deniers six grains d'aloi, et défenses aux
tailleurs, tailleresses, et autres officiers de révéler ce fait, mais le tenir secret et le jurer sur
les saints Evangiles'* (t.2, p.194-95; tiret en marge, *CN*, t.1, p.471). Voltaire supprima
ce développement dans 53-54N, pour y revenir dans un nouveau passage inséré dans
W56-W57G (lignes 371-403) où – introduisant un leitmotiv qui caractérisera
désormais ses méditations d'historien – il tient à établir que, malgré les malheurs
qui s'abattent sur l'humanité, celle-ci arrive toujours à reprendre son élan. Sur les
éditions de Boulainvilliers, voir en particulier ch.96, n.*.
   [78] D'où Voltaire tire-t-il le chiffre de 'la quatrième partie des hommes'
(ligne 371)? Les chiffres qui se trouvent chez Mézeray et chez Daniel sont beaucoup
plus vagues. D'après Mézeray, 'Ceux qu'elle traita le moins cruellement sauvèrent à
peine le tiers de leurs habitants: mais à plusieurs elle n'en laissa que la quinzième et la
vingtième partie'. L'explication fournie par Mézeray sur l'origine de la peste noire est
certes fabuleuse: 'Il n'y avait jamais eu de peste plus furieuse et plus meurtrière que
celle de l'an 1348. [...] Elle commença au royaume de Cathay l'an 1346 par une vapeur
de feu horriblement puante, qui sortant de la terre, consuma et dévora plus de deux
cents lieues de pays, jusqu'aux arbres et aux pierres, et infecta l'air en telle sorte qu'on
en voyait tomber des fourmilières de serpenteaux et d'autres insectes venimeux. Du
Cathay elle passa en Asie et en Grèce, de là en Afrique, puis en Europe où elle
saccagea tout, jusqu'à l'extrémité du Nord' (ann.1348; corne, *CN*, t.5, p.614). Bien

375 qu'il était sorti de la terre une exhalaison enflammée en globes de feu, laquelle en crevant répandit son infection sur l'hémisphère. C'est donner une origine trop fabuleuse à un malheur trop certain. Premièrement, on ne voit pas que jamais un tel météore ait donné la peste. Secondement, les annales chinoises ne parlent d'aucune
380 maladie contagieuse que vers l'an 1504. [79] La peste proprement dite, est une maladie attachée au climat du milieu de l'Afrique, comme la petite vérole à l'Arabie, et comme le venin qui empoisonne la source de la vie est originaire chez les Caraïbes. [80] Chaque climat a son poison dans ce malheureux globe, où la nature a mêlé un peu de bien
385 avec beaucoup de mal. Cette peste du quatorzième siècle était semblable à celles qui dépeuplèrent la terre sous Justinien, et du temps d'Hippocrate. [81] C'était dans la violence de ce fléau qu'Edouard et Philippe avaient combattu pour régner sur des mourants.
390 Après l'enchaînement de tant de calamités, après que les éléments et les fureurs des hommes ont ainsi conspiré pour désoler la terre, on s'étonne que l'Europe soit aujourd'hui si florissante. La seule ressource du genre humain était dans des villes que les grands

384-85   w56-w57G: mêlé le bien et le mal

---

que Voltaire condamne les explications erronées sur les origines de la peste qui se trouvent chez ses prédécesseurs, il passe sous silence l'explication contemporaine de la peste que cite Daniel: 'On en fit les Juifs responsables, comme s'ils avaient empoisonné les eaux. Une infinité furent mis à mort sur ce soupçon, qui apparemment était faux, et l'on en voulait plus à leurs biens qu'à leurs personnes' (ann.1348).

[79] Voltaire trouva ce détail dans la *Description géographique* [...] *de la Chine et de la Tartarie chinoise* de J.-B. Du Halde (La Haye, 1736, BV1132, t.1, p.452), qu'il avait souvent manié en rédigeant les ch.1-2 (voir notre t.2, p.17-69).

[80] Voir le ch.29 (notre t.2, p.424, 428). A partir du *Songe de Platon* de 1737 (*OCV*, t.17, p.547), ces trois fléaux de l'humanité (à commencer par la petite vérole; voir *LP*, 11, t.1, p.130-36) paraissent donc ensemble de bonne heure et réapparaîtront avec une régularité si fréquente qu'ils en deviendront une scie.

[81] La peste dite 'de Justinien' sévit entre 541 et 590 et toucha tout le Bassin méditerranéen; celle dite 'd'Athènes' (430-426 av. J.-C.) survint évidemment pendant la vie d'Hippocrate (460-377 av. J.-C.).

souverains méprisaient. Le commerce et l'industrie de ces villes a réparé sourdement le mal que les princes faisaient avec tant de fracas. L'Angleterre sous Edouard III se dédommagea avec usure des trésors que lui coûtèrent les entreprises de son monarque: elle vendit ses laines;[82] Bruges les mit en œuvre. Les Flamands s'exerçaient aux manufactures; les villes hanséatiques formaient une république utile au monde; et les arts se soutenaient toujours dans les villes libres et commerçantes d'Italie. Ces arts ne demandent qu'à s'étendre et à croître; et après les grands orages ils se transplantent comme d'eux-mêmes dans les pays dévastés qui en ont besoin.

1350. Philippe de Valois acquiert le Dauphiné.

Philippe de Valois mourut dans ces circonstances, bien éloigné de porter au tombeau le beau titre de *fortuné*.[83] Cependant il venait de réunir le Dauphiné à la France. Le dernier prince de ce pays, ayant perdu ses enfants, lassé des guerres qu'il avait soutenues contre la Savoie, donna le Dauphiné au roi de France en 1349, et se fit dominicain à Paris.[84]

395

400

405

410

405   MSP: [*manchette*] *Dauphiné donné à la France. 1349.*
406   MSP, 53-54N: le titre de
409-10   MSP: Savoie, et non moins lassé des affaires du monde, donna le Dauphiné au roi de France et se fit
410-51   MSP: Paris. Il ne mit point (comme on l'a cru) à sa donation la clause que les fils aînés des rois porteraient le nom de *dauphin*. ¶Le premier dauphin de France fut le second fils de Philippe de Valois et le premier qui porta ce titre avec celui de fils

[82] Dans le ch.74 (ci-dessus), Voltaire a longuement évoqué les arts et le commerce en Italie, et reprendra exactement le fil de la même réflexion dans le ch.81 (ci-dessous). Pour le commerce de la laine, et les villes hanséatiques, il fait appel à des souvenirs déjà engrangés: la laine anglaise (voir Rapin, ann.1337, p.172; ann.1353, p.204; ann.1354, p.206; ann.1363, p.225), et, pour les villes hanséatiques, le ch.63 (notre t.3, p.484 et n.6).

[83] Philippe mourut à Nogent-le-Roi le 22 août 1350. Mézeray commente 'Deux mois après Philippe tomba malade [...] peut-être des fatigues de son nouveau mariage, souvent mortelles aux vieux gens qui prennent une belle femme' (ann.1350). En commentant le 'beau titre de *fortuné*', Voltaire copie Daniel (ann.1350).

[84] Humbert II du Viennois (1312-1355) céda le Dauphiné à Philippe le 16 juillet 1349: voir Daniel (ann.1350) et surtout Mézeray (ann.1349), qui ajoute que le prince

Cette province s'appelait Dauphiné, parce qu'un de ses souverains avait mis un dauphin dans ses armoiries. Elle faisait partie du royaume d'Arles, domaine de l'empire. Le roi de France devenait par cette acquisition feudataire de l'empereur Charles IV. Il est certain que les empereurs ont toujours réclamé leurs droits sur cette province jusqu'à Maximilien Ier. Les publicistes allemands prétendent encore qu'elle doit être une mouvance de l'empire. Les souverains pensent autrement. Rien n'est plus vain que ces recherches; il vaudrait autant faire valoir les droits des empereurs sur l'Egypte, parce que Auguste en était le maître.

Philippe de Valois ajouta encore à son domaine le Roussillon et la Cerdagne, en prêtant de l'argent au roi de Majorque, de la maison d'Arragon, qui lui donna ces provinces en nantissement; provinces que Charles VIII rendit depuis sans être remboursé. Il acquit aussi Montpellier, qui est demeuré à la France. Il est surprenant que dans un règne si malheureux, il ait pu acheter ces provinces, et payer encore beaucoup pour le Dauphiné. L'impôt du sel, qu'on appela sa *loi salique*, le haussement des tailles, les

---

aîné du roi fut Charles le Sage du vivant du roi Jean. L'empire crut alors compter les rois de France parmi ses feudataires. Le Dauphiné avait en effet relevé de l'empire, mais devenu province d'un royaume indépendant, il fut aussi détaché de l'empire que le reste de la France. Philippe avait joint aussi à son domaine Montpellier, le Roussillon, la Cerdagne qu'il avait achetés des rois d'Arragon. Ainsi, malgré tant de malheurs, il acquit par la politique autant qu'il perdit par les armes.//

53-54N: Paris. ¶Tout le monde sait assez que c'est depuis ce temps que les fils aînés des rois de France portent le nom de *dauphin*; mais on ne sait pas assez que les rois de France semblaient devenir par cette acquisition feudataires des empereurs à cause du royaume d'Arles. Philippe avait joint à son domaine Montpellier, le Roussillon et la Cerdagne, qu'il avait achetés des rois d'Arragon.//

412   w56-w57G: dauphin pour ses

---

se retira au couvent dominicain des Jacobins à Paris. L'importance de cette acquisition poussa Voltaire, dès w56-w57G, à remplacer la version manuscrite et 53-54N par le dernier long développement de ce chapitre (lignes 410-50). La variante (lignes 409-50) montre à quel point Voltaire, au départ, suivait Mézeray dont il avait repris et résumé le texte.

infidélités sur les monnaies, le mirent en état de faire ces acquisitions. [85] L'Etat fut augmenté, mais il fut appauvri; et si ce 430 roi eut d'abord le nom de *fortuné*, le peuple ne put jamais prétendre à ce titre. Mais sous Jean son fils on regretta encore le temps de Philippe de Valois.

Introduction de l'appel comme d'abus, faible imitation des lois anglaises. Ce qu'il y eut de plus intéressant pour les peuples sous ce règne, fut l'appel comme d'abus que le parlement introduisit peu à peu, 435 par les soins de l'avocat général Pierre Cugnières. Le clergé s'en plaignit hautement, et le roi se contenta de conniver à cet usage, et de ne pas s'opposer à un remède qui soutenait son autorité et les lois de l'Etat. [86] Cet appel comme d'abus interjeté aux parlements du royaume, est une plainte contre les sentences ou injustes ou 440 incompétentes que peuvent rendre les tribunaux ecclésiastiques, une dénonciation des entreprises qui ruinent la juridiction royale, une opposition aux bulles de Rome qui peuvent être contraires aux droits du roi et du royaume. (*b*) [87]

Ce remède, ou plutôt ce palliatif, n'était qu'une faible imitation 445 de la fameuse loi *Praemunire* publiée sous Edouard III par le

(*b*) Voyez Abus dans les *Questions sur l'Encyclopédie*.

n.*b*   56-w75G: [*absente*]
    K: Voyez l'article *Abus* dans le *Dictionnaire philosophique*.

[85] Mézeray fournit des détails sur l'achat des provinces (ann.1348 et 1349), et Daniel évoque les expédients utilisés ('Le sel est mis en parti' et 'Autres moyens d'avoir de l'argent', ann.1345), mais Voltaire s'en sert pour montrer les conséquences pour le peuple.

[86] Philippe décida, le 28 décembre 1329, de soutenir l'Eglise en sa possession. Mais 'néanmoins', ajoute Mézeray, 'depuis un tel choc, l'autorité de ce sacré corps a été tellement affaiblie, principalement par les appels comme d'abus'. A cet épisode Voltaire ajoute sa propre interprétation qui contraste défavorablement cette limitation avec le système qui règne en Angleterre: voir ci-dessous, lignes 444-50 (et notre t.3, ch.42, lignes 18-19). Daniel et Mézeray (ann.1329) fournissent des détails sur la tentative de Pierre Cugnières, procureur général au parlement, de limiter l'empiètement continu (voir Daniel) des ecclésiastiques sur la juridiction séculière.

[87] Voir *OCV*, t.39, p.59-66.

parlement d'Angleterre; loi par laquelle quiconque portait à des cours ecclésiastiques des causes dont la connaissance appartenait aux tribunaux royaux, était mis en prison. Les Anglais dans tout ce 450 qui concerne les libertés de l'Etat, ont donné plus d'une fois l'exemple.[88]

[88] La première loi sur le délit consistant à défendre ou à maintenir une juridiction papale en Angleterre fut publiée sous Edouard Ier en 1306 (le 'Statute of Provisors'), qui devint le 'Statute of Praemunire' (du verbe latin qui signifie 'fortifier' [le pouvoir laïque]) sous Edouard III en 1353 (Rapin, ann.1353, p.247-48). Cette loi fut republiée sous Richard II en 1391 (p.396-97), et Henri IV revint à la charge en 1401 (p.376). A noter la reprise du leitmotiv concernant les libertés anglaises. Voir *LP*, 9, 'Sur le gouvernement' (p.101-107) et notre t.3, ch.50, 51.

153

CHAPITRE 76

De la France sous le roi Jean. Célèbre tenue des états généraux. Bataille de Poitiers. Captivité de Jean. Ruine de la France. Chevalerie, etc.

Le règne de Jean est encore plus malheureux que celui de Philippe. [1] *1350.*

a-210 [*Première rédaction de ce chapitre*: MSP]
a MSP: Chapitre 53 §1-2
w56-w57G: Chapitre 64
61: Chapitre 72
b-d MSP §1: *De la France, de la dispute pour la couronne, de la loi salique, et des guerres d'Edouard III au XIVe siècle.//*
MSP §2, 53-w56: *De la France sous le roi Jean.//*

* Après s'être concentré essentiellement dans le ch.75 sur l'état des relations franco-anglaises à la veille, et au début, de la guerre de Cent Ans, Voltaire prend pour sujet de réflexions dans ce chapitre la destinée mouvementée de la France sous Jean le Bon: il choisit d'y privilégier les conséquences socio-politiques de la guerre pour les finances du royaume qui amènent la convocation des états généraux de 1355. En termes d'histoire militaire, il est question précisément de la reprise des hostilités et de la bataille de Poitiers – deuxième défaite catastrophique en l'espace d'une décennie – et, en passant, de la guerre secondaire qui est celle de la Succession de Bretagne. Evidemment ces conflits, et surtout le traité de Brétigny, expliquent l'anarchie grandissante (imputable aux *Compagnies* indisciplinées) à laquelle le pays est en proie dans la période 1360-1364. Confronté aux succès militaires des Anglais, Voltaire est frappé toutefois – et ne se fait pas faute de le signaler – par la déchéance physique et surtout morale de l'invincible Edouard III qui, sur la fin de ses jours (1364-1377), n'aurait pensé qu'à s'amuser avec des tournois chevaleresques et des galanteries dispendieuses, préparant ainsi les revers cuisants de son successeur. Fidèle à sa mission d'historien, Voltaire enchâsse dans ce chapitre – fût-ce en filigrane – un leitmotiv, celui de l'influence exercée par le conflit sur les mœurs et les institutions politiques de la France. Mais cet historien-philosophe est aussi un historien 'engagé': méprisant ses sources (Daniel et Rapin), il passe résolument sous silence le rôle non négligeable joué par le pape Innocent VI et ses successeurs à Avignon, ainsi que par leurs légats en France et en Angleterre en leur qualité de diplomates médiateurs. La version de l'histoire que l'on trouve ici n'est donc pas détaillée, mais est impressionniste, immédiatement accessible et ouvertement provocatrice. Il s'agit, peut-on dire, d'une histoire à thèse de la guerre de Cent

Ans, qui met l'accent à la fois sur le rapprochement politique et la rivalité militaire entre la France et l'Angleterre; thèmes très pertinents pour une œuvre composée à l'époque de la guerre de Succession d'Autriche et publiée dans deux versions augmentées (w56-w57G, 61) à l'époque de la guerre de Sept Ans, lorsque l'on tentait également de mettre en place des réformes politiques en France à l'image de la constitution anglaise. A ce propos il n'est pas indifférent de faire remarquer que, dans l'art. 'Histoire' de l'*Encyclopédie*, Voltaire fait un lien explicite entre ces guerres récentes entre la France et l'Angleterre et la guerre de Cent Ans, remarquant qu'on 'ne saurait trop remettre devant les yeux les crimes et les malheurs causés par des querelles absurdes. Il est certain qu'à force de renouveler la mémoire de ces querelles, on les empêche de renaître' (*OCV*, t.33, p.176). Au départ (version manuscrite), ce chapitre résumait assez brièvement les événements les plus marquants de la période 1350-1377. A l'évidence moins étoffé que ses prédécesseurs, il servait aussi moins souvent de vecteur à l'examen de certains problèmes fondamentaux qui font leur apparition en détail dans w56-w57G et 61. Voltaire profita de 53-54N pour faire une rapide toilette de son texte (voir lignes 88, 91, 106, 108, 133, 140, 143, 147-48, 152, 159) pour ajouter ou modifier certains détails (12 var., 65-74, 77-80, 83). On y remarque aussi (faut-il y voir un geste anti clérical?) la suppression (169 var.) de la remarque concernant la canonisation de Charles de Blois. C'est à partir de w56-w57G que Voltaire se mit à améliorer ou rectifier (60, 94-95) son texte: suppression de détails qui lui semblaient inutiles ou superflus (63, 100, 101, 108-109) ou ajouts jugés utiles pour diverses raisons (65, 136-37). Mais surtout on y note des réflexions considérablement augmentées sur le gouvernement comparé de la France et de l'Angleterre (19-37), sur les états généraux (38-56), sur l'armure à la bataille de Poitiers (74-80), ou sur le 'combat des Trente' et la chevalerie (170-89). Mêmes réflexes dans 61, car on y trouve encore de menus remaniements, soit pour ajouter des détails utiles (4-5, 39), soit pour renforcer un jugement ou un point de vue (54-56; même pour le modifier: 75-76, 184 var.). L'apport le plus considérable se trouve toutefois à la fin du chapitre où Voltaire se lance dans une méditation sur la déchéance d'Edouard III (190-203), ce qui autorise l'interrogation sur sa fin, comparée à celle de Jean le Bon (202-203). C'est en profitant des dernières lignes (204-10) pour annoncer le contenu des ch.77 et 78 que Voltaire met le point final à la version définitive de ce chapitre, car les traces fugitives de sa présence dans w75G* (54-56, 85-86) ne sont précisément que cela. Comme dans les chapitres précédents, les sources principales qu'utilise Voltaire pour l'histoire de France sont Daniel, *Histoire de France*; et Mézeray, *Abrégé chronologique de l'histoire de France*. Pour les événements du règne d'Edouard III, Voltaire se tourne de nouveau vers Rapin, *Histoire d'Angleterre* (éd. citée, La Haye, 1724; nouv. éd., Paris, 1749, BV2871, t.3, traces de lecture; voir *CN*, t.7, p.209, n.229). Pour certains points de détail, il est évident qu'il a consulté Daniel, *Histoire de la milice française* (Paris, 1721, éd citée; Paris, 1728, BV939), t.2; Boulainvilliers, *Histoire de l'ancien gouvernement de la France* (La Haye et Amsterdam, 1727, BV505), t.2; et Villaret, les t.8 et 9 de la continuation de l'*Histoire de France* de l'abbé Velly (Paris, 1755-1774, BV3409), qui venaient de sortir (Paris, 1760, 1761) (ci-après Velly).

Jean qu'on a surnommé *le Bon*, commence par faire assassiner son *Assassinats en* connétable le comte d'Eu. [2] Quelque temps après le roi de Navarre *cour. 1354.*

1-57   MSP, 53-54N: Jean son fils eut à faire aux mêmes ennemis que Philippe de Valois et fut [53-54N: ennemis et fut] beaucoup plus malheureux encore, ayant commencé son règne par faire assassiner dans son palais le connétable de France, qui était le comte d'Eu. Bientôt après le roi de Navarre, son cousin, fait aussi assassiner
5   [53-54N: fait assassiner] ce nouveau connétable. Ce roi de Navarre, [53-54N: Charles] petit-fils de Louis Hutin et roi de Navarre par sa mère, seigneur du sang du côté de son père, fut ainsi que le roi Jean un des fléaux de la France. ¶Jean, sur des soupçons, fait mettre en prison ce roi de Navarre et sans aucune forme de procès, fait trancher la tête à quatre de ses amis. S'il pouvait les faire condamner par la justice,
10   l'action fut imprudente. S'il n'avait pas de quoi leur faire leur procès, elle était horrible. ¶Des exécutions semblables [53-54N: amis. Des exécutions si cruelles] sont la preuve d'un gouvernement faible et dur. [53-54N: faible.] Celui de Jean l'était. Il avait commencé par renouveler la fausse monnaie de son père et avait menacé de mort les officiers chargés de ce secret [53-54N: l'an 1355]. ¶Sous lui les états
15   assemblés firent des lois semblables à celles du parlement des Anglais sous leur roi Jean Sans Terre. Le parlement de Paris n'y eut point de part, il ne faut point confondre cette cour supérieure de judicature avec les assemblées [MSP, *manchette*: *États généraux.*] qui représentent la nation. Ces célèbres états-généraux sont de l'an 1355. Mais [53-54N: nation. Mais] ce qui avait été chez les Anglais une forme durable
20   de gouvernement, ne fut chez les Français qu'un règlement passager. Avec les secours que donnèrent les Etats, le roi eut de quoi soudoyer une armée [53-54N: de 30 000 gens d'armes, qui avec les communes du royaume devaient composer une armée] capable de chasser à jamais les Anglais de France. La guerre s'était faite languissante depuis la bataille de Crécy. La famine, la peste, l'épuisement des
25   finances avaient produit des trêves. ¶Mais [53-54N: France. Mais] enfin
2-3   W56-W57G: assassiner dans son palais son connétable de France, qui était le comte d'Eu. Bientôt après

[1] Voltaire reprend et invertit la première ligne du chapitre sur le règne de Jean II (1350-1364) dans Daniel: 'Il y avait tout lieu d'espérer que le règne de Jean serait plus heureux que celui de son prédécesseur' (ann.1350).

[2] Selon Mézeray et Daniel (ann.1350), il s'agit plutôt d'une exécution précipitée (19 novembre 1350). Raoul II de Brienne, comte d'Eu et de Guînes, qui avait été fait prisonnier par les Anglais après la prise de Caen en 1346, rentra à la cour de France le 16 novembre 1350 où il fut accusé de conspiration avec les Anglais. Il confessa son crime à ses pairs (Mézeray et Daniel) et fut décapité sans procès parce que le roi craignait (d'après Daniel) qu'il ne s'enfuie vers l'Angleterre. Bien que Daniel propose diverses explications des méfaits supposés de Raoul, la raison profonde semble être toutefois son engagement de reconnaître Edouard comme roi de France,

son cousin et son gendre, fait assassiner le nouveau connétable Don
La Cerda prince de la maison d'Espagne. [3] Ce roi de Navarre   5
Charles, petit-fils de Louis Hutin, et roi de Navarre par sa mère,
prince du sang du côté de son père, fut, ainsi que le roi Jean, un des
fléaux de la France, et mérita bien le nom de Charles le Mauvais. [4]

1355.   Le roi ayant été forcé de lui pardonner en plein parlement, [5]
vient l'arrêter lui-même pour de moindres crimes, et sans aucune   10
forme de procès fait trancher la tête à quatre seigneurs de ses amis. [6]

4-5   w56-w57G: connétable. Ce

---

ce qui eût ravivé les querelles dynastiques occasionnées par la mort de Louis X (voir
ci-dessus, ch.75), lesquelles n'étaient qu'assoupies.

[3] Charles de La Cerda, que Daniel et Mézeray appellent Charles d'Espagne,
nommé connétable en décembre 1350, était 'le favori du roi Jean' (Mézeray,
ann.1350). Daniel – qui mentionne en passant la raison de l'assassinat – raconte
plutôt les conséquences de ce dernier (ann.1354), alors que Mézeray se contente d'en
privilégier la raison (ann.1353): Charles de Navarre prétendait au comté d'Angou-
lême, dont le roi venait de doter son favori.

[4] Ici, avec cet ajout de w56-w57G, Voltaire partage l'opinion de Daniel
(ann.1352), qui juge que Charles de Navarre 'fut la cause de la ruine entière de la
France' (ann.1352). Cependant, dans la 14e des 'Remarques pour servir de
supplément à l'*EM*' – se souvenant peut-être que Daniel s'était étonné de ce que
les nombreuses 'belles qualités' de sa jeunesse se fussent comme évaporées, mais en
tout cas donnant libre cours à son côté pyrrhonien – Voltaire entreprend de défendre
les actions de ce roi en le comparant à celles de Jean le Bon. Il ne devait toutefois
jamais revenir sur son jugement de w56-w57G.

[5] De peur de déclencher une guerre civile. Charles de Navarre avait des partisans
dans plusieurs provinces qui se seraient soulevés s'il avait été puni (voir Mézeray et
Daniel, ann.1353). Encore une fois Voltaire reprend et invertit le commentaire de
Daniel à ce sujet au détriment de Jean (ann.1354). Selon Daniel, le roi Jean consentit à
ne pas punir Charles 'à condition que le roi de Navarre lui demanderait pardon en
plein parlement'. Chose faite le 3 mars 1354.

[6] Mézeray évoque ces exécutions et fournit les noms des quatre hommes
(ann.1356). Voltaire nous induit en erreur en semblant insinuer qu'il s'agissait
d'un prétexte ('pour de moindres crimes') pour tirer vengeance, sans trop tarder
d'ailleurs, d'un 'affront' qu'on lui avait fait. Dans les deux années suivant ce 'pardon',
le roi de Navarre ne cessa de comploter, et avait même suborné le dauphin (Daniel,
ann.1356). Comme ces exécutions eurent lieu le 5 avril 1356, après les états généraux
dont Voltaire parlera par la suite (lignes 38-56), il est évident qu'il accorde la priorité,
non à la stricte chronologie des événements, mais à la structure de son récit.

Des exécutions si cruelles étaient la suite d'un gouvernement faible. Il produisait des cabales, et ces cabales attiraient des vengeances atroces que suivait le repentir.

15   Jean dès le commencement de son règne avait augmenté *Fausse monnaie.* l'altération de la monnaie déjà altérée du temps de son père, et avait menacé de mort les officiers chargés de ce secret. [7] Cet abus était l'effet et la preuve d'un temps très malheureux. Les calamités et les abus produisent enfin les lois. La France fut quelque temps

20   gouvernée comme l'Angleterre. [8] Les rois convoquaient les états

15-16   w56-w57G: Jean qu'on a nommé le *Bon* avait commencé par renouveler la monnaie altérée
18-19   w56-w57G: malheureux. Les malheurs et

[7] Ayant déjà fugitivement évoqué les malversations de Philippe de Valois, et 'les officiers chargés de ce secret' (voir ci-dessus, ch.75, lignes 370-405 var., 427-28), Voltaire, remaniant le texte de w56-w57G, revient en 1761 sur le même problème (lignes 16-17), sans doute parce que Velly insiste sur le fait que Philippe de Valois avait sérieusement altéré les espèces (ann.1346, §'Etat de la France') et que Jean le Bon négligea de tirer profit des mauvaises leçons de son père dans ce domaine (ann.1351, t.9, p.61-62; ann.1355, p.129, 134-36). Ce fut là, Voltaire le savait déjà, un problème qui devait être sempiternel car Daniel l'avait déjà alerté (ann.1355, 1356). Mais Voltaire se rappelait aussi que Boulainvilliers avait à son tour évoqué ce problème. Parlant des premières années du règne de Jean le Bon, il avait écrit: 'Jamais les monnaies n'avaient été si maltraitées qu'elles le furent pendant ce règne' (p.199). Suit une page technique traitant de la nature des altérations, avant que Boulainvilliers n'enchaîne en évoquant une ordonnance de 1351 enjoignant aux maîtres, tailleurs et changeurs de respecter leur serment de garder le secret sur ces opérations, laquelle ordonnance fut complétée par celle de septembre 1351 où on lit: 'gardez si cher comme vous avez vos honneurs qu'ils [les marchands] ne sachent d'aloi par vous à peine d'être déclarés pour traîtres: car si par vous est su en serez punis par telle manière que tous les autres y auront exemple' (p.200-201).

[8] Dans ces lignes, et plus bas, où il paraphrase Daniel (ann.1355), Voltaire évoque un cas de force majeure qui ne pouvait se résoudre que grâce à la bonne volonté de la nation. Depuis l'époque de *La Henriade* (*OCV*, t.2, p.303, éd. de 1730) jusqu'à celle de son *Commentaire sur l'Esprit des lois* (*OCV*, t.80B, p.450), il a toujours considéré le rôle joué par les états généraux comme positif (voir aussi ligne 38). Quant à cette convocation des états en 1355, elle lui paraît tout aussi souvent être un événement capital de l'histoire de France: voir, par exemple, le *Siècle de Louis XIV* (*OH*, p.1154), l'*Histoire du parlement de Paris* (*OCV*, t.68, p.65-166, 175), et les art. 'Etats généraux' et 'Impôt' des *QE* (*M*, t.19, p.34-36; p.439-44). Dans ce contexte, notons

généraux substitués aux anciens parlements de la nation. Ces états généraux étaient entièrement semblables aux parlements anglais composés des nobles, des évêques, et des députés des villes:[9] et ce qu'on appelait le nouveau parlement sédentaire à Paris, était à peu près ce que la cour du banc du roi était à Londres. Le chancelier était le second officier de la couronne dans les deux Etats; il portait en Angleterre la parole pour le roi dans les états généraux d'Angleterre, et avait inspection sur la cour du banc.[10] Il en était de même en France; et ce qui achève de montrer qu'on se conduisait alors à Paris et à Londres sur les mêmes principes, 25 30

aussi que, depuis longtemps déjà, Voltaire voyait un parallélisme entre Londres et Paris, et ne se faisait pas faute de le signaler: 'Ces états ressemblaient au parlement de la Grande-Bretagne' (*Essai sur les guerres civiles*, *OCV*, t.3B, p.98), mais notons aussi qu'il juge bon (pour une fois) d'ajouter: 'quant à leur convocation; mais leurs opérations étaient différentes'. Voir aussi ci-dessus, ch.75, lignes 448-50.

[9] Sur l'apparition (1302) du tiers état dans ces assemblées, voir ch.65 (notre t.3, p.513-15 et n.1).

[10] Voltaire profite de W56-W57G pour approfondir sa réflexion sur la manière dont l'Angleterre et la France furent gouvernées à cette époque précise (lignes 15-36). Sur le parlement sédentaire (qui date de 1305), voir ci-dessous, ch.85, lignes 1-5, 20-22). A l'origine, la cour du Banc du roi (King's Bench) était la section judiciaire du conseil du roi (Voltaire y reviendra aussi dans le ch.85, lignes 105-18). Elle était ainsi dénommée car, dans les premiers temps, le roi y siégeait en personne. Elle eut ses origines dans la *Capitalis curia regis* établie sous le règne d'Henri II (1154-1189), qui traitait tous les cas impliquant les intérêts de la couronne, et avait juridiction d'appel sur les décisions des deux autres cours: celles de l'Echiquier (qui s'occupait des litiges en matière d'impôts et de finances) et des plaids communs (qui connaissait des différends entre particuliers). Une des provisions de la Grande Charte de 1215 eut pour objet de la fixer à Londres. Le Chancelier d'Angleterre (Lord High Chancellor) tenait le deuxième rang parmi les officiers de l'Etat, derrière le Grand Intendant (Lord High Steward). Il assurait la communication entre le souverain et le parlement, et surveillait l'exercice de la justice dans les cours du roi. Daniel attire l'attention sur le rôle similaire joué par le chancelier français de l'époque, Pierre de La Forêt (1305-1361), qui exposa aux états généraux la situation délétère où se trouvait le royaume: 'l'épargne du prince étant épuisée, c'était aux peuples à lui fournir des fonds pour soutenir cette guerre qu'il ne faisait point pour sa propre gloire [...] mais uniquement pour le salut de ses sujets' (ann.1355). La référence à la cour du Banc du roi et au parlement anglais a pour but de renforcer cette idée de la séparation entre les fonctions judiciaires et législatives du gouvernement français.

c'est que les états généraux de 1355 proposèrent et firent signer au roi Jean de France presque les mêmes règlements, presque la même charte qu'avait signée Jean d'Angleterre. Les subsides, la nature des subsides, leur durée, le prix des espèces, tout fut réglé par 35 l'assemblée. Le roi s'engagea à ne plus forcer les sujets de fournir des vivres à sa maison, à ne se servir de leurs voitures et de leurs lits qu'en payant, à ne jamais changer la monnaie, etc. [11]

Ces états généraux de 1355, les plus mémorables qu'on ait jamais tenus, sont ceux dont nos histoires parlent le moins. Daniel dit 40 seulement qu'ils furent tenus dans la salle du nouveau parlement; [12]

Etats généraux mémorables.

---

39   w56-w57G: moins. Le père Daniel
40-41   w56-w57G: parlement. On devrait ajouter

---

[11] Convoqués à Paris pour le 29 novembre 1355, c'est le 2 décembre que les états se réunirent, et le 23 que fut signée la première version de la Grande Ordonnance (dont on trouvera un résumé assez exhaustif dans Boulainvilliers, p.213-29). Mézeray et Daniel n'étant ici d'aucun secours, Voltaire dut se tourner encore une fois vers Boulainvilliers: 'le roi Jean rendit sur leurs remontrances une déclaration, qui fixe irrévocablement le droit des Assemblées, et qui pourrait par cette raison être justement comparée à la Grande Charte accordée aux Anglais par un prince du même nom que le nôtre' (p.204; *CN*, t.1, p.471, en marge, un trait en face de la comparaison de la Déclaration et la Grande Charte). Tous les détails ponctuels que choisit Voltaire dans ce paragraphe sont tout simplement une paraphrase de Boulainvilliers (p.206, 210, 212, 218-22). En faisant le rapprochement avec la Grande Charte d'Angleterre, Voltaire (comme Boulainvilliers) cherche à renforcer l'idée que la France avait joui brièvement d'un gouvernement limité où le roi ne pouvait lever des taxes que si les états généraux en contrôlaient l'application. Cependant, en décrivant la Grande Charte au ch.51, Voltaire remarque que ses provisions n'imposaient presque pas de limites à l'autorité royale (notre t.3, p.236-37 et n.21-22). La lettre 9 des *LP* conteste également l'idée que la Grande Charte constitue 'l'origine sacrée des libertés anglaises' (t.1, p.104). Il en cite plusieurs articles pour prouver que 'le roi se croyait absolu de droit' (p.104) et que si les Anglais se disaient libres, 'une telle liberté tenait encore beaucoup de l'esclavage' (p.105). Comme Voltaire l'explique ci-dessus (ch.75, lignes 20-30), ce n'est qu'au début du XIVe siècle qu'il fut permis aux communes de régler les subsides, et que la constitution de l'Angleterre prit la forme démocratique et représentative qui suscita les louanges des philosophes.

[12] Daniel écrit: 'Quand on se fut assemblé dans la chambre du parlement' (ann.1355), mais il n'est pas tout à fait vrai qu'il demeure muet sur la raison d'être

il devait ajouter que le parlement, qui n'était point alors perpétuel, n'eut point entrée dans cette grande assemblée. [13] En effet le prévôt des marchands de Paris, comme député-né de la première ville du royaume, porta la parole au nom du tiers état. [14] Mais un point essentiel de l'histoire qu'on a passé sous silence, c'est que les états 45 imposèrent un subside d'environ cent quatre-vingt-dix mille marcs d'argent, pour payer trente mille gendarmes; ce sont neuf millions cinq cent mille livres d'aujourd'hui; ces trente mille gendarmes composaient au moins une armée de quatre-vingt mille hommes, à laquelle on devait joindre les communes du royaume; et au bout de 50 l'année on devait établir encore un nouveau subside pour l'entretien de la même armée. [15] Enfin ce qu'il faut observer, c'est que cette espèce de grande charte ne fait qu'un règlement passager, au

47-48   K: sont dix millions quatre cent mille livres

---

de la convocation (voir ligne 28 et n.10). Il est constant toutefois qu'il ne parle pas de la Grande Ordonnance, et qu'il ne donne aucun des détails qu'on trouve chez Voltaire (lignes 31-37).

[13] Le parlement établi par Philippe le Bel en 1305 ne rendait justice que deux fois par an: vers Pâques et vers la Toussaint. Il ne devait devenir perpétuel qu'en 1318 (voir ci-dessous, ch.85, lignes 22-23). Quant à l'absence du parlement, il s'agit tout simplement d'une inférence cautionnée par Boulainvilliers (p.205-206).

[14] Ce porte-parole était Etienne Marcel (c.1316-1358), prévôt des marchands de Paris depuis 1354 (voir Boulainvilliers, p.206; Daniel, ann.1355). En tant que délégué du tiers état, Marcel était à la tête d'un mouvement de réforme qui tenta de contrôler les pouvoirs de la monarchie en 1358 (voir ci-dessous lignes 98-103).

[15] Chiffres imputables à Boulainvilliers (aussi chez Daniel, ann.1355; Mézeray, ann.1356): '30 000 hommes d'armes. Armée prodigieuse si l'on suppose que chacun avait deux archers à cheval, outre les couteliers et les pages, puisqu'elle montait à 90 000 hommes de cavalerie, sans compter l'infanterie composée des communes du royaume' (p.206). Contrairement à d'autres historiens contemporains, Voltaire convertit souvent les sommes en monnaie courante. Ceci nécessite des mises à jour dans les éditions successives (jusqu'à Kehl inclusivement); voir lignes 47-48 var. Par l'art.6 de l'Ordonnance, il fut convenu que 'si la guerre n'était terminée dès l'année, les mêmes trois Etats demeurent convoqués pour la Saint André [...] pour aviser besognes qui lors coureront, et accorder aides nouvelles' (Boulainvilliers, p.217).

lieu que celle des Anglais fut une loi perpétuelle. [16] Cela prouve que le caractère des Anglais est plus constant et plus ferme que celui des Français. [17]

Mais enfin le Prince Noir, avec une armée redoutable quoique petite, s'avançait jusqu'à Poitiers, et ravageait ces terres qui étaient autrefois du domaine de sa maison. [18] Le roi Jean accourut à la tête de près de soixante mille hommes. Personne n'ignore qu'il pouvait, en temporisant, prendre toute l'armée anglaise par famine.

Si le Prince Noir avait fait une grande faute de s'être engagé si

54-57   w56-w75G: perpétuelle. ¶Mais
57   MSP: [manchette] *1346*. [erreur]
60   MSP, 53-54N: près de cent mille

[16] Comme dit Boulainvilliers, cette Ordonnance 'est demeurée oubliée depuis plus de deux cents ans' (p.204) pour la bonne raison que, votée en 1355, elle fut révoquée par Jean II en 1357 alors que la charte anglaise était toujours en vigueur.

[17] Au milieu du XVIIIe siècle, ce contraste entre la fermeté des Anglais et la frivolité des Français était en train de devenir un lieu commun. Dans *De l'esprit des lois* (1748), Montesquieu avait comparé l'humeur 'vive, agréable, enjouée, quelquefois imprudente, souvent indiscrète' des Français avec la 'probité' et le 'courage' des Anglais (livre 14, ch.3; livre 19, ch.5, 27). Plus tard, on se référait à ces différences pour expliquer les victoires des troupes anglaises sur l'armée française pendant la guerre de Sept Ans (1756-1763): voir P. Langford, *Englishness identified: manners and character 1650-1850* (Oxford, 2000), p.68-72.

[18] Voltaire remonte loin: le Poitou fut rattaché au domaine anglo-angevin par le mariage (mai 1154) d'Aliénor d'Aquitaine à Henri Plantegenêt, futur Henri II. Il fut rattaché à la couronne de France par la paix de Chinon (18 septembre 1214). Rapin note que le Prince Noir prit Carcassonne et Narbonne, et avança à Poitiers par le Périgord et le Limousin (ann.1356, p.207; voir aussi Daniel, ann.1356). Son armée comprenait 12 000 hommes, selon Rapin, Daniel et Mézeray. Nous ne savons où Voltaire trouva le premier chiffre de 100 000 hommes pour l'armée française (ligne 60 var.), mais la rectification de w56-w57G s'est faite à la lumière de la manchette dans Rapin: 'Le roi Jean le poursuit avec une armée de 60 000 hommes' (p.207). Les mêmes historiens (Rapin, p.208; Mezeray, ann.1356; Daniel) sont d'accord pour dire que Jean aurait dû et pu affamer le Prince Noir. Il convient de noter que Voltaire refuse ici d'évoquer le rôle joué avant la bataille de Poitiers par le cardinal Elie de Talleyrand-Périgord, légat du pape Innocent VI à Avignon, qui, selon Daniel (ann.1356), tâcha jusqu'au dernier moment de négocier la paix.

avant, le roi Jean en fit une plus grande de l'attaquer. Cette bataille de Maupertuis ou de Poitiers ressembla beaucoup à celle que Philippe de Valois avait perdue. Il y eut de l'ordre dans la petite 65 armée du Prince Noir; il n'y eut que de la bravoure chez les Français; mais la bravoure des Anglais et des Gascons qui servaient sous le prince de Galles l'emporta. Il n'est point dit qu'on eût fait usage du canon dans aucune des deux armées. Ce silence peut faire douter qu'on s'en soit servi à Créci; ou bien il fait voir que 70 l'artillerie ayant fait peu d'effet dans la bataille de Créci, on en avait discontinué l'usage; ou il montre combien les hommes négligeaient des avantages nouveaux pour les coutumes anciennes; ou enfin il accuse la négligence des historiens contemporains. [19] Les principaux

63   MSP: l'attaquer. Pouvait-il le mépriser après la journée de Crécy? Cette bataille
65-66   53-54N: dans l'armée
65-74   MSP: Il y eut beaucoup d'ordre dans l'armée du Prince Noir et aucun chez les Français. L'heureuse disposition de la petite armée anglaise, sa bravoure, la nécessité de vaincre ou de périr lui donnèrent la victoire. ¶Les principaux
67-80   53-54N: des Anglais l'emporta. Les principaux chevaliers de France périrent. Le reste s'enfuit. Le roi blessé au visage fut fait prisonnier avec un de ses fils. Le Prince Noir

[19] La bataille de Poitiers eut lieu le 19 septembre 1356. Voltaire pense sans doute à Crécy (1346), non seulement parce qu'il s'agissait de la première victoire du Prince Noir (voir ci-dessus, ch.75, ligne 286, où Voltaire souligne son rôle), mais aussi parce que cette victoire avait permis aux Anglais de s'établir en Guyenne. Les commentaires sur l'utilisation de l'artillerie sont une continuation du débat sur le même sujet dans le ch.75 (ci-dessus, lignes 289, 311-13), où Voltaire constate, comme ici, le caractère durable des anciens usages guerriers malgré l'invention des munitions (point de vue qu'il avait sans doute trouvé chez Daniel, *Histoire de la milice française*: 'Quoique les armes à feu aient avec le temps fait disparaître les autres, on peut voir toutefois [...] que pendant plus de deux siècles on s'est servi en même temps des unes et des autres' (t.1, p.441). Il n'est pas exclu que le débat que Voltaire inaugure avec lui-même (lignes 69-74) ait provoqué cette réponse dans Velly: 'Autant qu'on le peut conjecturer par le silence unanime de tous les historiens, les Anglais ne firent point usage d'artillerie à la bataille de Poitiers quoiqu'ils eussent des canons, ainsi qu'on a pu l'observer ci-dessus [ann.1356, §'Prise du roi'] au siège de Romorantin, ce qui semblerait devoir faire révoquer en doute qu'ils eussent employé ces machines meurtrières à la bataille de Crécy, circonstance d'ailleurs qui n'est rapportée que par Villani' (p.188).

75 chevaliers de France périrent; et cela prouve que l'armure n'était pas alors si pesante et si complète qu'autrefois; [20] le reste s'enfuit. Le roi, blessé au visage, fut fait prisonnier avec un de ses fils. C'est une particularité digne d'attention, que ce monarque se rendit à un de ses sujets qu'il avait banni, et qui servait chez ses ennemis. La même *Jean prisonnier.*
80 chose arriva depuis à François Ier. [21] Le Prince Noir mena ses deux prisonniers à Bordeaux, et ensuite à Londres. On sait avec quelle politesse, avec quel respect il traita le roi captif, et comme il augmenta sa gloire par sa modestie. Il entra dans Londres sur un petit cheval noir, marchant à la gauche de son prisonnier monté sur

75-76   MSP, W56-W57G: périrent. Le reste
77-80   MSP: fils. Le Prince
83   MSP: par sa modération. Il

[20] Bien que Mézeray et Daniel (ann.1356) aient parlé du rôle des archers anglais, il s'agit ici peut-être d'une induction imputable à sa lecture de Velly qui invita Voltaire à réfléchir sur les raisons profondes de la défaite, car Velly insiste sur le fait qu'au tout début de la bataille 300 hommes d'armes à cheval furent décimés par des 'flèches longues et dentelées' (ann.1356, §'Bataille de Maupertuis ou de Poitiers'). Cette remarque sur l'armure fut ajoutée en 61, en même temps que fut retranché le commentaire contradictoire de W56-W57G selon lequel l'armure de l'époque était complète et rendait les chevaliers invulnérables (voir ci-dessous, ligne 184 var.). En parlant des guerres du XIIIe siècle au ch.51, Voltaire observe que 'les chevaliers bien armés ne couraient guère d'autre risque que d'être démontés, et n'étaient blessés que par un très grand hasard' (notre t.3, p.233). Il semble donc vouloir montrer ici que l'armure avait évolué dans le sens de l'inefficacité au cours de la guerre de Cent Ans. Cette théorie contredit carrément les conclusions de Daniel, qui déclare à plusieurs reprises que les hommes d'armes étaient invulnérables jusqu'à l'époque de Louis XIV (*Histoire de la milice*, t.1, livre 6, p.383-99).
[21] Jean et son quatrième fils Philippe (1342-1404), âgé de quatorze ans et surnommé *le Hardi* grâce à sa prouesse lors de cette bataille, furent faits prisonniers par le chevalier français Denis de Morbecque (Mézeray, ann.1356, l'appelle Jean de Morbecque), qui avait été banni pour meurtre (Daniel, ann.1356; Rapin, p.208-209). François Ier fut fait prisonnier après la bataille de Pavie (1525) par Joachim de Pomperanc ou Pomperant, officier français au service de Charles de Bourbon, mentionné par Daniel (ann.1527). C'est Voltaire lui-même qui fait le lien entre les deux cas.

un cheval remarquable par sa beauté et par son harnois, nouvelle   85
manière d'augmenter la pompe du triomphe. [22]

La prison du roi fut dans Paris le signal d'une guerre civile.
Chacun pense alors à se faire un parti. On ne voit que factions sous
prétexte de réforme. Charles dauphin de France, qui fut depuis le
sage roi Charles V, n'est déclaré régent du royaume, que pour le   90
voir presque révolté contre lui. [23]

Royaume   Paris commençait à être une ville redoutable; il y avait cinquante
bouleversé. mille hommes capables de porter les armes. On invente alors
l'usage des chaînes dans les rues, et on les fait servir de
retranchement contre les séditieux. [24] Le dauphin Charles est   95

85-87   MSP, 53-W75G: harnois. [MSP: Je ne sais si on pouvait triompher plus
superbement.] ¶La prison
88   MSP: alors se faire
91   MSP: presque tout révolté
92   MSP: [*manchette*] *Paris sous le roi Jean.*
94-95   MSP: rues pour servir de retranchement dans les séditions. Le dauphin

[22] Rapin (p.209), Mézeray et Daniel (ann.1356) évoquent la courtoisie du Prince
Noir envers Jean juste après la bataille, mais ici Voltaire fait l'économie de douze
mois et se base sur Rapin: 'Lorsqu'ils firent leur entrée dans Londres, le prince de
Galles monté sur une petite haquenée noire, marchait à côté du roi de France qui
montait un beau cheval blanc superbement harnaché. On aurait dit que toute la
pompe qui fut étalée à cette occasion était uniquement destinée à faire honneur au roi
étranger' (p.210). Mêmes détails chez Daniel (ann.1356). Notons que Voltaire
revient en W75G*, en utilisant le terme 'pompe' (qui se trouve chez Rapin), à son
jugement originel de la version manuscrite, supprimé dans 53-54N.
[23] D'après Daniel, la régence du dauphin Charles (1356-1360) suscita des débats
sur la forme de gouvernement la plus avantageuse pour la France, à la suite desquels
les trois états élurent une assemblée de députés qui siégeaient régulièrement à Paris
'pour y délibérer entre eux sur ce qui concernait le bien, la sûreté et la réformation du
royaume' (ann.1356). Selon Mézeray, malgré l'apparence représentative de cette
assemblée, 'chacun s'imaginait avoir le temps propre pour recouvrer ses droits et ses
privilèges' (ann.1356). Pourquoi Voltaire dit-il 'presque' révolté (MSP: 'presque tout
révolté'), car Daniel parle constamment d'une 'populace mutine' et d'un 'royaume
révolté contre son prince légitime'?
[24] Voltaire semble ici avoir lu Daniel négligemment, car en employant le terme de
'séditieux' dans le contexte de Paris, ville en ébullition, il nous fait croire que
l'invention dont il parle était une initiative du dauphin. Mais ici, ce sont 'les
bourgeois', qui pensent 'à leur sûreté', et qui prennent toute une série d'initiatives:

obligé de rappeler le roi de Navarre, que le roi son père avait fait emprisonner. C'était déchaîner son ennemi. Le roi de Navarre arrive à Paris pour attiser le feu de la discorde. [25] Marcel, prévôt des *1357.* marchands de Paris, entre au Louvre, suivi des séditieux. Il fait
100 massacrer Robert de Clermont, maréchal de France, et le maréchal de Champagne, aux yeux du dauphin. [26] Cependant les paysans s'attroupent de tous côtés: et dans cette confusion ils se jettent sur tous les gentilshommes qu'ils rencontrent. Ils les traitent comme des esclaves révoltés, qui ont entre leurs mains des maîtres trop durs et trop farouches. Ils se vengent par mille supplices de leurs
105 bassesses et de leurs misères. [27] Ils portent leur fureur jusqu'à faire

98 MSG: attiser la discorde
100 MSP: France (il n'y en avait qu'un alors) et le
101 MSP: dauphin qui est couvert de leur sang. Cependant
106 MSP: portèrent

'creuser des fossés', 'élever des parapets', renforcer les fortifications de la ville, etc., qui sont autant de preuves de 'l'esprit de sédition chez les Parisiens' (Daniel et Mézeray, ann.1356). Parmi ces initiatives Daniel mentionne l'usage de tendre des chaînes dans les rues pour entraver le passage des hommes à cheval.
[25] Une des premières requêtes de la nouvelle assemblée visait la libération de Charles de Navarre dont il y avait, selon Daniel (ann.1356), beaucoup de partisans parmi les députés. Le dauphin ayant refusé cette requête, Charles de Navarre fut délivré de force par Jean de Picquigny et emmené à Paris où le dauphin fut contraint de lui pardonner et de lui restituer ses biens. Il tenta par la suite de soulever Paris et certaines des provinces contre le régent (Daniel, ann.1356-1357; Mézeray, ann.1357-1358).
[26] Voltaire fait de ces deux assassinats (comme Daniel, ann.1358) de simples faits divers imputables à de séditieux anarchistes. Mézeray explique toutefois qu'il s'agissait d'une vengeance ciblée (ann.1358): Robert de Clermont et Jean de Conflans, maréchaux de Normandie et de Champagne, reçurent du dauphin l'ordre d'arrêter Perrin Macé, partisan d'Etienne Marcel qui, ayant tué Jean Baillet, Trésorier de France, se réfugia dans l'église de Saint-Jacques-de-la-Boucherie. Ayant été arrête, Macé fut exécuté. Déjà impopulaires ('étant accusés d'empêcher le dauphin de faire aucune justice au peuple sur ses griefs'), les deux maréchaux furent massacrés dans le Palais de la Cité par une foule aux ordres d'Etienne Marcel. Le dauphin se fit épargner en se mettant sous la protection de Marcel.
[27] Cette révolte paysanne, qui sévit en Brie et en Picardie, est connue sous le nom de Jacquerie, terme qu'emploient Daniel (ann.1358), Rapin (p.212) et Mézeray

rôtir un seigneur dans son château, et à contraindre sa femme et ses filles de manger la chair de leur époux et de leur père. [28]

Dans ces convulsions de l'Etat, Charles de Navarre aspire à la couronne. Le dauphin et lui se font la guerre, qui ne finit que par une paix simulée. [29] La France est ainsi bouleversée pendant quatre ans depuis la bataille de Poitiers. Comment Edouard et le prince de Galles ne profitaient-ils pas de leur victoire et des malheurs des vaincus? Il semble que les Anglais redoutassent la grandeur de leurs maîtres; ils leur fournissaient peu de secours; et Edouard traitait de la rançon de son prisonnier, tandis que le Prince Noir acceptait une trêve. [30]

110

115

108   MSP: filles à manger
108-109   MSP: père. Il en coûta du sang pour les dissiper. ¶Dans
116-17   MSP, 53-54N: Noir faisait une

(ann.1358), qui présentent les paysans comme des victimes de pillages et d'exactions exacerbés par l'état chaotique du royaume. Ils utilisent également le terme 'anarchie'. Confronté aux opprimés mentionnés par Mézeray et Daniel, Voltaire préfère l'analogie avec des esclaves qui se vengent de leur maître. Il réemploie la même allusion au ch.78, ci-dessous, en parlant de la révolte paysanne en Angleterre (ligne 103); le contexte étant les guerres serviles à Rome, et non les rébellions d'esclaves dans les colonies au XVIIIe siècle.

[28] Voltaire copie Boulainvilliers: '[les Communes] firent main basse sur tous les gentilshommes qu'elles purent surprendre dans leurs châteaux avec des cruautés incroyables, jusqu'à faire rôtir un chevalier à la broche, et contraindre sa femme et ses filles à manger de sa chair' (p.266).

[29] Daniel justifie cette prétention de Charles de Navarre, qui 'méditait depuis quelque temps de se faire roi de France', en notant que: 'Supposé que la couronne de France eût pu tomber en quenouille, il y aurait eu droit avant le roi d'Angleterre, car il était fils d'une fille de Louis Hutin, et par conséquent il devait être préféré à Edouard, qui n'était qu'en ligne collatérale, et seulement neveu de ce roi par sa mère Isabelle' (ann.1358); Charles était également encouragé par 'la faveur des Parisiens hautement déclarés pour lui'. Daniel raconte en détail les hostilités armées qui prirent fin avec le traité de Pontoise (19 août 1359).

[30] Pourquoi Voltaire veut-il ici se singulariser par rapport à ses devanciers? Rapin, par exemple, souligne le fait que l'Angleterre, après la bataille de Poitiers, avait signé une trêve de deux ans, et que le pays jouissait d'une profonde tranquillité (ann.1357, p.211). Il nous rappelle toutefois qu'Edouard III était occupé 'de vastes projets qu'il formait par rapport à la France', et insiste sur le fait qu'à la veille de

Il paraît que de tous côtés on faisait des fautes. Mais on ne peut comprendre comment tous nos historiens ont eu la simplicité d'assurer que le roi Edouard III, étant venu pour recueillir le fruit des deux victoires de Créci et de Poitiers, s'étant avancé jusqu'à quelques lieues de Paris, fut saisi tout à coup d'une si sainte frayeur à cause d'une grande pluie, qu'il se jeta à genoux, et qu'il fit vœu à la Sainte Vierge d'accorder la paix. [31] Rarement la pluie a décidé de

120

Edouard III donne la paix, non par dévotion. 1360.

118-27   MSP, 53-54N: des fautes. Enfin Edouard demanda [MSG: demande] pour la rançon

l'expiration de la trêve, il préparait activement cette nouvelle expédition (ann.1360, p.213). Comment d'ailleurs Voltaire a-t-il pu ignorer que Rapin juge bon d'ajouter: 'Une armée de cent mille combattants [...] donnait assez à connaître le dessein qu'il avait de faire un puissant effort pour subjuguer la France pendant que les troubles de ce royaume lui offraient une occasion si favorable' (p.213)? Pour sa part, Daniel souligne premièrement que les Anglais maintenaient une forte présence en France après la bataille de Poitiers et qu'ils prêtaient main forte au roi de Navarre à des moments stratégiques (ann.1358-1359), deuxièmement qu'Edouard 'n'attendait que la fin de la trêve pour continuer ses conquêtes en France', et troisièmement que le roi d'Angleterre subissait une pression forte de la part du pape Innocent VI pour respecter la trêve.

[31] Rapin, Mézeray et Daniel (ann.1360) soulignent tous bien d'autres causes de la retraite des Anglais. D'abord, ayant débarqué en novembre 1359, les troupes anglaises avaient combattu pendant tout l'hiver et étaient décimées par la maladie et les escarmouches (Daniel); ensuite, le légat du pape Simon de Langres et d'autres médiateurs n'avaient cessé de solliciter la paix auprès du roi d'Angleterre (Mézeray et Daniel, ann.1360; Rapin, p.214); enfin, le duc de Lancastre (Henri de Grosmont, 1306-1361) et ses conseillers soulignaient les nombreux désavantages et dangers de continuer la campagne, dont l'extrême inconvénient socio-politique de vouloir régner sur un pays exsangue où les Anglais étaient en exécration (Daniel), sans parler du fait qu'ayant emmené toute l'armée anglaise en France, Edouard avait laissé l'Angleterre exposée (Mézeray). La cause de la fin des hostilités est décrite par tous les historiens; voir, par exemple, Rapin, qui parle d'un 'orage épouvantable accompagné [...] d'une 'grêle prodigieuse qui tua six mille chevaux et mille hommes de son armée' (p.214; éd. de 1749, p.220, papillon collé; *CN*, t.7, p.214). Les récits sont délibérément transformés par Voltaire en 'une grande pluie'. Notons que Voltaire préfère oublier que Rapin avait trouvé dans cet événement une explication politique beaucoup plus plausible: 'Peut-être fut-il [Edouard] bien aise que cet événement lui fournit une occasion de faire voir qu'il voulait accorder la paix

la volonté des vainqueurs et du destin des Etats; et si Edouard III fit   125
un vœu à la Sainte Vierge, ce vœu était assez avantageux pour lui.
Il exige pour la rançon du roi de France le Poitou, la Saintonge,
l'Agénois, le Périgord, le Limousin, le Quercy, l'Angoumois, le
Rouergue, et tout ce qu'il a pris autour de Calais, le tout en
souveraineté sans hommage. Je m'étonne qu'il ne demandât pas la   130
Normandie et l'Anjou son ancien patrimoine. Il voulut encore trois
millions d'écus d'or.[32]

1360.   Edouard cédait par ce traité à Jean le titre de roi de France, et ses
droits sur la Normandie, la Touraine et l'Anjou. Il est vrai que les
anciens domaines du roi d'Angleterre en France étaient beaucoup   135
plus considérables que ce qu'on donnait à Edouard par cette paix;

129-30   MSP: Calais. Je
133   MSP: Edouard par ce traité cédait à
136-37   MSP, 53-54N: que ce qu'on lui cédait par cette paix et cependant

---

à la France par un pur motif de générosité, et de couvrir par là la honte de n'avoir pu,
avec une si belle armée, faire autre chose que ruiner le plat pays' (p.214). Velly,
répondant directement au 'brillant auteur de l'*Essai sur l'histoire générale*' et à son
évaluation désinvolte, manqua l'occasion de lui faire, avec l'aide de Rapin, une belle
leçon de realpolitik, se contentant de remarquer que 'la Providence se sert souvent
des moyens les plus simples pour nous faire entendre la voix de la justice et de la
raison' (ann.1360, §'Edouard se détermine').

[32] Le traité de Brétigny, signé le 8 mai 1360, et qui établit les termes de la paix et la
rançon de Jean II, toujours prisonnier à Londres, est en effet très avantageux pour
l'Angleterre car Edouard III accroît ses possessions sur le territoire français et n'est
plus vassal du roi de France. Rapin, que semble suivre Voltaire, en détaille tous les
articles (p.215; éd. de 1749, p.221-27; signet, p.220-21, *CN*, t.7, p.214), et Daniel
(ann.1360) donne aussi, dans le même ordre, le nom des acquisitions territoriales
(art.1, que Voltaire caractérise, ligne 127, de 'rançon'). C'est par l'art.12 du traité que
'le roi [...] et le prince de Galles renonçaient [...] à toutes leurs prétentions aux droits
qu'ils s'attribuaient sur les duchés de Normandie et de Touraine, sur les comtés du
Maine et d'Anjou' (Daniel). Les trois millions d'écus d'or dont il s'agit (art.14)
étaient la véritable rançon du roi, toujours prisonnier à Londres. C'est sous les
auspices d'Innocent que fut conclu en 1360 le traité de Brétigny entre la France et
l'Angleterre, dont Voltaire parlera par la suite (lignes 127-37), toujours, et
délibérément, sans évoquer le rôle joué par la papauté.

cependant ce qu'on cédait, était un quart de la France. [33] Jean sortit enfin de la Tour de Londres après quatre ans, en donnant en otage son frère et deux de ses fils. [34] Une des plus grandes difficultés était de payer la rançon. Il fallait donner comptant six cent mille écus d'or pour le premier paiement. La France s'épuisa, et ne put fournir la somme. On fut obligé de rappeler les Juifs, et de leur vendre le droit de vivre et de commercer. [35] Le roi même fut réduit à payer ce qu'il achetait pour sa maison, en une monnaie de cuir, qui avait au milieu un petit clou d'argent. [36] Sa pauvreté et ses malheurs le privèrent de toute autorité, et le royaume de toute police.

138   MSP: [*manchette*] *1360.*
140   MSP: rançon dont il fallait
143   MSP: fut obligé de payer
144   MSP: monnaie de cuivre,

[33] C'est par l'art.12 aussi que le roi et le prince de Galles renonçaient 'au droit et au nom de la couronne de France'. En effet, si le roi d'Angleterre avait voulu faire valoir ses droits sur ce que les historiens modernes appellent 'l'empire Plantagenêt', la France aurait perdu toute sa moitié occidentale, de Calais jusqu'au Languedoc. Les conditions du traité de Brétigny étaient, comme le dit Rapin, 'plus modérées qu'elles ne paraissent d'abord' (p.221). Voir J. Favier, *Les Plantagenêts: origine et destin d'un empire* (Paris, 2004).

[34] Le frère de Jean II, Philippe, duc d'Orléans (1336-1375), avait été emprisonné en Angleterre depuis la bataille de Poitiers; ses fils Louis, duc d'Anjou (1339-1384) et Jean, duc de Berry (1340-1416) furent livrés en otages en 1360, avec 39 autres personnes (voir Rapin, p.217-18; la liste donnée par Daniel, ann.1360, est plus courte).

[35] C'est l'art.15 du traité qui stipulait le montant du premier paiement de la rançon (Rapin, p.217). Comme l'avait noté Voltaire au ch.65, les Juifs avaient été expulsés de France en 1306 par Philippe le Bel, qui 'punit l'usure juive par une injustice' (notre t.3, p.534; voir aussi Daniel, ann.1360). En 1360, en échange de leur contribution ('une grosse somme', Daniel) à sa rançon, Jean II leur donna le droit de revenir en France pendant vingt ans. Voir aussi ch.103, 'De l'état des Juifs en Europe'.

[36] Daniel raconte que la disette d'argent était sans doute extrême 'si ce que Philippe de Commynes [*Mémoires*, livre 5, ch.19] dit est véritable, qu'après les levées faites pour la rançon du roi, on fut obligé de s'y servir d'une monnaie de cuir, ou il y avait seulement un petit clou d'argent' (ann.1360). Cette monnaie n'est pas mentionnée par les historiens modernes, qui soulignent au contraire la création d'un franc en or par le roi Jean à cette époque pour rétablir la stabilité monétaire. Voir A. Demurger, *Temps de crises, temps d'espoirs, XIVe-XVe siècle* (Paris, 1990),

Les soldats licenciés, et les paysans devenus guerriers, se joignirent partout, mais principalement par delà la Loire. Un de leurs chefs se fit nommer *l'Ami de Dieu et l'ennemi de tout le monde.* Un nommé Jean de Gouge, bourgeois de Sens, se fit reconnaître roi par ces brigands, et fit presque autant de mal par ses ravages que le véritable roi en avait produit par ses malheurs. [37] Enfin ce qui n'est pas moins étrange, c'est que le roi dans cette désolation générale alla renouveler dans Avignon, où étaient les papes, les anciens projets des croisades. Un roi de Chypre était venu solliciter cette entreprise contre les Turcs, répandus déjà dans l'Europe. [38] Apparemment le roi Jean ne songeait qu'à quitter sa patrie; mais au lieu d'aller faire ce voyage chimérique contre les Turcs, n'ayant pas de quoi payer le reste de sa rançon aux Anglais, il retourna se mettre en otage à Londres à la place de son frère et de ses enfants. Il y mourut, et sa rançon ne fut pas payée. On disait, pour comble d'humiliation, qu'il n'était retourné en Angleterre que pour y voir une femme dont il était amoureux à l'âge de cinquante-six ans. [39]

Jean ne pouvant payer retourne à Londres, et meurt.

1363.

150

155

160

147-48   MSP: se joignent
152   MSP: avait fait par
159   MSP: payer sa rançon

---

p.33-34. Notons aussi qu'encore une fois, Voltaire passe sous silence la participation du pape Innocent VI qui, selon Daniel, offrit à Jean les revenus de deux décimes levées sur le clergé de France pour payer la somme exigée.

[37] Les bandes de mercenaires qui, après la paix de Brétigny, rôdaient désœuvrées dans les campagnes françaises sont longuement évoquées par Daniel (ann.1361). *L'Ami de Dieu et l'ennemi de tout le monde* était le chef de la garnison établie à Pont-Saint-Esprit, alors que Jean Gouge sévissait 'aux environs du Rhône' (Daniel).

[38] Daniel explique l'engagement de Jean II dans ce projet de croisade proposé par Pierre Ier de Lusignan, roi de Chypre et de Jérusalem (1358-1369), par le fait que le pape Urbain V (1362-1370) le persuada que les grandes Compagnies, présentement en train de ravager la France (voir n.37), le suivraient en croisade et que la France en serait ainsi délivrée (ann.1362).

[39] La formule 'le reste de sa rançon', qui fit son apparition dans 53-54N, risque de surprendre car rien n'avait encore été versé. C'est la ligne 127 qui fait comprendre que Voltaire mettait sous la rubrique 'rançon' toutes les demandes formulées par

165 La Bretagne, qui avait été la cause de cette guerre, fut abandonnée à son sort. [40] Le comte de Blois et le comte de Montfort se disputèrent cette province. Montfort sorti de la prison de Paris, et Blois sorti de celle de Londres, décidèrent la querelle près *1364.* d'Avray en bataille rangée. Les Anglais prévalurent encore. Le comte de Blois fut tué. [41]

167 MSP: Blois, délivré de celle
168 MSP: rangée. Le parti favorisé par les Anglais prévalut encore.
169-210 MSP, 53-54N: tué [MSP: et il est à remarquer qu'on voulut le canoniser quoiqu'il eût des bâtards]. Quand Charles V surnommé le Sage vint à la couronne, il trouva la France dans la désolation et dans l'épuisement. Il fallut réparer par la

Edouard, à commencer par ses prétentions territoriales. Les princes otages, 'qui s'ennuyaient fort en Angleterre' (Daniel, ann.1363), essayèrent de négocier leur libération malgré le non-paiement de leur rançon. Ayant, sans consulter Jean II, accepté les termes du traité, dit des 'fleurs de lis', imposés par Edouard III, ils avaient été transférés de Londres à Calais en 1363. Lorsque la cour des pairs refusa les termes de ce traité qui auraient cédé une partie de la Guyenne à l'Angleterre, Louis duc d'Anjou s'évada de sa prison (Daniel). Jean décida donc de se livrer aux Anglais à sa place, ou, comme le dit Rapin: 'C'est là du moins la raison qu'on donne communément de cette résolution extraordinaire' (ann.1363, p.225), et, soulignant par là son incrédulité, il ajoute plus loin: '[si] c'était là le motif de ce voyage, on a grand sujet d'en douter' (p.226). Jean II mourut à Londres le 8 avril 1364, non à l'âge de 'cinquante-six' ans, mais de quarante-cinq. Mézeray et Daniel (ann.1363) notent que, d'après certains historiens, Jean II serait retourné en Angleterre pour y retrouver 'une dame de qualité' dont il serait tombé amoureux pendant sa captivité (1357-1360). Selon Rapin, 'c'est une idée romanesque qui n'a aucun fondement' (p.225).

[40] Comme le dit Voltaire ci-dessus, ch.75, lignes 260-70, c'est la dispute concernant la succession de Bretagne qui avait contribué à déclencher la guerre ouverte entre la France et l'Angleterre en 1341; la France soutenant comme successeur au duché de Bretagne Charles de Blois (1319-1364), tandis que l'Angleterre soutenait Jean de Montfort (1294-1345) et ensuite son fils du même nom (1339-1399). L'art.21 du traité de Brétigny stipulait que les rois de France et d'Angleterre tenteraient de résoudre cette dispute dès que possible, mais que si leurs tentatives échouaient les prétendants '[feraient] ce que bon leur [semblerait]', sans que les deux rois y puissent mettre empêchement' (Rapin, ann.1360, p.219).

[41] Charles de Blois fut emprisonné dans la Tour de Londres après la bataille de la Roche-Derrien en 1347 (Rapin, ann.1347). Il sortit en 1356. Jean de Montfort père fut fait prisonnier en 1341 à Nantes (voir ci-dessus, ch.75, lignes 270-72). Il fut libéré en

Ces temps de grossièreté, de séditions, de rapines et de meurtres,   170
furent cependant le temps le plus brillant de la chevalerie. Elle
servait de contrepoids à la férocité générale des mœurs; nous en
traiterons à part. [42] L'honneur, la générosité jointes à la galanterie
étaient ses principes. Le plus célèbre fait d'armes dans la chevalerie
est le combat de trente Bretons contre vingt Anglais, six Bretons, et   175
quatre Allemands, quand la comtesse de Blois au nom de son mari,
et la veuve de Montfort au nom de son fils, se faisaient la guerre en
Bretagne en 1351. Le point d'honneur fut le sujet de ce combat; car
il fut résolu dans une conférence tenue pour la paix. Au lieu de
traiter, on se brava, et Beaumanoir qui était à la tête des Bretons   180
pour la comtesse de Blois, dit qu'il fallait combattre pour savoir *qui*
avait la plus belle amie. On combattit en champ clos. Il n'y eut des
soixante combattants que cinq chevaliers de tués, un seul du côté

---

patience, par les intrigues, par les négociations tous les malheurs de son père et de son
aïeul [53-54N: négotiations les malheurs de son père]. Mais le Prince Noir, maître   5
absolu de la Guyenne, que son père Edouard lui avait donné en souveraineté pour
prix de son courage, ajoutait une nouvelle gloire à celle que lui avaient donné les
victoires de Crécy et de Poitiers.//

1343 lors de la trêve de Malestroit. Après sa mort en 1345, sa femme et puis son fils
poursuivirent sa campagne pour le duché de Bretagne (voir Daniel, ann.1364). Jean
de Montfort fils, soutenu par des troupes anglaises sous John Chandos, fut le
vainqueur de la bataille d'Auray en septembre 1364. Cette bataille conclut la guerre
de Succession de Bretagne. Charles de Blois fut tué et le traité de Guérande reconnut
Jean de Montfort comme duc de Bretagne. Daniel: 'la nouvelle de la victoire du
comte de Montfort causa autant de joie à la cour d'Angleterre, que d'inquiétude à
celle de France [...]. C'était une nouvelle porte ouverte aux Anglais pour entrer en
France quand ils voudraient' (ann.1364). Pour ce qui est des lignes 169-210 var.,
lignes 1-2, faisons remarquer que, corrigeant la version manuscrite, Voltaire
supprima (dans 53-54N) ce détail qu'il avait trouvé chez Daniel: 'le corps de Charles
de Blois [...] fut trouvé revêtu d'une haire sous les armes: ce qui ne contribua pas peu
à lui faire donner le nom de saint. On prétend même que [...] il fit des miracles. Les
papes Urbain V et Grégoire XI permirent des enquêtes pour sa canonisation'
(ann.1364). Haire: chemise de crin ou de poil de chèvre portée pour se mortifier.
[42] Voir ci-dessous, ch.97.

des Bretons, et quatre du côté des Anglais. Tous ces faits d'armes ne servaient à rien, et ne remédiaient pas surtout à l'indiscipline des armées, à une administration presque toute sauvage. [43] Si les Paul-Emile et les Scipion avaient combattu en champ clos pour savoir qui avait la plus belle amie, les Romains n'auraient pas été les vainqueurs et les législateurs des nations. [44]

185

184   w56-w57G: Anglais. Cela confirme ce que nous avons déjà remarqué, que l'armure complète rendait presque invulnérable et qu'il était plus aisé de porter à terre un chevalier que de lui donner la mort. Tous ces

189-210   w56-w57G: nations. ¶Quand Charles V surnommé *le Sage* vint à la couronne, il trouva la France dans la désolation et dans l'épuisement. Il fallut réparer

[43] Le 'combat des Trente' en mars 1351 est un des plus célèbres épisodes de la guerre de Succession de Bretagne, ou 'guerre des deux Jeanne', ainsi nommée parce que Jeanne de Flandre (1295-1374), veuve de Jean de Montfort, et Jeanne de Penthièvre (1319-1384), épouse de Charles de Blois (captif à Londres 1347-1356), continuèrent le conflit en l'absence de leurs maris. Dans ce contexte, Jean de Beaumanoir (1310-c.1366), partisan de Charles de Blois, et John Bramborough, un Anglais partisan de Montfort, se disputaient le pays vannetais. Daniel note que pendant une conférence de paix ces deux partis firent paraître si peu d'estime pour leur adversaire, et surtout pour leur 'bravoure' qu'ils se lancèrent mutuellement le célèbre défi (ann.1351). Mais à partir d'ici Voltaire fait subir à Daniel une lecture quelque peu sélective. Bramborough, arrivé sur le lieu du combat, aurait dit à Beaumanoir qu'un 'combat de cette nature ne devait point se donner sans la permission des deux rois, et qu'on pourrait différer jusqu'à ce qu'on l'eût obtenue. Beaumanoir répondit qu'il s'y prenait un peu tard; que la noblesse bretonne [...] ne s'en retournerait point sans rien faire, et *sans mener les mains, et savoir qui avait la plus belle amie*' (car selon l'idée de l'ancienne chevalerie, ces combats se faisaient toujours à l'honneur des dames que les chevaliers servaient). Ayant détaillé le déroulement de la bataille, et la nature des pertes de part et d'autre, Daniel est d'accord avec Voltaire que l'issue du combat (victoire des Bretons) 'ne décida rien pour les affaires générales'. Voir ci-dessous, ch.97.

[44] Paul Emile (Lucius Aemilius Paullus, 230-160 av. J.-C.) conquit la Macédoine. Scipion l'Africain (235-183 av. J.-C.) prit Carthage et étendit l'empire romain en Afrique. Depuis un certain temps déjà, Voltaire a pris l'habitude de citer ces deux Romains, pour lui emblématiques du désir de conquérir par la force des armes (voir, par exemple, les *Observations sur MM. Jean Lass, Melon et Dutot*, *OCV*, t.18A, p.243; l'*Ode. La félicité des temps*', *OCV*, t.30A, p.386). Même à la fin de sa vie, Voltaire fait référence à Scipion quand il évoque la bataille en champ clos; voir le *Prix de la justice et de l'humanité*, art.4, *Du duel*, *OCV*, t.80B: 'Ne nous direz-vous point pourquoi les Scipions, les Mettelus, les Césars et les Pompées, n'allaient point sur le pré pousser de tierce et de quarte' (p.73).

Edouard après ses victoires et ses conquêtes ne fit plus que des   190
tournois. Amoureux d'une femme indigne de sa tendresse, il lui
sacrifia ses intérêts et sa gloire, et perdit enfin tout le fruit de ses
travaux en France. [45] Il n'était plus occupé que de jeux, de tournois,
des cérémonies de son ordre de la Jarretière; la grande table ronde
établie par lui à Vindsor, à laquelle se rendaient tous les chevaliers   195
La table ronde. de l'Europe, fut le modèle sur lequel les romanciers imaginèrent
toutes les histoires des chevaliers de la table ronde, dont ils
attribuèrent l'institution fabuleuse au roi Arthur. [46] Enfin
1377.   Edouard III survécut à son bonheur et à sa gloire, et mourut
entre les bras d'Alix Perce sa maîtresse, qui lui ferma les yeux en   200
volant ses pierreries, et en lui arrachant la bague qu'il portait au

---

par la patience, par les intrigues, par les négociations les malheurs de son père. Mais le
Prince Noir, maître absolu de la Guyenne que son père Edouard lui avait donnée en
souveraineté pour prix de son courage, ajoutait une nouvelle gloire à celle que lui   5
avait donnée les victoires de Crécy et de Poitiers.//

[45] Rapin confirme que la fin du long règne d'Edouard III (1327-1377) fut bien
moins illustre que le début: 'La fortune se lassa de favoriser ce monarque dans sa
vieillesse [...]. Elle lui fit perdre, avant sa mort, toutes les conquêtes qui lui avaient été
si glorieuses [...] et ces pertes furent accompagnées de beaucoup d'autres chagrins'
(ann.1368, p.231). En effet, comme le note Rapin (ann.1369, p.232), Charles V décida
de ne pas livrer à l'Angleterre les provinces qui lui avaient été cédées après la bataille
de Poitiers. La guerre avec la France recommença, mais comme l'indique Voltaire ci-
dessous (ch.78), le traité de Bruges (1375) réduisit les possessions anglaises aux seules
villes de Calais, Bordeaux et Bayonne. Alice Perrers (ligne 200) fut la maîtresse
d'Edouard III bien avant la mort de sa femme, Philippa d'Hainaut, dont elle était
dame d'honneur; elle avait la réputation d'être cupide et femme d'affaires astucieuse.
[46] Edouard III fonda l'ordre de la Jarretière en 1348 (voir Rapin, ann.1349, p.202;
Voltaire l'évoquera de nouveau au ch.97, ci-dessous). Sous l'année 1343, Rapin
raconte qu'Edouard 'fit faire à Windsor une salle de planches toute ronde, de deux
cents pieds de diamètre. C'était là qu'il régalait tous les chevaliers à une même table,
qui fut nommée la *table ronde*, en mémoire du grand Arthur, qui, comme on le
prétend, institua un ordre de chevaliers sous ce même nom (t.3, p.188). En 1358,
Rapin évoque 'le plus somptueux et le plus magnifique' tournoi 'qu'on eût jamais vu
en Angleterre' (p.211), et en 1376 le tournoi de Smithfield qui scandalisa Londres car
'on y vit Alix [...] montée avec [Edouard] sur un char de triomphe' (p.243).

doigt. On ne sait qui mourut le plus misérablement, ou du vainqueur ou du vaincu. [47]

205 Cependant, après la mort de Jean de France, Charles V son fils, justement surnommé *le Sage*, réparait les ruines de son pays par la patience, et par les négociations. Nous verrons comment il chassa les Anglais de presque toute la France. [48] Mais tandis qu'il se préparait à cette grande entreprise, le Prince Noir vers l'an 1366, ajoutait une nouvelle gloire à celle de Créci et de Poitiers. Jamais

210 les Anglais ne firent des actions plus mémorables et plus inutiles. [49]

[47] Edouard mourut le 21 juin 1377. L'anecdote illustrant l'ingratitude d'Alice Perrers que Rapin condamne pour son 'avidité' ('Il fait des dépenses qui font murmurer le peuple', ann.1376, p.243) est également rapportée par lui: 'quand elle le vit près de sa fin, elle se saisit de ce qu'elle trouva de plus précieux, lui arracha l'anneau qu'il avait au doigt, et se retira' (ann.1377, p.247). Daniel est aussi sévère que Rapin: 'elle lui tira les anneaux qu'il avait aux doigts, et se sauva' (ann.1377). Par les lignes 202-203, Voltaire entend dire: ou de Jean II, ou d'Edouard III.

[48] Voir ci-dessous, ch.77. Daniel félicite Charles V pour avoir remis la France sur pied et pour s'être vu attribuer 'du consentement unanime des peuples, et de la part de ses ennemis mêmes, le glorieux surnom de *Sage*' (ann.1364). Rapin: 'Les éloges que les écrivains français donnent à ce prince [...] méritent quelque réflexion. [...] si l'on y prend garde de près, cette sagesse est une véritable perfidie' (ann.1369, p.234).

[49] La reconquête de la Castille par les forces du Prince Noir, de Charles de Navarre et de Pierre le Cruel sera décrite dans le chapitre suivant.

CHAPITRE 77

Du Prince Noir, du roi de Castille don Pèdre le Cruel, et du connétable du Guesclin.

La Castille était presque aussi désolée que la France.[1] Pierre ou don Pèdre, qu'on nomme le Cruel, y régnait. On nous le représente

a-109   [*Première rédaction de ce chapitre*: MSP]
a   MSP: Chapitre 54
    W56-W57G: Chapitre 65
    61: Chapitre 73

* Voici un chapitre qui est curieux à plus d'un titre. Première remarque: les guerres civiles de Castille (1350-1369), tout comme la guerre de Succession de Bretagne (voir le chapitre précédent), ne furent qu'une entreprise secondaire dans la guerre de Cent Ans. Deuxième remarque: malgré la complexité des enjeux et des affrontements dans leur cadre espagnol, Voltaire se contente d'une centaine de lignes d'une étonnante rapidité pour les décrire (soulignant peut-être par là leur nature précisément accessoire dans la lutte titanesque qui opposaient Francais et Anglais). Troisième remarque: voici un des rares chapitres de l'*EM* qui trouva dès le départ sa forme définitive. L'explication la plus plausible de ces observations, et surtout de la dernière est celle qui souligne la nature doctrinale de l'approche qu'adopte l'historien de Pierre le Cruel. Car à n'en pas douter il s'agit ici d'un chapitre à thèse. De bonne heure sceptique à l'égard des vérités historiques 'acquises', très peu enthousiaste de l'histoire écrite par les vainqueurs (voir lignes 105-108 var.), surtout conscient des méfaits de l'esprit de parti parmi les historiens, et des scandaleuses distorsions dont il était capable, Voltaire laisse partout des traces de sa méfiance (voir, par exemple, la première version des ch.52-58 consacrés aux croisades, publiée en 1750, notre t.2, p.269-391); la première mouture du 'Pyrrhonisme de l'histoire', qui sert de préface à l'édition de 1748 de l'*Histoire de Charles XII* (*OCV*, t.4, p.567-78); et l'art. 'Histoire' de l'*Encyclopédie* (*OCV*, t.33, p.164-86). Voir aussi l'art. 'Histoire' de B. Bernard (*DgV*, p.587-93). Une des 'injustices' de cette histoire partisane qui révolte Voltaire, c'est la mauvaise presse qui, depuis toujours, poursuit Pierre le Cruel. Confronté aux événements marquants de son règne (sur lesquels tous les historiens qu'il consulte tombent d'accord), Voltaire maintient, jusqu'à l'époque de *Don Pèdre*, que Pierre a constamment droit à des circonstances atténuantes. Bien que de telles prises de position, la plupart du temps provocatrices, ne constituent pas un argument (voir l'introduction à *Don Pèdre*, *OCV*, t.52, p.13-27, et le 'Discours historique et critique

comme un tigre altéré de sang humain, et qui sentait de la joie à le répandre. Un tel caractère est bien rarement dans la nature. Les hommes sanguinaires ne le sont que dans la fureur de la vengeance, ou dans les sévérités de cette politique atroce, qui fait croire la cruauté nécessaire; mais personne ne répand le sang pour son plaisir. [2]

5

4-5 MSP, 53-W57G: répandre. J'ose dire qu'un tel caractère n'est pas dans la nature. Les hommes

8-9 MSP: plaisir, comme on le dit de don Pèdre le Cruel. Il monta

---

sur la tragédie de Don Pèdre', p.93-104), il faut reconnaître que les diverses observations de Voltaire pouvaient constituer les éléments d'une version plus équilibrée et moins manichéenne d'une période particulièrement douloureuse. En quoi il n'était peut-être pas totalement novateur, car Mariana et d'Orléans surtout avaient déjà suggéré que Pierre était plutôt une victime de la tourmente qui avait suivi la mort de son père, Alphonse XI, qu'un homme foncièrement mauvais, prédestiné par sa nature à faire le mal. C'est la notion de 'victime' qui est donc le leitmotiv de ce chapitre: la cruauté de Pierre était un outil politique que lui imposait l'époque (lignes 2-8, 9-13 et manchette) et dans cette guerre civile son autorité légitime avait été scandaleusement contestée par le fils illégitime et fort intéressé d'Alphonse XI (le mot *bâtard(s)* est employé sept fois). Certes Pierre (auquel il manquait une certaine mansuétude) fut cruel, mais comme son parti était 'le plus juste' (70-71), sa cruauté n'était autre que 'le malheureux droit de se venger' (82). L'argument, sauf quelques modifications et ajouts, demeurera inchangé jusqu'à l'époque de W75G*. Pour rédiger ce chapitre, Voltaire se tourne pour le point de vue espagnol vers P.-J. d'Orléans, *Histoire des révolutions d'Espagne* (t.2, Paris, 1734, BV2619), ainsi que vers J. de Mariana, *Histoire générale d'Espagne*, dont il avait à sa disposition deux traductions différentes: celle de Morvan de Bellegarde (Paris, 1723, t.3, éd. citée), *digest* de Mariana 'et des auteurs les plus célèbres', qui existe en trois livraisons identiques sauf la page de titre (provenant des éditeurs-vendeurs Giffart, Moreau ou Pralard), et celle de J.-N. Charenton (Paris, 1725, t.3), beaucoup plus détaillée. Pour les points de vue francais et anglais, il fait appel à ses sources habituelles: Daniel, *Histoire de France*; et Rapin de Thoyras, *Histoire d'Angleterre* (éd. citée, La Haye 1724; nouv. éd., Paris, 1749, BV2871), t.3.

[1] Daniel commence sa propre description de l'état de la Castille aux années 1360 en précisant que 'La France n'était pas alors le seul royaume de l'Europe déchiré par les guerres civiles' (ann.1365).

[2] Les historiens brossent un portrait très négatif de Pierre Ier de Castille, dit le Cruel (1350-1369). Daniel parle de 'sa férocité naturelle et [...] son extrême incontinence' (ann.1365), tandis que Rapin soutient qu'il 'ne cherchait qu'à satisfaire

Il monta sur le trône de Castille étant encore mineur, et dans des *Pierre rendu* circonstances fâcheuses. Son père Alphonse XI avait eu sept *cruel par des* bâtards de sa maîtresse Eléonore de Gusman. Ces sept bâtards, *rebelles cruels.* puissamment établis, bravaient l'autorité de don Pèdre; et leur mère, encore plus puissante qu'eux, insultait à la mère du roi. La Castille était partagée entre le parti de la reine mère et celui d'Eléonore.[3] A peine le roi eut-il atteint l'âge de vingt-et-un ans,

9   MSP: [*manchette*] *1350.*
11   MSP, 53-W57G: maîtresse nommée Eléonore
12   MSP, 53-54N: l'autorité royale, tandis que [53-54N: royale, et] leur

ses passions, sans aucun égard à l'honneur ni à la conscience' (ann.1366, p.229). Certains tentent pourtant de nuancer cette image. Mariana accuse les Grands du royaume, 'secouant le joug sans aucun respect pour la majesté royale', de causer 'bien des maux' (p.100), ce qui 'imposa au roi une espèce de nécessité [...] de les punir avec une extrême sévérité' (p.101); d'Orléans dit qu'on 'croit que les vices de ce prince n'eussent pas été incorrigibles s'ils eussent été réprimés de bonne heure, et si les factions puissantes qui abusèrent de sa jeunesse [...] n'eussent [...] irrité ce naturel féroce, qui le porta dans la suite aux plus grands excès' (livre 5, ann.1350, p.192). Il précise aussi que Pierre subit l'influence de sa mère, qui 'fit goûter [...] le plaisir de verser du sang humain à ce jeune tigre, qui s'y accoutuma tellement, qu'il en fut toute sa vie altéré' (p.200). Voltaire emprunte à d'Orléans l'image de Pierre comme 'tigre', mais à son tour démontre aussi, dès le départ (la version manuscrite), une certaine volonté de le réhabiliter en partie, non seulement en lui trouvant des circonstances atténuantes (lignes 4-8; 27-30; 43-44), et en faisant comprendre qu'il faisait face à des situations éprouvantes (voir lignes 30-31 var., lignes 5-7; 82-84 var., lignes 3-7), mais aussi en soulignant sa légitimité et les motifs raisonnables de ses actions. Il insiste d'ailleurs dans la version manuscrite sur le fait que l'histoire de Pierre ayant été écrite par ses vainqueurs, 'on le fit passer pour un homme plus méchant qu'il n'était' (lignes 105-108 var., lignes 5-7). Il revient sur ce thème dans la 13ᵉ des 'Remarques pour servir de supplément à l'*EM*', où il tente de nouveau de réhabiliter l'image de ce roi, atténuant celle de l'homme à la vengeance barbare par contraste avec l'homme trahi et persécuté par ses proches. Voltaire a déjà noté (ch.76, lignes 2-3) que Jean le Bon 'commence' son règne 'par faire assassiner son connétable le comte d'Eu'.

[3] Tout comme Mariana (ann.1350, 'Le roi est proclamé dans le camp après la mort de son père', p.101), Voltaire précise que Pierre prit le trône (26 mars 1350) pour se retrouver à la tête d'un royaume que la mort de son père, Alphonse XI (1312-1350), avait laissé divisé entre les partisans de sa femme, Marie-Constance de Portugal (1313-1357), et de sa maîtresse, Eléonore de Guzmán (1310-1351). Des sept fils

qu'il lui fallut soutenir contre la faction des bâtards une guerre civile. Il combattit, fut vainqueur, et accorda la mort d'Eléonore à *1351.* la vengeance de sa mère. [4] On peut le nommer jusque-là courageux et trop sévère. Il épouse Blanche de Bourbon; et la première nouvelle qu'il apprend de sa femme quand elle est arrivée à Valladolid, c'est qu'elle est amoureuse du grand-maître de Saint-Jacques, l'un de ces mêmes bâtards qui lui avaient fait la guerre. [5] Je sais que de telles intrigues sont rarement prouvées, qu'un roi sage doit plutôt les ignorer que s'en venger; mais enfin le roi fut excusable, puisqu'il y a encore une famille en Espagne qui se vante d'être issue de ce commerce. C'est celle des Henriques. [6]

19   53-54N: sévère [*avec note*: L'an 1351.]
25   MSP: excusable de le croire puisqu'il
26-27   MSP, 53-54N: commerce. ¶Blanche

---

illégitimes d'Alphonse et d'Eléonore, Mariana (p.103) et d'Orléans (ann.1350, p.194) identifient Henri, comte de Trastamare (1334-1379), et son frère jumeau Frédéric, grand-maître de Saint-Jacques (1334-1358), comme jouant un rôle important dans l'Etat et constituant ainsi des menaces importantes à l'égard de Pierre.

[4] On comprend mal la teneur de ces informations (lignes 14-18), car d'après d'Orléans (p.196-97, 200) et Mariana (p.103-105, 107), Eléonore de Guzmán fut assassinée en 1351, peu de temps après la mort du roi son amant et l'accession de Pierre. C'est son meurtre qui déclencha, contre le roi de la part des fils bâtards du feu roi, l'importante rébellion dont parle Voltaire (lignes 15-18).

[5] Blanche de Bourbon (1339-1361), nièce de Philippe VI et sœur de Jeanne de Bourbon (femme du futur Charles V), épousa Pierre de Castille en juin 1353. Le mariage fut censé sceller une alliance entre la France et la Castille. Selon Mariana (p.114, 116, 117, 118) et d'Orléans (p.204-207), Pierre, déjà épris de sa maîtresse Marie de Padilla, abandonna Blanche quelques jours après le mariage et l'emprisonna par la suite, sous prétexte qu'elle s'était laissée séduire par Frédéric (Mariana, p.120; d'Orléans, p.209).

[6] La version de la passion amoureuse de Blanche n'est acceptée par aucun de nos historiens, mais on la trouve chez A. de La Roche-Guilhem, *Histoire des favorites* (Amsterdam, 1697, t.1, p.7-8, 10, 15-17, etc.), auteur d'une *Histoire chronologique*

Blanche de Bourbon eut au moins l'imprudence d'être trop unie *Sa femme*
avec la faction des bâtards, ennemis de son mari. Faut-il après cela *coupable.*
s'étonner que le roi la laissât dans un château, et se consolât dans
30 d'autres amours? [7]

30-31 MSP: d'autres amours de la conduite de sa femme? Nos historiens avouent
qu'elle entra avec ces bâtards et surtout avec celui qu'on soupçonnait être son amant
dans une ligue formée, disaient-ils, pour corriger les mœurs du roi. Cela veut dire au
fond qu'elle et son amant se révoltèrent contre le souverain. La propre mère du roi
5 favorisa la conjuration par jalousie contre la maîtresse de son fils. Don Pèdre se vit
enfin prisonnier dans sa cour. Il s'échappa avec adresse et combattit les ligués avec
courage. Il lui fallut reprendre Tolède, dont les conjurés s'étaient saisis. Il punit
quelque coupables et renvoya sa mère en Portugal. Toutes ces révoltes étaient
fomentées par l'Arragon, selon la maxime de tous les princes qui attisent le feu qui
10 consume leurs voisins. ¶Don Pèdre eut donc à la fois

---

d'Espagne (Rotterdam, 1696, BV1926; *CN*, t.5, p.199). Mariana écarte dédaigneuse-
ment ce ragot: 'La calomnie publia aussi, mais sans aucun fondement, que [...] de ce
commerce criminel était né Henry, qui fut la tige et le chef de la noble famille des
Henriques' (p.120). D'Orléans identifie à son tour les Henriques (p.209), lesquels
Voltaire ne mentionne nommément que dans w56-w57G, et s'étonne également à
l'idée que cette liaison aurait été l'origine d'une dynastie espagnole: 'Il est assez
étonnant que la vanité ait porté une des grandes maisons d'Espagne à vouloir être
redevable de son origine à une fable que toute l'Histoire traite non seulement de
calomnie noire mais d'extravagance impudente' (ann.1353, p.209).

[7] Voltaire contredit les autres historiens qui se hâtent de défendre Blanche et de
condamner Pierre. D'Orléans rapporte que Pierre 'résolut la perte de l'infortunée
reine Blanche parce qu'elle était l'occasion innocente des complots qui se formaient
contre sa personne [la personne du roi]' (ann.1354, p.216). Mariana écrit que 'les
malheurs et les persécutions que souffrait l'infortunée Reine Blanche, touchaient tout
le monde, et engageaient plusieurs personnes considérables à s'unir, pour la délivrer
de sa captivité. Le roi de Castille n'ignorait pas ces projets, qui redoublèrent sa fureur
contre son épouse, comme si elle eut été l'unique cause de la guerre' (ann.1361,
p.170), et souligne les infortunes de la reine, qui, en 1354, vit son mariage avec Pierre
déclaré nul afin que le roi pût se marier avec Jeanne de Castro, qui 'passait sans
contredit pour la plus belle personne de toute l'Espagne' (p.124). Pierre l'épousa tout
en maintenant sa liaison avec Marie de Padilla.

Don Pèdre eut à la fois à combattre et les Aragonais et ses frères rebelles. Il fut encore vainqueur, et rendit sa victoire inhumaine. Il ne pardonna guère. Ses proches qui avaient pris parti contre lui, furent immolés à ses ressentiments. Enfin ce grand-maître de Saint-Jacques fut tué par ses ordres. C'est ce qui lui mérita le nom de *Cruel*,[8] tandis que Jean roi de France, qui avait assassiné son connétable et quatre seigneurs de Normandie, était nommé Jean le Bon.[9]

Dans ces troubles la femme de don Pèdre mourut. Elle avait été coupable, il fallait bien qu'on dît qu'elle mourut empoisonnée. Mais encore une fois, on ne doit point intenter cette action de poison sans preuve.[10]

31   53-W75G: eut <donc> à la fois

35   MSP: Saint-Jacques qui avait auprès de lui la double tâche d'avoir aimé sa femme et d'avoir révolté son royaume, s'étant remis entre ses mains et l'ayant trompé, fut tué par ses ordres. Voilà ce

      53-54N: ordres. Voilà ce

41   MSP: cette accusation de poison

42-43   MSP: preuve. L'histoire presque romanesque de Bertrand du Guesclin assure ce poison de manière à empêcher de le croire. ¶C'était

[8] Henri de Trastamare s'allia avec Pierre d'Aragon contre son demi-frère dans la guerre entre la Castille et l'Aragon, ou 'guerre des deux Pierre', qui opposa Pierre le Cruel de Castille à Pierre IV le Cérémonieux, roi d'Aragon (1319-1387). Voltaire parle ici de la première phase du conflit (1356-1361) que l'on trouve détaillée chez Mariana (p.147-69) et d'Orléans (ann.1356, p.229-49). C'est pendant cette période, et non (comme Voltaire le fait entendre) à sa fin, que Pierre se rendit coupable de tous ces assassinats qui lui valurent le surnom de Cruel. Car Frédéric fut, par exemple, soupçonné (selon Mariana, p.144) de favoriser les Aragonais et son frère jumeau Henri, attiré dans un guet-apens tramé par Pierre, et assassiné en 1358.

[9] Il semblerait que Voltaire souligne ici soit la nature tout à fait aléatoire du jugement historique, soit plutôt son caractère partisan et sclérosé. Dans la 14e des 'Remarques pour servir de supplément à l'*EM*', Voltaire aborde la question de la désignation de certains rois comme 'bons' ou 'mauvais'. En parlant du roi Jean le Bon, il commence par douter qu'un prince du Moyen Age ait pu montrer suffisamment de douceur et de générosité pour mériter ce titre.

[10] Confronté à l'historiographie réunie de l'Espagne et de la France, Voltaire se laisse animer par l'esprit de contradiction. Mariana, fort désapprobateur, est formel: 'pour s'en défaire sans bruit, il ordonna à son médecin de lui faire prendre une potion

C'était sans doute l'intérêt des ennemis de don Pèdre de *Du Guesclin à*
répandre dans l'Europe qu'il avait empoisonné sa femme. Henri *la tête des*
brigands.
45 de Transtamare, l'un de ces sept bâtards, qui avait d'ailleurs son
frère et sa mère à venger, et surtout ses intérêts à soutenir, profita
de la conjoncture. [11] La France était infestée par des brigands réunis,
nommés malandrins; ils faisaient tout le mal qu'Edouard n'avait pu
faire. Henri de Transtamare négocia avec le roi de France
50 Charles V pour délivrer la France de ces brigands, et les avoir à
son service. [12] L'Aragonais, toujours ennemi du Castillan, promit

44-45   MSP, 53-54N: femme. L'un de ces
47   MSP, 53-W75G: ces brigands
48-49   MSP: malandrins, qui avaient servi dans les guerres d'Edouard III. Ils
faisaient tout le mal qu'Edouard n'avait pu faire. On ne peut mieux les comparer
qu'aux flibustiers que nous avons vus de nos jours. Henri

---

empoisonnée dont elle mourut. Crime détestable [...] de faire périr avec tant
d'inhumanité une jeune princesse innocente' (ann.1361, p.170). D'Orléans s'avoue
un peu moins certain en notant que l'on 'sait qu'elle mourut par son ordre [celui du
roi] mais il est assez incertain de quel genre de mort elle mourut'. Mais il ajoute
toutefois: 'Mariana dit qu'elle mourut de poison que lui donna un médecin par le
commandement du roi. C'est ce qui paraît plus vraisemblable' (p.252). Daniel
abonde absolument dans le même sens, ajoutant 'elle n'avait pour toute consolation
que sa seule innocence' (ann.1365).

[11] En effet, Blanche étant liée à la famille royale de France, sa mort ne pouvait
qu'encourager les Français à soutenir le parti d'Henri de Trastamare, qui ne cachait
plus ses prétentions à la couronne de Castille. Comme l'explique d'Orléans: 'On
plaint les malheureux; mais on les oublie. Blanche eut cela de particulier de laisser en
France et en Espagne un désir de la venger qui ne s'y éteignit que dans le sang de fon
meurtrier' (ann.1361, p.252). Daniel ne parle pas ouvertement de prétexte, mais à son
tour il évoque la mort de Blanche comme catalyseur (ann.1365).

[12] Comme l'a décrit Voltaire dans le chapitre précédent (lignes 147-55), depuis le
traité de Brétigny (mai 1360) des 'compagnies' de brigands formées par des milliers
de soldats congédiés dévastaient la France. Voltaire suit d'Orléans qui précise qu'ils
's'appelaient eux-mêmes les grandes compagnies, et le peuple les nommait
Malandrins' (ann.1365, p.267). D'après Daniel, 'il s'agissait d'arrêter les brigandages
des Compagnies, ou bien de les mettre hors du royaume, où ils commettaient des
violences effroyables' (ann.1365). La guerre de Castille fournit l'occasion d'adopter
cette dernière solution.

de livrer passage. Bertrand du Guesclin, chevalier d'une grande réputation, qui ne cherchait qu'à se signaler et à s'enrichir par les armes, [13] engagea les malandrins à le connaître pour chef, et à le suivre en Castille. On a regardé cette entreprise de Bertrand du Guesclin comme une action sainte, et qu'il faisait, dit-il, pour le bien de son âme. Cette action sainte consistait à conduire des brigands au secours d'un rebelle contre un roi cruel, mais légitime. [14]

    On sait qu'en passant près d'Avignon, du Guesclin, manquant d'argent pour payer ses troupes, rançonna le pape et sa cour. Cette extorsion était nécessaire; mais je n'ose prononcer le nom qu'on lui

55

60

53-54   MSP, 53-W75G: signaler, engagea
56-57   MSP: pour le salut de
58-59   MSP: roi trop sévère, mais légitime, avec lequel il n'avait rien à démêler. ¶On sait
60   MSP: sa cour et les força de payer deux cent mille livres. Cette

---

[13] Bertrand du Guesclin (c.1320-1380) servit d'abord dans la guerre de Succession de Bretagne. Sa bravoure au siège de Rennes (1356-1357) le fit remarquer, et le dauphin Charles l'envoya en 1364 empêcher Charles II de Navarre de s'emparer de la Bourgogne. A la bataille de Cocherel (16 mai 1364), il démontra ses capacités en mettant l'armée du captal de Buch en déroute. Capturé à la bataille d'Auray (29 septembre 1364), sa valeur comme stratège se reconnaît au montant de la rançon (100 000 livres) qu'on exigea pour lui. En 1366 Charles V l'envoya en Espagne. *Don Pèdre* mis à part, Voltaire le mentionne peu souvent, mais chaque fois qu'il fait une apparition, c'est toujours en compagnie des plus grands militaires que la France ait jamais produits (voir, par exemple, l'*Epître à M. le maréchal de Villars*, *OCV*, t.1B, p.454; *La Henriade*, *OCV*, t.2, p.525, 540, 556; le *Siècle de Louis XIV*, *OH*, p.734, 869; *La Princesse de Navarre*, *OCV*, t.28A, p.198, 264, etc.).

[14] Signe distinctif de ce chapitre où Voltaire prend résolument le contre-pied de ses devanciers, il se fait ici un devoir (renouvelé dans W75G*: voir lignes 53-54 var.) de mettre en doute toute la légende construite autour du personnage de Bertrand du Guesclin et qui en faisait (comme le fait un d'Orléans dithyrambique, p.268-70) un modèle de la chevalerie. Par exemple, c'est au seul du Guesclin que Jaucourt fait référence pour illustrer l'honneur chevaleresque dans l'art. 'Vœux de chevalerie' de l'*Encyclopédie* (t.17, p.414-15). Selon Daniel, les brigands reconnaissaient en du Guesclin un 'brave et très loyal chevalier' (ann.1365).

donnerait si elle n'eût pas été faite à la tête d'une troupe qui pouvait passer pour une armée. [15]

65 Le bâtard Henri, secondé de ces troupes grossies dans leur marche, et appuyé de l'Arragon, commença par se faire déclarer roi dans Burgos. [16] Don Pèdre attaqué ainsi par les Français, eut recours au Prince Noir leur vainqueur. Ce prince était souverain de la Guienne; le roi son père la lui avait cédée pour prix de ses actions héroïques. Il devait voir d'un œil jaloux le succès des armes 70 françaises en Espagne, et prendre par intérêt et par honneur le parti le plus juste. Il marcha en Espagne avec ses Gascons et quelques Anglais. [17] Bientôt, sur les bords de l'Ebre et près du village de

1366. Du Guesclin, un bâtard, et une armée de voleurs contre Pierre

63   53-54N: armée [*avec note*: L'an 1366.]

67-71   MSP, 53-W57G: leur vainqueur et vint jusque dans Bordeaux demander son appui. Ce [53-W57G: vainqueur. Ce] prince, souverain de la Guyènne, qui devait voir d'un œil jaloux le succès des armes françaises en Espagne, prit par intérêt et par honneur le parti le plus juste et, sans être secouru par son père, il [53-W57G: juste. Il 5   marcha] marcha

[15] Selon Daniel, du Guesclin arrive aux portes d'Avignon et demande que le pape donne à ses troupes non seulement 'l'absolution de leurs péchés' mais aussi 200 000 francs, tout en précisant que les Compagnies qui le suivent 'se passeront sans peine de l'absolution mais [...] ne peuvent se passer d'argent' (ann.1365). Le pape lève une capitation sur la population d'Avignon pour financer l'expédition, mais du Guesclin demande que cet argent soit redistribué au 'pauvre peuple' et que 'le pape et son riche clergé [soutiennent] tous seuls cette dépense'. On voit ici que la légende de du Guesclin rejoint celle de Robin des Bois et d'autres héros populaires du Moyen Age.

[16] La formulation peut induire en erreur. D'Orléans dit qu'Henri de Trastamare était à ce moment précis campé à Calahorra où, le 16 mars 1366, du Guesclin l'exhorta à s'emparer d'un sceptre que Pierre le Cruel déshonorait (ann.1366, p.273-75). Et c'est là que l'armée le déclara roi (voir aussi Daniel, ann.1366). Les députés de Burgos, capitale de la Castille, 'invitèrent le nouveau roi à venir chez eux prendre solennellement la couronne [...]. Il entra dans la ville aux acclamations du peuple et fut couronné [...] sur la fin du printemps de l'année 1366' (d'Orléans, p.277). Du Guesclin lui-même se vit nommer connétable de Castille en récompense (Daniel).

[17] Le Prince Noir gouvernait la Guyenne et la Gascogne en tant que principautés depuis 1362, lorsqu'en 1366 les émissaires de Pierre le Cruel arrivèrent pour demander son aide. L'explication prévisible que donne Voltaire de l'intervention du Prince Noir aux côtés de Pierre (lignes 69-71) n'engage que lui. Rapin n'insiste que sur l'ennui de l'inactivité (ann.1366, p.229); Daniel est du même avis (ann.1366).

187

Navarette, don Pèdre et le Prince Noir d'un côté, de l'autre Henri de Transtamare et du Guesclin, donnèrent la sanglante bataille qu'on nomme de Navarette. Elle fut plus glorieuse au Prince Noir que celles de Créci et de Poitiers, parce qu'elle fut plus disputée. Sa victoire fut complète; il prit Bertrand du Guesclin et le maréchal d'Andrehen, [18] qui ne se rendirent qu'à lui. Henri de Transtamare fut obligé de fuir en Arragon, et le Prince Noir rétablit don Pèdre sur le trône. [19] Ce roi traita plusieurs rebelles avec une cruauté que les lois de tous les Etats autorisent du nom de justice. Don Pèdre usait dans toute son étendue du malheureux droit de se venger. Le Prince

1368.

75

80

---

73   MSP: don Pèdre, roi de Castille, et
74   MSP: Guesclin, le maréchal de France, d'Andrehen, donnèrent
81   MSP: de justice, et il faut convenir que dans les guerres civiles d'Italie et d'Angleterre, on n'avait pas plus d'humanité. Don Pèdre

---

Rapin ajoute toutefois que, 'plein d'espérance de cueillir de nouveaux lauriers', il prit aussi en considération 'l'honneur de rétablir un roi dépouillé' (p.230). Comme la France soutenait Henri de Trastamare, la participation du Prince Noir à la guerre civile de Castille signifiait évidemment le rebondissement de la rivalité franco-anglaise, et fit de cette guerre, comme de la guerre de Succession de Bretagne, un des conflits périphériques de la guerre de Cent Ans.

[18] Arnoul d'Audrehem (*c.*1305-1370) servit trois fois, entre 1332 et 1342, dans l'armée de David II d'Ecosse. Il sortit de l'obscurité en 1346 quand, après la prise de Calais par Edouard III, il fut emmené à Londres comme otage. Nommé maréchal de France en 1351, il fut lieutenant du roi pour tout le pays entre la Loire et la Dordogne (1352), en Normandie (1353) et en Artois-Picardie (1355). Il joua un rôle important à la bataille de Poitiers (1356), où il fut de nouveau fait prisonnier, avant de devenir en 1361 le lieutenant du roi en Languedoc.

[19] La bataille de Navarette eut lieu le 3 avril 1367. Rapin fait la même comparaison que Voltaire avec des batailles précédentes (ann.1367, p.230), et d'Orléans soutient comme Voltaire que Navarette fut une victoire plus glorieuse (ann.1367, p.288). Daniel (ann.1367) et d'Orléans, précisent que du Guesclin, secondé d'Arnoul d'Audrehem, refusa de se rendre à John Chandos 'jusqu'à ce que voyant arriver le prince de Galles, il lui cria: *Prince, je me rends à vous*' (d'Orléans, p.251). A la suite de cette victoire, Pierre le Cruel fut rétabli sur le trône de Castille, et selon Daniel: 'la révolution fut encore plus prompte en faveur du roi de Castille, qu'elle ne l'avait été l'année d'auparavant en faveur du comte de Trastamare. Il reconquit la plus grande partie de son royaume'.

Noir, qui avait eu la gloire de le rétablir, eut encore celle d'arrêter le cours de ses cruautés. [20] Il est après Alfred, celui de tous les héros

84   MSP: cruautés et de sauver la vie à plusieurs prisonniers qu'il renvoya sur leurs paroles. ¶Je me représente l'état où était alors la Castille, ravagée par les deux partis du roi et du bâtard, par ces armées étrangères de Guesclin, du prince de Galles, et par les incursions des Maures cantonnés dans la province de Grenade et dans
5   quelques places de l'Andalousie; la famine, la contagion achevaient de la dépeupler. Le Prince Noir demanda [MSG: demandait] aux Castillans des subsides et des vivres dont on était convenu. Je ne balance point à croire qu'il était impossible à Don Pèdre de les fournir et qu'il n'aurait point obligé son seul protecteur de s'en retourner s'il avait pu le retenir. L'armée de ce prince victorieux dépérit bientôt par les maladies, et
10   lui-même attaqué d'une hydropisie fut obligé de s'en retourner à Bordeaux où il languit quelques années jusqu'à ce que séduit par ce faux préjugé que l'air natal est salutaire, il passa en Angleterre, le pays de l'Europe le plus fatal aux hydropiques par l'humidité de son air. Il finit en 1371 une vie qu'il avait rendue à jamais glorieuse, non moins par sa modération et par sa générosité que par ses trois victoires, par la prise
15   d'un roi de France et par le rétablissement d'un roi de Castille. Il est après Alfred [*manchette: 1366.*]

[20] Voici encore le champion de Pierre qui édulcore le témoignage de ses prédécesseurs. Daniel: '[il] satisfit son humeur sanguinaire par la mort et par les tourments qu'il fit souffrir à une infinité de seigneurs, de gentilshommes, et de personnes de tous états' (ann.1367). Voltaire, avec ses 'plusieurs rebelles', préfère peut-être imiter la formulation de Mariana: 'Pierre le Cruel, après la bataille, fit mourir plusieurs prisonniers d'une grande considération' (p.211). En tout cas, il est évident qu'il s'est concentré ici sur le texte de d'Orléans (p.290; CN, t.6, p.195, papillon sur le passage qui nomme les toutes premières victimes de Pierre, cinq prisonniers sur le champ de bataille). Comme Voltaire le précise de nouveau (lignes 82-84 var., lignes 2-3), Edouard réussit à limiter le massacre de la noblesse castillane après la bataille de Navarette. Dans la version manuscrite (lignes 82-84 var., lignes 7-10), Voltaire s'ingénie à édulcorer des faits incontournables: tout en ayant à sa disposition la version de Daniel (ann.1367), qui évoque les immenses prêts consentis par Edouard à Pierre, non remboursés (sans parler de l'immense solde des troupes, impayée), il préfère exonérer Pierre d'avoir trahi le Prince Noir en privant ses troupes de vivres et de ce qu'il appelle 'subsides'. (Rapin – en dehors des immenses sommes d'argent dues – est le seul à évoquer vivres et disette, p.231.) Voltaire continue dans les variantes l'histoire de la vie du Prince Noir, qui connut une fin peu glorieuse en mourant d'hydropisie (en 1376 et non en 1371 comme le dit Voltaire). En supprimant ce passage, l'auteur préfère que la carrière du prince, qui fut des plus éblouissantes, s'achève positivement (lignes 84-85).

que l'Angleterre a le plus en vénération. [21]   85

Quand celui qui soutenait don Pèdre se fut retiré, et que Bertrand du Guesclin se fut racheté, alors le bâtard Transtamare réveilla le parti des mécontents, et Bertrand du Guesclin, que le roi Charles V employait secrètement, leva de nouvelles troupes. [22]

Le bâtard tue Transtamare avait pour lui l'Arragon, les révoltés de Castille et 90
son frère roi les secours de la France. Don Pèdre avait la meilleure partie des
légitime. Castillans, le Portugal, et enfin les musulmans d'Espagne: ce nouveau secours le rendit plus odieux, et le défendit mal.

1368. Transtamare et du Guesclin, n'ayant plus à combattre le génie et l'ascendant du Prince Noir, vainquirent enfin don Pèdre auprès de 95 Tolède. [23] Retiré et assiégé dans un château après sa défaite, il est

87   MSP: bâtard de Transtamare
91   MSP: France. Le roi don Pèdre
92-93 MSP: d'Espagne qui se déclarèrent et combattirent pour lui. Ce nouveau
96   53-54N: Tolède [*avec note*: L'an 1363.]
      MSP: Tolède. Ce roi qui avait autant de bravoure que de cruauté vit malgré tous ses efforts ses troupes dispersées. Retiré

[21] Voltaire fait l'éloge d'Alfred au ch.26 (notre t.2, p.390-96). En Angleterre au XVIIIe siècle, Alfred était perçu comme le modèle du roi juste qui avait favorisé le développement de la démocratie et des institutions parlementaires. Sous les Hanovre, cette légende se cristallisa autour de Frédéric prince de Galles (1707-1751), fils de George II et chef de file de l'opposition politique sous le gouvernement de Robert Walpole. La popularité de ces deux icônes de la justice et de l'honneur royaux survécut à Frédéric, qui mourut en 1751: voir S. Keynes, 'The cult of King Alfred the Great', *Anglo-Saxon England* 28 (1999), p.225-356 (en particulier, p.269-81).

[22] Le Prince Noir retourna à Bordeaux en 1367, emmenant avec lui Bertrand du Guesclin qui fut libéré au début de 1368 contre une grosse rançon de 100 000 doubles d'or (Daniel, ann.1367). Selon d'Orléans (p.295), le duc d'Anjou, gouverneur du Languedoc, reçut l'ordre secret de Charles V de fournir des troupes, de l'équipage et de l'argent à Henri de Trastamare. Notons que 'le parti des mécontents' (ligne 88), imputable au comte de Trastamare, désigne les nombreux *transfuges* de Mariana (p.219) et de Daniel qui, fuyant Pierre le Cruel, vinrent grossir ses effectifs.

[23] Daniel explique (ann.1368) que Pierre le Cruel avait conclu des alliances avec le roi Ferdinand Ier du Portugal (1367-1383) et Mahomet VI (1362-1379), roi des Maures de Grenade. D'Orléans s'efforce de réfuter l'idée que Pierre – se rendant par là 'plus odieux' (ligne 93) – aurait payé cette dernière alliance par 'une apostasie honteuse', déclarant que 'Pierre fut cruel et injuste, mais il n'eut point d'autre liaison

pris, en voulant s'échapper, par un gentilhomme français, qu'on appelait le Bègue de Vilaines. Conduit dans la tente de ce chevalier, le premier objet qu'il y aperçoit, est le comte de Transtamare. On dit que transporté de fureur, il se jeta, quoique désarmé, sur son frère; ce qui est vrai c'est que ce frère lui arracha la vie d'un coup de poignard. [24]

Ainsi périt don Pèdre à l'âge de trente-quatre ans, et avec lui s'éteignit la race de Castille. Son ennemi, son frère, son assassin, parvint à la couronne sans autre droit que celui du meurtre: c'est de

99-103   MSP, 53-54N: Transtamare. Animé de fureur, il se jeta quoique désarmé sur son frère qui lui arracha la vie d'un coup de poignard. ¶Ainsi périt

104-105   MSP, 53-W57G: ennemi parvint

105-109   MSP: droit que celui des armes. C'est de lui que sont descendus les rois de Castille <qui ont régné en Espagne jusqu'à l'extinction de la maison d'Autriche.> Vdont le sang a transmis la couronne à la maison d'Autriche et ensuite à la maison de France. Son parti avait besoin de rendre odieuse la mémoire du vaincu, et on le fit passer pour un homme plus méchant qu'il n'était encore, afin que ses crimes

avec les mahométans que celles qu'avaient eues avant lui dans les nécessités pressantes beaucoup d'autres rois espagnols' (ann.1368, p.298). D'Orléans, tout comme Mariana qui dit que 'la déroute commença par les Maures' (p.221), remarque que ceux-ci 'furent culbutés' (p.301), lors de la bataille de Montiel, près de Tolède (14 mars 1369), victoire décisive pour Henri de Transtamare et qui termina la guerre civile de Castille.

[24] Après la bataille, Pierre le Cruel se réfugia dans le château de Montiel qui fut assiégé incontinent. Cherchant à s'en échapper, il fut pris par Pierre de Vilaines, dit le Bègue (†1415), futur chambellan du roi Charles VI. Voltaire semble avoir puisé cet épisode dans Daniel (ann.1368, p.157), y compris la date de 1368 figurant dans la manchette (Pierre le Cruel est mort le 23 mars 1369). En contrastant ici le 'on dit' de l'histoire avec 'ce qui est vrai' (formules ajoutées dans w56-w57G), Voltaire fait référence à la controverse qu'évoque d'Orléans autour des différentes versions de la mort de Pierre le Cruel rapportées par les auteurs espagnols (p.303; voir Mariana, p.222-23). Ces derniers soutiennent que du Guesclin consentit à attirer Pierre (qui croyait le soudoyer) hors de l'enceinte du château pour qu'on pût le tuer. Dans la 13e des 'Remarques pour servir de supplément à l'*EM*', Voltaire décrit de nouveau la mort de Pierre et condamne Henri de Transtamare comme assassin et usurpateur, respecté cependant par les historiens en raison de son bonheur.

lui que sont descendus les rois de Castille,[25] qui ont régné en Espagne jusqu'à Jeanne, qui fit passer ce sceptre dans la maison d'Autriche, par son mariage avec Philippe le Beau, père de Charles-Quint.[26]

---

servissent de droits aux vainqueurs. La langueur où était alors le Prince Noir ayant causé la chute du roi de Castille, servit encore à rétablir la France.⁺//

53-54N: droit que celui des armes. C'est de lui que sont descendus les rois de Castille qui ont régné en Espagne jusqu'à l'extinction de la maison d'Autriche.//

[25] Voltaire reprend Daniel en l'imitant: 'C'est ainsi que périt ce prince d'une mort indigne d'un roi; mais digne de sa cruauté, de sa férocité, de ses impiétés, et d'un nombre infini de crimes. [...] Il n'avait que trente-quatre ans' (ann.1368). D'Orléans précise (p.304) qu'avec Pierre finit 'la branche légitime des rois issus de Raymond de Bourgogne' (1059-1107, comte de Galice). Avec l'accession d'Henri de Trastamare, devenu Henri II de Castille (1366-1379), 'une tige bâtarde lui succéda et c'était à elle qu'était réservée la gloire de jeter le fondement de la monarchie d'Espagne par l'union solide et stable de celle de Castille et d'Aragon'.

[26] Jeanne Iʳᵉ, dite la Folle, la fille de Ferdinand II d'Aragon et Isabelle Iʳᵉ de Castille, fut reine de Castille (1504-1555) et d'Aragon (1516-1555), unissant les royaumes d'Espagne. Son mariage en 1496 avec Philippe de Habsbourg, dit le Beau (1478-1506), unissait également l'Espagne au Saint Empire romain germanique.

CHAPITRE 78

De la France et de l'Angleterre, du temps du roi Charles V. Comment ce prince habile dépouille les Anglais de leurs conquêtes. Son gouvernement. Le roi d'Angleterre Richard II, fils du Prince Noir, détrôné.

La dextérité de Charles V sauvait la France du naufrage.[1] La nécessité d'affaiblir les vainqueurs Edouard III et le Prince Noir,

a-149 [*Première rédaction de ce chapitre*: MSP]
a MSP: Chapitre 55
w56-w57G: Chapitre 66
61: Chapitre 74
b-e MSP, 53-54N: *De la France et de l'Angleterre du temps de Charles V, VI et VII, au quatorzième et quinzième siècles.//*
w56-w57G: *De la France et de l'Angleterre au temps du roi Charles V.//*
1 MSP, 53-54N: sauvait peu à peu la France

* Ayant légèrement bifurqué, dans le chapitre précédent, vers la périphérie de la guerre de Cent Ans (l'Espagne), Voltaire revient ici sur la trame centrale de cet affrontement entre la France et l'Angleterre. Cette fois-ci la gigantesque oscillation pendulaire de la période 1364-1400 verra la France renaissante de Charles V infliger à Edouard III et puis à Richard II d'humiliantes défaites. Ce n'est pas que cette Providence si chère aux Maimbourg, aux Daniel et aux Velly lui ait souri. Voltaire se donne pour tâche de démontrer que 'la supériorité d'une nation ne dépend que de ceux qui la conduisent' (lignes 91-92). Fin politique (voir, par exemple, l'entrée en matière), Charles manœuvra tant et si bien qu'il réussit à s'extirper de ce bourbier qu'était le traité de Brétigny (1360), alors que Bertrand du Guesclin déjoua toute tentative d'attirer ses armées dans des batailles rangées, et réduisit l'adversaire dans une guerre d'usure. En face d'eux se trouvaient des chefs désormais peu redoutables: Edouard III, vieillissant, était plus intéressé (voir ci-dessus, ch.76) par les tournois chevaleresques que par les véritables combats. Son fils, le Prince Noir, naguère irrésistible, était hydropique et grabataire. Richard II, indigne successeur de son grand-père, incapable des prouesses militaires de son père, se trouvait à la tête d'une nation exténuée qu'il fit sombrer sans tarder dans une guerre civile occasionnée par ses velléités d'absolutisme. Seule consolation: 'Presque toujours dans les autres Etats les guerres civiles sont fatales aux conjurés; mais en Angleterre elles le sont aux rois' (118-20). Le parlement, qui à l'arrière-plan consolidait petit à petit son influence, réussit (de concert avec le futur Henri IV) à déclarer Richard indigne de régner. Réaction compréhensible mais extrême: 'On peut dire qu'alors les Anglais ne savaient pas mieux jusqu'où s'étendaient les prérogatives des rois et celles des parlements. Richard II [...] voulut être despotique, et les Anglais trop libres' (lignes 115-18). Les lendemains souriants sur le plan politique seraient donc pour plus tard ('On était encore loin du véritable but de la politique, qui consiste à enchaîner au bien commun tous les ordres de l'Etat', 112-14). Mais – comme il le dit à la fin de ce chapitre (lignes 148-49) – une nouvelle oscillation pendulaire sur le *plan militaire* était vraiment, avec Henri V, pour demain. Tout comme le chapitre précédent, celui-ci trouva tôt sa forme définitive (version manuscrite). A part les menus toilettages d'ordre stylistique ou factuel (voir, par exemple, la formule de la ligne 34 qui fait son apparition dans w75G*, ou bien la ligne 77 dans w68), nous y relevons surtout la volonté de demeurer fidèle à une interprétation arrêtée de bonne heure. Ce qui frappe toutefois, c'est l'attention toute particulière et fréquente que porte l'auteur, dans 53-54N, à modifier son texte manuscrit, qu'il restitue fidèlement toutefois dans w56-w57G où le point de vue de l'historien et du philosophe est plus explicite (voir lignes 14-17, 25-28, 43-48, 53-55, 59-67, 67-68, 77-79, 83-84, 85-86, 89-92, 98-101, 112-14, 118-20, 135-39). Mais plus tard peu de nouvelles variantes. Seules significatives les lignes 59-66 (ajoutées dans w56-w57G), concernant la bénédiction des chevaux censés avoir appartenu à du Guesclin, et les lignes 127-32 (de w68) où Voltaire détaille les accusations juridiquement portées contre Richard II. Point de suppressions notables. Notons néanmoins la volonté de notre historien pyrrhonien de retirer de son texte originel tout soupçon que Charles le Mauvais ait pu vouloir empoisonner Charles V. Son nom qui est en toutes lettres dans la version manuscrite (lignes 67-68 var.) disparaît dès 53-54N. Pour rédiger ce chapitre, Voltaire a recours aux sources utilisées dans les ch.76 et 77: Daniel, *Histoire de France*; Mézeray, *Abrégé chronologique de l'histoire de France*; Rapin, *Histoire d'Angleterre* (éd. citée, La Haye 1724; nouv. éd., La Haye [Paris], 1749, BV2871), t.3. Comme dans ces deux chapitres, Voltaire consulte aussi Boulainvilliers, *Histoire de l'ancien gouvernement de la France* (La Haye, 1727, BV505), t.2. Pour les détails concernant les obsèques nationales de Bertrand du Guesclin, la source la plus probable est G. A. Lobineau, *Histoire de Bretagne* (Paris, 1707).

[1] Dans ce chapitre Voltaire va démontrer à quel point Charles V était un fin politique. En quoi il tombe d'accord avec Boulainvilliers qui avait écrit à propos de ce dernier: 'l'ordre, l'économie, l'autorité et la sagesse du prince, nous fourniront une autre espèce d'instruction, en nous montrant de quelle manière on peut combattre la destinée la plus fâcheuse, et même lui devenir supérieur' (p.298; croix en marge, *CN*, t.1, p.476).

lui tint lieu de justice.[2] Il profita de la vieillesse du père et de la maladie du fils attaqué d'hydropisie. Il sut d'abord semer la division entre ce prince souverain de Guienne et ses vassaux, éluder les traités, refuser le reste du paiement de la rançon de son père sur des prétextes plausibles;[3] s'attacher le nouveau roi de Castille, et même ce roi de Navarre, Charles surnommé le Mauvais, qui avait tant de terres en France; susciter le nouveau roi d'Ecosse, Robert Stuart,

5

4 MSP: fils. Il sut
     53-W57G: d'une hydropisie dont il mourut en 1371 [W56-W57G: en 1376]. Il sut

   [2] Tout ce premier paragraphe pourrait bien être une paraphrase des deux pages que Daniel consacre au règne de Charles V (ann.1380). Rapin, confronté à ce que Voltaire appelle la 'dextérité' de Charles, préfère s'exprimer différemment: 'Il est vrai que cette conduite fut prudente' (le mot employé par Daniel), 'si l'on ne compte pour rien la bonne foi' (nous soulignons). Les heureux succès dont elle fut suivie retirèrent pour un temps la France du malheureux état où elle se trouvait auparavant' (p.234).

   [3] Comme le dit Rapin: 'L'état de ce prince [de Galles] et celui du roi son père, qui se sentait déjà fort cassé, hâtèrent les résolutions du roi de France' (ann.1368, p.233). De même, Rapin met l'accent sur la crédulité d'Edouard III, qui, vers la fin de son règne, 'se reposait sur la bonne foi des Français' (p.233), bien que les conditions du traité de Brétigny (1360) n'eussent toujours pas été remplies. Charles V profita de la situation en Guyenne pour s'attirer les nobles désaffectés. Bon nombre d'entre eux (et non des moindres), qui avaient répugné à devenir vassaux d'Angleterre par le traité de Brétigny (Daniel, ann.1368, note marginale: Froissart, c.147), étaient doublement mécontents de leur souverain: le Prince Noir, trouvant qu'il fallait récompenser les soldats qu'il avait emmenés en Espagne (Pierre le Cruel ayant manqué à sa promesse de les prendre à son compte) leur avait imposé de lourdes taxes afin de les payer (voir Mézeray, ann.1369; Daniel, ann.1368; Rapin, ann.1368, p.232-33). Charles V les encouragea donc (mai-novembre 1368) à contester la souveraineté d'Edouard III sur la Guyenne et à le considérer, lui, comme étant toujours seigneur de la province. Quant aux 'prétextes plausibles' (ligne 7) concernant le non-paiement de la rançon de Jean le Bon, il est à se demander si Voltaire n'a pas lu Rapin un peu trop rapidement. Le mot 'prétexte', concernant le non-respect du traité de Brétigny, se trouve bien chez lui, mais voici comment: 'Le jugement touchant l'affaire de Belville [fief abandonné à Edouard III] qui avait été remis à des arbitres, fut différé sous divers prétextes. La rançon du roi ne se payait point, ou si Charles en paya quelque chose [...] ce ne fut qu'une bien petite partie' (p.232).

contre les Anglais;[4] remettre l'ordre dans les finances, faire   10
contribuer les peuples sans murmures, et réussir enfin, sans sortir
de son cabinet, autant que le roi Edouard qui avait passé la mer et
gagné des batailles.[5]

Politique du roi   Quand il vit toutes les machines que sa politique arrangeait, bien
Charles V.   affermies, il fit une de ces démarches audacieuses, qui pourraient   15
1369. passer pour des témérités en politique, si les mesures bien prises et
l'événement ne les justifiaient. Il envoie un chevalier et un juge de
Toulouse citer le Prince Noir à comparaître devant lui dans la cour
des pairs, et à venir rendre compte de sa conduite. C'était agir en
juge souverain avec le vainqueur de son père et de son grand-père,   20
qui possédait la Guienne et les lieux circonvoisins en souveraineté
1370. absolue par le droit de conquête, et par un traité solennel. Non

14-17   53-54N: toutes ces machines bien affermies, il envoya un chevalier
18   53-54N: citer [*avec note*: L'an 1369.]
19   53-54N: conduite [*avec note*: 1370.]
22-24   MSP: conquête, joint à celui de ses ancêtres, et par

[4] Daniel présente Charles V comme un négociateur habile. Envisageant une reprise des hostilités avec l'Angleterre, il prépara le terrain du côté du nouveau roi de Castille, 'qui lui avait de si grandes obligations' (ann.1369; et Mézeray). Dès que la guerre avec l'Angleterre fut déclarée (21 mai 1369) il signa 'un traité de ligue défensive et offensive' avec Henri II de Castille (qui ne devait toutefois entrer en guerre qu'en 1372). Ensuite, il convainquit Robert II, roi d'Ecosse (1371-1390), moyennant 'cent mille nobles d'or par an [...] cinq cents chevaliers [et] cinq cents soldats' (Daniel, ann.1370), de renoncer à la trêve qu'il venait de conclure avec le roi d'Angleterre et renouvela 'les anciennes alliances entre la France et l'Ecosse' par le traité de Vincennes (1371). La même année il réussit à retourner Charles de Navarre qui se laissa acheter: en juin 1371, il se détermina à accepter 'la seigneurie de Montpellier [...] pour le dédommager des villes de Mantes, de Meulan, et du comté de Longueville' (Daniel, ann.1371; et Mézeray).
[5] L'argent étant le nerf de la guerre, Charles se vit obligé de lever des impôts. Il convoqua les états généraux et, le 7 décembre 1369, les députés – impressionnés par les victoires remportées depuis l'été – lui 'accordèrent volontiers des secours' (Daniel, ann.1369). Mézeray évoque en particulier la capitation levée dans les villes et les villages 'à quoi les villes consentirent fort gaiement' (ann.1369), alors que Boulainvilliers dit que 'la levée [...] n'apporta le moindre trouble' (p.310). Daniel remarque que Charles, 'considérant l'état des choses, crut qu'il était alors plus besoin d'agir de la tête que de la main; qu'il lui serait aussi glorieux de sauver l'Etat par sa

seulement on le cite comme un sujet, mais on fait rendre un arrêt du parlement de Paris, par lequel on confisque la Guienne, et tout ce qui appartient en France à la maison d'Angleterre. L'usage était de déclarer la guerre par un héraut d'armes, et on envoie à Londres un valet de pied faire cette cérémonie. Edouard n'était donc plus à craindre. [6]

La valeur et l'habileté de Bertrand du Guesclin, devenu connétable de France, et surtout le bon ordre que Charles V

24 MSP: [*manchette*] *1370.*

MSP, 53-54N: parlement par

25-29   53-54N: Angleterre. ¶La valeur

27-29   MSP: cérémonie. ¶La valeur

---

prudence que par son épée' (ann.1364). Malgré sa résolution de 's'enfermer dans son cabinet', Charles 'se mit en état [...] de délivrer son royaume [...], de le régler, d'y rétablir la tranquillité, de l'orner d'ouvrages publics, de porter la guerre chez les voisins.'

[6] De ces affrontements passablement compliqués, Voltaire ne donne qu'un aperçu. Il bouscule d'ailleurs la chronologie, revenant en arrière (décembre 1368) par rapport aux lignes 8-13, pour aboutir au mois de mai 1370. Le 28 décembre 1368, un 'grand conseil décida de citer le Prince Noir à comparaître devant la cour des pairs' (Daniel, ann.1368). Les lettres de citation furent portées à Bordeaux par le sénéchal de Toulouse. Celui-ci délégua auprès du prince deux personnages de sa cour: le chevalier Jean de Chaponval, et Bernard Pelot, juge criminel en sa sénéchaussée, et le prince fut régulièrement sommé de comparaître devant le parlement de Paris le 2 mai 1369 (Daniel, ann.1368 [1369]). Furieux (Mézeray, ann.1369), le prince fit dire à Charles: 'j'irai à Paris le plus tôt qu'il me sera possible, mais [...] ce sera à la tête de soixante mille hommes' (Daniel; voir aussi Rapin, ann.1369, p.234). Il aggrava son cas en faisant emprisonner les deux délégués. Sur ce, Charles V convoqua les états généraux (4-11 mai 1369) pour leur expliquer la nécessité de préparer le pays à la guerre (Daniel, ann.1368 [1369]). Quant à la déclaration de guerre, alors que, selon Daniel (ann.1368 [1369]), on employait 'habituellement à cette fonction quelque prélat, ou quelque chevalier de distinction', Charles envoya à Londres (juin 1369) 'un simple officier de sa maison' (Daniel; même chose chez Mézeray, ann.1369, et Rapin) pour signaler son ressentiment à l'égard de l'arrestation des deux officiers qu'il avait envoyés précédemment au prince de Galles. C'est le 14 mai 1370, devant la cour des pairs, que le roi prononça non seulement la confiscation du duché de Guyenne pour non-comparution du Prince Noir, mais aussi de 'toutes les terres que les Anglais possédaient en France' (Daniel, ann.1370; voir aussi Rapin, p.234).

avait mis à tout, ennoblirent l'irrégularité de ces procédés, et firent voir que dans les affaires publiques, *où est le profit, là est la gloire*, comme disait Louis XI. [7]

Le Prince Noir mourant ne pouvait plus paraître en campagne. Son père ne put lui envoyer que de faibles secours. Les Anglais, auparavant victorieux dans tous les combats, furent battus partout. Bertrand du Guesclin, sans remporter de ces grandes victoires, telles que celles de Créci et de Poitiers, fit une campagne entièrement semblable à celle qui dans les derniers temps a fait passer le vicomte de Turenne pour le plus grand général de l'Europe. [8] Il tomba dans le Maine et dans l'Anjou sur les quartiers

1370.

35

40

32-34   MSP, 53-W75G: *gloire.* ¶Le Prince
34-35   MSP, 53-54N: campagne. Edouard son père ne lui envoya que
35   MSG: que d'assez faibles
41   53-54N: Europe [*avec note*: L'an 1370.]
    MSP: l'Anjou vers le mois de décembre sur

[7] Daniel: 'Après que le roi eut ainsi mis ordre à tout, il fit enfin le coup d'éclat qu'il méditait depuis longtemps' (ann.1370); c'est-à-dire user de son droit de souverain vis-à-vis d'un vassal rebelle, et confisquer ses terres. Confronté à l'activité renouvelée des Anglais en Guyenne, il rappela notamment du Guesclin d'Espagne et le nomma connétable de France (2 octobre 1370), office qu'il tint jusqu'à sa mort (1380). Le lien qu'établit Voltaire entre ce roi et Louis XI n'est pas flatteur. Au ch.94 (ci-dessous), ce dernier est décrit comme un tyran perfide dont Voltaire signale les 'fourberies' et les 'artifices'. La citation (ligne 32) ne se trouve pas dans les sources habituelles de Voltaire. Il s'en sert encore une fois, avec la même attribution à Louis XI, dans une lettre à Catherine II en 1770 (D16490).

[8] La campagne militaire menée par du Guesclin à partir de 1370 fut très avantageuse pour l'armée française. Edouard III ne put envoyer en Guyenne que 'quelques compagnies d'hommes d'armes et d'archers' (Mézeray, ann.1371; Daniel, ann.1370). Le Prince Noir, exténué par la maladie, rentra en Angleterre en 1371 (Rapin: 'ce grand prince, que sa maladie obligeait à se faire porter en litière', ann.1370, p.239). La comparaison que fait Voltaire entre du Guesclin et le vicomte de Turenne, héros de la guerre de Trente Ans, attire l'attention sur la stratégie militaire que poursuivit le connétable en consultation avec Charles V. Celle-ci consista à ménager les ressources de la France en évitant les grandes batailles, tout en harcelant les Anglais par de petites attaques imprévues (comme celle de Pontvallain). Cette stratégie réussit également pour Turenne. Rapin (ann.1376) remarque que pendant

des troupes anglaises, les défit toutes les unes après les autres, et prit
de sa main leur général Grandson. Il rangea le Poitou, la Saintonge,
sous l'obéissance de la France. Les villes se rendaient les unes par la
45 force, les autres par l'intrigue. Les saisons combattaient encore
pour Charles V. Une flotte formidable équipée en Angleterre, fut
toujours repoussée par les vents contraires. Des trêves adroitement
ménagées préparèrent encore de nouveaux succès. [9]

Charles qui vingt ans auparavant n'avait pas eu de quoi
50 entretenir une garde pour sa personne, eut à la fois cinq armées
et une flotte. Ses vaisseaux portèrent la guerre jusqu'en Angleterre,
dont on ravagea les côtes, tandis qu'après la mort d'Edouard III
l'Angleterre ne prenait aucunes mesures pour se venger. Il ne
restait aux Anglais que la ville de Bordeaux, celle de Calais et
55 quelques forteresses. [10]

1378.
Puissance du
roi Charles V.

43-49 53-54N: Grandson. ¶Charles
53-56 53-54N: venger. ¶Ce fut

cette étape de la guerre de Cent Ans 'on ne trouve aucune action générale. [...] Pour
ce qui regarde les sièges [...] il ne s'y passa presque rien qui vaille la peine d'être
remarqué'. Les places que les Anglais perdirent furent prises, ou surprises, 'avec une
rapidité merveilleuse' (p.242). Thomas Grandison (1339-1375) fut pris à la bataille de
Pontvallain (4 décembre 1370). Voltaire semble se baser rapidement sur la manchette
de Daniel (ann.1370, '[du Guesclin] les joint dans le Maine, les bat, et fait leur général
prisonnier'), car le texte qui l'accompagne dit que c'est le maréchal de Blainville en
personne qui le fit prisonnier.
    [9] Le 22 juin 1372, la flotte anglaise commandée par l'amiral John Hastings, comte
de Pembroke (1347-1375) fut détruite par celle de Castille devant le port de La
Rochelle (Mézeray, ann.1372; Daniel, ann.1372). Plus tard la même année,
Thouars – place forte d'une valeur stratégique considérable – étant assiégée,
Edouard III fit un dernier effort pour sauver cette ville. Il 'amassa une flotte de
quatre cents vaisseaux', mais, comme le dit Rapin, 'les vents ayant constamment
refusé de le servir en cette occasion [...] il fut promené sur la mer pendant six
semaines, sans pouvoir approcher les côtes du Poitou' (ann.1372, p.241).
    [10] Rapin s'étonne de ce que 'la trêve qu'Edouard avait faite avec la France était
expirée depuis le 1er d'avril, sans que, du côté des Anglais, on eût fait le moindre
préparatif pour recommencer la guerre' (ann.1377, p.269). C'est encore Rapin
(manchette: 'Charles V met cinq armées sur pied') qui indique qu'outre 'ces armées,

1380. Ce fut alors que la France perdit Bertrand du Guesclin. On sait quels honneurs son roi rendit à sa mémoire. Il fut, je crois, le premier dont on fit l'oraison funèbre, et le premier qu'on enterra dans l'église destinée aux tombeaux des rois de France. Son corps *Cérémonie* fut porté avec les mêmes cérémonies que ceux des souverains. 60
singulière. Quatre princes du sang le suivaient. Ses chevaux, selon la coutume du temps, furent présentés dans l'église à l'évêque qui officiait, et qui les bénit en leur imposant les mains. Ces détails sont peu importants; mais ils font connaître l'esprit de chevalerie. L'attention que s'attiraient les grands chevaliers célèbres par leurs faits 65

56   MSP: du Guesclin qu'elle regardait comme son vengeur. On sait
57   53-54N: mémoire [*avec note*: L'an 1380.]
58-59   MSP: funèbre, et il n'y a que lui et le vicomte de Turenne qui aient été enterrés dans
59-67   MSP, 53-54N: France. Charles le suivit bientôt. On

[le roi] avait encore équipé une flotte considérable qui eut ordre d'aller insulter les côtes d'Angleterre' (p.270). C'est ainsi (juin-juillet 1377) que les villes de Hastings, Portsmouth, Dartmouth et Plymouth furent incendiées, et la population de l'Ile de Wight rançonnée. Daniel mentionne l'Ile de Wight, Dartmouth, Plymouth, Rye et Douvres (ann.1377). Edouard III mourut le 23 juin 1377. Si, comme Voltaire l'affirme (ligne 53), les Anglais n'essayèrent pas de se venger, il faut savoir qu'ils étaient confrontés à deux obstacles de taille: leurs arrières étaient vulnérables car, à l'instigation de Charles V, les Ecossais étaient passés à l'attaque (Daniel, ann.1377). De plus la minorité de Richard créait des problèmes domestiques qui paralysaient toute activité militaire. Comme le dit Rapin: 'Mais ils n'avaient ni flotte, ni troupes, ni argent, ni même aucune autorité légitime pour lever des secours nécessaires' (ann.1377, p.270). Ils ripostèrent toutefois en envoyant l'année suivante une flotte dirigée par Jean de Gand (John of Gaunt), duc de Lancastre (1340-1399), frère du Prince Noir et père du futur prétendant au trône anglais (voir lignes 120-26) qui assiégea Saint-Malo mais sans succès (Daniel, ann.1379; Rapin, ann.1378, p.274). Il convient de noter encore une fois que Voltaire passe sous silence (comme dans le ch.76) le rôle des légats du pape en tant que médiateurs lors des trêves de Bruges, non seulement le 27 juin 1375, mais aussi le 12 mars 1376 quand elle fut prorogée. Par la première trêve, Charles V conserva tous les territoires conquis depuis 1369, ce qui signifiait que les possessions anglaises étaient réduites à Calais, Cherbourg, Brest, Bordeaux et Bayonne.

d'armes, s'étendait sur les chevaux qui avaient combattu sous eux. [11] *1380.*
Charles suivit bientôt du Guesclin. On le fait encore mourir d'un *Charles V non*
poison lent, qui lui avait été donné il y avait plus de dix années, et *empoisonné.*
qui le consuma à l'âge de quarante-quatre ans, comme s'il y avait
70 dans la nature des aliments qui puissent donner la mort au bout
d'un certain temps. Il est bien vrai qu'un poison qui n'a pu donner
une mort prompte, laisse une langueur dans le corps, ainsi que
toute maladie violente; mais il n'est point vrai qu'il fasse de ces

67-68   MSP: mourir de poison, parce que Charles le Mauvais, roi de Navarre,
avait été accusé de vouloir l'empoisonner. On dit qu'enfin le poison
72   MSP: prompte ou contre lequel on a pris des précautions, laisse

[11] Du Guesclin mourut le 13 juillet 1380 devant Châteauneuf-de-Randon. Ses
obsèques à Saint-Denis n'eurent lieu qu'en 1389; il s'agissait d'un service
commémoratif organisé par Charles VI. Daniel se contente de rapporter que
'les frères du roi assistèrent en deuil à ses funérailles [et qu']on y fit une oraison
funèbre en son honneur, et [qu'on] *n'avait jamais fait de semblables cérémonies'*
(ann.1380; nous soulignons). Il faut donc que Voltaire ait trouvé ailleurs ces
détails. Rien ne prouve sans conteste qu'il ait consulté G. A. Lobineau, *Histoire de
Bretagne* (Paris, 1707), mais M. Cartwright (*Adélaïde du Guesclin*, *OCV*, t.10,
Introduction, p.8) est d'avis que c'est Lobineau qui fournit à Voltaire des
précisions de sa trame: 'Quand [l'évêque d'Auxerre] fut à l'offerte, il descendit
avec le roi [...] pour recevoir l'offrande. Là parurent quatre chevaliers [...] suivis
de quatre écuyers qui conduisaient quatre des plus beaux chevaux de l'écurie du
roi. [...] L'évêque mit la main sur la tête des chevaux, et on les remmena au même
temps qu'il retourna à l'autel.' Les quatre princes du sang étaient 'le duc de
Touraine, frère du roi, Jean comte de Nevers et fils du duc de Bourgogne, Pierre
fils du roi de Navarre, et Henri de Bar [petit-fils de Jean le Bon]'. 'L'évêque monta
en chaire [...] prit pour son texte: *Nominatus est usque ad extrema terrae. Son nom à
été porté jusqu'au bout de la terre*, et fit l'éloge de Bertrand du Guesclin, qu'il
représenta comme la véritable fleur de la chevalerie' (Lobineau, t.1, p.470-71). En
effet, les obsèques de du Guesclin semblent avoir fait époque parmi les cérémonies
funéraires du Moyen Age (c'est dans ce contexte que Montaigne en parle dans ses
Essais, livre 1, ch.3, 'Nos façons d'être nous survivent'). Pour Voltaire,
l'enterrement de du Guesclin incarne l'esprit de chevalerie parce que, comme il
l'explique au ch.97 (ci-dessous), celle-ci 'joignait les cérémonies religieuses aux
fonctions de la guerre'. Il s'efforce de désacraliser la chevalerie en la présentant
comme un phénomène social. D'étranges solennités telles que la bénédiction des
chevaux sont autant de façons de renforcer la hiérarchie aristocratique et militaire.

effets lents que le vulgaire croit inévitables. Le véritable poison qui tua Charles V était une mauvaise constitution. [12]   75

<small>1374.</small> Personne n'ignore que la majorité des rois de France fut fixée par lui à l'âge de quatorze ans commencés, et que cette ordonnance sage, mais encore trop inutile pour prévenir les troubles, fut enregistrée dans un lit de justice en 1374. Il avait voulu déraciner l'ancien abus des guerres particulières des seigneurs, abus qui   80 passait pour une loi de l'Etat. Elles furent défendues sous son règne, quand il fut le maître. Il interdit même jusqu'au port d'armes;[13] mais c'était une de ces lois dont l'exécution était alors impossible.

77   MSP, 53-61: ans et
77-79   53-54N: ans. Il avait
79   MSP: en 1335.
83-85   53-54N: d'armes. ¶On fait

[12] Charles V est mort le 16 septembre 1380. D'après Daniel (ann.1358) la première administration du poison daterait de cette année même. Mais voir surtout ce qu'il dit plus tard à l'époque de l'arrestation (25 mars 1378) de Jacques de Rue, chambellan de Charles le Mauvais qui, interrogé, 'demeura d'accord du dessein conçu par le roi de Navarre de faire empoisonner le roi' (ann.1378). La description que l'on donne de son dépérissement donne à réfléchir: 'ses cheveux, les ongles des pieds et des mains lui tombèrent' (ann.1380). En parlant de Charles de Navarre dans la 14e des 'Remarques pour servir de supplément à l'*EM*', Voltaire pyrrhonien remet la mort de Charles V sur le compte de sa mauvaise santé congénitale.

[13] Voltaire copie Daniel, qui explique que l'objectif essentiel de cette ordonnance du 4 août 1374 était de prévenir les troubles qui surviennent 'pour l'ordinaire pendant les minorités' (ann.1374; voir aussi Mézeray, ann.1375 pour 1374). Le roi aurait donc pensé à l'avenir de son fils, le futur Charles VI (1368-1422), alors âgé de huit ans. Mais évidemment Voltaire, qui vient de ridiculiser l'idée que Charles ait pu être empoisonné, n'a cure de mentionner la raison de cette initiative qui est évoquée par Daniel: 'il avait principalement en vue son fils Charles alors fort jeune, qui pouvait aisément se trouver dans cette conjoncture; car le roi [...] se trouvait dans une santé fort délicate, et souvent altérée. C'était un effet du poison que le roi de Navarre lui avait fait donner autrefois, et qui avait extrêmement affaibli sa santé.' La portée historique de cette initiative avait évidemment frappé Voltaire: voir son exemplaire de Boulainvilliers (p.313-15; trait en marge, en face de la discussion consacrée à l'ordonnance, *CN*, t.1, p.475-77). L'ordonnance interdisant le port d'armes date de 1376.

85   On fait monter les trésors qu'il amassa jusqu'à la somme de dix-   *Trésor de*
sept millions de livres de son temps. [14] Il est certain qu'il avait   *Charles V.*
accumulé, et que tout le fruit de son économie fut ravi et dissipé par
son frère le duc d'Anjou dans sa malheureuse expédition de Naples
dont j'ai parlé.

90   Après la mort d'Edouard III vainqueur de la France, et après
celle de Charles V son restaurateur, on vit bien que la supériorité
d'une nation ne dépend que de ceux qui la conduisent. [15]
    Le fils du Prince Noir, Richard II, succéda à son grand-père
Edouard III à l'âge de onze ans; et quelque temps après Charles VI
95 fut roi de France à l'âge de douze. Ces deux minorités ne furent pas

85-86   53-54N: somme incroyable de 17 millions de livres. Il est
86   K: temps. La livre, monnaie d'argent, équivalait alors à environ 8 livres
actuelles et $\frac{4}{5}$, et la livre, monnaie d'or, à 12 livres et demie. Il est certain
88-93   53-54N: Naples. ¶Le fils
94   MSP: [*manchette*] *1377.*
95   MSP: douze ans.

[14] Voltaire dans 53-54N cite ces chiffres d'après Mézeray, qui exprime les mêmes
doutes que lui (voir lignes 85-86 var.): 'Il laissa des trésors considérables en lingots
d'or et en riches meubles: mais qui à mon avis ne pouvaient monter à dix-sept
millions, comme quelques-uns l'ont dit, l'argent étant pour le moins vingt-cinq fois
plus rare en ce temps-là qu'ils n'est à cette heure' (ann.1380). Les éditeurs de Kehl
donnent cette somme en monnaie courante, comme ils le font aussi ailleurs (voir
également ci-dessus, ch.76, n.15); leur note ici explique que par livre numéraire on
entend monnaie d'argent. Pour la référence à la dilapidation de ces trésors, voir ch.69
(ci-dessus), où Voltaire évoque l'adoption par la reine déposée Jeanne de Naples
(1344-1382) de Louis d'Anjou (1339-1384), frère de Charles V, en tant qu'héritier et
défenseur de son royaume. Louis partit en Italie après l'assassinat de Jeanne en 1382.
[15] En mettant ici l'accent sur le rôle décisif des grands princes quant au destin d'un
pays, Voltaire s'oppose à Montesquieu, *Considérations sur les causes de la grandeur des
Romains et de leur décadence* (1734), qui affirme l'importance de ce qu'il appelle 'des
causes générales', qui, 'soit morales, soit physiques, [...] agissent dans chaque
monarchie, l'élèvent, la maintiennent, ou la précipitent' (ch.11). Le caractère ou les
actions d'un homme en particulier ne sauraient donc influencer le cours des affaires:
'Si César et Pompée avaient pensé comme Caton, d'autres auraient pensé comme
firent César et Pompée, et la République destinée à périr, aurait été entraînée au
précipice par une autre main' (ch.18).

heureuses, mais l'Angleterre fut d'abord la plus à plaindre. [16]

On a vu quel esprit de vertige et de fureur avait saisi en France les habitants de la campagne du temps du roi Jean, et comme ils vengèrent leur avilissement et leur misère sur tout ce qu'ils rencontrèrent de gentilshommes, qui en effet étaient leurs oppres- 100 seurs. La même furie saisit les Anglais. On vit renouveler la guerre que Rome eut autrefois contre les esclaves. [17] Un couvreur de tuiles et un prêtre firent autant de mal à l'Angleterre que les querelles des rois et des parlements peuvent en faire. Ils assemblent les peuples de trois provinces, et leur persuadent aisément que les riches 105 avaient joui assez longtemps de la terre, et qu'il est temps que les pauvres se vengent. Ils les mènent droit à Londres, pillent une partie de la ville, et font couper la tête à l'archevêque de Cantorbéri et au grand trésorier du royaume. Il est vrai que cette fureur finit par la mort des chefs et par la dispersion des révoltés. Mais de telles 110 tempêtes, assez communes en Europe, font voir sous quel malheureux gouvernement on vivait alors. On était encore loin du véritable but de la politique, qui consiste à enchaîner au bien commun tous les ordres de l'Etat. [18]

1381.
Guerre des pauvres contre les riches.

98-101   53-54N: Jean. La même fureur saisit [*avec note*: L'an 1381.]

104-108   53-54N: Ils assemblèrent [...] persuadèrent [...] vengeassent [...] menèrent [...] pillèrent [...] firent couper

108   MSP: firent couper

112-15   53-54N: alors. ¶On peut dire que les Anglais

[16] Richard II d'Angleterre (1377-1399), et Charles VI (1380-1422), connurent tous deux des règnes troublés qui commencèrent par des régences difficiles. Pour les troubles du début du règne de Richard, dont, par exemple, la Révolte de Wat Tyler (lignes 102-10), voir Rapin (ann.1377, p.268-73, 265-76, 277). Pour les révoltes qui gâchèrent le début du règne de Charles VI, voir ch.79, ci-dessous.

[17] Voltaire a déjà décrit la Grande Jacquerie (1356-1358) au ch.76 (ci-dessus, lignes 101-108). Là aussi il compare les paysans français à des 'esclaves' qui se vengent de leurs 'maîtres trop durs et trop farouches'. Au XVIIIe siècle on faisait souvent le lien entre la constitution de cette république romaine et celle de l'Angleterre (voir ci-dessous, n.19).

[18] La grande révolte des paysans anglais (1381) fut causée en partie par les conséquences économiques de la guerre de Cent Ans. Non seulement avait-on

115   On peut dire qu'alors les Anglais ne savaient pas mieux jusqu'où s'étendaient les prérogatives des rois et celles des parlements. Richard II, à l'âge de dix-huit ans, voulut être despotique, et les Anglais trop libres. Bientôt il y eut une guerre civile. Presque toujours dans les autres Etats les guerres civiles sont fatales aux 120 conjurés; mais en Angleterre elles le sont aux rois. [19] Richard, après

118-20   53-54N: civile. Richard
118   MSP: [*manchette*] *1389*.

---

augmenté les impôts par capitation (Rapin, ann.1380, p.278) dont personne au-dessus de quinze ans ne fut exempt, mais aussi la perte des territoires français avait-elle eu un grand impact sur l'économie anglaise, rendue encore plus vulnérable par la guerre civile en Flandre (1379-1386; voir Mézeray, ann.1379). Dans ce contexte les paysans se montrèrent très favorables aux discours de John Wycliffe (voir ci-dessus, ch.73), qui critiqua les inégalités sociales et l'autorité temporelle de l'Eglise. Rapin note qu'un débat entre Wycliffe et l'evêque de Londres fut l'occasion d'une émeute (ann.1377, p.245) pendant laquelle la maison du duc de Lancastre (alors régent) fut saccagée (p.246, 270). Quant aux régions affectées par les soulèvements en 1381 ('trois provinces', ligne 105), Voltaire semble avoir lu Rapin un peu trop rapidement. La manchette à la p.280 indique qu'il s'agissait d'un 'Soulèvement dans les provinces de Kent et d'Essex', et la troisième 'province' fait son apparition à la p.284 (Suffolk). Mais le paragraphe suivant mentionne aussi une quatrième (Norfolk). En 1381, Wat Tyler (1341-1381) émergea comme chef de file des paysans en révolte. Rapin précise que son nom de famille signifie 'couvreur' (ann.1381, p.280), et qu'il fut secondé par Jack Straw (†1381), un prêtre qui 'par ses sermons séditieux, porta la fureur du peuple au plus haut degré' (p.280). Etant entrés dans Londres, les rebelles prirent la Tour de Londres, où ils trouvèrent Simon Sudbury, archevêque de Cantorbéry et Robert de Hales, grand trésorier, 'qui avaient cru s'y mettre à couvert, et sans aucune forme de procès, ils leur firent couper la tête' (p.282). Le lendemain le roi, alors âgé de quinze ans, rencontra les rebelles à Smithfield. Là, l'extrême et brutale insolence dont fit preuve Tyler lui valut la mort des mains de Sir William Walworth, maire de Londres. Le roi réussit à livrer la foule aux mains d'une milice hâtivement formée. Selon Rapin, 'la ruine entière' du pays ne fut evitée que par 'une espèce de miracle' (ann.1381). Voltaire tire une autre conclusion de cet événement concernant les abus et les mécontentements respectifs qui caractérisaient les relations entre gouvernants et gouvernés au Moyen Age.

[19] Voltaire résume (lignes 115-26) très brièvement (voir Rapin, p.291-329) les événements des quinze dernières années du règne de Richard II, vain, frivole, et facilement influencé par ses favoris, autrement dit, 'un prince capable de tomber dans

avoir disputé dix ans son autorité contre ses sujets, fut enfin abandonné de son propre parti. Son cousin le duc de Lancastre, petit-fils d'Edouard III, exilé depuis longtemps du royaume, y revint seulement avec trois vaisseaux. Il n'avait pas besoin d'un plus grand secours; la nation se déclara pour lui. Richard II demanda seulement 125 qu'on lui laissât la vie, et une pension pour subsister. [20]

1399. Un parlement lui fait son procès comme il l'avait fait à *Richard II* Edouard II. [21] Les accusations juridiquement portées contre lui

127-32   MSP, 53-W57G: Un parlement assemblé le dépose juridiquement. Richard

---

de grands excès, si l'on ne prenait soin de bonne heure de mettre un frein à ses passions' (Rapin, ann.1382, p.288). Les différends entre Richard et son oncle, le duc de Lancastre, chef de son conseil furent si vifs que plusieurs fois 'on était sur le point de voir une guerre civile s'allumer dans le royaume' (Rapin, ann.1385, p.292). Il y eut également une lutte pour le pouvoir entre Richard et son parlement. En 1386 Richard accusa le parlement, qui refusa de lui voter des subsides, de se mêler des affaires 'qui ne le regardaient pas' (Rapin, ann.1386, p.297). Trois ans plus tard, les députés du parlement dit 'impitoyable' condamnaient la plupart des favoris du roi à mort (Rapin, ann.1389, p.304). Cette crise fut suivie de quelques années de paix jusqu'en 1397, lorsque ce que les historiens appellent la 'tyrannie' de Richard commença. Le roi, qui avait réussi à ne faire élire que des députés de son parti au parlement, tenta de détruire 'les libertés et les privilèges du peuple'. Le commentaire de Voltaire sur les conséquences des guerres civiles en Angleterre rappelle ses observations dans les *LP*, 8: 'Voici une différence plus essentielle entre Rome et l'Angleterre, qui met tout l'avantage du côté de la dernière: c'est que le fruit des guerres civiles de Rome a été l'esclavage, et celui des troubles d'Angleterre, la liberté. La nation anglaise est la seule de la terre qui soit parvenue à régler le pouvoir des rois en leur résistant.'

[20] Henry Bolingbroke (1366-1413), cousin de Richard II, devint duc de Lancastre lors de la mort de son père Jean de Gand, le 3 février 1399. Absent d'Angleterre, en croisade et en pèlerinage pendant les années 1390, il en fut banni par Richard II en 1398 à cause d'une querelle avec le duc de Norfolk. Profitant de l'absence de Richard qui poursuivait une campagne militaire en Irlande, Henri débarqua à Ravenspur dans le Yorkshire avec trois vaisseaux et quatre-vingts hommes. Il fut reçu en triomphe à Londres. Richard rentra d'Irlande et alla s'enfermer dans le château de Conway (Pays de Galles) où il se trouva abandonné de tous ses partisans. Voir Rapin, ann.1399, p.321-24.

[21] Comme d'habitude, Voltaire n'aime pas s'empêtrer dans les détails. Rapin explique la complexité politique et constitutionnelle de la situation à laquelle se

ont été conservées: un des griefs est qu'il a emprunté de l'argent sans *déposé*
payer, qu'il a entretenu des espions, et qu'il avait dit qu'il était le *juridiquement.*
maître des biens de ses sujets. On le condamna comme ennemi de la
liberté naturelle, et comme coupable de trahison. Richard enfermé
dans la Tour, remit au duc de Lancastre les marques de la royauté,
avec un écrit signé de sa main, par lequel il se reconnaissait indigne
de régner. Il l'était en effet, puisqu'il s'abaissait à le dire. [22]

Ainsi le même siècle vit déposer solennellement deux rois *Quatre*
d'Angleterre, Edouard II et Richard II, l'empereur Venceslas et *souverains jugés*
le pape Jean XXIII, tous quatre jugés et condamnés avec les *et condamnés.*
formalités juridiques. [23]

134   MSP: [*manchette*] *1399.*
135-40   53-54N: régner. ¶Le parlement
137   MSP: Edouard Premier

---

trouvaient confrontés les partisans du duc de Lancastre. Tous tombèrent enfin
d'accord que, 'avant de disposer de la couronne', il fallait un procès fait par le
parlement (ann.1399, p.324-25). Voir ci-dessus, ch.75, lignes 68-76. Rapin fait
également l'analogie entre les deux procès, notant que dans le cas de Richard on
révoqua 'tous les serments et hommages que le peuple d'Angleterre lui avait faits, à
peu près de la même manière qui avait été pratiquée à l'égard d'Edouard II'
(ann.1399, p.328).

[22] Ici Voltaire intervertit l'ordre des événements. La veille de l'ouverture du
parlement, le duc de Lancastre se rendit à la Tour où 'Richard livra la couronne et le
sceptre [...] et par un écrit signé de sa propre main, il se reconnut indigne et incapable
de gouverner plus longtemps le royaume' (Rapin, p.325-26). Cependant, cet Acte
d'abdication ne paraissant pas suffisant aux yeux des parlementaires, ceux-ci
dressèrent 31 articles d'accusation contre Richard (Rapin les reproduit en entier,
p.326-28), dont le premier était qu'il avait 'mis le gouvernement de son royaume
entre les mains de gens sans expérience et mal intentionnés au grand détriment du
peuple qui s'était vu chargé d'impositions excessives'. La formule 'ennemi de la
liberté naturelle, et comme coupable de trahison' (ligne 132) sort de la plume de
Voltaire. Une fois que Richard fut légalement déchu, le duc de Lancastre demanda la
couronne, et fut proclamé roi Henri IV (1399-1413) en septembre 1399.

[23] Jugé inefficace partout, Wenceslas Ier (1361-1419), empereur du Saint Empire
(1378), fut déposé par les princes-électeurs en août 1400. Voltaire démontre ici que
l'étude de l'histoire permet de faire des rapprochements synchroniques qui
traduisent la mentalité d'une époque. C'est ce qu'il souligne dans l'art. 'Histoire'

1400. Le parlement d'Angleterre ayant enfermé son roi, décerna, que 140
si quelqu'un entreprenait de le délivrer, dès lors Richard II serait
digne de mort. Au premier mouvement qui se fit en sa faveur, huit
scélérats allèrent assassiner le roi dans sa prison. Il défendit sa vie
mieux qu'il n'avait défendu son trône. Il arracha la hache d'armes à
un des meurtriers. Il en tua quatre avant de succomber. [24] Le duc de 145
Lancastre régna cependant sous le nom de Henri IV. L'Angleterre
ne fut ni tranquille ni en état de rien entreprendre contre ses
voisins; mais son fils Henri V contribua à la plus grande révolution
qui fût arrivée en France depuis Charlemagne. [25]

142   53-54N: mort [*avec note*: 1400.]
143   MSP: scélérats autorisés de cet acte du parlement allèrent assassiner le roi
détrôné dans
       53-54N: scélérats vinrent assassiner
147-48 MSP: état d'entreprendre alors une guerre contre la France; mais
       53-W75G: contre la France; mais

_____

de l'*Encyclopédie*, en commentant que l'utilité de cette discipline 'consiste dans la
comparaison' des lois et des mœurs de différents pays (*OCV*, t.33, p.176). Pour le
pape Jean XXIII, voir ci-dessus, ch.72.
[24] Comme l'explique Rapin (ann.1399, p.360-63). L'an 1400 commença par une
conspiration ('the Epiphany Rising') en faveur de Richard. Cette révolte 'hâta la fin
de Richard'. Les détails des lignes 142-45 se trouvent presque mot pour mot chez
Rapin (p.372).
[25] Le règne d'Henri IV (1399-1413) fut troublé par des rébellions et le roi lui-
même par une maladie dégénérative qui causa sa mort en 1413. Son fils Henri V
(1413-1422) fut accueilli 'dans l'espérance qu['il] ferait revivre la gloire du nom
Anglais, qui paraissait comme ensevelie dans l'oubli depuis le règne d'Edouard III'
(Rapin, ann.1413, p.418). Ce sera la matière du chapitre suivant.

CHAPITRE 79

Du roi de France Charles VI. De sa maladie.
De la nouvelle invasion de la France par Henri V
roi d'Angleterre.

Une partie des soins que le roi Charles V avait pris pour rétablir la *Tout le fruit de*
France, fut précisément ce qui précipita sa subversion. Ses trésors *la sagesse de*

a-89 [*Première rédaction de ce chapitre*: MSP]
a MSP: Chapitre 56
 w56-w57G: Chapitre 67
 61: Chapitre 75
b-d MSP, 53-54N: *De l'invasion des Anglais en France.//*
 w56-w57G: *Du roi Charles VI et de la nouvelle invasion de la France par*
Henri V roi d'Angleterre.//
 2-11 53-54N: subversion. Le duc d'Anjou, un des oncles

* Ce chapitre, dans lequel Voltaire s'attarde sur la faiblesse du royaume de
France en pleine guerre de Cent Ans, figure dans MSP et est imprimé dès 1753 (voir
ci-dessus, 'Présentation de l'édition'). Néanmoins, cette première version imprimée
ne comporte pas bien des passages présents dans le manuscrit (voir notamment les
variantes lignes 2-11, 16-20, 21-36, 69-74, 82-87, 90-98, 193-97) qui paraissent pour
la première fois en 1756. A cette occasion, Voltaire remanie aussi une partie du
chapitre: certaines corrections apportées au manuscrit concernant le procès fait au
dauphin, futur Charles VII (voir lignes 218-59 var.), sont reprises dans l'édition de
1756 mais passent dans le chapitre que Voltaire consacre au parlement de Paris
(ch.85; voir ci-dessous, n.42). Pour rédiger ce chapitre, Voltaire s'appuie
majoritairement sur l'*Histoire de France* de Daniel (Paris, 1729, BV938; voir *CN*,
t.3, p.40), qu'il complète par l'*Histoire d'Angleterre* de Rapin de Thoyras (La Haye,
1724; éd. citée, nouv. éd. N. Tindal, La Haye, 1749, BV2871, t.3, 4; voir ci-dessus,
ch.75, n.*) et par l'*Abrégé chronologique de l'histoire de France* de Mézeray
(Amsterdam, 1673-1674, BV2443; nouv. éd., Amsterdam, 1701, BV2445), t.2-5,
ci-après Mézeray. Divers points de détail proviennent aussi des ouvrages suivants:
Boulainvilliers, *Histoire de l'ancien gouvernement de la France* (La Haye et
Amsterdam, 1727, BV505), t.3; Daniel, *Histoire de la milice française* (Paris, 1728,
BV939; éd. consultée, Paris, 1721, t.1); C.-J.-F. Hénault, *Nouvel Abrégé chronologique de l'histoire de France* (Paris, 1768, BV1619); et J.-A. de Thou, *Histoire
universelle* (La Haye, 1733; Bâle, 1742, BV3297). Il n'est pas exclu que Voltaire ait

Charles V amassés furent dissipés, et les impôts qu'il avait mis, révoltèrent la
perdu. nation. [1] On remarque que ce prince dépensait pour toute sa maison
quinze cents marcs d'or par an. Ses frères régents du royaume en   5
dépensaient sept mille pour Charles VI âgé de treize ans, qui
malgré cette dissipation manquait du nécessaire. [2] Il ne faut pas

5   K: par an, environ 1 200 000 de nos livres.
6   K: sept mille, ou 5 600 000 pour Charles VI
7   MSP: malgré toute cette

---

aussi consulté l'abbé F.-T. de Choisy, *Histoire de Charles VI* (Paris, 1695). Tout en
s'appuyant sur Daniel et Rapin, Voltaire taille à très grands traits dans l'histoire du
règne de Charles VI. Il insiste surtout sur les conséquences politiques de la maladie
du roi: les intermittences du mal empêchent que le pouvoir passe définitivement à un
homme fort, capable de diriger le royaume de façon cohérente, et les jalousies entre
les régents mettent encore plus à mal le pouvoir royal que chacun tire à soi. Plus que
la puissance réelle de l'Angleterre, c'est surtout la guerre civile entre Bourguignons
et Armagnacs, que Voltaire résume à ses événements essentiels, qui profite à
l'ennemi. Le procès fait au dauphin est l'occasion d'une réflexion sans conclusions
apparentes, mais non dénuée d'arrière-pensées, sur les pouvoirs respectifs du roi et
des parlementaires (lignes 231-34), que prolongent en 1761 des remarques peu
amènes sur l'attachement des thuriféraires du royaume à ses lois et au principe de
succession par les mâles: la France eût-elle été anglaise, l'historiographie du royaume
eût été tout autre. Sans manquer une seule occasion de faire des gorges chaudes de ses
sources, Voltaire s'en prend enfin au passage sur les hémorroïdes d'Henri V
rapportées dans l'*Histoire de France* de Mézeray: s'il semble reprendre à
l'occasion – et sans s'en vanter – certaines précisions qui proviennent de cet
ouvrage, bien des points divergents indiquent qu'il s'appuie majoritairement sur
Daniel.
[1] Voir ci-dessus, ch.78, lignes 10-11, 86-87. Mézeray fait monter ces 'trésors
amassés' à 17 millions de livres (ann.1380). Les impôts, levés en 1369, n'incommo-
dèrent personne au départ, mais la situation empira progressivement, et en 1380 il y
eut des troubles (voir Mézeray et Daniel, ann.1380). Bien qu'il ne le mentionne pas
ici, Voltaire évoquera, dans le ch.81 (lignes 127-28), le rôle joué par le cardinal de La
Grange dans le mécontentement grandissant.
[2] Ici Voltaire copie Boulainvilliers qui rapporte les plaintes et doléances de
l'Université de Paris aux états généraux de 1412: 'ce qui revenait environ à
1500 marcs, et qu'il était payé anuellement pour celle [la Maison] de Charles VI
45 000 revenant à 7000 marcs d'or; somme énorme, et qui pourtant était tellement
dissipée par ses officiers que les sujets avaient la douleur de le voir manquer du
nécessaire' (p.26). Les trois frères de Charles V assurèrent la régence à sa mort; il

mépriser de tels détails, qui sont la source cachée de la ruine des
Etats, comme des familles.

10   Louis d'Anjou, le même qui fut adopté par Jeanne Ire reine de
Naples, [3] l'un des oncles de Charles VI, non content d'avoir ravi le
trésor de son pupille, chargeait le peuple d'exactions. Paris, Rouen,
la plupart des villes se soulèvent; [4] les mêmes fureurs qui ont depuis
désolé Paris du temps de la Fronde dans la jeunesse de Louis XIV,
15   parurent sous Charles VI. Les punitions publiques et secrètes
furent aussi cruelles que le soulèvement avait été orageux. Le
grand schisme des papes, dont j'ai parlé, augmentait encore le
désordre. Les papes d'Avignon reconnus en France, achevaient de
la piller par tous les artifices que l'avarice déguisée en religion peut

10-11   MSP: Le duc d'Anjou, l'un des oncles
11-12   MSP: les trésors
13-15   53-54N: soulèvent. Les punitions
16-20   53-54N: orageux. On espérait

s'agit de Louis Ier d'Anjou (1339-1384); Philippe II le Hardi, duc de Bourgogne
(1342-1404); Jean de France, duc de Berry (1340-1416); le quatrième régent était
Louis II, duc de Bourbon (1337-1410), beau-frère de Charles V. Daniel présente
longuement les régents (ann.1380).

[3] Sur Louis Ier d'Anjou, fils de Jean II de France, et la reine Jeanne Ire d'Anjou,
voir ci-dessus, ch.69. Charles de Duras, qui régna alors sur Naples avec le titre de
Charles III, sortit vainqueur de la lutte qui s'ensuivit jusqu'en 1384.

[4] 'Au sacre [4 novembre 1380] on avait publié la relaxation des impôts', mais à
cause des dilapidations du duc d'Anjou, 'il fallut un mois après en remettre de
nouveaux, occasion de nouvelles émeutes' (Mézeray, ann.1380; voir aussi Daniel).
Ces séditions se renouvelèrent en 1381, et connurent leur paroxysme avec la révolte
des Maillotins à Paris en 1382 (voir Daniel, ann.1381, 1382; signet, p.304-305, qui
traitent des impôts et des séditions; CN, t.3, p.40). Sur la répression qui s'ensuivit,
voir Daniel, qui évoque des exécutions publiques à Rouen (ann.1382), alors que
Mézeray nous apprend que 'le Prévôt de Paris fit jeter [un grand nombre d'émeutiers,
emprisonnés] la nuit à diverses fois dans la rivière, n'osant les exécuter publiquement' (Mézeray, ann.1381 [pour 1382]; voir aussi Daniel). Même après son retour de
Flandre, où il était allé porter secours au comte (voir lignes 22-23), Charles sévit de
nouveau contre Paris insoumis qui avait profité de son absence (Mézeray et Daniel,
ann.1383). C'est à cette époque, pour flétrir encore plus la bourgeoisie, qu'on
supprima la charge de Prévôt des Marchands, et plusieurs confréries.

inventer. [5] On espérait que le roi majeur réparerait tant de maux par   20
un gouvernement plus heureux.

1384.   Il avait vengé en personne le comte de Flandres son vassal des
Flamands rebelles toujours soutenus par l'Angleterre. Il profita des
troubles où cette île était plongée sous Richard II. [6] On équipa
même plus de douze cents vaisseaux pour faire une descente. Ce   25
nombre ne doit pas paraître incroyable; saint Louis en eut
davantage: il est vrai que ce n'était que des vaisseaux de transport;
mais la facilité avec laquelle on prépara cette flotte, montre qu'il y
avait alors plus de bois de construction qu'aujourd'hui, et qu'on
n'était pas sans industrie. [7] La jalousie qui divisait les oncles du roi,   30

21-36   53-54N: heureux. ¶Enfin
26-28   MSP: incroyable aux Français qui peuvent à peine armer aujourd'hui
cinquante navires de guerre. Ces douze cents voiles n'étaient guère que des barques
de transport. Mais la facilité

[5] Pour le grand schisme, voir ci-dessus, ch.71. Les papes d'Avignon ne sont que
deux pendant cette période: Clément VII (1378-1394) et Benoît XIII (1394-1423).
Voltaire ne peut penser qu'à l'année 1385 où Clément et ses cardinaux 'devenaient de
plus en plus à charge à la France. Ce pape, non content d'avoir tiré pendant sept ou
huit ans le dixième denier de tous les bénéfices de France, entreprit d'imposer une
nouvelle taxe sur le clergé à proportion du revenu de chaque bénéfice' (Daniel,
ann.1385). Charles VI y mit fin, quoique Voltaire ne le dise pas.

[6] La campagne de Flandre se situe en 1382; en 1384 a lieu la descente en
Angleterre. Louis II de Flandre, dit Louis de Mâle (1330-1384), eut notamment à
affronter la révolte des Gantois. Voir Mézeray et Daniel, ann.1382. Charles écrasa les
adversaires de Louis à la bataille de Roosebeke (17 novembre 1382).

[7] Voltaire résume encore à très grands traits ce qu'il trouve chez les historiens du
règne. Il y eut plusieurs expéditions contre l'Angleterre après l'expiration de la trêve
en 1385; celle dont il parle eut lieu en 1386. A la lumière de ce qu'il écrit (lignes 24-
30), il pourrait soit se baser en toute bonne foi sur Daniel, qui mentionne les
1200 vaisseaux (ann.1386), soit préférer ignorer l'apport de Mézeray (900 vaisseaux,
ann.1386), qui donne des détails supplémentaires inopportuns pour son induction des
lignes 27-30. Cette dernière repose, dirait-on, sur des fondements que le texte de
Daniel n'autorise pas (à savoir que Charles fit construire ses vaisseaux), et se trouve
même contredite par Mézeray: 'On acheta ou loua tous les navires qu'on put trouver
depuis les ports de Suède jusqu'en Flandres. [...] Le roi se rendit au port de l'Ecluse
pour voir son armée qui était de neuf cents vaisseaux.' Pour les vaisseaux censés avoir
été à la disposition de saint Louis (comparaison ajoutée dans l'édition de 1756), voir
ch.58 (notre t.3, p.374-75).

empêcha que la flotte ne fût employée. [8] Elle ne servit qu'à faire voir quelle ressource aurait eue la France sous un bon gouvernement, puisque, malgré les trésors que le duc d'Anjou avait emportés pour sa malheureuse expédition de Naples, [9] on pouvait faire de si grandes
35 entreprises.

Enfin on respirait, lorsque le roi, allant en Bretagne faire la guerre au duc, [10] dont il avait à se plaindre, fut attaqué d'une frénésie horrible. Cette maladie commença par des assoupissements, suivis d'aliénation d'esprit, et enfin d'accès de fureur. Il tua
40 quatre hommes dans son premier accès, continua de frapper tout ce qui était autour de lui, jusqu'à ce qu'épuisé de ces mouvements convulsifs, il tomba dans une léthargie profonde. [11]

Je ne m'étonne point que toute la France le crût empoisonné et ensorcelé. Nous avons été témoins dans notre siècle, tout éclairé

Charles VI tombe en frénésie.

Cru ensorcelé.

31   MSP: flotte fût
36-37 MSP, 53-54N: Bretagne châtier le duc dont la France avait à se plaindre
40-41 MSP: tout ce qu'il avait autour

[8] Voir la 'Jalousie du duc de Berry qui le fait échouer' qu'évoque Daniel (ann.1386). Le duc était ulcéré car 'on ne l'avait consulté [sur la descente en Angleterre] que par cérémonie' et 'après qu'elle eut été résolue'. Délibérément donc – malgré 'les pressantes instances du roi' – il assembla les troupes de son apanage avec si peu d'enthousiasme que la flotte perdit trois mois à l'attendre. Sur ce, le temps se gâta, si bien que l'entreprise dut être annulée.

[9] Voir ci-dessus, ch.69, lignes 121-23. Daniel: 'Il emporta avec lui des trésors immenses, dont la plupart auraient dû être dans les coffres du roi' (ann.1382). Mézeray parle de 100 000 francs d'impôts prélevés sur le peuple de Paris pour conquérir le royaume de Naples (ann.1382).

[10] Voltaire passe rapidement sur le bref intervalle pendant lequel Charles VI tâcha de gouverner lui-même à partir de 1388 (Daniel, ann.1388). Jean V le Vaillant, duc de Bretagne (c.1340-1399), s'était allié avec l'Angleterre sous le règne de Charles V (voir Daniel, ann.1391).

[11] Les versions de Mézeray et de Daniel diffèrent peu (ann.1392). Voltaire suit ce dernier comme dans toute la suite relative à la maladie du roi. 'Les quatre hommes qu'il tua étaient le bâtard de Polignac et trois autres gentilshommes.' Comme le dit Daniel: 'La violence de cet accès l'épuisa tellement qu'il tomba dans une espèce de léthargie sans pouvoir parler et sans presque remuer, de sorte qu'on l'aurait cru mort.'

qu'il est, de préjugés populaires aussi injustes. Son frère, le duc   45
d'Orléans, avait épousé Valentine de Milan. On accusa Valentine
de cet accident. Ce qui prouve seulement que les Français alors fort
grossiers pensaient que les Italiens en savaient plus qu'eux. [12]
   Le soupçon redoubla quelque temps après dans une aventure
digne de la rusticité de ce temps. On fit à la cour une mascarade,   50

---

46   MSP: d'Orléans, dont descendit Louis XII, avait
47-49   53-54N: accident. ¶Le soupçon
50   MSP: digne encore de

---

[12] Mézeray – comme l'abbé de Choisy (p.119) – incrimine 'les maléfices et les
empoisonnements' (ann.1392). Daniel ne parle que d'ensorcellement, et raconte que
le duc et la duchesse d'Orléans en furent soupçonnés 'pour avoir du commerce assez
fréquent avec des astrologues, des devins, des magiciens, et d'autres gens de ces
infâmes métiers'. Philippe d'Orléans, futur régent, avait lui aussi été victime de cette
injustice en avril 1712, et avait été accusé d'avoir fait empoisonner le dauphin, duc de
Bourgogne (voir *Le Siècle de Louis XIV*, OH, ch.27, p.944-46). L'allusion aux
'préjugés populaires' concernant l'ensorcellement cache peut-être aussi un arrière-
plan philosophique. Voltaire pense vraisemblablement à l'affaire La Cadière: vers
1730, le R.P. Girard, recteur du séminaire royal de Toulon, fut accusé d'avoir
ensorcelé Marie-Marguerite Cadière en soufflant dans sa bouche. Voltaire connaissait bien les tenants et aboutissants de ce célèbre procès, l'un des derniers que la
France ait connus en la matière (*Histoire du procès entre demoiselle Cadière* [...] *et le
P. Girard* [...], s.l.n.d., BV1643; *Recueil général des pièces contenues au procès du père
Jean-Baptiste Girard*, s.l., 1731, BV2908; *CN*, t.7, p.305), et c'est dans une quinzaine
d'ouvrages qu'il le mentionne nommément pour ridiculiser la notion d'ensorcellement (voir, par exemple, *Sur l'estampe du R.P. Girard et de la Cadière*, OCV, t.8,
p.561-62; *Les Honnêtetés littéraires*, OCV, t.63B, p.76, 130; *Le Cri du sang innocent*,
M, t.29, p.385; *La Bible enfin expliquée*, M, t.30, p.313). Il dira son dernier mot là-
dessus dans *Le Prix de la justice et de l'humanité*, art.9, 'Des sorciers' (OCV, t.80B,
p.98-99). Quant à l'accusation formulée à l'égard de Valentine Visconti (1368-1408),
fille du duc de Milan, Voltaire confirme indirectement la prééminence que l'on
accordait à l'époque aux Italiens, passés maîtres, depuis le XIVe siècle, dans l'art
d'empoisonner (lignes 46-48): voir, par exemple, ce qu'il dit dans le ch.52 (notre t.3,
p.249-50), et plus loin dans le ch.111, à propos des Borgia. En imitant Daniel ('on
raisonna fort sur cet accident', ann.1392), Voltaire indique à son tour qu'il ne
cautionne nullement la possibilité d'un complot, l'emploi du terme 'accident'
insistant au contraire sur le caractère fortuit de l'événement. La phrase (lignes 47-
48), ajoutée en 1756, tente de rattacher le récit anecdotique au projet d'étude des
mœurs dont Voltaire renforce la présence dans cette édition.

dans laquelle le roi, déguisé en satyre, traînait quatre autres satyres enchaînés. Ils étaient vêtus d'une toile enduite de poix-résine, à laquelle on avait attaché des étoupes. Le duc d'Orléans eut le malheur d'approcher un flambeau d'un de ces habits, qui en furent
55 enflammés en un moment. Les quatre seigneurs furent brûlés, et à peine put-on sauver la vie au roi par la présence d'esprit de sa tante la duchesse de Berri, qui l'enveloppa dans son manteau. [13] Cet accident hâta une de ses rechutes. On eût pu le guérir peut-être par des saignées, par des bains, et par du régime; mais on fit venir
60 un magicien de Montpellier. [14] Le magicien vint. Le roi avait quelques relâches, qu'on ne manqua pas d'attribuer au pouvoir de la magie. Les fréquentes rechutes fortifièrent bientôt le mal, qui devint incurable. Pour comble de malheur, le roi reprenait quelquefois sa raison. S'il eût été malade sans retour, on aurait
65 pu pourvoir au gouvernement du royaume. Le peu de raison qui

1393.

1393. Un sorcier de Languedoc envoyé pour guérir le roi.

53 53-54N: étoupes [*avec note*: L'an 1393.]
56 MSP: peine on put sauver
56-57 MSP, 53-61: sa belle-sœur, la duchesse de Berry
58 MSP: [*manchette*] *1394.*
60 MSP: roi eut

[13] Mézeray évoque ce fait divers (29 janvier 1393), mais les grandes lignes que suit Voltaire sont à l'évidence celles de Daniel dont le récit est plus étoffé (ann.1393). w68 corrige à juste titre une erreur, en faisant de la duchesse de Berry la tante de Charles VI (ligne 56). Notons que Daniel ne prétend pas, comme Voltaire, que ce fait divers ait eu de fâcheuses conséquences pour la santé du roi. Mézeray dit que 'cet accident troubla un peu la santé du roi'. C'est Choisy qui établit le même lien fort entre cause et effet que Voltaire: 'Le danger que le roi avait couru et la vue de ces jeunes seigneurs qui brûlaient tout vivants [...] frappèrent son imagination si fortement qu'il retomba dans son mal' (p.132).

[14] Cette rechute dura du 20 juin 1393 jusqu'au mois de janvier 1394. Mézeray: 'On eut recours aux prières, aux jeûnes, aux processions, aux plus fameux médecins, puis aux charlatans et même aux magiciens' (ann.1393). Daniel évoque brièvement 'toutes sortes de remèdes' et parle d'un 'magicien imposteur qu'on fit venir exprès du Languedoc, tandis que le peuple et les prélats imploraient plus sagement le secours de Dieu par des processions et par des prières publiques' (ann.1393). J. Le Laboureur nous apprend qu'il s'agissait d'Arnaud Guilhem, 'nigromancien [*sic*] de Languedoc' (*Histoire de Charles VI*, Paris, 1663, t.1, livre 13, ch.3, p.242). Mais aucun de nos historiens ne mentionne Montpellier.

resta au roi, fut plus fatal que ses accès. On n'assembla point les états. On ne régla rien. Le roi restait roi, et confiait son autorité méprisée et sa tutelle tantôt à son frère, tantôt à ses oncles le duc de Bourgogne et le duc de Berri. [15] C'était un surcroît d'infortune pour l'Etat, que ces princes eussent de puissants apanages. Paris devint 70 nécessairement le théâtre d'une guerre civile, tantôt sourde, tantôt déclarée. Tout était faction, tout jusqu'à l'université se mêlait du gouvernement. [16]

Personne n'ignore que Jean duc de Bourgogne fit assassiner son

---

68   MSP: son frère, le duc d'Orléans, tantôt
68-74   53-54N: ses oncles. ¶Il n'y a personne qui ignore
74   MSP, 53-W57G: Il n'y a personne qui ignore
74-75   MSP, 53-54N: son neveu le duc d'Orléans [MSP: dans la rue Burette] [53-54N: *avec note*: 1407.]. Le roi

---

[15] Dans les lignes 62-69, Voltaire passe rapidement sur la période 1394-1403. Daniel insiste sur les conséquences pour le royaume des rechutes du roi 'qui devinrent très fréquentes' et qui livrèrent le gouvernement aux mains des ducs de Berry et de Bourgogne (ann.1401), mais c'est Mézeray qui met la rivalité des ducs d'Orléans, de Berry et de Bourgogne en adéquation avec ces rechutes (ann.1403).

[16] Il s'agit de la guerre civile entre les Bourguignons et les Armagnacs, détaillée ci-dessous, lignes 98-111, qui fut déclenchée le 23 novembre 1407 par l'assassinat du duc d'Orléans. La référence à l'immixion de la Sorbonne dans les affaires d'Etat est plus difficile à cerner car – à partir de 1393 – Charles était presque constamment en proie aux influences des uns et des autres. Fleury (*Histoire ecclésiastique*) aiguille toutefois vers les problèmes occasionnés par la deuxième phase du grand schisme (1394-1414). En 1398, la Sorbonne préconisa l'adoption de la *soustraction d'obédience*. C'est-à-dire que les champions de Benoît XIII à Avignon, et de Boniface IX à Rome, se virent placés devant l'obligation de ne plus reconnaître 'leur' pape. En France, on reconnaissait Benoît; pour exercer des pressions sur lui, on vota une ordonnance qui lui retirait les bénéfices et les taxes ecclésiastiques (Daniel, ann.1398). Mais voici ce qui a pu éveiller les soupçons de Voltaire: on convoqua une assemblée (22 mai 1398) à laquelle assistaient les ducs qui 'vinrent présider au nom du roi qui était malade' (Daniel). Cette assemblée alla toutefois beaucoup plus loin que prévu car on décida non seulement 'la cession par la soustraction de la collation des bénéfices et des taxes sur le clergé, mais encore de l'obédience papale dans toute son étendue' (Daniel). Le docteur Des Champs fit un discours à ce propos 'où il prouva la justice de cette soustraction d'obédience, et la publia au nom du roi' (27 juillet 1398).

75 cousin le duc d'Orléans, frère du roi, dans la rue Barbette. [17] Le roi
n'était ni assez maître de son esprit, ni assez puissant pour faire
justice du coupable. Le duc de Bourgogne daigna cependant
prendre des lettres d'abolition. Ensuite il vint à la cour faire
trophée de son crime. [18] Il assembla tout ce qu'il y avait de princes et
80 de grands; et en leur présence le docteur Jean Petit non seulement
justifia la mort du duc d'Orléans, mais il établit la doctrine de
l'homicide, qu'il fonda sur l'exemple de tous les assassinats dont il
est parlé dans les livres historiques de l'Ecriture. [19] Il osait faire un

*1407. Duc d'Orléans assassiné.
1408. Docteur justifie assassinat.*

75   W56-W75G: Orléans dans
79   53-54N: crime [*avec note*: 1408.]
82-88   53-54N: homicide qui fut condamnée

[17] Avec la formule 'personne n'ignore', Voltaire peut faire l'économie d'une douzaine de pages chez Daniel. Louis de France, duc d'Orléans, lutta pour le pouvoir pendant la démence de son frère, Charles VI. A l'origine, ses oncles, le duc de Berry et le duc de Bourgogne (Philippe II le Hardi), qui étaient régents, l'écartèrent du pouvoir. L'influence de la reine le fit par la suite entrer au Conseil de régence (1393); grâce à la surintendance des finances, au gouvernement du royaume et à ses 600 gentilshommes, il jouit en pratique d'une autorité supérieure à celle du roi. Cela rendit jaloux Jean Sans Peur (1371-1419), son cousin, qui le fit assassiner (23-24 novembre 1407). Nos historiens ne tombent pas d'accord sur le lieu de l'assassinat. Daniel raconte que le duc d'Orléans, étant allé voir la reine 'en couche à l'hôtel Barbette', tomba dans un guet-apens 'auprès de l'hôtel du maréchal de Rieux', alors que Mézeray, tout comme l'abbé de Choisy et Hénault, parlent de la rue Barbette.

[18] Voltaire intervertit les événements: ce n'est qu'à la suite de sa défense publique faite par Jean Petit (8 mars 1408) que Jean de Bourgogne reçut des lettres abolissant son crime (voir Daniel). C'est par des lettres d'abolition que le roi remettait à l'auteur d'un crime non rémissible la peine dont il était passible. Elles lui furent accordées le 9 mars 1408.

[19] Dans son *Plaidoyer*, Jean Petit, professeur de théologie à la Sorbonne, prétendit qu'il est 'permis à toute personne et même louable et méritoire de tuer un tyran'. Le détail de la citation des Ecritures indique à nouveau que Voltaire suit Daniel (et non Mézeray): Jean Petit voulut 'établir la détestable doctrine du tyrannicide, qu'il osa appuyer d'une manière tout à fait sophistique sur l'Ecriture, sur les lois, et sur les autres principes de la morale' (ann.1408). Daniel ajoute d'ailleurs que 'la harangue [...] fut écoutée avec un grand silence et une patience dont l'orateur fut redevable à la seule crainte qu'on avait du duc de Bourgogne'.

217

dogme de ce qui n'est écrit dans ces livres que comme un
événement, au lieu d'apprendre aux hommes, comme on l'aurait   85
toujours dû faire, qu'un assassinat rapporté dans l'Ecriture est aussi
détestable que s'il se trouvait dans les histoires des sauvages, ou
dans celle du temps dont je parle. Cette doctrine fut condamnée,
comme on a vu, au concile de Constance, [20] et n'a pas moins été
renouvelée depuis.   90

C'est vers ce temps-là que le maréchal de Boucicaut laissa perdre
Gênes qui s'était mise sous la protection de la France. [21] Les
1410. Français y furent massacrés comme en Sicile. L'élite de la noblesse
qui avait couru se signaler en Hongrie contre Bajazet l'empereur
des Turcs, avait été tuée dans la bataille malheureuse que les   95
chrétiens perdirent. Mais ces malheurs étrangers étaient peu de
chose en comparaison de ceux de l'Etat.

La femme du roi, Isabelle de Bavière, avait un parti dans Paris; [22]

90-98   53-54N: depuis. ¶La femme
95   MSP: [*manchette*] *1410.*

[20] Le *Plaidoyer* fut censuré en Sorbonne le 23 février 1414, brûlé devant Notre-
Dame deux jours plus tard (voir Fleury, livre 100, ann.1414, §56), anathématisé par le
concile de Constance (ci-dessus, ch.72, lignes 141-49), et enfin condamné à être
lacéré par arrêt du parlement (1416). Chez Voltaire la doctrine du tyrannicide rejoint
la plupart du temps celle du régicide (à laquelle il pense ici car tout régicide justifiait
ses actes à la lumière de la prétendue tyrannie du souverain). Voir ce qu'il en dit dans
le ch.174. Sa manière de traiter les nombreux attentats et complots contre Henri IV
que permettait la doctrine des jésuites se trouve, par exemple, dans l'*Histoire du
parlement de Paris* (*OCV*, t.68, p.347-50, 375-76, 381-83).

[21] Voltaire amalgame des faits qui se sont déroulés à plusieurs années d'intervalle.
Sur la perte de Gênes par Jean II Boucicaut, maréchal de France, en 1409, voir Daniel
(ann.1409). L'allusion au massacre des Français en Sicile renvoie à l'épisode des
Vêpres siciliennes, évoqué au ch.61 (notre t.3). Quant à la bataille de Nicopolis
(Nikopol, en Bulgarie), qui vit la défaite de l'armée des croisés occidentaux, dirigée
par Sigismond d'Allemagne, envoyée au secours des Byzantins contre le sultan
ottoman Bayazid Ier, elle sera évoquée ci-dessous, ch.87, lignes 75-77, et apparaît
chez Daniel (ann.1401).

[22] Isabeau de Bavière, épouse de Charles VI, dirigea le Conseil de régence à partir
de 1392. Elle favorisa d'abord Louis d'Orléans, puis, après son assassinat, les
Bourguignons de Jean Sans Peur.

218

le duc de Bourgogne avait le sien; celui des enfants du duc d'Orléans *Factions à*
100 était puissant. Le roi seul n'en avait point. Mais ce qui fait voir *Paris, ville déjà considérable.*
combien Paris était considérable, et comme il était le premier
mobile du royaume, c'est que le duc de Bourgogne, qui joignait à
l'Etat dont il portait le nom, la Flandre et l'Artois, mettait toute son
ambition à être le maître de Paris. Sa faction s'appelait celle des
105 *Bourguignons*; celle d'Orléans était nommée des *Armagnacs*, du
nom du comte d'Armagnac,[23] beau-père du duc d'Orléans, fils de
celui qui avait été assassiné dans Paris. Celle des deux qui dominait,
faisait tour à tour conduire au gibet, assassiner, brûler ceux de la
faction contraire. Personne ne pouvait s'assurer d'un jour de vie.
110 On se battait dans les rues, dans les églises, dans les maisons, à la
campagne.[24]

C'était une occasion bien favorable pour l'Angleterre de *Henri V descend*
recouvrer ses patrimoines de France, et ce que les traités lui *en France.*

100 MSP: Le souverain seul
100-104 53-54N: puissant. Il n'y avait que le roi qui n'en avait point. La faction
du duc de Bourgogne s'appelait
105-107 MSP: *Armagnacs*, beau-père de ce duc d'Orléans assassiné
53-54N: *Armagnacs*. Celle des
109-10 53-54N: contraire. On se battait
110 MSP: dans les maisons, dans les églises

[23] Daniel explique que le parti du duc d'Orléans fut ainsi dénommé parce que
'dans le dernier blocus de Paris [début 1411] le comte d'Armagnac [...] était un de
ceux qui avaient de plus nombreuses troupes, et dont les Parisiens et les environs de
Paris avaient été les plus maltraités' (ann.1411). Mais il convient d'ajouter que
Bernard VII d'Armagnac (1360-1418) était aussi l'éminence grise du parti d'Orléans.
Il fut lui-même assassiné par la populace parisienne en 1418.
[24] Après l'assassinat du duc d'Orléans, les deux partis observèrent une trêve
boîteuse, qui donna lieu à une 'réconciliation' (mars 1409) puis (1410-1411) à une paix
replâtrée qui s'effrita en août 1411, et 'de là procédèrent tant de meurtres, de
saccagements, et de proscriptions, selon le succès de l'une [des factions] ou de l'autre'
(voir Mézeray, ann.1411). Le 30 octobre 1411, les Bourguignons se rendirent maîtres
de Paris et sévirent cruellement contre le parti adverse (voir Daniel, ann.1411) qui,
par l'entremise du duc de Berry (1412), entra en pourparlers avec les Anglais.
Revirement de fortune toutefois en août 1413, et sur ce, le duc de Bourgogne eut à son
tour recours à l'ennemi héréditaire de la France (voir lignes 112-18).

avaient donné. [25] Henri V, prince rempli de prudence et de courage, négocie et arme à la fois. [26] Il descend en Normandie avec une armée de près de cinquante mille hommes. [27] Il prend Harfleur, et s'avance dans un pays désolé par les factions; mais une dysenterie contagieuse fait périr les trois quarts de son armée. [28] Cette grande invasion réunit cependant contre l'Anglais tous les partis. Le

115

1415.

114   MSP: Henri V, âgé de vingt-quatre ans, prince
116   MSP: [*manchette*] *1415.*
         53-54N: hommes [*avec note*: L'an 1415.]
119   MSP: réunit contre

[25] La formule hermétique et ambiguë: 'ce que *les* traités lui avaient donné' renvoie-t-elle au traité de Brétigny (car Rapin le mentionne dans ce contexte)? aux trêves du 9 mars 1396 et de septembre 1413? ou bien au traité des princes factieux avec les Anglais que Daniel évoque lorsqu'il écrit que, dans ses lettres, le duc de Berry 'promettait [de faire céder au roi d'Angleterre] par la France les places et les terres, sur lesquelles il avait des prétentions' (ann.1412)? Rapin évoque la harangue très intéressée faite par l'archevêque de Cantorbéry à Henri V: comme le parlement avait suggéré au roi de 'faire saisir les revenus du clergé' (p.434), le clergé para le coup par le biais de la harangue de l'archevêque, laquelle avait pour but de détourner le roi d'une telle initiative au moyen de la perspective d'une 'guerre étrangère, qui l'occupât tout entier' (p.434). Voilà pourquoi le prélat évoqua la nullité de la loi salique, les 'justes prétentions' de l'Angleterre sur la France, et 'l'état où la France se trouvait, [qui] offrait une occasion qu'on chercherait vainement dans la suite' (les traces de lecture, signet, *CN*, t.7, p.217, démontrent que Voltaire se servait ici de l'éd. de 1749, ann.1414, p.93-94).

[26] Rapin consacre plusieurs pages à ces négociations qui commencèrent à Londres, au début de l'année 1414, par la demande que le traité de Brétigny fût rétabli dans tous ses articles (p.429); elles se poursuivirent à Paris où, moins 'exigeants', les ambassadeurs d'Henri V demandèrent la restitution de l'Anjou, du Maine, de la Touraine et de la Guyenne, plus la souveraineté sur le comté de Flandre et le duché de Bretagne (p.430-31). Les contre-propositions du duc de Berry ne leur convenant pas, les conférences finirent le 13 mars 1414 (p.432). Les négociations se poursuivirent de façon sporadique, mais ce fut 'afin d'amuser la France', donc de lui faire perdre du temps, alors qu'Henri se préparait à la guerre (p.439).

[27] C'est Rapin qui dit que le roi avait une armée 'd'environ cinquante mille hommes' (ann.1415, p.442). On trouve approximativement les mêmes chiffres chez Mézeray, qui parle de 30 000 archers, 6 000 hommes d'armes, 'le reste de l'équipage [étant] à proportion' (ann.1415).

[28] Ces précisions proviennent de Rapin (un signet, *CN*, t.7, p.217, démontre que Voltaire se base ici sur l'éd. de 1749, ann.1415, p.100).

120 Bourguignon même, quoiqu'il traitât déjà secrètement avec le roi d'Angleterre, envoie cinq cents hommes d'armes et quelques arbalétriers au secours de sa patrie. [29] Toute la noblesse monte à cheval; les communes marchent sous leurs bannières. Le connétable d'Albret se trouva bientôt à la tête de plus de soixante mille
125 combattants. [30] Ce qui était arrivé à Edouard III arrivait à Henri V; mais la principale ressemblance fut dans la bataille d'Azincourt, qui fut telle que celle de Créci. [31] Les Anglais la gagnèrent aussitôt qu'elle commença. Leurs grands arcs de la hauteur d'un homme, dont ils se servaient avec force et avec adresse, leur donnèrent
130 d'abord la victoire. Ils n'avaient ni canons, ni fusils; et c'est une nouvelle raison de croire qu'ils n'en avaient point eu à la bataille de

1415.
Batailles
perdues.

123   MSP: marchèrent

124-26   MSP: se trouva [MSG: se trouve] à la tête d'une armée de soixante mille combattants, remplie de princes et de chevaliers. Ce qui était arrivé à Edouard III arriva à Henri V. Il marchait par les mêmes chemins et était comme lui arrivé en Picardie par delà la rivière de Somme, et poursuivi comme lui par une armée
5   supérieure. Il était encore en bien plus mauvais termes qu'Edouard par la maladie de ses soldats, mais

126   MSP: [*manchette*] *Bataille d'Azincourt. 1415.*

127-32   53-54N: gagnèrent. Ils n'avaient ni canons ni fusils. Peut-être

130-32   MSP: fusils. Peut-être

[29] Daniel: 'Le duc de Bourgogne offrit d'y joindre [à 'l'armée de France'] ses troupes; mais le roi, ou se défiant de lui, ou appréhendant qu'il ne pût s'accorder avec les autres princes, le remercia, et lui demanda seulement cinq cents hommes d'armes, et trois cents arbalétriers' (ann.1415).

[30] Charles Ier d'Albret fut rétabli en 1413 dans ses fonctions de connétable de France, dont il avait démissionné en raison de son opposition aux Bourguignons. Nous ne savons d'où provient le chiffre de 60 000 combattants: comme aucun de nos historiens (y compris Choisy) ne cite un tel chiffre (Daniel évoque trois armées de 14 000 hommes chacune, ann.1415), serait-ce Voltaire, encore une fois, qui fait ses propres calculs? Etant donné que les Anglais avaient perdu plus des trois quarts de leur armée de 50 000 hommes, et comme Rapin dit que l'armée de l'adversaire à la veille d'Azincourt était 'six fois plus nombreuse', le calcul allait-il de soi (p.445)? Voir aussi Mézeray, signet, p.382-83 (la bataille d'Azincourt); *CN*, t.5, p.614.

[31] La bataille d'Azincourt eut lieu le 25 octobre 1415. La bataille de Crécy, elle aussi perdue par les Français, avait opposé les armées de Philippe VI de France et d'Edouard III d'Angleterre en 1346 (voir ci-dessus, ch.75).

Créci. Peut-être que ces arcs sont une arme plus formidable: j'en ai vu qui portaient plus loin que les fusils; [32] on peut s'en servir plus vite et plus longtemps: cependant ils sont devenus entièrement hors d'usage. On peut remarquer encore, que la gendarmerie de France 135 combattit à pied à Azincourt, à Créci, et à Poitiers; elle avait été auparavant invincible à cheval. [33] Il arriva dans cette journée une chose qui est horrible, même dans la guerre. Tandis qu'on se battait encore, quelques milices de Picardie vinrent par derrière piller le camp des Anglais. Henri ordonna qu'on tuât tous les prisonniers 140 qu'on avait faits. On les passa au fil de l'épée; et après ce carnage on en prit encore quatorze mille, à qui on laissa la vie. Sept princes de

---

133-37   53-54N: fusils. Il arriva
141-42   MSP: carnage il en prit

[32] Mézeray donne de tout autres raisons à la défaite française: 'impétueuse précipitation', 'la confusion avec laquelle ils se battirent, tous les chefs voulant être à la tête', 'la mauvaise ordonnance de leur avant-garde', de même que Daniel, qui évoque 'présomption, imprudence et témérité des Français'. Rapin incrimine en premier lieu le connétable d'Albret, qui choisit un terrain parfaitement inapproprié pour mener l'attaque (ann.1415). Il est fréquent que Voltaire évoque le problème du premier usage attesté du canon en tant qu'arme de guerre: voir ci-dessus, ch.75, lignes 290-316; ch.76, lignes 69-74 (où le même problème se pose à propos de Poitiers). Nous ne savons sur qui ou sur quoi Voltaire se base quand il dit que l'arc peut atteindre des cibles plus éloignées que celles atteintes par les fusils. Mais Daniel aussi a souligné la particularité de l'arc comme arme utilisée à distance: 'l'arc [...] a été l'arme de presque toutes les nations, même les plus sauvages, parce qu'[elle est] la plus simple de toutes les armes qui portent loin' (*Histoire de la milice*, t.1, p.421).
[33] La bataille de Poitiers (1356), où Jean le Bon fut fait prisonnier par le Prince Noir, est relatée ci-dessus, ch.76. Dans la version manuscrite et dans l'édition de 1756, Voltaire met systématiquement en relation les batailles de Crécy et de Poitiers, comme ici, lignes 133-37; voir ci-dessus, ch.76, lignes 68-74. Aucun de nos historiens n'émet de jugement sur le nouveau rôle de la gendarmerie que Voltaire juge moins efficace. C'est encore une fois chez Daniel qu'il a trouvé les détails concernant la façon de la déployer, après le règne de Philippe de Valois, aux batailles de Crécy (*Histoire de la milice*, p.306) et de Poitiers (p.310). Mais le jugement de Voltaire à propos d'Azincourt est peut-être péremptoire, car Daniel écrit: 'La gendarmerie française était à pied à l'ordinaire; excepté que le connétable en avait fait demeurer à cheval deux mille quatre cents gendarmes' (*Histoire de France*, ann.1415), et que ceux-ci furent parmi les premiers tués.

France périrent dans cette journée avec le connétable. Cinq princes furent pris; plus de dix mille Français restèrent sur le champ de
145 bataille.[34]

Il semble qu'après une victoire si entière, il n'y avait plus qu'à marcher à Paris et à submerger un royaume divisé, épuisé, qui n'était qu'une vaste ruine. Mais ces ruines mêmes étaient un peu fortifiées. Enfin il est constant que cette bataille d'Azincourt, qui
150 mit la France en deuil, et qui ne coûta pas trois hommes de marque aux Anglais,[35] ne produisit aux victorieux que de la gloire. Henri V fut obligé de repasser en Angleterre, pour amasser de l'argent et de nouvelles troupes.

L'esprit de vertige qui troublait les Français au moins autant que
155 leur roi, fit ce que la défaite d'Azincourt n'avait pu faire. Deux dauphins étaient morts; le troisième, qui fut depuis le roi Charles VII, âgé alors de seize ans, tâchait déjà de ramasser les débris de ce grand naufrage. La reine sa mère avait arraché de son mari des lettres patentes qui lui laissaient les rênes du royaume. Elle
160 avait à la fois la passion de s'enrichir, de gouverner, et d'avoir des

1415. Reine mère coupable, punie, et qui se venge.

147   MSP: à subjuguer un
148   MSP: ruine que ni chef ni armée ne défendait. Mais
149   MSP: fortifiées. Chaque village était entouré de fossés. La terre était couverte de châteaux. Les petites villes pouvaient toujours tenir quelque temps. L'armée victorieuse périssait de maladies et manquait de vivres. Enfin
153   MSP: troupes avec lesquelles il pût donner une seconde secousse à la France ébranlée.
155   MSP: fit tout ce
157   MSP, 53-54N: Charles VII, qui n'avait que seize ans
158-59   MSP: mère, Isabelle de Bavière, avait arraché de son mari, soit dans un moment de raison, soit dans un accès de fureur, les lettres

[34] Tous nos historiens (Choisy, Le Laboureur, Mézeray, Rapin) donnent des chiffres différents. Les comptes et les détails que donne Voltaire proviennent de Daniel (*Histoire de France*, ann.1415). Suivant la pratique courante, tous nos historiens identifient cependant les tués et les prisonniers de marque. Par principe, Voltaire ne le fait presque jamais.

[35] Daniel évoque la perte de deux hommes de marque: le duc d'York et le comte d'Oxford (ann.1415). Rapin donne également le duc d'York, mais parle du 'jeune comte de Suffolk' (ann.1415, p.452).

amants. Ce qu'elle avait pris à l'Etat et à son mari, était en dépôt en plusieurs endroits, et surtout dans les églises. Le dauphin et les Armagnacs, qui déterrèrent ces trésors, s'en servirent dans le pressant besoin où l'on était. A cet affront qu'elle reçut de son fils, le roi en joignit un plus cruel. Un soir, en rentrant chez la reine, il   165
trouve le seigneur de Boisbourdon qui en revenait. Il le fait prendre sur-le-champ. On lui donne la question, et cousu dans un sac on le jette dans la Seine. On envoie incontinent la reine prisonnière à Blois, de là à Tours, sans qu'elle puisse voir son mari. [36] Ce fut cet accident, et non la bataille d'Azincourt, qui mit la couronne de   170
France sur la tête du roi d'Angleterre. La reine implore le secours du duc de Bourgogne. Ce prince saisit cette occasion d'établir son autorité sur de nouveaux désastres.

164-65   MSP: son fils, son mari en
165   MSP: en entrant
        K: roi, alors gouverné par le parti du dauphin, en joignit
170   MSP: [manchette] 1417.
171   MSP: La reine désespérée, dépouillée par le parti de son fils, emprisonnée par son mari, implore

[36] Daniel, ann.1417. Les deux dauphins précédents, frères aînés du futur Charles VII (1403-1461), furent Louis de Guyenne (né en 1397) que Daniel fait mourir d'une dysenterie le 18 décembre 1415, et Jean de Touraine (né en 1398), victime, le 4 avril 1417, 'd'un abcès dans la tête, qui s'étant déchargé dans la gorge, l'étouffa'. Nouveau retour en arrière à partir d'ici (lignes 159-62) comme cela arrive souvent dans son récit (voir ci-dessus, lignes 74-83, et ci-dessous, n.37). C'est encore Daniel qui fournit les détails concernant l'argent, les joyaux et autres choses précieuses cachées dans des églises de Paris et des environs. Dans le même paragraphe Daniel raconte comment le roi, allant voir la reine à Vincennes, 'rencontra le sire de Bois-Bourdon qui en revenait' et avec les résultats que l'on sait. Les lignes 168-69 démontrent que Voltaire ne suit ni Rapin (p.467) ni Mézeray (qui mettent l'exil sur le compte du connétable d'Armagnac), mais Daniel: 'Le roi n'en demeura pas là. La reine eut ordre de partir de Vincennes; on la conduisit à Blois [...] et de là à Tours'. C'est vers le 11 novembre 1417 qu'Isabeau commença à faire valoir de nouveau ses prétentions de régente; voir Daniel: 'Cette princesse fait valoir une ancienne ordonnance [1393] par laquelle elle était déclarée régente du royaume'. Quant à l'impossibilité de voir son mari, il s'agit sans doute d'une induction défendable basée sur les mêmes données fournies par Daniel: 'on la conduisit à Blois [...] et quoiqu'elle ne fût pas en prison, on la gardait presqu'à vue'.

Il enlève la reine à Tours, ravage tout sur son passage, et conclut *1418.*
175 enfin sa ligue avec le roi d'Angleterre. Sans cette ligue il n'y eût
point eu de révolution. Henri V assemble enfin vingt-cinq mille
hommes, et débarque une seconde fois en Normandie. [37] Il avance
du côté de Paris, tandis que le duc Jean de Bourgogne est aux portes
de cette ville, dans laquelle un roi insensé est en proie à toutes les
180 séditions. La faction du duc de Bourgogne y massacre en un jour le
connétable d'Armagnac, les archevêques de Reims et de Tours,
cinq évêques, l'abbé de Saint-Denis, et quarante magistrats. La
reine et le duc de Bourgogne font à Paris une entrée triomphante au
milieu du carnage. [38] Le dauphin fuit au-delà de la Loire, et Henri V *1418.*

176 MSP: Henri V pouvait à peine obtenir de l'argent de son parlement. Après la
bataille d'Azincourt, il fut obligé d'emprunter et d'engager toutes ses pierreries. Il
assembla enfin
177-78 MSP: Normandie, tandis que
180 MSP: [*manchette*] *Massacre de Paris*.
53-54N: séditions [*avec note*: L'an 1417.]

[37] Isabeau établit à Troyes (23 décembre 1417) un gouvernement étroitement
surveillé par Jean Sans Peur. C'est sans doute dès cette époque (voir ligne 159)
qu'elle enjoignit à qui de droit de ne plus 'reconnaître d'autres ordres que ceux
qu'elle donnerait, de quelque part qu'il leur en vînt, soit du roi même, soit du
dauphin, prétendant que l'ordonnance qui l'avait constituée régente était irrévo-
cable' (Daniel, ann.1417). C'est ce même jour qu'Isabeau nomma Jean Sans Peur
gouverneur-général du royaume. Ici on trouve encore (lignes 174-75) une entorse à
la chronologie. Rapin détaille les tractations qui occupèrent Jean Sans Peur et
Henri V en 1416, et que concrétisa le traité secret d'octobre 1416 (p.461-63), dont
Daniel était d'ailleurs informé car il qualifie le duc de Bourgogne de 'traître, qui était
ligué secrètement avec les Anglais' (ann.1418). Henri V débarqua à Touques
(1er août 1417) avec une armée que Rapin estime à 'vingt cinq mille cinq cents
combattants' (p.467).
[38] Ici Voltaire privilégie une lecture dramatique de la chronologie (lignes 177-84).
Comme nous l'avons vu, Henri ne débarqua en France qu'au début du mois d'août
1417. Les Bourguignons firent leur entrée dans Paris dans la nuit du 28-29 mai 1418,
mais les massacres dont il s'agit eurent lieu le 12 juin. Les noms et les chiffres
concernant les victimes qu'il donne (fort sélectivement), qui ne se trouvent pas chez
Mézeray (ann.1418), viennent *grosso modo* de chez Daniel (c'est à ce massacre que
renvoie sans doute le signet, p.568-69; *CN*, t.3, p.40). Détail éloquent, les chiffres
indiquent sans doute au sujet des évêques le même genre de négligence de lecture

est déjà maître de toute la Normandie. Le parti qui tenait pour le 185
roi, la reine, le duc de Bourgogne, le dauphin, tous négocient avec
l'Angleterre à la fois, et la fourberie est égale de tous côtés. [39]

1419. Le jeune dauphin, gouverné alors par Tangui du Châtel,
ménage enfin cette funeste entrevue avec le duc de Bourgogne
Le dauphin sur le pont de Montereau. Chacun d'eux arrive avec dix chevaliers. 190
assassine le duc Tangui du Châtel y assassine le duc de Bourgogne aux yeux du
de Bourgogne. dauphin. [40] Ainsi le meurtre du duc d'Orléans est vengé enfin par

185   MSP: [*manchette*] *1418.*
185-86   MSP: Le parti qui s'autorisait du nom du roi, celui de la reine, le duc
186-87   MSP: dauphin même négocient avec l'Anglais à
188   53-54N: dauphin [*avec note*: 1419.]
189   MSP: [*manchette*] *Le duc de Bourgogne assassiné. 1419.*
192-93   MSP: par un meurtre

---

qu'ailleurs: Daniel nous apprend qu'à leur entrée dans Paris, les Bourguignons
emprisonnèrent cinq évêques qu'il identifie (ann.1418). Plus loin, il en identifie
nommément six. C'est le même jour que le connétable Bernard VII d'Armagnac fut
tué. Le nombre de magistrats n'est pas précisé. Quant à l'arrivée de la reine et du duc
de Bourgogne, Daniel écrit: 'Ils n'arrivèrent à Paris que le quatorzième de juillet où
ils furent reçu avec une pompe extraordinaire.'

[39] Comme le dit Daniel, le dauphin alla s'établir à Poitiers (septembre 1418).
L'expression 'maître de toute la Normandie' nous renvoie à la fin du mois de janvier
1419 car, avec la prise de Rouen (19-20 janvier), toute la Normandie bascula enfin
dans le camp d'Henri. Les négociations de 1418-1419 sont évoquées par Daniel: elles
aboutirent à la proposition par laquelle Henri demanda le respect des gains
territoriaux anglais reconnus par le traité de Brétigny, le duché de Normandie, et
la main de Catherine de France en mariage (ann.1419).

[40] Voltaire simplifie: comme les demandes d'Henri furent jugées inacceptables, 'la
reine et le conseil du roi [se résignèrent à] renouer les négociations avec le dauphin'.
Après que le dauphin et Jean Sans Peur eurent négocié à Pouilly-le-Fort, près de
Melun, 'une simple réconciliation plutôt qu'un traité de paix' (8-13 juillet 1419), ils se
retrouvèrent pour 'concerter ensemble les moyens de résister aux Anglais' (Daniel)
sur le pont de Montereau le 18 août 1419 (voir aussi Mézeray). Tanneguy Duchâtel
(*c.*1369-*c.*1458) avait été chambellan du duc d'Orléans. Ce dernier disparu en 1407, il
suivit Louis d'Anjou dans son expédition contre Naples. Prévôt de Paris (1415),
et l'un des intimes du connétable d'Armagnac, il devint à la mort de ce dernier le
chef des Armagnacs. Il sauva le dauphin lors de l'entrée des Bourguignons dans
Paris le 28 mai 1418, et l'emmena à Melun où il était à l'abri. Jean Sans Peur fut

un autre meurtre, d'autant plus odieux que l'assassinat était joint à la violation de la foi publique.

195 On serait presque tenté de dire que ce meurtre ne fut point prémédité, tant on avait mal pris ses mesures pour en soutenir les suites. Philippe le Bon, nouveau duc de Bourgogne, successeur de son père, devint un ennemi nécessaire du dauphin par devoir et par politique. La reine sa mère outragée devint une marâtre impla-
200 cable; et le roi anglais, profitant de tant d'horreurs, disait que Dieu l'amenait par la main pour punir les Français. Isabelle de Bavière et *1420.* le nouveau duc Philippe conclurent à Troyes une paix plus funeste que toutes les guerres précédentes, par laquelle on donna Catherine, fille de Charles VI pour épouse au roi d'Angleterre, avec la
205 France en dot.

Il fut stipulé dès lors même, que Henri V serait reconnu pour roi, *Le dauphin* mais qu'il ne prendrait que le nom de régent pendant le reste de la *déshérité.* vie malheureuse du roi de France devenu entièrement imbécile. Enfin le contrat portait qu'on poursuivrait sans relâche celui qui se
210 disait dauphin de France. Isabelle de Bavière conduisit son malheureux mari et sa fille à Troyes, où le mariage s'accomplit. [41]

193-97 53-54N: meurtre. ¶Philippe
195   MSP: Je serais presque
196   MSP: avait peu pris
199   MSP, 53-54N: politique. Sa mère outragée était une
202   MSP: duc de Bourgogne conclurent
207   MSP: [*manchette*] *France donnée à l'Anglais par mariage. 1419.*

---

assassiné le 10 septembre 1419. Tous nos historiens (Le Laboureur, Choisy, Mézeray, Daniel et Hénault) font de 'Tanneguy' le chef de la conspiration, et disent que c'est lui qui frappa le premier. La 'violation de la foi publique' (ligne 194) est une référence à la réconciliation de Pouilly-le-Fort, chaleureusement célébrée par les Français, violation qui choqua peut-être plus que l'assassinat même (voir Daniel, ann.1419). Le dauphin était-il oui ou non coupable de l'initiative? Il convient de noter que, si la condamnation que Voltaire profère ici et dans les pages suivantes est ambiguë, il changera de position dans l'*Histoire du parlement de Paris* (p.181-82), disculpant entièrement le dauphin.

[41] Philippe III le Bon (1396-1467), duc de Bourgogne. Bref retour en arrière (lignes 200-201) avec la déclaration attribuée à Henri V car Rapin nous apprend

Henri, devenu roi de France, entra dans Paris paisiblement, et y régna sans contradiction, tandis que Charles VI était enfermé avec ses domestiques à l'hôtel de Saint-Paul, et que la reine Isabelle de Bavière commençait déjà à se repentir.   215

1420. Philippe duc de Bourgogne fit demander solennellement justice

Condamné au du meurtre de son père aux deux rois, à l'hôtel de Saint-Paul, dans

parlement. une assemblée de tout ce qui restait de grands. [42] Le procureur

216   MSP: de Bourgogne demanda solennellement

218-59   MSP, 53-54N: grands. L'avocat général du parlement, nommé Marigny, parla contre le dauphin, non comme contre l'héritier présomptif et le défenseur de la couronne qui avait puni par un meurtre le meurtrier de son oncle, et l'ennemi de son Etat, mais [53-54N: couronne mais] comme on prend des conclusions contre un assassin ordinaire. ¶Le parlement de Paris fit ensuite citer le dauphin à comparaître, le   5
condamna unanimement au bannissement perpétuel, en le déclarant incapable de succéder à la couronne. [MSP *note marginale*: [VII] est vrai qu'il ne fut pas nommé dans l'arrêt. Mais on condamna en général tous ceux qui avaient part à ce meurtre, et en parlant de Charles on l'appela *Charles soi-disant dauphin.* Il est donc très évident que l'énoncé de cet arrêt le supposait formellement exclu du trône.[+]] ¶S'il y avait eu des   10
lois bien reconnues [53-54N: lois reconnues], si les attentats de Jean de Bourgogne n'avaient pas rendu en quelque sorte excusable l'assassinat par lequel il périt, s'il avait fallu punir le dauphin, c'était aux états-généraux, représentant la nation qu'aurait appartenu [53-54N: qu'appartenait] ce jugement. Ce n'était pas surtout au parlement, à une cour de judicature, de renverser la loi salique devenue incontestable, et de   15
donner la couronne à un étranger et à l'ennemi de la France. Cet arrêt n'eût pas rendu le parlement plus considérable auprès des Anglais, s'ils eussent gardé le royaume et le rendit odieux aux Français qui le reprirent. Les Parisiens commencèrent par payer à l'usurpateur des impôts qu'ils avaient refusé à leur roi légitime. Le dauphin

qu'elle fut proférée devant les prisonniers français de marque au lendemain de la bataille d'Azincourt (ann.1415, p.452). Le traité de Troyes fut signé le 21 mai 1420 (Rapin, p.485-89, et Daniel, ann.1420, en donnent tous les articles). Il déshéritait le dauphin au profit d'Henri V, à condition que ce dernier épouse Catherine de Valois (1401-1437), fille de Charles VI; il précisait également que le roi d'Angleterre ne prendrait pas le titre de roi de France du vivant de Charles VI (ligne 207; Voltaire suit précisément la formulation de Mézeray et de Daniel, ann.1420). C'est Voltaire qui dit qu'on poursuivrait le soi-disant dauphin 'sans relâche', car nos historiens (Rapin, p.489; Daniel) nous apprennent qu'il était convenu qu'on ne ferait ni paix ni accord avec lui sans le consentement unanime des trois partis francais, anglais et bourguignon. Le mariage d'Henri et de Catherine eut lieu le 2 juin 1420 (Daniel; Rapin, p.489).

[42] Le jugement du dauphin eut lieu le 23 décembre 1420. Les précisions qui suivent

228

général de Bourgogne, Nicolas Raulin, un docteur de l'université
220 nommé Jean Larcher, accusent le dauphin. Le premier président du
parlement de Paris et quelques députés de son corps assistaient à
cette assemblée. L'avocat général Marigni prend des conclusions
contre l'héritier et le défenseur de la couronne, comme s'il parlait
contre un assassin ordinaire. Le parlement fait citer le dauphin à ce
225 qu'on appelle la *table de marbre*. [43] C'était une grande table qui servait
du temps de saint Louis à recevoir les redevances en nature des
vassaux de la Tour du Louvre, et qui resta depuis comme une
marque de juridiction. Le dauphin y fut condamné par contumace.
En vain le président Hénaut qui n'est pas le président de Thou a
230 voulu déguiser ce fait; [44] il n'est que trop avéré. (*a*)

(*a*) Voyez le chapitre 85 Du parlement de Paris.

228-31 w56-w75G: contumace. ¶C'était
229 K: Hénaut qui n'avait pas le courage du président de Thou
n.*a* w56-w57G: Voyez le chapitre 72.
61-w75G: [*absente*]
K: L'archevêque de Reims, des Ursins, l'avoue dans son histoire. Voyez

---

sur le procès (lignes 218-41), ajoutées dans w56-w57G, et qui sont beaucoup plus
détaillées que dans les versions précédentes (MSP, 53-54N), semblent, à la lumière des
diverses formulations, uniquement provenir de Daniel (ann.1420) car Rapin se
contente d'évoquer le procès sans identifier les protagonistes (p.491) et de détailler la
sentence portée contre les meurtriers du duc de Bourgogne (p.498-501). L'ajout
marginal de Voltaire à MSP (lignes 218-59 var., lignes 7-10) se retrouve dans le ch.85,
lignes 150-57.
[43] Voir l'art. 'Table' du *Dictionnaire de l'Académie* (*OCV*, t.33, p.258-59): 'l'une
des plus anciennes juridictions du royaume, partagée en trois tribunaux; celui du
connétable à présent des maréchaux de France; celui de l'amiral, et celui du grand
forestier qui est aujourd'hui représenté par le grand maître des eaux et forêts; cette
juridiction est ainsi nommée d'une longue table de marbre sur laquelle les vassaux
étaient tenus d'apporter leurs redevances; chaque seigneur avait une table pareille'.
La définition de Voltaire est celle donnée par Trévoux et le *Dictionnaire de
l'Académie* (éd. 1762).
[44] Cette remarque (lignes 229-30) est ajoutée dans l'édition encadrée w75G*. Cf.
Hénault: 'Il faut encore remarquer dans cette déclaration qu'aucun des complices du
meurtre de Jean Sans Peur n'y est nommé, et que malgré la terreur que pouvait

C'était une de ces questions délicates et difficiles à résoudre, de savoir par qui le dauphin devait être jugé, si on pouvait détruire la loi salique, si le meurtre du duc d'Orléans n'ayant point été vengé, l'assassinat du meurtrier devait l'être. On a vu longtemps après en Espagne Philippe II faire périr son fils. Cosme Ier duc de Florence 235
tua l'un de ses enfants qui avait assassiné l'autre. Ce fait est très vrai; on a contesté très mal à propos à Varillas cette aventure; le président de Thou fait assez entendre qu'il en fut informé sur les lieux. [45] Le czar Pierre a fait de nos jours condamner son fils à la

234-35 w56-w57G: après Philippe
239 w56-w57G: Pierre fit condamner

inspirer la présence du roi d'Angleterre, qui désirait sans doute que le dauphin fût déclaré coupable, on ne parle de lui à l'occasion du meurtre, qu'en termes équivoques; ce qu'il est d'autant plus nécessaire d'observer, c'est que tous nos historiens qui ont parlé de cet arrêt, en ont parlé sans l'avoir vu, et se sont contentés de copier Monstrelet, qui, en historien téméraire, a cru que le dauphin fut cité à la table de marbre, etc., et que n'ayant pas comparu, il fut jugé par contumace avec tous ses complices, banni à perpétuité, et déclaré incapable de succéder à la couronne, ce qui est absolument contraire à la vérité' (t.1, p.301, ann.1420; *CN*, t.4, p.367). Voltaire s'en était déjà pris à Hénault pour le même fait dans son *Histoire du parlement de Paris*, ch.6, 'Comment le parlement de Paris devint juge du dauphin de France' (p.186, n.*a*). La présence de la variante (lignes 229-30) et de la note *a* s'explique sans doute par le fait que Voltaire voulait aligner le contenu de ce chapitre sur le ch.6 de l'*Histoire du parlement de Paris* (1768) et le ch.85 ci-dessous (lignes 153-65). Il induit le lecteur en erreur en renvoyant (n.*a*) à l'*Histoire du parlement de Paris*: il veut dire le ch.85 de l'*EM*, 'Du parlement de Paris jusqu'à Charles VII'.

[45] Sur les circonstances troubles de la mort de l'infant Don Carlos, fils de Philippe II d'Espagne (1527-1598), voir ch.166. Cosme Ier de Médicis (1519-1574): A. Varillas est l'auteur des *Anecdotes de Florence, ou l'histoire secrète de la maison de Médicis* (La Haye, 1685), où il est souvent question de Cosme Ier, mais nulle mention chez lui de cette anecdote, ni dans ses autres ouvrages. Il est vrai toutefois que de Thou raconte en détail la triste histoire des deux frères, Jean et Garcie, 'élevés dès l'enfance dans une haine mortelle l'un contre l'autre' (livre 32, ann.1562). Un jour à la chasse (1562), Garcie tua Jean, et – ayant avoué le méfait à son père – fut tué à son tour (p.351). Mais son texte – malgré l'assertion de Voltaire – ne laisse aucunement entendre qu'il 'en fut informé sur les lieux'. Il s'agit là d'une induction de Voltaire qui, ayant vu que Cosme s'ingénia à cacher la vérité (p.351), en inféra que de Thou, qui avait accompagné Paul de Foix dans une mission en Italie (1572-1576) qui

240 mort. Exemples affreux, dans lesquels il ne s'agissait pas de donner l'héritage du fils à un étranger!

Voilà donc la loi salique abolie, [46] l'héritier du trône déshérité et proscrit, le gendre régnant paisiblement et enlevant l'héritage de son beau-frère, comme depuis on vit en Angleterre Guillaume 245 prince d'Orange étranger déposséder le père de sa femme. [47] Si cette révolution avait duré comme tant d'autres, si les successeurs de Henri V avaient soutenu l'édifice élevé par leur père, s'ils étaient aujourd'hui rois de France, y aurait-il un seul historien qui ne trouvât leur cause juste? Mézerai n'eût point dit en ce cas que 250 Henri V mourut des hémorroïdes en punition de s'être assis sur le trône des rois de France. [48] Les papes ne leur auraient-ils pas envoyé

Le roi d'Angleterre règne en France.

241-59 w56-w57G: étranger! Le dauphin
250 61-w75G: hémorroïdes pour s'être assis

l'emmena à Florence, apprit la vérité sur place. On trouve également cette anecdote, sous une forme très abrégée, chez Moréri qui, ayant détaillé les enfants de Cosme, ajoute: 'Il avait encore eu Jean et Garsias. On dit que ce dernier étant à la chasse tua son frère, et Cosme tua Garsias pour le punir de ce crime' (*Grand Dictionnaire*, art. 'Cosme I, grand duc de Toscane'). Le troisième exemple concerne le meurtre par Pierre Ier du tsarévitch Alexis; voir l'*Histoire de l'empire de Russie*, 2e partie, ch.10 (*OCV*, t.47, p.817-66), dans lequel Voltaire tente de disculper le tsar (voir aussi p.943-49, 1228-35).

[46] Par le traité de Troyes (voir lignes 202-205).

[47] Guillaume III d'Orange-Nassau (1650-1702), gendre de Jacques II, qui obligea son beau-père à s'enfuir en France en 1688 (voir *Le Siècle de Louis XIV*, ch.15, *OH*, p.761-63). Tout ce paragraphe relatif à la loi salique (lignes 242-58), et surtout à ce qui fonde la légitimité des souverains, est ajouté dans l'édition de 1761. Voltaire y souligne l'un de ses thèmes favoris de l'*EM*: les lois humaines ne sont que des conventions, variables dans le temps, et la légitimité de droit qu'elles semblent fonder est un leurre qui masque en réalité la force des faits, ou le droit du plus fort.

[48] Ici la source de base que Voltaire cite est, non l'*Abrégé chronologique* de Mézeray, mais son *Histoire de France*, où il rapporte que 'Les Anglais disent qu'il mourut de poison; mais Monstrelet assure que ce fut du feu sacré, dit vulgairement de Saint-Antoine, qui lui brûla le fondement: ce qui doit apprendre aux étrangers à ne s'asseoir pas sur le sacré trône de nos rois' (t.1, p.1030). En face de cette dernière phrase, on trouve la note: 'Belle remarque'. La même anecdote se trouve dans l'*Abrégé chronologique* (ann.1422), mais sans la boutade finale. Voltaire la trouva tellement à son goût qu'il la consigna dans le *Cambridge notebook* (c.1726-1727), sous

bulles sur bulles? n'auraient-ils pas été les oints du Seigneur? La loi salique n'aurait-elle pas été regardée comme une chimère. Que de bénédictins auraient présenté aux rois de la race de Henri V de vieux diplômes contre cette loi salique! Que de beaux esprits   255 l'eussent tournée en ridicule! Que de prédicateurs eussent élevé jusqu'au ciel Henri V, vengeur de l'assassinat, et libérateur de la France!

Le dauphin, retiré dans l'Anjou, ne paraissait qu'un exilé. Henri V roi de France et d'Angleterre, fit voile vers Londres,   260 pour avoir encore de nouveaux subsides et de nouvelles troupes. Ce n'était pas l'intérêt du peuple anglais amoureux de sa liberté, que son roi fût maître de la France. L'Angleterre était en danger de devenir une province d'un royaume étranger; et après s'être épuisée pour affermir son roi dans Paris, elle eût été reduite en   265 servitude par les forces du pays même qu'elle aurait vaincu et que son roi aurait eues dans sa main. [49]

264-68   53-54N: étranger. ¶Cependant

---

la rubrique 'Mauvaises plaisanteries de Mezeray' (*OCV*, t.81, p.77). Il l'incorpora quelques années plus tard dans 'Le pyrrhonisme de l'histoire', qui sert de préface à l'édition de 1748 de l'*Histoire de Charles XII* (*OCV*, t.4, p.570), et de nouveau dans l'*Histoire de Jenni*, ch.9 (*M*, t.21, p.566).

[49] Il est clair qu'ici Voltaire suit Daniel (ann.1421) car il n'évoque que la nécessité d'aller y chercher des subsides. Rapin identifie trois raisons de son départ: faire couronner la reine; faire confirmer le traité de Troyes par le parlement et lui demander des subsides; prendre des mesures contre les Ecossais (p.493). Les lignes 262-67 ne manquent pas d'intérêt car aucun de nos historiens ne s'aventure à livrer des réflexions d'ordre politique. Elles ont pu lui être suggérées toutefois par un 'extrait du Xe tome de Rymer' que l'on trouve chez Rapin, consacré à des 'Réflexions sur les divisions des Français et sur leurs sentiments à l'égard de la paix de Troyes' (p.493-94), et particulièrement par les lignes suivantes: 'il ne s'agissait proprement que des intérêts des deux maisons qui se disputaient la couronne de France [...] en semblables occasions le peuple est ordinairement la dupe des princes. Il prend leurs intérêts avec chaleur [...] sans considérer que, de quelque côté que la victoire se tourne, le succès lui en est presque toujours également désavantageux' (p.493).

Cependant Henri V retourna bientôt à Paris, plus maître que jamais. Il avait des trésors et des armées; il était jeune encore. [50] *Le roi d'Angleterre à Saint-Denis.*

270 Tout faisait croire que le trône de France passait pour toujours à la maison de Lancastre. [51] La destinée renversa tant de prospérités et d'espérances. Henri V fut attaqué d'une fistule. On l'eût guéri dans des temps plus éclairés. L'ignorance de son siècle causa sa mort. [52] *1422.* Il expira au château de Vincennes à l'âge de trente-quatre ans. Son

275 corps fut exposé à Saint-Denis, comme celui d'un roi de France, et ensuite porté à Vestminster parmi ceux d'Angleterre.

Charles VI, à qui on avait encore laissé par pitié le vain titre de roi, finit bientôt après sa triste vie, [53] après avoir passé trente années *1422.* dans des rechutes continuelles de frénésie. Il mourut le plus

280 malheureux des rois, et le roi du peuple le plus malheureux de l'Europe.

Le frère de Henri V, le duc de Betford, fut le seul qui assista à ses funérailles. On n'y vit aucun seigneur. Les uns étaient morts à la bataille d'Azincourt, les autres captifs en Angleterre. Et le duc de

---

272-74   53-54N: fistule dont il mourut au château
272   MSP: fistule. Il eût guéri
277   MSP: avait laissé
278-79   53-54N: vie. Il mourut
282   MSP: seul prince qui
283   MSP: seigneur du sang.
        53-54N: aucun prince du sang.

---

[50] Rapin nous apprend qu'Henri s'embarqua le 10 juin 1422 avec une armée nouvellement levée composée de 4000 hommes d'armes et de 24 000 archers (p.497; mêmes détails chez Daniel, ann.1421).

[51] Dynastie établie en Angleterre par Henri Bolingbroke, duc de Lancastre, détrônant Richard II (1399) et se faisant roi sous le nom d'Henri IV. Voir ci-dessus, ch.78.

[52] Le commentaire reprend ce que l'on trouve chez Daniel: 'sa maladie fut une inflammation de l'anus, à quoi la chirurgie beaucoup moins parfaite en ce temps-là qu'elle n'est aujourd'hui, ne trouva point de remède' (ann.1422). Henri mourut le 31 août 1422.

[53] Charles VI mourut le 21 octobre 1422.

Bourgogne ne voulait pas céder le pas au duc de Betford. [54] Il fallait   285
bien pourtant lui céder tout. Betford fut déclaré régent de France,
et on proclama roi à Paris et à Londres Henri VI fils de Henri V,
enfant de neuf mois. La ville de Paris envoya même jusqu'à
Londres des députés pour prêter serment de fidélité à cet enfant. [55]

[54] Précisions que donnent tant Mézeray que Daniel (ann.1422). Jean de Lancastre
(1389-1435), duc de Bedford et comte de Richmond, était le frère puîné d'Henri V.
Son neveu Henri VI, qu'il proclama roi de France à la mort d'Henri V, était né le
6 décembre 1421.

[55] Précision donnée seulement par Rapin: 'le régent, le Conseil de France et la
ville de Paris, envoyèrent à Londres des députés, dont l'évêque de Thérouanne était
le chef, pour féliciter le jeune roi sur son avènement aux couronnes des deux
royaumes' (t.4, livre 12, ann.1422, p.3).

CHAPITRE 80

De la France du temps de Charles VII. De la Pucelle, et de Jacques Cœur.

Ce débordement de l'Angleterre en France fut enfin semblable à

a-211 [*Première rédaction de ce chapitre*: MSP]
a MSP: Chapitre 57
  w56-w57G: Chapitre 68
  61: Chapitre 76
b-c MSP, 53-54N, w56-w57G: *De la France du temps de Charles VII.//*

* Ce chapitre, qui prend logiquement la suite du ch.76 sur l'histoire de France et la guerre de Cent Ans, présente des similitudes avec ce dernier: s'il est imprimé dans l'édition de 1753, nombreux sont les passages présents dans le manuscrit et qui ne sont publiés qu'en 1756 (voir notamment lignes 74-102, 149-54, 158-63, 181-208). L'édition de 1756 permet cependant à Voltaire d'étoffer encore un peu le chapitre (voir variantes lignes 111-17, 167-71, 175-79); quelques passages apparaissent enfin en 1761: lignes 86-90, 105-109, 135-45. Bien que l'essentiel soit consacré à la reconquête du pouvoir par Charles VII et à ses établissements, ainsi qu'à l'évocation de la fin de la guerre de Cent Ans, on a souvent retenu ce qui concerne Jeanne d'Arc. Voltaire témoigne bien entendu d'une attitude sceptique face au prétendu miracle: la jeune femme est l'instrument de manœuvres politiques et devient 'un personnage propre à jouer le rôle de guerrière et d'inspirée' (lignes 18-19). L'attitude des Anglais, dont les autorités 'feign[ent] de la croire sorcière' (50), témoigne d'une même entreprise de mystification des peuples sur laquelle Voltaire insiste lourdement. La vision voltairienne, politique et sceptique, s'inscrit ainsi aux côtés de celle d'un Montesquieu ou d'un marquis d'Argens (voir J. Vercruysse, 'Jeanne d'Arc au siècle des Lumières', *SVEC* 90, 1972, p.1659-729; *La Pucelle*, *OCV*, t.7, p.123-31). On ne trouve évidemment pas trace du comique graveleux que Voltaire confère à l'épisode dans son épopée burlesque, *La Pucelle*, dont la première composition est pourtant antérieure à l'*EM* et dont la première version non autorisée paraît en 1755. Les deux entreprises se retrouvent néanmoins dans leur visée démystificatrice (pour une comparaison entre les versions qu'en donne Voltaire, voir F. Bessire, 'De l'épopée burlesque à l'histoire: la Jeanne d'Arc de Voltaire', dans *Images de Jeanne d'Arc*, éd. J. Maurice et D. Couty, Paris, 2000, p.189-96). L'information de Voltaire provient comme souvent de Daniel, *Histoire de France* (voir *CN*, t.3, p.40), qui, s'il dénie toute mystification du pouvoir français, fait une lecture très politique du traitement

celui qui avait inondé l'Angleterre du temps de Louis VIII; [1] mais il
fut plus long et plus orageux. Il fallut que Charles VII regagnât pied

3   MSP: Il fallut, comme on sait, que

---

que les Anglais réservèrent à Jeanne d'Arc, et est en cela proche de l'interprétation de
Voltaire. Ce dernier s'appuie aussi sur l'*Histoire d'Angleterre* de Rapin de Thoyras
(La Haye, 1724; nouv. éd. N. Tindal, Paris, 1749, BV2871; *CN*, t.7, p.209-53),
également démystificatrice, et qui comporte une 'Dissertation sur la Pucelle
d'Orléans' (t.4, p.180-202) dont Voltaire a notamment marqué le passage rapportant
la lettre que Jeanne d'Arc est supposée avoir envoyée au roi d'Angleterre (p.384-85;
signet, *CN*, t.7, p.218). Il semble s'appuyer sur ce dernier texte, qui fournit un vaste
aperçu des sources premières sur Jeanne d'Arc (voir ci-dessous, n.8), pour préciser
certains détails qui seront repris dans la polémique avec Nonnotte (voir les
Eclaircissements historiques, 'XVIIIe sottise de Nonnotte. Sur Jeanne d'Arc'). En
dehors de ses sources habituelles (Daniel et Rapin), Voltaire a certainement consulté
(la teneur de son propre texte ou le *CN* en font foi) les ouvrages suivants:
Boulainvilliers, *Histoire de l'ancien gouvernement de la France* (La Haye et
Amsterdam, 1727, BV505, t.3); Daniel, *Histoire de la milice française* (éd. consultée,
Paris, 1721; Paris 1728, BV939); F. Le Blanc, *Traité historique des monnaies de France*
(Amsterdam, 1692, BV1963); F. Eudes de Mézeray, *Abrégé chronologique de l'histoire
de France* (Amsterdam, 1673-1674, t.1, 6, BV2443; Amsterdam, 1701, t.2-5, BV2444),
et *Histoire de France* (Paris, 1685; Amsterdam, 1696, BV2445), t.2; C.-J.-F. Hénault,
Nouvel Abrégé chronologique de l'histoire de France (Paris, 1768, BV1619); E. de
Monstrelet, *Volume second des Chroniques d'Enguerrand de Monstrelet* (Paris, 1572,
vol.1, BV2484; éd. citée, Paris, 1595); C.-F. Nonnotte, *Les Erreurs de Voltaire*
(Amsterdam [Paris], 1766, BV2579; éd. citée, Avignon et Paris, 1762, celle qu'utilise
Voltaire pour les ajouts de w64); E. Pasquier, *Œuvres* (Amsterdam, 1723, BV2657). Il
n'est pas exclu que, pour certains détails (le procès du duc d'Alençon et le procès en
révision de Jeanne d'Arc), Voltaire ait aussi consulté P. Dupuy, *Histoire de la
condamnation des templiers* (Bruxelles, 1713, BV1177), et Fleury, *Histoire ecclésiastique*.
    [1] Pour mettre en adéquation ces deux 'débordements', Voltaire exagère sensible-
ment les données quant à l'Angleterre. Louis VIII fut invité à faire une descente par
les barons rebelles à l'autorité de Jean Sans Terre. Débarqué en Angleterre en mai
1216, et ayant gagné les comtés du Sud, il perdit la plus grande partie de ses partisans
à peine cinq mois plus tard quand – Jean Sans Terre venant de mourir – ils décidèrent
de retirer leur confiance à Louis et de prêter serment d'allégeance à Henri III, fils de
Jean. Voir ch.51 (notre t.3, p.238-40). A son avènement (1422), Charles VII dut
constater que les Anglais étaient maîtres des trois quarts de son royaume, où ils
comptaient de solides alliés.

à pied son royaume. Il avait à combattre le régent Betford, aussi
5 absolu que Henri V, et le duc de Bourgogne devenu l'un des plus
puissants princes de l'Europe, par l'union du Hainaut, du Brabant,
et de la Hollande à ses domaines. [2] Les amis de Charles VII étaient
pour lui aussi dangereux que ses ennemis. La plupart abusaient de
ses malheurs, au point que le comte de Richemont son connétable,
10 frère du duc de Bretagne, fit étrangler deux de ses favoris. [3]
On peut juger de l'état déplorable où Charles était réduit, par la

5   MSP: duc Philippe de
6-7   MSP: de l'Europe, quand il eut réuni à ses domaines le Hainault, le Brabant,
et la Hollande. Les

[2] Le membre de phrase 'aussi absolu que' est une formule dramatique qui résume
le caractère redoutable de Jean de Lancastre, duc de Bedford (voir ch.79, ligne 285).
Régent (31 août 1422), et maître de presque tout le royaume, son parti fut à ce
moment précis considérablement (mais momentanément) renforcé par l'adhésion de
Jean VI de Bretagne (traité d'Amiens, 27 avril 1423). Il fut si bien secondé par ses
généraux anglais et bourguignons qu'il connut en 1423 et 1424 des succès réitérés,
dont les batailles de Cravant (juillet 1423) et Verneuil (août 1424). Voir Rapin, 1724,
t.4, p.3, 12, 17-18, 21, 30-31; Daniel, ann.1423-1424; Mézeray, *Abrégé*, ann.1424. A
propos de Philippe III le Bon (1396-1467), c'est probablement la terminologie assez
floue de Hénault (*Nouvel Abrégé*, ann.1424-1425), qui fait croire à Voltaire que
Philippe était plus puissant qu'il ne l'était à cette époque précise: il devint héritier du
comté de Hainaut le 5 avril 1417, mais ne devint en réalité comte de Hainaut et de
Hollande que le 12 avril 1433, possessions qu'il ajouta au duché de Brabant (4 août
1430; voir Daniel, ann.1430).
[3] Arthur III de Bretagne (1393-1458), comte de Richemont, devint connétable de
France le 7 mars 1425. Nous ne savons où Voltaire a trouvé le détail 'fit étrangler' car
si Mézeray traite le connétable de 'rude fléau des favoris' et évoque ces deux
assassinats (*Histoire*, p.611-12), il dit carrément que Giac (maître des finances en
1424, et chef du Conseil en 1425), ennemi déclaré du connétable, fut noyé, et Beaulieu
poignardé. Daniel écrit, sans préciser les circonstances de leur mort: 'Il abusa
quelque temps de son autorité par la haine qu'il avait conçue contre les ministres,
dont deux furent assassinés par ses ordres, savoir Giac et Beaulieu' (ann.1458).
Daniel avait déjà indiqué que Giac fut noyé (février 1427) par La Trémoille
(complice de Richemont), et précise quelles en furent les circonstances (ann.1426,
1426-1427).

nécessité où il fut de faire valoir dans les pays de son obéissance le prix du marc d'argent jusqu'à quatre-vingt-dix livres, au lieu d'une demi-livre de six onces qu'il valait du temps de Charlemagne.[4]

Qu'était la Pucelle d'Orléans. Il fallut bientôt recourir à un expédient plus étrange, à un miracle. Un gentilhomme des frontières de Lorraine, nommé Baudricourt,[5] crut trouver dans une jeune servante d'un cabaret de Vaucouleurs un personnage propre à jouer le rôle de guerrière et d'inspirée.[6] Cette Jeanne d'Arc, que le vulgaire croit une bergère, était en effet une jeune servante d'hôtellerie, *robuste, montant chevaux à poil*, comme dit Monstrelet, *et faisant autres apertises que jeunes filles n'ont point accoutumé de faire.*[7] On la fit passer pour une

15

20

12   MSP: nécessité de faire
12-15   K: obéissance la livre numéraire qui valait plus de 8 de nos livres à la fin du règne de Charles V, à moins de 15/100 de ces mêmes livres actuelles, en sorte qu'elle ne désignait alors qu'un 50ᵉ de la valeur qu'elle avait désignée peu d'années auparavant. ¶Il fallut
14   MSP, 53-54N: demi-livre qu'il valait
15   MSP: recourir bientôt à
17   MSP: servante de cabaret
22   53-54N: *point coutume de*
22-23   MSP: une jeune bergère de dix-huit ans pour exciter plus d'admiration. Il est certain cependant par

[4] Voir Le Blanc: 'le marc d'argent qui valait dans les lieux qui lui obéissaient le 3 mai 1418 9 livres, en valut 90 au mois de juillet 1422' (p.246).

[5] Robert de Baudricourt, capitaine royal de Vaucouleurs.

[6] Cette formule polie, mais dénuée d'ambages (dont on trouvera des échos dans les lignes 17-19, 22, 25, 30-32), mérite réflexion, car depuis 200 ans déjà la manière dont il convenait d'expliquer la venue et la mission de Jeanne d'Arc divisait les historiens. Comme le dit J. Vercruysse, il y avait au XVIIIᵉ siècle 'les tenants de la thèse "providentialiste" ou surnaturelle', et les 'adversaires de la thèse du surnaturel, moins nombreux' qui – comme Voltaire dès 1723 (dans *La Henriade*, chant 7 et n.*l*) – sont des 'sceptiques politiques' (voir 'Voltaire et Jeanne d'Arc', *La Pucelle*, p.127, 130). D'après Daniel, c'est Jeanne d'Arc qui se serait présentée à Baudricourt, ce dernier demeurant très méfiant et la croyant folle (ann.1429). Dès l'époque de Pasquier (t.1, col.531-32), on disait même qu'arrivée à la cour, Jeanne fut un objet de moquerie car on la croyait folle.

[7] De toute évidence, par un procédé très courant chez lui, Voltaire commence par adresser un reproche muet à la plus grande majorité de ses devanciers, intellectuellement paresseux (dont Du Haillan, Mézeray, Daniel, Fleury, Rapin, Gayot de

bergère de dix-huit ans. Il est cependant avéré, par sa propre confession, qu'elle avait alors vingt-sept années. [8] Elle eut assez de

23   53-W57G: ans. Il est certain, cependant, par
24   MSP: vingt-sept ans.

Pitaval), qui se contentaient, comme ici, de démarquer leurs prédécesseurs en traitant Jeanne de 'petite bergère', ou de 'pauvre bergère', ou de 'jeune paysanne'. Voltaire remonte donc jusqu'à Monstrelet: 'Jeanne fut grand espace de temps chambrière en une hôtellerie' (f.42v). A son tour, Pasquier (que le marquis d'Argens copie mot pour mot, *Lettres juives*, 152, La Haye, 1738, BV96; éd. citée, La Haye, 1742, t.4, p.311) dit – faisant peut-être allusion à un hôtel – qu'elle était 'lingère, ou filandière de son métier, et non bergère' (t.1, col.537). Le membre de phrase 'robuste, montant chevaux à poil' ne se trouve pas chez Monstrelet où on lit: 'et était hardie de chevaucher chevaux, et les mener boire, et aussi de faire apertises, et autres habilités, que jeunes filles n'ont point accoutumé de faire' (f.42v). La première mention de ce passage apparaît dans une note ajoutée au 6e chant de *La Henriade*, remarque B, *OCV*, t.2, p.289; il est ensuite repris dans une lettre adressée à Hénault le 4 septembre 1749: 'Je voudrais bien savoir pourquoi vous dites que Du Bellay fut un des premiers qui s'avisa de dépouiller la Pucelle de sa sainteté miraculeuse. Il me semble que Monstrelet en avait déjà parlé très humainement. Il la traite de *fille d'hôtellerie qui montait les chevaux à cru, et faisait apertises que filles n'ont point accoutumé de faire*' (D4008). Rapin cite lui aussi ce passage dans sa 'Dissertation sur la Pucelle d'Orléans' (p.182). Voir aussi *La Pucelle*, chant 2, note. Apertises: 'Dextérité, adresse, prouesse, haut fait militaire, fait d'armes' (Jean Nicot, *Le Trésor de la langue française*, Paris, 1606).

[8] Il vaudrait mieux dire, pour être plus exact, que les historiens (qui citent Monstrelet, qui dit qu'elle était 'âgée de vingt ans ou environ', f.42v) la présentent comme une jeune fille ayant entre dix-huit et vingt ans (par exemple, Mézeray, Daniel). C'est en se penchant sur ses sources que Voltaire commença à flairer une supercherie ('On la fit passer pour une bergère de dix-huit ans'). L'interrogatoire de Jeanne d'Arc, qui lui permit d'arriver à cette hypothèse, est donné déjà dans Pasquier (t.2, col.533-44), mais Voltaire se sert plutôt de la 'Dissertation sur la Pucelle d'Orléans' de Rapin (p.180-202), qui reproduit à son tour les sources de première main. Cette mise au point sur l'âge de Jeanne figure dans une note de Rapin commentant et contredisant les propos de Monstrelet (p.182), puis dans la synthèse de l'interrogatoire qu'il reprend de Pasquier (p.189). Nonnotte, héritier de cette longue tradition historiographique qui présentait Jeanne comme l'envoyée de Dieu, ne pouvait laisser passer les lignes 15-24. Dès 1762, dans *Les Erreurs de Voltaire* (t.1, p.177-84), il insista sur sa mission divine et releva, entre autres, l'assertion de Voltaire selon laquelle elle avait en réalité 27 ans au moment où elle alla trouver Charles VII à Chinon (24 février 1429). Confronté à cette assertion, Nonnotte s'en

courage et assez d'esprit pour se charger de cette entreprise, qui   25
devint héroïque. On la mena devant le roi à Bourges: [9] elle fut
examinée par des femmes, qui ne manquèrent pas de la trouver
vierge, et par une partie des docteurs de l'université et quelques
conseillers du parlement, qui ne balancèrent pas à la déclarer
inspirée; [10] soit qu'elle les trompât, soit qu'ils fussent eux-mêmes   30

---

25   MSP, 53-54N: entreprise délicate,
26-27   MSP, 53-54N: Bourges. Là on [53-54N: Bourges. On] la fit examiner par
29   MSP: du parlement du roi,

---

prend à Rapin, disant tout simplement qu'il avait 'fait une bévue en mettant 29 pour
19' (p.181), erreur quant à l'âge que Voltaire lui prête qui subsiste dans la 2ᵉ édition
revue, corrigée, augmentée, avec les réponses aux *Eclaircissements historiques* de
Voltaire (Amsterdam, 1766, BV2579, t.2, p.417) et qu'il corrigea enfin dans la
3ᵉ édition (Lyon, 1767, t.1, p.234). Sûr d'avoir bien compris les documents sources,
Voltaire lui répondit dans ses *Eclaircissements historiques*, en l'accusant de falsifier 'le
procès-verbal de Jeanne d'Arc, que nous avons dans les actes de Rymer'. En faisant
cette dernière remarque, Voltaire renvoie à la nouvelle édition de Rapin (1749, t.4,
p.516, où l'on trouve des 'Extraits du Xᵉ tome de Rymer') alors qu'il aurait pu se
contenter de Pasquier (que Nonnotte ne mentionne pas) qui dit avoir eu 'la copie de
son procès originaire [...] en [sa] possession l'espace de quatre ans entiers' (t.1,
col.536) et qui affirme que Jeanne, interrogée sur ses antécédents, répondit 'qu'elle
était lors de l'âge de vingt et neuf ans ou environ' (t.1, col.537). Voltaire profita de
l'attaque de Nonnotte pour ajouter une note à *La Pucelle* (chant 2), insistant de
nouveau sur le fait que Jeanne, au début de sa 'mission', était 'âgée alors de vingt-sept
ans'.

[9] Nous ignorons la raison pour laquelle Voltaire situe cette première entrevue à
Bourges. Toutes les sources qu'il utilise, à commencer par Monstrelet (f.41*v*), nous
apprennent qu'elle fut amenée par Baudricourt à Chinon.

[10] Cet examen gynécologique n'est mentionné que par Mézeray: 'La reine, femme
de Charles, et la reine de Sicile, eurent aussi la curiosité de la faire visiter par des
sages-femmes, pour savoir si elle avait encore sa virginité comme elle disait, cela
étant avéré elles ajoutèrent beaucoup plus de croyance à ses paroles' (*Histoire*, p.614).
Il n'indique pas toutefois la source de ce détail, qui ne manque pas d'importance car
c'est par là que Jeanne fut assurée de l'appui de femmes influentes. Daniel, plus
pudique, fait une allusion oblique à cette virginité en reconnaissant que, 'pour
éloigner d'elle tout soupçon', elle couchait accompagnée d'une femme, ou de ses
deux frères (ann.1429). Notons aussi (lignes 28-29) que ce n'est que par la suite que
Jeanne fut envoyée devant le parlement de Poitiers (Mézeray, p.614; Rapin, t.4, p.57;
Daniel, ann.1429).

assez habiles pour entrer dans cet artifice; le vulgaire le crut, et ce fut assez.[11]

Les Anglais assiégeaient alors la ville d'Orléans, la seule *1429.* ressource de Charles, et étaient prêts de s'en rendre maîtres.

35 Cette fille guerrière, vêtue en homme, conduite par d'habiles capitaines,[12] entreprend de jeter du secours dans la place. Elle parle aux soldats de la part de Dieu, et leur inspire ce courage d'enthousiasme qu'ont tous les hommes qui croient voir la Divinité combattre pour eux.[13] Elle marche à leur tête et délivre Orléans,

---

39 MSP: tête vêtue en homme, délivre

[11] Depuis l'époque de *La Henriade* (c.1716) jusqu'au *Discours de Maître Belleguier* (1773), le point de vue de Voltaire sur Jeanne d'Arc n'a guère varié. Bien qu'il rejette toujours (et de façon narquoise) toute explication divine de son activité, il s'élève tout aussi constamment contre la veule barbarie des Anglais et de la Sorbonne qui mirent à mort une jeune femme héroïque, digne d'admiration. La seule différence que l'on puisse relever dans ces textes, c'est la tendance de plus en plus évidente chez Voltaire à s'éloigner des notations les plus fugitives (voir *La Henriade*, chant 7; *Sottise des deux parts*, *OCV*, t.3B, p.219; *Histoire de Charles XII*, 'Pyrrhonisme de l'histoire') pour aller, surtout dans la période 1767-1773 (en passant par *La Pucelle*), vers des discussions étoffées (voir les *Eclaircissements historiques*; les *Honnêtetés littéraires*, 22, §16, *OCV*, t.63B, 130-35; l'art. 'Arc, Jeanne d'Arc dite la Pucelle d'Orléans' des *QE*, *OCV*, t.38, p.571-78; le *Discours de Maître Belleguier*, *OCV*, t.75A, p.22-23). Sur cette dernière période, voir F. Bessire, 'Voltaire à l'œuvre: seconde main et réemploi dans l'article 'Arc' des *Questions sur l'Encyclopédie*', dans *Copier/Coller. Ecriture et réécriture chez Voltaire*, éd. O. Ferret, G. Goggi et C. Volpilhac-Auger (Pise, 2007), p.197-207.

[12] Voir Daniel, ann.1429; Rapin, 1749, t.4, p.236-37; signet, *CN*, t.7, p.218: les pages ainsi marquées relatent rapidement le siège, et font état d'une lettre du duc de Bedford qui remarque 'la confiance que les ennemis ont eue en une femme née du limon de l'enfer et disciple de Satan, qu'ils appellent la Pucelle, laquelle s'est servie d'enchantements et de sortilèges' (p.237). Les 'habiles capitaines' des lignes 35-36 sont Louis de Culan (1360-1444), amiral de France (1421); Jean de Brosses (1375-1433), maréchal de France (1426); et Gilles de Rais (1404-1440).

[13] Monstrelet est le premier à évoquer sa harangue (f.145*v*). Mézeray et Daniel n'ont cure de la mentionner, mais Rapin l'évoque avec une certaine approbation: 'la Pucelle les animait de la voix, et leur servant elle-même d'exemple, quoiqu'elle eût été blessée d'un coup de flèche, entre le cou et l'épaule' (t.4, ann.1429, p.59). Voltaire préfère lire ces deux commentaires différemment, et ses remarques sur l'enthousiasme préfigurent les commentaires du *DP*, art. 'Enthousiasme' (*OCV*, t.36, p.58-61).

bat les Anglais, prédit à Charles qu'elle le fera sacrer dans Rheims, 40
et accomplit sa promesse l'épée à la main. Elle assista au sacre,
tenant l'étendard avec lequel elle avait combattu. [14]

1429.
La Pucelle
prisonnière,
accusée par la
Sorbonne, et
condamnée au
feu par des
évêques français
et anglais.

Ces victoires rapides d'une fille, les apparences d'un miracle, le
sacre du roi qui rendait sa personne plus vénérable, allaient bientôt
rétablir le roi légitime et chasser l'étranger: mais l'instrument de 45
ces merveilles, Jeanne d'Arc, fut blessée et prise en défendant
Compiègne. [15] Un homme tel que le Prince Noir eût honoré et
respecté son courage. Le régent Betford crut nécessaire de la flétrir
pour ranimer les Anglais. Elle avait feint un miracle, Betford [16]

40   MSP: prédit au roi qu'elle
41   MSP: assiste
44   MSP: vénérable aux peuples allaient
47   MSP: [*manchette*] *1429.*
47-48   MSP: Noir l'eût honorée, eût respecté
         53-54N: Compiègne. Le régent
48   MSP, 53-54N: crut qu'il était nécessaire
49-55   MSP, 53-54N: ranimer ses Anglais que décourageait l'idée d'un miracle.
¶Je [53-54N: Anglais. ¶Je] ne sais par quelle superstition absurde ou par quelle
lâcheté non moins détestable, l'université de Paris présenta requête contre elle,
l'accusant de sortilège et d'avoir encouru l'excommunication pour avoir pris l'habit
d'homme. Cette [53-54N: sortilège. Cette] héroïne   5

[14] Le siège d'Orléans fut levé le 12 mai 1429. Le résumé des lignes 39-42 est plus
que sommaire mais correspond à ce que l'on trouve, par exemple, chez Daniel
(ann.1429). Rapin est encore plus lapidaire: entre la levée du siège d'Orléans et le
sacre, il ne la mentionne qu'une seule fois (p.59-62). Le sacre de Charles VII eut lieu
le 17 juillet 1429.

[15] Les 'victoires rapides' de la ligne 43 (Jargeau, Beaugency, Patay, Auxerre,
Troyes et Chalons) sont évoquées par les seuls Monstrelet (f.45r-47v) et Mézeray
(*Histoire*, p.616; *Abrégé*, ann.1429). Pour la capture de Jeanne à Compiègne, bien
documentée (23 mai 1430), voir, par exemple, Monstrelet (f.59r-60r), qui sert de source
aux historiens ultérieurs. Mais on s'explique mal la blessure que Voltaire attribue à
Jeanne car aucun de nos historiens ne la mentionne (Monstrelet; Mézeray, *Histoire*,
p.617; *Abrégé*, ann.1430; Daniel; Rapin, t.4, p.69). Voltaire aurait-il confondu avec la
grave mésaventure arrivée à Jeanne lors de la bataille du Faubourg Saint-Honoré
(8 septembre 1429) quand, sérieusement abîmée et blessée, elle 'demeura tout le jour
dans les fossés derrière un dos d'âne jusqu'au soir' (Monstrelet, f.52r)?

[16] Edouard, prince de Galles, dit le Prince Noir (1330-1376), dont Voltaire a vanté
les mérites au ch.77. Cette comparaison (passablement gratuite) fut sans doute

50 feignit de la croire sorcière.[17] Mon but est toujours d'observer l'esprit du temps; c'est lui qui dirige les grands événements du monde.[18] L'université de Paris présenta requête contre Jeanne d'Arc, l'accusant d'hérésie et de magie. Ou l'université pensait ce que le régent voulait qu'on crût;[19] ou si elle ne le pensait pas, elle 55 commettait une lâcheté détestable. Cette héroïne digne du miracle qu'elle avait feint, fut jugée à Rouen, par Cauchon évêque de Beauvais, cinq autres évêques français, un seul évêque d'Angleterre, assistés d'un moine dominicain vicaire de l'Inquisition, et par des docteurs de l'université.[20] Elle fut qualifiée 'de superstitieuse

56-59 53-54N: Rouen et qualifiée
59-63 MSP: université. Elle fit à ces prêtres une réponse

---

suggérée à Voltaire par la profonde indignation de Daniel: 'Le premier usage qu'on lui fit faire [au jeune roi Henri VI] de son autorité dans [Rouen] fut de tirer une lâche vengeance sur la Pucelle d'Orléans des pertes que les Anglais avaient souffertes' (ann.1430). Rapin aussi parle de 'la vengeance qu'il [Bedford] croyait due à la nation anglaise' (p.70).

[17] Voir Daniel: 'Il entreprit de la faire passer pour une visionnaire, pour une impie, pour une magicienne, qui par conséquent n'avait pas eu sa mission de Dieu' (ann.1431). Rapin reprend cette interprétation (ann.1431, p.71), mais la nuance en faisant état des propos du duc de Bedford sur la puissance maléfique de la Pucelle (voir ci-dessus, n.12).

[18] Cet ajout (lignes 49-55) est typique de l'édition de 1756, dans laquelle Voltaire s'oblige à justifier certaines de ses remarques qui pourraient paraître anecdotiques, s'efforçant ainsi d'établir un lien avec l'ambitieux programme de son ouvrage.

[19] Alors que Mézeray est extrêmement virulent à l'égard de cette 'partie de l'université qui était demeurée à Paris' (*Histoire*, p.618; *Abrégé*, ann.1431), Voltaire (qui commença par l'agonir, lignes 49-55 var.) décide dans w56 d'utiliser les mêmes termes neutres que Daniel (ann.1431). Mais – tout comme Mézeray (et à la différence de Daniel pour qui le premier moteur était Cauchon, 'homme tout dévoué à ce duc' de Bedford) – il ne craint pas de suggérer dans son ajout de w56 (lignes 53-55) que l'université de Paris était soumise à ce dernier.

[20] La liste des juges de Jeanne d'Arc est donnée par le seul Daniel, qui mentionne cependant quatre autres évêques en plus de l'évêque de Beauvais, et non cinq comme Voltaire (ann.1431). Pasquier n'identifie que Cauchon, mais ajoute que le vicaire de l'Inquisition de la foi en France (Jean Graverent) était frère Jean Magistri (Daniel: Jean le Maître), et le promoteur, Jean Estinet, évêque de Bayeux (t.1, col.537).

devineresse du diable, blasphémeresse en Dieu et en ses saints et   60
saintes, errant par moult de fors en la foi de Christ.' [21] Comme telle,
elle fut condamnée à jeûner au pain et à l'eau dans une prison
perpétuelle. [22] Elle fit, me semble, à ses juges une réponse digne
d'une mémoire éternelle. Interrogée pourquoi elle avait osé assister
au sacre de Charles avec son étendard? elle répondit: *Il est juste que*   65
qui a eu part au travail, en ait à l'honneur. [23]

1431.   Enfin, accusée d'avoir repris une fois l'habit d'homme, qu'on lui
avait laissé exprès pour la tenter, [24] ses juges, qui n'étaient pas
assurément en droit de la juger, puisqu'elle était prisonnière de
guerre, [25] la déclarèrent hérétique relapse, et firent mourir par le feu   70

66-67   MSP: *honneur.* On la qualifie dans la sentence [β *lignes 60-63*] perpétuelle.
¶Enfin
70   MSP: et on fit mourir

[21] Citation exacte puisée chez Monstrelet (f.70*v*) – sauf l'omission d'un seul mot
('ses saints et saintes, *schismatique*, et en la foi') – et que rapporte correctement Rapin
dans sa 'Dissertation sur la Pucelle d'Orléans' (p.186), sans toutefois relever la
correction marginale *fors* pour 'sortes'.

[22] Voir Daniel: elle fut condamnée 'à la prison perpétuelle, au pain de douleur, et à
l'eau d'angoisse' (ann.1431).

[23] Pour comprendre le sens de la question posée par les juges, il faut savoir que
l'étendard était comme le symbole de l'orgueil chevaleresque et, surtout, de la
querelle dynastique qui opposait Henri VI à Charles VII. A ce propos, voir
Monstrelet: 'se vêtit aussi d'armes appliquées pour chevaliers et écuyers, leva
l'étendard; et en trop grand outrage, orgueil et présomption demanda avoir, et porter
les très nobles et excellentes armes de France [...] à savoir un écu à deux fleurs de lys
d'or à champ d'azur, et une épée la pointe en haut féru en une couronne' (f.72*r*).
L'interrogatoire du procès figure dans Pasquier, mais on n'y trouve nulle trace de
cette réponse. Voltaire lit sûrement sa transcription par Rapin: 'Elle répondit, qu'il
était raisonnable que celui qui avait été dans la peine, fût aussi dans l'honneur'
('Dissertation', p.192).

[24] Voltaire simplifie un peu les faits: Jeanne d'Arc avait été condamnée à la prison
perpétuelle après avoir abjuré ses erreurs. Mais elle se rétracta ensuite, et reprit ses
habits d'homme. Elle fut déclarée 'relapse' et fut livrée aux juges séculiers qui la
condamnèrent au feu (Daniel, ann.1431).

[25] Cette question de la légitimité du procès, que Voltaire remet en doute dès le
début (lignes 66-70 var.), est également posée par Daniel: les pays étrangers
'trouvai[ent] étrange que, la Pucelle étant prisonnière de guerre, n'étant point née

celle qui ayant sauvé son roi, aurait eu des autels dans les temps héroïques, où les hommes en élevaient à leurs libérateurs. Charles VII rétablit depuis sa mémoire, assez honorée par son supplice même. [26]

75   Ce n'est pas assez de la cruauté pour porter les hommes à de telles exécutions: il faut encore ce fanatisme composé de superstition et d'ignorance, qui a été la maladie de presque tous les siècles. [27] Quelque temps auparavant les Anglais condamnèrent la princesse de Glocester à faire amende honorable dans l'église de

80 Saint-Paul, et une de ses amies à être brûlée vive, sous prétexte de je ne sais quel sortilège employé contre la vie du roi. [28] On avait brûlé

71   MSP: son roi et le royaume aurait

72   53-54N: libérateurs [avec note: L'an 1431.]

74-75 MSP: même. ^{V}¶Un des effets des troubles en ces temps horribles, était de rendre tellement les provinces étrangères l'une à l'autre, de couper tellement la communication que chaque pays occupé de ses malheurs ignorait entièrement les malheurs des autres. Cette ignorance alla au point qu'une aventurière prit le nom de

5 la pucelle d'Orléans, soutint qu'elle avait échappé au supplice, et vint sous ce nom en Lorraine où elle fut si honorée qu'elle épousa le baron des Armoises et c'est de ce baron et de cette prétendue pucelle d'Orléans que descend la maison des Armoises d'aujourd'hui.$^+$ ¶Ce n'est

74-102 53-54N: même. ¶Pendant la guerre, plus longue que décisive, un autre

81   MSP: roi. Quelque temps auparavant, on avait

---

sujette du roi d'Angleterre [...] des gens qui n'avaient nulle juridiction sur elle ni spirituelle ni temporelle lui fissent son procès jusqu'à la condamner à être brûlée toute vive' (ann.1431).

[26] Allusion au procès en révision (novembre 1455-juin 1456) fait à la demande de la mère de Jeanne d'Arc, de ses frères, et de Jean Brehal, Inquisiteur général, et qui fut autorisé par le pape Calixte III (Fleury, ann.1431, livre 105, §93; 1455, livre 110, §179; Daniel, ann.1431). Jeanne fut déclarée innocente le 7 juillet 1456.

[27] L'ajout à la main de Voltaire à MSP, lignes 74-75, où il tire les conséquences des troubles dans lesquels la France était plongée, donne lieu à un ajout plus étoffé dans W56, lignes 91-100.

[28] Il s'agit tout d'abord de la femme (Eleanor Cobham) de Humphrey de Lancaster, duc de Gloucester, fils puîné d'Henri IV. Rapin précise qu'elle 'avait de fréquentes conférences avec un certain prêtre qui passait pour un grand nécromancien et avec une femme qui avait la réputation d'être sorcière. [...] On

le baron de Cobham en qualité d'hérétique: et en Bretagne on fit mourir par le même supplice le maréchal de Retz accusé de magie, et d'avoir égorgé des enfants pour faire avec leur sang de prétendus enchantements. [29]

Observation. Que les citoyens d'une ville immense, où les arts, les plaisirs et la paix règnent aujourd'hui, où la raison même commence à s'introduire, comparent les temps, et qu'ils se plaignent s'ils l'osent. C'est une réflexion qu'il faut faire, presque à chaque page de cette histoire.

Dans ces tristes temps la communication des provinces était si interrompue, les peuples limitrophes étaient si étrangers les uns aux

85

90

85-91   W56-W57G: enchantements. ¶Dans
85-102 MSP: enchantements. ¶Pendant la guerre plus longue que décisive un autre

---

lui imputa d'avoir fait [...] une image de cire qui représentait le roi, et qu'en la faisant fondre peu à peu, elle prétendait que les forces du roi diminueraient insensiblement. [...] Par cette accusation on prétendait faire voir que le dessein de la duchesse était d'ôter la vie au roi, afin de faire tomber la couronne sur la tête du duc de Glocester, son époux' (1749, ann.1441, p.294; signet, *CN*, t.7, p.218). Dans une note infrapaginale de Tindal, on apprend que la 'femme' s'appelait Marguerite Gurdemain [Margery Jourdemayne], et qu'elle fut brûlée à Smithfield. Cette 'conspiration' eut lieu en 1441. Jean Oldcastle, baron de Cobham (*c.*1378-1417), fut brûlé pour avoir suivi l'hérésie de John Wycliffe. Voir Rapin, qui laisse planer des doutes sur la raison profonde de son exécution: 'le supplice du feu fait voir qu'il fut condamné pour crime d'hérésie plutôt que pour avoir conspiré contre le roi' (1724, ann.1417, t.3, p.469; Daniel, ann.1441). Gilles de Rais ou Retz (1404-1440), maréchal de France en 1429, compagnon d'armes de Jeanne d'Arc, fut accusé de s'être adonné à la sorcellerie et à l'alchimie, et d'avoir sacrifié pour cela des centaines d'enfants qu'il fit enlever. Il fut condamné et exécuté.

[29] Les lignes 75-78, présentes dans MSP, et imprimées pour la première fois en 1756 (lesquelles préfigurent ce que l'on trouvera dans l'art. 'Fanatisme' du *DP*, *OCV*, t.36, p.105-11), servent de prétexte à Voltaire pour démontrer, dans un développement ternaire d'une tout autre envergure philosophique (lignes 75-85), que le 'fanatisme composé de superstition et d'ignorance' est non seulement une horrible maladie, mais peut aussi servir de prétexte à la raison d'Etat. Car il fut toujours convaincu que les accusations de sorcellerie (voir, par exemple, le procès de la maréchale d'Ancre) étaient souvent l'outil dont se servaient des dirigeants peu scrupuleux.

autres, qu'une aventurière osa quelques années après la mort de la Pucelle prendre son nom en Lorraine, et soutenir hardiment qu'elle
95 avait échappé au supplice, et qu'on avait brûlé un fantôme à sa place. Ce qui est plus étrange, c'est qu'on la crut. On la combla d'honneurs et de biens, et un homme de la maison des Armoises l'épousa en 1436, pensant en effet épouser la véritable héroïne, qui, quoique née dans l'obscurité, eût été pour le moins égale à lui par
100 ses grandes actions. (a)[30]

Pendant cette guerre, plus longue que décisive, qui causait tant de malheurs, un autre événement fut le salut de la France. Le duc de Bourgogne, Philippe le Bon, mérita ce nom en pardonnant enfin au roi la mort de son père, et en s'unissant avec le chef de sa maison

(a) Voyez l'article Arc, Jeanne d'Arc, dans les *Questions sur l'Encyclopédie*.

n.a   MSP, 53-w68: [*absente*]
      K: dans le *Dictionnaire philosophique*.
104   MSP: s'unissant au chef

[30] Ce paragraphe imprimé en 1756 reprend un ajout à la main de Voltaire à MSP (lignes 74-75 var.). Robert des Armoises épousa en 1436 celle qui prétendait être la Pucelle. C'est chez Mézeray que Voltaire trouva les détails sur cette fausse Pucelle: 'Quoique Jeanne d'Arc eût été exécutée en présence de dix mille personnes [...] néanmoins quelque temps après il parut en Lorraine une fille guerrière fort adroite aux armes, qui soutenait qu'elle était cette Pucelle. On en fut tellement persuadé en ce temps-là qu'elle fut traitée avec beaucoup d'honneur et qu'elle s'y maria dans une maison noble, on dit que sa postérité dure encore aujourd'hui' (*Histoire*, t.2, p.619; *Abrégé*, ann.1431). Or, sauf erreur, ce n'est pas dans les sources anciennes que Voltaire trouva le nom du baron des Armoises, mais chez Moréri qui l'identifie nommément, et qui consacra des réflexions assez étendues à la supercherie (*Grand Dictionnaire historique*, art. 'Arc (Jeanne d')'). C'est le 24 janvier 1756, répondant à une question que venait de lui poser Elie Bertrand que Voltaire esquisse la même histoire de la fausse Pucelle où on lit: 'C'est de ce mariage que descend le marquis d'Armoises d'aujourd'hui' (Antoine Bernard, comte Des Armoises, marquis d'Aulnoy). Voltaire termine ce développement en préfigurant les lignes 91-96 qui allaient incessamment paraître dans w56-w57G: 'Cette aventure n'est point extraordinaire dans un temps où il n'y avait point de communication d'une province à une autre, et où l'on faisait son testament quand on entreprenait le voyage de Nancy à Paris' (D6701).

247

contre l'étranger. Il fit à la vérité payer cher au roi cet ancien   105
assassinat, en se donnant par le traité toutes les villes sur la rivière
de Somme, avec Roye, Montdidier et le comté de Boulogne. [31] Il se
libéra de tout hommage pendant sa vie, et devint un très grand
souverain; mais il eut la générosité de délivrer de sa longue prison
de Londres le duc d'Orléans, le fils de celui qui avait été assassiné   110
dans Paris. Il paya sa rançon. On la fait monter à trois cent mille
écus d'or; exagération ordinaire aux écrivains de ces temps. [32] Mais
cette conduite montre une grande vertu. Il y a eu toujours de belles

Philippe le Bon, âmes dans les temps les plus corrompus. La vertu de ce prince
père de quinze n'excluait pas en lui la volupté et l'amour des femmes, qui ne peut   115
bâtards. jamais être un vice que quand il conduit aux méchantes actions.

105-109   MSP, W56-W57G: l'étranger. Les Anglais l'accusèrent de mauvaise foi.
Les Français louèrent sa générosité et sa prudence. Il poussa cette générosité jusqu'à
délivrer

      53-54N: l'étranger. Il poussa cette générosité jusqu'à délivrer

   111-17   MSP: Paris. Il paya ^{V}les deux tiers de$^+$ sa rançon ^{V}qui était$^+$ de trois cent
mille écus d'or. C'est

      53-54N: Paris. C'est

[31] La réconciliation de Philippe de Bourgogne et Charles VII, que Daniel
(ann.1435) et Rapin (t.4, p.83) qualifient de paix honteuse pour la France, fut
marquée par le traité d'Arras (21 septembre 1435). Dans les quelque six pages que
Daniel consacre aux conditions du traité, Voltaire ne privilégie évidemment (à partir
de W64, lignes 105-109) que celles qui servaient à l'agrandissement de la Bourgogne
et de son duc. Notons aussi que, suivant son habitude, il passe sous silence le rôle
essentiel joué dans ce rapprochement par le pape et le concile de Bâle (lequel
confirma d'ailleurs le traité) dont font grand cas les historiens français traditionnels
(par exemple, Mézeray, *Histoire*, p.621; *Abrégé*, ann.1435).

[32] Voir Daniel: la rançon totale se monta à 300 000 écus, dont le duc paya 200 000
(ann.1440), comme l'indique avec raison l'ajout à la main de Voltaire à MSP
(lignes 111-17 var.). La fin de la phrase ainsi que les commentaires des trois suivantes
sont ajoutés en 1756. Quant à la prétendue exagération des écrivains 'de ces temps',
Voltaire (et ce n'est pas la première fois) a tout simplement relevé, cette fois-ci chez
Daniel, apparemment en face de cette somme, la manchette: 'Monstrelet, fol.173.'
Celui-ci évoque 'Comment le duc d'Orléans fut délivré de la prison d'Angleterre par
le moyen du duc de Bourgogne' (f.176v-178r), mais la manchette chez Daniel
concerne uniquement la *libération*, car Monstrelet ne mentionne absolument pas le
montant de la rançon ('le duc de Bourgogne bailla son seel au roi d'Angleterre pour
la somme qui entre eux fut dite, et devisée', f.177r).

C'est ce même Philippe qui avait en 1330 institué la Toison d'or à l'honneur d'une de ses maîtresses. [33] Il eut quinze bâtards qui eurent tous du mérite. [34] Sa cour était la plus brillante de l'Europe. Anvers,
120 Bruges faisaient un grand commerce, et répandaient l'abondance dans ses Etats. La France lui dut enfin sa paix et sa grandeur, qui augmentèrent toujours depuis malgré les adversités, et malgré les guerres civiles et étrangères.

Charles VII regagna son royaume à peu près comme Henri IV le
125 conquit cent cinquante ans après. Charles n'avait pas à la vérité ce courage brillant, cet esprit prompt et actif, et ce caractère héroïque de Henri IV; mais obligé comme lui de ménager souvent ses amis et ses ennemis, de donner de petits combats, de surprendre des villes et d'en acheter, il entra dans Paris comme y entra depuis Henri IV,
130 par intrigue et par force. [35] Tous deux ont été déclarés incapables de

118-21   53-54N: maîtresses. La France
120   MSP: répandirent
121-24   53-54N: grandeur. Charles VII
122-23   W56-61: adversités, les guerres
128   MSP: donner beaucoup de petits combats, soit par ses généraux, soit par lui-même, de surprendre
130   MSP: Tous deux ont eu contre eux le parlement et l'université, tous deux déclarés

[33] La date de 1330 est une bévue car Philippe le Bon institua l'ordre de la Toison d'or le 10 janvier 1430 lors de son mariage avec Isabelle de Portugal. La déclaration de Voltaire ne laisse pas de demeurer mystérieuse car toutes ses sources (par exemple, Mézeray, *Histoire*, p.617; *Abrégé*, ann.1430; Hénault, *Nouvel Abrégé*, ann.1430) donnent comme raison d'être le mariage du duc. Mézeray, ayant ainsi expliqué sa création, ajoute de façon énigmatique: 'on dit que Philippe, prince fort amoureux, le renouvella pour un sujet encore moins honnête que n'était la cause pour laquelle celui de la Jarretière avait été institué' (p.617).
[34] En général les historiens que consulte Voltaire attribuent à Philippe beaucoup moins d'enfants naturels. Voir, par exemple, Daniel: 'Il laissa huit fils naturels et une fille naturelle. Il n'eut des trois femmes qu'il épousa que deux enfants légitimes' (ann.1467). Ici Voltaire a consulté Moréri: 'le duc Philippe laissa aussi quinze enfants naturels [huit garçons et sept filles]' (art. 'Philippe III, dit le Bon'). Or, quand Voltaire attribue à 'tous du mérite', il fait dire à Moréri plus qu'il ne disait car ce dernier n'identifiait que les garçons et leurs exploits.
[35] Les troupes de Charles VII, fortes de quelque 6000 ou 7000 hommes, entrèrent

posséder la couronne, et tous deux ont pardonné. Ils avaient encore une faiblesse commune, celle de se livrer trop à l'amour,[36] car l'amour influe presque toujours sur les affaires d'Etat chez les princes chrétiens, ce qui n'arrive point dans le reste du monde.

Entrée de Charles VII dans Paris, reçu par les sept péchés mortels. Charles ne fit son entrée dans Paris qu'en 1437.[37] Ces bourgeois qui s'étaient signalés par tant de massacres, allèrent au-devant de lui avec toutes les démonstrations d'affection et de joie, qui étaient en usage chez ce peuple grossier. Sept filles représentant les sept péchés qu'on nomme mortels, et sept autres figurant les vertus théologales, et cardinales, avec des écriteaux, le reçurent vers la porte Saint-Denis.[38] Il s'arrêtait quelques minutes dans les carre-

135

140

132-35   MSP, 53-61: celle de négliger quelquefois leurs affaires pour se livrer à leurs amours. ¶Charles

135   MSG: entrée à Paris qu'en 1450.

135-45   MSP, 53-W57G: 1437 et ce ne fut

---

dans Paris, le 14 avril 1436, où la garnison anglaise ne comptait que 1500 hommes, grâce plutôt à la complicité de six 'bourgeois [...] des plus accrédités' (voir Daniel: 'Mesures prises par le roi pour se rendre maître de Paris'; 'Quelques bourgeois gagnés promettent d'en livrer une porte', ann.1436).

[36] Cf. le commentaire de Daniel sur Charles VII et sur la 'gloire d'un règne signalé par tant de conquêtes, parmi les plaisirs auxquels il s'abandonnait avec moins de ménagement que jamais' (ann.1461). Cette réflexion (lignes 133-34) sur les 'princes chrétiens' et l'amour fut ajoutée en 1761.

[37] Charles VII fit son entrée dans Paris le 12 novembre 1437 (Daniel, ann.1437). La suite du paragraphe jusqu'à la ligne 145 ('réformer l'Etat;') est un ajout de 1761.

[38] De toute évidence (car les récits des autres historiens ne ressemblent pas à celui-ci) Voltaire a lu Daniel (ann.1437, 'Réception qui lui fut faite') un peu trop vite. Chez lui la mascarade des péchés mortels et des vertus cardinales et théologales dont il est question eut lieu 'au Ponceau Saint Ladre [note infrapaginale de Daniel: Saint Lazare]' alors qu'à la Porte Saint-Denis 'parut en l'air un enfant habillé en ange, comme descendant du ciel, qui tenait un écu d'azur à trois fleurs de lys d'or'. Ensuite, 'tout le long de la rue Saint-Denis, il y avait des théâtres magnifiquement tendus où divers acteurs représentaient les mystères'. Il n'y est cependant pas question des écriteaux (ligne 140). Est-ce malicieusement que Voltaire, confronté aux deux pages et quelques consacrées par Daniel à la procession somptueuse et bigarrée qui fit son entrée dans Paris, décide de ne parler que des fêtes à caractère religieux organisées par 'ce peuple grossier'?

fours à voir les mystères de la religion que des bateleurs jouaient sur des tréteaux. Les habitants de cette capitale étaient alors aussi pauvres que rustiques; les provinces l'étaient davantage. Il fallut plus de vingt ans pour réformer l'Etat; ce ne fut que vers l'an 1450 que les Anglais furent entièrement chassés de la France. [39] Ils ne gardèrent que Calais et Guines, [40] et perdirent pour jamais tous ces vastes domaines que les trois victoires de Créci, de Poitiers et d'Azincourt ne purent leur conserver. Les divisions de l'Angleterre contribuèrent autant que Charles VII à la réunion de la France. Cet Henri VI qui avait porté les deux couronnes, et qui même était venu se faire sacrer à Paris, détrôné à Londres par ses parents, fut rétabli et détrôné encore. [41]

Charles VII, maître enfin paisible de la France, y établit un ordre qui n'y avait jamais été depuis la décadence de la famille de

Etablissements de Charles VII.

147   53-54N: Calais et perdirent
147-48   MSP: jamais ces vastes domaines que leurs rois avaient eus par les droits du sang et que les trois
149-54   53-54N: conserver. ¶Charles VII
155   MSP: [*manchette*] *Règlement de Charles VII.*

[39] Voltaire simplifie: la Normandie fut reprise en 1450, mais le Bordelais le fut seulement en 1452-1453, comme le détaille Daniel sur six pages (ann.1452-1453). Cependant, Voltaire a marqué le passage où Rapin évoque les grands progrès faits par les Français en Guyenne en 1451 (1749, ann.1451, p.330-31; signet, *CN*, t.7, p.218). Les événements marquants de cette campagne, qui mit fin à la guerre de Cent Ans, sont la bataille de Castillon (17 juillet 1453) et la reddition de Bordeaux (15 octobre 1453).

[40] Ici Voltaire semble copier Rapin: 'Ainsi de tant de conquêtes que les Anglais avaient faites en France, depuis Edouard III, il ne leur resta que Calais et Guines' (t.4, ann.1453, p.149).

[41] Argument circulaire, mais les 'divisions de l'Angleterre' sont essentiellement à expliquer par la faiblesse et l'incapacité d'Henri VI (1422-1471) confronté à la guerre de Cent Ans à son stade final, qui donna lieu, en Angleterre, à une espèce d'anarchie domestique (voir Rapin, t.4, p.122-46). Henri VI fut détrôné le 4 mars 1461 par son cousin, le duc d'York, qui devint par là Edouard IV. Rétabli sur le trône (30 octobre 1470), il fut battu à Tewkesbury (4 mai 1471) et à nouveau détrôné. Il mourut à la Tour de Londres (21/22 mai 1471). Fut-il assassiné par Edouard? Voltaire n'avait pas de doutes là-dessus: voir son exemplaire de Rapin, 1749, t.5, p.76-77, signet, 'henri 6 assassiné' (*CN*, t.7, p.218).

Charlemagne. Il conserva des compagnies réglées de quinze cents gendarmes. Chacun de ses gendarmes devait servir avec six *Troupes réglées.* chevaux; de sorte que cette troupe composait neuf mille cavaliers. [42] Le capitaine de cent hommes avait mille sept cents livres de compte par an, ce qui revient à environ dix mille livres numéraires 160 d'aujourd'hui. Chaque gendarme avait trois cent soixante livres de paie annuelle, et chacun des cinq hommes qui l'accompagnaient,

158-63   53-54N: chevaux. Il établit

160-61   MSP: par an, à huit livres le marc, qui font sept mille cinq cents livres de notre monnaie d'aujourd'hui. Chaque

162   MSP: annuelle qui revient à deux mille cinquante livres de nos livres numéraires et chacun

[42] Encore une fois (lignes 156-58) il est évident que Voltaire fait ses propres calculs d'après Daniel: 'On devait choisir quinze capitaines qui auraient sous eux chacun cent lances [...], chaque homme d'armes devait être payé pour six personnes, lui-même compris dans ce nombre' (ann.1445; même information dans l'*Histoire de la milice française*, t.1, p.212). Mais la suite semble provenir directement de ce dernier ouvrage: 'Ainsi chaque compagnie était composée de six cents hommes tous à cheval et les quinze ensemble faisaient neuf mille chevaux' (voir aussi t.2, p.228). Pour ce qui est des archers (ligne 164), Voltaire fait encore ses propres calculs: comme chaque gendarme 'devait avoir trois archers' (Daniel), et comme il y avait 1500 gendarmes, le chiffre de 4500 archers va de soi. Quant à la paie du capitaine (lignes 159-60), il semble que Voltaire ait là aussi fait ses propres calculs. Nous apprenons (p.224) que la paie d'un capitaine était de 120 (livres) par mois, plus, 'pour son état', la paie annuelle d'un gendarme qui se montait, nous le savons, à 360 livres par an, ce qui donne un total, non de 1700 livres, mais de 1800. Quant aux chiffres des lignes 163, 165, on lit dans l'Ordonnance de Charles VII touchant les francs archers, de 1448: 'leur ferons payer quatre francs pour homme pour chacun mois' (p.238). D'après Daniel, ils étaient apparemment sur un pied d'égalité avec les gendarmes ordinaires (*Histoire de la milice*, p.212, 238). Le chiffre de quarante (ligne 163), qui ne se trouve nulle part chez Daniel, serait-il donc une coquille pour quatre? Enfin, ce n'est pas le roi qui était directement responsable de 'l'entretien des soldats': 'la solde de ces troupes [...] se levait [...] sur les villes, sur les bourgs et sur les villages' (Daniel). Cet impôt était la taille. Boulainvilliers évoque à son tour, non seulement la création des Compagnies de gendarmerie (p.104), mais aussi la 'Déclaration des francs archers' (p.110; trait horizontal en face de ces deux passages, *CN*, t.1, p.484). Boulainvilliers condamne d'ailleurs vertement ces deux créations qui avaient avili l'aristocratie (p.112-14; trait horizontal, *CN*, t.1, p.485).

avait quarante livres de ce temps-là par mois. Il établit aussi quatre mille cinq cents archers, qui avaient cette même paie de quatre livres, c'est-à-dire, environ vingt-quatre des nôtres. Ainsi en temps de paix il en coûtait environ six millions de notre monnaie présente pour l'entretien des soldats. Les choses ont bien changé dans l'Europe. Cet établissement des archers fait voir que les mousquets [43] n'étaient pas encore d'un fréquent usage. Cet instrument de destruction ne fut commun que du temps de Louis XI.

Outre ces troupes, tenues continuellement sous le drapeau, chaque village entretenait un franc-archer exempt de taille; [44] et c'est par cette exemption attachée d'ailleurs à la noblesse, que tant de personnes s'attribuèrent bientôt la qualité de gentilhomme de nom et d'armes. Les possesseurs des fiefs furent dispensés du ban, qui ne fut plus convoqué. Il n'y eut que l'arrière-ban, composé des arrière-petits vassaux, qui resta sujet encore à servir dans les occasions. [45]

Noblesse nouvelle.

163   MSP, W56-W68, K: avait quatre livres
164-71   53-54N: archers. Ces troupes en temps de paix lui coûtaient cinq millions six cent mille livres de notre monnaie. ¶Outre
166   MSP: coûtait cinq millions six cent mille francs de notre
167-71   MSP: soldats. ¶Outre
175-79   MSP, 53-54N: armes. ¶Plusieurs s'étonnent qu'après

[43] Voltaire semble se tromper de terme. L'instrument de destruction qui fait son apparition sous le règne de Louis XI est, d'après Daniel (*Histoire de la milice*, p.462), et sur la foi de Monstrelet, la couleuvrine à main (plus tard appelée l'arquebuse à croc, p.462). Quant au mousquet, Daniel est formel: 'Strozzi, colonel général de l'infanterie française sous Charles IX [...] introduisit en France l'usage du mousquet, c'est-à-dire le fréquent usage' (p.464).

[44] Voir Daniel, ann.1449. 'Forces de la France. Origine des francs archers': 'Chaque village de son royaume s'était engagé à lui fournir et à lui entretenir un archer, qui, à condition de marcher en compagnie quand l'ordre en viendrait, était affranchi de toutes tailles et subsides.'

[45] Cette précision très exacte sur les fiefs, ajoutée en 1756, vient de la section 'Du ban et arrière-ban' dans l'*Histoire de la milice* de Daniel (t.2, p.489-96, plus spécialement p.490-91). Autrefois les seigneurs qui partaient en campagne formaient le ban, 'mais depuis l'institution des quinze Compagnies d'Ordonnance [...] une grande partie de la noblesse n'y allait plus sous ce titre. Les seigneurs et

Grand commerce de Jacques Cœur.

On s'étonne qu'après tant de désastres la France eût tant de ressources et d'argent. Mais un pays riche par ses denrées, ne cesse jamais de l'être, quand la culture n'est pas abandonnée.[46] Les

180

179   MSG: France ait tant

181-208   53-54N: abandonnée. ¶Je ne puis omettre un jugement juste et solennel qui fut rendu sous ce règne. C'est la condamnation du duc d'Alençon, pair de France et seigneur de sang royal, convaincu d'avoir trahi l'Etat et d'avoir traité avec l'Anglais. Quoique je me sois proposé d'éviter les détails, il me paraît important de remarquer qu'il fut jugé par le roi lui-même, assisté des pairs, des   5
principaux officiers de la couronne, du chancelier, de trois présidents et de dix-huit conseillers du parlement. Un des fils de France, âgé de douze ans, fut présent au jugement. Le chancelier pour la première fois précéda les pairs ecclésiastiques et les trois présidents précédèrent les officiers de la couronne, ce qui n'avait point d'exemple. ¶Au reste   10

gentilshommes y allaient en qualité de capitaine, ou de lieutenant, ou de guidon de ces Compagnies, ou en qualité d'hommes d'armes ou d'archer.' Cela revient à dire que 'l'arrière-ban autrefois milice ordinaire est depuis longtemps milice extraordinaire' (manchette, p.491).

[46] La version manuscrite (voir lignes 207-208 var.) et 53-54N (lignes 181-208 var.) ajoutent des détails sur le procès de Jean II de Valois (1407-1476), duc d'Alençon, qui fut accusé d'intelligence avec les Anglais. En réalité, ce fut pour avoir favorisé les intrigues du dauphin, futur Louis XI. Jugé à Vendôme et condamné à mort le 10 octobre 1458, il fut grâcié, mais condamné à la prison perpétuelle (Pasquier, t.1, ch.6, col.81, lignes 45-54; voir *CN*, t.6, p.221, signet annoté: 'Duc d'Alençon condamné dans un grand conseil non en parlement'). A son avènement (1461), Louis XI le réhabilita. Pour tous les détails concernant ce procès qu'on trouve dans la variante, Voltaire avait à sa disposition plusieurs sources: Dupuy, t.2, p.216-28 (*CN*, t.3, p.323), et une dizaine de pages chez Daniel (ann.1457). Mais la source la plus probable est Boulainvilliers (p.123-25), qui raconte non seulement pourquoi Charles VII fut obligé de présider au jugement, mais aussi comment les préséances y furent bouleversées (voir la même notation sur celles-ci dans le *Cambridge notebook, OCV*, t.81, p.77, et les *Leningrad notebooks*, p.246). Voltaire mit un trait horizontal en face de la déclaration suivante (qu'il faisait souvent sienne): 'On peut voir par le détail de cette séance combien est vraie la remarque souvent faite dans mes précédentes, qu'il n'y a eu parmi nous depuis longtemps aucun système réglé non plus pour les rangs que pour la jusrisprudence' (*CN*, t.1, p.486). Voltaire est revenu à plusieurs reprises sur ce procès (et pour les mêmes raisons qu'ici): voir ci-dessous, ch.85; *L'A.B.C., OCV*, t.65, p.216-17; l'*Histoire du parlement de Paris*, ch.7, *OCV*, t.68, p.189-92; le *Fragment d'une lettre écrite de Genève, OCV*, t.73, p.216-17; le *Commentaire sur l'Esprit des lois, OCV*, t.80B, p.370; les *Notebook fragments, OCV*, t.82, p.644.

guerres civiles ébranlent le corps de l'Etat, et ne le détruisent point. Les meurtres et les saccagements, qui désolent des familles, en enrichissent d'autres. Les négociants deviennent d'autant plus habiles qu'il faut plus d'art pour se sauver parmi tant d'orages. [47] Jacques Cœur en est un grand exemple. Il avait établi le plus grand commerce qu'aucun particulier de l'Europe, eût jamais embrassé. Il n'y eut depuis lui que Cosme Ier, Medici, que nous appelons de Médicis, [48] qui l'égalât. Jacques Cœur avait trois cents facteurs en Italie et dans le Levant. Il prêta deux cent mille écus d'or au roi, sans quoi on n'aurait jamais repris la Normandie. Son industrie était plus utile pendant la paix, que Dunois et la Pucelle ne l'avaient été pendant la guerre. C'est une grande tache peut-être à la mémoire de Charles VII, qu'on ait persécuté un homme si nécessaire. On n'en sait point le sujet: car qui sait les secrets ressorts des fautes et des injustices des hommes?

Le roi le fit mettre en prison, et le parlement de Paris lui fit son procès. On ne put rien prouver contre lui, sinon qu'il avait fait rendre à un Turc un esclave chrétien, lequel avait quitté et trahi son maître, et qu'il avait fait vendre des armes au soudan d'Egypte. Sur ces deux actions, dont l'une était permise, et l'autre vertueuse, il fut condamné à perdre tous ses biens. Il trouva dans ses commis plus de droiture que dans les courtisans qui l'avaient perdu. Ils se cotisèrent presque tous pour l'aider dans sa disgrâce. On dit que Jacques

185-86   MSP: d'orages. Ce sont des fourmis qui se bâtissent des retraites en silence tandis que les tigres se déchirent. Jacques
188-89   MSP, W56-W57G: Cosme de Médicis
202   W56-W68: perdre ses
204-208   MSP, W56-W75G: disgrâce. Jacques Cœur alla continuer son commerce à Chypre, et n'eut jamais le courage de revenir dans son ingrate patrie, quoiqu'il y fût rappelé. [*ici suit la variante 53-54N des lignes 181-208, ci-dessus*: Je ne puis [...] d'exemple.] ¶Au [W56-W75G: rappelé. ¶Au] reste

[47] Commentaire à rapprocher de ce que dit Voltaire ci-dessous, ch.81, lignes 10-16.
[48] Cosme Ier de Médicis (1519-1574). Voir ch.105. Facteur: 'Celui qui est chargé de quelque négoce, de quelque trafic pour quelqu'un' (*Dictionnaire de l'Académie*, éd. 1762).

Cœur alla continuer son commerce en Chypre, et n'eut jamais la   205
faiblesse de revenir dans son ingrate patrie, quoiqu'il y fût rappelé.
Mais cette anecdote n'est pas bien avérée. [49]

Au reste la fin du règne de Charles VII fut assez heureuse pour la
France, [50] quoique très malheureuse pour le roi, dont les jours
finirent avec amertume, par les rébellions de son fils dénaturé, qui   210
fut depuis le roi Louis XI.

207-208   MSP: avérée. [Je ne puis [...] d'exemple] ¶Au reste [*voir ci-dessus*]
211   53: Louis XI. / Fin.// [51]

[49] Toutes les sources que Voltaire avait à sa disposition parlent de Jacques Cœur, maître de la monnaie (1436), grand argentier de Charles VII, qui fut arrêté le 31 juillet 1451 pour des raisons qui diffèrent selon les historiens (hérésie; crime de lèse-majesté; empoisonnement d'Agnès Sorel; exactions, malversations et concussions; trafic avec les infidèles). Il fut condamné par le parlement (19 mai 1453) à une amende de 400 000 écus au profit du roi, et avec confiscation de ses biens. Les sources que l'on peut consulter à la suite de Voltaire sont Monstrelet (f.40*v*-41*r*); J. Chartier, *Histoire de Charles VII* (Paris, 1661), p.859-61; Mézeray (*Histoire*, p.656); Fleury (livre 110, §37-38, 136); Daniel (ann.1448). Mais la source de laquelle Voltaire se rapproche le plus est Moréri (art. 'Cœur (Jacques)'), ce qui explique peut-être le ton méprisant de la remarque finale.

[50] La fin du règne de Charles VII fut heureuse en ce sens précis que, comme le dit Daniel, 'les choses avaient entièrement changé de face' car 'les Anglais, chassés de tout le royaume [...] n'osaient plus rien entreprendre' (ann.1461). Mais elle fut mouvementée sur le plan domestique et personnel. Il y eut des intrigues de cour qui causèrent la perte de Jacques Cœur, et les trahisons du duc d'Alençon. Mais ce sont les machinations constantes du dauphin qui lui causèrent de 'chagrinantes pensées'. En tant que dauphin, Louis XI (1423-1483) fut mêlé à mille intrigues contre son père, à commencer par le soulèvement féodal de la *Praguerie* (1440, révolte des seigneurs contre les réformes militaires de son père, aux côtés notamment du duc d'Alençon et de Dunois). Il fut envoyé en Dauphiné, se révolta de nouveau en 1455 et dut trouver refuge, en 1456, auprès de son oncle, Philippe III de Bourgogne. Comme le dit Daniel: 'Ce prince, au milieu de la gloire d'un règne signalé par tant de conquêtes, parmi les plaisirs auxquels il s'abandonnait avec moins de ménagement que jamais, était si vivement frappé de la désobéissance de son fils, qu'il y pensait sans cesse, et délibérait même s'il ne le déshériterait pas.'

[51] L'édition Néaulme en deux volumes (*Abrégé de l'histoire universelle*, notre 53) se termine à ce point. Le texte se continue par 54LD, qui se présente comme un tome 3, avec le nouveau titre d'*Essai sur l'histoire universelle*. Voir la 'Présentation de l'édition', ci-dessus.

CHAPITRE 81

Mœurs, usages, commerce, richesses, vers les treizième et quatorzième siècles.

Je voudrais découvrir quelle était alors la société des hommes, comment on vivait dans l'intérieur des familles, quels arts étaient

a-128   [*Première rédaction de ce chapitre*: MSP, 54LD]
a   MSP: Chapitre 41
     54LD: Chapitre 1
     W56-W57G: Chapitre 69
     61: Chapitre 77
b-c   MSP: *Mœurs et usages de ces temps-là.*
     54LD: *Mœurs et usages dans le quatorzième siècle.*

* Avec ce chapitre commence le t.3 de l'*Abrégé de l'histoire universelle* (désormais intitulé, après la réimpression des deux premiers tomes au début de 1754, *Essai sur l'histoire universelle*): voir la 'Présentation de l'édition', ci-dessus.

De nombreux passages des ch.81, 83, 85 se trouvent dans un chapitre autonome (41) de MSP. La disposition des paragraphes ainsi que la rédaction proprement dite sont si divergentes qu'il n'a pas paru possible de procéder au relevé habituel des variantes. On peut suivre cette version primitive dans les variantes. Ce chapitre sert à attirer l'attention sur l'importance du commun des mortels: marchands et artisans pour l'essentiel, absents de l'histoire où les rois sont responsables de 'tant de malheurs' (ligne 3), Voltaire les décrit dans une formule saisissante comme 'des fourmis qui se creusent des habitations en silence, tandis que les aigles et les vautours se déchirent' (11-13). Ce sont ces fourmis-là, au sein des 'siècles grossiers' (14), qui avaient tant fait pour préparer les conditions socio-économiques inséparables de cet essor de l'humanité que le siècle des Lumières saluait avec ardeur. Comment s'expliquer autrement la formule qui clôt ce chapitre: ce sont 'les belles villes commerçantes de l'Italie' (124-25) riches et libres qui 'excitèrent enfin le génie, comme elles élevèrent le courage' (127-28)... celui (sous-entendu) de savoir oser. C'est en cherchant les prolégomènes de cet heureux épanouissement que Voltaire, se laissant guider par le grand érudit Ludovico Antonio Muratori, relève soigneusement les plus belles percées réalisées dans ces villes d'Italie pendant les siècles prétendus barbares. Mais en signalant les découvertes qu'il juge notables, Voltaire ne se laisse pas aller au dithyrambe inconditionnel. Tout en saluant leur importance, il a tendance à les relativiser toutes: les moulins à vent avaient fait leur apparition au

cultivés, plutôt que de répéter tant de malheurs et tant de combats, funestes objets de l'histoire, et lieux communs de la méchanceté humaine.

5

XIIIe siècle, mais ils étaient connus 'longtemps auparavant chez les Grecs et chez les Arabes' (lignes 22-23); la faïence était une belle découverte 'qui tenait lieu de porcelaine' (25); les Vénitiens connaissaient 'le secret des miroirs de cristal', mais ils étaient les 'seuls' (29-30); il y avait en Italie des 'horloges à roues', mais elles étaient très peu nombreuses (30-31); l'invention de la boussole 'était due au seul hasard' et demeurera inexploitée (31-33); s'il est vrai que le papier avait été inventé à Padoue, il est non moins vrai toutefois que cela s'était produit 'plus d'un siècle avant l'invention de l'imprimerie' (34-37). Mais tout cela admis, l'Europe en général (dont principalement la France et l'Angleterre), comparée à l'Italie, était peuplée de rustres. A preuve les exemples suivants: 'le linge de table était très rare en Angleterre', et 'le vin ne s'y vendait que chez l'apothicaire comme un cordial' (lignes 68-69); 'presque toutes les maisons' à Paris et Londres étaient 'couvertes de chaume' (43) et faites 'd'un bois grossier' (70-71); les rues de Paris étaient 'à peine pavées et couvertes de fange' (71-72). L'explication de ces phénomènes était simple: c'est que la disette d'argent freinait tout. Et là où en France ou en Angleterre il y avait de véritables richesses, les heureux possesseurs les dilapidaient à l'étranger (lignes 117-22). En Italie, par contre, l'opulence grandissante créa un nouveau problème: celui du *luxe*. Non que Voltaire partage dans ce domaine l'opinion ulcérée des commentateurs médiévaux que cite Muratori (lignes 52-67). Car chez l'auteur de *L'Homme aux quarante écus*, il y avait évidemment le bon et le mauvais usage des richesses. C'est ici que Voltaire profite d'une belle occasion de fustiger ce luxe qui n'était ni plus ni moins qu'une 'magnificence [...] odieuse' (lignes 94-95), surtout celle des 'principaux prélats' (83-95). En composant ce chapitre, qui évoque les progrès faits dans ce qui sera le berceau de la Renaissance, Voltaire a puisé copieusement dans une source inégalable: les *Antiquitates italicae medii aevi* de Muratori (Milan, 1738-1742). Les détails concernant l'opulence des prélats médiévaux se trouvent dans Fleury (*Histoire ecclésiastique*), alors que d'autres références précises trouvent leur source dans Daniel (*Histoire de France*), Mézeray (*Abrégé chronologique*) et Rapin de Thoyras (*Histoire d'Angleterre*, éd. citée, La Haye, 1724; nouv. éd. N. Tindal, Paris, 1749, BV2871; voir ci-dessus, ch.75, n.*). Elaboré de bonne heure (version manuscrite), ce chapitre ne connut ensuite aucune modification conséquente. Entre 54LD et W57G, il est évident que Voltaire ne laissait pas de réfléchir à la meilleure manière de présenter les différents fils de sa trame historique: c'est à ce moment précis (la fin de ce chapitre, qui était à l'origine consacrée aux arts utiles, ayant bifurqué vers les arts tout court: voir ligne 128 var.) qu'il prit la décision de supprimer les six dernières lignes qui seront désormais l'objet d'un chapitre autonome (ch.82). Dans 61, on relève deux ajouts faits à la liste des découvertes marquantes, mais on y voit en même temps que

Vers la fin du treizième siècle, et dans le commencement du quatorzième, il me semble qu'on commençait en Italie, malgré tant de dissensions, à sortir de cette grossièreté dont la rouille avait couvert l'Europe depuis la chute de l'empire romain. Les arts nécessaires n'avaient point péri. [1] Les artisans et les marchands, que leur obscurité dérobe à la fureur ambitieuse des grands, sont des fourmis qui se creusent des habitations en silence, tandis que les aigles et les vautours se déchirent.

On trouva même dans ces siècles grossiers, des inventions utiles,

6-9   MSP *ch.41*, 53-54N: Cependant vers [β] quatorzième, on commençait [β] romain. Les Génois, les Pisans et surtout les Vénitiens ramenèrent l'abondance, et avec elle l'art de rendre la vie plus douce et plus commode. ¶[β *ligne 52 suit*] [53-54N: commode. ¶[β *ligne 40 var. suit*]]

14-31   MSP *ch.41*: On peut rapporter à ces temps des inventions plus utiles, telles par exemple que celle des moulins à vent. La Flama en parle et avant lui on n'en parle point. Les lunettes qu'on nomme bésicles sont du treizième siècle. La boussole dont pourtant on ne fit point usage encore, commençait à être connue. ¶Alors la faïence, inventée à Faenza, tenait lieu de porcelaine. Il y avait longtemps que les Français connaissaient l'usage des vitres, mais l'Angleterre ne reçut cet art de la France que vers l'an 1180. Les Vénitiens [β] à roue qui sonnaient l'heure. Celle de Boulogne était fameuse. Il faut peut-être attribuer toutes ces commodités trouvées pour la plus grande partie par les Italiens à la liberté qui, en élevant le courage, donnait plus d'essor à l'esprit. ¶[β *ligne 40 var. suit*]

Voltaire tient de nouveau à les relativiser à leur tour (lignes 22-24, 33-37). Comme ce chapitre laisse entendre que l'argent et la liberté sont le nerf du progrès, relevons l'apparition d'un bref commentaire (lignes 76-81) sur la pauvreté du roi d'Ecosse, en visite subventionnée à la cour d'Angleterre. A partir de ce moment (sauf quelques menues retouches insignifiantes dans w68 – variantes, lignes 20-21, 38-39, 105), le chapitre a trouvé sa forme définitive.

[1] Pour l'essentiel de ce chapitre, Voltaire se tourne vers Muratori, tout spécialement vers le t.2 (1739) et la section intitulée 'Artibus italicorum post inclinationem Romani Imperii [...] Dissertatio decimaquarta', col.349-96. En guise de préambule, Muratori s'élève contre l'assertion que l'Italie, après la chute de Rome, était un pays rude et barbare (col.349). Quant à lui les arts nécessaires et utiles à la vie n'y disparurent jamais. Muratori redécouvrit le Moyen Age et publia les sources de l'histoire italienne dans ses monumentaux *Rerum italicarum scriptores* (1723-1751), et en commentaire à cette compilation ses grandes œuvres historiques, les *Antiquitates italicae*, et, en italien, les *Annales d'Italie* (1744-1749).

fruits de ce génie de mécanique que la nature donne à certains   15
hommes très indépendamment de la philosophie. Le secret, par
exemple, de secourir la vue affaiblie des vieillards par des lunettes
qu'on nomme *besicles*, est de la fin du treizième siècle. Ce beau
secret fut trouvé par Alexandre Spina. [2] Les meules qui agissent par
le secours du vent, sont connues en Italie dans le même temps. La   20
Flamma, [3] qui vivait au quatorzième siècle, en parle et avant lui on
n'en parle point. Mais c'est un art connu longtemps auparavant
chez les Grecs et chez les Arabes; il en est parlé dans des poètes
arabes du septième siècle. La faïence, qu'on faisait principalement à
Faenza, tenait lieu de porcelaine. On connaissait depuis longtemps   25
l'usage des vitres, mais il était fort rare: c'était un luxe que de s'en
servir. Cet art porté en Angleterre par les Français vers l'an 1180, [4]
y fut regardé comme une grande magnificence.

Les Vénitiens eurent seuls au treizième siècle le secret des

20   54LD-61: vent sont du même temps.

22-25   54LD-W57G: point, la faïence inventée à Faenza

[2] Muratori dit que dans un sermon de Fra Jordan de Rivalto (†1311) on trouve la déclaration suivante: 'il n'y avait pas encore vingt ans que Fr. Alexandre de Spina, de Pise, inventa et fabriqua de ses propres mains des lunettes de verre, que le vulgaire appelle *ocularia*' (*Antiquitates italicae*, col.395-96).

[3] Voltaire cite incorrectement Gualvanceo de La Flamma, rapporté par Muratori: 'On a découvert comment faire des moulins qui ne se meuvent pas par l'eau ou le vent, mais par des contrepoids, comme cela se produit d'habitude dans les horloges' (col.393-94). Ici et ailleurs Muratori renvoie à ce qu'il avait naguère publié dans ses *Rerum italicarum* (t.12, Milan, 1731, p.1037).

[4] Muratori: 'D'après le témoignage de Bède, dans sa *Vita Benedicti Biscopi Abbatis*, ce saint homme envoya, vers 680, des messagers auprès des Gaulois pour y recruter des maîtres-verriers – inconnus jusqu'alors en Angleterre – pour mettre des fenêtres dans l'église, le cloître et le réfectoire' (col.392-93). Voltaire aurait-il corrigé la date donnée par Muratori ('DCLXXX') pensant qu'il devrait s'agir plutôt de 'MCLXXX'? Tout dépend de l'état de ses connaissances. Savait-il, à ce moment précis, que Bède le Vénérable (673-735) vivait au VIIIe siècle? Une brève notation (en dehors de celle de *L'Opinion en alphabet*, *M*, t.18, p.210) qui se trouve dans le *Saint-Fargeau notebook*, qui date précisément de 1752-1755, semble le prouver: 'Il ne faut pas oublier Bede, au VIIIe siècle' (*OCV*, t.81, p.133). Le mystère demeure entier.

30   miroirs de cristal.[5] Il y avait en Italie quelques horloges à roues: celle de Bologne était fameuse.[6] La merveille plus utile de la boussole était due au seul hasard, et les vues des hommes n'étaient point encore assez étendues pour qu'on fît usage de cette découverte.[7] L'invention du papier, fait avec du linge pilé et
35   bouilli, est du commencement du quatorzième siècle. Cortusius historien de Padoue parle d'un certain Pax, qui en établit à Padoue la première manufacture plus d'un siècle avant l'invention de l'imprimerie.[8] C'est ainsi que les arts utiles se sont peu à peu établis, et la plupart par des inventeurs ignorés.

40   Il s'en fallait beaucoup que le reste de l'Europe eût des villes   *Villes pauvres.* telles que Venise, Gênes, Bologne, Sienne, Pise, Florence. Presque toutes les maisons dans les villes de France, d'Allemagne,

33-40   54LD: cette invention. ¶Il s'en
39   61 *errata*: plupart de leurs inventeurs sont ignorés.
      w56-61: des hommes ignorés.
40   MSP *ch.41*, 53-54N: Il s'en fallait beaucoup que le reste de l'Europe eût des villes telles que Venise, Gênes, Boulogne, Sienne, Pise, Florence. Le tiers état en France commençait à s'appeler libre, mais cette liberté était d'une autre espèce. Elle consistait à n'être plus esclave des barons. [β *ch.83, ligne 48 var. suit*]

   [5] Muratori: 'Mais nous savons qu'il y avait des miroirs dans la plus haute antiquité, et dont l'usage n'a jamais cessé; mais parmi les Italiens il n'y avait que les Vénitiens qui en fabriquaient sans interruption, et qui continuent dans cette voie de nos jours' (*Antiquitates italicae*, col.393). Je suis redevable à John Richardson pour son aide à déchiffrer ce passage en latin et le précédent où la mauvaise qualité des caractères, la présence de coquilles et le recours à une ponctuation quelque peu fantaisiste rendaient la lecture difficile.
   [6] Muratori les appelle des 'horloges nocturnes', dont la première se trouvait à Bologne en 1356 (col.391).
   [7] Voltaire n'ignorait pas que les inventeurs de la boussole rudimentaire furent les Chinois (voir ch.1, notre t.2, p.41, lignes 290-95). Muratori dit tout simplement, sans donner de date, qu'on 'découvrit aussi l'usage de l'aiguille aimantée pour aider la navigation'.
   [8] Voir les *Rerum italicarum scriptores*, où Muratori cite Gulielmus Cortisius, historien de Padoue, qui nous apprend que 'l'inventeur était un certain Pax qui opérait à Padoue et à Trévise' (t.12, 1728, p.903n). A noter que l'essentiel des lignes 14-39 se retrouve mot pour mot dans l'art. 'Invention' de l'*Encyclopédie*, sans que le chevalier de Jaucourt cite sa source.

d'Angleterre, étaient couvertes de chaume. Il en était même ainsi en Italie dans les villes moins riches, comme Alexandrie de la paille, Nice de la paille, etc. [9]   45

Quoique les forêts eussent couvert tant de terrains demeurés longtemps sans culture, cependant on ne savait pas encore se garantir du froid à l'aide de ces cheminées, qui sont aujourd'hui dans tous nos appartements un secours et un ornement. Une famille entière s'assemblait au milieu d'une salle commune enfumée,   50 autour d'un large foyer rond dont le tuyau allait percer le plafond. [10]

Disette appelée   La Flamma se plaint au quatorzième siècle, selon l'usage des *frugalité.*   auteurs peu judicieux, que la frugale simplicité a fait place au luxe. Il regrette le temps de Frédéric Barberousse, et de Frédéric II, lorsque dans Milan capitale de la Lombardie, on ne mangeait de la   55 viande que trois fois par semaine. Le vin alors était rare: la bougie était inconnue, et la chandelle un luxe. On se servait, dit-il, chez les meilleurs citoyens de morceaux de bois sec allumés pour s'éclairer. On ne mangeait de la viande chaude que trois fois par semaine: les chemises étaient de serge et non de linge; la dot des bourgeoises les   60 plus considérables était de cent livres tout au plus. Les choses ont bien changé, ajoute-t-il; on porte à présent du linge; les femmes se

52-73   MSP *ch.41*: La Flamma qui écrivait au quatorzième siècle, se plaint, selon [β] s'éclairer. Les chemises étaient de serge et rarement de linge [β] les femmes portent des étoffes de soie, et même d'or [β] se plaint, ne pouvait pas s'appeler encore le nécessaire des peuples riches et industrieux. ¶Au douzième siècle, beaucoup de villes n'avaient que des maisons couvertes de paille, et celles des particuliers dans   5 presque toute l'Europe septentrionale étaient encore de bois au quatorzième siècle. [β] de Paris, mal pavées [β] bourgeoises. [β *ligne 82 var. suit*]

[9] D'après Moréri, Alexandria della Paglia fut ainsi nommée 'peut-être parce que ses murailles n'étaient que de paille et de bois enduits de terre' (*Grand Dictionnaire historique*, art. 'Alexandrie ou A. de la Paille'). Aucun commentaire chez Moréri quant à Nizza della Paglia.

[10] Muratori: 'il n'y avait pas dans les maisons d'âtres ni de cheminées'; puis, à propos de Rome en l'an 1368: 'Dans cette pièce on ne trouvait aucune cheminée pour faire le feu parce que dans Rome elles n'étaient pas alors en usage; en fait tout le monde faisait le feu par terre au milieu de la maison' (*Antiquitates italicae*, t.2, col.418).

couvrent d'étoffes de soie, et même il y entre quelquefois de l'or et de l'argent: elles ont jusqu'à deux mille livres de dot, et ornent même leurs oreilles de pendants d'or. [11] Cependant ce luxe dont il se plaint, était encore loin à quelques égards de ce qui est aujourd'hui le nécessaire des peuples riches et industrieux.

Le linge de table était très rare en Angleterre. [12] Le vin ne s'y vendait que chez les apothicaires comme un cordial. [13] Toutes les maisons des particuliers à Paris et à Londres étaient d'un bois grossier. [14] Se faire traîner en charrette dans les rues de Paris à peine pavées et couvertes de fange, était un luxe; et ce luxe fut défendu, par Philippe le Bel, aux bourgeoises. [15] On connaît ce règlement fait

65

70

70-71 w56-w57G Londres. Se faire

71 w75G: grossier, recouvert d'une espèce de mortier qu'on appelle torchis, les portes basses et étroites, les fenêtres petites et presque sans jour. Se faire

---

[11] On trouve dans ce paragraphe (lignes 52-67) un amalgame plus ou moins fidèle de divers passages des *Antiquitates italicae* où Muratori cite La Flamma (col.418-19), Ricobaldus (col.310) et Villanius (col.416-17), évoquant à tour de rôle Milan, Rome et Florence.

[12] Nous n'avons trouvé, dans les sources de Voltaire, nulle mention du linge de table anglais.

[13] Voir ci-dessus, n.*.

[14] Pour ce qui est de Londres, Voltaire avait à sa disposition Rapin, qui lui eût permis de conclure que, pour l'époque qui l'intéresse, les maisons y étaient habituellement en bois: 'En ce temps-là, on ne se servait guère que de bois pour les bâtiments [...] Alfred ayant commencé à faire bâtir les maisons royales de pierre ou de brique, peu à peu les Grands voulurent aussi l'imiter. Mais ce ne fut que plusieurs siècles après que cet usage se répandit aussi parmi le peuple' (t.1, p.320).

[15] Voltaire se réfère ici à la plus ancienne loi de type somptuaire que l'on connaisse pour la troisième race des rois de France. En 1294, à la veille d'une guerre avec l'Angleterre, Philippe le Bel – confronté à la nécessité de lever de plus forts impôts – y arriva en déterminant les dépenses de la vie privée (qu'il appelait les 'superfluités') pour pouvoir 'légitimement' – par la voie de la taxation – augmenter ses propres revenus. Parmi toutes les mesures proposées, il fut interdit aux bourgeois d'avoir un char. Le fait que Voltaire ait mis 'bourgeoises' semble indiquer qu'il avait trouvé cette information dans les *Ordonnances des rois de France de la troisième race* (Paris, Imprimerie royale, 1723): '*Premièrement*: Nulle bourgeoise n'aura char' (t.1, p.541).

sous Charles VI. *Nemo audeat dare praeter duo fercula cum potagio*; 'que personne n'ose donner plus de deux plats avec le potage'. [16]   75

Un seul trait suffira pour faire connaître la disette d'argent en Ecosse et même en Angleterre, aussi bien que la rusticité de ces temps-là, appelée simplicité. On lit dans les actes publics, que quand les rois d'Ecosse venaient à Londres, la cour d'Angleterre leur assignait trente schellings par jour, douze pains, douze   80 gâteaux, et trente bouteilles de vin. [17]

Luxe chez les   Cependant il y eut toujours chez les seigneurs de fief, et chez les *seigneurs et*   principaux prélats, toute la magnificence que le temps permettait. *prélats.*   Elle devait nécessairement s'introduire chez les possesseurs des grandes terres. Dès longtemps auparavant les évêques ne mar-   85 chaient qu'avec un nombre prodigieux de domestiques et de chevaux. Un concile de Latran tenu en 1179, sous Alexandre III, leur reproche que souvent on était obligé de vendre les vases d'or et d'argent, dans les églises des monastères, pour les recevoir et pour les défrayer dans leurs visites. Le cortège des archevêques fut   90 réduit par les canons de ces conciles à cinquante chevaux, celui des évêques à trente, celui des cardinaux à vingt-cinq; [18] car un cardinal

75-82   54LD-W57G: potage.' ¶Cependant
82-84   MSP *ch.41*: Cependant il y eut toujours chez les principaux ecclésiastiques toute [β] s'introduire dans un corps qui possédait le tiers des revenus de chaque province chrétienne. Les barons furent toujours riches de la richesse de la terre, mais la vaisselle [β *ligne 99 var. suit*]

[16] Voltaire fut à tel point frappé par cette exhortation (pourtant habituelle dans les milieux ecclésiastiques) qu'il la consigna dans les *Leningrad notebooks* (*OCV*, t.81, p.246).
[17] Voir Rapin (éd. 1749): Richard Ier accorda à Guillaume, roi d'Ecosse 'une charte contenant certains honneurs et privilèges dont les rois d'Ecosse devaient jouir quand ils se trouveraient en Angleterre', avec la note infrapaginale: 'On leur donnait cent chellings par jour pendant leur voyage, et trente pendant leur séjour, avec douze pains blancs, douze gâteaux (simnels) de la table du roi, quatre gallons du meilleur vin, et huit du vin ordinaire' (ann.1194, t.2, p.283).
[18] Voir Fleury: 'nous ordonnons que les archevêques [...] auront tout au plus quarante ou cinquante chevaux, les cardinaux vingt-cinq, les évêques vingt ou trente, les archidiacres sept, les doyens et leurs inférieurs deux' (livre 73, ann.1179, §21).

qui n'avait pas d'évêché, et qui par conséquent n'avait point de terres, ne pouvait pas avoir le luxe d'un évêque. Cette magnificence
95 des prélats était plus odieuse alors qu'aujourd'hui, parce qu'il n'y avait point d'état mitoyen entre les grands et les petits, entre les riches et les pauvres. Le commerce et l'industrie n'ont pu former qu'avec le temps cet état mitoyen qui fait la richesse d'une nation. La vaisselle d'argent était presque inconnue dans la plupart des
100 villes. Mussus écrivain lombard du quatorzième siècle, regarde comme un grand luxe, les fourchettes, les cuillers, et les tasses d'argent.

Un père de famille, dit-il, qui a neuf à dix personnes à nourrir avec deux chevaux, est obligé de dépenser par an jusqu'à trois cents
105 florins d'or. [19] C'était tout au plus deux mille livres de la monnaie de France courante de nos jours.

L'argent était donc très rare en beaucoup d'endroits d'Italie, et bien plus en France aux douzième, treizième et quatorzième siècles.

Usure énorme en
usage, preuve de

99-113   MSP *ch.41*: vaisselle [β] inconnue. Mussus, écrivain du [β] par an trois cents florins d'or; ils ne revenaient qu'à près de trois mille cinq cents livres de notre monnaie courante. ¶L'argent était donc très rare en Italie, et beaucoup plus en France aux douzième et treizième ^Vet quatorzième siècles⁺. Les Florentins, les
5   Lombards étaient en possession [β]. ¶La société était presque partout une consolation inconnue. Ce défaut de société joint à la licence établit vers le douzième et treizième siècle, ces lieux consacrés à la débauche dont le nom vient de *bourder*, se réjouir. Ces établissements étaient protégés par le gouvernement à Rome, à Venise, dans Toulouse, dans Avignon, dans Londres. On connaît les règlements faits sous la
10   reine Jeanne dans Avignon, en 1301, pour un de ces lieux de prostitution devenues nécessaires. ^VIl n'est pas prouvé que cet établissement fut fait par la reine Jeanne elle-même, mais il est prouvé qu'il existait.⁺ ¶[β *ligne 14 var. suit*]
    105   54LD-W57G: C'était environ trois mille
        61: plus trois mille

---

[19] Muratori évoque ici Giovanni Mussi qui avait signalé non seulement le progrès du luxe chez les citoyens de Plaisance, mais aussi à quel point il avait influé sur la transformation de leurs mœurs, et 'qui vers l'an 1388 consigna dans son *Chronicon Placentinum*' (*Antiquitates italicae*, t.2, col.318) la mention de 'fourchettes, cuillers et tasses d'argent' comme étant un luxe (col.322). Il ajoute plus loin qu'une 'personne, qui a neuf bouches et deux chevaux à nourrir, dépense par an trois cents florins d'or de la valeur de 480 livres impériales' (col.322).

misère, et misère Les Florentins, les Lombards, qui faisaient seuls le commerce en
preuve de sottise. France et en Angleterre, les Juifs leurs courtiers, étaient en   110
possession de tirer des Français et des Anglais, vingt pour cent
par an pour l'intérêt ordinaire du prêt.[20] La grande usure est la
marque infaillible de la pauvreté publique.

Le roi Charles V amassa quelques trésors par son économie, par
la sage administration de ses domaines (alors le plus grand revenu   115
des rois) et par des impôts inventés sous Philippe de Valois, qui
quoique faibles firent beaucoup murmurer un peuple pauvre.[21] Son
ministre le cardinal de la Grange ne s'était que trop enrichi. Mais
tous ces trésors furent dissipés dans d'autres pays. Le cardinal porta
les siens dans Avignon. Le duc d'Anjou, frère de Charles V, alla   120
perdre ceux du roi dans sa malheureuse expédition d'Italie.[22]

112   K: prêt. Le haut intérêt de l'argent est
114   54LD: trésors par sa longue économie
117-18   54LD: Son premier ministre

[20] L'opinion de Voltaire sur l'usure, hautement négative, demeure constamment
la même. L'usure qu'il condamne (tout comme le Code criminel en vigueur depuis
1670) est bien celle du prêt d'argent à un taux qui dépasse largement le 'juste intérêt',
c'est-à-dire celui-là même qui couvre à la fois les risques de perte chez le prêteur, et
les efforts qu'il a déployés pour trouver la somme prêtée. Condamnée par les conciles
d'Elvire (*c.*300) et de Nicée (325), et par divers papes, interdite par l'Eglise aux clercs
et aux laïcs, elle fut toutefois pratiquée par les Juifs car ils n'étaient pas soumis à
l'interdiction. D'où les commentaires peu amènes, voire grossiers, de Voltaire qui
sont légion (spécifiquement pour ce qui concerne les Juifs) depuis le *Panégyrique de
saint Louis* (*OCV*, t.31B, p.502) jusqu'à l'*Histoire de l'établissement du christianisme*
(*M*, t.31, p.45, 76, 81) et *La Bible enfin expliquée* (*M*, t.30, p.237n) en passant par les
Annales de l'Empire (p.384), l'art. 'Ciel des anciens' du *DP* (*OCV*, t.35, p.595), et les
art. 'Droit de la guerre' (*OCV*, t.40, p.583), 'Intérêt', 'Juifs' et 'Martyrs' des *QE*
(*OCV*, t.42A, p.456-58, 479-81; *M*, t.20, p.574).
[21] Charles V (1364-1380) est le petit-fils de Philippe VI de Valois (1328-1350).
Quant aux impôts inventés par ce dernier, Voltaire suit Daniel: 'sur le point de se voir
une grande guerre sur les bras, [Philippe VI] manque d'argent pour la soutenir. Il faut
augmenter les impôts, et employer d'autres moyens désagréables aux peuples'
(ann.1345). Le plus impopulaire des nouveaux impôts était en l'occurrence la gabelle
(1345).
[22] Cardinal-évêque d'Amiens, un des principaux ministres de Charles V, 'Jean de
La Grange (voir ci-dessus, ch.71, n.10), gouvernait les finances. [...] fort intéressé,

La France resta dans la misère jusqu'aux derniers temps de Charles VII.

125 Il n'en était pas ainsi dans les belles villes commerçantes de l'Italie. On y vivait avec commodité, avec opulence. Ce n'était que dans leur sein qu'on jouissait des douceurs de la vie. Les richesses et la liberté y excitèrent enfin le génie, comme elles élevèrent le courage.

122-24   54LD: misère. ¶Il n'en

128   54LD: courage. Brunelleschi à Florence commença à faire revivre l'ancienne architecture. Le Giotto peignit. Boccace fixa la langue italienne. Gui d'Arezzo
inventa la nouvelle méthode des notes de la musique. Il y a dans Pétrarque et le Dante
un grand nombre de traits qui ressemblent à ces beaux ouvrages anciens, dans
5   lesquels on admire la force de l'antiquité avec la fraîcheur du moderne. C'est ce que je
développerai dans le chapitre des arts. [54LD*: *passage barré et remplacé par les lignes
1-140 du ch.82*]

dur et ambitieux, dont les grandes possessions pouvaient bien faire croire qu'il avait
principalement fait doubler les subsides pour s'enrichir lui-même' (Mézeray,
ann.1380). Le duc d'Anjou est Louis Ier, deuxième fils de Jean II le Bon en faveur
de qui le comté d'Anjou fut érigé en duché (1360). Nommé héritier de Naples par la
reine Jeanne Ire (29 juin 1380) il ne put toutefois pas conquérir son royaume sur
Charles III de Durazzo (voir ci-dessus, ch.69, lignes 49-50). Si Voltaire a déjà
mentionné l'argent de France gaspillé dans cette malheureuse tentative, c'est Daniel
qui autorise sa remarque: '[ses troupes] furent d'abord très bien soudoyées du grand
trésor que le duc amassait depuis longtemps aux dépens du royaume de France'
(ann.1384).

CHAPITRE 82

Sciences et beaux-arts aux treizième et quatorzième siècles.

La langue italienne n'était pas encore formée du temps de

a-405 [*Première rédaction de ce chapitre:* 54LD. *Voir ci-dessus, ch.81, n.**]
a 54LD: [*pas de rupture; suite du ch.1*]
w56-w57G: [*pas de rupture; suite du ch.69*]
61: Chapitre 78
1-141 54LD: On fut

* C'est surtout les premiers signes d'une 'sortie des ruines de la barbarie' médiévale (lignes 130-31) que Voltaire veut décrire dans ce chapitre. Et c'est essentiellement en Italie qu'il la voit se manifester, en tout premier lieu par la purification et la fixation de la langue toscane, véritable berceau de la langue italienne moderne (34-36). Puis, la langue étant pour lui le vecteur premier et indispensable du progrès culturel (149-56), tous les beaux-arts 'qui se tiennent comme par la main' (130) connaissent à Florence une même efflorescence: littérature, avec le Dante, Pétrarque et Boccace (34-118), dont il cite longuement les poèmes, fait jusqu'alors inédit dans l'*EM*; peinture, avec Cimmabue et Giotto (132-36); musique même, avec Guido d'Arezzo (138-40). Florence est réellement devenue comme une 'nouvelle Athènes' (145), sans d'ailleurs que l'afflux des Grecs après la chute de Constantinople y soit pour rien, insiste Voltaire, qui contredit ici l'opinion commune (147-49). Cet essor des beaux-arts, et de la culture en général, est l'occasion pour lui d'insister sur l'autonomie, en tous temps, de leur développement par rapport au contexte politique (156-57), lequel est d'ailleurs particulièrement troublé pendant ces deux siècles (356-72). Face à ce tableau d'une Toscane 'renaissante', le reste de l'Europe fait piètre figure, enfoncé dans des 'superstitions' que Voltaire n'hésite pas à qualifier de 'sottises' (ligne 242, manchette): fêtes ridicules de l'âne et des fous, rois des ribauds rendant la justice, flagellants, sorcellerie et envoûtements, l'irrationnel règne en maître sur les peuples, et même les cours, d'Europe (242-331). La France demeure barbare pour l'essentiel (159-67): malgré le règne éclairé du sage Charles V, amateur de livres et qui 'eut été digne d'un meilleur temps' (377-92), et l'extension à l'Italie de ses modes vestimentaires (393-98), son théâtre ne consiste encore qu'en ces 'farces saintes' que jouent les 'confrères de la Passion' (168-94). Hormis la Toscane, seul, finalement, 'l'Orient' musulman a droit à l'indulgence de Voltaire; non qu'il soit totalement exempt de barbarie et d'irrationnel, mais parce que, notamment à travers les œuvres du grand poète persan Saadi, il semble que les arts n'y soient pas 'tombés' comme en Europe, et qu'ils puissent même présenter

269

Frédéric II.[1] On le voit par les vers de cet empereur, qui sont le dernier exemple de la langue romance dégagée de la dureté tudesque.[2]

Langue romance
adoucie.

Plas me el cavalier frances,   5
E la donna Catalana,
E l'ovrar Genoes,
E la danʒa Trevisana,
E lou cantar Provensales,
Las man e cara d'Angles,   10
E lou donʒel de Toscana.[3]

Ce monument est plus précieux qu'on ne pense, et est fort au-dessus de tous ces décombres des bâtiments du Moyen Age, qu'une curiosité grossière et sans goût recherche avec avidité.[4] Il fait voir

---

'de beaux éclats de lumière' (lignes 195-32). A plusieurs reprises (183-86), Voltaire se livre ici à une comparaison flatteuse entre son siècle et l'époque considérée: montrer 'les progrès de l'esprit humain' demeure, en effet, l'ultime objet. Pour ce chapitre, Voltaire ne peut, comme c'est son habitude lorsqu'il aborde l'histoire politique ou religieuse, se fier seulement à quelques auteurs bien connus et compilés avec adresse. Même s'il s'appuie parfois sur les habituels: Mézeray (*Abrégé chronologique de l'histoire de France*), Daniel (*Histoire de France*), Bruys (*Histoire des papes*) ou Boulainvilliers (*Abrégé chronologique de l'histoire de France*, La Haye [Paris], 1733), c'est surtout à partir de notes éparses, relevées dans des ouvrages très divers, qu'il travaille ici.

[1] Sur Frédéric II Hohenstaufen (1194-1250), roi de Sicile et empereur germanique, voir ch.52 (notre t.3).

[2] Voltaire a déjà évoqué la langue 'romance' et ses rapports avec le 'tudesque' (ch.19, notre t.3, p.306). Le 28 novembre 1750, il écrit de Potsdam à d'Argental: 'Dites moi si l'allemand a gâté mon français [...] N'allez pas croire que j'apprenne sérieusement la langue tudesque, je me borne prudemment à savoir ce qu'il en faut pour parler à mes gens et à mes chevaux' (D4283).

[3] Voltaire a déjà cité, dans les *Notebooks* (*Small Leningrad notebook*, *OCV*, t.81, p.66-67), ce passage, trouvé dans *A Short view of tragedy* de T. Rymer (Londres, 1693), p.75.

[4] En janvier 1739, Voltaire écrit au comte de Caylus (1692-1765), pionnier de l'archéologie et grand amateur 'd'antiquités nationales': 'Les parisiens devraient contribuer davantage à embellir leur ville, à détruire les monuments de la barbarie gothique' (D1757), expression qui revient à plusieurs reprises sous sa plume lorsqu'il évoque le goût en général, au Moyen Age: voir S. Menant, *L'Esthétique de Voltaire* (Paris, 1995).

15 que la nature ne s'est démentie chez aucune des nations dont
Frédéric parle. Les Catalanes sont, comme au temps de cet
empereur, les plus belles femmes de l'Espagne. La noblesse
française a les mêmes grâces martiales qu'on estimait alors. Des
traits nobles et réguliers, de belles mains sont encore une chose
20 commune en Angleterre. La jeunesse a plus d'agréments en
Toscane qu'ailleurs. Les Génois ont conservé leur industrie; les
Provençaux leur goût pour la poésie et pour le chant. C'était en
Provence et en Languedoc qu'on avait adouci la langue romane.
Les Provençaux furent les maîtres des Italiens. Rien n'est si connu
25 des amateurs de ces recherches que les vers sur les Vaudois de
l'année 1100.

> *Que non vogli a maudir jura ne mentir,*   *Citation*
> *N'occir, ne avoutrar, ne prenre de altrui,*   *essentielle.*
> *Ne s'avengear deli suo ennemi,*
> 30   *Loʒ dison qu'es Vaudes et los feson morir.*

Cette citation a encore son utilité, en ce qu'elle est une preuve
que tous les réformateurs ont toujours affecté des mœurs sévères. [5]
Ce jargon se maintint malheureusement tel qu'il était en
Provence et en Languedoc, tandis que sous la plume de Pétrarque
35 la langue italienne atteignit à cette force et à cette grâce qui loin de
dégénérer se perfectionna encore. [6] L'italien prit sa forme à la fin du

18-19   K: alors. Une peau douce et blanche, de belles mains

[5] Les Vaudois sont un mouvement évangélique rigoriste fondé à la fin du
XIIe siècle, à Lyon, par Pierre Valdo. Ces vers sont cités, avec une orthographe
légèrement différente, par F. Lacombe dans son *Dictionnaire du vieux langage
français* (Paris, 1766, BV1810), comme ayant été 'faits en 1112 à Lyon' (p.481). Trad.:
'Celui qui ne veut maudire, jurer, ni mentir / Ni occire, ni commettre l'adultère, ni
voler autrui / Ni se venger de son ennemi / Nous le disons Vaudois et le faisons
mourir.'
[6] En mai ou juin 1754, Voltaire écrit à D'Alembert (D5832): 'Muratori [...] a écrit
de la perfection de la poésie italienne [*Della perfetta poesia italiana spiegata e
dimostrata con varie osservazioni*, Modène, 1706]; il a fait des observations sur
Pétrarque [*Le Rime di Francesco Petrarca*, Modène, 1711]. L'Histoire de la poésie
italienne, par Crescembeni [G. M. Crescimbeni, *L'Istoria della volgar poesia*, Rome,

treizième siècle, du temps du bon roi Robert grand-père de la malheureuse Jeanne. [7] Déjà le Dante Florentin avait illustré la langue toscane par son poème bizarre, mais brillant de beautés naturelles, intitulé *Comédie*; ouvrage dans lequel l'auteur s'éleva 40 dans les détails au-dessus du mauvais goût de son siècle et de son sujet, et rempli de morceaux écrits aussi purement que s'ils étaient du temps de l'Arioste et du Tasse. [8] On ne doit pas s'étonner que l'auteur, l'un des principaux de la faction gibeline, persécuté par Boniface VIII et par Charles de Valois, ait dans son poème exhalé 45

37   w56-61: roi Roger père de la
41-42   w56-w57G: siècle et rempli

1698], m'a paru un ouvrage assez instructif. J'ai lu le comte Orsi' [G. G. Orsi, *Considerazioni* [...] *sopra la maniera di bien pensare ne componimenti, gia pubblicata dal padre Domenico Bouhours*, Modène, 1735, BV2217, qui lui a été envoyé en 1745 par le cardinal Passionnei; voir D3234]. Quant aux qualités de Pétrarque, l'opinion de Voltaire est nuancée. Le 9 mai 1746, dans le discours qu'il fait lors de sa réception à l'Académie française, il dit: 'c'est Pétrarque qui, après le Dante, donna à la langue italienne cette aménité et cette grâce qu'elle a toujours conservées' (*OCV*, t.30A, p.26). Mais, le 6 juin 1754, il écrit 'aux auteurs de la *Gazette littéraire*': 'Il est vrai que Pétrarque, au XIVe siècle, était le meilleur poète de l'Europe, et même le seul; mais il n'est pas moins vrai que de ses petits ouvrages, qui roulent presque tous sur l'amour, il n'y en a pas un qui approche des beautés de sentiment qu'on trouve répandues avec tant de profusion dans Racine et dans Quinault [...] Personne ne niera que Pétrarque n'ait rendu de grands services à la poésie italienne, et qu'elle n'ait acquis sous sa plume de la facilité, de la pureté, de l'élégance; mais y a-t-il rien qui approche de Tibulle et d'Ovide? Quel morceau de Pétrarque peut être comparé à l'ode de Sapho sur l'amour, si bien traduite par Horace, par Boileau, et par Addison? Pétrarque, après tout, n'a peut-être d'autre mérite que d'avoir écrit élégamment des bagatelles, sans génie, dans un temps où ces amusements étaient très estimés, parce qu'ils étaient très rares' (*M*, t.25, p.186, 189).

[7] Robert Ier, comte de Provence et roi de Naples (1309-1343).

[8] En 1756, Voltaire consacre à Dante une 'lettre' au ton beaucoup moins enthousiaste. Il est intéressant de noter ici la dépréciation du 'mauvais goût' du siècle de Dante par rapport à l'époque censément plus raffinée 'de l'Arioste et du Tasse' (*Lettre sur le Dante*, *OCV*, t.45B, p.199-218). Voltaire possédait la *Comedia del divino poeta Danthe Alighieri con la dotta i leggiadra spositione di Christophoro Landino* (Venise, 1536, BV940).

sa douleur sur les querelles de l'empire et du sacerdoce. [9] Qu'il soit permis d'insérer ici une faible traduction d'un des passages du Dante concernant ces dissensions. Ces monuments de l'esprit humain délassent de la longue attention aux malheurs qui ont troublé la terre:

Le Dante.

50

> Jadis on vit dans une paix profonde
> De deux soleils les flambeaux luire au monde,
> Qui sans se nuire éclairant les humains,
> Du vrai devoir enseignaient les chemins,
> Et nous montraient de l'aigle impériale
> Et de l'agneau les droits et l'intervalle.
> Ce temps n'est plus, et nos cieux ont changé.
> L'un des soleils de vapeurs surchargé,
> En s'échappant de sa sainte carrière,
> Voulut de l'autre absorber la lumière.
> La règle alors devint confusion;
> Et l'humble agneau parut un fier lion.
> Qui tout brillant de la pourpre usurpée
> Voulut porter la houlette et l'épée. [10]

55

60

65   Après le Dante, Pétrarque, né en 1304 dans Arezzo patrie de Gui Arétin, mit dans la langue italienne plus de pureté, avec toute la douceur dont elle était susceptible. [11] On trouve dans ces deux poètes, et surtout dans Pétrarque, un grand nombre de ces traits semblables à ces beaux ouvrages des anciens qui ont à la fois la

Pétrarque.

[9] 'Gibelins' provient de Waiblingen, une ville du Wurtemberg appartenant à la famille des empereurs Hohenstaufen. Les gibelins s'opposent aux 'guelfes', partisans du pape. A Florence, au début du XIVe siècle, les guelfes sont divisés entre 'blancs', partisans de l'autonomie communale contre les ingérences du pape, et 'noirs'. Dante est un 'blanc', d'où la confusion de Voltaire, qui en fait un gibelin. Nommé, en 1301, 'vicaire pontifical' par le pape Boniface VIII (1295-1303), Charles de Valois (1270-1325), frère de Philippe le Bel, défend en Italie les intérêts de la papauté.

[10] Dante, *La Divine Comédie*, 'Purgatoire', chant 16: depuis '*Soleva Roma*' jusqu'à 'coll'altro *insieme*'. La 'traduction' de Voltaire est en fait une extrapolation, très prolixe et politiquement orientée, du texte de Dante.

[11] Guido d'Arezzo (*c*.990-1050), moine bénédictin et théoricien de la musique, ce que Voltaire paraît ici vouloir lier avec la musicalité de la langue de Dante, natif de la même cité.

force de l'antiquité et la fraîcheur du moderne. S'il y a de la témérité 70
à l'imiter, vous la pardonnerez au désir de vous faire connaître
autant que je le peux, le genre dans lequel il écrivait. Voici à peu
près le commencement de sa belle ode à la fontaine de Vaucluse, en
vers croisés:

> Claire fontaine, onde aimable, onde pure, 75
> Où la beauté qui consume mon cœur,
> Seule beauté qui soit dans la nature,
> Des feux du jour évitait la chaleur;
> Arbre heureux dont le feuillage,
> Agité par les zéphyrs 80
> La couvrit de son ombrage,
> Qui rappelle mes soupirs,
> En rappelant son image;
> Ornements de ces bords, et filles du matin,
> Vous dont je suis jaloux, vous moins brillantes qu'elle, 85
> Fleurs qu'elle embellissait quand vous touchiez son sein,
> Rossignol dont la voix est moins douce et moins belle,
> Air devenu plus pur, adorable séjour.
> Immortalisé par ses charmes,
> Lieux dangereux et chers, où de ses tendres armes 90
> L'Amour a blessé tous mes sens;
> Ecoutez mes derniers accents,
> Recevez mes dernières larmes.

Ces pièces qu'on appelle *Canzoni* sont regardées comme ses
chefs-d'œuvre. Ses autres ouvrages lui firent moins d'honneur; il 95
immortalisa la fontaine de Vaucluse, Laure et lui-même. [12] S'il

73-75 w56-61: Vaucluse, ode irrégulière à la vérité et qu'il composa en vers
blancs sans se gêner pour la rime, mais qu'on estime plus que ses vers rimés. ¶Claire

[12] 'Chiare, fresche e dolci acque', sa plus célèbre *canzone*, dont l'adaptation –
plutôt que la traduction – par Voltaire est très libre et particulièrement prolixe: c'est
ce qu'il appelle (ligne 100) 'donner quelque légère idée du génie de Pétrarque'.
Inspiré, selon ses dires, par son amour pour Laure de Noves, marquise de Sade (1310-
1348), Pétrarque écrit cette *canzone* en 1344-1345, alors qu'il séjourne à Fontaine-de-
Vaucluse près de la source résurgente de la Sorgue. Si Voltaire possède bien les

n'avait point aimé, il serait beaucoup moins connu. Quelque imparfaite que soit cette imitation, elle fait entrevoir la distance immense qui était alors entre les Italiens et toutes les autres nations.

100 J'ai mieux aimé vous donner quelque légère idée du génie de Pétrarque, de cette douceur et de cette mollesse élégante qui fait son caractère, que de vous répéter ce que tant d'autres ont dit des honneurs qu'on lui offrit à Paris, de ceux qu'il reçut à Rome, de ce triomphe au Capitole en 1341, célèbre hommage que l'étonnement

105 de son siècle payait à son génie alors unique, mais surpassé depuis par l'Arioste et par le Tasse. [13] Je ne passerai pas sous silence que sa famille avait été bannie de Toscane, et dépouillée de ses biens, pendant les dissensions des guelfes et des gibelins, et que les Florentins lui députèrent Bocace, pour le prier de venir honorer sa

110 patrie de sa présence et y jouir de la restitution de son patrimoine. [14] La Grèce dans ses plus beaux jours ne montra jamais plus de goût et plus d'estime pour les talents.

Ce Bocace fixa la langue toscane; il est encore le premier modèle *Bocace.* en prose pour l'exactitude et pour la pureté du style, ainsi que pour

115 le naturel de la narration. [15] La langue perfectionnée par ces deux

---

106   w56-w57G: Tasse. Mais je ne

Mémoires pour la vie de François Pétrarque de l'abbé J.-F. de Sade (Amsterdam [Avignon], 1764, BV3078), il ne paraît pas avoir disposé, par contre, d'un recueil de ses œuvres.

[13] Pour Voltaire, le progrès de l'humanité vaut en toutes choses: si le génie de Pétrarque fut unique en son temps, il ne pouvait qu'être surpassé dans une époque postérieure, forcément plus civilisée encore, car 'les derniers siècles sont toujours plus instruits que les premiers' (*Les Anciens et les Modernes ou la toilette de Mme de Pompadour*, 1765; *M*, t.25, p.457).

[14] Partisan, comme son ami Dante Alighieri, des guelfes blancs de Florence (voir ci-dessus, n.9), Pietro Petracco, père de Pétrarque, est banni de la ville en 1302 lorsque les guelfes noirs y prennent le pouvoir. Voltaire a pu apprendre ce fait, tout comme l'ambassade de Boccace auprès de son ami Pétrarque alors à Venise, par la *Vita di Francesco Petrarca* qui ouvrait les *Rime* de L. A. Muratori (voir ci-dessus, n.6).

[15] C'est ce qui était fréquemment affirmé dans deux ouvrages encore révérés au XVIIIe siècle: les *Prose di M. Pietro Bembo, nelle quali si ragiona della volgar lingua* (Venise, 1525), et, plus laudateur encore pour Boccace, *Degli avvertimenti della*

écrivains ne reçut plus d'altération, tandis que tous les autres peuples de l'Europe, jusqu'aux Grecs mêmes, ont changé leur idiome.

Il y eut une suite non interrompue de poètes italiens qui ont tous passé à la postérité; car le Pulci écrivit après Pétrarque.[16] Le Boyardo comte de Scandiano succéda au Pulci, et l'Arioste les surpassa tous par la fécondité de son imagination.[17] N'oublions pas que Pétrarque et Bocace avaient célébré cette infortunée Jeanne de Naples, dont l'esprit cultivé sentait tout leur mérite, et qui fut même une de leurs disciples. Elle était alors dévouée tout entière aux beaux-arts, dont les charmes faisaient oublier les temps criminels de son premier mariage. Ses mœurs changées par la culture de l'esprit devaient la défendre de la cruauté tragique qui finit ses jours.[18]

Cimmabué. Les beaux-arts, qui se tiennent comme par la main, et qui d'ordinaire périssent et renaissent ensemble, sortaient en Italie des

120

125

130

---

130   w56-61: tiennent tous comme

---

lingua sopra 'l Decamerone de L. Salviati (Venise, 1586). Muratori se montrait plus prudent. De même, dans son adresse aux lecteurs (p.13 et suiv.), le *Vocabolario degli Accademici della Crusca* (Florence, 1691) – institution dont l'objet était justement d'épurer la langue, et dont Voltaire serait élu membre le 21 mai 1746 – mettait Dante, Pétrarque et Boccace sur le même pied en tant que pères de la langue italienne.

[16] Luigi Pulci (1422-1484), poète florentin protégé par Laurent de Médicis, auteur du poème épico-comique *Morgante* (1478).

[17] Matteo Maria Boiardo (1441-1494), auteur de sonnets et de *canzone*.

[18] Sur le règne très mouvementé de Jeanne Ire de Naples (1343-1382), voir ci-dessus, ch.69. En 1756, dans *Les Deux Consolés* (*OCV*, t.45B, p.54), Voltaire en fait un exemple de malheur, et la comparera même à Marie Stuart au ch.169 de l'*EM*. Pétrarque était un protégé de Robert d'Anjou, qui le jugea digne, en 1341, de recevoir à Rome les lauriers d'Apollon. Agée alors de quinze ans, Jeanne assista sans doute aux épreuves probatoires auxquelles le poète se soumit à la cour de Naples, que Boccace avait assidûment fréquentée dans les années 1330. Quant aux éloges que ces deux poètes ont fait de Jeanne, on peut penser aux *Rerum memorandarum libri IV* de Pétrarque, et surtout au dernier chapitre du *De mulieribus claris* (1374) que Boccace lui consacre entièrement (voir J. Baroin et J. Haffen, *Boccace. 'Des cleres et nobles femmes', chap. LIII-fin*, Besançon, 1995, p.189-92).

276

ruines de la barbarie. [19] Cimmabué sans aucun secours était comme un nouvel inventeur de la peinture au treizième siècle. [20] Le Giotto fit des tableaux qu'on voit encore avec plaisir. Il reste surtout de lui cette fameuse peinture qu'on a mise en mosaïque, et qui représente le premier apôtre marchant sur les eaux; on la voit au-dessus de la

135

[19] Même idée à l'art. 'Goût' de l'*Encyclopédie*: 'Quand plusieurs beaux-arts manquent, les autres ont rarement de quoi se soutenir, parce que tous se tiennent par la main et dépendent les uns des autres' (*OCV*, t.33, p.132).

[20] Peu féru de peinture (voir D. Masseau, art. 'Peinture', *Inventaire Voltaire*, Paris, 1995, p.1027), Voltaire ne possède pas les classiques que sont *Le Vite de più eccellenti architetti, pittori et scultori italiani, da Cimabue insino a'tempi nostri* de G. Vasari (Florence, 1550), l'*Abrégé de la vie des peintres* de R. de Piles (Paris, 1715), ou encore *Les Délices de l'Italie* d'A. de Rogissart et de l'abbé Havard (Paris, 1707). Il a par contre acquis les *Entretiens sur les vies et les ouvrages des plus excellents peintres anciens et modernes* d'A. Félibien (Paris, 1666; éd. corr. et augm., Trévoux, 1725, BV1314), lequel évoque Cimabue (Cenni di Pepi, 1240-1302, peintre florentin): 'La peinture commence à se rétablir en Italie' (t.1, 'Second entretien', manchette). L'expression 'nouvel inventeur' fait allusion à la redécouverte par Cimabue d'un art censé avoir été perdu depuis les invasions barbares. Le 4 février 1755, alors que l'*EM* est chez l'imprimeur, Cosimo Alessandro Collini, secrétaire de Voltaire, écrit à l'avocat colmarien Sébastien Dupont: 'Vous verrez à la fin du troisième tome de cette nouvelle édition une petite sottise ridicule dont je n'ose lui parler. En parlant de la renaissance des sciences et des arts sous les Médicis, il dit que les Toscans sans aucun secours inventèrent de nouveau la peinture. On sait que les toscans apprirent cet art de quelques grecs que les Médicis avaient attirés à Florence' (D6134). Annotant cette lettre, Th. Besterman écrit que la formulation employée par Voltaire 'derives from Vasari'. Il n'y a cependant aucune preuve qu'il ait lu Vasari, tout aussi absent, étonnamment, de sa correspondance et de ses œuvres que de sa bibliothèque. Par contre, il est vraisemblable qu'il s'inspire de Félibien, puisque celui-ci, s'il évoque bien les peintres grecs venus à Florence et le fait que Cimabue soit allé les regarder travailler, les décrit comme 'grossiers et ignorants'. Dès lors, il s'agit plutôt ici d'une omission volontaire de la part de Voltaire, que l'on sait soucieux de clarté envers les lecteurs de l'*EM*, même au prix de quelques simplifications. Les lignes 147-49, où il insiste encore sur l'inexistence d'un apport des Grecs de Constantinople à la 'renaissance des arts' en Italie, le confirment si besoin était. Notons qu'à propos de Cimabue, Voltaire écrit, le 16 avril 1760, à George Keate (1729-1797), avocat, mais aussi peintre et écrivain, anglais qui lui avait rendu visite à Ferney en 1756: 'Cimabuè avait du génie pour la peinture, mais ses tableaux ne valent rien' (D8858). La raideur de ses figures et les thèmes pieux de ses œuvres – que Voltaire n'a pu connaître que par des gravures – ne s'accordent guère, en effet, avec le goût du XVIIIe siècle en général, ni avec le néoclassicisme que Voltaire prise particulièrement.

grande porte de Saint-Pierre de Rome. [21] Brunelleschi commença à réformer l'architecture gothique. Gui d'Arezzo longtemps auparavant avait inventé les nouvelles notes de la musique à la fin du onzième siècle, et rendu cet art plus facile et plus commun. [22]

Toscans nos maîtres. On fut redevable de toutes ces belles nouveautés aux Toscans. Ils firent tout renaître par leur seul génie, avant que le peu de science qui était resté à Constantinople refluât en Italie avec la langue grecque, par les conquêtes des Ottomans. Florence était alors une nouvelle Athènes; et parmi les orateurs qui vinrent de la part des villes d'Italie haranguer Boniface VIII sur son exaltation, on compta dix-huit Florentins. [23] On voit par là que ce n'est point aux fugitifs de Constantinople qu'on a dû la renaissance des arts. Ces Grecs ne purent enseigner aux Italiens que le grec. [24]

Remarque. Il peut paraître étonnant que tant de grands génies se soient

140

145

150

149-50   K: grec. Ils n'avaient presque aucune teinture des véritables sciences, et c'est des Arabes que l'on tenait le peu de physique et de mathématique que l'on savait alors. ¶Il peut

149-239   54LD: grec. ¶Que connaissait-on dans la partie septentrionale de l'Europe et en Espagne? Les coutumes

[21] Comme l'écrit Th. Besterman, la mosaïque de la *Navicella degli Apostoli* est une œuvre de Giotto lui-même, commandée au début du XIVe siècle par le cardinal Jacopo Stefaneschi, et non 'une peinture [...] mise en mosaïque' (D6134, n.1).

[22] Voir ci-dessus, n.11. Voltaire peut avoir appris cela dans le *Dialogue sur la musique des Anciens* de l'abbé F. de Châteauneuf (Paris, 1725; 2e éd., 1735, BV726), p.47.

[23] Ce fait est notamment rapporté dans la fameuse *Lettera di Bastiano de Rossi cognominato lo Inferigno, academico della Crusca a Flamminio Mannelli nobil fiorentino* (Mantoue, 1585), dans *Delle Opere di Torquato Tasso con le controversie sopra la Gerusalemme liberata* (Venise, 1735): 'E che maggiore argomento dell'eloquenza, e dei valore insieme degli spiriti Fiorentini, l'esser stati mandati a Papa Bonifacio Ottavo nella sua creazione da dodici Potentati, e dell'Asia, e dell'Europa, dodeci [*sic*] Ambasciatori, che tutti furono Fiorentini?' (t.3, p.454; 'Et quel argument d'importance en faveur de l'éloquence et des qualités des esprits florentins, que l'envoi au pape Boniface VIII, à l'occasion de son avènement, de douze potentats de l'Asie et de douze de l'Europe, douze ambassadeurs qui tous étaient Florentins?'). Voltaire, ou son secrétaire, a été inattentif en recopiant ce passage: douze ('dodici') et non dix-huit ('diciotto') orateurs.

[24] Voir ci-dessus, n.20.

élevés dans l'Italie sans protection comme sans modèle, au milieu
des dissensions et des guerres; mais Lucrèce chez les Romains avait
fait son beau Poème de la nature, Virgile ses Bucoliques, Cicéron
ses livres de philosophie dans les horreurs des guerres civiles. [25]
155 Quand une fois une langue commence à prendre sa forme, c'est un
instrument que les grands artistes trouvent tout préparé, et dont ils
se servent sans s'embarrasser qui gouverne et qui trouble la terre. [26]
    Si cette lueur éclaira la seule Toscane, ce n'est pas qu'il n'y eût
ailleurs quelques talents. Saint Bernard et Abélard en France au
160 douzième siècle auraient pu être regardés comme de beaux esprits;
mais leur langue était un jargon barbare, et ils payèrent en latin
tribut au mauvais goût du temps. [27] Les hymnes latins rimés du

162-63   K: temps. La rime à laquelle on assujettit ces hymnes latins des douzième
et treizième siècles est le sceau

  [25] Voltaire se plait à souligner cette autonomie du développement des 'arts' à
l'égard du contexte politique, comme s'ils obéissaient à 'un autre rythme, une autre
durée, une autre histoire' (A. Becq, 'Beaux-Arts', *DgV*, p.109). Voir sa lettre
*A M. De ***, professeur en histoire* (décembre 1753), où il décrit les motifs qui l'ont
poussé à rédiger, en 1743, une *Histoire de l'esprit humain*, embryon de l'*EM*: 'Mon
principal but avait été de suivre les révolutions de l'esprit humain dans celles des
gouvernements. Je cherchais comment de méchants hommes, conduits par de plus
méchants princes, ont pourtant à la longue établi des sociétés, où les arts, les sciences,
les vertus même ont été cultivés [...] J'examinais surtout comment les arts ont pu
renaître parmi tant de ravages' (*M*, t.24, p.29-30). Voir à ce sujet B. Bernard, 'Essai
sur les mœurs', *DgV*, p.468-69.
  [26] C'est l'idée, qui revient souvent sous sa plume, d'un 'génie' propre à chaque
langue et qui façonne celui des artistes. Elle est bien résumée par la citation de *L'Art
poétique* de Boileau (I, 161) mise en exergue de la section 2 de l'art. 'Langues' des *QE*:
'Sans la langue, en un mot, l'auteur le plus divin / Est toujours, quoi qu'il fasse, un
méchant écrivain' (*M*, t.19, p.561). Voir D. Acke, 'Langue et style', *DgV*, p.703-704.
  [27] A rapprocher de l'art. 'François' de l'*Encyclopédie*: 'La langue française ne
commença à prendre quelque forme que vers le Xe siècle; elle naquit des ruines du
latin et du celte, mêlées de quelques mots tudesques [...] A la fin du Xe siècle le français
se forma; on écrivit en français au commencement du XIe; mais ce français tenait
encore plus du romain rustique que du français d'aujourd'hui' (*OCV*, t.33 p.100). Sur
Bernard de Clairvaux (1090-1153), auteur notamment de poèmes à la gloire de la
Vierge Marie, voir *La Pucelle d'Orléans* (1762), chant 16: 'Et saint Bernard fameux
par l'antithèse / Qui dans son temps n'avait pas son pareil' (*OCV*, t.7, p.507). Quant à
Pierre Abélard (1079-1142), théologien persécuté par saint Bernard: 'Qui ne sait que

Langue
française alors
jargon grossier.

douzième et treizième siècles sont le sceau de la barbarie.[28] Ce n'était pas ainsi qu'Horace chantait les jeux séculaires. La théologie scolastique, fille bâtarde de la philosophie d'Aristote, mal traduite et méconnue, fit plus de tort à la raison et aux bonnes études que n'en avaient fait les Huns et les Vandales.[29]

Farces saintes.

L'art des Sophocles n'existait point; on ne connut d'abord en Italie que des représentations naïves de quelques histoires de l'Ancien et du Nouveau Testament; et c'est de là que la coutume de jouer les mystères passa en France.[30] Ces spectacles étaient originaires de Constantinople. Le poète Saint-Grégoire de Nazianze les avait introduits pour les opposer aux ouvrages dramatiques des anciens Grecs et des anciens Romains; et comme les chœurs des tragédies grecques étaient des hymnes religieuses, et leurs théâtres une chose sacrée, Grégoire de Nazianze et ses successeurs firent des tragédies saintes; mais malheureusement le nouveau théâtre ne l'emporta pas sur celui d'Athènes, comme la religion chrétienne l'emporta sur celle des gentils. Il est resté de ces pieuses farces, des théâtres ambulants, que promènent encore les bergers de la

165

170

175

180

167-95   w56-w57G: Vandales. ¶Les beaux-arts

---

cet homme illustre balança toujours la réputation de saint Bernard, et quelquefois son crédit?' (*Lettres à M. de Voltaire sur La Nouvelle Héloïse ou Aloïsia de Jean-Jacques Rousseau, citoyen de Genève*, 2, 1761; *M*, t.24, p.170).

[28] Dans une 'hymne latine rimée' ou 'prose' on observe seulement le nombre des syllabes, sans se soucier de la quantité prosodique. En 17 av. J.-C., Horace compose, pour les jeux 'séculaires' célébrant l'anniversaire de la fondation de Rome, le *Carmen saeculare*. *Chorus puellorum et puellarum* [...] *Par Monsieur Dacier* (1681-1689, Amsterdam, 1727, BV1678), t.4, fin du livre 5, suivi de 'Remarques sur le poème séculaire'.

[29] La théologie scolastique et son 'ignorance' (ch.58, notre t.3) sont la cible de fréquentes critiques de la part de Voltaire. Quant aux mauvaises traductions de la philosophie d'Aristote, voir, par exemple, le *Journal des savants*: 'les scholastiques [...] auxquels on reproche trop d'attachement à Aristote, et à Aristote mal traduit sur une version arabe' (23 décembre 1720, p.627).

[30] Voltaire s'inspire à la fois ici de l'art. 'Mystères' du *Dictionnaire universel* de Furetière (La Haye et Rotterdam, 1690), et de C.-F. Ménestrier, *Des représentations en musique, anciennes et modernes* (Paris, 1681; éd. citée, Paris, 1685), p.153-54, 179-80.

Calabre. Dans les temps de solennités, ils représentent la naissance et la mort de Jésus-Christ. [31] La populace des nations septentrionales, adopta aussi bientôt ces usages. On a depuis traité ces sujets avec plus de dignité. Nous en voyons de nos jours des exemples dans ces petits opéras qu'on appelle *oratorio*; [32] et enfin, les Français ont mis sur la scène des chefs-d'œuvre tirés de l'Ancien Testament.

Les confrères de la Passion en France, vers le seizième siècle, firent paraître Jésus-Christ sur la scène. [33] Si la langue française avait été alors aussi majestueuse qu'elle était naïve et grossière, si parmi tant d'hommes ignorants et lourds il s'était trouvé un homme de génie, il est à croire que la mort d'un juste persécuté par des prêtres juifs, et condamné par un préteur romain, eût pu fournir un

185

190

---

[31] Grégoire de Nazianze (*c*.330-390), évêque de Constantinople, est généralement considéré au XVIIIe siècle comme l'auteur de la tragédie *Le Christ souffrant*, qu'Adrien Baillet (*Jugements des savants sur les principaux ouvrages des auteurs*, Paris, 1722) a cependant attribué dès 1722 (t.4, p.210) à Apollinaire l'Ancien, grammairien et rhéteur grec du IVe siècle, ce que confirment des travaux plus récents. Quant à l'affirmation voltairienne – dont de longues recherches n'ont pas permis de déceler la source – d'une origine constantinopolitaine des mystères, elle est dénuée de fondement. Et ni l'art. 'Comédie sainte' de l'*Encyclopédie* (t.3, 1753, p.669-70), ni l'*Histoire du théâtre italien depuis la décadence de la comédie latine* de L. Riccoboni (Paris, 1728; 1731, BV2973), ses *Réflexions historiques et critiques sur les différents théâtres de l'Europe* (Amsterdam, 1740), ou encore l'*Histoire du théâtre français depuis son origine jusqu'à présent* de F. et C. Parfaict (Amsterdam, 1735-1751) ne la cautionnent. Il en est de même d'ailleurs à propos du théâtre ambulant des bergers de Calabre.

[32] Dans sa *Bibliothèque française, ou histoire de la littérature française* (Paris, 1741-1756, BV1504), l'abbé C.-P. Goujet évoque 'ces divertissements pieux que les Italiens appellent *oratorio*. C'est un drame en musique qui ressemble à nos *opéras*' (t.8, 1744, ch.13, p.146).

[33] La mention 'vers le seizième siècle' indique que Voltaire n'est pas certain de ce qu'il avance. Il est dommage qu'il n'ait pas consulté les *Recherches sur les théâtres de France depuis l'année 1161 jusqu'à présent* de P.-F. Godard de Beauchamps (Paris, 1735, BV296; mais on ne sait à quelle date il acquit cet ouvrage), qui indiquent clairement (p.90) que la compagnie des Confrères de la Passion et de la Résurrection de Notre Seigneur Jésus-Christ a joué ses premières 'moralitez' en 1398, et obtenu, le 4 décembre 1402, de Charles VI, des lettres patentes l'autorisant à s'installer à Paris. Beauchamps s'appuie notamment à ce propos sur le *Traité de la police* de N. de La Mare (Paris, 1705), livre 3, titre 3, ch.3.

ouvrage sublime; mais il eût fallu un temps éclairé, et dans ce temps éclairé on n'eût pas permis ces représentations. [34]

Beaux-arts Les beaux-arts n'étaient pas tombés dans l'Orient. [35] Et puisque   195
dans l'Asie. les poésies du Persan Sady sont encore aujourd'hui dans la bouche des Persans, des Turcs et des Arabes, il faut bien qu'elles aient du mérite. Il était contemporain de Pétrarque, et il a autant de réputation que lui. [36] Il est vrai qu'en général le bon goût n'a guère été le partage des Orientaux. Leurs ouvrages ressemblent aux titres   200
de leurs souverains, dans lesquels il est souvent question du soleil et de la lune. L'esprit de servitude paraît naturellement ampoulé, comme celui de la liberté est nerveux, et celui de la vraie grandeur est simple. Les Orientaux n'ont point de délicatesse, parce que les femmes ne sont point admises dans la société. Ils n'ont ni ordre ni   205
méthode, parce que chacun s'abandonne à son imagination dans la solitude où ils passent une partie de leur vie, et que l'imagination par elle-même est déréglée. Ils n'ont jamais connu la véritable éloquence, telle que celle de Démosthène et de Cicéron. Qui aurait-on eu à persuader en Orient? des esclaves. Cependant ils ont   210
de beaux éclats de lumière; ils peignent avec la parole; et quoique les figures soient souvent gigantesques et incohérentes, on y trouve du sublime. [37] Vous aimerez peut-être à revoir ici ce passage de

[34] C'est ici à la fois l'auteur dramatique et le philosophe qui parlent. Si un homme éclairé aurait pu, en faisant de la Passion un drame purement humain, écrire une pièce 'sublime', il n'aurait cependant pas été autorisé, en un siècle éclairé, à monter un spectacle faisant, que l'auteur le veuille ou non, l'apologie du christianisme.

[35] Voltaire se plait ici à souligner le contraste entre une décadence de l'Occident médiéval qu'il attribue à la féodalité et à l'obscurantisme religieux, et le maintien dans le monde musulman – dont il ne se veut pourtant pas le thuriféraire – d'une culture exempte de ces superstitions et pratiques grossières dont l'énumération suit (lignes 241-330).

[36] Abou Mohammed Mouslih al-Din bin Abdallah Shirazi (*c.*1213-1291), surnommé Saadi, auteur notamment du *Gulistan*. Voir B. d'Herbelot, *Bibliothèque orientale* (Paris, 1697, BV1626), art. 'Allah', 'Bosta'n', 'Gulistan' et 'Saadi'.

[37] Par 'Orientaux', Voltaire entend manifestement ici uniquement les habitants du monde musulman. Son information repose notamment sur d'Herbelot et sur les ouvrages de l'orientaliste anglais George Sale (1697-1736): *The Koran* (Londres, 1734, BV1786), et *Observations historiques et critiques sur le mahométisme* (Genève, 1751, BV3076) qui est une traduction du 'Preliminary discourse' de l'ouvrage

Sady que j'avais traduit en vers blancs, et qui ressemble à quelques
passages des prophètes hébreux. C'est une peinture de la grandeur
de Dieu; lieu commun à la vérité, mais qui vous fera connaître le
génie de la Perse.

> Il sait distinctement ce qui ne fut jamais.
> De ce qu'on n'entend point son oreille est remplie.
> Prince, il n'a pas besoin qu'on le serve à genoux;
> Juge, il n'a pas besoin que sa loi soit écrite.
> De l'éternel burin de sa prévision
> Il a tracé nos traits dans le sein de nos mères.
> De l'aurore au couchant il porte le soleil;
> Il sème de rubis les masses des montagnes.
> Il prend deux gouttes d'eau; de l'une il fait un homme,
> De l'autre il arrondit la perle au fond des mers.
> L'être au son de sa voix fut tiré du néant.
> Qu'il parle, et dans l'instant l'univers va rentrer
> Dans les immensités de l'espace et du vide;
> Qu'il parle et l'univers repasse en un clin d'œil
> Des abîmes du rien dans les plaines de l'être. [38]

*Traduction de
Sady.*

Si les belles-lettres étaient ainsi cultivées sur les bords du Tigre
et de l'Euphrate, c'est une preuve que les autres arts, qui
contribuent aux agréments de la vie, étaient très connus. On n'a
le superflu qu'après le nécessaire. Mais ce nécessaire manquait
encore dans presque toute l'Europe. Que connaissait-on en

---

précédent. Le portrait qu'il fait des 'Orientaux', essentiellement soumis au
déterminisme de la 'servitude', est ambivalent: si elle les prive de goût, d'ordre,
de méthode et d'éloquence, elle n'empêche pas en effet les fulgurances poétiques, 'de
beaux éclats de lumière', 'du sublime'. Quant à la remarque sur l'absence des femmes
dans la société musulmane et le manque de 'délicatesse' qui en résulte, elle est comme
un portrait en creux de l'apport que Voltaire attribue aux femmes dans la société
européenne: raffinement et fine sensibilité.

[38] Ce passage, tiré des ouvrages de Saadi, apparaissait déjà en décembre 1753 dans
A M. de ***, professeur en histoire, précédé notamment de cette remarque: 'Je me
souviens encore d'un passage du Persan Sadi sur la puissance de l'Etre suprême'
(p.30). En effet, dans cette traduction – à son habitude certainement très libre – il fait
de Saadi, adepte du soufisme, un véritable prosélyte du déisme: 'Prince il n'a pas
besoin qu'on le serve à genoux; / Juge, il n'a pas besoin que sa loi soit écrite.'

Allemagne, en France, en Angleterre, en Espagne, et dans la
Lombardie septentrionale? Les coutumes barbares et féodales aussi
incertaines que tumultueuses, les duels, les tournois, la théologie   240
scolastique et les sortilèges.

Sottises   On célébrait toujours dans plusieurs églises la fête de l'âne, ainsi
d'Europe. que celle des innocents et des fous. [39] On amenait un âne devant
l'autel, et on lui chantait pour antienne, *Amen amen asine; eh eh eh
sire âne, eh eh eh sire âne.*   245

Du Cange et ses continuateurs, les compilateurs les plus exacts,
citent un manuscrit de cinq cents ans, qui contient l'hymne de l'âne:

> *Orientis partibus*
> *Adventavit asinus*
> *Pulcher et fortissimus.*   250
> Eh sire âne! çà chantez,
> Belle bouche rechignez,
> Vous aurez du foin assez.

Fête de l'âne.   Une fille représentant la mère de Dieu allant en Egypte, montée
sur cet âne, et tenant un enfant entre ses bras, conduisait une longue   255
procession; et à la fin de la messe, au lieu de dire, *Ite missa est*, le
prêtre se mettait à braire trois fois de toutes ses forces, et le peuple
répondait par les mêmes cris. [40]

Cette superstition de sauvages venait pourtant d'Italie. Mais
quoique au treizième et au quatorzième siècles, quelques Italiens   260
commençassent à sortir des ténèbres, toute la populace y était

242   54LD: On célébrait dans
243   54LD: celle des fous.
244-45   54LD: antienne, *eh, eh, eh*
245-314   54LD-W57G: âne. ¶Des fous marchaient à la tête de toutes les
processions

[39] Voir J.-B. Lucotte du Tilliot, *Mémoires pour servir à l'histoire de la fête des fous*
(Genève, 1741, BV1194).
[40] Voir Du Cange, *Glossarium ad scriptores mediae et infimae latinitatis* (Paris,
1733-1736, BV1115), art. 'Festum Asinorum', où l'anecdote concernant la jeune fille
montée sur un âne, que l'auteur situe tous les 14 janvier dans la cathédrale Saint-
Etienne de Beauvais, précède la citation.

toujours plongée. On avait imaginé à Vérone que l'âne qui porta Jésus-Christ avait marché sur la mer, et était venu jusque sur les bords de l'Adige, par le golfe de Venise; que Jésus-Christ lui avait assigné un pré pour sa pâture, qu'il y avait vécu longtemps, qu'il y était mort. On enferma ses os dans un âne artificiel, qui fut déposé dans l'église de Notre-Dame-des-Orgues, sous la garde de quatre chanoines; ces reliques furent portées en procession trois fois l'année, avec la plus grande solennité. [41]

Ce fut cet âne de Vérone qui fit la fortune de Notre-Dame-de-Lorette. Le pape Boniface VIII voyant que la procession de l'âne attirait beaucoup d'étrangers, crut que la maison de la Vierge Marie en attirerait davantage, et ne se trompa pas; il autorisa cette fable de son autorité apostolique. Si les peuples croyaient qu'un âne avait marché sur la mer, de Jérusalem jusqu'à Vérone, il pouvait bien croire que la maison de Marie avait été transportée de Nazareth à Loretto. La petite maison fut bientôt enfermée dans une église superbe; les voyages des pèlerins, et les présents des princes, rendirent ce temple aussi riche que celui d'Ephèse. [42] Les Italiens s'enrichissaient du moins de l'aveuglement des autres peuples; mais ailleurs on embrassait la superstition pour elle-même, et seulement en s'abandonnant à l'instinct grossier, et à l'esprit du temps. Vous avez observé plus d'une fois que ce fanatisme auquel les hommes ont tant de penchant, a toujours servi non seulement à les rendre plus abrutis, mais plus méchants. La religion pure adoucit les mœurs en éclairant l'esprit: et la superstition en l'aveuglant, inspire toutes les fureurs.

Il y avait en Normandie, qu'on appelle le pays de sapience, [43] un abbé des conards, qu'on promenait dans plusieurs villes sur un char

---

[41] Voir aussi l'art. 'âne' du *DP*, §'De l'âne de Vérone' (*OCV*, t.35, p.363-64). Voltaire suit ici très fidèlement le *Nouveau Voyage d'Italie* de M. Misson (La Haye, 1691; 1698, BV2471), lettre 14.

[42] Voir Bruys, ann.1303, p.347.

[43] Selon Furetière, les habitants de la Normandie sont réputés 'fins et rusés et surtout à plaider et à ménager leurs intérêts' (*Dictionnaire universel*, art. 'Sapience'). Le contraste est donc d'autant plus grand avec cette cérémonie grotesque, décrite par Lucotte du Tilliot, 'Lettre écrite d'Evreux le 9 février 1725'.

à quatre chevaux, la mitre en tête, la crosse à la main, donnant des   290
bénédictions et des mandements.

Un roi des ribauds était établi à la cour par lettres patentes.
C'était dans son origine un chef, un juge d'une petite garde du
palais, et ce fut ensuite un fou de cour, qui prenait un droit sur les
filous et sur les filles publiques. [44] Point de ville qui n'eût des   295
confréries d'artisans, de bourgeois, de femmes; [45] les plus extravagantes cérémonies y étaient érigées en mystères sacrés; et c'est de
là que vient la société des francs-maçons, échappée au temps qui a
détruit toutes les autres. [46]

Flagellants.   La plus méprisable de toutes ces confréries fut celle des   300
flagellants, et ce fut la plus étendue. [47] Elle avait commencé d'abord
par l'insolence de quelques prêtres qui s'avisèrent d'abuser de la
faiblesse des pénitents publics, jusqu'à les fustiger. On voit encore
un reste de cet usage dans les baguettes dont sont armés les
pénitenciers à Rome; ensuite les moines se fustigèrent, s'imaginant   305
que rien n'était plus agréable à Dieu que le dos cicatrisé d'un
moine. Pierre Damien dans le onzième siècle excita les séculiers
même à se fouetter tout nus. On vit en 1260 plusieurs confréries de
pèlerins courir toute l'Italie, armés de fouets. Ils parcoururent
ensuite une partie de l'Europe. Cette association fit même une secte   310
qu'il fallut enfin dissiper. [48]

Tandis que des troupes de gueux couraient le monde en se
fustigeant, des fous marchaient dans presque toutes les villes à la
tête des processions, avec une robe plissée, des grelots, une

[44] Voir Daniel, *Histoire de la milice française* (Paris, 1721; 1728, BV939), livre 3,
ch.7.

[45] Selon l'art. 'Confrairie' de Trévoux (*Dictionnaire universel français et latin*,
Paris, 1743), les femmes y sont admises à partir de 1224.

[46] Plutôt méfiant jusqu'alors envers cette 'confrérie', Voltaire ne sera initié, à
Paris en la loge des Neuf-Sœurs, qu'à quelques semaines de sa mort, le 7 avril 1778.
Voir J. Lemaire, 'Franc-maçonnerie', *DgV*, p.528-29.

[47] Voir J. Boileau, *Histoire des flagellants* (Amsterdam, 1701, BV438), ch.7, et
J.-B. Thiers, *Critique de l'Histoire des flagellants et justification de l'usage des
disciplines volontaires* (Paris, 1703), ch.11. C'est dans le second ouvrage que Voltaire
a sans doute puisé ce qui concerne les baguettes des pénitenciers.

[48] Sur cette secte, voir Boileau, *Histoire des flagellants*, ch.9.

315 marotte; et la mode s'en est encore conservée dans les villes des
Pays-Bas, et en Allemagne. Nos nations septentrionales avaient
pour toute littérature en langue vulgaire les farces nommées
moralités, suivies de celles de la *mère sotte* et du *prince des sots.* [49]
On n'entendait parler que de révélations, de possessions, de
320 maléfices. On ose accuser la femme de Philippe III d'adultère, et le
roi envoie consulter une béguine pour savoir si sa femme est
innocente ou coupable. [50] Les enfants de Philippe le Bel font entre eux
une association par écrit, et se promettent un secours mutuel contre
ceux qui voudront les faire périr par la magie. [51] On brûle par arrêt du
325 parlement une sorcière qui a fabriqué avec le diable un acte en
faveur de Robert d'Artois. [52] La maladie de Charles VI est attribuée
à un sortilège, et on fait venir un magicien pour le guérir. [53] La
princesse de Glocestre en Angleterre est condamnée à faire amende
honorable devant l'église de Saint-Paul, ainsi qu'on l'a déjà
330 remarqué; et une baronne du royaume sa prétendue complice,
est brûlée vive comme sorcière. [54]

Révélations, sortilèges.

316-19   54LD: Allemagne. On n'entendait
317-18   w56-61: farces de la *mère sotte.*
329-30   54LD-w57G: Saint Paul et une

[49] Les ouvrages, déjà cités, de Beauchamps, Parfaict, Goujet ou Ménestrier font
tous allusion à ces moralités, ainsi qu'au 'jeu du Prince des sots et de la mère sotte'.

[50] Ce n'est pas d'adultère que fut soupçonnée Marie de Brabant, reine de France
(1274-1321), mais d'avoir empoisonné son beau-fils Louis (1264-1276), fils aîné né
d'une première union de Philippe III avec Isabelle d'Aragon (1247-1271). Mézeray
rapporte cette consultation, au nom du roi, d'une béguine 'prophétesse', par l'abbé de
Vendôme et l'évêque de Bayeux (ann.1276).

[51] Si *Les Grandes Chroniques* de R. Gaguin (Paris, 1514) et de nombreux autres
ouvrages postérieurs, font bien état, en 1315, de la tentative d'envoûtement du roi
Louis X le Hutin (1314-1316) et de son frère Charles IV le Bel par un nommé Paviot
et une sorcière appelée Claude – alors que Mézeray incrimine la femme et la sœur
d'Enguerrand de Marigny (ann.1316) – il n'y est par contre nulle part question de ce
pacte de secours mutuel.

[52] Robert III d'Artois (1287-1342) escomptait ainsi récupérer un héritage. Voir
Mézeray (ann.1331), et Boulainvilliers, ch. 'Philippe VI. dit de Valois'.

[53] Voir Mézeray (ann.1393) et ci-dessus, ch.79, ligne 60 et n.14.

[54] Voir ci-dessus, ch.80, lignes 78-81. Eleanor Cobham (*c.*1400-1452), seconde
épouse du duc Humphrey de Gloucester. Voir P. Rapin de Thoyras, *Histoire*

Si ces horreurs enfantées par la crédulité tombaient sur les premières personnes des royaumes de l'Europe, on voit assez à quoi étaient exposés les simples citoyens. C'était encore là le moindre des malheurs.

Barbarie et misère.   L'Allemagne, la France, l'Espagne, tout ce qui n'était pas en Italie grande ville commerçante, était absolument sans police. Les bourgades murées de la Germanie et de la France furent saccagées dans les guerres civiles. [55] L'empire grec fut inondé par les Turcs. [56] L'Espagne était encore partagée entre les chrétiens et les mahométans arabes; et chaque parti était déchiré souvent par des guerres intestines. [57] Enfin du temps de Philippe de Valois, d'Edouard III, de Louis de Bavière, de Clément VI, une peste générale enlève ce qui avait échappé au glaive et à la misère. [58]

Immédiatement avant ces temps du quatorzième siècle, on a vu les croisades dépeupler et appauvrir notre Europe. [59] Remontez depuis ces croisades aux temps qui s'écoulèrent après la mort de Charlemagne; ils ne sont pas moins malheureux, et sont encore plus grossiers. La comparaison de ces siècles avec le nôtre (quelques perversités et quelques malheurs que nous puissions éprouver) doit nous faire sentir notre bonheur, malgré ce penchant presque invincible que nous avons à louer le passé aux dépens du présent. [60]

335

340

345

350

349-50   54LD-W57G: nôtre, doit
350   61: puissions essuyer)
352-57   54LD: présent. ¶Dans cette longue anarchie générale, nous avons vu de grands princes qui ont guéri, autant qu'ils l'ont pu, ces plaies du genre humain, tels qu'un saint Louis, un saint Ferdinand, un Henri l'Oiseleur, un Henri II de Bavière; nous avons vu des pontifes pieux et justes. Mais est-il extraordinaire que la longue querelle

5

d'Angleterre (éd. citée, La Haye, 1724; Paris, 1749, BV2871; voir ch.75, n.*), ann.1441, p.109.

[55] Les ch.74-80, ci-dessus, ont brossé le tableau de cette histoire mouvementée.
[56] Voir ci-dessous, ch.87.
[57] Sur l'Espagne, voir ch.64 (notre t.3).
[58] Sur la peste noire de 1347-1348, voir ci-dessus, ch.75, lignes 378-87.
[59] Sur les croisades, voir ch.54-59 (notre t.3).
[60] Thème fréquent chez Voltaire, celui du progrès irrésistible, même s'il est

Il ne faut pas croire que tout ait été sauvage: il y eut de grandes vertus dans tous les états, sur le trône et dans les cloîtres, parmi les chevaliers, parmi les ecclésiastiques; mais ni un saint Louis ni un saint Ferdinand ne purent guérir les plaies du genre humain. [61] La longue querelle des empereurs et des papes, la lutte opiniâtre de la liberté de Rome contre les Césars de l'Allemagne et contre les pontifes romains, les schismes fréquents, et enfin le grand schisme d'Occident, ne permirent pas à des papes élus dans le trouble d'exercer des vertus que des temps paisibles leur auraient inspirées. La corruption des mœurs pouvait-elle ne se pas étendre jusqu'à eux? Tout homme est formé par son siècle; bien peu s'élèvent au-dessus des mœurs du temps. Les attentats dans lesquels plusieurs papes furent entraînés, leurs scandales autorisés par un exemple général, ne peuvent pas être ensevelis dans l'oubli. [62] A quoi sert la peinture de leurs vices et de leurs désastres? à faire voir combien Rome est heureuse depuis que la décence et la tranquillité y règnent. Quel plus grand fruit pouvons-nous retirer de toutes les vicissitudes de cet *Essai sur les mœurs*, que de nous convaincre que toute nation a toujours été malheureuse, jusqu'à ce que les lois et le pouvoir législatif aient été établis sans contradiction? [63]

Grands hommes qui ne purent corriger leur siècle.

364   54LD: attentats presque nécessaires dans lesquels
370   54LD-61: de cette histoire générale que
372-405   54LD: contradiction? Quiconque examine tous les temps avec des yeux philosophes, voit que Rome fut presque toujours dans l'anarchie depuis la mort de Charlemagne jusqu'au milieu du règne de Charles-Quint. Les malheurs, les faiblesses, les crimes de quelques pontifes ne font pas plus de tort à la religion dans les esprits sages que les infortunes et les vices d'un souverain légitime n'ébranlent ses droits au trône.//

---

discontinu, 'de l'esprit humain'. Voir la 3ᵉ des 'Remarques pour servir de supplément à l'*EM*'.

[61] Respectivement Louis IX, roi de France (1226-1270), et Ferdinand III, roi de Castille (1217-1252).

[62] Sur les désordres à la cour pontificale, voir ci-dessus, ch.68, 71.

[63] Dans cet important passage, Voltaire pose en principe que seule la prédominance du pouvoir législatif sur l'exécutif — c'est-à-dire la mise en place d'un véritable

De même que quelques monarques, quelques pontifes, dignes
d'un meilleur temps, ne purent arrêter tant de désordres, quelques
bons esprits nés dans les ténèbres des nations septentrionales ne   375
purent y attirer les sciences et les arts.

Charles V Le roi de France Charles V qui rassembla environ neuf cents
le Sage digne volumes, [64] cent ans avant que la bibliothèque du Vatican fût fondée
d'un meilleur par Nicolas V, encouragea en vain les talents. [65] Le terrain n'était pas
temps. préparé pour porter de ces fruits étrangers. On a recueilli quelques   380
malheureuses compositions de ce temps. C'est faire un amas de
cailloux tirés d'antiques masures quand on est entouré de palais. Il
fut obligé de faire venir de Pise un astrologue; et Catherine fille de
cet astrologue qui écrivit en français, prétend que Charles disait:
Tant que doctrine sera honorée en ce royaume, il continuera à   385
prospérité. [66] Mais la doctrine fut inconnue, le goût encore plus.
Un malheureux pays dépourvu de lois fixes, agité par des guerres

386-91   w56-w57G: plus. Les Français eurent seulement

état de droit – permet d'éviter l'arbitraire. Dans le même sens, voir les *Pensées sur le
gouvernement* (1752; augmentées et devenues *Pensées sur l'administration publique*
dans la *Collection complète des Mélanges de littérature, d'histoire et de philosophie*,
Genève, 1756, ch.2). Notamment art.7 (art.20): 'La liberté consiste à ne dépendre que
des lois' (*OCV*, t.63A, p.321, ligne 79), et art.12 (art.25): 'Le meilleur gouvernement
semble être celui où toutes les conditions sont également protégées par les lois'
(lignes 112-13, p.323). Voir H. Mason, 'Politique', *DgV*, p.963-68.

[64] Voir C.-J.-F. Hénault, *Nouvel Abrégé chronologique de l'histoire de France*
(Paris, 1744; 1756, BV1618), Troisième race, 'Evénements remarquables sous
Charles V', ann.1380.

[65] Voir, notamment, le *Dictionnaire universel* de Furetière et le *Grand Dictionnaire
historique* de Moréri, art. 'Bibliothèque'. Nicolas V (1447-1455) enrichit considérablement une collection alors encore embryonnaire en achetant de nombreux
ouvrages à Constantinople après la prise de la ville par les Turcs ottomans, en
1453, et fonda dès lors formellement la Bibliothèque apostolique vaticane.

[66] L'abbé J. Lebeuf (*Recueil de divers écrits pour servir d'éclaircissements à l'histoire
de France*, Paris, 1738, BV1962) et Hénault (ann.1380) citent tous deux ce passage,
mais transcrivent 'sapience' (au sens de 'sagesse', 'mesure'), et non 'doctrine'. De
plus, selon le président Hénault, ce serait la poétesse Christine de Pisan (et non
'Catherine') qui aurait rapporté ces dires du roi. Son père, Tommaso da Pizzano, fut
effectivement l'un des astrologues de Charles V.

390 civiles, sans commerce, sans police, sans coutumes écrites, et gouverné par mille coutumes différentes; un pays dont la moitié s'appelait la langue d'*oui* ou d'*oïl*, et l'autre la langue d'*oc*, pouvait-il n'être pas barbare? [67] La noblesse française eut seulement l'avantage d'un extérieur plus brillant que les autres nations.

395 Quand Charles de Valois, frère de Philippe le Bel, avait passé en Italie, les Lombards, les Toscans mêmes, prirent les modes des Français. [68] Ces modes étaient extravagantes; c'était un corps qu'on laçait par derrière, comme aujourd'hui ceux des filles; c'était de grandes manches pendantes, un capuchon dont la pointe traînait à terre. Les chevaliers français donnaient pourtant de la grâce à cette mascarade, et justifiaient ce qu'avait dit Frédéric II. *Plaz me el* 400 *cavalier francez*. [69] Il eût mieux valu connaître alors la discipline militaire; [70] la France n'eût pas été la proie de l'étranger sous Philippe de Valois, Jean et Charles VI. [71] Mais comment était-elle plus familière aux Anglais? C'est peut-être que combattant loin de leur patrie ils sentaient plus le besoin de cette discipline, ou plutôt 405 parce que la nation a un courage plus tranquille et plus réfléchi.

Modes françaises.

---

[67] L'art. 'Franc, ou Franq' des *QE* note que la France n'a pas eu de 'coutume écrite' avant la fin du règne de Charles VII' (*OCV*, t.41, lignes 65-68, p.492-93). Voir aussi ch.42, lignes 61-63: 'dans tous les pays où les hommes n'étaient pas gouvernés par des lois fixes, publiques et reconnues, il est clair que la volonté d'un prince puissant était le seul code' (notre t.3, p.57). Quant à la question des langues d'oïl et d'oc, Voltaire ne l'aborde nulle part ailleurs dans son œuvre. On constate ici que, conformément à sa théorie du 'génie des langues', il ne peut y avoir, pour lui, de culture nationale sans une langue commune.

[68] Sur l'expédition italienne de Charles de Valois, voir ci-dessus, n.9.

[69] Voir ci-dessus, lignes 2-11.

[70] La discipline militaire est loin d'être indifférente à Voltaire, qui y voit plutôt un élément de civilisation: voir notamment *Le Siècle de Louis XIV*, ch.29 (*OH*, p.963-83).

[71] Sur ces règnes troublés, voir respectivement ci-dessus, ch.75, 76, 79.

CHAPITRE 83

Affranchissements, privilèges des villes, états généraux.

De l'anarchie générale de l'Europe, de tant de désastres même,[1] naquit le bien inestimable de la liberté, qui a fait fleurir peu à peu les villes impériales, et tant d'autres cités.

a-110 [*Première rédaction de ce chapitre:* MSP, 54LD. *Voir ci-dessus, ch.81, n.*[*]]

a MSP: Chapitre 58 [*placé à la fin de l'actuel ch.80, suivi par le ch.86; constitue une première rédaction des ch.83, 84*] *Des états généraux sous Charles VII et de la nature de ces assemblées.* / Pour avoir tant de ressources et pour fournir à tant d'établissements, comment put faire un roi condamné au bannissement perpétuel par le parlement de
5 Paris, deshérité par son père, poursuivi par les étrangers et n'ayant eu quelques années pour domaine que Bourges et les villes qu'il pouvait prendre.[2] ¶Il assembla des états généraux dès l'an 1486 à Melun et ces états lui accordèrent les premières tailles qui furent levées en France au nom du roi sur tous les paysans qui auparavant n'en payaient qu'à leurs seigneurs. ¶Cet établissement des tailles fut confirmé par les
10 états d'Orléans en 1440 [MSG: en 1444], et le produit annuel le plus haut des tailles se monta sous son règne à 120 000 marcs d'argent. Ce n'était que pour avoir de tels secours que les souverains de l'Europe convoquaient des états. [*ligne 48 var. suit*]

54LD: Chapitre 2
W56-W57G: Chapitre 70
61: Chapitre 79

1 54LD: Cependant de tant de désastres
3-4 54LD: cités. ¶Dans les commencements

* Sous un titre qui paraît annoncer une vision européenne des questions abordées, c'est, en fait, surtout de la France qu'il est question dans ce chapitre. La question du servage et de son maintien, 'anachronique' au XVIIIe siècle, dans certaines parties de l'Europe en est le premier thème (lignes 4-39). Soucieux de déceler les signes précurseurs, en France, de l'abolition de cet usage, Voltaire les voit d'abord dans l'opportunisme politique de Louis VI le Gros et des seigneurs français au XIIe siècle (lignes 13-16), ou encore de Louis X le Hutin au XIVe (22-26), mais aussi dans l'influence d'une déclaration ambiguë du 3e concile de Latran de 1179, qu'il a d'ailleurs tendance à surévaluer (17-19). Abolie dans les villes sous Charles VII (ligne 34), la servitude, qui subsiste encore, au siècle des Lumières, dans quelques régions de France, demeure quoi qu'il en soit, pour Voltaire, un objet de scandale et de combat jusqu'à la fin de ses jours, ce qu'il tient, en 1778 encore, à rappeler au lecteur

Servitude établie
dans presque
toute l'Europe.

Vous avez déjà observé que dans les commencements de
l'anarchie féodale presque toutes les villes étaient peuplées plutôt   5
de serfs que de citoyens, comme on le voit encore en Pologne, où il

---

(lignes 35-39, 34-36 var.). Les premiers anoblissements de 'citoyens' signalés, ceux
d'un orfèvre et d'un chirurgien, sont présentés sur un mode prosaïque (40-47). On
est loin, ici, des exploits militaires sur le champ de bataille, et l'on peut s'étonner de ce
que Voltaire ne commente pas ces honneurs, conférés à des citoyens 'utiles'. La
naissance des états généraux de France, et leur composition, forment le troisième
thème du chapitre (lignes 48-95). Si le tiers état y fait son entrée en 1301, à l'initiative
de Philippe le Bel (48-53), on lui signifie tout de même son infériorité en faisant
mettre à genoux ses députés lorsqu'ils s'adressent au roi. Voltaire s'élève contre cet
abaissement, puisqu'il s'agit là du 'corps de la nation' (ligne 62), dont on aurait été
mieux inspiré de promouvoir 'l'industrie', comme on le fait par exemple en
Angleterre ou dans les Provinces-Unies (63-67). Il note d'ailleurs avec quelque
humeur que, pour ce qui concerne les ordres privilégiés, le clergé occupe en France,
fille aînée de l'Eglise, une place unique au monde, en tant que premier des trois ordres
de l'Etat (lignes 81-95). Voyant poindre, en ce XIVᵉ siècle, quelques lueurs de liberté
et quelques institutions représentatives (lignes 98, 103-104), il note cependant qu'il
faudra encore beaucoup de temps à l'Europe pour sortir de l'état 'd'abrutissement' et
de 'barbarie' (102) dans lequel elle est plongée depuis près de dix siècles. Le ch.58 de
la version manuscrite, placé à la fin du règne de Charles VII (l'actuel ch.80) et avant
l'actuel ch.86, constitue une première rédaction des ch.83 et 84 (voir les variantes).
Deux thèmes abordés lors de la première rédaction de l'actuel ch.83, en 1754, ont
disparu par la suite: celui de la réunion trop peu fréquente des états généraux de
France pour que le tiers état puisse acquérir une expertise, une cohésion, et une unité
politique (repris aux lignes 3-4, 11-17 du ch.84, ci-dessous); celui d'une Angleterre
que son insularité dispenserait de se constituer une forte armée, ce qui aurait pour
conséquence d'éviter à ses souverains les tentations despotiques. Pour ce chapitre,
qui traite de l'évolution de la société et des institutions françaises, Voltaire s'appuie le
plus souvent sur l'*Histoire de l'ancien gouvernement de la France* (La Haye, 1727,
BV505) du comte de Boulainvilliers. Il fait aussi parfois appel aux habituelles
références en matière d'histoire de France que sont Daniel (*Histoire de France*) ou
P.-F. Velly (*Histoire de France*, Paris, 1755-1774, BV3409; cont. Villaret; ci-après
Velly).

¹ Si l'on considère le tableau que Voltaire a dressé (ci-dessus, ch.68-80) de l'état de
l'Europe au XIVᵉ siècle, les mots 'anarchie' et 'désastres' ne paraissent pas excessifs:
grand schisme et prémices de la Réforme; troubles dans le Saint Empire et en Italie; le
roi Jean II le Bon prisonnier, Charles VI atteint de folie, le royaume de Charles VII
réduit à peu de chose; enfin, deux rois d'Angleterre – Edouard II et Richard II –
déposés par le parlement.

² Sur le règne de Charles VII, voir ci-dessus, ch.80.

n'y a que trois ou quatre villes qui puissent posséder des terres, et
où les habitants appartiennent à leur seigneur, qui a sur eux droit de
vie et de mort. [3] Il en fut de même en Allemagne et en France. Les
10 empereurs commencèrent par affranchir plusieurs villes; et dès le
treizième siècle elles s'unirent pour leur défense commune contre
les seigneurs de châteaux qui subsistaient de brigandage. [4]

Louis le Gros en France suivit cet exemple dans ses domaines,
pour affaiblir les seigneurs qui lui faisaient la guerre. [5] Les seigneurs
15 eux-mêmes vendirent à leurs petites villes la liberté, pour avoir de
quoi soutenir en Palestine l'honneur de la chevalerie. [6]

Enfin en 1167 le pape Alexandre III déclare au nom du concile,   *Servitude abolie*
que tous les chrétiens devaient être exempts de la servitude. [7] Cette loi *en quelques pays.*

17   54LD: déclara

[3] Si Voltaire n'a indiqué nulle part, dans les chapitres précédents, que les villes
étaient peuplées 'plutôt de serfs que de citoyens' (voir à ce sujet Daniel, qui évoque
surtout le cas des 'bourgs' et des 'villages', ann.1315), il a cependant évoqué le servage
comme une des caractéristiques de l'époque féodale (ch.15, notre t.2, p.259, lignes 73-
76; p.261-62, lignes 104-106), mais en le situant plutôt dans un contexte rural. En ce qui
concerne la situation en Pologne, voir ch.50 (notre t.3, p.203, lignes 97-98).

[4] Voltaire a déjà évoqué ce phénomène au ch.63 (notre t.3, p.483-84, lignes 12-23).

[5] Sur le contexte du règne de Louis VI le Gros (1108-1137), voir ch.50 (notre t.3,
p.197, lignes 11-36 var. MSP, lignes 16-17; p.199, lignes 25-27). Sur la thématique
générale de l'affranchissement des serfs, Voltaire s'appuie essentiellement sur
Boulainvilliers (lettre 4, t.1, p.309-16).

[6] Thomas de Marle, sire de Coucy, est cité par Boulainvilliers (lettre IV, t.1,
p.310-11) comme ayant été le premier en France à accorder, par la 'loi de Vervins'
en 1123, une lettre de franchise à une ville. S'il se croisa en effet, ce fut cependant
longtemps avant cet affranchissement. Et ni Boulainvilliers, ni l'abbé J.-B. Dubos
(*Histoire critique de l'établissement de la monarchie dans les Gaules*, Amsterdam,
1734, BV1109), ni L. Maimbourg (*Histoire des croisades pour la délivrance de la
Terre Sainte*, Paris, 1684-1685, BV2262), ni Mézeray (*Abrégé chronologique de
l'histoire de France*) ou Velly, ne font le lien entre ces affranchissements et les
besoins financiers des futurs croisés.

[7] Cette affirmation est reprise par Voltaire dans sa *Requête au roi pour les serfs de
Saint-Claude* (1777). Voir Boulainvilliers: 'les prélats du royaume, et particulièrement l'archevêque de Sens, prétendirent qu'il était d'obligation de conscience
d'accorder la liberté à tous les chrétiens, se fondant sur le décret d'un concile tenu

295

seule doit rendre sa mémoire chère à tous les peuples; ainsi que ses efforts pour soutenir la liberté de l'Italie doivent rendre son nom précieux aux Italiens.[8]

C'est en vertu de cette loi que longtemps après, le roi Louis Hutin dans ses chartes déclara que tous les serfs qui restaient encore en France, devaient être affranchis, *parce que c'est*, dit-il, *le royaume des Francs*. Il faisait à la vérité payer cette liberté, mais pouvait-on l'acheter trop cher?[9]

Cependant les hommes ne rentrèrent que par degrès et très difficilement dans leur droit naturel. Louis Hutin ne put forcer les seigneurs ses vassaux à faire pour les sujets de leurs domaines ce qu'il faisait pour les siens.[10] Les cultivateurs, les bourgeois mêmes restèrent encore longtemps hommes de *poest*, hommes de puissance, attachés à la glèbe, ainsi qu'ils le sont encore en plusieurs provinces d'Allemagne.[11] Ce ne fut guère en France que du temps

20

25

30

à Rome par le pape Alexandre III' (lettre 4, p.312). Aucune référence n'a pu être retrouvée à la date de 1167 dans les nombreux ouvrages consultés (Bruys, Daniel, Dupin, Fleury, J. Hermant, *Histoire des conciles*, Rouen, 1755, BV1629, Maimbourg, Mézeray). Par contre, l'art. 'Affranchissement' de l'*Encyclopédie théologique* de l'abbé J.-P. Migne (Paris, 1844-1846) attribue, sans autre précision, un décret en ce sens au 3e concile de Latran, de 1179, dont le 26e canon porte: 'On défend aux Juifs et aux Sarrasins d'avoir chez eux des esclaves chrétiens sous quelque prétexte que ce soit.' Voltaire paraît donc largement extrapoler la portée de ce décret, d'autant plus que le même concile stipulait par ailleurs que les seigneurs pourraient 'réduire en servitude' les hérétiques se trouvant sur leur territoire. Mais il est vrai qu'il ne s'agissait pas, cette fois, de vrais 'chrétiens' (voir la *Défense de la déclaration de l'assemblée du clergé de France de 1682* [...] *par Jacques-Bénigne Bossuet*, s.l., 1735, livre 4, ch.1).

[8] Défenseur à la fois des 'libertés' italiennes et pontificales, Alexandre III (1159-1181) se vit successivement opposer, au cours de son pontificat, trois antipapes soutenus par l'empereur Frédéric Ier Barberousse. Celui-ci dut finalement renoncer à ses ambitions italiennes après sa défaite, en 1176, à Legnano, contre la ligue des villes lombardes. Voir ch.48, notre t.3, p.178-84, lignes 127-97.

[9] Voir Boulainvilliers, lettre 4, p.314-15.

[10] Selon Boulainvilliers 'cette ordonnance n'eut point alors d'effet' (lettre 4, p.315). Voir aussi Daniel, qui évoque un affranchissement payant (ann.1315).

[11] Voltaire suit ici Daniel, qui évoque les 'gens de poueste', attachés 'au lieu et à la terre' (ann.1315).

de Charles VII, que la servitude fut abolie dans les principales
35 villes. [12] Cependant il est si difficile de faire le bien qu'en 1750 temps
auquel j'écris ce chapitre je vois encore quelques cantons de France
où le peuple est esclave et ce qui est aussi horrible que contradictoire, esclaves de moines. [13]

Le monde avec lenteur marche vers la sagesse. [14]

40 Avant Louis Hutin les rois anoblirent quelques citoyens. *Anoblissements.*
Philippe le Hardi, fils de St Louis, anoblit Raoul, qu'on appelait
Raoul l'Orfèvre, non que ce fût un ouvrier, son anoblissement cût
été ridicule, c'était celui qui gardait l'argent du roi. [15] On appelait

34-40 54LD-W75G: fut entièrement abolie par l'affaiblissement des seigneurs.
Les Anglais mêmes y contribuèrent beaucoup en apportant avec eux la liberté qui fait
leur caractère. ¶Avant Louis Hutin même, les rois

35-36 K: villes. Enfin il est si difficile de faire bien qu'en 1778, temps auquel je
revois ce chapitre, il est encore

[12] Voir Velly, ann.1435, §'Traité d'Arras'. Révisant une dernière fois son texte en
1778, Voltaire juge inutile de maintenir l'allusion à l'influence que la longue présence
anglaise en France sous le règne de Charles VII a pu y avoir sur les libertés (lignes 34-
40 var.), et préfère plutôt revenir sur la question, plus actuelle et toujours pas résolue,
de la persistance du servage en France (lignes 34-36 var.).

[13] Il est curieux que Voltaire mentionne l'année 1750 à propos d'un passage (lignes
34-39) inséré entre 1775 et 1778, dans W75G*. A-t-il oublié de mettre au passé sa
phrase, recopiée telle quelle dans un manuscrit de 1750? Est-ce pour cela que ce
passage est supprimé dans K et remplacé par une allusion à la situation en 1778? Les
'moines' en question sont les membres du noble chapitre de Saint-Claude, en
Franche-Comté, héritiers des droits de mainmorte de l'ancienne abbaye bénédictine.
C'est dans les années 1770 que Voltaire se mobilise pour défendre la cause des serfs
'mainmortables', mais sans résultat, ainsi qu'en témoignent les lignes 34-36 var. Voir
à ce propos B. Bernard, 'Esclavage', et D. Candaux, 'Serfs du Mont-Jura ', *DgV*,
p.456-59, 1111-13.

[14] Dans une révision tardive, Voltaire cite ici sa propre tragédie, *Les Lois de
Minos*, III.v (1773; *OCV*, t.73, p.135). Il commentait en note après ce vers: 'par quelle
multitude épouvantable de siècles et de révolutions n'a-t-il pas fallu passer avant que
nous eussions un langage tolérable, une nourriture facile, des vêtements et des
logements commodes!'

[15] Voir notamment G.-A. La Roque de La Lontière, *Traité de la noblesse et de toutes
ses différentes espèces* (Rouen, 1734, BV1929), ch.21, et C.-J.-F. Hénault, *Nouvel
Abrégé chronologique de l'histoire de France* (Paris, 1768, BV1619), ann.1270-1272.

orfèvres ces dépositaires, ainsi qu'on les nomme encore à Londres, où l'on a retenu beaucoup de coutumes de l'ancienne France: et saint Louis anoblit sans doute son chirurgien La Brosse, puisqu'il le fit son chambellan. [16]   45

Les communautés des villes avaient commencé en France sous Philippe le Bel en 1301 à être admises dans les états généraux, qui furent alors substitués aux anciens parlements de la nation,   50
composés auparavant des seigneurs et des prélats. [17] Le tiers état y forma son avis sous le nom de requête; cette requête fut présentée à genoux. L'usage a toujours subsisté, que les députés du tiers état

Tiers état appelé aux parlements du royaume.

45-48   54LD-W57G: France. ¶Les communautés

48-80   MSP *ch.41*, 53-54N: villes commencèrent sous Philippe le Bel à être admises dans les états-généraux. Elles devenaient insensiblement, comme elles devaient l'être, un objet très considérable. C'était peut-être la honte de l'humanité, qu'on ne connût [53-54N: ne reconnût] que deux ordres dans l'Etat: l'un, la noblesse qui ne faisait pas alors la cinq-millième partie de la nation; l'autre, le clergé qui par   5
son institution primitive est hors de l'Etat et n'est destiné qu'aux autels. Le corps [53-54N: noblesse; l'autre, le clergé. Le corps] de la nation avait été compté pour rien. C'était la véritable raison qui avait fait languir [β] barons et d'ecclésiastiques, ces peuples <ne tiendraient pas> Vn'auraient pas tenu+ la balance de l'Europe dans la fameuse guerre qui commença avec le huitième siècle. ¶Philippe le Bel, qui fit   10
beaucoup [53-54N: France. ¶Philippe le Bel, qui avait fait beaucoup] de mal par ses extorsions, fit beaucoup de bien en appelant le tiers état aux assemblées générales de la France, et en établissant sous le nom [β *ch.85, ligne 4 var. suit*]

48-56   MSP *ch.58*: Nous avons vu que le tiers état avait été appelé à ces assemblées de la nation au quatorzième siècle par Philippe le Bel. Il n'y parlait qu'à genoux comme un serf à peine affranchi et l'usage a toujours subsisté depuis que les députés du tiers état parlassent au roi un genou en terre, ainsi que les gens du parquet dans les lits de justice. ¶Il n'en est pas de même en Angleterre où la Chambre des communes est composée en   5
partie des puînés des pairs du royaume et où le tiers état partage avec le roi et avec les pairs la souveraine législation. [β *ch.84, ligne 1 var. suit*]

[16] Voir l'art. 'Brosse ou de Broche (Pierre la)' du *Grand Dictionnaire historique* de Moréri. Daniel évoque plutôt un anoblissement sous Philippe III (ann.1176).

[17] Voltaire suit manifestement ici Boulainvilliers, §'Une assemblée composée du clergé, de la noblesse et du tiers état', qui évoque les lettres envoyées par le roi, en mars 1301, 'aux baillis royaux pour faire élire, par les communautés des villes et territoires, des syndics ou procureurs capables de délibérer sur les hautes matières qu'il avait à leur proposer' (lettre 7, t.2, p.67). Voir aussi l'*Histoire du parlement de Paris* (*OCV*, t.68, p.160), et ch. 65, notre t.3, p.513-15, lignes 2-3.

parlassent aux rois un genou en terre, ainsi que les gens du
55 parlement, du parquet, et le chancelier même, dans les lits de
justice. [18] Ces premiers états généraux furent tenus pour s'opposer
aux prétentions du pape Boniface VIII. [19] Il faut avouer qu'il était
triste pour l'humanité qu'il n'y eût que deux ordres dans l'Etat; l'un
composé de seigneurs des fiefs, qui ne faisaient pas la cinq-millième
60 partie de la nation; l'autre du clergé, bien moins nombreux encore,
et qui par son institution sacrée est destiné à un ministère supérieur,
étranger aux affaires temporelles. Le corps de la nation avait donc
été compté pour rien jusque-là. C'était une des véritables raisons
qui avaient fait languir le royaume de France en étouffant toute
65 industrie. [20] Si en Hollande et en Angleterre le corps de l'Etat
n'était formé que de barons séculiers et ecclésiastiques, ces peuples
n'auraient pas dans la guerre de 1701 tenu la balance de l'Europe. [21]
Dans les républiques, à Venise, à Gênes, le peuple n'eut jamais de
part au gouvernement, mais il ne fut jamais esclave. Les citadins
70 d'Italie étaient fort différents des bourgeois des pays du Nord; les
bourgeois en France, en Allemagne, étaient bourgeois d'un
seigneur, d'un évêque ou du roi; ils appartenaient à un homme;
les citadins n'appartenaient qu'à la république. Ce qu'il y a

54-55   54LD-W68: gens du parquet dans
67-76   54LD-W57G: l'Europe. ¶Philippe
73-76   61-W68: république. ¶Philippe

[18] Boulainvilliers (lettre 7, p.75) et Moréri citent le fait (art. 'Lit de justice', *Grand Dictionnaire*). Voir aussi, l'art. 'Alexandre' des *QE*: 'Les membres des parlements de France parlent à genoux au roi dans leurs lits de justice; le tiers état parle à genoux dans les états généraux' (*OCV*, t.38, p.183).

[19] Sur les rapports entre Philippe le Bel et Boniface VIII, voir ch.65 (notre t.3).

[20] Le thème de l'activité économique languissante en France en raison des privilèges accordés à deux ordres qui ne peuvent s'y investir, et du manque de considération pour la bourgeoisie commerçante et entrepreneuriale, est fréquent chez Voltaire. Voir, par exemple, dès 1734, *LP*, 10, 'Sur le commerce' (p.122).

[21] La guerre de Succession d'Espagne (1701-1713), au cours de laquelle les alliés anglo-hollandais de l'Autriche sont notamment parvenus à empêcher Louis XIV de mettre la main sur les provinces belges. Voir ch.51, notre t.3, p.225-26 et n.1.

d'affreux, c'est qu'il est resté encore en France trop de serfs de
glèbe.   75

Philippe le Bel, à qui on reproche son peu de fidélité sur l'article
des monnaies,[22] sa persécution contre les templiers, et une
animosité peut-être trop acharnée contre Boniface VIII et contre
sa mémoire, fit donc beaucoup de bien à la nation, en appelant le
tiers état aux assemblées générales de la France.   80

Il est essentiel de faire sur les états généraux de France une
remarque que nos historiens auraient dû faire; c'est que la France
est le seul pays du monde où le clergé fasse un ordre de l'Etat.[23]
Partout ailleurs les prêtres ont du crédit, des richesses, ils sont
distingués du peuple par leurs vêtements, mais ils ne composent   85
point un ordre légal, une nation dans la nation. Ils ne sont ordre de
l'Etat ni à Rome ni à Constantinople: ni le pape ni le Grand Turc
n'assemblent jamais le clergé, la noblesse et le tiers état. *L'uléma*
qui est le clergé des Turcs est un corps formidable, mais non pas ce
que nous appelons un ordre de la nation. En Angleterre les évêques   90
siègent en parlement, mais ils y siègent comme barons et non
comme prêtres.[24] Les évêques, les abbés, ont séance à la diète
d'Allemagne, mais c'est en qualité d'électeurs, de princes, de
comtes.[25] La France est la seule où l'on dise, *le clergé, la noblesse,
et le peuple.*   95

Les communes   La chambre des communes en Angleterre commençait à se
en Angleterre. former dans ces temps-là, et prit un grand crédit dès l'an 1300.[26] Ainsi
le chaos du gouvernement commençait à se débrouiller presque
partout, par les malheurs mêmes que le gouvernement féodal trop

80-96   54LD-W75G: France. ¶La chambre
99-100 54LD-W57G: féodal avait apporté partout. Mais

[22] Sur l'altération des monnaies sous Philippe le Bel, voir ch.40 de la version
manuscrite (notre t.3, p.480-81), et ch.66, lignes 19-20 (p.537).

[23] Cette importante remarque paraît unique dans l'œuvre de Voltaire. L'idée se
trouve déjà, cependant, chez Boulainvilliers (lettre 14, t.3, p.202-203).

[24] Sur la formation du parlement anglais, voir ci-dessus, ch.75, lignes 20-23.

[25] Sur la diète du Saint Empire et les prélats qui y siègent, voir notamment ci-
dessus, ch.70, lignes 20-25, 36.

[26] Même formulation, à peu de chose près, au ch.75, ci-dessus, lignes 20-21.

100 anarchique avait partout occasionnés. Mais les peuples en reprenant tant de liberté et tant de droits, ne purent de longtemps sortir de la barbarie, où l'abrutissement, qui naît d'une longue servitude, les avait réduits. Ils acquirent la liberté; ils furent comptés pour des hommes, mais ils n'en furent ni plus polis ni plus industrieux. [27] Les
105 guerres cruelles d'Edouard III et de Henri V, plongèrent le peuple en France dans un état pire que l'esclavage, et il ne respira que dans les dernières années de Charles VII. [28] Il ne fut pas moins malheureux en Angleterre après le règne de Henri V. [29] Son sort fut moins à plaindre en Allemagne du temps de Venceslas et de
110 Sigismond, parce que les villes impériales étaient déjà puissantes. [30]

[27] Selon Voltaire, il faudra pour cela attendre le XVIe siècle (voir ch.118).

[28] Sur ces épisodes, voir ci-dessus, ch.76-80.

[29] Sur les troubles en Angleterre après Henri V, voir ch.115-17.

[30] Sur la faiblesse politique de ces deux empereurs, voir respectivement ci-dessus, ch.70, lignes 122-31; ch.74, lignes 16-23. La puissance des villes impériales, capables de résister aux velléités autoritaires des empereurs, est pour Voltaire le gage d'un sort meilleur pour le peuple.

CHAPITRE 84

Tailles et monnaies.

Le tiers état ne servit en 1345 aux états tenus par Philippe de Valois,
qu'à donner son consentement au premier impôt des aides et des

a-107   [*Première rédaction de ce chapitre*: MSP, 54LD]
 a   54LD: Chapitre 3
  W56-W57G: Chapitre 71
  61: Chapitre 80

1-21   MSP *ch.58*: En France, le tiers état n'a presque jamais été consulté que sur ce qu'il pouvait fournir. Il ne servit en 1345 à Philippe de Valois [β] d'autorité, car sous ce même Philippe de Valois, si odieux par sa pauvre monnaie, et si décrédité par ses malheurs, les états de 1355 nommèrent [β] et comme ils veulent sont les véritables
5 maîtres. Voilà pourquoi les souverains n'ont convoqué [β] usages. Ils étaient étonnés et incertains. Les parlements [β] prérogatives, se sont maintenus [β] peuples, tous deux partis des mêmes principes. L'un a tout gagné, et l'autre tout perdu. C'est que l'Angleterre, défendue par la mer, n'a pas besoin d'une armée qui à la longue rend le roi despotique. Mais à cette raison il faut joindre encore cette différence de génie qui
10 caractérise si évidemment ces nations voisines. [β *ch.86, ligne 1 suit*]

1-2   54LD: Valois, qu'à concourir à l'établissement du premier

* Dans ce premier chapitre de l'*EM* exclusivement consacré à l'économie, Voltaire traite essentiellement des mutations monétaires, et de l'instauration, en France aux XIIIe et XIVe siècles, des premiers impôts permanents. Mais il fait également incidemment allusion à l'absence en France d'une assemblée représentative puissante et régulière – comme c'est le cas en Angleterre, en Aragon, en Hongrie, et dans le Saint Empire – et aux conséquences néfastes que cela a sur 'l'esprit de suite' et 'la connaissance des affaires' de la part des députés du tiers état (lignes 12-21). Un autre point important, brièvement mentionné ici, est le début de la rédaction des coutumes sous Charles VII, un roi qui, après de graves vicissitudes, a remis dans le royaume 'la police et la tranquillité' (44-49). Les mutations monétaires (54-69, 91-100) sont le résultat de la ruine des finances royales occasionnée dans de nombreux pays d'Europe par la participation aux croisades (58-60). Voltaire, qui donne de ces mutations une image concrète et précise (63-67), indique que la plupart des souverains connaissent alors eux aussi une situation financière délicate – même si le roi d'Angleterre Edouard III fait curieusement frapper une monnaie d'or (77) – et ironise même sur les faibles sommes qu'ils sont en mesure d'engager (70-75, 80-86). Malgré ces circonstances difficiles, les rois de France commencent, au début du XIVe siècle, à s'arroger le monopole de la frappe des monnaies en rachetant ce droit à

gabelles; [1] mais il est certain que si les états avaient été assemblés plus souvent en France, ils eussent acquis plus d'autorité; car immédiate-

4-5   54LD-W68: car sous le gouvernement

---

de grands féodaux (102-105). Ce monopole royal est présenté négativement par Voltaire, qui souligne la propension plus importante chez les souverains que chez les seigneurs à se livrer aux manipulations monétaires, lesquelles se font toujours aux dépens des populations (67-69, 105-107). Les trois grands impôts caractérisant l'ancien régime français sont instaurés pendant cette période, à chaque fois dans des circonstances exceptionnelles, et avec le consentement des états généraux: les aides et la gabelle en 1345 (2-3); la taille 'générale' en 1426 (28). Supposés n'être que provisoires, tous trois deviendront permanents. Tout comme la rédaction des coutumes, et le début du monopole monétaire, cette fiscalité royale, qui s'impose désormais face aux anciens droits seigneuriaux, annonce la fin de 'l'anarchie féodale', et l'avènement d'une 'nouvelle forme de gouvernement' (48-49): celle des monarques centralisateurs. On ne peut, enfin, s'empêcher de mentionner la note véritablement 'emblématique' quant au projet de l'*EM*, des lignes 50-54, dont on peut réellement se demander pourquoi Voltaire l'a placée ici. Pour ce chapitre, Voltaire fait appel à des ouvrages très divers, notamment: F. Le Blanc, *Traité historique des monnaies de France* (Paris, 1690; éd. citée, Amsterdam, 1692, BV1963); H. de Boulainvilliers, *Histoire de l'ancien gouvernement de la France, avec XIV lettres historiques sur les parlements ou états généraux* (La Haye, 1727, BV505); S. von Pufendorf, *Introduction à l'histoire générale et politique de l'univers* (Amsterdam, 1722, BV2829); C.-J.-F. Hénault, *Nouvel Abrégé chronologique de l'histoire de France* (Paris, 1744; Paris, 1756, BV1618); A. Furetière, *Dictionnaire universel* (La Haye et Rotterdam, 1690); Moréri, *Grand Dictionnaire historique*.

[1] Edouard III d'Angleterre (1327-1377) s'était proclamé roi de France en 1340 et une invasion anglaise était alors considérée comme imminente. L'emploi par Voltaire du terme 'aides' est un peu anachronique, car ce n'est qu'à partir du règne de Louis XIV qu'il désigne spécifiquement un impôt sur les boissons, son sens étant plus large auparavant. Voltaire suit manifestement ici Boulainvilliers, qui mentionne le consentement, par les états assemblés par Philippe VI de Valois (1328-1350) 'à la fin de l'hiver de 1345', d'un 'droit qui serait levé sur la vente des boissons et sur la consommation du sel pendant la guerre seulement' (lettre 8, t.3, p.190). Il commente en outre: 'Ce fut une invention d'un Juif et qui a eu de longues suites: et ce sont les premiers états qui aient accordé la levée d'un droit fixe'. Seul F. Eudes de Mézeray (*Abrégé chronologique de l'histoire de France*, Paris, 1667-1668; Amsterdam, 1673-1674, BV2443) évoque une réunion des états (ann.1344), que ni Daniel (*Histoire de France*) ni P.-F. Velly (*Histoire de France*, Paris, 1755-1774, BV3409; cont. Villaret, ci-après Velly), ne mentionnent expressément. Velly fait d'ailleurs remonter au règne de saint Louis la création d'un impôt sur le sel, simplement remis en vigueur par Philippe VI, en 1342.

5 ment après le gouvernement de ce même Philippe de Valois,
devenu odieux par la fausse monnaie,[2] et décrédité par ses
malheurs,[3] les états de 1355, dont nous avons déjà parlé, nommèrent eux-mêmes des commissaires des trois ordres pour
recueillir l'argent qu'on accordait au roi.[4] Ceux qui donnent ce
10 qu'ils veulent, et comme ils veulent, partagent l'autorité souver- *France sans lois.*
aine. Voilà pourquoi les rois n'ont convoqué de ces assemblées que
quand ils n'ont pu s'en dispenser. Ainsi le peu d'habitude que la
nation a eue d'examiner ses besoins, ses ressources, et ses forces, a
toujours laissé les états généraux destitués de cet esprit de suite, et
15 de cette connaissance de leurs affaires qu'ont les compagnies
réglées. Convoqués de loin en loin, ils se demandaient les lois et
les usages, au lieu d'en faire; ils étaient étonnés et incertains. Les
parlements d'Angleterre se sont donné plus de prérogatives; ils se
sont établis et maintenus dans le droit d'être un corps nécessaire
20 représentant la nation. C'est là qu'on connaît surtout la différence
des deux peuples.[5] Tous deux partis des mêmes principes, leur
gouvernement est devenu entièrement différent; il était alors tout
semblable. Les états d'Arragon, ceux de Hongrie, les diètes
d'Allemagne avaient encore de plus grands privilèges.[6]

10   54LD: partagent en ce point l'autorité

[2] Voir ci-dessus, ch.75, ligne 488, et lignes 370-404 var.

[3] Philippe VI connut successivement la défaite à Crécy (1346), la perte de Calais
(1347) et la peste noire (1348-49). Voir ci-dessus, ch.75, lignes 281-347, 368-88.

[4] Sur cette réunion des états généraux sous le roi Jean II le Bon, voir ci-dessus,
ch.76, lignes 31-52.

[5] Les lignes 11-21 reprennent quasiment la première version, datant de 1754, des
ch.83-84 (voir ci-dessus, ch.83, lignes 48-80 var.). Pour expliquer une évolution
aussi dissemblable des assemblées représentatives française et anglaise, Voltaire y
évoque une 'différence de génie' entre les deux nations.

[6] Voltaire a déjà évoqué au ch.64 les grands pouvoirs des états d'Arragon que
décrit Moréri au début de l'art. 'Aragon' (notre t.3, p.504-505, lignes 170-83). Rien
n'a été dit encore, par contre, dans l'*EM*, au sujet de la diète de Hongrie (voir
Moréri, art. 'Hongrie'), qui se réunit périodiquement depuis le XIIIe siècle, et où
siègent clercs, magnats, nobles et représentants des villes royales. Elle sera évoquée
plus loin, au ch.119, où Voltaire compare notamment les pouvoirs des 'palatins'
hongrois – chefs des armées et de la justice, régents en cas de vacance du pouvoir,

Subsides noblement accordés. Les états généraux de France, ou plutôt de la partie de la France 25 qui combattait pour son roi Charles VII contre l'usurpateur Henri V, accorda généreusement à son maître une taille générale en 1426, dans le fort de la guerre, dans la disette, dans le temps même où l'on craignait de laisser les terres sans culture. (Ce sont les propres mots prononcés dans la harangue du tiers état.) Cet impôt 30 depuis ce temps fut perpétuel. Les rois auparavant vivaient de leurs domaines; mais il ne restait presque plus de domaines à Charles VII, et sans les braves guerriers qui se sacrifièrent pour lui et pour la patrie, sans le connétable de Richemont qui le maîtrisait, mais qui le servait à ses dépens, il était perdu. 35

Tailles anciennes. Bientôt après, les cultivateurs qui avaient payé auparavant des tailles à leurs seigneurs dont ils avaient été serfs payèrent ce tribut au roi seul dont ils furent sujets. [7] Ce n'est pas que les rois n'eussent aussi levé des tailles, même avant saint Louis, dans les terres du patrimoine royal. On connaît la taille de *pain et vin* payée d'abord 40 en nature, et ensuite en argent. [8] Ce mot de *taille* venait de l'usage

25   54LD: la petite partie
27   54LD: Henri V, imposèrent généreusement une
29-30   54LD-W57G: culture. Cet impôt

élus par la diète – à ceux des maires du palais français ou des 'justiciers' aragonais. Quant aux diètes d'empire, s'il les évoque très régulièrement, elles ne font l'objet nulle part dans son œuvre d'une description détaillée. Dans les *Annales de l'Empire*, il en fait une 'vaste république de princes, de seigneurs et de villes libres sous un chef' (ann.805). Au ch.120 de l'*EM*, il écrit que la 'fameuse *bulle d'or* mit quelque ordre dans l'anarchie de l'Allemagne. Le nombre des électeurs fut fixé par cette loi, qu'on regarda comme fondamentale, et à laquelle on a dérogé depuis. De son temps les villes impériales eurent voix délibérative dans les diètes'.

[7] A propos de cette réunion des états généraux à Melun, et de l'établissement de la 'taille générale', Voltaire suit fidèlement Boulainvilliers (lettre 12, t.3, p.47), qui oppose notamment 'la douceur et la modestie' du souverain à 'la dureté et la hauteur' du duc Arthur III de Bretagne (1393-1458), fait par le roi connétable de Richemont en 1425.

[8] Sur la taille 'du pain et du vin', voir N. Brussel, *Nouvel Examen de l'usage général des fiefs en France pendant le XIe, le XIIe, le XIIIe et le XIVe siècle* (Paris, 1727), livre 2, ch.26.

des collecteurs, de marquer sur une petite taille de bois ce que les contribuables avaient donné: rien n'était plus rare que d'écrire chez le commun peuple. [9] Les coutumes mêmes des villes n'étaient point
45 écrites; et ce fut ce même Charles VII qui ordonna qu'on les rédigeât en 1454, lorsqu'il eut remis dans le royaume la police et la tranquillité, dont il avait été privé depuis si longtemps, et lorsqu'une si longue suite d'infortunes eut fait naître une nouvelle forme de gouvernement. [10]

50   Je considère donc ici en général le sort des hommes plutôt que les révolutions du trône. C'est au genre humain qu'il eût fallu faire attention dans l'histoire. C'est là que chaque écrivain eût dû dire, *homo sum*; mais la plupart des historiens ont décrit des batailles. [11]

    Ce qui troublait encore en Europe l'ordre public, la tranquillité, *Monnaie faible.*
55 la fortune des familles, c'était l'affaiblissement des monnaies. Chaque seigneur en faisait frapper, et altérait le titre et le poids, se faisant à lui-même un préjudice durable pour un bien passager. Les rois avaient été obligés, par la nécessité des temps, de donner ce funeste exemple. J'ai déjà remarqué que l'or d'une partie de
60 l'Europe, et surtout de la France, avait été englouti en Asie et en Afrique par les infortunes des croisades. Il fallut donc dans les besoins toujours renaissants augmenter la valeur numéraire des monnaies. [12] La livre dans le temps du roi Charles V, après qu'il eut conquis son royaume, valait sept livres numéraires. Sous Charle-

---

64   K: valait entre 8 et 9 de nos livres

[9] Même définition dans Furetière, art. 'Taille'.
[10] Sur la rédaction des coutumes ordonnée en 1454, voir notamment Furetière, art. 'Coustume'. Ni Boulainvilliers, ni Daniel, ni Mézeray, ni Velly, pourtant prolixe, n'évoquent ce fait. Un éloge général du gouvernement de Charles VII est toutefois présent chez certains auteurs. Il est particulièrement développé chez Velly (ann.1461, §'Eloge de Charles VII').
[11] L'un des plus célèbres passages de l'*EM*, et qui aurait pu y figurer en exergue tant il résume bien le projet de Voltaire en tant qu'historien. Voir B. Bernard, art. 'Histoire', *DgV*, p.587-93; J. Leigh, *Voltaire: a sense of history*, *SVEC* 2004:05.
[12] Voir ch.40 de la version manuscrite, lignes 1-5 (notre t.3, p.480).

magne elle avait été réellement le poids d'une livre de douze onces.   65
La livre de Charles V ne fut donc en effet que la septième partie de
l'ancienne livre. [13] Donc une famille qui aurait eu pour vivre une
ancienne redevance, une inféodation, un droit payable en argent,
était devenue six fois plus pauvre.

Peu d'argent   Qu'on juge, par un exemple plus frappant encore, du peu   70
comptant. d'argent qui roulait dans un royaume tel que la France. Ce
même Charles V déclara que les fils de France auraient un apanage
de douze mille livres de rente. Ces douze mille livres n'en valent
aujourd'hui que cent vingt-quatre mille. Quelle petite ressource
pour le fils d'un roi! [14] Les espèces n'étaient pas moins rares en   75
Allemagne, en Espagne, en Angleterre.

Première   Le roi Edouard III fut le premier qui fit frapper des espèces d'or. [15]
monnaie d'or au Qu'on songe que les Romains n'en eurent que six cent cinquante
coin des rois ans après la fondation de Rome. [16]
d'Angleterre. Henri V n'avait que cinquante-six mille livres sterling, environ   80
douze cent vingt mille livres de notre monnaie d'aujourd'hui, pour

65-66   54LD-W57G: d'une livre. La livre
66-67   K: effet qu'environ deux treizièmes de l'ancienne
69   K: fois et demie plus
74   K: aujourd'hui qu'environ cent mille.
81   54LD-61: douze cent mille livres

[13] Voir le *Journal économique ou mémoires notes et avis sur les arts, l'agriculture et le commerce* (Paris, BV1751) de mai 1751 (p.83-84), qui donne un tableau de conversion des monnaies depuis Charlemagne, dont la 'livre de douze onces' vaudrait 66 livres 8 sols de 1751, tandis que la livre de Charles V ne vaudrait que 9 livres 9 sols et 8 deniers, ce qui équivaut bien à un rapport approximatif de un à sept.

[14] Le renseignement est tiré de Pufendorf, livre 1, ch.2, ann.1468. A titre de comparaison, le revenu annuel de Voltaire lui-même atteint, en 1758, près de 80 000 livres, et approchera à sa mort les 200 000. Voir, à ce sujet, B. Bernard, 'Argent', *DgV*, p.79.

[15] Voir notamment La Mothe, *Histoire des révolutions de France* (La Haye, 1738, BV1898), 'Sous la troisième race', livre 4, p.165.

[16] On cite plutôt, habituellement, le chiffre de 485 ans; voir, par exemple, J. Lenfant, *Poggiana, ou la vie, le caractère, les sentences, et les bons mots de Pogge Florentin* (Amsterdam, 1720, BV2776), 2ᵉ partie, ch.3, 'Sur l'avarice'; et L.-E. Dupin, *Bibliothèque universelle des historiens* (Paris, 1707), livre 1, titre 2, §'Des monnaies'.

tout revenu. [17] C'est avec ce faible secours qu'il voulut conquérir la France. Aussi après la victoire d'Azincourt il était obligé d'aller emprunter de l'argent dans Londres, et de mettre tout en gages pour recommencer la guerre. [18] Et enfin les conquêtes se faisaient avec le fer plus qu'avec l'or.

On ne connaissait alors en Suède que la monnaie de fer et de cuivre. [19] Il n'y avait d'argent en Dannemarck que celui qui avait passé dans ce pays par le commerce de Lubeck en très petite quantité. [20]

Dans cette disette générale d'argent qu'on éprouvait en France après les croisades, le roi Philippe le Bel avait non seulement haussé le prix fictif et idéal des espèces; il en fit fabriquer de bas aloi, il y fit mêler trop d'alliage; en un mot c'était de la fausse monnaie; et les séditions qu'excita cette manœuvre, ne rendirent pas la nation plus heureuse. [21] Philippe de Valois avait encore été plus loin que Philippe le Bel; il faisait jurer sur les Evangiles aux officiers des monnaies de garder le secret. Il leur enjoint dans son ordonnance de tromper les marchands, *de façon*, dit-il, *qu'ils ne s'aperçoivent pas qu'il y ait mutation de poids*. [22] Mais comment pouvait-il se flatter que cette infidélité ne serait point découverte? et quel temps que celui où l'on était forcé d'avoir recours à de tels artifices! quel temps où presque tous les seigneurs de fief depuis saint Louis faisaient ce qu'on reproche à Philippe le Bel et à Philippe de Valois! Ces seigneurs vendirent en France au souverain leur droit de battre monnaie: ils

[17] Le chiffre de 'cinquante-six mille livres' se trouve dans Rapin de Thoyras, *Histoire d'Angleterre* (La Haye, 1724; nouv. éd. N. Tindal, Paris, 1749, BV2871), livre 9, ch. 'Henri V', ann.1422. Voltaire a déjà mentionné la faiblesse de moyens d'Henri V au ch.79 (ci-dessus, lignes 260-65).

[18] Fait mentionné notamment par Hénault, ann.1415-1418.

[19] Si la monnaie de cuivre est citée par de nombreux auteurs, nulle part n'est mentionnée, sinon concernant l'antiquité grecque, une monnaie 'de fer'.

[20] La source de cette assertion n'a pu être retrouvée.

[21] Voir ch.40 de la version manuscrite, lignes 9-13 (notre t.3, p.480), et Velly, ann.1306, §'Horribles changements dans les monnaies'.

[22] Cette 'citation', assez libre par rapport au texte initial, est tirée de Le Blanc (ch. 'Philippe de Valois', p.212).

l'ont tous conservé en Allemagne; et il en a résulté quelquefois de grands abus, mais non de si universels ni de si funestes. [23]

---

[23] Voir Le Blanc (ch. 'Louis Huttin. Philippe le Long'), selon lequel c'est Philippe V le Long (1316-1322) qui prit l'initiative de racheter aux grands féodaux le droit de battre monnaie.

CHAPITRE 85

Du parlement de Paris jusqu'à Charles VII.

Si Philippe le Bel, qui fit tant de mal en altérant la bonne monnaie de saint Louis, fit beaucoup de bien en appelant aux assemblées de

a-223 [*Première rédaction de ce chapitre*: MSP, 54LD-W57G. *Voir la n.* du ch.81*]
a 54LD: Chapitre 4
   w56-w57G: Chapitre 72
   61: Chapitre 81
b 54LD, w56: *Du parlement jusqu'à Charles VII.*

* L'existence de ce chapitre, qui vit le jour dans 54LD-w56, s'explique sûrement par le rôle de plus en plus remuant que le parlement de Paris avait, dès 1750, commencé à jouer au vu et au su d'un Voltaire passablement inquiet de ses prétentions politiques irrecevables. Revirement d'opinion remarquable. Car entre 1723, année de la première version de *La Henriade*, et le mois de mai 1749, époque de sa *Lettre à l'occasion de l'impôt du vingtième*, l'attitude de Voltaire vis-à-vis de ces sages sénateurs dont il avait jadis vanté les vertus civiques a connu une évolution des plus prononcées: en 1749, il ne craint pas de critiquer une institution peuplée de réactionnaires myopes et égoïstes qui, refusant d'assumer le fardeau de l'impôt généralisé, ce dont ils étaient parfaitement capables, justifiaient leur refus sous couvert de motifs spécieux. Mais ce sont surtout les arguments utilisés (qu'ils peaufineront en 1753-1754) qui leur vaudront de la part de ce partisan de la 'thèse royale' une méfiance de plus en plus prononcée. Pour justifier leur réticence devant la volonté royale de gérer des crises, financières et autres, de manière ferme et positive, ils ne craindront pas d'insister sur la grandeur et la majesté de leur propre mission politique. S'en prenant au 'despotisme' monarchique qui méprisait la fière tradition juridique et morale qu'ils représentaient, ils répéteront à satiété la vieille thèse qui voulait que le parlement, successeur linéaire des parlements généraux et cours plénières francs, mérovingiens et carolingiens, représentant donc la nation entière, pût légitimement prétendre subordonner le roi à la volonté du peuple. Cette théorie, jadis exposée par des écrivains tels que C. de Seyssel (*La Grande Monarchie de France*, Paris, 1519), le seigneur Du Haillan (*De l'état et succès des affaires de France*, 1570; Paris, 1572, BV1130) ou B. de La Roche Flavin (*Les Treize Livres des parlements de France*, Bordeaux, 1617), avait été reprise au moment de la Fronde. Mais c'est au XVIIIe siècle qu'elle reprendra un nouvel et vigoureux essor, favorisé par le comte de Boulainvilliers, dans son *Histoire de l'ancien gouvernement de la France, avec XIV lettres historiques sur les parlements ou états généraux* (La Haye, 1727, BV505), qui fut

la nation les citoyens, qui sont en effet le corps de la nation, il n'en fit pas moins en instituant sous le nom de parlement une cour souveraine de judicature sédentaire à Paris. [1]   5

Ce qu'on a écrit sur l'origine et sur la nature du parlement de Paris, ne donne que des lumières confuses, parce que tout passage des anciens usages aux nouveaux, échappe à la vue. L'un veut que

4-5   MSP *ch.41*, 53-54N: sous le nom de Parlement une cour de judicature sédentaire. [β *ligne 48 var. suit*]

---

suivi de près par le libelle anonyme *Judicium Francorum* (s.l.n.d. [Paris, 1732]), qui dénonçait l'exil, en mai-septembre 1732, de 140 parlementaires, relégués dans diverses villes de province. Même réaction, mais encore plus tapageuse, pendant l'exil du parlement (mai 1753-septembre 1754), en la forme des *Lettres historiques sur les fonctions essentielles du parlement* (Amsterdam, 1753-1754, BV2050) de L.-A. Le Paige. Celles-ci, défendant la même thèse (et épaulées par une nouvelle édition de Boulainvilliers désormais intitulée *Lettres sur les anciens parlements de France que l'on nomme états généraux*, Londres, 1753), vinrent envenimer la grave situation créée par la publication – procédé inhabituel et choquant – des *Grandes Remontrances* (24 mai 1753) où les parlementaires initièrent un débat public sur la nature de la monarchie, les lois fondamentales du royaume, et leur rôle d'intermédiaires entre la nation et le roi. Devant ce regain d'agressivité, Voltaire est obligé de reconnaître que l'exercice souverain et efficace de l'autorité royale est sérieusement compromis (D5627, D5640). Voilà pourquoi il tient à participer au débat pour démontrer que le parlement de Paris n'était qu'une cour de justice, n'ayant que des attributions judiciaires et qui, de ce fait, ne pouvait se prétendre l'héritier des champs de mars ou de mai. Pour rédiger ce chapitre Voltaire utilise de prime abord Daniel (*Histoire de France*), et sans doute, pour la longue addition de 1761 (lignes 85-149), P.-F. Velly (*Histoire de France*, Paris, 1755-1774, BV3409; cont. Villaret, ci-après Velly; t.7-9). Pour certains détails très précis, il se tourne soit vers Boulainvilliers, *Histoire de l'ancien gouvernement*, soit vers Le Paige. Pour mieux situer cette période de luttes de plus en plus envenimées, le lecteur peut consulter J. Rogister, 'The crisis of 1753-1754 in France and the debate on the nature of the monarchy and of the fundamental laws', dans *Herrschaftsverträge, Wahlkapitulationen, Fundamentalgesetze*, éd. R. Vierhaus (Göttingen, 1977), p.105-20. Voir aussi Rogister, 'Parlementaires, sovereignty, and legal opposition in France under Louis XV: an introduction, dans *Parliaments, estates and representation* 6 (1986), p.25-32; et *Louis XV and the parlement de Paris, 1737-1755* (Cambridge, 1995), ch.6, p.150-88.

[1] Voltaire reprend ici l'entrée en matière du ch.65, lignes 2-4 (notre t.3, p.513-16 et notes). Pour l'altération de la monnaie par Philippe le Bel, voir ch.66 lignes 19-20 (notre t.3, p.537 et n.5).

les chambres des enquêtes et des requêtes représentent précisément
10 les anciens conquérants de la Gaule; l'autre prétend que le
parlement n'a d'autre droit de rendre justice, que parce que les
anciens pairs étaient les juges de la nation, et que le parlement est
appelé *la cour des pairs*. [2]

Un peu d'attention rectifiera ces idées. Il se fit un grand
15 changement en France sous Philippe le Bel au commencement
du quatorzième siècle; c'est que le grand gouvernement féodal et
aristocratique était miné peu à peu dans les domaines du roi de
France; c'est que Philippe le Bel érigea presque en même temps ce
qu'on appela les parlements de Paris, de Toulouse, de Normandie,
20 et les grands jours de Troyes, pour rendre la justice; c'est que le
parlement de Paris était le plus considérable par son grand district,
que Philippe le Bel le rendit sédentaire à Paris, et que Philippe le

---

13-14   54LD-W57G: *pairs.* ¶Ce qui est certain, c'est qu'il se fit

---

[2] Dans les lignes 6-13, Voltaire résume de façon neutre la querelle de plus en plus
envenimée qui opposait, depuis une trentaine d'années déjà, les représentants de la
réaction nobiliaire aux tenants de la thèse royale. Ces premiers prétendaient que la
monarchie s'était faite absolue, puis despotique, aux dépens des prérogatives des
parlements, surtout de celui de Paris, dont la fonction avait été de contrôler la légalité
des initiatives du roi. On voit comment Voltaire a raisonné ici: Boulainvilliers
(*Histoire de l'ancien gouvernement*), héritier de l'aristocratie guerrière, était surtout
conscient du rôle joué par ses ancêtres sur les champs de mars et de mai après la
conquête de la Gaule. Le Paige, avocat janséniste, bailli du Temple, et surtout chef
d'état-major du prince de Conti, avait intérêt à privilégier la cour des pairs. Mais, à
strictement parler, la remarque de Voltaire ('l'un veut que', 'l'autre prétend que')
n'est pas tout à fait exacte. Il est vrai qu'on pouvait faire remonter l'origine du
parlement de Paris, soit aux champs de mars ou de mai des Francs (où l'aristocratie
exerçait le pouvoir de concert avec son roi), soit à la cour des pairs des rois de France
de la troisième race. Mais ces théoriciens, que Voltaire connaissait bien, ne
dédaignaient pas d'utiliser les deux arguments, car pour eux les champs de mars
ou de mai étaient les prédécesseurs directs de la cour des pairs. Le meilleur ouvrage
traitant de ce problème demeure celui de J. Egret, *Louis XV et l'opposition
parlementaire* (Paris, 1970). On peut aussi consulter l'*Histoire du parlement de
Paris*, ch.9, 'Pourquoi le parlement de Paris fut appelé la cour des pairs' (*OCV*,
t.68, p.199-202).

Long le rendit perpétuel.[3] Il était le dépositaire et l'interprète des
lois anciennes et nouvelles, le gardien des droits de la couronne, et
l'oracle de la nation. Mais il ne représentait nullement la nation.   25
Pour la représenter, il faut, ou être nommé par elle, ou en avoir le
droit inhérent en sa personne. Les officiers de ce parlement
(excepté les pairs) étaient nommés par le roi, payés par le roi,
amovibles par le roi.[4]

Ce qu'était le   Le conseil étroit du roi, les états généraux, le parlement étaient   30
parlement de   trois choses très différentes. Les états généraux étaient véritable-
Paris.   ment l'ancien parlement de toute la nation, auxquels on ajouta les
députés des communes. L'étroit conseil du roi était composé des
grands officiers qu'il voulait y admettre, et surtout des pairs du
royaume, qui étaient tous princes du sang: et la cour de justice   35
nommée *parlement*, devenue sédentaire à Paris, était d'abord
composée d'évêques et de chevaliers, assistés de légistes, soit
tonsurés, soit laïques, instruits des procédures.

Pairs.   Il fallait bien que les pairs eussent droit de séance dans cette
cour, puisqu'ils étaient originairement les juges de la nation. Mais   40

25-30   54LD-W57G: nation. ¶Le conseil
37   54LD-W57G: assistés de clercs, soit

[3] Les détails se trouvent dans Daniel (ann.1314) ainsi que dans Velly (ann.1303,
§'Le parlement rendu sédentaire'). C'est en 1305 que Philippe le Bel, concrétisant son
ordonnance de 1302, stipula que le parloir du roi, ou *parlamenta curiae*, s'établirait à
Paris et qu'il rendrait justice deux fois par an, vers Pâques et vers la Toussant. C'est
par le même édit qu'il fonda les parlements de Rouen et Troyes, et – écoutant les
plaintes des états du Languedoc, mécontents des méthodes utilisées pour dispenser la
justice dans ce pays (1302) – constitua à Toulouse un parlement régulier (voir
l'*Histoire du parlement de Paris*, ch.2, p.162). La juridiction du parlement de Paris
(rendu perpétuel en 1318 par Philippe V le Long) s'étendait sur une bonne moitié de
la France, englobant vingt-quatre provinces ou régions.
[4] Voir Le Paige: 'Ces gages montaient pour les personnes les plus distinguées à dix
sols par jour. Ceux des autres étaient d'environ cinq sols' (t.2, p.288-89); Daniel: 'Les
présidents et les conseillers ne le furent pas d'abord en titre; ce n'était que des
commissions, pour lesquelles ils étaient payés par jour. [...] Le roi les changeait
comme il jugeait à propos' (ann.1314). Velly (ann.1303, §'Le parlement rendu
sédentaire') copie Daniel presque mot pour mot.

quand les pairs n'y auraient pas eu droit de séance, elle n'en eût pas moins été une cour suprême de judicature, comme la chambre impériale d'Allemagne est une cour suprême, quoique les électeurs, ni les autres princes de l'empire n'y aient jamais assisté; et
45 comme le conseil de Castille est encore une juridiction suprême, quoique les grands d'Espagne n'aient pas le privilège d'y avoir séance. [5]

Ce parlement n'était pas tel que les anciennes assemblées des champs de mars et de mai dont il retenait le nom. [6] Les pairs eurent le
50 droit à la vérité d'y assister; mais ces pairs n'étaient pas, comme ils le sont encore en Angleterre, les seuls nobles du royaume, c'étaient des princes relevant de la couronne; et quand on en créait de nouveaux, on n'osait les prendre que parmi les princes. La Champagne ayant cessé d'être une pairie, parce que Philippe le
55 Bel l'avait acquise par son mariage, il érigea en pairie la Bretagne et l'Artois. [7] Les souverains de ces Etats ne venaient pas sans

Différence entre parlement, cour de justice, et parlement de la nation.

48-61   MSP *ch.41*, 53-54N: Ce parlement [β] assemblées de la nation dont il [β] parmi des souverains. La Champagne [β] [53-54N: sédentaire. Ce nouveau] d'abord quatre fois l'an. [β] séances. ¶Bientôt après cette compagnie fut rendue perpétuelle. [β *ligne 69 var. suit*]

[5] Dans ces lignes (39-47), Voltaire réaffirme son opposition aux prétentions d'une certaine aristocratie mécontente qui ne pouvait oublier que la justice fut jadis administrée en France, dans le parlement ou 'parloir du roi', par le souverain et les pairs. Pour miner encore plus ses prétentions désuètes, il attire l'attention sur le conseil de Castille, également fondé à l'époque de la féodalité (1385), qui était le gardien de la justice, mais où l'aristocratie espagnole n'avait jamais joué de rôle prépondérant, comme sur la Chambre impériale (1473) qui était également une cour de justice où à l'origine on trouvait des aristocrates, mais où, à partir de 1548, on ne trouvait que des jurisconsultes.

[6] Ici Voltaire prend le contre-pied de Boulainvilliers (t.1, p.210, 214; marques au crayon en marge, *CN*, t.1, p.446). Chez les Francs, les assemblées des champs de mars étaient à l'origine plutôt guerrières que législatives. Par la suite elles eurent un cachet plus paisible: on y promulguait les lois et y rendait la justice. Un instant interrompues sous les derniers mérovingiens, elles furent rétablies par Pépin en 755, qui les renvoya au mois de mai. Sous son règne, ces champs de mai devinrent éminemment législatifs. Ce fut là que Charlemagne édicta la plupart de ses *Capitulaires*.

[7] Détails puisés dans Boulainvilliers, t.2, p.40-41, 50-51; *CN*, t.1, p.464.

doute juger des causes au parlement de Paris, mais plusieurs évêques y venaient.

Ce nouveau parlement s'assemblait d'abord deux fois l'an. [8] On changeait souvent les membres de cette cour de justice, et le roi les payait de son trésor pour chacune de leurs séances.

Pourquoi cour souveraine. On appela ces parlements, *cours souveraines*; le président s'appelait le souverain du corps, ce qui ne voulait dire que le chef; témoin ces mots exprès de l'ordonnance de Philippe le Bel; *Que nul maître ne s'absente de la chambre sans le congé de son souverain.* [9] Je dois encore remarquer qu'il n'était pas permis d'abord de plaider par procureur; il fallait venir *ester à droit* soi-même, à moins d'une dispense expresse du roi.

Evêques exclus de cette cour. Si les prélats avaient conservé leur droit d'assister aux séances de cette compagnie toujours subsistante, elle eût pu devenir à la

60

65

70

69-85   MSP *ch.41*, 53-54N: Si [β] compagnie, sa puissance serait devenue trop redoutable. Ils en furent exclus [β] 1320. Avant cette exclusion les prélats présidaient [53-54N: exclusion ils présidaient] au parlement et avaient la préséance sur le chancelier. Le premier [53-54N: parlement. Le premier] laïc [β] [53-54N: compagnie fut] un comte de Bourgogne. Tous les hommes [β] noblesse, mais les nobles [β] justice. ¶Ces établissements des parlements furent en France le premier coup porté au gouvernement féodal. Mais les rois n'étaient pas encore assez puissants pour tenir toujours comme aujourd'hui sous le drapeau des troupes soudoyées, et pour se passer des services de fief. Le corps de la noblesse était diminué par les guerres des croisades, et par l'extinction de plusieurs familles. Il fallut de nécessité créer de nouveaux nobles. Philippe le Bel fut le premier qui anoblit les roturiers et il faut avouer que s'il n'avait pas ainsi renouvelé la source qui tarissait, il n'y aurait pas actuellement 300 maisons nobles en France. On peut dire qu'il y en aurait bien moins en Angleterre, si l'on avait pas employé la même ressource. Enfin [53-54N: roturiers. On employa la même ressource en Angleterre, enfin] en Allemagne même, si les empereurs n'avaient pas fait de nouveaux princes et de nouveaux gentilshommes, s'il n'y avait de noble que ceux qui prouveraient la possession de leurs châteaux du temps de Frédéric Barberousse, croit-on qu'on en trouvât un grand nombre? [53-54N: trouvât beaucoup?] [β *ch.60*, *ligne 1 var. suit*]
70-71   54LD-W57G: elle fût devenue une assemblée

5

10

15

[8] Voir Boulainvilliers: 'La coutume du temps était de tenir deux parlements chaque année' (t.1, p.228; marque au crayon en face, *CN*, t.1, p.449).
[9] Il s'agit de l'Ordonnance du 23 mars 1302 (voir *Ordonnances des rois de France de la troisième race*, Paris, 1723, t.1, p.356) qui établissait les parlements de Paris et de

316

longue une assemblée d'états généraux perpétuelle. Les évêques en furent exclus sous Philippe le Long en 1320. [10] Ils avaient d'abord présidé au parlement, et précédé le chancelier. Le premier laïque qui présida dans cette compagnie par ordre du roi en 1320, fut un
75 haut-baron comte de Boulogne possédant les droits régaliens, en un mot un prince. Tous les hommes de loi ne prirent que le titre de conseiller, jusque vers l'an 1350. Ensuite les jurisconsultes étant devenus présidents, ils portèrent le manteau de cérémonie des chevaliers. Ils eurent les privilèges de la noblesse; on les appela
80 souvent *chevaliers ès lois*. [11] Mais les nobles de nom et d'armes

74-76   54LD-W57G: fut un comte de Boulogne. Tous les

Toulouse, l'Echiquier de Rouen et les Grands Jours de Troyes (voir E. Pasquier, *Œuvres*, Amsterdam, 1723, BV2657, t.1, col.49-52). Mais nulle trace, soit ici soit dans les sources habituelles de Voltaire, de cette formule précise. Parmi les 36 articles régissant la conduite des membres du parlement, on trouve évidemment des injonctions (voir plus spécialement l'art.25) concernant leur assiduité.

[10] Velly: 'Le parlement sous Philippe le Long [...] était à peu près composé du même nombre d'officiers, il n'y fit d'autre changement que d'en exclure les prélats, *se faisant conscience*, dit-il, *de les empêcher de vaquer au gouvernement de leurs spiritualités* [avec note infrapaginale: 'Cette Ordonnance est du 3 décembre 1319']' (ann.1303, §'Le parlement rendu sédentaire'). Initiative déjà mentionnée au ch.75, ci-dessus (voir lignes 176-77 et n.42). Voltaire avait là-dessus une autre source à sa disposition: les *Œuvres* de Pasquier (voir n.9), où il avait remarqué cette même ordonnance (t.1, col.52; signet, *CN*, t.6, p.220-21: 'ordre donné au / parle<ment> / par délibération / du grand conseil / 8 clercs 12 laïques').

[11] C'est Boulainvilliers qui décrit le pourquoi de la transformation des clercs en chevaliers ès lois (t.1, p.328-30; traits au crayon en marge, *CN*, t.1, p.460). Voltaire avait également à sa disposition G.-A. La Roque de La Lontière, *Traité de la noblesse et de toutes ses différentes espèces* (Rouen, 1734, BV1929). Cet exemplaire porte de nombreuses traces de lecture là où il s'agit des parlements et de la noblesse parlementaire (voir *CN*, t.5, plus spécialement p.208, papillon sur le passage suivant: 'La chevalerie n'est pas tellement affectée aux armes, qu'elle ne puisse être communiquée aux belles-lettres; car il se remarque qu'il y avait des chevaliers en loix, de même qu'en armes'). Le parloir du roi était composé de vassaux et de clercs; progressivement (à cause de la Grande Ordonnance de 1254) – la procédure prenant un aspect de plus en plus technique – les vassaux en disparaissent, et ce sont les clercs ou les maîtres, à la solide culture juridique, qui y jouent un rôle de plus en plus

affectèrent toujours de mépriser cette noblesse paisible. Les descendants des hommes de loi ne sont point encore reçus dans les chapitres d'Allemagne. C'est un reste de l'ancienne barbarie, d'attacher de l'avilissement à la plus belle fonction de l'humanité, celle de rendre la justice.   85

Roture en   On objecte que ce n'est pas la fonction de rendre la justice qui les
parlement. avilissait, puisque les pairs et les rois la rendaient, mais que des hommes nés dans une condition servile, introduits d'abord au parlement de Paris pour instruire les procès, et non pour donner leurs voix, et ayant prétendu depuis les droits de la noblesse, à qui   90 seule il appartenait de juger la nation, ne devaient pas partager avec cette noblesse des honneurs incommunicables. Le célèbre Fénélon, archevêque de Cambrai, dans une lettre à notre Académie française, nous écrit que pour être digne de faire l'histoire de France, il faut être versé dans nos anciens usages; qu'il faut savoir,   95 par exemple, que les conseillers du parlement furent originairement des serfs qui avaient étudié nos lois, et qui conseillaient les nobles dans la cour du parlement. [12] Cela peut être vrai de quelques-uns élevés à cet honneur par le mérite; mais il est plus

85-150   54LD-W57G: justice. ¶Ce fut

---

prépondérant. Le terme *chevalier* est utilisé par Daniel, qui raconte que 'dans les actes', Guillaume de Nogaret a 'la qualité de chevalier' (tout comme Pierre Flotte), 'et en même temps celle de professeur aux lois' (ann.1303). C'est au XIVe siècle que l'usage du terme se généralise. Sur ces transformations, voir aussi l'*Histoire du parlement de Paris*, ch.3 (p.164-69).

[12] Souvenir imprécis de la *Lettre à l'Académie* de Fénelon où Voltaire avait autrefois lu: 'Il faut connaître l'origine des fiefs, le service des feudataires, l'affranchissement des serfs, l'accroissement des communautés, l'élévation du tiers état, l'introduction des clercs praticiens pour être les conseillers des nobles peu instruits des lois' (éd. E. Caldarini, Genève, 1970, p.116-17). Voir aussi ch.58 (notre t.3, p.384, lignes 183-85 et n.34). S'il nous faut identifier la source de cette déclaration, cherchons plutôt du côté de Boulainvilliers: 'j'avouerai [...] que je ne suis pas si prévenu contre l'usage que je prétends [...] rejeter la magistrature et les députés du tiers état au rang des serfs dont ils sont sortis' (t.3, p.202; marque au crayon en marge, *CN*, t.1, p.490). Rien d'étonnant car, pour Boulainvilliers, tous – à l'exception des nobles francs – n'avaient été à l'origine que cela: des serfs.

100 vrai encore que la plupart n'étaient point serfs, qu'ils étaient fils de
bons bourgeois dès longtemps affranchis, vivant librement sous la
protection des rois, dont ils étaient bourgeois. Cet ordre de
citoyens en tout temps et en tout pays, a plus de facilités pour
s'instruire que les hommes nés dans l'esclavage.

105 Ce tribunal était, comme vous savez, ce qu'est en Angleterre la
cour appelée *du banc du roi*.[13] Les rois anglais, vassaux de ceux de
France, imitèrent en tout les usages de leurs suzerains. Il y avait un
procureur du roi au parlement de Paris, il y en eut un au banc du roi
d'Angleterre; le chancelier de France peut présider aux parlements
110 français, le chancelier d'Angleterre au banc de Londres. Le roi et
les pairs anglais peuvent casser les jugements du banc, comme le roi
de France casse les arrêts du parlement en son conseil d'Etat, et
comme il les casserait avec les pairs, les hauts-barons et la noblesse
dans les états généraux qui sont le parlement de la nation. La cour
115 du banc ne peut faire de lois, de même que le parlement de Paris
n'en peut faire. Ce même mot de banc prouve la ressemblance
parfaite; le banc des présidents a retenu son nom chez nous, et nous
l'appelons encore aujourd'hui *le grand banc*.

La forme du gouvernement anglais n'a point changé comme la
120 nôtre, nous l'avons déjà remarqué.[14] Les états généraux anglais ont
subsisté toujours. Ils ont partagé la législation; les nôtres rarement
convoqués sont hors d'usage.[15] Les cours de justice appelées parmi
nous *parlements*, étant devenues perpétuelles, et s'étant enfin
considérablement accrues, ont acquis insensiblement, tantôt par
125 la concession des rois, tantôt par l'usage, tantôt même par le

*Parlement de
Paris semblable
au banc du roi
d'Angleterre.*

[13] Sur la cour du banc du roi, voir ci-dessus, ch.76, ligne 28 et n.10.

[14] Voir ci-dessus, ch.76.

[15] Réunis une première fois en 1302, les états généraux ne furent en principe
convoqués qu'en temps de grave crise, soit financière, soit diplomatique, comme
cela s'était produit en 1302 lors de l'affrontement de Philippe le Bel et Boniface VIII,
et comme, par exemple, lors de l'abolition des templiers (1308), de l'ordonnance
limitant les pouvoirs du roi (1355-1356), ou de la ratification du traité de Troyes
(1420). Les états généraux étant inactifs depuis 1614-1615, le parlement de Paris
prétendait être le seul corps habilité à représenter la nation dans la formation de la
loi.

malheur des temps, des droits qu'ils n'avaient ni sous Philippe le
Bel, ni sous ses fils, ni sous Louis XI. [16]

Lustre du parlement. Le plus grand lustre du parlement de Paris vint de la coutume
que les rois de France introduisirent, de faire enregistrer leurs
traités et leurs édits à cette chambre du parlement sédentaire, afin   130
que le dépôt en fût plus authentique. [17] D'ailleurs cette chambre
n'entrait dans aucune affaire d'Etat ni dans celles des finances. Tout
ce qui regardait les revenus du roi et les impôts, était incontestablement du ressort de la chambre des comptes. Les premières
remontrances du parlement sur les finances sont du temps de   135
François Ier. [18]

[16] Au début des années 1760, date de la longue addition dont cette remarque fait
partie (lignes 85-149), il est probable (malgré la référence à Louis XI) que Voltaire
pense en particulier au *droit de remontrance* et à son élasticité progressive. Les
premières remontrances écrites, touchant les privilèges de l'Eglise gallicane, furent
adressées en 1461 à Louis XI à propos de l'abolition de la Pragmatique sanction
(1438). En évoquant la 'concession des rois', Voltaire fait sans doute allusion aux
rapports prétendument cordiaux entretenus par le souverain avec son parlement.
Depuis l'époque des injonctions, injonctions mérovingiennes répétées par
Philippe VI de Valois, Charles VI ou Louis XII, le parlement avait traditionnellement le devoir de veiller à ce que son roi ne fît rien qui blessât la justice et les lois
équitables de la nation (voir, par exemple, Le Paige, t.1, p.93-98, 151-52). D'où, par
voie de conséquence, le droit de remontrer (que Voltaire ne conteste pas: voir
ch.114). Remarquons que c'est en 1760, dans *Le Russe à Paris* (*M*, t.10, p.123), que
Voltaire (répétant avec plus de discrétion son jugement sur 'les impertinentes
remontrances que cette compagnie a faites', D8283) fait preuve d'un malaise certain
quant à leur nature perturbatrice.

[17] A l'époque où écrit Voltaire, les points de vue sur les raisons de l'enregistrement, et de la date de la pratique, varient évidemment selon les positions politiques
des intéressés. Le Paige considère cette pratique comme très ancienne (p.85-92);
Voltaire la date très précisément de 1334 (voir l'art. 'Parlement de France' des *QE*,
§'Parlement – droit d'enregistrer', *M*, t.20, p.169-71).

[18] Afin de financer sa campagne d'Italie, François Ier imagina (outre l'expédient de
vendre vingt charges de magistrature) d'acheter à l'église de Saint-Martin-de-Tours
la grande clôture d'argent massif, pesant 11 000 livres, dont Louis XI avait entouré le
tombeau de saint Martin. Les moines et les chanoines, pour assurer leur paiement sur
le domaine du roi, voulurent que le marché fût enregistré au parlement. Le 20 juin
1522, le roi y envoya les lettres patentes pour l'enregistrement de l'achat. Mais le
parlement refusa de les publier, alléguant l'opportunité de prévenir un procès entre le
domaine du roi et les gens d'Eglise.

Tout change chez les Français, beaucoup plus que chez les autres peuples. Il y avait une ancienne coutume, par laquelle on n'exécutait aucun arrêt portant peine afflictive, que cet arrêt ne fût signé du souverain. [19] Il en est encore ainsi en Angleterre, comme en beaucoup d'autres Etats; rien n'est plus humain et plus juste. Le fanatisme, l'esprit de parti, l'ignorance, ont fait condamner à mort plusieurs citoyens innocents. Ces citoyens appartiennent au roi, c'est-à-dire, à l'Etat; on ôte un homme à la patrie, on flétrit sa famille, sans que celui qui représente la patrie le sache. Combien d'innocents accusés d'hérésie, de sorcellerie, et de mille crimes imaginaires, auraient dû la vie à un roi éclairé! [20]

[19] Nous ne savons si Voltaire eut besoin d'une source livresque pour cette information car au XVIIIe siècle elle était aussi dans le domaine public.

[20] A l'époque où Voltaire écrivait, l'hérésie et la sorcellerie n'étaient plus considérées que comme des crimes de lèse-majesté divine au premier chef (voir P.-F. Muyart de Vouglans, *Institutes au droit criminel*, Paris, 1757, BV2541, p.432-33, 439-42), passibles des foudres de l'Eglise. Les époques antérieures n'avaient pas été aussi indulgentes, comme Voltaire le savait. Des ordonnances d'Henri II (1551), de François II (1559) et de Charles IX (1566) n'avaient-elles pas déclaré (venant ainsi reconnaître que l'Etat, dans ce domaine, prêtait main forte à l'Eglise depuis des siècles) que les hérétiques constituaient désormais des *cas royaux*, donc des crimes de lèse-majesté passibles de la peine de mort? Dans combien de ses textes Voltaire ne condamne-t-il pas, par exemple, l'exécution, sous ce chef, de Jeanne d'Arc (1431) et d'Anne Dubourg (1559)? Quant à la punition réservée à la sorcellerie, c'est depuis des décennies aussi que Voltaire la condamne, très souvent en se servant d'exemples tirés plutôt du XVIIe siècle car à cette époque la croyance à la sorcellerie était courante, et les condamnations nombreuses. Voila pourquoi il cite souvent le procès du P. Louis Gaufridi (1611), condamné à Marseille pour avoir introduit le démon dans un couvent d'Ursulines, de la maréchale d'Ancre (1617), des prétendus sorciers de Nérac (1620), du médecin Poirot (1622), accusé à Nancy d'avoir ensorcelé une grande dame, et le trop célèbre procès d'Urbain Grandier (1634), curé de Loudun (voir, par exemple, *La Pucelle d'Orléans*, chant 3, *OCV*, t.7, p.307; et *Sur les contradictions de ce monde*, *OCV*, t.28B, p.63. Voici d'ailleurs ce que Voltaire disait de la sorcellerie dans *La Henriade*, chant 5: 'On trouvait partout des hommes assez sots pour se croire magiciens, et des juges superstitieux qui les punissaient de bonne foi comme tels', *OCV*, t.2, p.488). Voltaire combattra ces deux aberrations, censément criminelles, jusqu'à la fin de sa vie (voir le *Prix de la justice et de l'humanité*, *OCV*, t.80B, p.87-95, 96-111). En disant d'ailleurs que la punition impitoyable de tels 'crimes' ôtait 'un homme à la patrie' (ligne 144), Voltaire préconise cette vision utilitaire du code pénal qui deviendra un lieu commun des Lumières (voir

Loin que Charles VI fût éclairé, il était dans cet état déplorable qui rend un homme le jouet des hommes.

Charles VII condamné au parlement de Paris.

Ce fut dans ce parlement perpétuel établi à Paris au palais de Saint-Louis, que Charles VI tint le 23 décembre 1420, ce fameux lit de justice, en présence du roi d'Angleterre Henri V; ce fut là qu'il nomma *son très aimé fils Henri héritier régent du royaume.* Ce fut là que le propre fils du roi ne fut nommé que *Charles soi-disant dauphin*, et que tous les complices du meurtre de Jean Sans Peur duc de Bourgogne, furent déclarés criminels de lèse-majesté, et privés de toute succession. Ce qui était en effet condamner le dauphin sans le nommer. [21]

Il y a bien plus; on assure que les registres du parlement sous l'année 1420, portent que précédemment le dauphin (depuis Charles VII) avait été ajourné trois fois à son de trompe au mois de janvier, et condamné par contumace au bannissement perpétuel; *de quoi*, ajoute ce registre, *il appela à Dieu et à son épée.* [22] Si le registre est véritable, il se passa donc près d'une année entre la condamnation et le lit de justice, qui ne confirma que trop ce funeste arrêt. Il n'est point étonnant qu'il ait été porté. Philippe duc de Bourgogne, fils du duc assassiné, était tout-puissant dans Paris; la mère du

150

155

160

165

C. Mervaud, 'Sur le testament judiciaire de Voltaire: le *Prix de la justice et de l'humanité* et le *Traité des crimes* de Pierre-François Muyart de Vouglans', dans *Voltaire, la tolérance et la justice*, éd J. Renwick, Louvain, 2011, p.389-409).

[21] Il s'agit ici de l'assassinat de Jean Sans Peur, duc de Bourgogne, le 10 septembre 1419 (voir ci-dessus, ch.79). La source générale la plus probable de ces lignes est Rapin de Thoyras (*Histoire d'Angleterre*, La Haye, 1724; nouv. éd. citée, N. Tindal, Paris, 1749, BV287, livre 11, ann.1420, t.4, p.153-54), qui – tout comme un Voltaire beaucoup plus discret – s'insurge contre l'assertion de Mézeray (*Abrégé chronologique*, Amsterdam, 1673-1674, BV2443; 1701, BV2444), selon laquelle le dauphin fut nommément déclaré indigne de succéder à la couronne, et banni du royaume à perpétuité. Rapin estime que la condamnation fut d'ordre général. Les dénominations en italique données au dauphin (lignes 154-55) et à Henri V (153) se trouvent toutefois telles quelles dans les *Remarques historiques et critiques sur l'Histoire d'Angleterre* [de Rapin] de N. Tindal (La Haye, 1733), t.2, p.155, 156.

[22] Sur cette condamnation, voir ci-dessus, ch.79, lignes 218, 230. Voir aussi Rapin, livre 11, ann.1420, t.4, p.254, manchette: 'Le dauphin en appelle à Dieu et à son épée.'

dauphin était devenue pour son fils une marâtre implacable; le roi privé de sa raison était entre des mains étrangères; et enfin le
170 dauphin avait puni un crime par un crime encore plus horrible, puisqu'il avait fait assassiner à ses yeux son parent Jean de Bourgogne, attiré dans le piège sur la foi des serments. [23] Il faut encore considérer quel était l'esprit du temps. Ce même Henri V roi d'Angleterre et régent de France avait été mis en prison à
175 Londres étant prince de Galles, sur le simple ordre d'un juge ordinaire auquel il avait donné un soufflet lorsque ce juge était sur son tribunal. [24]

On vit dans le même siècle un exemple atroce de la justice poussée jusqu'à l'horreur. Un ban de Croatie ose juger à mort et
180 faire noyer la régente de Hongrie Elizabeth, coupable du meurtre du roi Charles de Durazzo. [25]

Le jugement du parlement contre le dauphin était d'une autre espèce: il n'était que l'organe d'une force supérieure. On n'avait point procédé contre Jean duc de Bourgogne, quand il assassina le
185 duc d'Orléans, [26] et on procéda contre le dauphin pour venger le meurtre d'un meurtrier.

On doit se souvenir, en lisant la déplorable histoire de ce temps-là, qu'après le fameux traité de Troyes qui donna la France au roi Henri V d'Angleterre, il y eut deux parlements à la fois, comme on
190 en vit deux du temps de la Ligue près de deux cents ans après; mais

On n'osa procéder contre le duc de Bourgogne puissant, et on procède contre le dauphin persécuté. Toutes les charges doubles en France sous Charles VII.

190   54LD-W75G: de trois cents

[23] Sur ces matières, voir ci-dessus, ch.79, ligne 192 et note.

[24] Voir Rapin, livre 11, ann.1413, t.4, p.75, 'Ses excès ne font point perdre la bonne opinion qu'on a de lui'.

[25] Voir ch.71, 119, ainsi que les *Annales de l'Empire* (p.425). Elisabeth de Bosnie ou Elizabeta Kotromanic (1340-1387), régente de Hongrie, ayant mécontenté certains notables du pays, ceux-ci invitèrent Charles de Durazzo à prendre la couronne (31 décembre 1385) aux dépens de la fille d'Elisabeth, Marie Ire d'Anjou (1371-1395). Elisabeth le fit arrêter et assassiner le 24 février 1386. Les deux femmes furent prises et jugées par le comte de Hornac, ban de Croatie ('ce ban était ce qu'on appelle en Hongrie *comte suprême*, commandant les armées, et rendant la justice', *EM*, ch.119).

[26] Pour l'assassinat du duc d'Orléans en 1407, voir ci-dessus, ch.79.

tout était double dans la subversion qui arriva sous Charles VI. Il y avait deux rois, deux reines, deux parlements, deux universités de Paris; et chaque parti avait ses maréchaux et ses grands officiers.[27]

Usages dans les jugements des pairs. J'observe encore que dans ces siècles, quand il fallait faire le procès à un pair du royaume, le roi était obligé de présider au jugement. Charles VII, la dernière année de sa vie, fut lui-même selon cette coutume à la tête des juges qui condamnèrent le duc d'Alençon;[28] coutume qui parut depuis indigne de la justice et de la majesté royale, puisque la présence du souverain semblait gêner les suffrages, et que dans une affaire criminelle cette même présence, qui ne doit annoncer que des grâces, pouvait commander les rigueurs.

Enfin je remarque que pour juger un pair il était essentiel d'assembler des pairs. Ils étaient ses juges naturels. Charles VII y ajouta des grands officiers de la couronne dans l'affaire du duc d'Alençon; il fit plus, il admit dans cette assemblée des trésoriers de France, avec les députés laïques du parlement.[29] Ainsi tout change. L'histoire des usages, des lois, des privilèges, n'est en beaucoup de pays, et surtout en France, qu'un tableau mouvant.

C'est donc une idée bien vaine, un travail bien ingrat, de vouloir tout rappeler aux usages antiques, et de vouloir fixer cette roue que le temps fait tourner d'un mouvement irrésistible.[30] A quelle époque

195

200

205

210

[27] Pour le traité de Troyes, voir ci-dessus, ch.79. Après le jugement du parlement, le dauphin se retira au-delà de la Loire et établit à Poitiers son propre parlement. La formulation des lignes 191-93 ressemble à celle de Mézeray: 'Ainsi presque tout fut double dans le royaume, il y avait deux rois, deux régents, deux parlements, deux connétables, deux chanceliers, deux amiraux, et ainsi de tous les grands officiers, sans parler de la multitude des maréchaux de France' (ann.1420).

[28] Voir ci-dessus, ch.80, lignes 181-208 var. et n.46.

[29] La source la plus probable de tout ce développement demeure Boulainvilliers (t.3, p.130-32): 'On peut voir par le détail de cette séance combien est vraie la remarque souvent faite dans mes précédentes, qu'il n'y a eu parmi nous depuis longtemps aucun système réglé non plus pour les rangs que pour la jurisprudence' (p.132).

[30] Attaque frontale, mais discrète contre Boulainvilliers, car c'est là la plainte éternelle de ce dernier dans ses ouvrages historiques.

faudrait-il avoir recours? est-ce à celle où le mot de *parlement*
signifiait une assemblée de capitaines francs, qui venaient en plein
215 champ régler au premier de mars les partages des dépouilles? est-ce
à celle où tous les évêques avaient droit de séance dans une cour de
judicature, nommée aussi *parlement?* A quel siècle, à quelles lois
faudrait-il remonter? à quel usage s'en tenir? Un bourgeois de
Rome serait aussi bien fondé à demander au pape des consuls, des
220 tribuns, un sénat, des comices, et le rétablissement entier de la
république romaine; et un bourgeois d'Athènes pourrait réclamer
auprès du sultan, l'ancien aréopage et les assemblées du peuple, qui
s'appelaient *églises.*[31]

217   54LD-W68: *parlement?* Est-ce au temps où le baronage tenait en esclavage
les communes? A quel siècle
222-23   54LD-W57G: du peuple.//

[31] La notion que tout change inéluctablement dans tous les domaines est
omniprésente chez Voltaire. Visible dès 1721 (*A S.A.S. Monsieur le duc d'Orléans*,
OCV, t.1B, p.449) et dans *La Henriade*, chant 7 (*OCV*, t.2, p.535), elle est toujours là
à la fin de sa vie (*Fragments historiques sur l'Inde*, art.20, *OCV*, t.75B, p.186; *Dialogue
de Pégase et du vieillard*, M, t.10, p.201; *Commentaire sur l'Esprit des lois*, 32, *OCV*,
t.80B, p.370). Les exemples précis que propose Voltaire sont à leur tour assez
fréquents (voir, par exemple, le *Dialogue entre Marc-Aurèle et un récollet*, *OCV*,
t.32A, p.121-41; l'*Histoire du parlement de Paris*, ch.3, p.167). *Eglise*: variation
populaire du latin ecclésiastique qui prend sa source dans le vocable ἐχχλησία qui
signifiait tout simplement la principale *assemblée* dans l'Athènes politique des VIe et
Ve siècles av. J.-C. Voir aussi ci-dessus, ch.72, n.29.

CHAPITRE 86

Du concile de Basle tenu du temps de l'empereur Sigismond, et de Charles VII, au quinzième siècle.

Ce que sont des états généraux pour les rois, les conciles le sont pour les papes; mais ce qui se ressemble le plus, diffère toujours.

a-219 [*Première rédaction de ce chapitre*: MSP]
a MSP: Chapitre 59
54LD: Chapitre 5
w56-w57G: Chapitre 73
61: Chapitre 82
b-c MSP, 54LD-61: *Du concile de Bâle tenu du temps de Charles VII.//*

* Même s'il permet à Voltaire de continuer à parler de la France sous Charles VII, ce chapitre, présent dans la version manuscrite et dans le t.3 de 1754, est essentiellement consacré aux questions religieuses et au schisme entre Eglise d'Orient et Eglise d'Occident, partiellement résolu par le concile de Bâle. La principale source de Voltaire est l'*Histoire ecclésiastique* de Fleury. Bien qu'il le suive pour l'essentiel au niveau des faits, il taille cependant à très grands traits dans la masse de ses informations et recompose le récit chronologique en massifs thématiques: d'abord centré sur l'opposition entre les Pères du concile et le pape – s'interrogeant ainsi sur les rapports de pouvoir au sein de l'Eglise – le chapitre illustre ensuite cette lutte par le biais de la réconciliation (provisoire) avec l'Eglise d'Orient et des manœuvres d'Eugène IV pour asseoir son pouvoir. Ces démêlés sont complétés en 1761 par un récit (lignes 98-125) qui nuance les succès du pape en mettant en valeur les suites du concile côté grec, et qui s'appuie sur le t.8 (Paris, 1674) de l'*Histoire de Constantinople* de L. Cousin (BV891). Puis Voltaire revient sur les règlements pris par les Pères schismatiques, dont s'inspire Charles VII afin de poser les fondements de l'Eglise gallicane. Enfin, il a développé la version présente dans MSP en ajoutant dans l'imprimé de 1754 deux paragraphes traitant de l'hérésie hussite, qui occupait une très grande place dans le récit chronologique de Fleury. Les points de doctrine impliqués par ces différends importent cependant moins à l'historien que l'enseignement qu'il en tire sur les variations de l'histoire: les mêmes faits n'ont pas toujours les mêmes conséquences, et le fanatisme religieux qui entraîna la condamnation de Jean Hus ou de Jérôme de Prague peut être vite oublié par ceux-là mêmes qui l'ont employé. Si l'histoire varie, l'histoire de l'Eglise varie plus encore. Voltaire puise également des détails dans F. Bruys, *Histoire des papes* (La Haye, 1732-1734, BV563),

Dans les monarchies tempérées par l'esprit le plus républicain, les
états ne se sont jamais crus au-dessus des rois, quoiqu'ils aient
déposé leurs souverains dans des nécessités pressantes ou dans des 5
troubles. [1] Les électeurs qui déposèrent l'empereur Venceslas ne se
sont jamais crus supérieurs à un empereur régnant. [2] Les *cortes*
d'Arragon disaient au roi qu'ils élisaient, *Nos que valemos tanto
como vos, y que podemos mas que vos*; [3] mais quand le roi était
couronné, ils ne s'exprimaient plus ainsi, ils ne se disaient plus 10
supéreurs à celui qu'ils avaient fait leur maître.

Mais il n'en est pas d'une assemblée d'évêques de tant d'Eglises
également indépendantes, comme du corps d'un Etat monarchique. Ce corps a un souverain, et les Eglises n'ont qu'un premier
métropolitain. [4] Les matières de religion, la doctrine, et la discipline 15
Si un concile a le ne peuvent être soumises à la décision d'un seul homme au mépris
droit de déposer du monde entier. Les conciles sont donc supérieurs aux papes dans

6-12   MSP: troubles. L'ancienne formule même des états d'Arragon était: 'Nous
qui valons autant que vous, et non pas nous qui valons plus que vous.' Mais

---

t.4; L.-E. Dupin, *Histoire des controverses et des matières ecclésiastiques* (Paris, 1701,
BV1165); J. Lenfant, *Poggiana, ou la vie, le caractère, les sentences, et les bons mots de
Pogge Florentin* (Amsterdam, 1720, BV2776), t.1; A. Sylvius, *De Bohemorum origine
ac gestis historia*, dans J. Dubravius, *Historia bohemica à Cl. V. Thoma Jordano*
(Francfort, 1687).

[1] Voltaire a évoqué à plusieurs reprises ce genre de déchéance royale. Le premier
à encourir l'extrême déplaisir de ses sujets fut Jean Sans Terre. En 1216 les pairs (non
encore constitués en parlement il est vrai) le jugèrent indigne de régner, et invitèrent
Louis de France (le futur Louis VIII) à prendre la couronne d'Angleterre (voir notre
t.3, p.235-41). Les rois qui furent légalement déposés en bonne et due forme par le
parlement sont Edouard II, Richard II et Henri VI (voir ci-dessus, respectivement,
ch.75, lignes 50-83; ch.78, lignes 115-37; ch.80, lignes 151-53; et ch.115).

[2] Voir ci-dessus, ch.70, lignes 115-31 et notes.

[3] Citation de 'la formule de l'inauguration' des rois d'Arragon, au XIIe et
XIIIe siècles, donnée sous une forme incomplète dans la version manuscrite et
que Voltaire cite intégralement dans les éditions imprimées (voir ch.64, notre t.3,
lignes 175-76 et n.34).

[4] Métropolitain: 'adjectif, archiépiscopal. Il est aussi substantif et alors il se prend
pour archevêque' (*Dictionnaire de l'Académie*, éd. 1694).

le même sens que mille avis doivent l'emporter sur un seul. Reste à *un pape, un*
savoir, s'ils ont le droit de le déposer, comme les diètes [5] de Pologne *évêque prince.*
20 et les électeurs de l'empire allemand ont le droit de déposer leur
souverain.

Cette question est de celles que la raison du plus fort peut seule
décider. [6] Si d'un côté un simple concile provincial peut dépouiller
un évêque, [7] une assemblée du monde chrétien peut à plus forte
25 raison dégrader l'évêque de Rome. Mais de l'autre côté cet évêque
est souverain. [8] Ce n'est pas un concile qui lui a donné son Etat;

[5] La philosophie, ou la raison d'être politique des conciles remonte au IVe siècle (à
commencer par celui de Nicée en 325). Comme le dit Voltaire: 'Les empereurs
restèrent les juges suprêmes de tout, hors du dogme. Ils convoquèrent les conciles.
Les papes de Rome continuèrent la pratique des empereurs' (ch.14, notre t.2, p.251-
52, lignes 110-20). D'où il s'ensuivait que: 'Les conciles se regardaient comme les
états généraux de l'Europe, juges des papes et des rois' (*Annales de l'Empire*, p.443).
Mais avec l'accroissement de la puissance temporelle des papes (voir l'art. 'Rome
(cour de)' des *QE*, *M*, t.20, p.377-81), certains d'entre eux manifestèrent des velléités
d'autorité sur les conciles mêmes, ce qui causa la chute, par exemple, de l'antipape
Jean XXIII (voir ci-dessus, ch.72) et − comme Voltaire l'expliquera dans ce
chapitre − d'Eugène IV. La diète générale des Etats du royaume de Pologne élisait
ses rois dont les pouvoirs étaient sérieusement entravés, tout comme les princes-
électeurs de la bulle d'or élisaient les empereurs dont ils étaient politiquement
indépendants. Très peu de rois ou d'empereurs furent déposés. On peut citer d'une
part la déposition d'Henri d'Anjou (futur Henri III de France), qui abandonna la
couronne en quittant Cracovie le 18 juin 1574, et de Stanislas Ier Leszczynski en juillet
1709; d'autre part, les princes-électeurs déposèrent Venceslas Ier, dit l'Ivrogne, en
août 1400 (voir ci-dessus, ch.70).

[6] Leçon pragmatique que l'*EM* ne cesse de répéter: voir, par exemple, ch.1 (notre
t.2, p.95), ch.24 (p.366, 374), ch.25 (p.386), ch.32 (p.461), ch.33 (p.467 et *passim*).

[7] On trouve un seul exemple chez Voltaire de cette procédure (voir l'art.
'Décrétales' de *L'Opinion en alphabet*, *M*, t.18, p.319-20). Le concile de Trente
essaya de retirer aux évêques le droit de juger, au sein des conciles provinciaux, leurs
confrères accusés, mais les Français, outrés par cette ingérence jugée indue,
contrecarrèrent la tentative, car il s'agissait d'une des libertés de l'Eglise gallicane
jalousement et constamment protégées. Les sources où Voltaire aurait pu trouver ce
détail sont nombreuses: par exemple, Louis d'Héricourt du Vatier, *Les Lois
ecclésiastiques de France dans leur ordre naturel* (Paris et Douai, 1721, p.51-53).

[8] Ce double statut des papes, qui est à l'origine de leur puissance, est longuement
examiné dans le ch.13 (notre t.2, p.228-43).

comment des conciles peuvent-ils le lui ravir, quand ses sujets sont contents de son administration? Un électeur ecclésiastique, dont l'empire et son électorat seraient contents, serait en vain déposé comme évêque par tous les évêques de l'univers; il resterait 30 électeur, avec le même droit qu'un roi excommunié par toute l'Eglise, et maître chez lui, demeurerait souverain.

Différences entre les conciles de Basle et de Constance. Le concile de Constance avait déposé le souverain de Rome, parce que Rome n'avait voulu ni pu s'y opposer. [9] Le concile de Basle, qui prétendit dix ans après suivre cet exemple, fit voir 35 combien l'exemple est trompeur, combien sont différentes les affaires qui semblent les mêmes, et que ce qui est grand et seulement hardi dans un temps, est petit et téméraire dans un autre. [10]

Le pape Eugène casse le concile. Le concile de Basle n'était qu'une prolongation de plusieurs autres indiqués par le pape Martin V, tantôt à Pavie, tantôt à 40 Sienne: [11] mais dès que le pape Eugène IV fut élu en 1431, les Pères commencèrent par déclarer que le pape n'avait ni le droit de dissoudre leur assemblée, ni même celui de la transférer, et qu'il leur était soumis sous peine de punition. Le pape Eugène sur cet énoncé ordonna la dissolution du concile. [12] Il paraît qu'il y eut dans 45

27   MSP: ravir, surtout quand
32   MSP: Eglise demeurerait
45   MSP: concile. Il est clair qu'il

[9] Il s'agit ici de la déposition (29 mai 1415) de Jean XXIII. Voir ci-dessus, ch.72, lignes 58-104.

[10] Le 17e concile œcuménique, fut convoqué par Martin V (pape de 1417 à 1431) qui mourut avant son ouverture. Il siégea à Bâle de 1431 à 1437, à Ferrare de 1437 à 1439, puis à Florence de 1439 à 1442 et enfin à Rome en 1443. La fraction du concile restée à Bâle déposa le pape Eugène IV (205e pape, 1431-1447), successeur de Martin V, et élut l'antipape Félix V. Voir aussi ci-dessus, ch.74, n.4.

[11] C'est ce que rappelle Fleury au début du livre 106 qui aborde le concile; mais il ne mentionne que le concile général de Sienne, dont les décisions furent ajournées en raison des dissensions et des troubles qui le compromirent (ann.1431, §1). Le concile de Pavie avait eu lieu en 1423.

[12] Les traces de lecture (*CN*, t.3, p.569-72) semblent indiquer que la source de choix pour le concile de Bâle est Fleury (BV1350). Une autre source probable est Dupin, dont le contenu est plus maniable (ch.3, 'Histoire des conciles de Bâle et de

cette démarche précipitée des Pères, plus de zèle que prudence, et que ce zèle pouvait être funeste. L'empereur Sigismond, qui régnait encore, n'était pas le maître de la personne d'Eugène, comme il l'avait été de celle de Jean XXIII. [13] Il ménageait à la fois
50 le pape et le concile. [14] Le scandale s'en tint longtemps aux négociations; on y fit entrer l'Orient et l'Occident. [15] L'empire des Grecs ne pouvait plus se soutenir contre les Turcs, que par les princes latins; et pour obtenir un faible secours très incertain, il fallait que l'Eglise grecque se soumît à la romaine. [16] Elle était bien éloignée de cette
55 soumission. Plus le péril était proche, plus les Grecs étaient

54 MSP: se soumît à la nôtre.

Florence', p.92-206). Voltaire simplifie et embrouille les choses: c'est Eugène qui, dès avant l'ouverture, prend l'initiative de dissoudre le concile, pour divers motifs d'après Fleury (livre 106, ann.1431, §5), et en particulier celui de trouver une ville plus proche de l'empire grec, la réconciliation avec l'Eglise orientale (projet qui remontait à Martin V) étant, depuis quelques années déjà, l'un de ses principaux objectifs personnels.

[13] Sigismond de Luxembourg fut roi des Romains (1411-1433) et empereur germanique (1411-1437). C'est lui qui avait convoqué le concile de Constance dirigé par l'antipape Jean XXIII (1410-1415; voir ci-dessus, ch.72).

[14] A ce moment précis, Sigismond était face à un dilemme. Il lui fallait trouver une solution aux problèmes très graves occasionnés par les hussites (problème confié au concile de Bâle), mais il avait besoin d'Eugène IV pour se faire (enfin) couronner empereur, le 31 mai 1433.

[15] Ce constat est à la fois une annonce des épisodes que Voltaire va développer dans la suite du chapitre, et un résumé efficace. Voltaire ne retient évidemment pas les dizaines de pages que Fleury consacre aux démêlés entre les Pères du concile et le pape (voir ci-dessus, lignes 41-45 et n.12), et passe également sous silence leur réconciliation, temporaire et de façade (Dupin, p.113-14), et les manœuvres des Pères pour se prémunir contre l'autorité du pape et de ses légats (livre 106, ann.1433, §83; ann.1434, §84). Voltaire tait aussi, pour ne les évoquer qu'à la fin du chapitre, les pourparlers avec l'hérésie hussite, qui occupent le concile tout autant que la réconciliation avec l'Eglise d'Orient.

[16] L'initiative pressante vint en effet des Grecs (voir Fleury, livre 104, ann.1420, §169, 188, 213; livre 105, §81). Le prix exigé par Martin V, signifié à l'empereur par Antoine de Messano, général des cordeliers et légat du pape, fut l'union des deux Eglises (Fleury, §211-13; Dupin, p.94-95). Les déboires de l'empire byzantin, déjà évoqués (ch.29, 31, 57, 59), seront résumés et développés dans le chapitre suivant.

opiniâtres. Mais l'empereur Jean Paléologue, second du nom,[17] que le péril intéressait davantage, consentait à faire par politique ce que tout son clergé refusait par opiniâtreté. Il était prêt d'accorder tout, pourvu qu'on le secourût. Il s'adressait à la fois *Tour plus* au pape et au concile; et tous deux se disputaient l'honneur de faire 60 *qu'adroit du* fléchir les Grecs.[18] Il envoya des ambassadeurs à Basle, où le pape *pape Eugène.* avait quelques partisans qui furent plus adroits que les autres Pères. Le concile avait décrété, qu'on enverrait quelque argent à l'empereur et des galères pour l'amener en Italie, qu'ensuite on le recevrait à Basle.[19] Les émissaires du pape firent un décret clan- 65

56-57 MSP, 54LD-W57G: Paléologue que le
59 MSP: s'adressait tout à la fois

[17] Jean VIII Paléologue fut empereur byzantin de 1425 à 1448. En le désignant Jean II, Voltaire veut dire que ce Jean est le deuxième des Paléologues à avoir régné.

[18] Voltaire juge bon de privilégier les grandes lignes des pourparlers préliminaires. Jean Paléologue envoya des ambassadeurs auprès du pape en 1430 (Fleury, livre 105, §81), mais confronté à ses tergiversations puis à sa mort (20 février 1431), il s'adressa directement à Eugène IV, chez qui il ne trouva cependant pas 'la même douceur, ni les mêmes dispositions que dans son prédécesseur' (mêmes formules chez Fleury, ann.1431, §101; Dupin, p.102). Celui-ci tardant à lui faire des propositions concrètes, il s'adressa ensuite au concile de Bâle (Fleury, livre 106, ann.1434, §97) où ses ambassadeurs arrivèrent, comme invités, le 7 septembre 1434 (Dupin, p.115-16). La concurrence entre concile et pape est explicitement mentionnée par Fleury (§96). Cette concurrence effrénée fut visible en 1437 quand deux flottes (l'une envoyée par le concile, l'autre par le pape) abordèrent à Constantinople pour embarquer l'empereur et sa suite, vers les destinations préférées de part et d'autre (Fleury, livre 107, ann.1437, §46-47). La délégation grecque quitta Constantinople le 27 novembre 1438 à destination de Venise.

[19] Voltaire semble aménager les données de Fleury (livre 105, ann.1434, §98): les Pères du concile prévoient d'accorder aux Grecs deux sommes d'argent (l'une de 8000 ducats pour les frais de l'assemblée à Constantinople où on élirait les députés à envoyer au concile; l'autre de 10 000 ducats pour la défense de Constantinople pendant l'absence de l'empereur). Dupin ajoute à ces deux sommes les frais de l'empereur qui s'élèvent explicitement à 30 000 ducats (p.116-17). Par ailleurs, Voltaire passe sous silence les longues négociations sur le lieu où les Grecs seront reçus: Bâle, Avignon, ou une ville de Savoie (livre 107, ann.1437, §39).

destin, par lequel il était dit au nom du concile même, que l'empereur serait reçu à Florence où le pape transférait l'assemblée; et ils enlevèrent la serrure de la cassette où l'on gardait les sceaux du concile, et scellèrent ainsi au nom des Pères mêmes le contraire de ce
70 que l'assemblée avait résolu. Cette ruse italienne réussit [20] et il était palpable que le pape devait en tout avoir l'avantage sur le concile.

Cette assemblée n'avait point de chef qui pût réunir les esprits et écraser le pape, comme il y en avait eu un à Constance. [21] Elle n'avait point de but arrêté; elle se conduisait avec si peu de prudence, que
75 dans un écrit que les Pères délivrèrent aux ambassadeurs grecs, ils disaient qu'après avoir détruit l'hérésie des hussites, ils allaient détruire l'hérésie de l'Eglise grecque. [22] Le pape plus habile, traitait avec plus d'adresse; il ne parlait aux Grecs que d'union et de fraternité, et épargnait les termes durs. [23] C'était un homme très

---

[20] Fleury incrimine les légats du pape, dont principalement les cardinaux de Saint-Ange, de Saint-Pierre et de Sainte-Sabine qui cherchaient à 'diviser les Pères du concile et [à] porter la plus grande partie à demander avec eux que l'on tînt le concile pour la réunion des Grecs à Florence, à Modène ou en quelque autre ville d'Italie, et non en aucun des lieux que l'on avait proposés, et où le pape n'était pas assez puissant pour y dominer: ce qui était son intention'. Sur les divisions au sein du concile (où Eugène avait à peine un tiers des voix), voir Fleury (livre 107, ann.1437, §37-40). Sur le tour de passe-passe machiavélique qu'imaginèrent les légats, que Voltaire décrit en le simplifiant, voir Fleury (§41-44). La version de Voltaire, dans sa simplicité même, ressemble à celle de Dupin (p.126-27). Eugène avait résolu de transférer le concile à Florence ou à Udine (Fleury, §44).

[21] Allusion à l'empereur Sigismond.

[22] Les Pères avaient envoyé en Orient un décret par lequel 'après avoir aboli la nouvelle hérésie des Bohémiens, [ils] voulaient aussi éteindre l'ancienne hérésie des Grecs; ces termes choquèrent si fort les Orientaux, qu'ils ne voulurent écouter aucune proposition, que cet endroit ne fût réformé' (Fleury, livre 106, ann.1435, §117).

[23] Voltaire fait référence aux propos purement diplomatiques prononcés à la clôture du concile de Ferrare/Florence: ayant écouté (4 juillet 1439) la déclaration de Bessarion de Nicée (Fleury, livre 108, ann.1439, §36), Eugène lui répondit en l'appelant 'notre vénérable frère' (§37), alors que le 6 juillet – dans le décret d'union des deux Eglises promulgué de par son autorité – il est question de 'nos très vénérables frères les patriarches' et du 'jour serein de l'union tant désirée' qui vit se réaliser 'le désir de cimenter cette sainte union' (§39).

prudent, qui avait pacifié les troubles de Rome, et qui était devenu   80
puissant. Il eut des galères prêtes avant celles des Pères.[24]

Union passagère des Eglises grecque et latine en 1439.

L'empereur défrayé par le pape, s'embarque avec son patriarche, et quelques évêques choisis, qui voulaient bien renoncer aux sentiments de toute l'Eglise grecque pour l'intérêt de la patrie. Le pape les reçut à Ferrare.[25] L'empereur et les évêques dans leur   85
soumission réelle gardèrent en apparence la majesté de l'empire, et la dignité de l'Eglise grecque. Aucun ne baisa les pieds du pape;[26] mais après quelques contestations sur le *filioque* que Rome avait

87   MSP: l'Eglise. Aucun
88   MSP: quelques vaines contestations

[24] Fleury, livre 107, ann.1437, §46-47. Voir ci-dessus, n.18.
[25] Eugène décida en effet *in fine* de convoquer le concile à Ferrare (Fleury, livre 107, ann.1437, §53; ann.1438, §69), où il s'ouvrit le 8 janvier 1438. Fleury n'explique pas ce choix. Mais il est permis de croire qu'Eugène fut parfaitement informé des craintes des Grecs. Une des raisons pour lesquelles ceux-ci étaient tièdes vis-à-vis des villes proposées par le concile (Bâle, Avignon ou 'une ville de Savoie'), est qu'elles étaient géographiquement peu satisfaisantes. Craignant de nouvelles incursions des Turcs, ils préféraient un centre près des bords de la mer Adriatique d'où – au besoin – ils pouvaient regagner Constantinople sans trop de délais. Eugène, sûrement bien informé de leurs craintes (Fleury rapporte en effet qu'il ordonna que les membres du concile de Bâle 'eussent à choisir un lieu qui fût agréable aux Grecs', §53), avait déjà donné son aval pour Florence ou Udine (Dupin, p.127). Ferrare était tout aussi bien située. L'empereur arriva à Francolin, 'à demi-lieue de Ferrare' (Fleury, §83) le 4 mars 1438; le patriarche y arriva trois jours plus tard (§85).
[26] Fleury insiste sur les modalités de la réception des dignitaires grecs; Jean VIII Paléologue fut 'traité avec beaucoup de somptuosité et de magnificence, comme il convenait à un empereur' (ann.1438, §84), et il en fut de même pour le patriarche grec (§85). La 'preuve' de cette mansuétude pour Voltaire – farouche opposant à la pratique de baiser les pieds du pape (voir ch.13, notre t.2, p.238 et n.23) – se reconnaît à la 'dérogation' que le pape leur accorde. Mais ce sont précisément les enjeux de la réunion qui lui conseillèrent cette prudence. Les orthodoxes étant très chatouilleux quant à l'ancienneté de leur foi, Fleury nous apprend que les abbés et les séculiers avaient au préalable refusé de 'se prosterner pour baiser les pieds du pape; coutume tout à fait inconnue aux Grecs' (§82). Quant à l'empereur, Eugène se contenta de 'lui présent[er] la main que ce prince baisa avec respect' (§84). Le patriarche refusa de même 'avec beaucoup de fermeté' de se plier à l'usage de baiser les pieds du pape (§85).

ajouté depuis longtemps au symbole,[27] sur le pain azyme, sur le
90 purgatoire, on se réunit en tout au sentiment des Romains.[28]

Le pape transféra son concile de Ferrare à Florence.[29] Ce fut là
que les députés de l'Eglise grecque adoptèrent le purgatoire.[30] Il
fut décidé que *le Saint-Esprit procède du Père et du Fils par la
production de spiration; que le Père communique tout au Fils excepté la
95 paternité, et que le Fils a de toute éternité la vertu productive.*[31]

90-96   MSP: Romains. ¶Enfin

[27] Pour l'Eglise latine, le credo du *filioque* ('et du Fils') établit que le Saint-Esprit
procède du Père et du Fils, alors que pour l'Eglise grecque le Saint-Esprit procède du
Père par le Fils. C'est l'un des points essentiels qui avait suscité le schisme du
IXe siècle entre les deux Eglises (voir ch.31, notre t.2, p.441-58).

[28] Voltaire cite la liste fournie par Fleury, dont il omet toutefois le premier et le
dernier article (ann.1438, §88). Voltaire a déjà évoqué les trois sujets de discorde
entre les Eglises d'Orient et d'Occident dans des chapitres précédents: voir, sur le
filioque, ch.20 (notre t.2, p.313-14) et 31 (p.443-44, 447-48, 450); sur le pain sans
levain, ch.21 (p.325) et 31 (p.444, 450); sur le purgatoire, ch.45 (notre t.3, p.107-109).
Cet ordre du jour avait été décidé dans les 3e et 4e conférences au mois de mai 1438
(Dupin, p.139-41) où les différences doctrinales avaient été définies.

[29] Ce paragraphe est ajouté en 1754. Le changement de localisation est présenté
par Dupin comme un 'prétexte' (p.151) sans toutefois qu'il en fournisse la moindre
explication, alors qu'il est interprété par Fleury comme une ruse du pape pour
parvenir à ses fins: 'Les Grecs, qui commençaient à s'ennuyer à Ferrare, n'auraient
pas été fâchés de voir le concile tout à fait rompu, afin de pouvoir s'en retourner;
d'autant plus qu'ils ne voulaient point absolument recevoir l'addition *filioque*, et
qu'ils voyaient qu'il était impossible d'engager les Latins à la retrancher du symbole'
(ann.1438, §130); le pape proposa alors de transférer le concile à Florence. Dupin,
dans une explication parallèle, insiste sur un certain sentiment de vulnérabilité
doctrinale chez les Grecs qui, 'étant en beaucoup plus petit nombre', craignaient lors
de scrutins éventuels d'être mis constamment en minorité (p.141-42). Mais plus que
tout, ce fut le manque de progrès qui incommoda les Grecs (p.150-51). Fleury n'est
pas d'un avis différent. La bulle de translation à Ferrare fut publiée le 11 janvier 1439.

[30] Fleury, livre 108, ann.1439, §31, 'Du Purgatoire'.

[31] La question de la Procession du Saint-Esprit était non seulement 'le principal
dogme qui [les] divisait' (Fleury, §26), mais était aussi celle qui allait générer dès le
départ d'âpres et interminables disputes. Voltaire condense volontairement les
explications de Fleury (§22) afin de pouvoir présenter au lecteur une brève
'explication' qui tient du charabia.

Enfin l'empereur grec, son patriarche, et presque tous ses prélats, signèrent dans Florence le point si longtemps débattu de la primatie de Rome. [32] L'histoire byzantine assure que le pape acheta leur signature. [33] Cela est vraisemblable; il importait au pape de gagner cet avantage à quelque prix que ce fût, et les évêques d'un pays désolé par les Turcs étaient pauvres.

Cette union anathématisée à Constantinople. Cette union des Grecs et des Latins fut à la vérité passagère; ce fut une comédie jouée par l'empereur Jean Paléologue. Toute l'Eglise grecque la réprouva. Les évêques qui avaient signé à

100

97-98   MSP: point important de la primatie
98   MSP: [*manchette*] *1439.*
98-126   MSP, 54LD-W57G: Rome. ¶Cette union des Latins et des Grecs n'était à la vérité qu'un fantôme [54LD-W57G: ne fut à la vérité que passagère]. Toute l'Eglise grecque la désavoua, mais enfin la victoire du pape n'en était pas moins glorieuse, et jamais pontife avant lui n'avait paru jouir d'un plus beau triomphe. ¶Dans le

[32] L'hostilité à laquelle les envoyés devaient se trouver confrontés de retour à Constantinople s'explique par leur reniement de la suprématie de l'Eglise orthodoxe: 'Touchant la primauté du pape nous avouons qu'il est souverain pontife et le vicaire de Jésus-Christ, le pasteur et le docteur de tous les chrétiens, qui gouverne l'Eglise de Dieu, sauf les privilèges et les droits des patriarches d'Orient' (Fleury, §32). La notation concernant les patriarches équivalait à les placer, dans la hiérarchie, au rang des cardinaux, ce qui signifiait une 'dégradation' totalement irrecevable.

[33] Par ce long ajout (lignes 98-125) de 1761, Voltaire tempère les succès d'Eugène IV qu'il lui avait naguère reconnus (voir lignes 98-126 var., lignes 3-4). Dans l'*Histoire des empereurs Jean, Manuel, Jean et Constantin Paléologue*, écrite par Ducas, partie intégrante de l'*Histoire de Constantinople* (t.8) de Cousin, on trouve cette déclaration accablante: 'Il y eut des archevêques qui, en signant le décret [d'union], dirent: nous ne signerons pas si vous ne nous comptez l'argent que vous êtes obligés de nous fournir. Et à l'heure même qu'on le leur avait compté, ils mettaient la main à la plume. On fit des dépenses immenses pour leur nourriture, et outre ces dépenses on donna de l'argent à chaque prélat. Cependant lorsqu'ils se sont repentis d'avoir signé, ils n'ont point reporté l'argent [...] en quoi il est visible que, par leur propre reconnaissance, ils avaient vendu leur foi, et ils étaient plus coupables que Judas qui reporta aux Juifs le prix de sa trahison' (ch.31, p.495-96). Voir Dupin, p.174. La source que Voltaire utilise ici est confirmée par les lignes 106-107. Fleury s'élève contre l'accusation: 'Les autres Grecs schismatiques [...] répandirent par tout l'Orient [...] mille faussetés. Les uns assuraient, avec une extrême impudence, qu'on avait corrompu les Grecs, et surtout le patriarche Joseph, par des présents, et qu'on avait acheté leurs suffrages à prix d'argent' (ann.1440, §137).

105 Florence, en demandèrent pardon à Constantinople; ils dirent qu'ils avaient trahi la foi. On les compara à *Judas qui trahit son maître*. Ils ne furent réconciliés à leur Eglise qu'après avoir abjuré les innovations reprochées aux Latins. [34]

L'Eglise latine et la grecque furent plus divisées que jamais. Les
110 Grecs toujours fiers de leur ancienneté, de leurs premiers conciles universels, de leurs sciences, se fortifièrent dans leur haine et dans leur mépris pour la communion romaine. Ils rebaptisaient les Latins qui revenaient à eux; et de là vient qu'aujourd'hui, à Pétersbourg et à Riga, les prêtres russes donnent un second
115 baptême à un catholique qui embrasse la religion grecque. [35] Plusieurs retranchèrent la confirmation et l'extrême-onction du nombre des sacrements. Tous s'élevèrent de nouveau contre la procession du Saint-Esprit, contre le purgatoire, contre la communion sous une seule espèce; [36] et il est très vrai, enfin qu'ils
120 diffèrent autant de l'Eglise de Rome que les réformés.

Cependant Eugène IV passait dans l'Occident pour avoir éteint ce grand schisme. Il avait soumis l'empereur grec et son Eglise en apparence. Sa victoire était glorieuse, et jamais pontife avant lui n'avait paru rendre un si grand service à l'Eglise romaine, ni jouir
125 d'un si beau triomphe.

Dans le temps même qu'il rend ce service aux Latins, et qu'il finit   *Eugène déposé.*

[34] Pour ces détails, Voltaire se tourne probablement vers Dupin (p.175-78), qui décrit en détail la furie des orthodoxes qui s'élevèrent contre un tel acte de traîtrise. Fleury précise seulement que 'ceux qui avaient signé l'union, furent mal reçus. Le clergé prévenu contre cette action, ne voulut point les admettre aux fonctions ecclésiastiques' (§134).

[35] La source mentionnant cette pratique, parmi les orthodoxes grecs, de rebaptiser les catholiques nouvellement convertis demeure introuvable. Nulle mention d'ailleurs de cela dans aucun autre ouvrage de Voltaire, y compris l'*Histoire de l'empire de Russie* (*OCV*, t.46, partie 1, ch.2, 'Religion', p.495-506). Le rituel détaillé pour la réception des catholiques (qui comprenait beaucoup plus que la simple nécessité de se faire ondoyer) fut arrêté par le Grand Synode de Constantinople en 1484.

[36] La communion sous les deux espèces renvoie à la communion par le pain et par le vin dans l'Eglise orientale, quand l'Eglise romaine adopta progressivement la communion par la seule hostie.

1439. autant qu'il est en lui le schisme de l'Orient et de l'Occident, le concile de Basle le dépose du pontificat, le déclare *rebelle, simoniaque, schismatique, hérétique et parjure.* [37]

Si on considère le concile par ce décret, on n'y voit qu'une troupe de factieux; si on le regarde par les règles de discipline qu'il donna, on y verra des hommes très sages. [38] C'est que la passion n'avait point de part à ces règlements, et qu'elle agissait seule dans la déposition d'Eugène. Le corps le plus auguste, quand la faction l'entraîne, fait toujours plus de fautes qu'un seul homme. Le conseil du roi de France Charles VII, adopta les règles que l'on avait faites avec sagesse, et rejeta l'arrêt que l'esprit de parti avait dicté. [39]

130

135

127   54LD: l'Occident [*avec note*: 1439.]

[37] Fleury: Eugène fut 'traité de perturbateur de la paix et de l'union de l'Eglise, de simoniaque, parjure incorrigible, schismatique, hérétique, obstiné dans ses erreurs, dissipateur des biens et des droits de l'Eglise, et administrateur inutile et même dangereux du souverain pontificat' (ann.1439, §75).

[38] La notion de discipline ecclésiastique remonte jusqu'à saint Paul (voir I Corinthiens 5:1-13). Voltaire reprend ici, dans le but de l'élaborer dans le contexte français (lignes 138-58), une des brèves remarques des lignes 15-17. Les décrets du concile de Bâle concernant la discipline, étant donné ses 45 sessions (dans la période 1431-1444), furent nombreux et trahissent son caractère réformateur. Ils traitaient, par exemple, des modes d'élection, de l'élection pontificale, de l'union des Eglises et de la réforme des ordres. Le 5e motif invoqué pour la tenue du concile de Bâle, qui ne pouvait que plaire à Voltaire, était: 'réformer l'Eglise dans son chef et dans ses membres' (Fleury, livre 106, ann.1432, §9); voir, par exemple, les trois premiers décrets qui établissaient la supériorité absolue des conciles sur les papes (§14-15). Motif remis au premier plan par la déposition d'Eugène (livre 108, ann.1439, §54-59).

[39] C'est seulement dans un second temps et de manière non chronologique que Voltaire renvoie, dans le paragraphe suivant, aux dissensions entre la monarchie française et l'Eglise, alors que Fleury traitait cet épisode en même temps que le schisme entre les Eglises grecque et romaine. Fleury insistait sur la continuité du dessein de Charles VII qui 'embrassa [avec le concile de Bâle] l'occasion qu'il avait manquée dès le concile de Constance. [...] Ce fut là où fut dressé, de l'avis du conseil du roi, ce règlement si célèbre, qui fut appelé la Pragmatique sanction, nom que l'usage a donné aux ordonnances qui concernent les grandes affaires de l'Etat et de l'Eglise, du moins les affaires de quelques communautés' (livre 107, ann.1438, §99). Il s'agit précisément de la Pragmatique sanction de Bourges, édictée en 1438 par Charles VII, qui permit aux grands feudataires d'intervenir dans l'élection des abbés

Ce sont ces règlements qui servirent à faire la Pragmatiquc *Défense aux* sanction, si longtemps chère aux peuples de France. Celle qu'on *papes de créer*
140 attribue à saint Louis, ne subsistait presque plus. [40] Les usages en vain *plus de vingt-quatre* réclamés par la France, étaient abolis par l'adresse des Romains. *cardinaux.* On les rétablit par cette célèbre Pragmatique. Les élections par le clergé avec l'approbation du roi y sont confirmées; [41] les annates déclarées simoniaques; les réserves, les expectatives y sont
145 détestées. [42] Mais d'un côté on n'ose jamais faire tout ce qu'on peut, et de l'autre on fait au-delà de ce que l'on doit. Cette loi si fameuse qui assure les libertés de l'Eglise gallicane, permet qu'on appelle au pape en dernier ressort, et qu'il délègue des juges dans toutes les causes ecclésiastiques, que des évêques compatriotes
150 pouvaient terminer si aisément. C'était en quelque sorte reconnaître le pape pour maître: et dans le temps même que la Pragmatique lui laisse le premier des droits, elle lui défend de faire plus de vingt-quatre cardinaux, [43] avec aussi peu de raison que

139-40 MSP, 61-w68: Celle qu'avait promulguée saint Louis
54LD-w57G: Celle que saint Louis avait promulguée ne

et des évêques. Elle fut remplacée en 1516 par le concordat de Bologne, conclu entre François Ier et Léon X.

[40] Voir ch.58, notre t.3, p.384 et n.34. En 1775, Voltaire corrige son texte et, pour l'aligner sur ce qu'il avait écrit dans le ch.58, lignes 189-90 ('s'il est vrai que cette pragmatique soit de lui'), réintroduit un doute sur la vérité de cet établissement, doute dont on trouve une trace dans le *First Paris notebook* (*OCV*, t.82, p.472), qui date des années 1740-1750.

[41] Le texte de Fleury souligne mieux les rapports entre la Pragmatique sanction et le concile de Bâle: la première s'inspire largement des décrets des Pères du concile de Bâle, comme le détaille Fleury (ann.1438, §104). C'est le 2e article de la Pragmatique sanction qui règle ces élections.

[42] Sur les annates, voir le 10e article de la Pragmatique sanction, qui s'inspire de la 21e cession du concile de Bâle (Fleury, §104); sur les réserves, voir le 4e article de la Pragmatique sanction, qui s'inspire de la 23e cession du concile de Bâle (Fleury, §104). 'On appelle, *cas réservés*, les péchés dont il n'y a que l'évêque ou le pape qui puissent absoudre'; 'Expectatif': 'qui donne lieu d'attendre, d'espérer. Il n'est guère en usage qu'en cette phrase, *grâce expectative*' (*Dictionnaire de l'Académie*, éd. 1694).

[43] 9e article de la Pragmatique sanction, qui s'inspire de la 23e session du concile de Bâle (Fleury, §104).

le pape en aurait de fixer le nombre des ducs et pairs, ou des grands d'Espagne. Ainsi tout est contradiction. Il est vrai que le concile de Basle avait le premier fait cette défense aux papes. [44] Il n'avait pas considéré qu'en diminuant le nombre il augmentait le pouvoir, et que plus une dignité est rare, plus elle est respectée.

155

Ce fut encore la discipline établie par ce concile qui produisit depuis le concordat germanique. Mais la Pragmatique a été abolie en France; [45] le concordat germanique s'est soutenu. Tous les usages d'Allemagne ont subsisté. Elections des prélats, investitures des princes, privilèges des villes, droits, rangs, ordre de séance, presque rien n'a changé. On ne voit au contraire rien en France des usages reçus du temps de Charles VII.

160

165

Antipape.   Le concile de Basle ayant déposé vainement un pape très sage que toute l'Europe continuait à reconnaître, lui opposa, comme on sait, un fantôme, un duc de Savoie Amédée VIII, [46] qui avait été le premier duc de sa maison, et qui s'était fait ermite à Ripaille, par

155-66   MSP: contradiction. ¶Le concile
155-59   54LD: contradiction. ¶Ce fut
159-65   MSP: [*en marge*] $^V\beta$
168   MSP: [*manchette*] *1432.*
169   54LD*: Ripaille ^{V}sur les bords du lac Léman$^+$
169-70   MSP: maison et qui par une dévotion réelle s'était fait ermite à Ripaille. Sa

[44] Cette phrase et la suivante, qui reviennent, pour le modérer, sur le constat désolant de l'autorité absolue du pape et sur l'inutilité de la Pragmatique sanction, sont ajoutées en 1756.

[45] Ce paragraphe, écrit en marge dans MSP, est inséré dans l'édition de 1754, probablement à la suite des recherches pour les *Annales de l'Empire*. Voltaire fait allusion au concordat entre l'empereur Frédéric III et le pape Nicolas V signé en 1448. Voir les *Annales*, 'Frédéric d'Autriche', ann.1447, p.450; l'*Histoire du parlement de Paris*, *OCV*, t.68, ch.15, p.219. Sur la Pragmatique sanction en France, voir ci-dessus, n.39; l'*EM*, ch.138; et l'*Histoire du parlement de Paris*, ch.15.

[46] Amédée VIII (†1451) fut comte puis duc de Savoie (1391-1440), et s'établit dès 1434 au château de Ripaille qu'il fit construire. Quoique conçu comme une retraite religieuse pour grands seigneurs, le domaine connut d'emblée une importante activité mondaine. Amédée fut élu pape en 1439 sous le nom de Félix V par les schismatiques de Bâle, mais se soumit à Nicolas V en 1449. Il fut le dernier antipape.

170 une dévotion que le Poggio est bien loin de croire réelle. [47] Sa
dévotion ne tint pas contre l'ambition d'être pape. On le déclara
souverain pontife, tout séculier qu'il était. Ce qui avait causé de
violentes guerres du temps d'Urbain VI, [48] ne produisit alors que des
querelles ecclésiastiques, des bulles, des censures, des excommu-
175 nications réciproques, des injures atroces. Car si le concile appelait
Eugène simoniaque, hérétique et parjure; le secrétaire d'Eugène
traitait les Pères de fous, d'enragés, de barbares, et nommait
Amédée cerbère et antéchrist. [49] Enfin sous le pape Nicolas V le

170-71   54LD*: V<sa dévotion [...] pape.>
172-73   MSP, 54LD-W57G: causé un violent schisme et des guerres du temps
d'Urbain II [54LD-W57G: VI]
175-78   MSP: réciproques jusqu'à ce qu'enfin

[47] Voltaire corrige l'affirmation de la version manuscrite (lignes 169-70 var.) avec
les *Poggiana* où l'on trouve ce commentaire: 'Philippe de Bergame, auteur du même
siècle [que Poggio] donne de Félix une idée fort différente du portrait qu'en donne
Pogge', ce qui explique la remarque sur la 'dévotion' d'Amédée VIII. Poggio le
présente comme 'un homme orné de toute sorte de vertus, [...] qui mourut fort âgé en
odeur de sainteté' (p.205). Gian Francesco Poggio (1380-1459), humaniste italien, fut
surtout à partir de 1431 secrétaire de la curie romaine et du pape Eugène IV.
[48] Allusion au grand schisme d'Occident (1378-1417), né de l'élection de
l'antipape Clément VII (1378-1394) contre le pape Urbain VI (1378-1389) dont les
violences avaient indisposé les cardinaux, et auquel mit fin le concile de Constance
qui, en se déclarant supérieur au pape, parvint à élire Martin V. Voir ci-dessus, ch.71.
[49] Ces insultes mutuelles sont ajoutées en 1754. Les insultes proférées par les Pères
du concile ont pour source Fleury et reprennent celles qui ont été mentionnées
lignes 128-29 (voir ci-dessus, n.37). Quant au secrétaire d'Eugène IV, il s'agit du
même Poggio (voir ci-dessus), qui s'en prend aux Pères du concile en ces termes dans
une lettre écrite de Florence et rapportée dans les *Poggiana*: 'un petit nombre de fous
et d'insensés' (p.99), 'l'impudence de ces gens, qu'une ambition aveugle et pestiférée
anime d'une haine furieuse' (p.100), 'la fantaisie de quelques barbares' (p.100). Il
qualifie aussi Amédée de 'monstre horrible' (avec cette manchette: '*Monstrum
horrendum, informe, ingens*. Virg.'), 'qui déshonore sa vieillesse par la plus horrible
des impiétés' (p.102). Plus loin, dans la section consacrée aux maximes, sentences et
sentiments tirés des œuvres de Poggio, il lui décoche une deuxième bordée: 'élève de
Satan', 'antéchrist', 'Mahomet', 'idole élevée contre Jésus-Christ', 'monstre d'avarice et d'ambition', 'un sot et un fat qui fait l'entendu, quoiqu'il soit si ignorant qu'à
peine sait-il lire' (p.203). Nous n'avons pas trouvé celle de 'cerbère' (ligne 178), qui

1449. concile se dissipa peu à peu de lui-même; et ce duc de Savoie ermite et pape se contenta d'être cardinal, laissant l'Eglise dans l'ordre accoutumé. [50] Ce fut là le vingt-septième et le dernier schisme considérable excité pour la chaire de saint Pierre. Le trône d'aucun royaume n'a jamais été si souvent disputé. 180

Le pape Pie II condamne tout ce qu'il avait fait contre les papes. Aeneas Picolomini, Florentin, poète et orateur, qui fut secrétaire de ce concile, avait écrit violemment pour soutenir la supériorité des conciles sur les papes. [51] Mais lorsque ensuite il fut pape lui-même sous le nom de Pie II, il censura encore plus violemment ses propres écrits, immolant tout à l'intérêt présent qui seul fait si souvent les principes de vérité et d'erreur. [52] Il y avait 185

---

180   54LD: cardinal [*avec note:* 1440.]
181-214   MSP: accoutumé. ¶On a vu
181-195   54LD-W57G: accoutumé. ¶Au reste ce concile fait voir combien

---

est un écho littéraire (moins immédiatement perceptible que la présence de Virgile) qui renvoie à l'*Inferno* de Dante, où Cerbero est traité de 'gran vermo' (reptile; chant 6, vers 22).

[50] La retraite de Félix V est évoquée par Fleury, qui rapporte sa demande d'être 'cardinal, évêque, légat et vicaire perpétuel du Saint-Siège dans toutes les terres du duc de Savoie' (livre 109, ann.1448, §172). Nicolas V fut le 206e pape (1447-1455). La fin du paragraphe et le paragraphe suivant, développant les revirements d'opinion à partir de l'exemple de Pie II, sont ajoutés en 1761.

[51] Enea Silvio Piccolomini (1405-1464) fut un humaniste et poète latin connu sous le nom d'Aeneas Silvius; il fut l'un des secrétaires du concile de Bâle et prit parti contre Eugène IV. Il se rallia à lui en 1442, et fut lui-même élu pape en 1458 sous le nom de Pie II. Voltaire fait référence à ses mémoires sur le concile de Bâle, tout en se fondant problablement et partiellement – même s'il interprète les textes à sa manière (voir notes ci-dessous) – sur ce qu'il lit chez Fleury ou chez Bruys.

[52] Sa *Bulla retractationum* est datée du 26 avril 1463. Voltaire devait le faire figurer à l'art. 'Clerc' (p.125-26; voir ci-dessous, n.53). 'Violemment' (lignes 185-88)? Il est vrai que Sylvius, en tant que secrétaire du concile, laissa deux livres de mémoires de tout ce qui s'était passé à Bâle depuis la suspension d'Eugène jusqu'à l'élection de Félix. Mais aucun de nos historiens (Bruys, Dupin, Fleury) n'émet sur eux ce jugement. Même problème pour ce qui concerne sa rétractation. Fleury: 'Le pape [...] avait fait publier sa bulle de rétractation des actes du concile de Bâle qu'il avait écrits. Il s'excusait sur ce qu'il les avait composés dans sa jeunesse, et n'ayant pas alors assez

190 d'autres écrits de lui qui couraient dans le monde. La quinzième de
ses lettres imprimées depuis dans le recueil de ses aménités,
recommande un de ses bâtards qu'il avait eu d'une femme anglaise. [53]
Il ne condamna point ses amours comme il condamna ses
sentiments sur la faillibilité du pape.

195 Ce concile fait voir en tout combien les choses changent selon
les temps. [54] Les Pères de Constance avaient livré au bûcher Jean

192 K: recommande à son frère un

de lumières et de discernement pour approuver ou condamner les choses qui le
méritaient. [...] Et parce qu'on pouvait objecter au pape que c'était sa dignité qui lui
avait fait changer de sentiment, il y répondit en racontant en peu de mots sa vie et ses
actions, et faisant toute l'histoire du concile de Bâle, auquel il vint avec le cardinal
Capranique en 1431, mais jeune, dit-il, et sans aucune expérience, comme un oiseau
qui sort du nid' (livre 112, ann.1464, §101). Bruys se contente lui aussi d'appeler sa
'lâche rétractation' un 'monument éternel de la honte' (p.215), et cite pour sa
réflexion la même source que Fleury.

[53] Voir Bruys: 'On sait assez qu'Aeneas Sylvius fut d'une complexion fort
amoureuse, et qu'il aima les femmes à bon escient. Lui-même nous en fournit des
preuves incontestables. Dans une de ses lettres à son père, il lui recommande un fils
qu'il avait eu d'une femme anglaise, qu'il avait débauchée [note infrapaginale:
Aeneas Sylvius, Epist.15.]. Elle est assez longue et toute destinée à justifier cette
action criminelle. Le compilateur des *Aménités littéraires* rapporte un fragment [...]
qui fait voir que cet habile homme avait le cœur tout ulcéré des plaies que l'amour y
avait faites, et que même il regardait l'adultère comme un divertissement' (ann.1458,
p.189). Voir l'art. 'Clerc' des *QE*: 'Enéas Silvius, depuis pape sous le nom de Pie II,
soutint l'élection d'Amédée, par ces propres paroles; *Non solum qui uxorem habuit,
sed uxorem habens potest assumi. – Non seulement celui qui a été marié, mais celui qui
l'est peut être pape.* Ce Pie II était conséquent. Lisez ses lettres à sa maîtresse dans le
recueil de ses œuvres' (*OCV*, t.40, p.125-26).

[54] Leitmotiv sempiternel chez Voltaire (voir, par exemple, l'*Histoire du parlement
de Paris*, *OCV*, t.68, p.72, où l'on trouve une liste des facteurs de variabilité dans les
affaires des hommes que l'on relève dans ce seul ouvrage), et autre grande leçon de
l'*EM*; voir, par exemple, notre t.2, ch.12, p.226; ch.13, p.234; ch.21, p.326; ch.30,
p.434; ch.31, p.447, 452; notre t.3, ch.41, p.48-49 et *passim*. Ce paragraphe et le
suivant, qui abordent de nouveau la question de l'hérésie hussite (voir ch.73) sont
ajoutés dans l'édition de 1754.

Hus et Jérôme de Prague, malgré leurs protestations qu'ils ne suivaient point les dogmes de Wiclef, malgré leur foi nettement expliquée sur la présence réelle,[55] persistant seulement dans les sentiments de Wiclef sur la hiérarchie et sur la discipline de l'Eglise.[56]

Cavaliers hussites au concile. Les hussites du temps du concile de Basle allaient bien plus loin que leurs deux fondateurs. Procope le Rasé, ce fameux capitaine compagnon et successeur de Jean Ziska, vint disputer au concile de Basle à la tête de deux cents gentilshommes de son parti.[57] Il soutint entre autres choses *que les moines étaient une invention du diable.* 'Oui, dit-il, je le prouve. N'est-il pas vrai que Jésus-Christ ne les a point institués? Nous n'en disconvenons pas, dit le cardinal Julien. Eh bien! dit Procope, il est donc clair que c'est le diable.' Raisonnement digne d'un capitaine bohémien de ce temps-là. Aeneas Silvius témoin de cette scène, dit, qu'on ne répondit à Procope que par un éclat de rire;[58] on avait répondu aux infortunés Jean Hus et Jérôme par un arrêt de mort.

[55] Allusion à la question de la transsubstantiation, formulée au concile de Latran en 1215; sur les divergences sur ce dogme, voir ch.45 (notre t.3, p.101-106 et n.17-28), et ci-dessus, ch.73.

[56] John Wyclif ou Wycliffe, théologien et réformateur anglais (1320-1384), fut le chef du mouvement anticlérical et anti-papal en Angleterre et se prononça pour la séparation de l'Eglise et de l'Etat en 1378. Il fut un précurseur de la Réforme et sa doctrine fut condamnée au concile de Constance, de même que les réformateurs religieux hussites Jean Hus (1371-1415) et Jérôme de Prague (*c.*1360/70-1416) qui y furent brûlés. Sur ces trois hommes, voir ci-dessus, ch.73.

[57] Après la mort de Jean Hus, la secte hussite fut défendue par Jan Žižka (1375-1424), gentilhomme à la cour du roi Wenceslas IV, qui fut l'instigateur de la révolte de Prague en 1419 contre l'empereur Sigismond (voir ci-dessus, ch.73; et les *Annales*, ann.1419-1424, p.439-41). Ses opérations militaires furent poursuivies par Procope le Rasé, ainsi dénommé parce qu'il avait autrefois reçu la tonsure. Dégoûté de l'état ecclésiastique, il s'attacha à Žižka, le chef des hussites, auquel il succéda en 1424. Il se rendit au concile de Bâle au début de 1433. Voltaire semble extrapoler le chiffre de 200 gentilshommes à partir des conditions posées par les Pères du concile: les Bohémiens peuvent venir 'en tel nombre qu'ils voudront, pourvu qu'il soit au-dessous de deux cents' (Fleury, livre 106, ann.1432, §18).

[58] Le récit de cet entretien se trouve au ch.50 de l'histoire de Bohème de Sylvius (voir Dubravius, p.108-10). Voltaire simplifie quelque peu l'argumentation de

On a vu pendant ce concile, quel était l'avilissement des empereurs grecs. Il fallait bien qu'ils touchassent à leur ruine, puisqu'ils allaient à Rome mendier de faibles secours, et faire le sacrifice de leur religion. Aussi succombèrent-ils quelques années après sous les Turcs, qui prirent Constantinople. Nous allons voir les causes et les suites de cette révolution.

215

Procope, qui assure que ce ne furent ni Moïse, ni les patriarches, ni les prophètes, ni Jésus-Christ qui instituèrent les moines (p.110): 'La voix de Procope fut couverte par un énorme éclat de rire des auditeurs' ('*excepta est ingenti auditorum cachinno Procopii vox*').

CHAPITRE 87

Décadence de l'empire grec, soi-disant empire romain.
Sa faiblesse, sa superstition, etc.

Les croisades en dépeuplant l'Occident, avaient ouvert la brèche
par où les Turcs entrèrent enfin dans Constantinople; car les

a-100   [*Première rédaction de ce chapitre*: MSP]
a   MSP: Chapitre 60
    54LD: Chapitre 6
    W56-W57G: Chapitre 74
    61: Chapitre 83
b-c   MSP: *Empire grec détruit.*//
    54LD-W57G: *Décadence de l'empire grec.*//
1   MSG: Les croisades avaient ouvert

* Chronologiquement, ce chapitre constitue un retour en arrière par rapport à
l'histoire de l'Occident abordée dans les chapitres précédents, mais il prend
logiquement la suite des chapitres 57 et 59 pour ce qui concerne l'histoire de l'empire
d'Orient. Comme précédemment, Voltaire commence par mettre l'accent sur les
disputes religieuses qu'il méprise et qui sont à ses yeux les premières responsables de
la décadence de l'empire grec (lignes 14-15, 19-27). Mais d'autres symptômes
accompagnent cette déchéance religieuse: la faiblesse manifeste des empereurs
d'Orient est soulignée par leur empressement à brader la foi séculaire de Byzance
(12-13, 46-50, 87-90) dans l'espoir (mal fondé) de recevoir, en échange, de solides
renforts consentis par l'Occident. Cette faiblesse, explicable aussi par leur décadence
morale, est également évidente dans leur volonté de composer avec les Turcs qui ne
voulaient que les dominer (30-32, 51-52, 62-64, 68-72). Enfin, le pouvoir des
empereurs est également compromis depuis l'établissement, à l'époque des croisades,
des Italiens dans l'empire ottoman, ici surtout des Génois, qui – apparemment peu
motivés par la défense de la chrétienté – mettent leurs propres intérêts
mercantiles au-dessus de tout (38-44). La vue d'ensemble de Voltaire, qui englobe
plus de 140 ans d'histoire byzantine et de constantes humiliations (1261-1403), est
donc fortement orientée, l'historien ne dégageant que les lignes de force les plus
frappantes, voire les plus choquantes. Pour rédiger ce chapitre, il s'appuie
majoritairement sur l'*Histoire romaine* (Paris, 1736-1742, BV1201) de L. Echard,
t.14-16, livres 12, 13, qu'il complète par l'*Histoire de Constantinople* (Paris, 1671-1674,
BV891), t.6-8, de L. Cousin, qui renferme, t.6: l'*Histoire des empereurs Michel et
Andronique*, écrite par Pachymère (livres 1-13), p.1-1003; t.7: l'*Histoire des empereurs*

princes croisés en usurpant l'empire d'Orient, l'affaiblirent. Les Grecs ne le reprirent que déchiré et appauvri.

On doit se souvenir que cet empire retourna aux Grecs en 1261, et que Michel Paléologue l'arracha aux usurpateurs latins, pour le ravir à son pupille Jean Lascaris. [1] Il faut encore se représenter que dans ce temps-là le frère de saint Louis, Charles d'Anjou, envahissait Naples et Sicile, et que sans les Vêpres siciliennes il eût disputé au tyran Paléologue la ville de Constantinople, destinée à être la proie des usurpateurs. [2]

Androniques (en 2 livres), p.1-505, et l'*Histoire des empereurs Jean Paléologue et Jean Cantacuzène*, écrites par Cantacuzène (livres 1-3), p.506-1036; et t.8: l'*Histoire des empereurs Jean Paléologue et Jean Cantacuzène*, écrite par Cantacuzène (livre 4), p.1-298, et l'*Histoire des empereurs Jean, Manuel, Jean et Constantin Paléologue*, écrite par Ducas, p.299-619. D'autres sources que Voltaire pourrait fort bien avoir consultées sont L. Chalcondyle (Laonikos Chalcocondylas, historien byzantin du XVe siècle; le 7 décembre 1742, Voltaire demande à d'Argenson de lui procurer 'Calcondile', D2696), *Histoire de la décadence de l'empire grec et établissement de celui des Turcs* (1620; Paris, 1632, BV696; éd. citée, Rouen, 1660, t.1); D. Cantemir, *Histoire de l'empire ottoman* (Paris, 1743); et L.-E. Dupin, *Histoire des controverses et des matières ecclésiastiques traitées dans le XVe siècle* (Paris, 1701). Au besoin il se tourne aussi, bien entendu, vers Fleury (*Histoire ecclésiastique*, livres 85-87, 95, 97-99), Daniel (*Histoire de France*) et Mézeray (*Histoire de France*).

[1] La famille des Paléologue arriva sur le trône de Constantinople en 1261 avec Michel VIII (†1282), qui reconquit l'empire sur les Latins, et fit son entrée triomphale dans Constantinople le 15 août 1261. En tant que régent, il écarta du trône de Nicée l'héritier légitime mineur, Jean IV Doukas Lascaris (†après 1261), en lui faisant crever les yeux. Voir ch.59 (notre t.3, p.392-97). A la bibliographie citée, ajouter ici: Cousin-Pachymère (p.117-31, 157-59) et Echard (t.14, livre 12, ch.2, ann.1260, §191, 195, 198, 202-203; livre 13, ch.1, ann.1261, §1-4). Jean Lascaris fut privé de la vue le jour de Noël 1261 (Cousin-Pachymère, p.158; Echard, §21).

[2] Durant les émeutes des Vêpres siciliennes, qui commencèrent le jour de Pâques 1282, durèrent pendant un mois, et furent fomentées par Pierre III d'Aragon et par Michel VIII Paléologue contre le roi de Sicile Charles Ier d'Anjou (1227-1285), fils de Louis VIII et frère de saint Louis, les Français de Sicile furent massacrés. Voir ch.59 (notre t.3, p.397) et 61 (p.451-52). Charles d'Anjou avait envoyé 3000 hommes pour faire le siège de Belgrade, et pour passer ensuite en Thessalie, laquelle était sous le sceptre des empereurs d'Orient. C'est pour contrecarrer sa volonté de lui ravir son trône (voir, par exemple, Cousin-Pachymère, p.348; Fleury, livre 87, ann.1278, §22) que Michel Paléologue entra dans le complot (voir aussi Echard, t.14, livre 13, ch.1, ann.1282, §98-102).

Ce Michel Paléologue ménageait les papes pour détourner l'orage. Il les flatta de la soumission de l'Eglise grecque;[3] mais sa basse politique ne put l'emporter contre l'esprit de parti et la
15 superstition qui dominaient dans son pays. Il se rendit si odieux par *1283.* ce manège, que son propre fils Andronic, schismatique malheureusement zélé, n'osa, ou ne voulut pas lui donner les honneurs de la sépulture chrétienne.[4]

Ces malheureux Grecs pressés de tous côtés, et par les Turcs, et *Sottises grecques.*
20 par les Latins, disputaient cependant sur la transfiguration de Jésus-Christ. La moitié de l'empire prétendait que la lumière du Tabor était éternelle, et l'autre, que Dieu l'avait produite seulement pour la transfiguration. Une grande secte de moines et de dévots contemplatifs voyaient cette lumière à leur nombril, comme les
25 fakirs des Indes voient la lumière céleste au bout de leur nez.[5]

14   MSP: V<l'emporter> prévaloir
23-26   MSP, 54LD-W57G: transfiguration. Cependant

[3] Etant donné sa crainte d'une nouvelle croisade contre Constantinople, Michel Paléologue se donna pour tâche impérative de nouer d'excellents rapports avec une série de papes: Urbain IV, Clément IV, Grégoire X, Jean XXI et Nicolas III. Comme ces derniers avaient tendance à voir son ennemi Charles d'Anjou d'un bon œil, il importait doublement de les enrôler parmi ses alliés. Le prix qu'il consentait à payer était la soumission de l'Eglise d'Orient (voir ch.59, notre t.3, p.397). 'Il envoya plusieurs ambassades à Rome, et dans les fréquents changements des papes qui moururent en peu de temps, il leur proposa la réunion de l'Eglise et l'extinction du schisme qui la divisait' (Cousin-Pachymère, p.308; pour les tractations avec Rome, voir p.307-27, 388-98, 431-33). Voir aussi Fleury, livre 85, ann.1262, §16-18; livre 86, ann.1269, §4, 58; ann.1272, §18; ann.1273, §30-31; livre 87, ann.1274, §39-40, 44; ann.1278, §22-24; ann.1279, §27-28.
[4] Andronic II Paléologue (†1332) succéda à son père le 11 décembre 1282. Fleury: 'Son corps fut enlevé promptement et de nuit à un monastère éloigné du camp où il était mort, et enterré sans aucune cérémonie. Car le nouvel empereur Andronic ennemi de l'union avec les Latins, crut que son père, qui l'avait procurée, ne méritait pas la sépulture ecclésiastique, et fit seulement couvrir son corps de beaucoup de terre, afin qu'il ne fût pas déchiré par les bêtes' (livre 87, ann.1282, §67). Voir aussi Echard (qui cite Nicéphore Grégoras): Andronic 'n'osa pas même proposer de lui rendre les honneurs funèbres' (t.14, livre 13, ch.1, ann.1283, §107).
[5] La vague période mentionnée dans les lignes 19-20 pourrait renvoyer aux années 1354-1361 qui sont celles, entre autres, de la prise de Gallipoli (1354) et d'Andrinople

Cependant les Turcs se fortifiaient dans l'Asie Mineure, et bientôt inondèrent la Thrace. [6]

Ottoman. Ottoman, de qui sont descendus tous les empereurs osmanlis,

---

27   MSP, 54LD-W68: inondèrent bientôt la
28-29   MSP: empereurs turcs avait

(1361; auj. Edirne en Turquie). La mention de la querelle de la transfiguration du Christ, qui opposa Barlaam de Calabre à Grégoire Palamas, moine du Mont Athos, nous ramène cependant à l'année 1340-1341: la transfiguration du Christ, rapportée dans trois des quatre Evangiles (Matthieu 17:1-9; Marc 9:2-9; Luc 9:28-36), est traditionnellement associée au mont Thabor, situé à proximité du lac de Tibériade. Barlaam de Calabre s'en prit aux hésicastes (ou quiétistes, dont Palamas), les appelant les *omphalopsiques* (c'est-à-dire les *umbilicains*) car ils croyaient voir – au degré le plus sublime de la contemplation – une lumière céleste qui sortait de leur nombril. Ils prétendaient par ailleurs que cette lumière était celle du Thabor. La querelle, envenimée par cette conviction que Barlaam trouvait répréhensible, fut si vive qu'on fut obligé de soumettre la question à un concile réuni à Constantinople (11 juin 1341). Cousin-Cantacuzène évoque cette querelle (t.7, p.489-505), tout comme Fleury (livre 95, §9) et Dupin (p.322-29). Mais il se peut que la source principale soit L. Maimbourg (*Histoire du schisme des Grecs*, Paris, 1682, BV2265; corne, t.2, p.150 – qui traite de Barlaam et de la lumière du Thabor – *CN*, t.5, p.478). Le rapprochement satirique entre 'dévots contemplatifs' et fakirs fut ajouté en 1761. L'anecdote sur les fakirs avait été utilisée par Voltaire à partir de 1750 dans la *Lettre d'un Turc sur les fakirs et sur son ami Bababec* (*OCV*, t.32A). La source probable est les *Voyages* de F. Bernier (Amsterdam, 1709): 'Ils disent par exemple qu'après avoir jeûné plusieurs jours au pain et à l'eau il faut premièrement se tenir seul dans un lieu retiré, les yeux fichés en haut quelque temps sans branler aucunement, puis les ramener doucement en bas, et les fixer tous deux à regarder en même temps le bout de son nez, également et autant d'un côté que de l'autre (ce qui est assez difficile), et se tenir là ainsi bandés et attentifs sur le bout du nez jusqu'à ce que cette lumière vienne' (t.2, p.127-28). Voir l'art. 'Enthousiasme' du *DP*, *OCV*, t.36, p.60, n.6.

[6] La référence très précise à la Thrace situe ces incursions, qui iront se multipliant, pendant l'été 1337. Cousin-Cantacuzène: 'Peu de temps après, il arriva nouvelle que Sarcane, sultan de Lydie, et Giaxe [prince de Phrygie], étaient prêts de traverser en Thrace pour y faire le dégât' (t.7, p.553); Echard est plus précis: 'Orcan avait fait embarquer une armée entière sur la Propontide [ancien nom de la mer de Marmara], avec ordre de se jeter dans la Thrace [...]. Cantacuzène ayant su par ses espions que les Turcs étaient débarqués du côté d'Ennacosie [...] fondit sur eux avec tant d'impétuosité que le plus grand nombre fut taillé en pièces ou fait prisonnier' (t.15, livre 13, ch.3, ann.1337 et suiv., §133).

avait établi le siège de sa domination à Burse en Bithinie. [7] Orcan
son fils vint jusqu'aux bords de la Propontide; et l'empereur Jean
Cantacusène fut trop heureux de lui donner sa fille en mariage. [8]
Les noces furent célébrées à Scutari, vis-à-vis de Constantinople.
Bientôt après, Cantacusène ne pouvant plus garder l'empire, qu'un
autre lui disputait, s'enferma dans un monastère. [9] Un empereur
beau-père du sultan, et moine, annonçait la chute de l'empire. Les
Turcs n'avaient point encore de vaisseaux, [10] et ils voulaient passer

Empereur grec beau-père du sultan turc.

30   MSP: [*manchette*] *Empereur grec donne sa fille à un soudan turc.*
34   MSP: disputait, se mit dans

[7] Voltaire semble toujours suivre Echard, qui évoque Ottoman (Osman Ier Gazi,
1259-1326), premier empereur des Turcs, qui établit sa capitale à Pruse (auj. Bursa en
Turquie, capitale de 1327 à 1453), et les commencements de leur puissance (t.15,
livre 13, ch.2, ann.1303, §56; voir aussi Cantemir, livre 1, ch.2, §21, n.s, qui situe cette
prise en 1316 mais l'attribue au fils d''Othman', Orcan). Voltaire taille ensuite à très
grands traits dans la chronologie et sélectionne les événements qu'il rapporte, sans
rendre compte de leur complexité.

[8] Jean VI Cantacuzène (†1383) fut co-empereur (octobre 1341) puis, s'étant emparé
de Constantinople en 1347 avec l'aide des Turcs et des Slaves, empereur principal de
1347 à 1355. Orcan, ou Ohrhan Gazi, fils d'Osman Ier, régna de 1326 à 1359. Dans les
lignes 26-31, Voltaire fait fi de la chronologie. Orcan était bien sur les rives de la
Propontide (ligne 30) en 1339 (Echard, t.15, livre 13, ch.3, §142), mais ce n'est qu'en
1346 qu'il devint le gendre de Jean Cantacuzène. Echard évoque rapidement le
mariage sur lequel il ne donne pas de précisions (ch.5, ann.1347, §14). Cousin-
Cantacuzène l'évoque plus longuement (t.7, p.1010; les p.1011-13 traitent des
négociations, du mariage et de la destinée de la princesse Théodora), mais il indique
(§8) que ce mariage eut lieu, non à Scutari, mais à Selivrée (auj. Silivri).

[9] Dès 1351, Jean VI Cantacuzène doit faire face à une nouvelle guerre civile qui
l'oppose à Jean V Paléologue, son gendre. Le fait que Constantinople et la
Thessalonique demeurent acquises à la dynastie des Paléologue signefie que
Cantacuzène est de plus en plus isolé. Le début de la fin se situe au mois d'avril
1353, quand Jean VI fait proclamer co-empereur son fils Mathieu. Le 22 novembre
1354, Jean Paléologue fait son entrée à Constantinople où il est acclamé. Le
Ier décembre 1354, les deux empereurs signent un accord selon lequel ils exercent
le pouvoir en commun, mais le 10 Jean VI abdique, se retirant au monastère de
Mangane où il prend le nom de Joasaph. Pour l'abdication, voir Cousin-
Cantacuzène, t.8, p.253-54; Echard, t.16, livre 13, ch.5, ann.1353, §86, 87.

[10] Sur ce détail (à propos duquel Voltaire a sans doute raison), voir ci-dessous,
n.12.

en Europe. Tel était l'abaissement de l'empire, que les Génois, moyennant une faible redevance, étaient les maîtres de Galata, qu'on regarde comme un faubourg de Constantinople, séparé par un canal qui forme le port.[11] Le sultan Amurat fils d'Orcan   40 engagea, dit-on, les Génois à passer ses soldats au-deçà du détroit. Le marché se conclut; et on tient que les Génois pour quelques milliers de besants d'or livrèrent l'Europe. D'autres prétendent *1357.* qu'on se servit de vaisseaux grecs. Amurat passe, et va jusqu'à Andrinople, où les Turcs s'établissent, menaçant de là toute la   45 chrétienté.[12] L'empereur Jean Paléologue court à Rome baiser les

43   MSP: livrèrent l'empire. D'autres
44   MSP: [*manchette*] *1347.*
45   MSP: s'établissaient
46   54LD: chrétienté [*avec note:* 1357.]

[11] Maître de Constantinople (1261), Michel Paléologue se trouva confronté à une présence non négligeable de Vénitiens, de Génois et de Pisans. 'Quoique l'empereur eût sujet de s'en défier, [...] il aima mieux les gagner par ses bienfaits' (Echard, t.14, livre 13, ch.1, ann.1261, §5). Les Génois étaient toutefois les plus problématiques car ils commençaient à arriver en masse. De plus, 'le traité d'alliance qu'il avait fait quelques mois auparavant' avec eux 'l'engageait à les ménager plus que les autres'. Il résolut le problème en leur 'abandonnant le faubourg entier de Pera, ou Galata, qui [...] n'était séparé de la ville que par le port' (§6, 'Les Génois s'établissent à Pera').

[12] Amurat ou Murat Ier, sultan ottoman (1359-1389), fils d'Ohrhan Gazi, conquit la Thrace et établit la capitale de son empire à Andrinople (ligne 45). Bien qu'Echard (t.16, livre 13, ch.6, ann.1356 et suiv., §1-12) donne un aperçu de ces conquêtes de Murat (1356-1378), il ne parle pas de l'aide des Génois. C'est chez Cousin-Ducas que l'on trouve les détails du marché conclu entre Jean Adorne, podestat génois de la nouvelle Phocée, et Murat. Désireux de protéger le commerce de l'alun dont il avait le monopole, Adorne aurait écrit à Murat dans les termes suivants: 'Je suis prêt de vous rendre toute sorte de services avec plus de zèle et de fidélité que nul autre, et de vous fournir des galères et des vaisseaux pour passer d'Orient en Occident' (p.448). Cousin-Ducas nous apprend encore que 'peu de jours après', on 'portait cinq cent mille écus pour l'équipement de la flotte, sur laquelle on devait passer le détroit l'automne [1359] suivant' (p.448). Cf. Chalcondyle: Amurat 'passa après hardiment le détroit de Gallipoli, sur deux navires de charge génois, l'an 1363 [*sic*], accompagné de 6000 Turcs, qui paient pour le passage un ducat pour tête' (p.16). C'est peut-être Cantemir qui donna à penser que la traversée se fit sur des bateaux grecs, car il

pieds du pape Urbain V. Il reconnaît sa primatie; il s'humilie pour obtenir par sa médiation des secours que la situation de l'Europe et les funestes exemples des croisades ne permettaient plus de donner. [13] Après avoir inutilement fléchi devant le pape, il revient ramper sous Amurat. Il fait un traité avec lui, non comme un roi avec un roi, mais comme un esclave avec un maître. Il sert à la fois de lieutenant et d'ôtage au conquérant turc, et après que Amurat et Paléologue ont fait crever les yeux à son fils aîné, [14] dont ils se

50

1374.

---

53   54LD: Amurath [*avec note*: 1374.]
53-54   K: après que Paléologue de concert avec Amurat, a fait crever
54   MSP, 54LD: les yeux chacun à son

---

raconte comment les troupes, non de Murat mais de son frère Soliman, furent transportées, grâce à la complicité des habitants de Balair et d'Aktchiliman, d'Asie en Europe (livre 1, ch.3, §8). D'ailleurs, Cantemir ajoute la réflexion suivante: 'Ici les écrivains chrétiens diffèrent encore des Turcs: ils prétendent que ce fut Amurat, père de Bajazet, qui le premier se servit de vaisseaux au lieu que les Turcs regardent Bajazet comme l'auteur de leur marine. Ses ancêtres, selon eux, ne passèrent le détroit de Gallipoli que dans de petites barques, ou s'ils eurent des vaisseaux, c'était par emprunt' (ch.5, §15, n.y).

[13] Jean V Paléologue, empereur byzantin (1341-1391), ne put empêcher les Turcs de s'établir dans la Thrace (Andrinople devint leur capitale en 1365) et il se tourna vers le pape avec l'espoir que le pontife encouragerait les princes d'Occident à le secourir. Il envoya des ambassadeurs à Rome à l'automne de 1367, et y arriva lui-même pour faire, le 18 octobre 1369, une profession de foi entièrement catholique, et passer une alliance religieuse avec Rome (voir Fleury, livre 97, §5, 13; Echard, t.16, livre 13, ch.6, ann.1378, §13, 14: Jean Paléologue fit 'une profession de foi solennelle entièrement conforme au symbole des Latins et à leur discipline', et assura 'que l'Eglise romaine a la primauté sur toutes les autres' (p.118). Seul Echard précise que Jean 'fit trois génuflexions [devant le pape], et lui baisa les pieds, la main et la joue' (§14). Ayant ensuite fait un voyage en France à la cour de Charles V, Paléologue comprit que les nations européennes qui avaient jadis et naguère pris la croix étaient incapables de l'aider (Echard, §15). Tout le fruit de son voyage se réduisit à un cadeau que lui avait fait le pape, à savoir: 'un autel portatif sur lequel il avait permission de faire dire la messe par un prêtre latin seulement' (§17).

[14] La version la plus succincte de cette conspiration se trouve chez Fleury (livre 99, §15, où sa manchette donne l'année 1396; mais – avec un retour en arrière non signalé – Fleury traite d'un complot datant de 1374): Jean V Paléologue 'eut trois fils, Andronic, Manuel et Théodore. [...] Le sultan Amurat avait aussi trois fils, dont

défiaient également, Paléologue donne son second fils au sultan. Ce   55
fils nommé Manuel sert Amurat contre les chrétiens, et le suit dans
ses armées. Cet Amurat donna à la milice des janissaires déjà
instituée, la forme qui subsiste encore. [15]

1389. Bajazet.   Ayant été assassiné dans le cours de ses victoires, son fils Bajazet
Ilderim, ou Bajazet le Foudre, lui succéda. La honte et l'abaisse-   60
ment des empereurs grecs furent au dernier degré. [16] Andronic, ce

60   MSP: [*manchette*] *1389.*
      54LD: succéda [*avec note*: 1383.]
61   MSP, 54LD-W68, K: furent à leur comble. Andronic,

---

le second nommé Countouze [Cuntuze] était de l'âge d'Andronic. Ces deux jeunes
gens étant un jour en débauche conjurèrent de faire mourir chacun son père, et vivre
ensuite comme frères. Amurat en étant bien informé, fit arracher les yeux à son fils, et
manda à l'empereur Jean d'en faire de même à Andronic, sinon ils auraient une guerre
irréconciliable. L'empereur suivit ce mauvais conseil.' On trouve les mêmes détails,
plus ou moins délayés, chez Chalcondyle (p.20-21), Cousin-Ducas (p.329-30), et
Echard (t.16, livre 13, ch.6, ann.1362 et suiv., §3-6, 8). Seul Chalcondyle date la
conspiration (tout comme Voltaire) de 1374. Quant à la 'suite' de l'histoire (lignes 55-
57), où il s'agit du second fils, le futur Manuel II Paléologue (†1425), qui monta sur le
trône en 1391, Voltaire ne donne aucune indication de date, sans doute parce que les
historiens donnent ici des versions contradictoires et imprécises. Chalcondyle situe
un épisode vaguement similaire en 1376 (p.22); Cousin-Ducas prétend que ce fut
'Bajazet [qui] envoya demander à l'empereur [Jean V Paléologue] qu'il lui envoyât
un tribut, et qu'il lui donnât Manuel, son fils, avec cent hommes pour le suivre dans ses
expéditions militaires' (p.332), alors qu'Echard (se basant sur Chalcondyle), avec
pour manchette 'An de N.S. 1378 et suiv.', raconte que Manuel, fils de Paléologue,
demanda secours à Amurat, car son propre père ne pouvait lui envoyer de renforts
(§9-10; voir aussi §23 pour les mêmes détails concernant les 100 hommes). Mais ce
n'est que dans un second temps, après avoir vainement imploré l'aide de l'Europe, que
Paléologue 'mit Manuel sous la protection d'Amurat' (§18).

[15] C'est peut-être Chalcondyle qui donna à Voltaire l'idée que les janissaires
furent créés bien avant le règne d'Amurat. Car d'après lui c'est Ottoman qui 'dressa
une milice de ses plus exquis et valeureux soldats pour être d'ordinaire autour de sa
personne; on les appelle maintenant les janissaires de la Porte' (p.6). A strictement
parler, cette garde rapprochée diffère essentiellement de la milice fondée par Amurat
en 1362 qui fut composée de prisonniers chrétiens convertis (voir Cantemir, livre 1,
ch.4, §4).

[16] Nos quatre historiens donnent des versions assez concordantes de l'assassinat
d'Amurat en 1389: Chalcondyle (p.25), Cousin-Ducas (p.305-306), Echard (t.16,

malheureux fils de Jean Paléologue, à qui son père avait crevé les yeux, s'enfuit vers Bajazet, et implore sa protection contre son père et contre Manuel son frère. Bajazet lui donne quatre mille chevaux;
65 et les Génois toujours maîtres de Galata, l'assistent d'hommes et d'argent. Andronic avec les Turcs et les Génois, se rend maître de Constantinople, et enferme son père. [17]

Le père au bout de deux ans reprend la pourpre, et fait élever une citadelle près de Galata, pour arrêter Bajazet, qui déjà projetait le
70 siège de la ville impériale. Bajazet lui ordonne de démolir la citadelle, et de recevoir un cadi turc dans la ville pour y juger les marchands turcs qui y étaient domiciliés. L'empereur obéit. [18] Cependant Bajazet laissant derrière lui Constantinople comme une proie sur laquelle il devait retomber, s'avance au milieu de la
75 Hongrie. C'est là qu'il défait, comme je l'ai déjà dit, l'armée

---

livre 13, ch.6, ann.1389, §21) et Cantemir (livre 1, ch.4, §9), suivi par Fleury (livre 98, ann.1387, §42), disent que le meurtrier était un chrétien, soit Servien soit Triballien, venu exprès pour tuer le sultan qu'il transperça d'une lance ou d'un poignard. Bayazid Ier (†1403) fut sultan de 1389 à 1402. 'Bajazet ou Abou Jezid, quatrième des sultans ottomans avait succédé à son père Amurat en 791 de l'Hégire, 1388 de J.-C. Il fut surnommé Ilderim, c'est-à-dire le Foudre, à cause de la rapidité de ses conquêtes' (Fleury, livre 99, ann.1396, §15). Quant à l'abaissement des empereurs, Fleury remarque: 'Bajazet avait tellement pris le dessus sur ces empereurs, qu'il les traitait quasi comme ses esclaves' (§15).

[17] Andronic, après avoir conspiré contre son père et son frère et avoir été enfermé par ces derniers, fut délivré et fit à son tour enfermer son frère et son père pendant deux ans. Chalcondyle (p.29-30), Cousin-Ducas (p.330), Echard (t.16, livre 13, ch.6, ann.1387 et suiv., §19) et Fleury (§15) fournissent les détails de cet abrégé. Chalcondyle et Fleury mentionnent les 4000 chevaux (ligne 65).

[18] Cousin-Ducas (p.333) et Echard (ch.6, ann.1387 et suiv., 1390, §20, 23-24) évoquent le retour à Constantinople de Jean V Paléologue et sa volonté de fortifier la ville, mais ils parlent de deux tours magnifiques, en marbre blanc, construites des deux côtés de la Porte Dorée. Voltaire suit Fleury, qui seul parle de cette citadelle et du cadi que Bajazet demandait à y installer 'pour rendre justice aux musulmans qui y trafiquent' (§15). Mais Voltaire a lu Fleury un peu trop rapidement: celui-ci (tout comme Cousin-Ducas, p.334; Echard, ch.6, ann.1390, §24) raconte que l'empereur obtempéra pour ce qui est de la destruction de la citadelle (sans quoi Bajazet menaçait de crever les yeux à Manuel) puis mourut presque aussitôt. Mais ce fut à Manuel, qui s'était enfui de Pruse après la mort de son père et qui s'était réfugié dans Constantinople, que Bajazet ordonna d'installer un cadi.

1396. chrétienne, et ces braves Français commandés par l'empereur d'Occident Sigismond. Les Français avant la bataille avaient tué leurs prisonniers turcs: ainsi on ne doit pas s'étonner que Bajazet *Le duc de* après sa victoire eût fait à son tour égorger les Français, qui lui *Bourgogne* avaient donné ce cruel exemple. [19] Il n'en réserva que vingt-cinq 80 *prisonnier de* chevaliers, parmi lesquels était le comte de Nevers depuis duc de *Bajazet.* Bourgogne, auquel il dit en recevant sa rançon: *Je pourrais t'obliger à faire serment de ne plus t'armer contre moi; mais je méprise tes serments et tes armes.* [20] Ce duc de Bourgogne était ce même Jean Sans

81-82   MSP, 54LD: était le frère de Philippe le Bon, duc de Bourgogne
84-87   MSP, 54LD-W57G: *armes.* ¶Après

[19] Allusion à la défaite des Européens à Nicopolis le 28 septembre 1396. Le 'comme je l'ai déjà dit' (ligne 75) renvoie au ch.79, lignes 94-96 (voir ci-dessus). Pour une fois Voltaire ne se tourne pas ici vers ses sources habituelles qui évoquent assez rapidement cette bataille et qui ne parlent pas d'un massacre de prisonniers turcs (Chalcondyle, p.34-35; Cousin-Ducas, p.336-37; Fleury, livre 99, ann.1396, §16; Echard, t.16, livre 13, ch.6, ann.1396, §29; Cantemir, livre 1, ch.5, §5). C'est Daniel qui parle de ce méfait: 'Les Français en firent une [action] bien indigne de l'humanité et de la générosité de la nation. Comme ils avaient quantité de prisonniers qu'ils avaient reçus à rançon, ils appréhendèrent qu'ils ne leur causassent quelque embarras, en cas qu'on en vînt aux mains avec les Turcs, et pour s'en débarrasser, ils les massacrèrent tous' (ann.1401). Mais c'est peut-être Mézeray qui permit à Voltaire (ligne 80) de 'justifier' la revanche de Bajazet: 'Le lendemain de la bataille, Bajazeth pour se venger des cruautés que les Français avaient commises sur les siens à la prise de quelques villes [...] commanda qu'on lui amenât tous ces prisonniers, et les fit hacher en morceaux à coups d'épée, puis exposer leurs corps en pâture aux oiseaux et aux bêtes' (ann.1396).

[20] Daniel: 'la rançon du comte de Nevers et de vingt-cinq seigneurs qu'il eut permission de ramener avec lui, fut de 200 000 écus' (ann.1401, 'Froissart cap. 87'). Ce n'est que chez Mézeray que l'on trouve le texte de la remarque humiliante que Bajazet aurait adressée au comte de Nevers: 'Bajazeth, lorsque le comte de Nevers alla prendre congé de lui pour partir, lui tint ce courageux discours: "Je ne t'oblige comme je le pourrais par les plus horribles serments à ne porter jamais les armes contre ma Grandeur; mais je te conjure, si tu as quelque sentiment d'honneur, de les reprendre le plus tôt que tu pourras, et d'assembler toutes les forces de la chrétienté, t'assurant que le plus grand plaisir que tu me saurais faire, c'est de me fournir des illustres sujets de victoire"' (ann.1396). En 1756, Voltaire corrige la bévue (voir lignes 81-82 var.) qui décrit Philippe le Bon comme frère de Jean Sans Peur au lieu de son fils.

85   Peur, assassin du duc d'Orléans, assassiné depuis par Charles VII.
Et nous nous vantons d'être plus humains que les Turcs![21]

Après cette défaite, Manuel Paléologue, qui était devenu
empereur de la ville de Constantinople, court chez les rois de
l'Europe comme son père Jean Ier et son fils Jean II.[22] Il vient en
90   France chercher de vains secours. On ne pouvait prendre un temps
moins propice. C'était celui de la frénésie de Charles VI, et des
désolations de la France. Manuel Paléologue resta deux ans entiers
à Paris,[23] tandis que la capitale des chrétiens d'Orient était bloquée
par les Turcs. Enfin le siège est formé, et sa perte semblait certaine,
95   lorsqu'elle fut différée par un de ces grands événements qui
bouleversent le monde.[24]

89   54LD-61: son père. Il vient
96-100   MSG: monde.//

[21] Ces deux phrases à la suite du message d'adieu méprisant de Bajazet – qui
servent implicitement à confirmer la désapprobation de Voltaire vis-à-vis de Jean
Sans Peur du ch.79 (ci-dessus) – sont ajoutées en 1761, époque à laquelle les apartés
scandalisés du philosophe se font plus fréquents.

[22] Sur cette désignation inhabituelle de Jean V Paléologue et de Jean VIII
Paléologue en tant que 'Jean Ier' et 'Jean II', voir ch.86 et n.17.

[23] Manuel, empereur depuis 1391 d'un royaume réduit peu ou prou à la seule ville
de Constantinople, dut s'astreindre à faire le voyage d'Europe tout comme ses père et
fils (voir respectivement ci-dessus, lignes 46-50, et ch.86) afin d'y chercher (en vain
comme eux) de l'aide. 'Il arriva à Paris le troisième de juin 1400 mais la maladie du roi
fut cause que les princes divisés entre eux ne lui promirent aucun secours. Après un
long séjour en France l'empereur Manuel passa en Angleterre où le nouveau roi
Henri [IV] ne fit pas plus pour lui, étant lui-même encore mal affermi sur son trône'
(Fleury, livre 99, §34). Mêmes détails chez Chalcondyle (p.37), Cousin-Ducas
(p.340-41) et Echard (t.16, livre 13, ch.6, ann.1400, §35).

[24] Les historiens qui parlent de ce retournement inattendu, ou de ce que Daniel
appelle 'une diversion la plus heureuse qui fût' (ann.1401), sont Cousin-Ducas
(p.346) et Echard (ch.6, ann.1400, §36). Sauf erreur, le seul qui propose une autre
explication est Cantemir: 'Paléologue [...] s'adressait à lui [Tamerlan], implorant son
assistance; sentant bien qu'il ne pouvait sortir de l'état d'humiliation où la fortune
l'avait réduit sans quelque puissant secours: il lui offrit donc de se rendre son vassal,
et de tenir son empire de lui. [...] Il y a bien de l'apparence que ce fut là le vrai motif
qui détermina Tamerlan à tourner ses armées contre Bajazet' (livre 1, ch.5, §12-13).

La puissance des Tartares-Mogols, de laquelle nous avons vu l'origine, dominait du Volga aux frontières de la Chine, et au Gange. Tamerlan, l'un de ces princes tartares, sauva Constantinople en attaquant Bajazet. [25]

100

[25] Sur l'origine des Tartares-Mogols, voir ch.60 (notre t.3, p.400-10); aussi Echard, ch.6, ann.1400, §36.

CHAPITRE 88

De Tamerlan.

Timour, que je nommerai Tamerlan pour me conformer à l'usage, descendait de Gengis-Kan par les femmes, selon les meilleurs

a-198   [*Première rédaction de ce chapitre*: MSP]
a   MSP: Chapitre 61
     54LD: Chapitre 7
     w56-w57G: Chapitre 75
     61: Chapitre 84

* Voici un chapitre qui, tout comme ceux consacrés à Mahomet (ch.6, notre t.2, p.117-46), à Saladin (ch.56, notre t.3, p.323-41) et aux empereurs ottomans (ch.87, 91-93), était destiné à froisser les susceptibilités et certitudes de plus d'un (voir, par exemple, C.-F. Nonnotte, *Les Erreurs de Voltaire*, Avignon et Paris, 1762, t.1, p.62-67, 184-99). Si Moréri, évoquant la carrière de Tamerlan, peut écrire: 'Les uns vantent sa douceur, les autres estiment son esprit, et les autres détestent sa cruauté' (*Grand Dictionnaire historique*, art. 'Tamerlan'), il faut préciser d'emblée que Voltaire tend à réhabiliter Tamerlan. L'évolution textuelle du chapitre (de 54LD jusqu'à w56-w57G) démontre qu'il n'appréciait guère les allégations de certains 'historiens grecs' (lignes 15, 72-75). Si Voltaire évoque 'ce qui peut donner une idée avantageuse' du caractère de Tamerlan (ligne 43) – sans pour autant négliger d'utiliser au besoin des historiens qui lui ont servi de guides dans la rédaction du chapitre précédent (Chalcondyle, Cousin, Echard, Cantemir) – c'est qu'il réfléchissait depuis une dizaine d'années à l'appréciation que méritait ce Tartare qui vint bouleverser et l'Orient et l'Occident. Son intérêt pour Tamerlan semble remonter à 1739, lorsqu'il lit l'*Histoire de l'empire ottoman* de D. Cantemir, parue en anglais en 1734 (éd. consultée, Paris, 1743). Cette histoire ottomane lui avait été prêtée par le fils de l'auteur, l'écrivain et diplomate Antiokh Cantemir, comme l'attestent les lettres de Voltaire à ce dernier du 13 mars et du 19 avril 1739 (D1935, D1984) où l'on trouve la première mention du nom de Tamerlan dans le contexte d'une nouvelle édition de l'*Histoire de Charles XII* (*OCV*, t.4, p.404). C'est pour Voltaire l'occasion de se demander incidemment si, comme on le dit, Cantemir descend de Tamerlan (ce qu'affirme, par exemple, l'oratorien Desmolets dans son 'Epître au comte de Noailles', en tête de la traduction française par de Joncquières de l'*Histoire de l'empire ottoman*, Paris, 1743). Voltaire s'amuse de l'étymologie fantaisiste sur laquelle repose cette tradition qu'il rapportera sans commentaire dans l'*Histoire de*

359

TAMERLANES OV THEMIR
EMPEREVR DES TARTARES.

SON ELOGE OV SOMMAIRE DE SA VIE.

LVSIEVRS trouueront peut estre estrange que i'entremesle le portraict & le sommaire de la vie de cet Empereur Tartare parmy celuy des Empereurs Turcs : mais pourquoy n'y doit-il pas estre, puis qu'il a commandé vn temps à leur Empire en toute souueraineté , & qu'il est l'vnique entre les Potentats de la terre, qui ait faict ployer le col à ceste race superbe des Otthomans ? Mais la principale raison : c'est que ie trouue en quelques historiens assez dignes de foy (comme entre autres l'Arabe, Alhacen, qui le suiuit en toutes ses conquestes) la vie de ce Prince tout autrement descrite que celle que nous represente icy nostre Autheur. De sorte

4. L. Chalcondyle, *Histoire de la décadence de l'empire grec et établissement de celui des Turcs*, trad. P. Vigenère (Paris, 1620), livre 3, 'De l'histoire des turcs', p.61/62.

l'empire de Russie sous Pierre le Grand, 2ᵉ partie, ch.1 (*OCV*, t.47, p.714). Le 14 août 1741, dans une lettre à Thieriot, Voltaire se demande si l'*Histoire universelle sacrée et profane* de Dom Calmet (Strasbourg, 1735-1747) n'a pas 'répandu quelque jour sur l'histoire orientale, sur Gengis Khan, sur le grand lama, sur Tamerlan, sur les Mongols' (D2530). Autrement dit, à cette date, Voltaire travaille déjà activement à l'*EM*, qui, on le sait, commence par l'histoire des peuples d'Orient. Le 7 décembre 1742 (D2696), il prie le marquis d'Argenson de lui procurer plusieurs ouvrages, premièrement l'art. 'Timour' de la *Bibliothèque orientale* de B. d'Herbelot (Paris, 1697, BV1626, p.877-88), et en même temps 'les histoires de Gengis Khan et de Tamerlan', dont – sans doute (et source importante pour ce chapitre) – l'*Histoire de Timur-Bec* de A.-L.-M. Pétis de La Croix (Paris, 1722), traduction du Persan Chereseddin Ali, favorable au conquérant, et qui passe pour être le récit le plus complet et le plus exact. Tout aussi vraisemblablement, il pourrait s'agir de l'*Histoire du grand Tamerlan* de Sainctyon, d'après les mémoires de l'Arabe Al-Hacen (Amsterdam, 1677). Voltaire raille le récit par Chalcondyle du siège de Rhodes, sauvé par un prétendu miracle (ci-dessous, ch.92), mais apprécie tout de même cet historien en général (ch.105, 127) et ne néglige pas de le consulter en composant ce chapitre (*Histoire de la décadence de l'empire grec et établissement de celui des Turcs*, Paris, 1632, BV696; éd. citée, Rouen, 1660; 'Tamerlan', t.1, livre 3, p.42[48]-69). D'autres ouvrages possédés par Voltaire comprennent le 'Traité des Tartares' de P. Bergeron (†c.1637), publié à titre posthume dans ses *Voyages faits principalement en Asie* (La Haye, 1735, BV357), t.1; l'*Histoire générale de l'empire du Mogol* du jésuite F. Catrou (Paris, 1705, BV673); O. G. de Busbecq (1522-1592, ambassadeur flamand de Ferdinand Iᵉʳ en Turquie), *Lettres* (Paris, 1748, BV597), t.1; l'*Histoire du grand Tamerlan* de P. Vattier (Paris, 1658), traduction du Syrien Ahmed Ibn Arabshah, très hostile à Tamerlan (ci-après Vattier); l'*Introduction à l'histoire de l'Asie, de l'Afrique et de l'Amérique* de A.-A. Bruzen de La Martinière (Amsterdam, 1739, BV565); l'*Introduction à l'histoire générale et politique de l'univers* de S. von Pufendorf, complétée et continuée par Bruzen de La Martinière (Amsterdam, 1743-1745, BV2830; ci-après Pufendorf); L. Echard, *Histoire romaine* (Paris, 1736-1742, BV1201), t.16, livre 13, ch.6; L. Cousin, *Histoire de Constantinople* (Paris, 1672-1674, BV891), Ducas, t.8 (voir ci-dessus, ch.87, n.*). Le devenir de ce chapitre aux multiples sources demeure toutefois des plus simples. A l'origine (MSP, 54LD, lignes 1-177), Voltaire tient à présenter un grand capitaine à la fois méritoire et surtout ambitieux qui avait non seulement défait l'armée redoutable des Turcs (lignes 53-55), mais conquis aussi – comme Alexandre (19-20, 134) et Gengis Khan (116-21) – la moitié du globe depuis les Dardanelles jusqu'aux confins orientaux de l'Indoustan (20-33, 113-16), et qui, à la veille de sa mort, 'méditait la conquête de la Chine' (122-23). Son importance sur le grand échiquier politique du monde était d'ailleurs reconnue. N'avait-il pas répondu, en justicier des opprimés et des bernés, sans aucune distinction de religion, aux appels lancés par Manuel II Paléologue et cinq princes mahométans (37-42)? N'avait-il pas non seulement reçu 'l'hommage de

historiens. [1] Il naquit l'an 1357 dans la ville de Cash, territoire de l'ancienne Sogdiane, où les Grecs pénétrèrent autrefois sous

---

plusieurs princes de l'Asie' (125), mais 'plusieurs souverains d'Europe', non des moindres d'ailleurs, n'avaient-ils pas aussi député vers lui des ambassades (125-28)? Dans la guerre – activité incessante qui lui avait valu tant de célébrité – ce fut néanmoins un potentat respectueux du droit des nations (43-47), qui savait d'ailleurs traiter l'adversaire vaincu (témoin Bajazet) avec humanité (72-73, 73-114 var.). Sur le plan purement humain, Voltaire voit en lui – non 'la brute' de certains historiens (15) – mais un homme d'esprit (148-59), un déiste tolérant (161, 163-67) qui, quoique inculte lui-même, avait fait 'élever ses petits-fils dans les sciences' (170). Et voici ce qui, en termes d'historiographie, ne manque pas d'intérêt: si Voltaire ne peut nier l'évidence que les détracteurs de Tamerlan mettaient en valeur, il s'ingénie à la relativiser. Tamerlan livra Bagdad au pillage et au glaive (33)? Soit. Mais Voltaire ne cautionne nullement le chiffre de 'huit cent mille morts' car ce n'est qu'un *on-dit*, porteur implicite d'un jugement de valeur négatif (33-34). La ville fut entièrement détruite (34-35)? Soit. Mais dans cette partie du monde les villes étaient faites de briques de boue, aisément rasées et tout aussi aisément reconstruites (35-37). Tamerlan était friand de l'astrologie judiciaire (167-68)? Soit. Mais il s'agit là d'une 'erreur commune à tous les hommes, et dont nous [les Européens du XVIIIe siècle] ne faisons que sortir' (168-69). Avec ses longues additions (64-71, 73-114, 179-98), w56-w57g – rédaction définitive – ne fera que renforcer cette appréciation si positive. Ce chapitre véhicule donc, à partir de 1757, une vue d'ensemble définitive où le ton est assez modéré. L'avenir devait toutefois réserver aux lecteurs de Voltaire des surprises: il variera dans ses jugements sur Tamerlan et sera beaucoup plus sévère. Dans l'art. 'Des lois' du *DP* (1767), par exemple, il stigmatise Tamerlan pour ses lois arbitraires, et estime que la condition de son chien était supérieure à celle de ses sujets (*OCV*, t.36, p.318-19). Dans les *Fragments sur l'Inde* (1773), il insiste sur les ravages et les massacres de ce 'vautour' (2e partie, art.11; *OCV*, t.75b, p.238). Dans ses ouvrages et dans sa correspondance, le nom de Tamerlan sera souvent associé par Voltaire à celui de Gengis Khan et à d'autres conquérants ravageurs. S'il avait déjà comparé Tamerlan à Alexandre (lignes 135-46), c'est en soulignant que Tamerlan n'avait fait que détruire, alors qu'Alexandre bâtissait des villes. Dans le *Commentaire sur l'Esprit des lois*, Voltaire le range implicitement parmi le petit nombre de 'dévastateurs', des 'monstres' vomis par les bords de la Baltique, de la mer Noire et de la Caspienne (§'Des Francs', *OCV*, t.80b, p.421). Il déplore que, comme Gengis Khan ou Pougatchev, Tamerlan n'ait pas su écrire, ce qui 'n'est pas à l'honneur de la nature humaine' (à Catherine II, 16 décembre 1774, D19239). Ces variations sont emblématiques des interrogations de Voltaire sur des conquérants réputés barbares, et sur les hommes de pouvoir en général (voir, par exemple, ses variations sur Pierre le Grand, dont il finira tout de même par souligner

5 Alexandre, et où ils fondèrent des colonies.[2] C'est aujourd'hui le pays des Usbecs. Il commence à la rivière du Gion, ou de l'Oxus, dont la source est dans le petit Thibet, environ à sept cents lieues de la source du Tigre et de l'Euphrate.[3] C'est ce même fleuve Gion dont il est parlé dans la Genèse,[4] et qui coulait d'une même fontaine 10 avec l'Euphrate et le Tigre: il faut que les choses aient bien changé.

Au nom de la ville de Cash, on se figure un pays affreux. Il est pourtant dans le même climat que Naples et la Provence, dont il n'éprouve pas les chaleurs; c'est une contrée délicieuse.

---

7   MSP: à neuf cents
8-11   MSP: Gion dont il est dit dans l'Ecriture que la source arrosait le paradis terrestre. ¶Au nom
9-11   54LD: dans l'Ecriture. ¶Au nom
w56-61: dans la Genèse. ¶Au nom
10-11   w68: Tigre. ¶Au nom
12-13   MSP, 54LD-61: Provence. C'est

---

les côtés positifs). Dans l'*Encyclopédie*, Jaucourt résume le ch.88 de Voltaire dans deux articles ('Khovageh-Ilgar', t.9, p.125b-126a; 'Samarcande', t.14, p.593a).

[1] Timur Lang (ou Lenk), 'le boiteux de fer'. Tamerlan ne descendait pas de Gengis Khan. Cette généalogie douteuse est rapportée par Bergeron, p.82; par d'Herbelot, art. 'Timour', p.878 (d'après Mirkhond, historien persan, qui résume Chereseddin Ali). D'Herbelot écrit par ailleurs: 'Le Tarikh Montekheb porte que Tamerlan descendait de Ginghiz khan par les femmes, et Ahmed Ben Arabschah qui l'a si fort décrié, n'en disconvient pas' (p.888a). Selon Bruzen de La Martinière, c'est Tamerlan lui-même qui prétendait descendre de Gengis Khan par les femmes (*Introduction à l'histoire de l'Asie*, t.1, p.222; et ses additions à Pufendorf, t.6, p.450). En fait, Tamerlan n'était pas un Mongol comme Gengis Khan, mais un noble turc (voir R. Grousset, *L'Empire des steppes*, Paris, 1939, p.486).

[2] Tamerlan est né en 1336 (et non en 1357) dans le village de Hodja Ulgar, près de Kesh, appelé Khovageh-Ilgar par Jaucourt, qui précise: 'Cette petite ville est bien remarquable par la naissance de Tamerland. [...] Nous avons en français une histoire de Tamerland par Vattier et la vie de ce prince traduite du persan par M. Petit de La Croix, mais ce qu'en dit M. de Voltaire dans son hist. universelle doit suffire aux gens de goût' (*Encyclopédie*, art. 'Khovageh-Ilgar', t.9, p.126a).

[3] L'Amou-Daria. Au début du ch.60, Voltaire avait fait à tort de Gion un fleuve différent de l'Oxus (notre t.3, p.402-403 et n.).

[4] Genèse 2:13.

Au nom de Tamerlan, on s'imagine aussi un barbare approchant de la brute: [5] on a vu qu'il n'y a jamais de grand conquérant parmi les princes, non plus que de grandes fortunes chez les particuliers, sans cette espèce de mérite dont les succès sont la récompense. Tamerlan devait avoir d'autant plus de ce mérite propre à l'ambition, qu'étant né sans Etats il subjugua autant de pays qu'Alexandre, et presque autant que Gengis. Sa première conquête fut celle de Balk capitale de Corassan sur les frontières de la Perse. [6] De là il va se rendre maître de la province de Candahar. Il subjugue toute l'ancienne Perse; il retourne sur ses pas pour soumettre les

15   MSP: brute. Mais on
15-19   MSP: grand conquérant sans un grand mérite. Tamerlan devait en avoir d'autant plus qu'étant

[5] Selon Montaigne, les Turcs, les Scythes, les Parthes, et 'Tamburlan', servent de preuve que 'les plus belliqueuses nations en nos jours sont les plus grossières et ignorantes' (*Essais*, livre 1, ch.25, éd. M. Rat, Paris, 1952, p.154). Voltaire, tout comme Chalcondyle ('Tamerlan [...] son éloge ou sommaire de sa vie', t.1, p.42[48]-69), conteste implicitement ce jugement à propos d'un algébriste, 'grand philosophe dans l'académie fondée par Tamerlan'; il observe: 'Il était de la Bactriane (preuve que Tamerlan n'était point un barbare)' (Th. Besterman, 'Voltaire's Notebooks: thirteen new fragments', *SVEC*, 148, 1976, p.19). Du temps de Tamerlan, écrit Bergeron, 'toutes les sciences florissaient à Samarcande où il avait établi une célèbre université' (p.84). 'Tamerlan eut toutes les vertus et n'eut aucun des vices d'Alexandre [...] Il ne fut pas trop cruel pour un conquérant', assure Catrou (p.7). Selon d'Herbelot, il 'n'était pas si farouche que plusieurs l'ont voulu faire paraître' (p.888a). Pétis de La Croix et Sainctyon insistent aussi sur sa douceur et sur sa générosité (voir ci-dessous, n.22). De La Croix accorde que Tamerlan 'n'était rien moins qu'un barbare' et 'l'opprobre de la nature', mais, 'si ces excès ont été reprochés à tous les conquérants [...] rien n'empêche qu'on ne mette Tamerlan au rang des grands hommes. Ses vertus particulières l'ont rendu digne de cet honneur, au témoignage même de ses ennemis' (t.1, p.138). Cantemir dit que 'si sa naissance fut barbare, ses mœurs n'eurent rien que de poli' (livre 1, ch.5, §11, n.*r*). Echard présente aussi ce 'conquérant terrible' de façon positive (ann.1400, §36).

[6] Tamerlan conquit Balkh en 1370. C'était l'antique Bactres, capitale de la Bactriane, au nord de l'Afghanistan actuel. Après l'assassinat de son beau-frère Mir Husayn, roi de Balkh et de Kaboul, Tamerlan fut proclamé grand émir de Transoxiane et fit massacrer une partie de la population de Balkh.

peuples de la Transoxane. Il revient prendre Bagdat. [7] Il passe aux
25 Indes, les soumet, se saisit de Déli qui en était la capitale. [8] Nous
voyons que tous ceux qui se sont rendus maîtres de la Perse, ont
aussi conquis ou désolé les Indes. Ainsi Darius Ochus après tant
d'autres, en fit la conquête. Alexandre, Gengis-Kan, Tamerlan les
envahirent aisément. [9] Sha-Nadir de nos jours n'a eu qu'à s'y
30 présenter; il y a donné la loi, et en a remporté des trésors immenses. [10]
　　Tamerlan vainqueur des Indes retourne sur ses pas. Il se jette sur
la Syrie: il prend Damas. Il revole à Bagdat déjà soumise, et qui
voulait secouer le joug. Il la livre au pillage et au glaive. On dit qu'il
y périt près de huit cent mille habitants; [11] elle fut entièrement

31-32　MSP: jette dans la Syrie

[7] En 1393. Voltaire passe rapidement sur les conquêtes de Tamerlan, qui s'étalent
en fait sur de longues périodes, dans les années 1370-1380 (Kharezm, Iran, Kandahar,
Géorgie, Arménie, Syrie). D'Herbelot en donne le détail, p.878-81. Voir aussi J. de
Guignes, *Histoire générale des Huns, des Turcs, des Mogols, et des autres Tartares
occidentaux* (Paris, 1756-1758, BV1573), t.4, p.4-34.

[8] En décembre 1398. Entre-temps, en 1395, Tamerlan avait détruit Tana
(l'ancienne Tanaïs, auj. Azov), et remonté la Volga jusqu'à Bulgar (voir ci-dessous,
ch.89, ligne 4). Dans l'*Histoire de l'empire de Russie sous Pierre le Grand*, il évoque les
ravages perpétrés par Tamerlan à Tana, et sa conquête de la Crimée qui détruisirent
le commerce des Italiens (1re partie, ch.1, et 2e partie, ch.12, *OCV*, t.46, p.435, et t.47,
p.876).

[9] Darius II, fils naturel d'Artaxerxès Ier, roi de Perse (424-404 av. J.-C.), n'a pas
conquis les Indes. Les souverains perses n'ont conquis que le Gandhara, la partie
nord-ouest de l'Inde. Dans les *Fragments sur l'Inde*, on trouve d'ailleurs que Gengis
Khan 'probablement ne fit que traverser le nord de l'Inde' (p.237), alors qu'en 1398
Tamerlan lui-même 'conquit la partie septentrionale de l'Inde jusqu'à Lahor et
jusqu'au Gange', mais Voltaire y répète que la conquête 'n'était pas difficile' (p.240).

[10] Nad'r Chah (1688-1747), schah de Perse, s'empara de Delhi en 1739. Mais il
n'eut pas qu'à 'se présenter' en Inde: il lui fallut d'abord vaincre la grande armée de
l'empire mongol de Muhammad Chah. Il revint effectivement en Perse avec un
immense butin chargé sur des milliers de chevaux, de chameaux et d'éléphants: cf. les
Fragments sur l'Inde, art.8 (p.101).

[11] Damas tomba le 24 mars 1401, et Bagdad le 23 juillet 1401. Des dizaines de
milliers d'habitants de Bagdad furent massacrés: environ 90 000 selon Ahmed Ibn
Arabshah (Vattier, p.180); rapporté en note sous toute réserve dans Pétis de La Croix
(t.3, p.370). Le chiffre avancé par Voltaire est manifestement exagéré.

détruite. Les villes de ces contrées étaient aisément rasées, et se 35
rebâtissaient de même. Elles n'étaient, comme on l'a déjà remarqué, [12] que de briques séchées au soleil. C'est au milieu du cours
de ces victoires, que l'empereur grec [13] qui ne trouvait aucun secours
chez les chrétiens, s'adresse enfin à ce Tartare. Cinq princes
mahométans que Bajazet avait dépossédés vers les rives du Pont- 40
Euxin, imploraient dans le même temps son secours. Il descendit
dans l'Asie Mineure, appelé par les musulmans et par les chrétiens. [14]

Ce qui peut donner une idée avantageuse de son caractère, c'est
qu'on le voit dans cette guerre observer au moins le droit des
nations. Il commence par envoyer des ambassadeurs à Bajazet, et 45
lui demande d'abandonner le siège de Constantinople, et de rendre
justice aux princes musulmans dépossédés. Bajazet reçoit ces
propositions avec colère et avec mépris. [15] Tamerlan lui déclare

43 MSP, 54LD: donner quelque idée

[12] Renvoi au ch.6 (notre t.2, p.141).

[13] Manuel II Paléologue (†1425), empereur à partir de 1391. Voltaire le nomme
plus loin (ligne 126). Sur ses tentatives infructueuses auprès des rois de l'Europe
(1400-1402), voir ci-dessus, ch.87, lignes 87-93.

[14] Chalcondyle raconte que, confrontés aux déprédations de Bajazet, 'les princes
et seigneurs turcs de l'Asie' allèrent trouver Tamerlan 'pour implorer son aide et
secours à l'encontre de Bajazet, et être restitués en leurs biens, lui remettant devant
les yeux, afin de lui faire toujours prendre l'affaire plus à cœur, la conformité de
religion, et la proximité du sang qui était entre eux' (p.43). Bajazet, en effet,
'inquiétait fort [...] le pays de plusieurs petits princes de Caramanie [l'ancienne
Cilicie, au sud-est de l'Anatolie], qui étaient ses alliés [de Timour] et qui vivaient
sous sa protection' (d'Herbelot, p.882a). Il 'avait osé dépouiller quelques princes de
Caramanie alliés de Tamerlank' (Catrou, p.13). 'Cette invasion de Bajazet fit que
tous ces princes dépouillés joints à l'empereur de Constantinople qu'il fatiguait
encore par un nouveau siège, appelèrent Tamerlan à leur secours' (d'Herbelot, art.
'Baiazid', p.175a). Pour la même demande d'aide formulée par Manuel II Paléologue,
voir Echard (ann.1400, §38) et Cantemir (livre 1, ch.5, §12); silence total chez
Chalcondyle et Cousin-Ducas.

[15] Les insultes de Bajazet sont détaillées par Chalcondyle (p.44-45) et Echard
(ann.1400, §39, 43). La remarque de Voltaire est si lapidaire qu'on ignore quelle est sa
source. Sur la réponse de Bajazet (Bayazid Ier), voir aussi Sainctyon (p.160), et J.-B.
Margat de Tilly, *Histoire de Tamerlan* (Paris, 1739, t.2, p.180-81).

la guerre; il marche à lui. Bajazet lève le siège de Constantinople, et
50 livre entre Césarée et Ancire cette grande bataille où il semblait que
toutes les forces du monde fussent assemblées. [16] Sans doute les
troupes de Tamerlan étaient bien disciplinées, [17] puisque après le
combat le plus opiniâtre, elles vainquirent celles qui avaient défait
les Grecs, les Hongrois, les Allemands, les Français, et tant de
55 nations belliqueuses. On ne saurait douter que Tamerlan, qui
jusque-là combattit toujours avec les flèches et le cimeterre, ne fît
usage du canon contre les Ottomans, et que ce ne soit lui qui ait
envoyé des pièces d'artillerie dans le Mogol, où l'on en voit encore,
sur lesquelles sont gravés des caractères inconnus. [18] Les Turcs se
60 servirent contre lui dans la bataille de Césarée, non seulement de
canons, mais aussi de l'ancien feu grégeois. [19] Ce double avantage

Bajaʒet vaincu et pris. 1401.

---

52 MSP, 54LD: étaient excellentes, puisque

[16] A l'approche de Tamerlan, qui venait d'asservir la Syrie (1400-1402), Bajazet
fut obligé de lever le siège de Constantinople. La bataille d'Ancyre (auj. Ankara)
eut lieu le 20 juillet 1402. Tous les auteurs donnent des chiffres impressionnants
pour le nombre de participants et de morts. Voir, par exemple, une manchette chez
Chalcondyle: 'L'armée de Tamerlan contre Bajazet était de 800 000 hommes'
(p.62).
[17] Chalcondyle s'étend sur la discipline militaire des Tartares de Tamerlan (p.50).
Dans les *Fragments sur l'Inde* (2ᵉ partie, ch.12, p.240), Voltaire répète que la raison
des succès de Tamerlan était que ses troupes étaient mieux disciplinées et plus
endurcies aux fatigues que celles de ses voisins.
[18] Dans aucun des ouvrages consultés sur Tamerlan il n'est question de pièces
d'artillerie envoyées dans le Mogol. Nous avons déjà vu dans les ch.75 (lignes 289,
296) et 76 (74 et suiv.) l'intérêt que porte Voltaire à l'introduction de l'artillerie en
Europe. En ce qui concerne l'Inde, cf. les *Fragments sur l'Inde*, 2ᵉ partie, art.12: 'Ces
instruments de destruction y avaient été portés de l'Europe chez les Turcs, et des
Turcs chez les Persans' (p.243); la bataille citée par Voltaire, par exemple, eut lieu
pourtant en 1526. La source pour les pièces d'artillerie gravées de caractères inconnus
reste à identifier. La 'bataille de Césarée (ligne 60), capitale de la Cappadoce (auj.
Kayseri) est vraisemblablement assimilée par Voltaire à celle d'Ancyre en 1402.
[19] Bajazet avait-il des canons? Aucune indication dans les sources habituelles de
Voltaire. En tout cas, il 'avait le même avantage avec les armes blanches sur les
Tartares que ceux-ci l'avaient sur les Turcs par leurs flèches' (d'Herbelot, p.175b).
Sur le feu grégeois, voir ch.57, lignes 64-65 et n. (notre t.3, p.349). Il fut effectivement
utilisé par les Turcs: la garnison de Damas se défendit en jetant des pierres et du feu

eût donné aux Ottomans une victoire infaillible, si Tamerlan n'eût eu de l'artillerie.

Bazajet vit son fils aîné Mustapha tué en combattant auprès de lui, et tomba captif entre les mains de son vainqueur, avec un de ses 65 autres fils nommé Musa, ou Moïse. [20] On aime à savoir les suites de cette bataille mémorable entre deux nations qui semblaient se disputer l'Europe et l'Asie, et entre deux conquérants dont les noms sont encore si célèbres; bataille qui d'ailleurs sauva pour un temps l'empire des Grecs, et qui pouvait aider à détruire celui des 70 Turcs. [21]

Fable de la cage *et de la raison* *qui empêche* Aucun des auteurs persans et arabes qui ont écrit la vie de Tamerlan ne dit, qu'il enferma Bajazet dans une cage de fer, mais

63-72   MSP, 54LD: l'artillerie. ¶Bajazet fut obligé de fuir et trahi par des Tartares septentrionaux [MSG, 54LD: qu'il avait dans son armée,] il fut livré à son vainqueur. ¶Aucun des anciens auteurs

73-114   MSP, 54LD: fer. Il le traita avec humanité. Seulement, pour mortifier son orgueil, il se fit, dit-on, servir à boire par l'épouse de Bajazet à demi-nue. Le [54LD: Bajazet. Le] sultan vaincu mourut bientôt après à la cour de Tamerlan. [54LD: ¶C'est une fable que les sultans ottomans ne se marièrent plus depuis l'outrage fait par Tamerlan à l'épouse de Bajazet, puisque nous verrons bientôt Amurath II épouser la 5 fille d'un despote de Servie et que même Mahomet II épousa la fille d'un prince de Turcomanie.] ¶Ce [54LD: Le] conquérant tartare, semblable à tous les conquérants qui ne laissent en repos rien de ce qu'ils peuvent subjuguer, maître par la prise de Bajazet de presque toute l'Asie Mineure, envahit la Syrie qui était encore sous le joug des sultans mamelouks d'Egypte. De là 10

grégeois (Pétis de La Croix, t.3, p.335); l'émir mameluk de Bagdad fit pleuvoir un 'déluge de feu grégeois' sur l'armée de Tamerlan (Margat de Tilly, p.316). Les armées de Tamerlan disposaient aussi de 'jeteurs de feu grégeois' (Pétis de La Croix, t.4, p.91, 155).

[20] Il semblerait que Voltaire ait ici cumulé ces informations grâce à des sources diverses. Car aucune de celles que nous avons pu consulter n'évoque dans un seul et même développement la mort de Mustapha (d'Herbelot, p.175b; Cantemir, livre 1, ch.5, §14) et la capture de Moïse (Chalcondyle, p.65; Cantemir, §16, n.7).

[21] Voltaire avait dit au ch.87 (ligne 99-100), et répète au début du ch.89, que Constantinople a été sauvée pour un temps grâce à Tamerlan. Il le redira dans les *Fragments sur l'Inde* (2e partie, ch.12, p.240).

les annales turques le disent. [22] Est-ce pour rendre Tamerlan odieux?
75   Est-ce plutôt parce qu'ils ont copié des historiens grecs? [23] Les
auteurs arabes prétendent que Tamerlan se faisait verser à boire par
l'épouse de Bajazet à demi nue; [24] et c'est ce qui a donné lieu à la fable
reçue, que les sultans turcs ne se marièrent plus depuis cet outrage

[22] L'anecdote de la cage de fer est rapportée dans de nombreuses sources. La version
essentielle conte que Tamerlan demande à Bajazet ce qu'il aurait fait de lui s'il avait été
son prisonnier; Bajazet répond qu'il l'aurait enfermé dans une cage de fer; aussi
Tamerlan prit-il la résolution de lui faire le traitement qu'il aurait reçu de lui (voir
d'Herbelot, art. 'Bajazet', p.175b; Moréri, art. 'Bajazet' et 'Tamerlan'; le *Journal des
savants*, juillet 1748, p.1226-27). Dans le camp opposé, d'Herbelot affirme, en se
contredisant, que Bajazet fut fort bien reçu par Tamerlan, et que l'anecdote de la cage
ne se trouve pas dans les histoires les plus authentiques (art. 'Timur', p.882b). Catrou
rapporte que Tamerlan faisait manger Bajazet à sa table, et que les meilleurs historiens
ne font pas mention de la cage de fer, dont ne parle pas la chronique mogole (p.15).
Sainctyon ne rapporte pas l'anecdote et insiste sur la 'douceur' de Tamerlan (p.200 et
suiv.). Pétis de La Croix assure que Tamerlan traita Bajazet 'avec honneur et respect',
et ordonna de le débarrasser de ses chaînes (t.3, p.16-20). Par 'annales turques',
Voltaire entend les annales rédigées à Constantinople par Cantemir (voir ci-dessous,
ch.91, lignes 188-91). En effet, Cantemir évoque la cage de fer (livre 1, ch.5, §14; à la
suite d'Echard, ann.1403, §43-44). Selon d'Herbelot, il existe une chronique ottomane
'fort moderne, traduite par Leunclavius, dans laquelle il en est fait mention' (art.
'Timur', p.882b). Il s'agit de la traduction de J. Löwenklau des *Annales sultanorum
othmanidarum* (Frankfurt, 1588), où l'anecdote se retrouve effectivement (p.25). En
fait, Bajazet fut transporté dans une litière grillagée, ce qui donna naissance à la légende
de la cage de fer (voir Grousset, p.531).

[23] Par 'annales turques', Voltaire entend Cantemir (voir la note précédente), et
par 'historiens grecs', Cousin-Ducas (t.8, p.361; suivi de près par Echard, ann.1400,
§40), qui insiste sur la cruauté de Tamerlan conquérant, et Chalcondyle qui, non
content de stigmatiser divers exemples de cette 'cruauté merveilleuse' (p.61), dévoile
sa luxure et ses dégoûtantes turpitudes morales (p.67-68). C'est 'peut-être une fiction
inventée par les Grecs', suggère Catrou (p.15), et dans une note infrapaginale,
Pufendorf – commentant son propre texte où il affirme la réalité de la cage – ajoute:
'Toutes ces cruautés n'ont rien de vrai, elles ont été imaginées par les Grecs, qui
haïssaient Bajazet' (t.5, p.123). Mais il ajoute quelques lignes plus bas: 'ce malheureux
prince se cassa enfin la tête de désespoir contre les barreaux de sa cage' (p.123-24).

[24] Selon Pufendorf, la femme de Bajazet 'fut réduite à servir Tamerlan à table et à
lui verser à boire toute nue' (t.5, p.123). La version de Voltaire, moins crue, est tout
de même plus osée que celle de Chalcondyle, selon qui Tamerlan ordonna à la 'plus
chère tenue, et la mieux aimée' de toutes les femmes de Bajazet, 'en la présence de son
mari de le servir de coupe, et aller au buffet quérir son vin' (p.66).

fait à une de leurs femmes. [25] Cette fable est démentie par le mariage d'Amurat II, que nous verrons épouser la fille d'un despote de Servie, et par le mariage de Mahomet II avec la fille d'un prince de Turcomanie. [26]

80

Il est difficile de concilier la cage de fer et l'affront brutal fait à la femme de Bajazet, avec la générosité que les Turcs attribuent à Tamerlan. Ils rapportent que le vainqueur étant entré dans Burse, ou Pruse, capitale des Etats turcs asiatiques, [27] écrivit à Soliman fils de Bajazet une lettre qui eût fait honneur à Alexandre. *Je veux oublier*, dit Tamerlan dans cette lettre, *que j'ai été l'ennemi de Bajazet. Je servirai de père à ses enfants, pourvu qu'ils attendent les effets de ma clémence. Mes conquêtes me suffisent, et de nouvelles faveurs de l'inconstante fortune ne me tentent point.* [28]

85

90

[25] Non mentionné par Chalcondyle. Pufendorf continue: 'De là vient que les empereurs turcs jusqu'à Soliman le Magnifique, n'ont point eu de femmes légitimes et n'ont voulu se servir que des concubines, pour ne plus tomber dans la même ignominie que Bajazet' (t.5, p.123). Selon Busbecq: 'C'était pour éviter de pareils malheurs que les sultans successeurs de Bajazet ne prenaient plus de femme en légitime mariage' (p.86). P. Rycaut (*Histoire de l'état présent de l'empire ottoman*, trad. Briot, Amsterdam, 1671, BV3054), se référant à Busbec, écrit: 'Cette coutume de ne point marier le sultan se pratique depuis Bajazet, et est considérée par les Turcs comme un des secrets de l'empire: on en rapporte plusieurs raisons' (p.370). Mais, ayant évoqué l'extrême peine que Bajazet avait ressentie devant l'humiliation de sa femme, Olivera Lazarević, fille d'Eléazar Hrebeljanović, prince des Bulgares et despote de Serbie, Rycaut ajoute: 'Mais je suis persuadé que cette maxime a un fondement plus politique'. Et d'exposer les inconvénients d'épouser une femme sur qui il pourrait risquer de dilapider 'le principal revenu de l'empire', et de contracter des 'alliances avec les étrangers [...] contre les lois fondamentales de l'empire' (p.371-72).

[26] Amurat ou Murat II (1404-1451) épousa, en sixième noces, Mara Branković, fille du despote de Serbie, Durad Branković, en 1435 (voir ci-dessous, ch.89, lines 9-11 et n.3). Le fils de sa quatrième femme, Mehmet II le Conquérant (1432-1481), eut en réalité plusieurs femmes chrétiennes de haut lignage dont Helena, fille de Demetrios Palaiologos, despote de Morée, et Anna, fille de Jean IV, empereur de Trébizonde (en Turcomanie). Pufendorf dit explicitement qu'il 'épousa la fille du roi de Turcomanie' (t.5, p.130).

[27] Voir ci-dessus, ch.87, ligne 29 et n.7.

[28] Voir Cantemir, livre 2, ch.1, §2. Citation exacte un peu remaniée. Cette lettre est citée par Jaucourt d'après Voltaire dans l'art. 'Pruse ou Burse' (*Encyclopédie*, t.13, p.531b).

Supposé qu'une telle lettre ait été écrite, elle pouvait n'être qu'un artifice. Les Turcs disent encore, que Tamerlan n'étant pas écouté de Soliman, déclara sultan dans Burse ce même Musa fils de
95 Bajazet, et qu'il lui dit; *Reçois l'héritage de ton père; une âme royale sait conquérir des royaumes, et les rendre.* [29]

Les historiens orientaux, ainsi que les nôtres, mettent souvent dans la bouche des hommes célèbres des paroles qu'ils n'ont jamais prononcées. [30] Tant de magnanimité avec le fils s'accorde mal avec
100 la barbarie dont on dit qu'il usa avec le père. Mais ce qu'on peut recueillir de certain, et ce qui mérite notre attention, c'est que la grande victoire de Tamerlan n'ôta pas enfin une ville à l'empire des Turcs. Ce Musa, qu'il fit sultan, et qu'il protégea pour l'opposer et à Soliman et à Mahomet Ier ses frères, ne put leur résister malgré la
105 protection du vainqueur. Il y eut une guerre civile de treize années entre les enfants de Bajazet; [31] et on ne voit point que Tamerlan en ait profité. Il est prouvé, par le malheur même de ce sultan, que les Turcs étaient un peuple tout belliqueux, qui avait pu être vaincu, sans pouvoir être asservi; et que le Tartare ne trouvant pas de
110 facilité à s'étendre et à s'établir vers l'Asie Mineure, porta ses armes en d'autres pays.

[29] Voir Cantemir, ch.1, §3. Citation exacte mais légèrement remaniée.

[30] Voltaire s'élève tout au long de sa carrière contre les paroles attribuées par les historiens à des hommes célèbres: voir l'*Essai sur la poésie épique*, *OCV*, t.3B, p.490; les *Annales de l'Empire*, p.503; *Le Siècle de Louis XIV*, *OH*, p.731, n.*; le *Supplément au Siècle de Louis XIV*, *OH*, p.1257; l'art. 'Histoire' dans les 'Articles pour l'*Encyclopédie*', *OCV*, t.33, p.182 (voir aussi 'De l'Histoire' des *QE*, *OCV*, t.42A, p.247); 'Préface historique et critique' de l'*Histoire de l'empire de Russie sous Pierre le Grand*, *OCV*, t.46, p.404-405; 'Articles extraits de la *Gazette littéraire de l'Europe*', *M*, t.25, p.185-86 (du 6 juin 1764); *Le Président de Thou justifié contre les accusations de M. de Bury*, *M*, t.25, p.483; *Le Pyrrhonisme de l'histoire*, *OCV*, t.67, p.278-79; l'*Histoire du parlement de Paris*, *OCV*, t.68, p.334; les *Fragments sur l'Inde*, p.104, n.*b*.

[31] Après la mort de Bayazid Ier en 1403, Musa élimina son frère Soliman, fut proclamé sultan en 1410, mais, dans une bataille contre son frère Mehmet, tomba aux mains de celui-ci, qui le fit étrangler (1413); Soliman Ier fut sultan d'Andrinople de 1403 à 1411; Mehmet Ier, le plus jeune des fils de Bayazid, fut sultan d'Asie, puis sultan de tout l'empire ottoman de 1413 à 1421. Pour une vue d'ensemble de ces luttes fratricides, voir Chalcondyle (p.70-78), Echard (ann.1406 et suiv., §48-56), Pufendorf (t.5, p.124-25) et Cantemir (livre 2, ch.1, §2-10).

Sa prétendue magnanimité envers les fils de Bajazet n'était pas sans doute de la modération. On le voit bientôt après ravager encore la Syrie, qui appartenait aux mameluks de l'Egypte. [32] De là il repassa l'Euphrate, et retourna dans Samarcande, qu'il regardait comme la capitale de ses vastes Etats. Il avait conquis presque autant de terrain que Gengis-Kan: car si Gengis eut une partie de la Chine et de la Corée, Tamerlan eut quelque temps la Syrie et une partie de l'Asie Mineure, où Gengis n'avait pu pénétrer. Il possédait encore presque tout l'Indoustan, dont Gengis n'eut que les provinces septentrionales. Possesseur mal affermi de cet empire immense, il méditait dans Samarcande la conquête de la Chine, dans un âge où sa mort était prochaine. [33]

Hommages rendus à Tamerlan. Ce fut à Samarcande qu'il reçut, à l'exemple de Gengis, l'hommage de plusieurs princes de l'Asie, et l'ambassade de plusieurs souverains. Non seulement l'empereur grec Manuel y envoya ses ambassadeurs, mais il en vint de la part de Henri III roi de Castille. [34] Il y donna une de ces fêtes qui ressemblent à celles des

115

120

125

116-17   MSP: conquis autant
118-19   MSP, 54LD: eut la Syrie et la moitié de l'Asie
123   MSP: où il voyait sa mort prochaine.
124   54LD*: V<ce fut à Samarcande qu'il reçut> Il reçut dans Samarcande

---

[32] Après les invasions mongoles du XIIIᵉ siècle, les mamelouks d'Egypte, à partir de 1300, assurent la garde de la Syrie. Mais ici Voltaire, se trompant dans la chronologie, fait en réalité un rapide retour en arrière car Tamerlan met à sac Alep en 1400 et Damas en 1401, donc avant et non après la victoire sur Bajazet (1402). Voir Chalcondyle (p.59-60).

[33] Le 27 décembre 1404, Tamerlan prend la tête de 200 000 cavaliers pour conquérir la Chine, mais il tombe malade à Otrar (au sud de l'actuel Kazakhstan), et 'n'en devait partir que pour faire un voyage beaucoup plus long que celui à la Chine' (d'Herbelot, p.883b).

[34] Sur Manuel II, voir ci-dessus, n.13. Henri III (†1406) était roi de Castille et León à partir de 1390. Les ambassadeurs byzantins furent envoyés auprès de Tamerlan en 1400 pour lui proposer une alliance contre Bayazid. L'ambassade d'Henri III de Castille qui eut lieu en 1404 fut, selon Margat de Tilly, la plus extraordinaire de celles qui parurent à l'occasion de la fête donnée par Tamerlan avant son départ pour la Chine. C'était la seconde ambassade d'Henri III, deux ans

premiers rois de Perse. Tous les ordres de l'Etat, tous les artisans
130 passèrent en revue, chacun avec les marques de sa profession. Il
maria tous ses petits-fils, et toutes ses petites-filles le même jour. [35]
Enfin il mourut dans une extrême vieillesse, après avoir régné *1406.*
trente-six ans, [36] plus heureux par sa longue vie et par le bonheur de
ses petits-fils, qu'Alexandre, auquel les Orientaux le comparent;
135 mais fort inférieur au Macédonien, en ce qu'il naquit chez une
nation barbare, et qu'il détruisit beaucoup de villes comme Gengis-
Kan, sans en bâtir: [37] au lieu qu'Alexandre, dans une vie très courte,
et au milieu de ses conquêtes rapides, construisit Alexandrie et

---

après la première (t.2, p.357-68). Pétis de La Croix ne fait qu'une brève allusion à
l'ambassade d'Espagne parmi d'autres lors de cette fête (t.4, p.194).

[35] Avant d'aller conquérir la Chine, Tamerlan voulut marier quelques-uns de ses
enfants qui n'étaient pas encore pourvus. Ce fut l'occasion d'une très grande fête
'dans laquelle tous les artisans et ouvriers les plus experts passèrent en revue en bon
équipage avec les outils et les ouvrages de leurs métiers. Tous ces artisans furent
suivis des imams, des docteurs et de tous les officiers de justice [...] Cette fête dura
trois jours' (d'Herbelot, p.883a). Pétis de La Croix précise que Tamerlan 'voulut
exécuter les commandements de l'Alcoran touchant le mariage de ses petits-enfants',
et que la fête, qu'il décrit longuement, dura deux mois (t.4, p.181-94). Margat de Tilly
rapporte également que 'des ouvriers sans nombre' firent 'des chefs-d'œuvre de leur
art' au cours de cette fête, qui eut lieu à l'automne 1404 dans les environs de Kesh (t.2,
p.354-66). Contrairement à la manchette de Voltaire, Tamerlan mourut en 1405.

[36] D'Herbelot, p.884a; Moréri, art. 'Tamerlan'. En fait, Tamerlan est mort après
35 ans de règne, à l'âge de 69 ans.

[37] Il est curieux que Voltaire n'ait pas rectifié cette appréciation, écho de
l'historiographie négative concernant Tamerlan qu'il conteste dans ce chapitre,
car les sources à sa disposition disent le contraire. Tamerlan envoya son petit-fils
Abubekr rebâtir Bagdad (d'Herbelot, p.882b; Pétis de La Croix, t.4, p.92-97; de
Guignes, t.4, p.70). Il fit aussi construire par son armée une ville nouvelle sur les
ruines de Baylakan (Pétis de La Croix, p.118-21; de Guignes, p.71). Dans son dernier
chapitre, où il dresse le bilan du règne de Tamerlan, Pétis de La Croix écrit d'ailleurs:
'Outre ces grandes et continuelles occupations à la guerre et au gouvernement, il est
resté tant de monuments de son ambition et de sa magnificence, tant de villes, de
villages, de châteaux, de murailles de villes qu'il a fait bâtir, de fleuves et de canaux
qu'il a fait creuser, [...] tant de mosquées, de chapelles, d'hôpitaux, de ponts, de
palais, de monastères, de jardins, vignes, et maisons de plaisance qu'il a érigés en
divers lieux de l'Asie, et en si grand nombre qu'il faudrait un gros livre pour en faire
le simple dénombrement' (p.300).

Scanderon, rétablit cette même Samarcande, qui fut depuis le siège
de l'empire de Tamerlan, et bâtit des villes jusque dans les Indes;   140
établit des colonies grecques au-delà de l'Oxus, envoya en Grèce
les observations de Babilone, et changea le commerce de l'Asie, de
l'Europe, et de l'Afrique, dont Alexandrie devint le magasin
universel. Voilà, ce me semble, en quoi Alexandre l'emporte sur
Tamerlan, sur Gengis, et sur tous les conquérants qu'on lui veut   145
égaler.

Je ne crois point d'ailleurs que Tamerlan fût d'un naturel plus
violent qu'Alexandre. S'il est permis d'égayer un peu ces événements terribles, et de mêler le petit au grand, je répéterai ce que
raconte un Persan contemporain de ce prince. Il dit, qu'un fameux   150
poète persan, nommé Hamédi Kermani, étant dans le même bain
que lui avec plusieurs courtisans, et jouant à un jeu d'esprit, qui
consistait à estimer en argent ce que valait chacun d'eux: Je vous
estime trente aspres, dit-il au grand kan. La serviette dont je
m'essuie les vaut, répondit le monarque. Mais c'est aussi en   155
comptant la serviette, répondit Hamédi.[38] Peut-être qu'un prince
qui laissait prendre ces innocentes libertés, n'avait pas un fonds de
naturel entièrement féroce, mais on se familiarise avec les petits, et
on égorge les autres.[39]

144   MSP: Voilà, me semble,
152   MSG: que Tamerlan avec
156   MSP: Hamédi. Il me semble qu'un
158-60 MSP: naturel féroce. ¶Il n'était

[38] L'anecdote, dans d'Herbelot se termine par ces mots: 'Lamaï, qui rapporte ce
trait agréable dans son livre intitulé Lathaïf, en donne Ahmedi Kermani pour auteur,
quoique quelques autres l'attribuent à Baba-Sevdaï' (p.888b). Selon cette source,
Tamerlan était estimé 35 aspres, et non 30. Aspre: 'Petite monnaie d'argent chez les
Turcs. [...] L'aspre vaut environ neuf deniers' (*Dictionnaire de l'Académie*, éd. 1762).
Ahmed Kermâni, poète persan, est l'auteur du *Timur Nameh* (Livre de Timour, en
vers), d'une *Histoire d'Alexandre le Grand* et d'une *Histoire de Gengis Khan*,
également en vers (d'Herbelot, art. 'Kermani', p.960b).
[39] Voir le commentaire de Flaubert: 'Anecdote sur Tamerlan jouant avec le poète
persan Hamedi Kermani. La serviette – indulgence de Tamerlan [...] Il y a une
grande profondeur dans cette phrase. Dans le premier membre, l'âme de Tamerlan y

160   Il n'était ni musulman ni de la secte du grand lama; [40] mais il   *Religion de*
reconnaissait un seul Dieu comme les lettrés chinois, et en cela   *Tamerlan.*
marquait un grand sens, dont des peuples plus polis ont manqué.
On ne voit point de superstition ni chez lui, ni dans ses armées. Il
souffrait également les musulmans, les lamistes, les brames, les
165   guèbres, les Juifs et ceux qu'on nomme idolâtres. Il assista même en
passant vers le mont Liban aux cérémonies religieuses des moines
maronites qui habitent dans ces montagnes. [41] Il avait seulement le
faible de l'astrologie judiciaire, [42] erreur commune à tous les

161   MSP: Dieu à l'exemple de Gengis et
      54LD: Dieu à l'exemple des Chinois
164-65   MSP, 54LD-W57G: musulmans et les lamistes et les idolâtres répandus
encore dans les bourgades des Indes et surtout dans les contrées maritimes. Il [54LD-
W57G: les Indes. Il] assista

---

est sondée, le doute revient dans le second, de sorte que le cercle de la pensée, à
l'occasion de ce fait, est parcouru – une idée est grande quand on en saisit les deux
bouts et qu'on peut les rejoindre' ('Voltaire jugé par Flaubert', *Travaux sur Voltaire
et le dix-huitième siècle*, 1, éd. Th. Besterman, Genève, 1955, p.150).

[40] Dans les *Fragments sur l'Inde*, Voltaire écrit: 'Tamerlan était, dit-on, théiste'
(2e partie, ch.12, p.242); c'est ce que dit Catrou (p.16). Voltaire ajoute que, selon
Catrou, 'cet illustre meurtrier, l'ennemi de la secte musulmane, se fit assister à la mort
par un iman mahométan'. Tamerlan 'adorait le Dieu éternel [...] il méprisait les
rêveries de l'Alcoran, et il était tout à la fois l'ennemi des idolâtres et des musulmans'
(Catrou, p.7), et, près de mourir, il 'n'admet plus qu'un imam fort instruit des
sentiments qu'il avait sur la religion. On l'exhorta selon les principes du déisme'
(p.16). D'Herbelot est plus nuancé: 'Ben Arabschah dit que Tamerlan suivait la loi de
Ginghiz khan et que sa religion approchait plus de la chrétienne que de la
mahométane. Cependant, il est certain [...] qu'il professait au moins en apparence
le mahométisme' (p.888a). Selon Moréri, 'la théologie mahométane ne lui était pas
inconnue' (art. 'Tamerlan'; voir aussi ci-dessous, n.42). Pour les 'lettrés chinois',
voir ch.1, notre t.2, p.49 et n.92; ch.2, p.52-69.

[41] Tamerlan fut reçu à la porte d'un monastère du Liban par le patriarche
maronite, 'spectacle extraordinaire pour les Tartares'. Il 'ne put s'empêcher
d'admirer la modestie, le silence et l'austérité de ces bons religieux. Il assista à
leurs prières, à leurs offices, à leurs repas, et fut témoin des travaux pénibles auxquels
ils s'exerçaient' (Margat de Tilly, t.2, p.287-90).

[42] Selon Chalcondyle, Tamerlan 'était fort amateur de belles-lettres, et excellait
en astrologie et théologie mahométane' (p.49; BV696, corne en bas de page, *CN*, t.2,

hommes, et dont nous ne faisons que de sortir. Il n'était pas savant, mais il fit élever ses petits-fils dans les sciences. Le fameux Oulougbeg,[43] qui lui succéda dans les Etats de la Transoxane, fonda dans Samarcande la première académie des sciences, fit mesurer la terre, et eut part à la composition des tables astronomiques qui portent son nom; semblable en cela au roi Alphonse X de Castille qui l'avait précédé de plus de cent années.[44] Aujourd'hui la grandeur de Samarcande est tombée avec les sciences; et ce pays occupé par les Tartares-Usbecs, est redevenu barbare pour refleurir peut-être un jour.

Sa postérité règne encore dans l'Indoustan, que l'on appelle Mogol, et qui tient ce nom des Tartares-Mogols de Gengis-Kan dont Tamerlan descendait par les femmes.[45] Une autre branche de

170

175

180

178-198   MSP, 54LD: un jour.//

180-81   54LD*, w56-w68: Kan, qui conservèrent cette conquête jusqu'à Tamerlan. Une autre

---

p.484). Selon Bergeron, Tamerlan 'aimait les lettres et l'astrologie [...] où il savait beaucoup' (p.84). On sait que Voltaire considérait l'astrologie judiciaire comme une 'chimère absurde' (*Le Siècle de Louis XIV*, ch.2, *OH*, p.634). Pour un aperçu du mépris indéfectible qu'il lui voua pendant toute sa carrière, voir les art. des *QE* 'Astronomie et quelques réflexions sur l'astrologie' (*OCV*, t.39, p.140n, 145 et n.9, 147-49) et 'Fable' (*OCV*, t.41, p.7). Il l'assimilait aux autres superstitions que sont les enchantements et les sortilèges (*EM*, ch.173). 'Erreur commune à tous les hommes', mais les souverains, selon Voltaire, avaient une propension à y croire, car ils pensaient 'par une superstition orgueilleuse, que la nature les distinguait jusqu'à écrire leur destinée dans les astres' (*Le Siècle de Louis XIV*, ch.25, p.907).

[43] Ulug Beg (1394-1449), petit-fils de Tamerlan. 'C'est sous son nom et sous son autorité que furent composées les tables [astronomiques] nommées Zig Ulug Beg dans la ville de Samarcande' (d'Herbelot, art. 'Ulug Beg', p.914b). Ulug Beg fonda une école d'astronomie et fit construire en 1428-1429 un observatoire qui fut détruit après sa mort. Dans les *Notebooks*, Voltaire écrit: 'Houloug beg [...] fait dresser les éphémérides. Ces Persans ou Tartares étaient de bons astronomes' (Besterman, 'Voltaire's Notebooks', p.19; voir ci-dessus, n.5).

[44] Alphonse X le Sage, roi de Castille et de León de 1254 à 1284, empereur germanique, inspirateur en astronomie des *Tables alphonsines*. Sur Alphonse l'astronome, voir ch.64 (notre t.3, p.505-10).

[45] Filiation douteuse déjà évoquée au début de ce chapitre.

sa race régna en Perse, jusqu'à ce qu'une autre dynastie de princes tartares de la faction du *Mouton blanc* s'en empara en 1468. [46] Si nous songeons que les Turcs sont aussi d'origine tartare; si nous nous souvenons qu'Attila descendait des mêmes peuples; tout cela confirmera ce que nous avons déjà dit, que les Tartares ont conquis presque toute la terre. [47] Nous en avons vu la raison. Ils n'avaient rien à perdre; ils étaient plus robustes, plus endurcis que les autres peuples. Mais depuis que les Tartares de l'Orient, ayant subjugué une seconde fois la Chine dans le dernier siècle, [48] n'ont fait qu'un Etat de la Chine et de cette Tartarie orientale, depuis que l'empire de Russie s'est étendu et civilisé, depuis enfin que la terre est hérissée de remparts bordés d'artillerie, ces grandes émigrations ne sont plus à craindre. [49] Les nations polies sont à couvert des irruptions de ces sauvages. Toute la Tartarie, excepté la Chinoise,

[46] Hassan le Long (ou le Grand) succéda à son frère Gehanghir en 1467 'après avoir défait Gehanschah, sultan de la race du Mouton noir, auquel il enleva tous ses Etats de Mésopotamie, de Chaldée et de Perse. Il défit aussi Abusaid Sultan de la race de Tamerlan, qui possédait le Khorassan et la Transoxane' (d'Herbelot, p.437a). Hassan le Long 'passe pour le premier des princes de la dynastie des Turcomans Baïanduriens, autrement appelés de la race du Mouton blanc' (p.437a). Sur les 'factions' du Mouton blanc et du Mouton noir, voir l'*Histoire des voyages de Scarmentado* (1756; *M*, t.21, p.129-30). Voir aussi ci-dessous, ch.92, ligne 12.

[47] Voltaire a dit dans le ch.60, en parlant des Tartares: 'ainsi ce vaste réservoir d'hommes ignorants et belliqueux a vomi ses inondations dans presque tout notre hémisphère: et les peuples qui habitent aujourd'hui ces déserts, privés de toute connaissance, savent seulement que leurs pères ont conquis le monde' (notre t.3, p.407).

[48] Par 'Tartares de l'Orient', Voltaire entend la dynastie mandchoue qui règne en Chine à partir de 1644. On sait que les Mandchous sont des Toungouses.

[49] Rousseau était d'un avis contraire en 1762: 'L'empire de Russie voudra subjuguer l'Europe, et sera subjugué lui-même. Les Tartares ses sujets ou ses voisins deviendront ses maîtres et les nôtres. Cette révolution me paraît infaillible' (*Du contrat social*, II.8, *Œuvres complètes*, Paris, 1959-1995, t.3, p.386). Voltaire se livrera à plusieurs reprises à une critique cinglante de cette 'prophétie' de Rousseau: dès 1762, dans les *Idées républicaines* (*M*, t.24, p.422-23); en 1765, dans *De Pierre le Grand et de Jean-Jacques Rousseau* (*M*, t.20, p.218-20); en 1772, dans l'art. 'Russie' des *QE* (*M*, t.20, p.221-22); en 1775, dans la version définitive de la 'Préface historique et critique' de l'*Histoire de l'empire de Russie sous Pierre le Grand* (*OCV*, t.46, p.384-85).

ne renferme plus que des hordes misérables, qui seraient trop heureuses d'être conquises à leur tour, s'il ne valait pas encore mieux être libre que civilisé.

197-98   54LD*: tour pour être apprivoisées et pour vivre dans l'enceinte des villes.//

CHAPITRE 89

Suite de l'histoire des Turcs et des Grecs, jusqu'à la prise de Constantinople.

Constantinople fut un temps hors de danger par la victoire de

a-104   [*Première rédaction de ce chapitre*: MSP]
a   MSP: Chapitre 62
    54LD: Chapitre 8
    W56-W57G: Chapitre 76
    61: Chapitre 85

* Prenant la relève de certains chapitres précédents (voir, par exemple, 6-7, 56, 87) où Voltaire fait l'éloge de la grandeur et de la magnanimité des différents chefs mahométans qui avaient fait le malheur de l'Occident, ce chapitre se présente comme un éloge du prince turc Amurat II. Non seulement a-t-il contribué 'à la grandeur ottomane' (lignes 12-13) tenue en échec et parfois mise à mal par Tamerlan, mais il s'est aussi montré un adversaire 'philosophe' qui – conscient de la vanité de ce monde ici bas – 'n'avait d'autre but que la retraite' (14-16), désir qu'il a réalisé par deux fois. Cependant Voltaire, exaltant les vertus du sultan, veut par la même occasion souligner l'incapacité du monde grec et de l'Eglise catholique à comprendre le danger et se défendre. Cette incapacité apparaît sur le plan politique – l'empereur byzantin alla au concile de Florence où 'il disputait sur la procession du Saint-Esprit, tandis les Vénitiens déjà maîtres d'une partie de la Grèce, achetaient Thessalonique' (19-22) – et le pape Eugène IV afficha son amoralité en conduisant le roi de Hongrie Ladislas II ou III Jagellon à violer le serment qu'il avait conclu avec Amurat II (57-64, 79-85), violation qui provoqua l'extension de la conquête ottomane. Par contre, cet épisode permet à Voltaire, dans une juxtaposition saisissante digne d'un conte moral, de contraster l'immoralité cynique, voire la traîtrise, de Ladislas et l'esprit magnanime d'Amurat qui, grand seigneur dans tous les sens du terme, traita la dépouille mortelle de son adversaire avec un respect tout chevaleresque (90-94). Leçon impressionnante. Et pourquoi s'étonner si ce cardinal Giuliano Cesarini, le maître d'œuvre de la défaite, et un méchant digne d'un mélodrame, récolte (comme il se doit) le salaire bien mérité de sa propre traîtrise (95-98)? En d'autres termes, ce que veut souligner Voltaire, c'est que l'avènement des Turcs n'était ni le destin du monde ni l'action de la Providence, mais le fruit de la conduite du monde chrétien. Dans cette optique, il présente des appréciations justes – 'il fallait alors qu'il y eût plus de correspondance et moins d'aversion qu'aujourd'hui entre les musulmans et les

379

Tamerlan; [1] mais les successeurs de Bajazet rétablirent bientôt leur empire. Le fort des conquêtes de Tamerlan était dans la Perse, dans la Syrie, et aux Indes, dans l'Arménie, et vers la Russie. [2] Les Turcs

---

chrétiens' (6-7) – et des remarques quelquefois cyniques mais en tout cas typiques de sa philosophie de l'histoire: 'Ladislas séduit par de fausses espérances, et par une morale que le succès seul pouvait justifier' (73-74). Pour rédiger ce chapitre où il infléchit les données disponibles en faveur d'une interprétation anti-occidentale et surtout anti-chrétienne, Voltaire donne l'impression de s'être tourne, à l'origine, soit vers des articles de dictionnaire, soit vers des historiens où l'on ne trouve que l'ossature ou les faits essentiels du règne d'Amurat. C'est ainsi que les données fournies par B. d'Herbelot (*Bibliothèque orientale, ou dictionnaire universel contenant généralement tout ce qui regarde la connaissance des peuples de l'Orient*, Paris, 1697, BV1626) ou S. von Pufendorf (*Introduction à l'histoire générale et politique de l'univers*, complétée et continuée par Bruzen de La Martinière, Amsterdam, 1743-1745, BV2830) donnent l'impression d'avoir servi de point de départ à une enquête (plus poussée chez d'autres historiens) qui lui ont permis de proposer une interprétation portant l'empreinte de sa propre vision des faits. Reproduisant les stratégies bibliographiques des chapitres précédents, lesquelles seront en évidence aussi dans les chapitres ultérieurs (90-93), Voltaire consulte de nouveau ces historiens qui l'accompagnent depuis ch.86-88 dans ses recherches sur le monde oriental: L. Chalcondyle, *Histoire de la décadence de l'empire grec et établissement de celui des Turcs* (Paris, 1632, BV696; éd. citée, Rouen, 1660); l'*Histoire de Constantinople*, trad. M. Cousin (Paris, 1671-1674, BV891), t.8: *Histoire des empereurs Jean, Manuel, Jean et Constantin Paléologue* de Ducas; Fleury, *Histoire ecclésiastique*, livre 109, ann.1443-1444, §62-63, 73-85; L. Echard, *Histoire romaine* (Paris, 1736-1742, BV1201), t.16, livre 13; D. Cantemir, *Histoire de l'empire ottoman* (Paris, 1743). Une fois échafaudé (MSP, 54LD) avec l'aide de ces ouvrages, le chapitre est déjà, idéologiquement parlant, le vecteur de l'interprétation que Voltaire tient à faire accréditer. S'il juge bon par la suite (w56-w57G) d'y ajouter des compléments d'information (lignes 25-34, 39-41, 50-53, 64-69, 91-92, 99-104), ceux-ci ne modifient en rien son point de vue; au contraire, ils le renforcent.

[1] Référence et renvoi à la bataille d'Ankara (20 juillet 1402), 'bataille qui d'ailleurs sauva pour un temps l'empire des Grecs, et qui pouvait aider à détruire celui des Turcs' (voir ci-dessus, ch.88, lignes 69-71).

[2] Si, dans le chapitre précédent, Voltaire a évoqué les nombreuses campagnes de Tamerlan dans le Khorassan, en Perse et en Inde, en Syrie et Asie Mineure, il a passé sous silence ses incursions en Russie qu'il envahit une première fois en 1381-1382 en compagnie de Tokhtamych, khan de la Horde d'or. Il y retourna en 1395, poussa jusqu'à Moscou, pilla la Crimée et mit Azov à sac. Voir, par exemple, A.-L.-M. Pétis de La Croix, *Histoire de Timur-Bec* (Paris, 1722), t.2, ch.5, p.360-83: 'Timur passe en Europe, il pille et saccage le Capchac occidental; il ravage la Moscovie et la Russie'.

5   reprirent l'Asie Mineure, et conservèrent tout ce qu'ils avaient en
Europe. Il fallait alors qu'il y eût plus de correspondance et moins
d'aversion qu'aujourd'hui entre les musulmans et les chrétiens. *Mariages de*
Cantacusène n'avait fait nulle difficulté de donner sa fille en *Turcs avec*
mariage à Orcan; et Amurat II petit-fils de Bajazet, et fils de *chrétiennes, et de*
chrétiens avec
10   Mahomet Ier, n'en fit aucune d'épouser la fille d'un despote de *Turques.*
Servie, nommée Irène. [3]
Amurat II était un de ces princes turcs qui contribuèrent à la
grandeur ottomane: mais il était très détrompé du faste de cette
grandeur qu'il accroissait par ses armes. Il n'avait d'autre but que la
15   retraite. C'était une chose assez rare qu'un philosophe turc qui
abdiquait la couronne. [4] Il la résigna deux fois, et deux fois les

7-8   MSP, 54LD-W57G: chrétiens. Jean Paléologue n'avait

[3] Voir Cantemir: 'Orchan [...] épousa [Theodora] la fille de l'empereur de
Constantinople Jean Cantacuzène [en 1346]' (livre 1, ch.3, §1, n.*a*). Nous ne
savons pas où Voltaire a trouvé la référence à la nommée Irène, mais d'Herbelot
(p.624) et Cousin-Ducas (p.485) donnent les renseignements nécessaires: Amurat II
épousa en réalité [4 septembre 1435] Mara (ou Marie) Branković (*c.*1416-1487), fille
de Durad Branković, despote de Serbie (1427-1456). Chalcondyle nous apprend
simplement qu'Amurat épousa la fille du despote de Servie (p.101). Cantemir raconte
qu'il 'épousa [manchette: *Hég.* 827. A.C. 1460] [...] la fille de Laz Ogli [...] de la
famille de Lazare despote de Servie' (livre 2, ch.4, §9 et n.), et la nomme 'Hélène de
Servie'. Mais il doit se tromper car, en 1460, Amurat est mort depuis neuf ans déjà.
[4] Il est probable que Voltaire se laisse influencer par les appréciations de Cantemir
(le seul à traiter de ces deux abdications). Evoquant la première (1444), Cantemir
écrit: 'Amurat, dégoûté des affaires et fatigué de tant d'expéditions laborieuses, se
détermine l'an 847 à résigner sa couronne à son fils Mahomet' (livre 2, ch.4, §23); sur
la seconde (1446), il est encore plus révélateur: 'Amurat, désabusé des grandeurs
humaines, n'en est que plus convaincu de la faiblesse et de la caducité de tout ce qui
paraît puissant ici-bas. Il avait vu le roi de Hongrie au comble de la gloire, environné
d'armées nombreuses, respecté de tant de nations rassemblées sous ses étendards; il
l'avait vu renversé par un seul coup de hasard, [...] dans la chute de cet infortuné roi,
il voyait quel pouvait être son propre sort, après un cours si long de prospérités
continuelles' (p.260). D'Herbelot mentionne brièvement (p.624) mais ne juge pas
ces deux abdications. Chalcondyle évoque la première, mais l'attribue à la superstition (p.139), point de vue adopté par J.-G. Chauffepié (*Nouveau Dictionnnaire
historique et critique*, Amsterdam et La Haye, 1750, BV731, t.1, p.312).

instances de ses bachas et de ses janissaires l'engagèrent à la reprendre.[5]

Jean II Paléologue allait à Rome et au concile, que nous avons vu assemblé par Eugène IV à Florence. Il y disputait sur la procession du Saint-Esprit, tandis que les Vénitiens déjà maîtres d'une partie de la Grèce, achetaient Thessalonique, et que son empire était presque tout partagé entre les chrétiens et les musulmans. Amurat cependant prenait cette même Thessalonique à peine vendue.[6] Les Vénitiens avaient cru mettre en sûreté ce territoire, et défendre la Grèce par une muraille de huit mille pas de long, selon cet ancien usage que les Romains eux-mêmes avaient pratiqué au nord de l'Angleterre. C'est une défense contre des

Grande muraille en Grèce.

20

25

19   MSP, 54LD-W57G: Jean Paléologue
25-34   MSP, 54LD: vendue et poussait ses conquêtes en Hongrie. Ce royaume venait de se donner au jeune Ladislas roi de Pologne

[5] Amurat fut obligé, une première fois, de sortir de sa retraite (décidée après la paix de Szeged en avril 1444: voir ci-dessous, n.9) quand les janissaires comprirent – confrontés à l'agressivité de Ladislas et ses alliés – qu'il avait confié le sort de l'empire aux mains trop faibles de son fils, Mehmet II, qui n'avait que douze ans. Après la bataille de Varna (10 novembre 1444), il se retira une seconde fois, mais une menace très sérieuse sous la forme de Georges ('Jean', dans le chapitre suivant) Castriot, dit Scanderberg, décida 'les Bassas et principaux officiers de ses troupes' (d'Herbelot, p.624) à lui demander, après la défaite de Otonetë (27 septembre 1446), de reprendre en main la destinée de l'empire.

[6] Narquois, Voltaire ne peut s'empêcher de privilégier les conséquences plutôt que les causes. Si Jean VIII Paléologue s'absenta (1438-1439) pour assister au concile de Ferrare (puis de Florence), ce fut pour sceller l'union des deux Eglises, condition *sine qua non* de cette nouvelle croisade contre les Turcs qu'il jugeait essentielle pour sauver son empire (voir ci-dessus, ch.86, lignes 56-101). Les Vénitiens étaient présents dans divers pays et îles, notamment l'Eubée, l'Ionie, la Crète, Argos, Corinthe, Nauplie, Athènes. Quant au destin de Thessalonique, Chalcondyle, laissant entendre chez les Grecs un certain défaitisme, dit qu'ils vendirent la ville 'aux Vénitiens à beaux deniers comptants' (p.99). Cousin-Ducas prétend que ce sont les habitants mêmes de la ville, ne faisant plus confiance au despote Andronic, frère de Jean Paléologue, qui se vendirent aux Vénitiens (p.477-78; suivi par Echard, ch.6, ann.1429 et suiv., §85). Amurat, furieux, car il prétendait que Thessalonique lui appartenait (Cousin-Ducas, p.478-79), y mit le siège, et la ville tomba le 29 mars 1430.

incursions de peuples encore sauvages; ce n'en fut pas une contre la
30 milice victorieuse des Turcs. Ils détruisirent la muraille, et
poussèrent leurs irruptions de tous côtés dans la Grèce, dans la
Dalmatie, dans la Hongrie.[7]

Les peuples de Hongrie s'étaient donnés au jeune Ladislas IV roi *Paix avec les*
de Pologne. Amurat II ayant fait quelques années la guerre en *chrétiens. 1444.*
35 Hongrie, dans la Thrace, et dans tous les pays voisins avec des
succès divers, conclut la paix la plus solennelle que les chrétiens et
les musulmans eussent jamais contractée.[8] Amurat et Ladislas la
jurèrent tous deux solennellement, l'un sur l'Alcoran, et l'autre sur
l'Evangile.[9] Le Turc promettait de ne pas avancer plus loin ses

---

37   MSP: [*manchette*] *1444*.

39-42   MSP: l'Evangile. Il paraît par cette paix même que les Turcs n'avaient
point eu de désavantage pendant la guerre, puisque le traité leur laissa toute la
Bulgarie et le pays de Roumanie dont ils étaient en possession. ¶Le cardinal

[7] La formule 'ce territoire' risque d'induire en erreur. Une lecture plus attentive de
Chalcondyle (p.99-100) aurait permis à Voltaire de comprendre qu'il ne parlait plus
ici du nord du pays et des Vénitiens. Ayant évoqué la chute du pays d'Etolie (la
région de Missolonghi), il nous apprend que 'les Grecs [...] allèrent requérir de paix,
qui leur fut octroyée sous condition qu'ils abattraient la clôture et muraille de
l'Isthme' (p.100; voir aussi Echard, ch.6, ann.1432, §90). Il s'agit du Mur de
l'Hexamilion (le Mur de Six milles, datant de 408-450 ap. J.-C.) qui barrait l'Isthme
de Corinthe et défendait la seule route entre la péninsule du Péloponnèse et la Grèce
centrale. D'après Chalcondyle, Amurat envoya un certain Thuracan 'pour faire cette
démolition' (p.100; Echard, §90). Le mur 'au nord de l'Angleterre' (ligne 28) est le
Mur d'Hadrien.

[8] Voltaire passe rapidement sur les diverses campagnes d'Amurat, entreprises
entre 1432 et 1444. Voir Chalcondyle, p.100-103; Cousin-Ducas, p.486-90, 496-99;
Echard, ch.6, ann.1432, §90, et ch.7, ann.1443, §39.

[9] Confronté à la puissante alliance formée contre lui par les Grecs, les Hongrois,
les Polonais, les Vénitiens et les Génois (janvier 1443), et les talents réunis de
Huniade et Scanderbeg (voir Chalcondyle, p.125; Fleury, ann.1444, §73-74;
Echard, ch.7, ann.1444, §42; Cantemir, livre 2, ch.4, §24), Amurat conclut avec
eux une trêve de dix ans (la paix de Szeged du 15 avril 1444). L'accord stipulait que
'les Hongres en aucune sorte ne molesteraient plus les pays d'Amurat désormais: et
les Turcs ne passeraient le Danube' (Chalcondyle, p.125; Cousin-Ducas, p.498).
Mais, come l'indiquent avec raison les lignes 39-42 var., Amurat garda 'toute la
Bulgarie [hormis le territoire conquis en 1443-1444, selon Fleury, §73] et le pays de

conquêtes; il en rendit même quelques-unes. On régla les limites 40
des possessions ottomanes, de la Hongrie, et de Venise.

Rompue. Le cardinal Julien Cesarini, légat du pape en Allemagne, homme
fameux par ses poursuites contre les partisans de Jean Hus, par le
concile de Basle auquel il avait d'abord présidé, par la croisade qu'il
prêchait contre les Turcs,[10] fut alors par un zèle trop aveugle la 45
cause de l'opprobre et du malheur des chrétiens.

A peine la paix est jurée, que ce cardinal veut qu'on la rompe.[11]
Il se flattait d'avoir engagé les Vénitiens et les Génois à rassembler
une flotte formidable, et que les Grecs réveillés allaient faire un
dernier effort. L'occasion était favorable: c'était précisément le 50
temps où Amurat II sur la foi de cette paix venait de se consacrer à
la retraite, et de résigner l'empire à Mahomet son fils jeune encore
et sans expérience.

Décision qu'il ne Le prétexte manquait pour violer le serment. Amurat avait
faut pas garder observé toutes les conditions avec une exactitude qui ne laissait nul 55

---

47 MSP, 54LD: paix était jurée

50-54 MSP: effort. Il croyait qu'Amurat n'avait reçu la paix que parce qu'il était
hors d'état de faire la guerre en Europe, pressé comme il était [MSG: pressé qu'il était]
par des soulèvements en Asie. Le prétexte

Roumanie'. Chalcondyle insiste sur le caractère solennel du serment prêté de part et
d'autre (p.125), alors que Fleury préfigure Echard (§42) et Voltaire: 'Le roi jura sur
les Evangiles, et Amurat sur l'Alcoran' (§74).

[10] Giuliano Cesarini (1398-1444) joua un grand rôle dans la vie diplomatique de
l'époque, tout d'abord en Allemagne (1419, 1426-1431), où il combattit les hussites,
puis au concile de Bâle (1431) qu'il présida avant de rallier le camp d'Eugène IV, qui
lui donna un rôle-clef au concile de Ferrare-Florence où, dans les négociations, il
s'avéra un des adversaires les plus redoutables de l'Eglise orthodoxe. Il fut nommé
légat du pape, non en Allemagne, mais en Hongrie (1443). En 1753, les lignes 45
(après 'Turcs') à 64 ont été placées dans les *Annales de l'Empire* ('Frédéric
d'Autriche'). Lors de la première édition des *OC* de Voltaire en 1756, elles sont
enlevées des *Annales*, mais les lignes 41-45 y restent (p.449).

[11] Dans les lignes qui suivent (47-64), sans pour autant négliger ses sources
habituelles, Voltaire semble reproduire l'allure du récit de Fleury (§76-77).

subterfuge aux infracteurs. [12] Le légat n'eut d'autre ressource que *la foi aux* de persuader à Ladislas, aux chefs hongrois, et aux Polonais, qu'on *mahométans.* pouvait violer ses serments. Il harangua, il écrivit, il assura que la paix jurée sur l'Evangile était nulle, parce qu'elle avait été faite malgré l'inclination du pape. [13] En effet le pape, qui était alors Eugène IV, écrivit à Ladislas, qu'il lui ordonnait de *rompre une paix qu'il n'avait pu faire à l'insu du Saint-Siège.* [14] On a déjà vu que la maxime s'était introduite, *de ne pas garder la foi aux hérétiques.* On en concluait qu'il ne fallait pas la garder aux mahométans. [15]

C'est ainsi que l'ancienne Rome viola la trêve avec Carthage dans sa dernière guerre punique. [16] Mais l'événement fut bien

64-69 MSP: mahométans. ¶Enfin Julien

[12] D'autres disent le contraire. Fleury, reproduisant la réticence des adversaires de la paix de Szeged, note qu'un de leurs arguments qui en autorisait la dénonciation fut que les Turcs 'n'en avaient pas exécuté tous les articles, et qu'ils avaient manqué à rendre au temps marqué les prisonniers et les places qu'ils occupaient' (§75; mot pour mot dans Echard, ch.7, ann.1444, §44).

[13] Résumé très rapide de Fleury (suivi par Echard, §45), qui rapporte, au style direct, les harangues et les lettres de Cesarini (§76-77).

[14] Chalcondyle ne fait qu'une allusion fugitive à cet épisode et insiste plutôt sur l'opinion de George, seigneur des Triballiens, qui 'n'y voulut onc entendre, alléguant être chose trop détestable de fausser ainsi les promesses jurées de part et d'autre' (p.128). Fleury (suivi par Echard, ch.7, ann.1444, §47) donne, au style indirect, les détails reproduits par Voltaire: 'En effet, Aeneas Sylvius rapporte que le pape Eugène qui avait pris cette affaire à cœur, étant informé du traité fait avec Amurat, écrivit au cardinal Julien que cette trêve, faite à son insu, était nulle, qu'il ordonnait au roi Ladislas de la rompre, qu'il lui donnait l'absolution de son serment' (§77).

[15] Voir ci-dessus, ch.73. Cette phrase résume (plutôt allègrement) l'esprit de la conduite de l'Eglise catholique vis-à-vis de l'affaire Jean Hus: un serment fait à un hérétique n'engage pas un chrétien. Comme le dit Fleury en faisant parler Cesarini: 'il était quelquefois permis pour le bien public, de ne point tenir la parole qu'on a donnée, quand cette parole lui est contraire; et qu'on pouvait en ces occasions manquer de foi aux infidèles' (§77).

[16] La défaite de Carthage aux mains de Scipion l'Africain à la bataille de Zama (202) donna lieu à un traité (201) par lequel Rome avait essentiellement un droit de regard sur tout ce que faisait l'ancien adversaire. Les raisons de la troisième et dernière guerre punique (149-146 av. J.-C.) étaient controversées, même à l'époque

différent. L'infidélité du sénat fut celle d'un vainqueur qui opprime; et celle des chrétiens fut un effort des opprimés pour repousser un peuple d'usurpateurs. Enfin Julien prévalut: tous les chefs se laissèrent entraîner au torrent, surtout Jean Corvin 70 Huniade,[17] ce fameux général des armées hongroises qui combattit si souvent Amurat et Mahomet II.

Ladislas séduit par de fausses espérances, et par une morale que le succès seul pouvait justifier, entra dans les terres du sultan. Les *1444.* janissaires alors allèrent prier Amurat de quitter sa solitude pour se 75 mettre à leur tête. Il y consentit; les deux armées se rencontrèrent vers le Pont-Euxin, dans ce pays qu'on nomme aujourd'hui la Bulgarie, autrefois la Mésie. La bataille se donna près de la ville de Varnes.[18] Amurat portait dans son sein le traité de paix qu'on venait de conclure. Il le tira au milieu de la mêlée dans un moment où ses 80 troupes pliaient; et pria Dieu qui punit les parjures, de venger cet outrage fait aux lois des nations. Voilà ce qui donna lieu à la fable que la paix avait été jurée sur l'eucharistie, que l'hostie avait été remise aux mains d'Amurat, et que ce fut à cette hostie qu'il

---

73-77   MSP: espérances et par une morale encore plus fausse, surprit les terres du sultan. Il le rencontra bientôt vers le Pont-Euxin
78   MSP: Bulgarie et qui était autrefois

---

où Voltaire écrivait. Toujours est-il que le danger (réel ou imaginaire) que représentait Carthage qui retrouvait sa vitalité de jadis donna lieu chez certains (voir Caton l'Ancien: *Carthago delenda est*) à un désir d'en finir une fois pour toutes.

[17] Jean Corvin Huniade, ou Hunyadi (1387-1456), héros national de la Hongrie, était voïvode de Transylvanie et, à ce titre, vassal de Ladislas III Jagellon, roi de Hongrie (1440-1444). C'est à cette époque précise qu'il se distingua en prenant part à la croisade pour délivrer les Balkans, levant le siège de Belgrade (1440), et remportant les victoires de Semendria (1441), Hemannstadt (1442), de la Porte de Fer (1442) et de Kustinitza (1443). Il est mentionné très positivement par Chalcondyle (p.130-32), Fleury (ann.1443, §62-63) et Echard (ch.7, ann.1443, §39).

[18] Varna, en Bulgarie. Tous nos historiens évoquent la désastreuse bataille de Varnes (10 novembre 1444): Chalcondyle (p.131-32), Cousin-Ducas (p.500-501), Fleury (ann.1444, §82), Echard (ch.7, ann.1444, §49), Cantemir (livre 2, ch.4, §27). Dans les *Annales*, les lignes 78-82 ('La bataille se donna [...] nations'), suivies des lignes 86-89 et 95-98, font une continuation de notre ligne 64.

85 s'adressa dans la bataille. [19] Le parjure reçut cette fois la châtiment qu'il méritait. Les chrétiens furent vaincus après une longue résistance. Le roi Ladislas fut percé de coups; sa tête coupée par un janissaire, fut portée en triomphe de rang en rang dans l'armée turque, [20] et ce spectacle acheva la déroute.

90 Amurat vainqueur fit enterrer ce roi dans le champ de bataille avec une pompe militaire. On dit qu'il éleva une colonne sur son tombeau, et même que l'inscription de cette colonne, loin d'insulter à la mémoire du vaincu, louait son courage, et plaignait son infortune. [21]

95 Quelques-uns disent que le cardinal Julien, qui avait assisté à la bataille, voulant dans sa fuite passer une rivière, y fut abîmé par le

91-92 MSP: militaire et il éleva une colonne sur son tombeau. On assure même que

[19] Une anecdote concernant la colère d'Amurat confronté à des parjures figure chez Fleury (§84), et se retrouve chez Echard (ch.7, ann.1444, §52), Cantemir (livre 2, ch.4, n.*qq*) et Chauffepié (p.311, n.*i*), mais à chaque occasion il s'agit d'Amurat en train de brandir le traité manuscrit. Voltaire préfère mentionner une version plus pittoresque et plus ridicule, et choisit celle qui se trouve chez d'Herbelot: 'Les Turcs pliaient déjà de tous côtés, lorsque le sultan, à la tête des janissaires, invoqua Dieu et Jésus-Christ contre les chrétiens qui lui avaient manqué de parole, en tirant même de son sein l'hostie consacrée qu'ils lui avaient donnée pour otage, selon Callimachus, historien grec' (p.624). Chauffepié mentionne aussi que 'les Turcs voulaient que Ladislas jurât d'observer la trêve sur la sainte Eucharistie, mais [qu'il] en fut empêché par un nommé Grégoire, qui fut ensuite évêque de Léopold' (t.1, p.310, n.*h*). Voltaire récidivera en reproduisant cette même version (plutôt que celle qui était plus courante parmi les érudits) dans l'art. 'Géographie' des *QE* (*OCV*, t.42A, p.68-60).
[20] Version classique du trépas de Ladislas; voir Chalcondyle (p.189, 191), Cousin-Ducas (p.132-33), Fleury (§83), Echard (ch.7, ann.1444, §51) et Cantemir (livre 2, ch.4, §27 et n.*qq*).
[21] Voltaire suit Fleury: 'Amurat le fit enterrer avec beaucoup d'honneur dans le lieu même du combat. Il fit dresser une espèce de colonne au pied de son tombeau, sur laquelle il avait fait décrire toutes les aventures de ce jeune prince digne d'une plus longue vie' (§85).

387

poids de l'or qu'il portait. D'autres disent que les Hongrois mêmes le tuèrent. Il est certain qu'il périt dans cette journée. [22]

Mais ce qu'il y a de plus remarquable, c'est qu'Amurat après cette victoire retourna dans sa solitude; qu'il abdiqua une seconde fois la couronne; qu'il fut une seconde fois obligé de la reprendre pour combattre, et pour vaincre. Enfin il mourut à Andrinople, [23] et laissa l'empire à son fils Mahomet II, qui songea plus à imiter la valeur de son père que sa philosophie.

1451.

100

98-104   MSP: journée.//
102   54LD: Andrinople [*avec note*: 1451.]

[22] Divers historiens bien avant Fleury (qui risque fort d'être la source de l'interprétation que Voltaire privilégie), avaient proposé ces deux versions de la mort du cardinal Giuliano. Fleury: 'Le cardinal Julien fut aussi tué dans cette action; mais on parle diversement de sa mort, et l'on doute s'il perdit la vie, ou dans le camp, ou en fuyant, où s'il se noya en passant le Danube, à cause de l'or dont il était chargé. Quelques-uns ont rapporté qu'ayant pris la fuite [...] il tomba entre les mains de quelques voleurs de Hongrie, qui l'ayant reconnu [...] et croyant qu'il avait de l'argent [...] le tuèrent et le dépouillèrent, laissant son corps nu exposé aux bêtes et aux oiseaux' (§87).
[23] Ce sont les succès continuels de Scanderbeg qui forcèrent Amurat à reprendre les rênes du pouvoir une seconde fois, car son fils Mehmet II (n'ayant toujours que quatorze ans) n'était pas selon les bachas et les janissaires en mesure de le contrer. Il mourut à Edirne (Andrinople) le 3 février 1441.

388

CHAPITRE 90

De Scanderbeg.

Un autre guerrier non moins célèbre, que je ne sais si je dois appeler

a-44   [*Première rédaction de ce chapitre*: MSP]
a   MSP: [*pas de rupture; suite du ch.62*]
     54LD: Chapitre 9
     W56-W57G: Chapitre 77
     61: Chapitre 86
1   MSP: guerrier plus célèbre
1-2   MSP: appeler turc ou

* Ce chapitre est indépendant à partir de 54LD, alors que dans la version manuscrite il faisait partie du chapitre précédent. Voltaire suit et dévoile la voie qu'il avait tracée au chapitre précédent: il y avait des forces qui pouvaient arrêter l'invasion turque, par exemple Scanderbeg (dont il explique le surnom, ligne 23), mais le monde chrétien était incapable de prendre conscience du danger et de s'unifier pour l'affronter. La phrase qui introduit le chapitre suivant, consacré à la prise de Constantinople par les Turcs, est: 'Si les empereurs grecs avaient été des Scanderbeg, l'empire d'Orient se serait conservé.' Pour des raisons qu'on s'explique mal toutefois, ce chapitre consacré à Scanderbeg est le plus court dans l'*EM*. Pourquoi Voltaire se contente-t-il de résumer sa vie en trois mouvements très rapides: vie chez le Turc, désertion (après la bataille de Nissa), retour dans son pays? Par ailleurs, Voltaire ne montre pas comment ce général peu ordinaire remporta à partir de 1446 ses victoires les plus fameuses contre les Ottomans (Otonetë, 1446; Oranik, 1448, 1456; Modrica et Meçad, 1452; Pollog, 1453; Mokra, 1462 etc.); ce chapitre est donc, en raison de sa brièveté, le moins complet de tous. Georges Castriot était évidemment un héros, mais était-il pour Voltaire trop visiblement un héros chrétien dont les exploits – trop peu semblables à ceux d'Alexandre, de Mehmet, Saladin et Tamerlan – s'inscrivaient d'ailleurs dans un rayon géographique trop étroitement circonscrit? Ou, explication tout aussi plausible, les sources historiques à sa disposition étaient-elles trop pauvres? Il faut en effet reconnaître que si Voltaire a dû se borner à Chalcondyle, Fleury, Echard et Cantemir (partisans eux aussi de la biographie rapide en trois mouvements), la moisson ainsi engrangée allait fatalement être maigre. Textuellement ce chapitre, quasi définitif depuis le départ, n'a rien de remarquable, si ce n'est l'ajout des lignes 15-21 (54LD) concernant Amurat (où Voltaire tient encore une fois à le présenter sous l'angle le plus positif) qui ont peut-être appelé, dans 61, un jugement à son tour positif en faveur de Scanderbeg (qui est

389

osmanli,[1] ou chrétien, arrêta les progrès d'Amurat, et fut même longtemps depuis un rempart des chrétiens contre les victoires de Mahomet II;[2] je veux parler de Scanderbeg, né dans l'Albanie partie de l'Epire, pays illustre dans les temps qu'on nomme héroïques, et   5 dans les temps vraiment héroïques des Romains. Son nom était Jean Castriot. Il était fils d'un despote ou d'un petit hospodar de cette contrée,[3] c'est-à-dire d'un prince vassal, car c'est ce que signifiait despote,[4] ce mot veut dire à la lettre, *maître de maison*; et il

7-12   MSP, 54LD: despote ou d'un [54LD: petit] roi de cette contrée. Il était encore

7   W56-W57G: petit roi de

---

toutefois, comparativement parlant, insignifiant). La bibliographie pour ce chapitre demeure la même que celle qui servit au ch.89.

[1] Le terme *osmanli*, rare sous la plume de Voltaire car son œuvre n'en fournit que deux exemples, vient du turc *othmanli*, descendant d'Othman. Il signifie donc par extension: un Turc.

[2] Voltaire se souvient-il ici de Fleury ('la religion perdit un appui et un protecteur le vingt-septième de janvier de cette année 1467 en la personne de George Castriot, dit Scanderbeg', livre 113, ann.1467, §1) ou de Chalcondyle ('[Scanderbeg] a été non seulement un Gédéon, un Sanson, et l'épée de sa patrie, mais le bouclier de la chrétienté', p.138)?

[3] On s'explique mal le prénom que Voltaire attribue par trois fois à Scanderbeg (lignes 7, 12, 21), car ses sources l'appellent constamment Georges (voir Chalcondyle, p.138; Fleury, livre 109, ann.1443, §64; Echard, ch.7, ann.1443, §39; Cantemir, livre 2, ch.4, §30, n.*xx*). L'erreur s'explique peut-être par le fait que son destin était intimement entrelacé à partir de 1443 avec celui de Jean Corvin (dit Hunyadi). Georges Castriot (1405-1468) dit Scanderbeg (dont le père, roi d'Epire, s'appelait Jean) est le héros national de l'Albanie. Il se mit en campagne au service d'Amurat en 1429-1430. Militairement habile, il progressa vite: *sipahi* en 1430, gouverneur (*subasi*) de Krujë (Kruja ou Croye) en 1437, et *sanjakbeg* (gouverneur régional) de Debar (1440). Dans la période 1438-1443, il combattait Jean Corvin. Selon le *Robert*, 'hospodar', d'origine slave, signifiant 'maître, seigneur', entra dans la langue française en 1690; selon le *Grand Larousse*, le mot, d'origine ukrainienne, signifiait également 'souverain', et entra dans la langue française en 1663. Voltaire l'utilise dans le sens de 'prince vassal' ('Titre de dignité qui se donne à certains princes vassaux du Grand-Seigneur. (L'Hospodar de Valachi)', *Dictionnaire de l'Académie*, éd. 1762).

[4] Le terme *despotès* n'est pas péjoratif en grec, alors qu'il est abondamment utilisé chez les philosophes des Lumières dans un sens négatif. Dans une série de textes,

10 est étrange que l'on ait depuis affecté le mot de *despotique* aux grands souverains qui se sont rendus absolus.

Jean Castriot était encore enfant, lorsque Amurat, plusieurs années avant la bataille de Varnes, dont je viens de parler, s'était saisi de l'Albanie après la mort du père de Castriot. [5] Il éleva cet
15 enfant qui restait seul de quatre frères. Les annales turques ne disent point du tout que ces quatre princes aient été immolés à la vengeance d'Amurat. [6] Il ne paraît pas que ces barbaries fussent

15-21 MSP: frères, le fit circoncire et s'attacha beaucoup à lui: il le faisait

---

Voltaire (qui a déjà utilisé le terme générique correctement dans les ch.88-89) aborde le glissement de sens qu'il fait remarquer dans les lignes 9-11. Voir *L'A,B,C* (*OCV*, t.65A, p.223), *Un chrétien contre six Juifs* (*M*, t.29, p.567) et le *Commentaire sur l'Esprit des lois* (*OCV*, t.80B, p.320-22).

[5] Pour la bataille de Varnes (10 novembre 1444), voir ci-dessus, ch.89 (lignes 79-94). Ces lignes 12-14, dont le sens fort embrouillé n'est pas évident, demandent à être contextualisées: Gjon Kastrioti (Jean Castriot), le vassal d'Amurat II depuis 1409, fut obligé en 1423 d'envoyer son fils Georges (alors âgé de dix-huit ans) à Andrinople; il se souleva sans succès contre son suzerain en 1429-1430, et mourut à Krujë en 1437. La formule 's'était saisi de l'Albanie' – pour le moins ambiguë – ne peut que signifier la volonté de se saisir du pays car en 1442-1443 Amurat avait envoyé le bacha de Romanie (et Scanderbeg) pour asservir la région. La confusion s'explique sans doute par la formule de Fleury (que reproduit presque mot pour mot Echard, ch.7, ann.1443, §40): 'Mais Jean son père étant venu à mourir, il ne put voir sans chagrin ses Etats tomber en la puissance des Turcs' (livre 109, ann.1443, §64).

[6] Très souvent par 'annales turques' Voltaire désigne (et les sources le prouvent) l'*Histoire de l'empire othoman* de Cantemir. Ce dernier se borne à écrire: 'Jean Castriot, roi d'Epire [...] se vit forcé d'abandonner ses cinq fils en otage entre les mains du sultan Amurat' (ch.4, §30, n.*xx*). Si d'aventure il veut toutefois dire les historiens d'odédience turque, nous n'avons pas lieu de nous étonner d'une telle 'discrétion' car Voltaire aborde obliquement – qu'il en soit conscient ou non – le problème de l'historiographie permise par les Turcs. Par exemple, le R.P. Duponcet, évoquant le peu d'ouvrages consacrés à Scanderbeg, écrit: 'A cela je réponds que peu de temps après la mort de ce prince [Scanderbeg], les Turcs s'étant rendus maîtres de toute l'Albanie, ces infidèles aussi ennemis des lettres [...] que de la religion chrétienne eurent bientôt gagné sur les Albanais de prendre leurs mœurs et leurs usages [...]. D'ailleurs l'Albanie entière étant asservie [...] qui aurait osé écrire l'histoire d'un prince lequel n'avait acquis tant de gloire qu'à leurs dépens' (*Histoire de Scanderbeg roi d'Albanie*, Paris, 1709, préface non pag., iv-v). Les détails que Voltaire récuse (lignes 16-17) se trouvent chez Fleury (§64) et Echard (ch.7, ann.1443, §40), qui disent que les quatre furent empoisonnés.

dans le caractère d'un sultan qui abdiqua deux fois la couronne, et il
n'est guère vraisemblable qu'Amurat eût donné sa tendresse et sa
confiance à celui dont il ne devait attendre qu'une haine implacable.[7]   20
Il le chérissait, il le faisait combattre auprès de sa personne. Jean
Castriot se distingua tellement, que le sultan et les janissaires lui
donnèrent le nom de Scanderbeg, qui signifie le *seigneur Alexandre*.[8]

Enfin l'amitié prévalut sur la politique. Amurat lui confia le
commandement d'une petite armée contre le despote de Servie qui   25
s'était rangé du parti des chrétiens, et faisait la guerre au sultan son
gendre: c'était avant son abdication. Scanderbeg, qui n'avait pas
alors vingt ans,[9] conçut le dessein de n'avoir plus de maître et de
régner.

Il sut qu'un secrétaire qui portait les sceaux du sultan, passait   30
près de son camp. Il l'arrête, le met aux fers, le force à écrire et à
1443. sceller un ordre au gouverneur de Croye capitale de l'Epire,[10] de
remettre la ville et la citadelle à Scanderbeg. Après avoir fait
expédier cet ordre, il assassine le secrétaire et sa suite. Il marche à
Croye; le gouverneur lui remet la place sans difficulté. La nuit   35
même il fait avancer les Albanais, avec lesquels il était d'intelligence. Il égorge le gouverneur et la garnison. Son parti lui gagne

27 MSP: gendre. Scanderberg
34 MSP: il tue le secrétaire

[7] Voltaire semble se rappeler les leçons de Fleury (§64) et d'Echard (§40), et
surtout celle de Cantemir: 'Le plus jeune était ce Georges, pour qui Amurat conçut
une tendresse particulière: il le fit élever avec grand soin dans la foi mahométane, et
dans la discipline des Turcs' (ch.4, §30, n.*xx*).

[8] Voir Cantemir: 'Amurat touché de ses vertus lui donna un nom corrompu du
grec qui exprime celui d'Alexandre [...] et l'honora du surnom de Seigneur
Alexandre (Scanderbeg)' (n.*xx*); '*Beg*, prince ou seigneur; et se met en composition
à la fin: *Mehemet–beg, Scanderbeg* etc.' ('Explications des noms turcs').

[9] Il s'agit de Durad Branković, beau-père d'Amurat depuis 1435 (voir ci-dessus,
ch.89, ligne 11). Quant à l'âge de Scanderbeg à cette époque, il convient de signaler
que, envoyé en Serbie en 1443, Scanderbeg (né le 6 mai 1405) avait au moins 38 ans.

[10] Krujë ou Kruja, au nord de Tirana. Fleury la présente comme 'la capitale
d'Albanie' (§64).

392

toute l'Albanie. [11] Les Albanais passent pour les meilleurs soldats de ces pays. Scanderbeg les conduisit si bien, sut tirer tant d'avantage de l'assiette du terrain âpre et montagneux, qu'avec peu de troupes il arrêta toujours de nombreuses armées turques. [12] Les musulmans le regardaient comme un perfide: les chrétiens l'admiraient comme un héros, qui en trompant ses ennemis et ses maîtres avait repris la couronne de son père, et la méritait par son courage.

40

42-44 MSP, 54LD-W57G: un perfide. Mais il n'avait trompé que ses ennemis. Il avait repris la couronne de son père et la méritait [54LD-W57G: par son courage].//

[11] C'est dans la défaite de Nissa (auj. Niš, en Serbie; 28 novembre 1443) que Scanderbeg – de connivence avec Hunyadi (Echard, ch.7, ann.1443, §39) – 'trouva le moyen de délivrer sa personne de cette servitude et son âme de l'esclavage de cette abominable croyance' (Chalcondyle, p.138). La manière dont le transfuge s'empara de Krujë n'est racontée que par Fleury (§64). Voltaire reproduit les mêmes détails pour lesquels Fleury n'indique aucune source. Mais voir, par exemple, Duponcet, p.32-33. Quelques mois plus tard (2 mars 1444), il devint le chef militaire de la Ligue de Lezhë et passa le reste de sa vie à combattre Amurat et Mehmet II.
[12] Sans doute Voltaire se souvient-il des appréciations de Chalcondyle, qui loue celui qui 'a si malmené [les princes ottomans] par un si long temps, avec une poignée de gens. [...] il n'a jamais eu au plus que dix ou douze mille hommes, avec lesquels il a passé toujours sur le ventre à de si grandes et puissantes armées' (p.138). C'est Chalcondyle aussi qui insiste sur le fait que Scanderbeg tirait avantage des montagnes (p.140-41).

CHAPITRE 91

De la prise de Constantinople par les Turcs.

Si les empereurs grecs avaient été des Scanderbeg, l'empire

a-286 [*Première rédaction de ce chapitre*: MSP]
a   MSP: Chapitre 63
    54LD: Chapitre 10
    W56-W57G: Chapitre 78
    61: Chapitre 87

* Voltaire avait pleinement conscience du fait que, bien que l'empire d'Orient fût fractionné, considérablement fragilisé par les croisés d'Europe, militairement faible et surtout sérieusement désuni sur le plan religieux, la chute de Constantinople ne fut certainement pas un fait de guerre se limitant à la prise d'une grande ville. La prise par les Turcs de la capitale 'qui se croyait la capitale du monde' (lignes 103-104) marqua un tournant dans l'histoire mondiale. Voltaire commence par souligner que l'affaiblissement de l'empire d'Orient − tout au plus un empire en sursis car mal fortifié et mal défendu (104-105) où le commandant en chef était un Génois (paradoxe éloquent et de mauvais augure: 134-37) − ne fut pas un phénomène du XVe siècle: il avait commencé par les croisades du début du XIIIe siècle, patronnées par l'Eglise catholique, et dont 'l'unique effet considérable' avait été le déchirement de l'empire grec d'Orient (12-13). Repris par ses anciens maîtres en 1261 mais gravement ravagé, l'empire était resté divisé en deux parties, division dont les causes auraient été essentiellement religieuses (15-22, 73-74, 105-11; voir aussi ch.59, lignes 58-65). Mais les torts étaient partagés car la chute semble aussi avoir été le résultat de l'incapacité du monde chrétien d'Europe non seulement de lutter contre l'expansion turque mais aussi de prendre pleinement conscience du danger. Voltaire accuse donc les puissances chrétiennes, incapables pour différentes raisons (116-24) d'envoyer des renforts: 'quatre vaisseaux de Gênes, dont l'un appartenait à l'empereur Frédéric III, furent presque le seul secours que le monde chrétien fournit à Constantinople' (112-15, 130-32). Cependant, il est un historien indépendant et consciencieux qui dialogue avec ses différentes sources (144-61) et refuse d'emprunter les sentiers battus (64-66, 93-102, 138-39, 144-46). Témoin son attitude vis-à-vis de Mehmet II, depuis longtemps victime des historiens chrétiens (33-39, 209-15). Voltaire est convaincu que le vainqueur de Constantinople était un homme qui méritait un regard beaucoup moins prévenu (lignes 40-56, 66-69, 164-68). Si cet excellent stratège (80-92) fut souvent 'sanguinaire et féroce' (63), c'était aussi un bon fils obéissant (41-49), un

d'Orient se serait conservé. [1] Mais ce même esprit de cruauté, de

---

homme cultivé (50, 56, 216-25) doublé d'un vainqueur compatissant et plein de mansuétude (175-78, 183-91, 192-94, 203-204). Il admet que 'cette conquête [fut] une grande époque. C'est là où commence véritablement l'empire turc au milieu des chrétiens d'Europe' (140-41). Dans la préparation, comme lors de la rédaction, de ce chapitre, Voltaire a recours à ces mêmes historiens qui l'accompagnent depuis les ch.87-90 (Echard, t.16, livre 13, ch.7; Cousin-Ducas; Chalcondyle, t.1; Cantemir; et Maimbourg: voir ci-dessus, ch.87, n.*). La première rédaction de ce chapitre traite de la prise de Constantinople par Mehmet II, laquelle n'est d'après Voltaire que trop souvent présentée de manière partisane et malhonnête (1-22, 25-41, 50-60, 70-100, 103-106, 108-39, 143-46, 152-63, 175-204, 209-25, 231-38). La version de 54LD est légèrement différente: Voltaire s'y donne pour tâche, non seulement de rectifier certaines erreurs factuelles de la version manuscrite (ligne 77) ou ce qu'il prend pour ses propres erreurs d'appréciation (93), mais aussi de fournir de menues précisions tout compte fait assez superflues (182, 223-24). Or ce que l'on y remarque surtout, c'est le regain des jugements (déjà nombreux dans la version manuscrite) en faveur de Mehmet pour contrebalancer les appréciations hargneuses des 'moines' (41-49, 60-66). On notera que ces jugements – dans le contexte d'une historiographie européenne et chrétienne – sont à la fois provocateurs, et proférés par un historien qui ne craint pas de souligner sa présence personnelle en s'adressant à ses contemporains: voir l'usage dès la version manuscrite des pronoms *je*, *me* et *nous* (144, 188, 201, 249), encore davantage visible dans 54LD (41, 57, 60) et w56-w57G (228, 230). Si Voltaire profite de la nouvelle édition w56-w57G pour apporter à son texte de légères modifications de style (ligne 147) ou même de prise de position (77-78, 100-102), il s'en sert surtout pour y ajouter d'importantes réflexions sur Mehmet II (147-55), et critiquer ces historiens – non des moindres pourtant – qui avaient débité sur lui, soit des 'contes ridicules' (209-15), soit des jugements que le bon sens récuse (225-31). On y notera aussi la présence de nouvelles réflexions sur la tolérance des Turcs et la non-réciprocité des nations européennes à leur égard (205-208), mais aussi la volonté de Voltaire de reprendre et d'augmenter (255-75) ses réflexions sur l'organisation socio-politique de l'empire ottoman, esquissées dans 54LD* (254, 276-86). Mais dès 61, les interventions de Voltaire se font moins fréquentes et légèrement moins tapageuses. A part la toilette stylistique des lignes 97 et 140-42, poursuivie dans w68 (ligne 201), on y note surtout la volonté non seulement d'insister sur l'insigne faiblesse et la veulerie de Jean VIII Paléologue (23-25) – condamnation qu'il renouvelle dans w68 (164-74) – mais aussi de verser au dossier un complément d'information en faveur de Mehmet II qui, sorti de la plume de Philippe de Commynes, *a priori* au-dessus de tout soupçon de partialité, est d'un poids certain. w68 présente un texte désormais définitif.

[1] Voir le chapitre précédent, où Georges Castriot apparaît comme un héros, bien qu'il ait trahi la confiance de son bienfaiteur Amurat II.

faiblesse, de division, de superstition, qui l'avait ébranlé si longtemps, hâta le moment de sa chute.

5   On comptait trois empires d'Orient, et il n'y en avait réellement
pas un. La ville de Constantinople entre les mains des Grecs faisait
le premier. Andrinople, refuge des Lascaris, [2] pris par Amurat Ier en
1362, et toujours demeuré aux sultans, était regardé comme le
second empire: et une province barbare de l'ancienne Colchide,
10 nommée Trébizonde, où les Comnènes s'étaient retirés, était
réputée le troisième.

    Ce déchirement de l'empire, comme on l'a vu, était l'unique
effet considérable des croisades. [3] Dévasté par les Francs, repris par
ses anciens maîtres, mais repris pour être ravagé encore, il était
15 étonnant qu'il subsistât. Il y avait deux partis dans Constantinople,
acharnés l'un contre l'autre par la religion, à peu près comme dans
Jérusalem, quand Vespasien et Titus l'assiégèrent. [4] L'un était celui
des empereurs, qui dans la vaine espérance d'être secourus
consentaient de soumettre l'Eglise grecque à la latine; l'autre
20 celui des prêtres et du peuple, qui se souvenant encore de l'invasion
des croisés, avaient en exécration la réunion des deux Eglises. [5] On

---

    [2] Andrinople ne fut pas le 'refuge des Lascaris' mais celui des Cantacuzène. Pour
Trébizonde, Voltaire a raison (voir ch.57, notre t.3, p.352-53). Théodore Ier Lascaris
fut le fondateur de l'empire de Nicée (voir t.3, p.352-53).

    [3] L'éclatement de l'empire d'Orient (voir ch.57, notre t.3, p.342-68) date de 1204.
Voltaire s'exprime une fois de plus contre l'entreprise des croisades, dont le seul effet
avait été le démantèlement de l'empire grec d'Orient (voir ch.59, notre t.3, p.392-99;
ci-dessus, ch.87).

    [4] Ayant subjugué la Judée en 66 ap. J.-C., Vespasien envisagea d'entreprendre le
siège de Jérusalem, mais ce fut son fils, Titus (empereur de 69 à 79), qui mena
l'initiative à terme (mai-septembre 70) et qui détruisit la ville et le Temple (voir ch.8,
notre t.2, p.171). Les deux partis religieux irréconciliables des lignes 16-17 étaient les
pharisiens et les saducéens.

    [5] Voltaire a déjà évoqué les empereurs de Constantinople, Michel Paléologue
(voir ci-dessus, ch.87, lignes 12-18) et Jean VIII Paléologue (ch.86, lignes 51-108),
qui – aux abois et cherchant des alliés – s'étaient tournés vers le monde occidental, et
qui – pour prix des indispensables renforts militaires dont ils avaient besoin – avaient
promis la soumission de l'Eglise grecque. Leurs efforts furent condamnés par la
grande majorité du clergé et du peuple du rite orthodoxe.

s'occupait toujours de controverses, et les Turcs étaient aux portes.

    Jean II Paléologue, le même qui s'était soumis au pape dans la vaine espérance d'être secouru, avait régné vingt-sept ans sur les débris de l'empire romain-grec; et après sa mort arrivée en 1449, telle fut la faiblesse de l'empire, que Constantin l'un de ses fils fut obligé de recevoir du Turc Amurat II comme de son seigneur, la confirmation de la dignité impériale. [6] Un frère de ce Constantin eut Lacédémone, un autre eut Corinthe, un troisième eut ce que les Vénitiens n'avaient pas dans le Péloponèse.

    1451.   Telle était la situation des Grecs, quand Mahomet Bouyouk, ou *Mahomet II,* Mahomet le Grand, succéda pour la seconde fois au sultan Amurat *sultan.* son père. [7] Les moines ont peint ce Mahomet comme un barbare

25

30

23-25 MSP, 54LD-W57G: Jean VII [*erreur*: VIII] Paléologue avait régné vingt-sept ans et après

  25 MSP: [*manchette*] *1449.*

  26 MSP, 54LD-W57G: qu'un de ses fils, nommé Constantin, fut

  30 54LD: Péloponèse [*avec note*: 1451.]

  32 MSP: [*manchette*] *Mahomet second. 1441.*

  32 MSP: succéda au sultan

---

[6] Lecture inattentive de la part de Voltaire. Constantin, futur Constantin XI Paléologue, n'était pas le fils de Jean II (ou plutôt Jean VIII) Paléologue (marié trois fois, sans enfants) mais son frère (voir ci-dessous). Chalcondyle (p.147-48) et Cousin-Ducas (p.510-11) mentionnent ce rapport de forces très inégal, mais Voltaire semble préférer Fleury qui, pour souligner l'affaiblissement de l'empire, écrit: 'Il laissa son empire dans un très pitoyable état, par la puissance formidable des Turcs, et par la funeste division qui était dans la maison impériale. Car des quatre frères de Jean, qui mourut sans laisser d'enfants, les deux plus âgés, Constantin et Démétrios, se disputaient l'empire [...] on eut recours à Amurat, comme s'il eût été déjà le maître et l'arbitre de la fortune de l'empire, et il accorda volontiers par un présage très heureux pour les Turcs, et très malheureux pour les Grecs, la confirmation du choix que la plus grande partie de la ville venait de faire en faveur de Constantin [Paléologue]' (livre 109, ann.1445, §113).

[7] Voir Fleury. Voltaire aurait-il déjà oublié le contenu du ch.87, ci-dessus (lignes 16-18, 51-52, 74-76, 99-102)? Mehmet II (1444-1446, 1451-1481) succéda à son père, une troisième fois, le 3 février 1451 (voir ci-dessous, ligne 46). Les historiens d'Europe n'appellent Mehmet II que 'le Grand'. Voir, par exemple, Fleury: 'Tel était Mehmet II, que les Turcs ont surnommé *Bojuc*, c'est-à-dire le Grand' (livre 110, ann.1451, §64). Cependant, le surnom que les Ottomans lui

insensé, qui tantôt coupait la tête à sa prétendue maîtresse Irène *Fables sur*
35 pour apaiser les murmures des janissaires, tantôt faisait ouvrir le *Mahomet II.*
ventre à quatorze de ses pages, pour voir qui d'entre eux avait
mangé un melon. On trouve encore ces histoires absurdes dans nos
dictionnaires, qui ont été longtemps pour la plupart les archives
alphabétiques du mensonge. [8]

---

donnèrent est *Fatih*, le Conquérant. Voltaire n'a pas fait confiance cette fois-ci aux
'Explications des noms turcs', de Cantemir: '*Fatih*, vainqueur d'obstacles, épithète
du Sultan Mehmet II'; voir aussi livre 3, ch.1, §1, n.*a*: 'Ce mot [Fatih] est arabe, et
signifie celui qui affronte les périls, qui surmonte les obstacles, un vainqueur: il fut
donné à Mehmet II pour la conquête de Constantinople, qu'il prit d'assaut'.

[8] 'Les moines' que conspue Voltaire sont en réalité un seul, car il s'agit de Matteo
Bandello (*c.*1490-1562), moine dominicain qui dut fuir l'Italie après la bataille de
Pavie (1525) et qui, s'étant installé en France, fut nommé évêque d'Agen (*c.*1550).
Voltaire s'élève déjà en 1739 contre la fable de la mort d'Irène dans une lettre à La
Noue où – évoquant les *Histoires tragiques* de Bandello (Lyon, 1578), qui contiennent
celle 'D'un empereur des Turcs nommé Mehmet' (p.30-37) – il se prononce 'en
historien, non en poète': 'Un moine nommé Bandelli s'est avisé de défigurer l'histoire
du grand Mehmet II par plusieurs contes incroyables. Il y a mêlé la fable de la mort
d'Irène et vingt autres écrivains l'ont copié! Cependant il est sûr que jamais Mehmet
n'eut de maîtresse connue des chrétiens sous ce nom d'Irène, que jamais les
janissaires ne se révoltèrent contre lui ni pour une femme ni pour aucun autre
sujet, et que ce prince aussi prudent, aussi savant et aussi sage qu'il était intrépide,
était incapable de commettre cette action d'un forcené que nos [historiens lui]
reprochent si ridiculement. Il faut mettre ce conte av[ec ce]lui des 14 icoglans
auxquel[s on] prétend qu'il fit ouvrir le ventre pour savoir qui avait mangé ses figues.
Les nations subjuguées imputent toujours des choses horribles et absurdes à leurs
vainqueurs. C'est la vengeance des sots et des esclaves. [...] J'ai lu entre autres depuis
peu l'histoire ottoman[e] du Prince Cantimir [qui] ne daigne ni lui ni aucun auteur
turc ou arabe réfuter seulement la fable d'Irène' (D1966). Mêmes expressions
d'incrédulité dans une lettre à d'Argenson du 4 [juin 1739] (D2024). Chalcondyle est
le premier à mentionner les pages éventrés (sans préciser leur nombre), et chez lui
c'est 'pour voir celui qui avait mangé un concombre' ('Sommaire de la vie de
Mehmet II', p.152). C'est l'Illustration dans les 'Illustrations, de Blaise de Vigenère,
sur l'*Histoire* de Chalcondyle', publiées à la suite de son *Histoire de la décadence*, t.2,
qui nous apprend qu'il y en avait quatorze (p.15). Fleury (suivi de près par Echard,
ann.1450, §62) raconte que la cruauté de Mehmet II 'alla un jour jusqu'à faire éventrer
quatorze de ses pages, pour savoir lequel avait mangé un melon qu'on avait dérobé
dans un jardin qu'il cultivait, et il coupa lui-même la tête à une femme qu'on lui
reprochait de trop aimer' (livre 110, ann.1451, §64). Parmi les dictionnaires que

Toutes les annales turques nous apprennent que Mahomet avait   40
été le prince le mieux élevé de son temps; [9] ce que nous venons de
dire d'Amurat son père prouve assez qu'il n'avait pas négligé
l'éducation de l'héritier de sa fortune. On ne peut encore
disconvenir que Mahomet n'ait écouté le devoir d'un fils, et n'ait
étouffé son ambition, quand il fallut rendre le trône qu'Amurat lui   45
avait cédé. Il redevint deux fois sujet, sans exciter le moindre
trouble. C'est un fait unique dans l'histoire, et d'autant plus
singulier, que Mahomet joignait à son ambition la fougue d'un
caractère violent. [10]

Son caractère.   Il parlait le grec, l'arabe, le persan; il entendait le latin; [11] il   50
dessinait; il savait ce qu'on pouvait savoir alors de géographie, et
de mathématique; il aimait la peinture. Aucun amateur des arts
n'ignore qu'il fit venir de Venise le fameux Gentili Bellino, [12] et

41-50   MSP: temps et celui qui profita le plus de son heureuse éducation. Il parlait
52-53   MSP: peinture. On sait qu'il fit

Voltaire incrimine, il donne toujours une place de choix au *Grand Dictionnaire
historique* de Moréri, où l'on trouve mot pour mot le texte de Fleury.

[9] Ici Voltaire choisit de ne nous donner que la première perspective (positive) de
nos historiens (Chalcondyle, Cousin, Fleury, Echard, Cantemir) sur Mehmet II,
préférant passer sous silence leur deuxième perspective (négative). Fleury, par
exemple, donne pour manchette: 'Bonnes et mauvaises qualités de Mehmet', et pour
entrée en matière, lorsqu'il traite des secondes, met: 'Son cœur était aussi corrompu
que son esprit' (livre 110, ann.1451, §63). Cette fois Voltaire, se référant aux 'annales
turques', ne suit pas Cantemir, qui ne dit rien sur l'éducation de Mehmet II. Il se
réfère plutôt à Maimbourg (ann.1450), dont le texte se retrouve mot pour mot dans
Fleury (§64).

[10] Lieu commun depuis l'époque de Chalcondyle. Maimbourg: 'Il avait un
tempérament tout de feu, et un naturel impétueux' (ann.1450). Même appréciation
mot pour mot chez Fleury (ann.1451, §63).

[11] L'étendue du savoir de Mehmet II, tout comme sa maîtrise des langues, font
l'objet d'une mention spéciale chez Chalcondyle (p.151), Maimbourg (ann.1450),
Fleury (livre 110, ann.1451, §64), et, bien entendu Echard (ann.1451, §61).

[12] Gentile Bellini (1451-1501), fils aîné de Jacopo Bellini, qui attira l'attention de
Mehmet II en 1479 et qui fit le portrait de ce dernier. Sauf erreur, aucun de nos
historiens ne mentionne Bellini et sa visite à Constantinople. Il n'est pas exclu (voir

qu'il le récompensa comme Alexandre avait payé Apelles, par des
dons et par sa familiarité. Il lui fit présent d'une couronne d'or, d'un
collier d'or, de trois mille ducats d'or, et le renvoya avec honneur.
Je ne peux m'empêcher de ranger parmi les contes improbables
celui de l'esclave auquel on prétend que Mahomet fit couper la tête,
pour faire voir à Bellino l'effet des muscles et de la peau sur un cou
séparé de son tronc.[13] Ces barbaries que nous exerçons sur les
animaux, les hommes ne les exercent sur les hommes que dans la
fureur des vengeances, ou dans ce qu'on appelle le droit de la
guerre. Mahomet II fut souvent sanguinaire et féroce, comme tous
les conquérants qui ont ravagé le monde; mais pourquoi lui
imputer des cruautés si peu vraisemblables? à quoi bon multiplier
les horreurs? Philippe de Comines qui vivait sous le siècle de ce
sultan, avoue qu'en mourant il demanda pardon à Dieu d'avoir mis
un impôt sur ses sujets.[14] Où sont les princes chrétiens qui
manifestent un tel repentir?

56-57   MSP: honneur. Il faut ranger
60-70   MSP: tronc. On sait d'ailleurs quel était son courage et s'il avait tout ce
qui fait un conquérant. Il était
66-70   54LD-61: horreurs? ¶Il était

note suivante) que Voltaire ait gardé le souvenir soit de l'article que lui consacra
Moréri (*Grand Dictionnaire historique*, art. 'Bellin (Gentil)'), soit de l'appréciation qui
se trouve chez A. Félibien, *Entretiens sur les vies et sur les ouvrages des plus excellents
peintres anciens et modernes* (Trévoux, 1725, t.1-6, BV1314; t.1, p.231-32).

[13] Entre autres peintures, celle qui représentait la tête coupée de saint Jean-
Baptiste charma le sultan car, en sa qualité de prophète, Jean-Baptiste est en grande
vénération chez les musulmans. Moréri décrit la réaction de Mehmet II devant la
Décollation de saint Jean-Baptiste: 'Mehmet admira la disposition et le coloris de cet
ouvrage; mais il y trouva un défaut: c'est que le cou était trop haut et trop large étant
séparé de la tête. Et pour lui prouver la vérité de son observation par un exemple
naturel, il appela un esclave, et lui fit couper la tête en la présence de Bellin, auquel il
fit remarquer que le cou séparé de la tête se rétrécissait extrêmement' (art. 'Bellin
(Gentil)').

[14] P. de Commynes, *Mémoires* [...] *où l'on trouve l'histoire des rois de France
Louis XI et Charles VIII* (Londres et Paris, 1747, BV831), avec note marginale de
Voltaire: 'Mehmet second demande pardon à dieu d'avoir mis trop d'impôts' (livre 5,
ch.13, t.1, p.417; *CN*, t.2, p.699).

Il était âgé de vingt-deux ans[15] quand il monta sur le trône des   70
sultans, et il se prépara dès lors à se placer sur celui de
Constantinople, tandis que cette ville était toute divisée pour
savoir s'il fallait se servir ou non de pain azyme, et s'il fallait
prier en grec ou en latin.[16]

1453. Siège de   Mahomet II commença donc par serrer la ville du côté de   75
Constantinople. l'Europe, et du côté de l'Asie. Enfin dès les premiers jours d'avril
1453, la campagne fut couverte de soldats que l'exagération fait
monter à trois cent mille, et le détroit de la Propontide d'environ
trois cents galères, et deux cents petits vaisseaux.[17]

75   54LD: Mahomet II [*avec note:* 1453.]
76-77 MSP: avril 1452
77-78 MSP, 54LD: couverte de près de trois cent mille Turcs et le détroit

[15] Mehmet II avait dix-neuf ans lorsqu'il 'monta sur le trône des sultans'. Selon
Fleury, il avait en fait vingt-et-un ans, étant né le 24 mars 1430 (livre 110, ann.1451,
§62); Cantemir lui donne le même âge (ch.1, §1).
[16] Par un procédé tout à fait habituel chez lui (où il prend une partie pour le tout,
ou bien intervertit conséquences et causes), Voltaire se permet ici (comme dans les
Annales de l'Empire, p.452) de caractériser les Grecs comme étant tout occupés de
futilités alors que le loup les guettait (voir ch.89, lignes 19-24, où il adopte la même
stratégie). Mais il n'est pas seul: ayant attiré l'attention du lecteur sur le danger que
représentait Mehmet II pour Constantinople, Maimbourg évoque séance tenante les
schismatiques et leurs querelles vis-à-vis du pain azyme pour terminer ainsi: 'Mais
pendant que les schismatiques mettaient ainsi le comble à leurs péchés, par leur
invincible opiniâtreté dans leur révolte, le sultan, que Dieu avait choisi comme le
ministre de sa justice, et comme son fléau pour les punir...' (ann.1452). (Les
'schismatiques' sont, selon Maimbourg, les Grecs orthodoxes qui n'ont pas voulu
suivre les décisions du synode de Ferrare-Florence sur l'union des Eglises.) Mais on
note la même réaction chez Cousin-Ducas (p.530-32).
[17] Les chifffres donnés pas nos historiens pour les forces de Mehmet devant
Constantinople varient. Chalcondyle (p.153), Cousin-Ducas (p.544), Maimbourg
(ann.1453) et Echard (ann.1453, §79) donnent 400 000 hommes, alors que Fleury
(livre 110, ann.1453, §100) ne donne que 300 000. On trouve 300 galères, vaisseaux et
barques chez Cousin-Ducas, mais des chiffres très variables pour les galères et autres
bâtiments de toute sorte chez les autres.

80   Un des faits les plus étranges, et les plus attestés, c'est l'usage que Mahomet fit d'une partie de ces navires. Ils ne pouvaient entrer dans le port de la ville, fermé par les plus fortes chaînes de fer, et d'ailleurs apparemment défendu avec avantage. Il fait en une nuit couvrir une demi-lieue de chemin sur terre de planches de sapin

85   enduites de suif et de graisse, disposées comme la crèche d'un vaisseau; il fait tirer à force de machines et de bras quatre-vingts galères, et soixante et dix allèges du détroit, et les fait couler sur ces planches. Tout ce grand travail s'exécute en une seule nuit, et les assiégés sont surpris le lendemain matin de voir une flotte entière

90   descendre de la terre dans le port. [18] Un pont de bateaux dans ce jour même fut construit à leur vue, et servit à l'établissement d'une batterie de canon. [19]

84   54LD: couvrir deux lieues de chemin

[18] Cet exploit est raconté par tous nos historiens qui (sauf Fleury, qui n'en garantit pas l'authenticité) le qualifient de prodige, ou d'une 'des plus grandes merveilles dont l'histoire ait jamais parlé' (Maimbourg, ann.1453). Mais encore une fois les chiffres (que Cantemir ne donne toutefois pas) varient. Chalcondyle (p.154) et Fleury (§101) citent 70 navires. Les sources les plus probables sont Maimbourg (ann.1453) et Echard (ann.1453, §90), qui donnent 'soixante-dix vaisseaux et quatre-vingts galères'. C'est Voltaire qui se permet (avec raison, et sans en rien dénaturer le sens de l'information) de changer 'vaisseaux', partout en évidence, en 'allèges' (*Dictionnaire de l'Académie*: 'Petit bateau qui va à la suite d'un plus grand, et qui sert à le décharger de ce qu'il y a de trop', éd. 1762). Mais ce sont les lignes 83-86 qui prouvent à l'évidence que Voltaire se base sur Maimbourg. Une seule différence: Voltaire parle d'une 'demi-lieue de chemin' (ligne 84), alors que Maimbourg – qu'il suivait dans 54LD (voir ligne 84 var.) – dit 'l'espace de plus de deux lieues'. Cantemir dit 'l'espace de plusieurs milles' (livre 3, ch.1, §4, n.*h*).

[19] Voltaire dit sans ambages, par deux fois, 'pont de bateaux' (lignes 90, 95). Mais Chalcondyle (qu'il semble avoir lu de façon distraite), tout en paraissant momentanément ambigu, ne l'est pas: 'Les Turcs allèrent jeter l'ancre tout au pied de la muraille, et firent un pont en cet endroit [...] lequel était fait de futailles et tonneaux liés ensemble deux à deux' (p.154). Maimbourg répète ces informations mais sans verser dans l'ambiguïté, et c'est lui qui ajoute: 'si solide et si fort qu'il [Mehmet] y fit passer son plus gros canon' (ann.1453).

Il faut ou que Constantinople n'eût point d'artillerie, ou qu'elle fût bien mal servie. Car comment le canon n'eût-il pas foudroyé ce pont de bateaux? Mais il est douteux que Mahomet se servît, comme on le dit, de canons de deux cents livres de balle.[20] Les vaincus exagèrent tout. Il eût fallu environ cent cinquante livres de poudre pour bien chasser de tels boulets. Cette quantité de poudre ne peut s'allumer à la fois; le coup partirait avant que la quinzième partie prît feu; et le boulet aurait très peu d'effet.[21] Peut-être les Turcs par ignorance, employaient de ces canons, et peut-être les Grecs par la même ignorance en étaient effrayés.

Dès le mois de mai on donna des assauts à la ville, qui se croyait la capitale du monde: elle était donc bien mal fortifiée; elle ne fut guère mieux défendue. L'empereur accompagné d'un cardinal de Rome nommé Isidore,[22] suivait le rite romain, ou feignait de le suivre pour engager le pape et les princes catholiques à le secourir; mais par cette triste manœuvre il irritait et décourageait les Grecs,

93   MSP: eût très peu d'artillerie
95   MSP: Mais je doute beaucoup que
97   MSP, 54LD-W57G: fallu près de cent
100-103   MSP, 54LD: effet. [54LD: Apparemment qu'on a pris des mortiers pour des canons.] ¶Dès le
106-108   MSP, 54LD-61: romain et par là irritait

[20] Cousin-Ducas parle d'un 'monstrueux canon' (p.524-25, 548), alors qu'Echard dit que 'cette pièce [...] portait à plus d'un mille une pierre d'une grosseur énorme, qui s'enfonçait de six pieds en terre lorsqu'elle tombait' (ann.1452, §72). Mais c'est Fleury (qu'il lit sûrement trop vite) que suit Voltaire. Avant d'évoquer le même canon monstrueux qui lançait une pierre pesant 12 000 livres, il parle de plusieurs canons, construits par le même fondeur, 'capables de lancer des boulets de pierre de deux cents livres' (§102).

[21] La source de ces calculs dans le domaine de la balistique (lignes 97-100) demeure insaisissable.

[22] Isidore de Kiev (1385-1463), l'un des plus fervents partisans de l'union des Eglises dès l'époque du concile de Bâle, et puis de Florence. Il fut nommé métropolite de Kiev et de Moscou en 1437, et envoyé par Nicolas V, cardinal-légat, à Constantinople pour ramener à l'union les évêques qui lui étaient contraires (Fleury, livre 110, ann.1451, §70; Maimbourg, ann.1443). Son nom revient ci-dessous, lignes 216-17.

qui ne voulaient pas seulement entrer dans les églises qu'il
110 fréquentait. *Nous aimons mieux*, s'écrièrent-ils, *voir ici le turban
qu'un chapeau de cardinal.* [23]

Dans d'autres temps, presque tous les princes chrétiens, sous
prétexte d'une guerre sainte, se liguèrent pour envahir cette
métropole et ce rempart de la chrétienté; [24] et quand les Turcs
115 l'attaquèrent, aucun ne la défendit.

Nul prince chrétien ne secourt Constantinople.

L'empereur Frédéric III n'était ni assez puissant, ni assez
entreprenant. La Pologne était trop mal gouvernée. La France
sortait à peine de l'abîme où la guerre civile et celle contre l'Anglais
l'avaient plongée. L'Angleterre commençait à être divisée et faible.
120 Le duc de Bourgogne Philippe le Bon était un puissant prince, mais
trop habile pour renouveler seul les croisades, et trop vieux pour de
telles actions. Les princes italiens étaient en guerre. L'Arragon et la
Castille n'étaient point encore unies, et les musulmans occupaient
toujours une partie de l'Espagne. [25]

[23] Cousin-Ducas, que Voltaire pourrait ici très bien avoir résumé, décrit longuement l'émoi éprouvé par les Grecs (p.529-41) et leur abandon, non des Eglises,
mais de la Grande Eglise où l'union avait été célébrée. C'est lui qui rapporte au style
indirect cette réaction de la part du 'grand duc, premier mezasonte' (Luc Notaras,
sénateur et amiral) qui aurait dit qu'il 'aimerait mieux y [dans Constantinople] voir le
turban de Mehmet que le bonnet du pape' (p.541). Se basant sur Cousin-Ducas,
Maimbourg (ann.1453) et Fleury (§117) rendent la phrase comme: 'qu'il valait
beaucoup mieux voir le turban dominer dans Constantinople que le chapeau d'un
cardinal latin'.

[24] Voir la désapprobation de Voltaire confronté à la quatrième croisade (1202-
1204), et à ses suites funestes, dans les ch.57 et 59 (notre t.3, p.342-68, 392-99).

[25] Ici Voltaire résume succinctement le résultat de ses propres recherches et
réflexions contenues essentiellement soit dans les chapitres précédents, soit – comme
dans le cas de Frédéric III – dans les *Annales*. Pour ce qui est du dernier, il ne faisait
tout simplement pas le poids sur la grande scène du monde (p.445, 450, 454), et
l'avenir ne devait que confirmer sa faiblesse (p.454, 455, 457). La Pologne était
divisée, et totalement à la merci de son aristocratie (ch.48, 60, 83, 86). La France,
exsangue, sortait à peine de la guerre de Cent Ans, après avoir failli y succomber
(ch.80). L'Angleterre, exsangue à son tour, après une série de défaites humiliantes
(ch.80), allait sans tarder connaître une période d'anarchie et de guerres civiles
(ch.102, 115). Le duc de Bourgogne, Philippe III, 'vieillard' de 57 ans et désormais 'le
plus puissant de tous les princes' (*Annales*, p.457), cherchait surtout à protéger ses

Il n'y avait en Europe que deux princes dignes d'attaquer 125
Mahomet II. L'un était Huniade prince de Transilvanie, mais qui
pouvait à peine se défendre: l'autre ce fameux Scanderbeg, qui ne
pouvait que se soutenir dans les montagnes de l'Epire, à peu près
comme autrefois don Pélage dans celles des Asturies, [26] quand les
mahométans subjuguèrent l'Espagne. Quatre vaisseaux de Gênes, 130
dont l'un appartenait à l'empereur Frédéric III, furent presque le
seul secours que le monde chrétien fournit à Constantinople. Un
étranger commandait dans la ville; c'était un Génois nommé
Giustiniani. [27] Tout bâtiment qui est réduit à des appuis étrangers,

---

possessions et influence en Europe (ch.79, 80, 85). Les princes italiens (très souvent
parvenus ou usurpateurs) n'avaient d'autre but − tout comme les souverains de
Naples et de Sicile − que de s'établir encore plus fermement chez eux, et étaient par
ailleurs continuellement en guerre les uns contre les autres (ch.74). Finalement
l'heure de l'Aragon et de la Castille, qui connaissaient à cette époque précise des
désordres internes, n'avait pas encore sonné (voir ci-dessous, ch.102), alors
qu'Al Andalus ne cédera la place, grâce précisément au royaume de Castille-
Aragon, que le 2 janvier 1492.

[26] Jean Corvin, dit Huniade (*c.*1387-1456), régent du royaume de Hongrie (1446-
1452), qui ne fera son apparition comme adversaire redoutable des Turcs que dans le
ch.119, venait (malgré ses 62 ans: voir ci-dessus, lignes 121-22) d'être vaincu par
Amurat II à la deuxième bataille de Kosovo (18-19 octobre 1448). Pour Scanderbeg,
voir le chapitre précédent. Voltaire raconte l'histoire du Pélage Teudomer au ch.27,
où il s'est déjà montré quelque peu dédaigneux (notre t.2, p.405-406).

[27] Chalcondyle se contente d'évoquer l'arrivée de deux bâtiments génois qui − à la
furie de Mehmet II − écartèrent sa flotte (p.155). Mais les autres historiens, soit les
passant sous silence, soit les évoquant (Cousin, Maimbourg, Fleury), ne tombent pas
d'accord sur le nombre de vaisseaux dans le port: Maimbourg dit qu'il y en avait six
(ann.1453); Cousin-Ducas, cinq (p.545); Fleury (§105) et Echard (ann.1453, §88) −
qui sont donc les sources ici − quatre. Mais, bien que Cousin-Ducas (p.543), Fleury
(§105) et Echard (§88) soient d'accord pour dire qu'un de ces vaisseaux appartenait 'à
l'empereur', ils n'identifient pas celui-là comme étant Frédéric III. Il conviendrait de
penser qu'il s'agit plutôt de Constantin XI Paléologue. Le commandant (ou
protostrator) à Constantinople était Giovanni Giustiniani Longo qui, s'étant battu
vaillamment, fut blessé, et qui, ayant réussi à prendre la fuite, mourut des suites de ses
blessures au début de juin 1453. Quatre de nos historiens parlent de lui chaleureusement (Chalcondyle, p.156; Cousin-Ducas, p.543, 551, 553, 559; Maimbourg, ann.1453;
Fleury, §104). Les deux derniers insistent, dans des formules identiques, sur le fait
que les Grecs 'devinrent des lions aussitôt qu'ils eurent à leur tête un si brave

135 menace ruine. Jamais les anciens Grecs n'eurent de Persan à leur
tête, et jamais Gaulois ne commanda les troupes de la république
romaine. Il fallait donc que Constantinople fût prise: aussi le fut-
elle, mais d'une manière entièrement différente de celle dont tous
nos auteurs copistes de Ducas et de Calcondile, le racontent. [28]

140 Cette conquête est une grande époque. C'est là où commence
véritablement l'empire turc au milieu des chrétiens d'Europe; et
c'est ce qui transporta parmi eux quelques arts des Grecs. [29]

139-43 MSP, 54LD-W57G: racontent. ¶Les annales

---

homme'. Chalcondyle insiste même sur son importance dans une manchette: 'La
blessure de Justinian cause de la perte de Constantinople' (p.157). Fleury (§112) et
Echard (ann.1453, §107) sont les seuls toutefois à l'accuser d'un lâche abandon de
poste.

[28] Cette phrase hermétique n'est convenablement éclaircie qu'une fois qu'on a
confronté toutes les versions de la prise de Constantinople qui étaient à la disposition
de Voltaire (Chalcondyle, Cousin-Ducas, Maimbourg, Fleury, Echard et Cantemir).
A quelques menues différences près, elles se ressemblent toutes, et prétendent
d'ailleurs que les Grecs combattirent jusqu'au bout, ne succombant que sous le poids
de leurs adversaires. Le mot de l'énigme (que Voltaire donne, mais qu'il juge
politique de ne pas souligner, malgré les lignes 144-46, car il eût été par trop
provocateur dans le contexte de l'historiographie européenne et chrétienne) se
trouve chez Cantemir (livre 3, ch.1, §9) dans une note (r) consacrée à la prise de
Constantinople (qui contredit son propre texte): 'Je vois s'élever contre moi une
foule d'écrivains chrétiens tant Grecs que Latins qui déposent presque tous sur la
prise de cette ville de manière à persuader qu'elle a été conquise par la force: leur
autorité, toute respectable qu'elle est, ne m'entraîne point; j'ai d'autres considérations assez fortes pour mettre dans tout son jour la vérité de ce qui est ici rapporté.
Premièrement le témoignage unanime de tout ce qu'il y a de plus grave parmi les
auteurs turcs, tant anciens que modernes: quoiqu'ils ne soient pas toujours d'accord
sur bien des particularités qui concernent leurs autres empereurs; cependant sur ce
point-ci, ils ne varient point, et déclarent comme d'une voix: Que la moitié, et même
la plus considérable partie de la ville se rendit à Mehmet par capitulation: ils nous en
ont même transmis les articles'. Dans les pages qui suivent, Cantemir donne toutes
les raisons qu'il a de cautionner la version des Turcs.

[29] A cause du membre de phrase 'parmi eux', cette addition de 61 est ambiguë.
Faut-il y trouver, dans une litote voulue, le point de départ de la Renaissance en
Europe? Ou bien convient-il de penser que les Turcs, à force de côtoyer les vaincus,
prirent chez eux quelques notions d'une culture supérieure?

Manière dont Constantinople fut prise.

Les annales turques rédigées à Constantinople par le feu prince Démétrius Cantemir, [30] m'apprennent qu'après quarante-neuf jours de siège, l'empereur Constantin fut obligé de capituler. Il envoya plusieurs Grecs recevoir la loi du vainqueur. On convint de quelques articles. Ces annales turques paraissent très vraies dans ce qu'elles disent de ce siège. [31] Ducas lui-même, qu'on croit de la race impériale, et qui dans son enfance était dans la ville assiégée, avoue dans son histoire, que le sultan offrit à l'empereur Constantin de lui donner le Péloponèse, et d'accorder quelques petites provinces à ses frères. [32] Il voulait avoir la ville et ne la point saccager, la regardant déjà comme son bien qu'il ménageait; mais dans le temps que les envoyés grecs retournaient à Constantinople pour y rapporter les propositions des assiégeants, Mahomet, qui voulut leur parler encore, fait courir à eux. Les assiégés, qui du haut des murs voient un gros de Turcs courant après les leurs, tirent imprudemment sur ces Turcs. Ceux-ci sont bientôt joints par un plus grand nombre. Les envoyés grecs rentraient déjà par une poterne. Les Turcs entrent avec eux: ils se rendent maîtres de la haute ville séparée de la basse. L'empereur est tué dans la foule; et

145

150

155

160

146-54   MSP, 54LD: de plusieurs articles. Mais dans
154-56   MSP, 54LD-W57G: retournaient à la ville, Mahomet qui voulait [54LD: voulut] leur
160   MSP: [*manchette*] *29 mai 1453.*

[30] Qu'est-ce qui pousse Voltaire à mettre 'quarante-neuf jours'? Cantemir est formel: 'la ville [se rendit] après un siège de cinquante-un jours' (livre 3, ch.1, §4). Evoquant la veille du sac, il dit d'ailleurs – non pas contre toute attente – que 'le siège [...] durait depuis cinquante jours' (p.8). Comme très souvent Voltaire fait ses propres calculs, se pourrait-il que, dans un moment d'inattention, au lieu d'ajouter un jour de plus, il en ait soustrait un?
[31] Pour une fois, par 'annales turques', Voltaire veut dire précisément cela car il avait devant les yeux la longue note (*r*) de Cantemir (livre 3, ch.1, §9), qui se base sur le témoignage d'Ali Effendi, 'grave auteur parmi les Turcs, et qui vivait en ce temps-là'.
[32] Cousin-Ducas: 'Si vous en voulez sortir de vous-même, je vous donnerai la Morée, je donnerai d'autres provinces à vos frères, et nous demeurerons bons amis [...] L'empereur était très éloigné de vouloir livrer la ville aux Turcs' (p.552).

Mahomet fait aussitôt du palais de Constantin, celui des sultans, et de Sainte-Sophie, sa principale mosquée. [33]

165 Est-on plus touché de pitié que saisi d'indignation lorsqu'on lit dans Ducas, que le sultan *envoya ordre dans le camp d'allumer partout des feux, ce qui fut fait avec ce cri impie, qui est le signe particulier de leur superstition détestable.* [34] Ce cri impie est le nom de Dieu *Allah* que les mahométans invoquent dans tous les combats. La super-stition détestable était chez les Grecs qui se réfugièrent dans Sainte-

170 Sophie, sur la foi d'une prédiction qui les assurait qu'un ange descendrait dans l'église pour les défendre. [35]

On tua quelques Grecs dans le parvis, on fit le reste esclave, et Mahomet n'alla remercier Dieu dans cette église qu'après l'avoir lavée avec de l'eau de rose. [36]

163-75 MSP, 54LD-61: mosquée. ¶Souverain

[33] Les lignes 152-63 résument Cantemir (livre 3, ch.1, §5-9).

[34] La citation est exacte (Cousin-Ducas, p.556) sauf une omission qui ne manque pas d'intérêt car le texte se présente comme suit: 'qui est *comme* le signe particulier de leur superstition détestable'.

[35] Chalcondyle rapporte les détails d'une 'prophétie vaine ou mal entendue' (p.157-58), mais Voltaire se laisse guider par Cousin-Ducas qui, sans ajouter plus de foi que lui à la prédiction, écrit: 'Mais d'où vient qu'ils se pressaient de la sorte pour se sauver dans la Grande Eglise? C'est qu'ils avaient autrefois ouï dire à certains imposteurs que les Turcs devaient un jour entrer de force dans Constantinople, et tailler les Romains en pièces jusqu'à la colonne de Constantin; qu'alors un ange descendrait du ciel avec une épée, et donnerait cette épée et l'empire à un pauvre qu'il trouverait sur la colonne, et lui dirait: Prenez cette épée, et vengez le peuple du Seigneur. Que les Turcs prendraient la fuite [...] et que les Romains les poursuivraient en tuant incessamment et les chasseraient de l'Occident' (p.563-64). Nulle mention toutefois chez Voltaire de Mehmet II qui, au même moment, déclara devant son armée 'qu'une lumière qui avait paru sur la ville durant trois nuits était un présage assuré du malheur de cette ville, et que Dieu qui l'avait protégée jusqu'alors montrait par ce signe visible qu'il voulait l'abandonner' (Fleury, livre 110, ann.1453, §110).

[36] Saladin, ayant conquis Jérusalem en 1187, purifia ainsi le Temple de Salomon qu'il voulait transformer en mosquée (voir ch.56, notre t.3, p.328).

Souverain par droit de conquête d'une moitié de Constanti- 175
nople, [37] il eut l'humanité ou la politique d'offrir à l'autre partie la
même capitulation qu'il avait voulu accorder à la ville entière, et il
la garda religieusement. Ce fait est si vrai que toutes les églises
chrétiennes de la basse ville furent conservées jusque sous son
petit-fils Sélim, [38] qui en fit abattre plusieurs. On les appelait *les* 180
mosquées d'Issévi. Issévi est en turc le nom de Jésus. Celle du
patriarche grec subsiste encore dans Constantinople sur le canal de
la mer Noire. [39] Les Ottomans ont permis qu'on fondât dans ce
quartier une académie, où les Grecs modernes enseignent l'ancien
grec qu'on ne parle plus guère en Grèce, la philosophie d'Aristote, 185
la théologie, la médecine; et c'est de cette école que sont sortis
Constantin Ducas, Mauro Cordato, et Cantemir, faits par les Turcs
princes de Moldavie. J'avoue que Démétrius Cantemir a rapporté
beaucoup de fables anciennes; mais il ne peut s'être trompé sur les

180   MSP: Selim premier, qui
182   MSP: encore sur
185   54LD-61: parle plus, la philosophie

[37] Sans insister sur la version de Cantemir, Voltaire démontre à l'évidence qu'il
était convaincu que les Grecs, voulant mettre fin au combat, avaient bel et bien
capitulé. Ce qui sans aucun doute l'incita à adopter cette position, c'est 'un second
argument plus fort' qui découle du fait que 'les chrétiens grecs demeurent en
possession de leurs églises dans la partie de la ville qui s'était rendue sous le règne de
trois sultans, savoir Mehmet II, Bayazid II et Sélim Ier' (livre 3, ch.1, §9, n.r). Voltaire
reproduit le raisonnement tel quel.

[38] Dans les lignes 175-80, Voltaire suit fidèlement Cantemir (livre 3, ch.1, §9,
n.r).

[39] Voltaire se fie encore à Cantemir, qui décrit ainsi le quartier du Feyez: 'Ou
plus communément *Finer*, porte qui regarde le plus bas port de Constantinople;
cet endroit est célèbre à cause que les plus nobles et plus riches Grecs de cette
ville y font leur séjour. C'est là aussi qu'on voit l'église cathédrale et le siège du
patriarche de Constantinople' (livre 3, ch.1, §4, n.k). L'induction concernant le
canal de la mer Noire est imputable à Voltaire, qui profite soit de sa culture
générale, soit d'une carte de Constantinople: l'endroit que décrit Cantemir donne
sur le Bosphore de Thrace.

190 monuments modernes qu'il a vus de ses yeux, et sur l'académie où
il a été élevé. [40]

On a conservé encore aux chrétiens une église, et une rue entière *Traitement fait*
qui leur appartient en propre, en faveur d'un architecte grec nommé *aux chrétiens.*
Christobule. Cet architecte avait été employé par Mahomet II pour
195 construire une mosquée sur les ruines de l'*Eglise des Saints Apôtres*,
ancien ouvrage de Théodora femme de l'empereur Justinien; et il
avait réussi à en faire un édifice qui approche de la beauté de Sainte-
Sophie. Il construisit aussi par ordre de Mahomet huit écoles et huit
hôpitaux dépendants de cette mosquée et c'est pour prix de ce
200 service que le sultan lui accorda la rue dont je parle, dont la
possession demeura à sa famille. [41] Ce n'est pas un fait digne de

201   54LD-61: possession est demeurée à

[40] Cantemir poursuit, sur quatre pages (livre 3, ch.1, §4, n.*k*), sa description du
même quartier qui 'est encore fameux à cause d'une Académie qui y a été bâtie pour
l'instruction de la jeunesse' (p.38). Voltaire se contente de glaner par-ci par-là
l'éventail des matières enseignées (p.38-39), mais c'est avec une malice bien à lui qu'il
identifie la philosophie comme étant celle d'Aristote car Cantemir (n.*k*) évoque 'la
philosophie dans toutes ses branches' (ce qui n'avait pas forcément la même
résonance négative). Par la même occasion il égrène une liste de célèbres professeurs
et anciens élèves 'de [son] temps', dont dix-sept savants, trois patriarches, et deux
prélats (p.38-41). Constantin fils de Ducas figure à la p.41, sans plus de détails. Le
dénommé Mauro Cordato (p.39) pourrait être soit Alexandros Maurocordatus (ou
plutôt Mavrocordatos, 1641-1709, 'auteur d'un nombre prodigieux de traités et de
lettres'), soit son fils Nicolas Maurocordato (1670-1730), 'homme fort versé dans la
littérature orientale'. Et Cantemir ajoute qu'Alexandre avait composé un 'traité sur la
circulation du sang, imprimé plusieurs fois en Italie, et une grande Histoire du
monde, depuis la création jusqu'à notre temps'. Cantemir n'y figure qu'en tant que
narrateur qui est visiblement ancien élève: 'qui y fleurirent de mon temps', et 'c'est lui
que j'ai eu pour maître' (n.*k*).
[41] Tous les détails des lignes 192-201 ont été glanés chez Cantemir (livre 3, ch.1,
§9, n.*r*; mêmes informations, n.*ff, gg, hh*). C'est là que Voltaire apprit le nom de
l'architecte qui s'appelait, non Christobule, mais Christodule (p.62-63). On apprend
même que la rue fut créée 'au temple *Maguliotisa*' (p.253). L'Eglise des Saints
Apôtres 'fut bâtie par l'impératrice épouse du Grand Justinien' (p.62). Il y a une
controverse dans les sources byzantines en ce qui concerne la personne qui a bâti
cette fameuse église: Justinien lui-même ou son épouse Théodora? Voltaire semble

l'histoire, qu'un architecte ait eu la propriété d'une rue; mais il est important de connaître que les Turcs ne traitent pas toujours les chrétiens aussi barbarement que nous nous le figurons. Aucune nation chrétienne ne souffre que des Turcs aient chez elle une 205 mosquée, et les Turcs permettent que tous les Grecs aient des églises. Plusieurs de ces églises[42] sont des collégiales, et on voit dans l'Archipel des chanoines sous la domination d'un bacha.[43]

Nos erreurs sur   Les erreurs historiques séduisent les nations entières. Une foule
les Turcs.   d'écrivains occidentaux a prétendu que les mahométans adoraient 210 Vénus, et qu'ils niaient la Providence. Grotius lui-même a répété, que Mahomet, ce grand et faux prophète, avait instruit une colombe à voler auprès de son oreille, et avait fait accroire que

---

204-209   MSP: figurons. ¶Les erreurs
204-16   54LD: figurons. ¶Ce qui

---

se laisser guider par Cantemir. L'église fut pour un certain temps le siège du patriarcat, après la prise. Il semble qu'en 1461, Mehmet II la fit abattre pour construire la mosquée qui porte son nom et qu'on appelle aussi *Fatih* (voir R. Janin, *La Géographie ecclésiastique de l'empire byzantin*, I.3, Paris, 1953, p.46-55). Cantemir ne parle pas de la beauté de cette église, mais de sa taille: 'Un *Jami* de 120 coudées en carré, qui passe pour le temple le plus grand de la ville après Sainte-Sophie' (n.*hh*).

[42] Cela est vrai strictement parlant. Mais parfois Voltaire juge opportun de rappeler à son lecteur l'existence, pour des raisons éminemment politiques, d'une mosquée à Toulon du temps de François Ier (voir ch.125; et les *Eclaircissements historiques*, *M*, t.24, p.505). Dans l'*Histoire du parlement de Paris*, la même mosquée se trouve à Marseille (ch.19). Flairant toujours des arguments politiques où prime l'opportunisme, le tolérant Voltaire revient à la charge dans le *Pot-pourri*: 'J'avoue qu'à mon retour à Marseille je fus fort étonné de ne point y trouver de mosquée. J'en marquai ma surprise à monsieur l'intendant et à monsieur l'évêque. Je leur dis que cela était fort incivil, et que si les chrétiens avaient des églises chez les musulmans on pouvait au moins faire aux Turcs la galanterie de quelques chapelles. Ils me promirent tous deux qu'ils en écriraient à la cour; mais l'affaire en demeura là, à cause de la constitution *Unigenitus*' (*M*, t.24, p.265).

[43] Il semble que Voltaire se réfère aux chrétiens du rite catholique qui avaient 'dans l'Archipel des chanoines'.

l'esprit de Dieu venait l'instruire sous cette forme. [44] On a prodigué
sur le conquérant Mahomet II des contes non moins ridicules.
Ce qui montre évidemment, malgré les déclamations du cardinal
Isidore et de tant d'autres, que Mahomet était un prince plus sage et
plus poli qu'on ne croit, [45] c'est qu'il laissa aux chrétiens vaincus la

215

Mahomet fait un patriarche.

216-18   MSP: évidemment, malgré tous nos déclamateurs, que Mahomet était un
prince très sage et très poli, c'est

[44] Pour l'adoration de Vénus par les mahométans, voir l'abbé A. Banier, *Histoire
générale des cérémonies, mœurs et coutumes religieuses* (Paris, 1741), t.5, ch.9, §5; voir
aussi d'Herbelot: 'Luthymius Zygabenus, dans sa Catéchise, Cathéchisme des
Sarazins [Arabes], accuse fortement les musulmans d'adorer l'étoile de Vénus sous
le nom de Cobat' (p.938). Pour Grotius, voir son *Traité de la vérité de la religion
chrétienne*, trad. P. Lejeune (Amsterdam, 1728, BV1555; *CN*, t.4, p.201, signet:
'pigeon'): 'Mehmet donne pour preuve de sa mission, non le pouvoir de faire des
miracles, mais l'heureux succès de ses armes. Quelques-uns néanmoins de ses
disciples ont prétendu qu'il en avait fait. Mais c'étaient ou des choses que l'art seul
pouvait produire, comme ce qu'ils disent d'un pigeon qui volait à son oreille; ou des
choses dont ils ne citent aucuns témoins, par exemple, qu'un chameau lui parlait de
nuit' (p.357-58). Dans les *Leningrad notebooks* on trouve: 'Grotius s'est laissé tromper
comme un autre au sujet de la colombe et il a dit bien des sottises' (*OCV*, t.81, p.256).
Voltaire reviendra par la suite sur 'ce conte ridicule': voir *La Défense de mon oncle*
(*OCV*, t.64, p.207), l'art. 'Arot et Marot' des *QE* (*OCV*, t.39, p.33, 38), et *Il faut
prendre un parti* (*M*, 28, p.546). Quant aux 'contes non moins ridicules' concernant
Mehmet II, Voltaire pense sans doute aux 'atrocités' que divers historiens et
compilateurs de dictionnaires lui attribuent, soit en tant que monarque despotique,
soit en tant que vainqueur de Constantinople (voir ci-dessus, n.8). Voir aussi les
Annales (p.453); *Des mensonges imprimés* (*OCV*, t.31B, 353); l'*Histoire de l'établissement du christianisme* (*M*, t.31, p.100-101); le *Prix de la justice et de l'humanité* (*OCV*,
t.80B, p.145).

[45] La formulation des lignes 216-17 fait penser que Voltaire n'ignorait pas (dès
54LD) qu'Isidore compte parmi ceux qui avaient laissé des récits du siège de
Constantinople. En effet, Moréri écrit: 'Le pape Nicolas V le renvoya à Constantinople, où il se trouva quand cette ville fut prise par les Turcs l'an 1453, et écrivit
à ce sujet une lettre que nous avons encore' (*Grande Dictionnaire historique*, art.
'Isidore de Thessalonique'). Celle-ci se trouve dans la *Patrologia graeca* de J.-P.
Migne (Paris, 1857-1866), t.159, p.953. Nous ignorons (car nos historiens n'évoquent
aucun récit de sa part) où Voltaire a pu trouver l'information. Quant aux lignes 217-
18, Voltaire passe sous silence l'opinion de Maimbourg (ann.1453), Fleury (livre 110,
ann.1453, §120) et Echard (ann.1453, §117), qui étaient convaincus qu'en agissant
ainsi, Mehmet II cherchait à atteindre des buts politiques et non pas humanitaires.

liberté d'élire un patriarche. Il l'installa lui-même avec la solennité ordinaire: il lui donna la crosse et l'anneau, que les empereurs d'Occident n'osaient plus donner depuis longtemps; et s'il s'écarta de l'usage, ce ne fut que pour reconduire jusqu'aux portes de son palais le patriarche élu, nommé Gennadius, qui lui dit, *qu'il était confus d'un honneur que jamais les empereurs chrétiens n'avaient fait à ses prédécesseurs.* Des auteurs ont eu l'imbécillité de rapporter que Mahomet II dit à ce patriarche; *La sainte Trinité te fait, par l'autorité que j'ai reçue, patriarche œcuménique.* [46] Ces auteurs connaissent bien mal les musulmans. Ils ne savent pas que notre dogme de la Trinité leur est en horreur; [47] qu'ils se croiraient souillés d'avoir prononcé ce mot; qu'ils nous regardent comme des idolâtres, adorateurs de plusieurs dieux. Depuis ce temps les sultans osmanlis ont toujours

220

225

230

223-24   MSP: Gennadius qui fut *confus*
225-31   MSP, 54LD: *prédécesseurs.* Depuis ce temps les turcs [54LD: sultans] osmanlis

[46] Les lignes 218-27 sont un résumé rapide mais fidèle de Maimbourg (ann.1453; corne, p.361, qui traite de la remise de la crosse, *CN*, t.5, p.478), Fleury (livre 110, ann.1453, §120-22) et Echard (§117-19). Gennadius est Georges Scholarius (*c.*1400-*c.*1472), qui avait jadis été favorable – au concile de Ferrare-Florence – à l'union des Eglises. Son mentor, Marc d'Ephèse, lui fit changer d'avis, et dès lors il était l'adversaire le plus redoutable de l'initiative (voir Cousin-Ducas, p.531, 537, 541). C'est en devenant moine en 1450 qu'il prit le nom de Gennadius. Voici le texte de la déclaration censément faite par Mehmet II que Voltaire avait trouvé: 'La très sainte Trinité, qui m'a donné l'empire, te fait par l'autorité que j'en ai reçue archevêque de la nouvelle Rome et patriarche œcuménique' (Maimbourg, ann.1453; Fleury, §122; Echard, §18). Il est évident que Maimbourg (induit peut-être en erreur par sa propre source, mais en tout cas suivi par Fleury et Echard) a tout simplement (et anachroniquement) reproduit la formule utilisée par les empereurs byzantins. Au lieu de relever l'erreur, Voltaire préfère utiliser le 'document' contre ses devanciers prétendus historiens.

[47] Nous n'avons pas réussi à identifier la source de cette condamnation qui demeure mystérieuse à plus d'un titre. B. d'Herbelot: 'Lorsque les musulmans parlent de la Trinité que nous adorons, ils ne font point de difficulté de dire que la première Personne, qui est le Père, est l'essence de Dieu, la seconde, qui est le Fils, est sa sagesse, et la troisième, ou le Saint-Esprit, est sa vie' (*Bibliothèque orientale*, Paris, 1697, BV1626, p.441a).

fait un patriarche qu'on nomme *œcuménique*; le pape en nomme un autre qu'on appelle le patriarche *latin*; chacun d'eux taxé par le divin, rançonne à son tour son troupeau.[48] Ces deux Eglises
235 également gémissantes sont irréconciliables, et le soin d'apaiser leurs querelles n'est pas aujourd'hui une des moindres occupations des sultans, devenus les modérateurs des chrétiens, aussi bien que leurs vainqueurs.

Ces vainqueurs n'en usèrent point avec les Grecs, comme
240 autrefois aux dixième et onzième siècles avec les Arabes, dont ils avaient adopté la langue, la religion, et les mœurs. Quand les Turcs soumirent les Arabes, ils étaient encore entièrement barbares; mais quand ils subjuguèrent l'empire grec, la constitution de leur gouvernement était dès longtemps toute formée. Ils avaient
245 respecté les Arabes, et ils méprisaient les Grecs. Ils n'ont eu d'autre commerce avec ces Grecs que celui des maîtres avec des peuples asservis.

Ils ont conservé tous les usages, toutes les lois qu'ils eurent au *Usages des* temps de leurs conquêtes. Le corps des *gengi-chéris*, que nous *Turcs.*
250 nommons *janissaires*, subsista dans toute sa vigueur au même nombre d'environ quarante-cinq mille. Ce sont de tous les soldats de la terre ceux qui ont toujours été le mieux nourris. Chaque oda[49]

234-35   MSP: Eglises esclaves sont
238-86   MSP, 54LD: vainqueurs.//
246-48   54LD*: avec des esclaves. ¶Ils ont

[48] Cette pratique bien connue est mentionnée par tant d'historiens à la disposition de Voltaire qu'on ne saurait déterminer la source de son information. Mais voir, par exemple, Vigenère, col.139-40, 2ᵉ pag. Voltaire reviendra sur cette pratique dans le ch.93.

[49] Cantemir: '*Oda*, compagnie ou chambrée de janissaires; il y en a cent onze' ('Explications'). Les sources historiques traitant des janissaires sont légion, mais voir encore, par exemple, Vigenère (col.67-78, 2ᵉ pag.). Le fait que Voltaire se penche ici et dans les lignes suivantes sur l'organisation de l'empire turc aiguille déjà toutefois vers une source qu'il va utiliser abondamment dans le ch.93: P. Rycaut, *Histoire de l'état présent de l'empire ottoman* (Amsterdam 1671, BV3054; éd. citée, Amsterdam, 1670). Il y consacre le ch.7 du livre 3, aux janissaires.

de janissaires avait et a encore un pourvoyeur, qui leur fournit du mouton, du riz, du beurre, des légumes, et du pain en abondance.

Les sultans ont conservé en Europe l'ancien usage qu'ils avaient pratiqué en Asie, de donner à leurs soldats des fiefs à vie, et quelques-uns héréditaires. [50] Ils ne prirent point cette coutume des califes arabes qu'ils détrônèrent. Le gouvernement des Arabes était fondé sur des principes différents. Les Tartares occidentaux partagèrent toujours les terres des vaincus. Ils établirent dès le cinquième siècle en Europe cette institution qui attache les vainqueurs à un gouvernement devenu leur patrimoine; et les nations qui se mêlèrent à eux, comme les Lombards, les Francs, les Normands, suivirent ce plan. [51] Tamerlan le porta dans les Indes, où sont aujourd'hui les plus grands seigneurs de fiefs, sous les noms d'*omras*, de *rayas*, de *nababs*. Mais les Ottomans ne donnèrent jamais que de petites terres. Leurs *ʒaimats*, et leurs *timariots*, sont plutôt des métairies que des seigneuries. L'esprit guerrier paraît tout entier dans cet établissement. Si un zaim meurt les armes à la main, ses enfants partagent son fief; s'il ne meurt point à la guerre, le béglierbeg, c'est-à-dire, le commandant des armes de la province, peut nommer à ce bénéfice militaire. [52] Nul droit pour

255

260

265

270

254-76   54LD*: abondance. ¶On a

[50] Sans le nommer, Voltaire désigne ici, par une simple définition, le *timariot* qui fera son apparition à la ligne 267. Chez Rycaut, trois chapitres du livre 3 traitent des *timariots* (et des *ʒaimats*: voir ligne 267 et n.): ch.2, 'Des *ʒaims* et des *timariots*'; ch.3, 'Calcul des forces que l'on tire des *ʒaims* et des *timariots*'; ch.4, 'De certaines coutumes qui se pratiquent parmi les *ʒiamets* et les *timariots*'.

[51] C'est sans doute Rycaut qui a incité Voltaire à voir un parallélisme, ici et ci-dessous (ligne 274) entre *ʒaimats* et *timariots*, et les fiefs de l'Europe médiévale. Voir ch.93, ligne 70 et n.14.

[52] Voltaire semble ici suivre Rycaut: 'C'est la coutume en Romanie [dans l'empire byzantin], quand un *ʒaim* ou un *timariot* meurt à la guerre, de partager les revenus de son *ʒiamet* en autant de fermes de *timariots* qu'il a de fils. [...] Si les *ʒaims* et les *timariots* meurent de mort naturelle dans leurs maisons, le *beiglerbey* de la province dispose de leurs terres'. Voir aussi ci-dessous, ch.93, ligne 70 et n.14.

416

ces zaims et pour ces timars, que celui de fournir et de mener des soldats à l'armée, comme chez nos premiers Francs; point de titres, point de juridiction, point de noblesse. [53]

On a toujours tiré des mêmes écoles les cadis, les mollas qui sont les juges ordinaires, et les deux kadileskers d'Asie et d'Europe qui sont les juges des provinces et des armées, [54] et qui président sous le muphti à la religion et aux lois. Le muphti, et les kadileskers ont toujours été également soumis au divan. Les dervis, qui sont les moines mendiants chez les Turcs, se sont multipliés, et n'ont pas changé. La coutume d'établir des caravansérails pour les voyageurs, et des écoles avec des hôpitaux auprès de toutes les mosquées, n'a point dégénéré. [55] En un mot les Turcs sont ce qu'ils étaient, non seulement quand ils prirent Constantinople, mais quand ils passèrent pour la première fois en Europe.

[53] La source de ce jugement est encore une fois chez Rycaut (livre 1, ch.16). Même observation ci-dessous, ch.93, ligne 85 et n.18.

[54] Voltaire copie Cantemir: 'Cadilesker ou Cadiulaskier, grand juge des armées. Il y a deux Cadiulaskiers, celui de l'Asie, et celui de l'Europe' ('Explications').

[55] La source la plus probable de ce développement se trouve chez Rycaut: 'Outre les édifices somptueux et magnifiques, qui composent les corps des mosquées royales, on y a joint de certains collèges pour des écoliers en la loi, que l'on appelle *themele*[,] des dehors pour des cuisines où l'on apprête les viandes pour les pauvres, des hôpitaux que l'on appelle *timarhanclar*, des *hans*, ou maisons pour les étrangers, ou voyageurs' (livre 2, ch.7, 'Des fondations et des revenus des mosquées royales').

CHAPITRE 92

Entreprises de Mahomet II, et sa mort.

Pendant trente et une années de règne, Mahomet II marcha de conquête en conquête, [1] sans que les princes chrétiens se liguassent

a-93   [*Première rédaction de ce chapitre*: MSP]
a   MSP: [*pas de rupture; suite du ch.63*]
    54LD: Chapitre 11
    W56-W57G: Chapitre 79
    61: Chapitre 88
b   54LD-W57G: *Progrès des Turcs.//*

* Quoique le ch.93 traite de la vie des vaincus sous les Turcs, c'est avec ce ch.92 que Voltaire termine provisoirement son examen de l'expansion et de l'établissement de l'empire ottoman (enquête qu'il reprendra dans les ch.159-60). A l'origine partie intégrante du chapitre précédent qui relatait principalement la prise de Constantinople (1453), celui-ci dut créer des problèmes à son auteur dès lors qu'il décida de tirer le trait avec cette dernière. Car l'architecture du chapitre original devenait par là tout à fait bancale: pour vecteur de ses réflexions sur la trentaine d'années qu'il restait à régner à Mehmet II (1451-1481), trois maigres paragraphes (lignes 1-16, 20-30, var.30-93), une trentaine de lignes. Il se donna donc pour tâche d'étoffer; non pas la fugitive mention qu'il avait consacrée dans les dernières lignes de MSP au siège de Rhodes (qui demeure fugitive dans 54LD), mais à propos des Vénitiens et de la mort de Mehmet II toujours désireux d'étendre ses conquêtes, cette fois-ci en Italie. Comprenant, dès 54LD, les lignes 72-90, ce chapitre double ainsi de volume, mais n'est toujours pas définitif. W56-W57G voit l'ajout des lignes 16-20 porteuses essentiellement d'une réflexion philosophique (16-18) incidente concernant le mariage de la chrétienne Théodora Comnène avec Usun Cassan. Ce n'est curieusement que dans 61 que Voltaire jugea utile de se pencher sur le siège de Rhodes (lignes 31-70), et de fournir quelques détails sur la mort de Mehmet. Les sources que Voltaire utilise pour rédiger ce chapitre sont les mêmes que dans les chapitres précédents (87-91).

[1] Définitivement sultan le 3 février 1451, Mehmet régna en fait un peu plus de trente ans car il mourut le 3 mai 1481. Voltaire va rapidement mentionner ses campagnes les plus marquantes (lignes 3-4, 10-11, 20, 23-29, 72-81), et beaucoup plus longuement le siège de Rhodes (31-70).

contre lui; car il ne faut pas appeler *ligue* un moment d'intelligence entre Huniade prince de Transilvanie, le roi de Hongrie, et un despote de la Russie Noire.[2] Ce célèbre Huniade montra, que s'il avait été mieux secouru, les chrétiens n'auraient pas perdu tous les pays que les mahométans possèdent en Europe. Il repoussa Mahomet II devant Belgrade trois ans après la prise de Constantinople.[3]

Dans ce temps-là même les Persans tombaient sur les Turcs, et détournaient ce torrent dont la chrétienté était inondée. Ussum-Cassan, de la branche de Tamerlan, qu'on nommait *le bélier blanc*, gouverneur d'Arménie, venait de subjuguer la Perse. Il s'alliait aux

3-4   MSP, 54LD: d'intelligence qui fut entre
7   MSP: [*manchette*] *1457.*

[2] Jean Corvin, dit Huniade (Hunyadi), figure fugitivement dans les ch.89 (lignes 70-72 et n.17; voir aussi ch.90, lignes 7-8 et n.3, ligne 38 et n.11) et 91 (lignes 126-27 et n.26). Voltaire se réfère, dans les lignes 3-5, à la croisade organisée par Hunyadi et Ladislas III, roi de Pologne (1434) et de Hongrie (1440), qui s'est soldée par la cuisante défaite de Varnes (10 novembre 1444). On comprend mal la référence à la Russie noire, car celle-ci – d'après tous les géographes du temps de Voltaire – comprenait les provinces de Volhynie et de Podolie, en d'autres termes: une partie de la Pologne (voir notre t.3, ch.39, ligne 72 et n.16; ch.190, lignes 7-8 var.; D9818). Voir l'*Histoire de l'empire de Russie* (*OCV*, t.46, p.422-23 et n.15). Les historiens que Voltaire pratique (par exemple, Fleury, livre 109, ann.1444, §80) nous apprennent que l'allié principal de Ladislas et de Hunyadi était le prince de Valachie, qui [leur] 'donna quatre mille hommes de cavalerie commandés par son propre fils [Mircea II le Jeune, 1428-1447]'.

[3] Passant sous silence la seconde bataille de Kosovo (17-20 octobre 1448) qui fut une défaite catastrophique pour Hunyadi et les Balkans, Voltaire préfère évoquer l'échec de l'armée ottomane devant les murs de Belgrade dans la bataille finale (21-22 juillet 1456), car ce fut le seul succès des chrétiens après le désastre de la chute de Constantinople. Le récit le plus long de ce siège se trouve chez Chalcondyle (t.1, p.164-67) tandis que Cousin (t.8, p.611) et Cantemir (livre 3, ch.1, §12) se contentent de brèves allusions. Chalcondyle (p.165) souligne le rôle important qu'y joua le cordelier Jean de Capistran (Giovanni di Capistrano). Mais Voltaire ne profite pas des remarques de Fleury qui, ayant décrit le siège (livre 111, ann.1456, §2-3), poursuit sur sa lancée: 'Jean de Capistran et Huniade s'attribuèrent chacun en particulier l'honneur de cette victoire [...] vanité basse dans deux hommes d'ailleurs également recommandables par leurs grandes qualités. Capistran y avait contribué par ses prières er ses exhortations, Huniade par sa valeur, son courage et sa prudence' (§5).

chrétiens, et par là il les avertissait de se réunir contre l'ennemi
15 commun; car il épousa la fille de David Comnène empereur de
Trébizonde.[4] Il n'était pas permis aux chrétiens d'épouser leur
commère ou leur cousine: mais on voit qu'en Grèce, en Espagne,
en Asie, ils s'alliaient aux musulmans sans scrupule.[5]

Le Tartare Ussum-Cassan, gendre de l'empereur chrétien   *Conquêtes de*
20 David Comnène, attaqua Mahomet vers l'Euphrate. C'était une   *Mahomet II.*
occasion favorable pour la chrétienté; elle fut encore négligée. On
laissa Mahomet après des fortunes diverses faire la paix avec le
Persan, et prendre ensuite Trébizonde avec la partie de la
Cappadoce qui en dépendait; tourner vers la Grèce, saisir le

16-20   MSP, 54LD: Trebizonde et attaqua Mahomet

[4] Voir ci-dessus, ch.88, n.46. Usun Cassan, ou Ouzoun Hassan (1423-1478)
s'empara de la Perse, d'après d'Herbelot (*Bibliothèque orientale*, p.916-17), en l'an
873 de l'Hégire, et épousa Théodora Comnène (connue aussi sous le nom gréco-turc
de Despina Hatun) en 1460 (voir Chalcondyle, t.1, p. 189). C'est l'année suivante que
Mehmet II décida de détruire l'alliance entre Trébizonde et Usun. Il prit Trébizonde
le 15 août 1461, et déporta les Comnène. Usun fut vaincu en 1471 à la bataille de
Erzincan, de nouveau en 1473 à Tercan, et définitivement à Otlukbeli (11 août 1473).
Si les historiens que Voltaire consulte d'ordinaire parlent sporadiquement de lui
(Chalcondyle, t.1, p.189-190, 229-30; Cousin-Ducas, t.8, p.613; Fleury, livre 111,
ann.1457, §41; Cantemir, ch.1, §13-15; §26; §15, n.*cc*), il est certain que Voltaire ne
s'est pas donné la peine de les consulter pour les lignes 10-16. L'allure de son récit fait
penser à Moréri: 'On assure qu'il descendait de Tamerlan, de la faction qu'on nomme
du bélier blanc. [...] Usun-Cassan, qui était gouverneur de l'Arménie, se révolta [...]
s'établit sur le trône de Perse, fit la guerre au Turc; et quoique mahométan, il épousa
la fille de l'empereur de Trébizonde, qui était chrétienne. Il avait fait alliance avec les
chrétiens pour s'opposer aux Ottomans' (*Grand Dictionnaire historique*, art. 'Usun-
Cassan').

[5] Ces réflexions (lignes 16-18) sont un peu forcées. C'est souvent toutefois que
Voltaire, depuis *Candide* (*OCV*, t.48, p.138) jusqu'à l'article 'Inceste' des *QE* (*M*,
t.19, p.451-53), dénonce comme absurde l'interdiction d'épouser soit sa cousine, soit
sa commère, pratique indéfendable tout d'abord aux yeux du droit canon car *inceste
spirituel*, pratique qui avait par ailleurs été récupérée par le droit criminel où il figurait
comme un crime de lèse-majesté divine au premier chef (Muyart de Vouglans,
Institutes au droit criminel, Paris, 1757, BV2541, p.505-509; *CN*, t.5, p.806, sur les deux
bouts d'un signet entre les p.506-507: 'incestes/pontifes' et 'inceste'). Voir ch.39, 50,
55 (notre t.3, p.20, 200, 322).

Négrepont, retourner au fond de la mer Noire, s'emparer de Caffa, 25
l'ancienne Théodosie rebâtie par les Génois; revenir réduire
Scutari, Zante, Céphalonie; courir jusqu'à Trieste à la porte de
Venise, et établir enfin la puissance musulmane au milieu de la
Calabre, ⁶ d'où il menaçait le reste de l'Italie, et d'où ses lieutenants
ne se retirèrent qu'après sa mort. 30

Sa fortune échoua contre Rhodes. Les chevaliers, qui sont
aujourd'hui les chevaliers de Malthe, eurent, ainsi que Scanderbeg,
la gloire de repousser les armes victorieuses de Mahomet II.

Rhodes.   Ce fut en 1480 que ce conquérant fit attaquer cette île autrefois si
célèbre, et cette ville fondée très longtemps avant Rome dans le 35
terrain le plus heureux, dans l'aspect le plus riant, et sous le ciel le
plus pur, ville gouvernée par les enfants d'Hercule, par Danaüs,
par Cadmus, fameuse dans toute la terre par son colosse d'airain,
dédié au soleil, ouvrage immense jeté en fonte par un Indien, et qui
s'élevant de cent pieds de hauteur, les pieds posés sur deux môles de 40

28 MSP: établir la puissance

30-93 MSP: mort. ¶Ses armes ne prirent point Rhodes; mais cette petite île
manquée ne les rendait pas moins terribles au reste de l'Occident. Il allait porter ses
armes victorieuses contre les mameluks d'Egypte, et de là se flattait de venir prendre
Rome, comme il avait pris Constantinople. Une colique en délivra le monde à l'âge
de cinquante et un ans. Mais les Turcs n'ont pas moins conservé en Europe un pays 5
aussi beau et plus grand que l'Italie entière. ¶Tandis qu'ils affermissaient leur
empire, la France qui, depuis, fut leur allieé augmentait ses forces, comme nous
allons le voir.//

30-72 54LD-W57G: mort. ¶Ses armes ne prirent point Rhodes; mais cette petite
île manquée ne les rendait pas moins terribles au reste de l'Occident. ¶Il avait

⁶ La mention de toutes ces campagnes militaires ne se trouve ni chez Chalcondyle,
ni chez Cousin-Ducas (dont le récit s'arrête peu après la prise de Trébizonde), ni chez
Cantemir. Bien que Fleury soit le seul de ses sources habituelles à les évoquer
(livre 111, ann.1458, §82; livre 112, ann.1462, §63-64, 69; livre 113, ann.1470, §79-80;
livre 114, ann.1475, §47-48, 109, 141; livre 115, ann.1480, §48, 49), nous avons encore
une fois la quasi certitude que Voltaire n'a pas épluché son texte; il s'est sûrement
contenté de copier son index qui donne les mêmes détails dans exactement le même
ordre. Voici les dates dont il s'agit: Trébizonde (1461); la Grèce (1462); Nègreponte
(1470); Caffa [la mer Noire] (1475); Scutari (1477); Zante et Céphalonie (1480);
Trieste (1480); la Calabre (1480).

marbre, laissait voguer sous lui les plus gros navires. Rhodes avait passé au pouvoir des Sarrasins dans le milieu du septième siècle; un chevalier français Foulques de Villaret, grand-maître de l'ordre, l'avait reprise sur eux, en 1310; et un autre chevalier français, Pierre d'Aubusson, la défendit contre les Turcs. [7]

C'est une chose bien remarquable que Mahomet II employât dans cette entreprise une foule de chrétiens renégats. Le grand-vizir lui-même qui vint attaquer Rhodes était un chrétien, et ce qui est encore plus étrange, il était de la race impériale des Paléologues. Un autre chrétien Georges Frupan conduisait le siège sous les ordres du vizir; [8] on ne vit jamais de mahométans quitter leur

Chrétien grand-visir.

---

[7] Cette description (lignes 34-45) a toute l'allure d'un article de dictionnaire. Celle de Moréri (art. 'Rhodes'), sous une forme plus délayée, transmet à peu près les mêmes données, sauf qu'il ne dit pas que la fondation de la ville était antérieure à celle de Rome. Quant à dire que le créateur du Colosse était un *Indien*, il s'agit soit d'une coquille pour Lindien car son créateur Charès était natif de Lindos, soit d'une faute commise sous la dictée. Foulques de Villaret (?-1327), vingt-cinquième grand-maître de l'ordre des hospitaliers en 1305, s'empara de Rhodes en 1309 après deux années de combats. Pierre d'Aubusson (1423-1503), trente-huitième grand-maître en 1476, dut faire face dès le 21 mai 1480 à Mehmet qui, à la tête de 100 000 hommes, avait envahi l'île (voir les lignes 46 -72). Pour en faire le récit, Voltaire, négligeant désormais Cantemir qui est des plus lapidaires (ch.1, §33), se tourne de nouveau vers Fleury (livre 115, ann.1480, §38-45) et Chalcondyle (ou plutôt vers ses continuateurs, T. Artus et Mézeray, t.1, p.249-54).

[8] La 'foule de chrétiens renégats' se réduit précisément à quatre. Chalcondyle commence par en décrire trois: 'L'un nommé Antoine Meligabe, Rhodiot de nation, et de fort bonne maison, lequel ayant follement dépendu [dépensé] tous ses biens, se retira vers le Turc, lui donna la description du plan, édifices, forteresses et autres choses contenues, tant en la ville qu'en l'île de Rhodes. Le second, et celui qui y tint la main, fut Acomath Bassa, descendu de l'illustre famille des Paléologues, [...] le troisième [...] fut un Nègrepontin appelé Demetrius Sophonie, grand nigromancien [*sic*], qui s'était retiré à Rhodes après que Mehmet eut pris l'île de Nègrepont, et lequel depuis se fâchant contre les chrétiens, se retira vers le Turc [...] tous ces trois-ci furent la cause principale du siège par leurs fausses instructions' (t.1, p.249-50). Un peu plus loin (p.254), il mentionne Mesith ou Mozeth, mais c'est Fleury qui – ne disant nullement que c'est un chrétien – précise qu'il était 'issu de la race des Paléologues' (livre 115, ann.1480, §38). Cantemir (qui pense peut-être à Fleury): 'Mesih Pacha: Si l'on en croit des chrétiens, il était Grec, et même de la race des Paléologues' (ch.1, §33, n.4). Fleury décrit rapidement le (quatrième) renégat (qu'il

religion pour servir dans les armées chrétiennes. D'où vient cette différence? Serait-ce qu'une religion qui a coûté une partie d'eux-mêmes à ceux qui la professent, et qu'on a scellée de son sang dans une opération très douloureuse, en devient ensuite plus chère? 55 Serait-ce parce que les vainqueurs de l'Asie s'attiraient plus de respect que les puissances de l'Europe? serait-ce qu'on eût cru dans ces temps d'ignorance les armes des musulmans plus favorisées de Dieu que les armes chrétiennes, et que de là on eût inféré que la cause triomphante était la meilleure? 60

Miracle rapporté | Pierre d'Aubusson fit alors triompher la sienne. Il força au bout
par Calcondile. | de trois mois le grand-vizir Messith Paléologue à lever le siège. Calcondile dans son Histoire des Turcs vous dit que les assiégeants en montant sur la brèche virent dans l'air une croix d'or entourée de lumière, et une très belle femme vêtue de blanc; [9] que ce miracle les 65 alarma, et qu'ils prirent la fuite saisis d'épouvante. Il y a pourtant quelque apparence que la vue d'une belle femme aurait plutôt

---

ne traite toutefois pas comme tel), qu'il appelle Georges Frapam, ingénieur allemand (§40, 43); mais Chalcondyle-Artus, qui le nomme tout simplement Georges, dit que c'était un maître canonier, et il lui consacre tout un paragraphe (p.250-51). C'est lui qui écrit: 'Ayant renoncé à sa religion, il se retira vers le Turc qui lui donna de grands gages, de sorte que, s'étant marié, il s'était habitué à Constantinople; c'était un des instruments royaux desquels Mehmet se servait à prendre les villes.' Voltaire juge inutile d'ajouter que Chalcondyle (p.250-51) et Fleury (§43) précisent que c'était un espion de Mehmet, envoyé par lui *intra muros*, et qui, dévoilé comme tel, fut exécuté.

[9] Chalcondyle-Artus consacre un long paragraphe à cette apparition. Son entrée en matière est ainsi conçue: 'Breindebach [Bernhard von Breidenbach, 1440-1497], qui a particulièrement écrit de ce siège, et Sabellicus en l'*Histoire de Venise*, disent que *les Turcs racontaient* [nous soulignons] que ce qui leur avait fait quitter les murailles de Rhodes, ce ne fut point tant la valeur des assiégés [...] qu'une vision qui leur apparut, étant sur les remparts de Rhodes, qui leur donna une telle épouvante qu'[...]ils furent contraints de se retirer' (t.i, p.253). Prudent, Chalcondyle-Artus ajoute d'ailleurs: 'mais en quelque façon que cette chose se soit passée, il n'y a nul doute que la [ville] ait reçu une particulière assistance du Ciel [...] puisque le secours des princes terriens lui manquait' (p.253). Fleury (livre 115, ann.1480, §43) reproduit la version de Chalcondyle en entier, mais il en modifie quelque peu l'optique ou l'approche narrative.

424

encouragé qu'intimidé les Turcs, et que la valeur de Pierre
d'Aubusson et des chevaliers fut le seul prodige auquel ils cédèrent.
70 Mais c'est ainsi que les Grecs modernes écrivaient. [10]
Cette petite île manquée ne rendait pas Mahomet Bouyouk
moins terrible au reste de l'Occident. Il avait depuis longtemps
conquis l'Epire après la mort de Scanderberg. [11] Les Vénitiens avaient
eu le courage de défier ses armes. C'était le temps de la puissance
75 vénitienne; elle était très étendue en terre ferme; et ses flottes
bravaient celles de Mahomet; elles s'emparèrent même d'Athènes:
mais enfin cette république n'étant point secourue, fut obligée de
céder, de rendre Athènes, et d'acheter par un tribut annuel, la
liberté de commercer sur la mer Noire, songeant toujours à réparer
80 ses pertes par son commerce, qui avait fait les fondements de sa
grandeur. [12] Nous verrons que bientôt après le pape Jules II et
presque tous les princes chrétiens, firent plus de mal à cette
république qu'elle n'en avait essuyé des Ottomans. [13]
Cependant Mahomet II allait porter ses armes victorieuses   *Mort de*
85 contre les sultans mameluks d'Egypte, tandis que ses lieutenants   *Mahomet II.*
étaient dans le royaume de Naples; ensuite il se flattait de venir
prendre Rome comme Constantinople; et en entendant parler de la
cérémonie dans laquelle le doge de Venise épouse la mer
Adriatique, il disait: *qu'il l'enverrait bientôt au fond de cette mer*   *1481.*

[10] Dans les lignes 66-70, Voltaire se laisse guider par Fleury, qui est manifestement injuste vis-à-vis de son devancier: 'C'est Chalcondyle qui rapporte ces visions
dignes d'un auteur grec, et auxquelles on doit moins attribuer la retraite des Turcs
qu'à la valeur et à la prudence du grand-maître Pierre d'Aubusson' (§43).

[11] Scanderberg mourut le 17 janvier 1468. Mehmet II devint maître des deux villes
principales de l'Epire (Krujë et Scutari ou Shkodër) en 1477 (Fleury, livre 114,
ann.1477, §141).

[12] Les Vénitiens s'emparèrent d'Egine et d'Athènes en 1451. La guerre avec les
Turcs commença en 1463 et ne prit fin qu'avec le traité de Constantinople (25 janvier
1479), par lequel, pour une somme de 150 000 ducats, et une redevance annuelle de
10 000 ducats, les Vénitiens achetèrent le droit de commercer dans la région de la mer
Noire. L'appréciation des lignes 73-81 est tellement générale qu'on ne saurait lui
assigner une source.

[13] Renvoi prévisionnel au ch.113.

consommer son mariage. Une colique arrêta les progrès et les   90
desseins de ce conquérant. Il mourut à Nicomédie à l'âge de
cinquante-trois ans, lorsqu'il se préparait à faire encore le siège de
Rhodes, et à conduire en Italie une armée formidable. [14]

90-93   54LD-W57G: *mariage.* Une colique en délivra le monde à l'âge de
cinquante et un ans. Mais les Ottomans n'ont [*début du chapitre suivant*]

[14] Les lignes 84-93 représentent un résumé très rapide de Fleury (livre 115,
ann.1481, §54). La source du commentaire méprisant de Mehmet II vis-à-vis du doge
demeure introuvable.

CHAPITRE 93

Etat de la Grèce sous le joug des Turcs. Leur gouvernement; leurs mœurs.

Si l'Italie respira par la mort de Mahomet II, les Ottomans n'ont pas
moins conservé en Europe un pays plus beau et plus grand que

a-247 [*Première rédaction de ce chapitre:* 54LD]
a   54LD: [*pas de rupture; suite du ch.11*]
    W56-W57G: [*pas de rupture; suite du ch.79*]
    61: Chapitre 89
1   54LD-W57G: Mais les Ottomans

* A l'origine (54LD, w56-w57G) partie intégrante du développement consacré à
Mehmet II, ce chapitre, dont le point de départ est la présence des Turcs en Grèce et
surtout les conséquences de leur invasion pour les autochtones, doit compter parmi
les plus combatifs de l'*EM* car il est vecteur (non pour la première fois) d'une thèse
allant à contre-courant des opinions admises. Dès 54LD, Voltaire tient à mettre en
doute la manière de présenter l'empire ottoman comme un despotisme impitoyable
où l'arbitraire était de règle. D'abord esquissée à grands traits, cette thèse sera
considérablement développée dans w56-w57G avant d'être dotée – stratégie qui en
dit long – d'une existence autonome en 1761. Plus précisément: dès le départ, le
dépérissement de la Grèce sous domination turque est visible dans ces domaines que
Voltaire prise particulièrement: la langue, les arts, la culture en général (lignes 4-9),
décadence douloureusement symbolisée dans ses bâtiments publics (17-27). Car,
comme il le précisera par la suite, la mémoire d'Athènes, et de tout ce qu'elle
représentait concrètement, n'est plus que cela: les grands monuments de l'antiquité
ne servent désormais plus qu'à indiquer la distance qui sépare son passé glorieux (9-
12) de sa déchéance moderne, concrétisée par ses 'seize à dix-sept mille habitants qui
tremblent devant douze cents janissaires qui n'ont qu'un bâton blanc à la main' (28-
30). S'il est vrai que les Turcs règnent sur les Grecs de différentes façons (39, 46-51),
il faut reconnaître que les Grecs ne sont nullement des esclaves (35-45), car leurs
maîtres, se conduisant de la même manière que les Arabes en Espagne (37), ont
consenti à laisser à ces chrétiens leurs lois (36), leur manière de vivre (39-40), leurs
coutumes (41-42) et surtout leur religion pour laquelle, au fond, ils n'avaient que du
mépris. C'est là déjà, aux yeux de l'apôtre de la tolérance, une fort bonne raison pour
juger les Turcs de façon indulgente. Or, cette indulgence incite Voltaire à adopter
une position qui ne pouvait que paraître hautement provocatrice: dès la première
rédaction de ce chapitre (54LD), il entend prendre fait et cause pour ce peuple dont les

l'Italie entière.[1] La patrie des Miltiades, des Léonidas, des Alexandres, des Sophocles, et des Platons, devint bientôt barbare. La

---

mœurs engendrent partout en Occident, depuis des siècles, un sentiment de dégoût mêlé de peur. Surtout il s'inscrit en faux contre l'assertion que l'empire ottoman, tout comme la vie quotidienne des Turcs qui sont censés en pâtir, soient les indices du despotisme (lignes 62-72, 98-103). Démolissant une à une les idées reçues, il se donne pour tâche de présenter toute une série de rectifications: si l'empire ottoman n'est pas un gouvernement monarchique (90), il ne faut pas croire que le sultan, ce despote sanguinaire aux yeux de l'Occident censé posséder ses sujets corps et âme, peut tout se permettre (64, 68-72, 97-100). En réalité il s'agit d'une société relativement libre et surtout égalitaire (83-85), où même les Grecs, 'enfants de tribut' (51-53) peuvent faire fortune dans le sérail. S'il faut reconnaître qu'il existe des 'abus dans l'administration' (104), il faut du même coup reconnaître que la rigueur du (prétendu) despotisme tombe sur 'ceux mêmes qui partagent le gouvernement' (106-107, 129-34). Le sultan lui-même n'est pas à l'abri d'un revirement de fortune qui peut lui coûter la vie (113-20). Mais surtout, pourquoi critiquer cet empire quand l'Europe, où selon Voltaire il y a de nombreux parallèles avec la prétendue aberration turque, ne vaut guère mieux (77, 82, 134-44, 169-80)? C'est que l'empire ottoman est en réalité une entité méconnue et diffamée (158-80, 186-247), un point de vue que Voltaire défendra à maintes reprises. Le devenir de ce chapitre est des plus simples: 54LD établit cette dernière thèse de façon globale; w56-w57G, qui insiste sur la gloire passée d'Athènes (que les Turcs n'égaleront jamais), contient (132-247) un ajout considérable qui double le volume du chapitre car Voltaire veut dès lors prouver que la 'férocité' des Turcs n'est en rien différente de celle de l'Europe chrétienne, et que leur système, qui régit avec succès un vaste empire regroupant 'trente peuples différents' (191-92), n'est absolument pas ce despotisme que tant de commentateurs se sont plus à décrire; w64 (où Voltaire insiste toujours davantage sur la triste réalité d'une grandeur grecque disparue) sépare enfin la matière du ch.89 (w56-w57G) en deux parties distinctes afin de mieux focaliser l'attention du lecteur sur les deux problèmes (pour la plupart abordés dans w56-w57G) qu'il veut désormais privilégier sous une forme autonome. Pour rédiger ce chapitre, Voltaire avait à sa disposition les trois ouvrages de base qu'il utilise dès le ch.87: Chalcondyle, Echard et Cantemir. Pour Athènes et la Grèce sous domination turque, il se tourne vers G. Guillet, *Athènes ancienne et nouvelle, et l'état présent de l'empire des Turcs* (2ᵉ éd. citée, Paris, 1675), auquel il semble avoir ajouté J. Spon, *Voyage d'Italie, de Dalmatie, de Grèce, et du Levant* [...] *1675 et 1676* (Lyon, 1678), t.2. Pour une infinité de détails concernant l'empire ottoman il est évident que Voltaire a utilisé P. Rycaut, *Histoire de l'état présent de l'empire ottoman* (éd. citée, Amsterdam, 1670; 1671, BV3054), et L. F. Marsigli, *Stato militare dell'imperio ottomanno* (La Haye et Amsterdam, 1732, BV2338), 1ʳᵉ partie, ch.6.

[1] Les incursions des Turcs en Grèce datent du règne de Bayazid Iᵉʳ (1389-1402) qui fut victorieux en Thessalie et dans la principauté de Delphes (voir Chalcondyle,

5 langue grecque dès lors se corrompit. Il ne resta presque plus de trace des arts; car quoiqu'il y ait dans Constantinople une académie grecque, ce n'est pas assurément celle d'Athènes; [2] et les beaux-arts n'ont pas été rétablis par les trois mille moines que les sultans laissent toujours subsister au mont Athos. Autrefois cette même

10 Constantinople fut sous la protection d'Athènes. Calcédoine fut sa tributaire; le roi de Thrace briguait l'honneur d'être admis au rang de ses bourgeois. [3] Aujourd'hui les descendants des Tartares

---

8   54LD-W56: les six mille
9-35   54LD: Athos. ¶Les Grecs

---

t.1, p.28-29; Echard, t.16, livre 13, ch.6, ann.1390-1391 et suiv., §22, 26; Cantemir, livre 1, ch.5, §4). A son tour, Murat II (1421-1451) entra en Grèce en 1427, n'y trouva nulle opposition, prit Thessalonique, Athènes et Karline, 'et devint seul seigneur de ce pays autrefois si renommé' (Cantemir, livre 2, ch.4, §14). Mais c'est Mehmet II (1444-1446, 1451-1481), fils aîné de Murat II – celui-là même qui prit Constantinople (29 mai 1453) – qui occupa la Serbie (1459), la Morée septentrionale (1460), Lesbos (1463), et la Bosnie (1463) qui dans sa longue guerre contre les Vénitiens (1463-1480) menaçait l'Italie. Athènes se trouvait sous domination ottomane depuis 1455.

[2] Nous ne savons d'où Voltaire tire cette information très précise concernant la décadence de la langue grecque, mais il pourrait s'agir d'une induction, car Spon écrit: 'Le langage grec des Athéniens est plus pur que celui des îles de l'archipel où il y a plus d'italien mêlé. Ils ont même conservé quelques mots de l'ancien grec. [...] Mais il ne faut pas conclure de là qu'ils entendent le grec littéral' (p.254). En prononçant sur 'l'académie [grecque] de Constantinople', Voltaire se base sur ce qu'il a lu en préparant le ch.91 (voir lignes 183-91, et n.40, où nous reproduisons l'essentiel des informations fournies par Cantemir). Puisqu'il était donc amplement, voire parfaitement informé sur la nature exacte de cette académie, nous avons tout lieu d'être frappés par l'ambiguïté sans doute voulue de la formulation qu'il donne ici à sa phrase. Etant donné la teneur de sa remarque (lignes 5-9), il n'est pas exclu qu'il veuille que son lecteur comprenne le vocable 'académie' dans son sens le plus courant au XVIIIe siècle: société savante, ou 'compagnie de personnes qui font profession de belles-lettres, de sciences, ou de beaux-arts' (Dictionnaire de l'Académie, éd. 1762). Or, grâce au ch.91, nous savons que l'académie de Constantinople était un centre d'études secondaires et universitaires (incorporant un séminaire).

[3] Encore une fois la source exacte de ces informations nous échappe. Mais elles sont exactes; voir, par exemple, C.-M. Guyon, Histoire des empires et des républiques depuis le déluge jusqu'à Jésus-Christ (Paris, 1712), t.12, p.15, 117, 175, 193; l'art. 'République' de l'Encyclopédie, t.14, p.152.

429

Athènes. dominent dans ces belles régions, et à peine le nom de la Grèce subsiste. Cependant la seule petite ville d'Athènes aura toujours plus de réputation parmi nous, que les Turcs ses oppresseurs, 15 eussent-ils l'empire de la terre. [4]

La plupart des grands monuments d'Athènes que les Romains imitèrent, et ne purent surpasser, ou sont en ruine, ou ont disparu: une petite mosquée est bâtie sur le tombeau de Thémistocle, ainsi qu'une chapelle de récollets est élevée à Rome sur les débris du 20 Capitole; l'ancien temple de Minerve est aussi changé en mosquée; le port de Pirée n'est plus. Un lion antique de marbre subsiste encore auprès, et donne son nom au port du Lion presque comblé. Le lieu où était l'académie est couvert de quelques huttes de jardiniers. Les beaux restes du Stadion inspirent de la vénération et 25 des regrets; et le temple de Cérès, qui n'a rien souffert des injures du temps, fait entrevoir ce que fut autrefois Athènes. [5] Cette ville

16-35   w56-w57G: terre. ¶Les Grecs

[4] Le respect sans bornes que les civilisations occidentales nourrissaient pour Athènes se reconnaît par exemple à l'émerveillement de Guillet arrivé sur les lieux: 'Ici je veux vous avouer ma faiblesse, nommez-la folie si vous voulez. A l'aspect de cette mémorable ville, frappé par un sentiment de vénération pour les miracles de l'antiquité, je tressaillis; une espèce de frémissement me courut par tout le corps. [...] Je n'étais pas seul dans cette agitation; nous ouvrions tous les yeux sans rien voir, à force de les trop ouvrir, tant chacun de nous se remplit alors l'imagination des grands hommes que cette ville a produits' (p.128-29; voir aussi p.132, 162). Athènes – apogée de la civilisation et de la culture – est depuis toujours pour Voltaire (voir son panégyrique dans l'*Epître à S.A.S. Mme la duchesse Du Maine*, OCV, t.31A, p.397-412) et demeurera jusqu'à la fin de sa vie (voir *La Bible enfin expliquée*, M, t.30, p.273) non seulement le lieu d'une civilisation sans égal et une source de lumières pour le monde occidental, mais aussi la patrie des grands hommes en tout genre. Par contre – malgré d'autres prises de position favorables à son sujet – il ne considérait pas l'empire ottoman comme étant culturellement remarquable car, à la différence des Arabes, les Turcs avaient très peu à transmettre.

[5] Pour les antiquités d'Athènes il semblerait que Voltaire ait utilisé Guillet et Spon. Là où il veut insister sur le piteux état de l'Athènes moderne, il utilise la source la plus négative. Quant au tombeau de Thémistocle, seul Guillet en parle mais pour rapporter qu'on y 'voit aujourd'hui un petit caravansérail' (p.126). Alors que les deux auteurs tombent d'accord sur le temple de Minerve 'changé en mosquée' (Guillet,

qui vainquit Xerxès contient seize à dix-sept mille habitants, tremblant devant douze cents janissaires qui n'ont qu'un bâton *Lacédémone.*
30 blanc à la main.[6] Les Spartiates, ces anciens rivaux et ces vainqueurs d'Athènes, sont confondus avec elle dans le même assujettissement. Ils ont combattu plus longtemps pour leur liberté, et semblent garder encore quelques restes de ces mœurs dures et altières que leur inspira Licurgue.

35 Les Grecs restèrent dans l'oppression, mais non pas dans l'esclavage. On leur laissa leur religion, et leurs lois; et les Turcs se conduisirent comme s'étaient conduits les Arabes en Espagne. Les familles grecques subsistent dans leur patrie, avilies, méprisées,

---

p.156, 193; Spon, p.142), ils diffèrent pour ce qui est du port du Pirée (Porto Lione): Guillet dit formellement qu'il s'agit d'un 'beau port où peuvent mouiller quatre cents vaisseaux' (p.120), tandis que Spon (que Voltaire a sans doute consulté de façon négligente) évoque 'un bon fond partout, si ce n'est dans un de ces enfoncements, qui était peut-être comme une darse [bassin abrité] pour les galères, et qui est presque tout comblé' (p.233). Voici d'ailleurs ce que Spon dit du lion (que les Vénitiens avaient toutefois emporté en 1688): 'un beau lion de marbre de dix pieds de haut, trois fois plus grand que nature, qui est sur le rivage du fond du port. Il est assis sur son derrière, la tête fort haute' (p.231). Si Spon n'émet pas de jugement sur l'emplacement de l'académie (p.191-92), Guillet dit que 'nos voyageurs étaient préparés à ne voir en ce quartier-là que de tristes masures' (p.229), lesquelles sont peut-être à l'origine de 'ces quelques huttes de jardiniers' (lignes 24-25), et il enchaîne en précisant: 'Nous passâmes ensuite le long des jardinages qui sont sur les ruines du faubourg de l'académie' (p.254-55). Spon parle du *Stadium* sans émettre de jugement (p.212-13); Guillet le trouve admirable: 'De la colline où sont ces débris nous vîmes les restes du *Stadion Panathenaïcon*. Elles sont encore si magnifiques qu'elles nous frappent d'étonnement' (p.265). Même admiration, chez Guillet, pour le temple de Cérès: 'Au pied de la colline du temple de Diane, il y a un temple de Cérès qui est entier, et de marbre blanc. C'est un ouvrage aussi mignard, et aussi propre qu'il y en ait au monde' (p.265-66).

[6] Guillet: 'La ville est peuplée de quinze à seize mille personnes, dont les Turcs font bien mille ou douze cents' (p.152). La référence au bâton blanc fait penser à une représentation visuelle, mais comme aucune de nos sources ne nous montre une telle scène, le détail proviendrait plutôt, par exemple, des 'Illustrations, de Blaise de Vigenère, sur l'*Histoire* de Chalcondyle', publiées à la suite de l'*Histoire de la décadence*, t.2: 'Quand ils [les janissaires] sont en paix et repos ils [...] ne portent aucunes armes [...] mais communément ils portent une canne d'Inde au poing' (col.68-70, 2e pag.).

mais tranquilles: elles ne payent qu'un léger tribut;[7] elles font le
commerce, et cultivent la terre; leurs villes et leurs bourgades ont   40
encore leur protogéros, qui juge leurs différends; leur patriarche
est entretenu par elles honorablement. Il faut bien qu'il en tire des
sommes assez considérables, puisqu'il paie à son installation
quatre mille ducats au trésor impérial, et autant aux officiers de
la Porte.[8]   45

Enfants de   Le plus grand assujettissement des Grecs a été longtemps d'être
tribut.   obligés de livrer au sultan des enfants de tribut, pour servir dans le
sérail, ou parmi les janissaires. Il fallait qu'un père de famille
donnât un de ses fils, ou qu'il le rachetât.[9] Il y a en Europe des
provinces chrétiennes, où la coutume de donner ses enfants   50
destinés à la guerre dès le berceau, est établie.[10] Ces enfants de

----

[7] Guillet: 'Quant au tribut par tête qu'ils appellent *caratge*, il est à Athènes de deux
écus par an' (p.160).

[8] C'est à partir d'ici qu'on remarque la volonté (très visible dès la ligne 62) de se
faire le champion des Turcs trop souvent 'calomniés'. Guillet, par exemple, ne craint
pas de donner certains détails inopportuns (que tait Voltaire) en racontant comment
la Porte destituait régulièrement le patriarche 'car on élève ordinairement au
patriarcat le caloger [caloyer] qui peut financer un plus gros *pescesion*: c'est ainsi
qu'on appelle le tribut qui se paie à chaque changement de patriarche; ce qui force
aussi ce nouveau patriarche à prendre pour archevêque et pour évêques ceux qui
peuvent fournir une plus grosse contribution. Ceux-ci de degré en degré en usent de
même envers les papes de leurs diocèses afin que de main en main cet argent soit
employé à l'acquit du patriarche.' Guillet ajoute même qu'il y avait à Athènes quatre
grands pénitenciers, nommés par l'archevêque pour entendre les confessions qui,
'pour assouvir l'avarice des Turcs', étaient payantes (p.147). On trouve chez
Vigenère que la pratique d'exiger un tribut au nouveau patriarche fut instituée dès
1453 quand 'un Servian nommé Raphaël' dut payer deux mille ducats. Il ajoute: 'mais
[la redevance] se monte à cette heure à plus de six mille' (col.139). On ignore la
source de l'actualisation des chiffres donnés par Voltaire.

[9] 'Les chrétiens n'y sont pas exempts du droit des enfants; mais avec un peu
d'argent chaque particulier s'en affranchit' (Guillet, p.159). Celui-ci ajoute à la page
suivante (que Voltaire semble avoir consultée; voir ligne 46): 'On ne l'a point levé
depuis l'année 1666.'

[10] Chez Vigenère, on trouve en face de la manchette 'Provinces chrétiennes
sujettes au Turc': 'Ainsi ce tribut des enfants se lève indifféremment sur toutes sortes
de chrétiens qui sont sous l'obéissance du Turc' et de détailler, en dehors des Grecs,

tribut, élevés par les Turcs, faisaient souvent dans le sérail une grande fortune. La condition même des janissaires est assez bonne. C'était une grande preuve de la force de l'éducation, et des bizarreries de ce monde, que la plupart de ces fiers ennemis des chrétiens fussent nés de chrétiens opprimés. [11] Une plus grande preuve de cette fatale et invincible destinée, par qui l'Etre suprême enchaîne tous les événements de l'univers, c'est que Constantin ait bâti Constantinople pour les Turcs, [12] comme Romulus avait tant de siècles auparavant jeté les fondements du Capitole pour les pontifes de l'Eglise catholique.

Je crois devoir ici combattre un préjugé; que le gouvernement turc est un gouvernement absurde, qu'on appelle *despotique*; [13] que

Sultans non despotiques.

55

60

61-62   54LD-61: Eglise. ¶Je crois

'la Bossine [Bosnie], Albanie, Servie, Rascie [Etat médiéval serbe englobant le Monténégro, l'Herzégovine, et la côte croate], Moldavie, Valaquie, Transylvanie, Hongrie' (col.49). Voir aussi lignes 193-97, 201-202.

[11] Vigenère consacre tout un développement au 'Mode du Turc d'élever des enfants des chrétiens desquels dépend sa plus grande force' (col.49-52, 2e pag.). Il fait le même genre de réflexions que Voltaire, dans une formule plus saisissante: 'Voilà la source principale dont est ordinairement abreuvé et entretenu l'empire turquesque en sa vigueur: en quoi Dieu permet pour nos offenses et démérites que nous soyons battus de nos propres verges' (col.51, 2e pag.).

[12] Par un rapprochement narquois Voltaire fait travailler Dieu pour le Coran aussi bien que pour Rome. C'est une réponse au *Discours sur l'histoire universelle* (1681) de Bossuet et à Pascal qui, avant Bossuet, s'écriait: 'Qu'il est beau de voir, par les yeux de la foi, Darius et Cyrus, Alexandre, les Romains, Pompée et Hérode, agir sans le savoir pour la gloire de l'Evangile!' (*Pensées de M. Pascal sur la religion*, Paris, 1748, BV2654, p.110). Voltaire reprendra cette idée, qui insiste sur les vicissitudes de la destinée humaine, dans, par exemple, *La Philosophie de l'histoire*: 'Romulus ne croyait fonder Rome ni pour les princes goths, ni pour des évêques. Alexandre n'imagina pas qu'Alexandrie appartiendrait aux Turcs; et Constantin n'avait pas bâti Constantinople pour Mehmet II' (*OCV*, t.59, p.268).

[13] Où que l'on cherche dans les sources que Voltaire pratique dans ce chapitre, on est frappé par leur vision négative des Ottomans, présentés comme les plus despotiques qui soient. Conscient des traquenards de l'historiographie, Voltaire comprend que la nationalité même d'un Chalcondyle ou d'un Cantemir, des Pachymère, Cantacuzène ou Ducas (trad. L. Cousin, *Histoire de Constantinople*, Paris, 1672-1674, BV891), les rend plus que suspects. D'où le pyrrhonisme qu'il

les peuples sont tous esclaves du sultan, qu'ils n'ont rien en propre, que leur vie et leurs biens appartiennent à leur maître. Une telle 65 administration se détruirait elle-même. Il serait bien étrange que les Grecs vaincus ne fussent point réellement esclaves, et que leurs vainqueurs le fussent. Quelques voyageurs ont cru que toutes les terres appartenaient au sultan, parce qu'il donne des timariots à vie, comme autrefois les rois francs donnaient des bénéfices militaires. [14] 70

67 54LD: point esclaves

---

partage avec d'autres commentateurs à commencer par le préfacier anonyme de l'*Histoire* de Rycaut, qui dénonce 'ceux [...] qui ne sont pas toujours assez éclairés, ou assez sincères pour dire la vérité' (préface non pag., i-ii), point de vue que partage S. von Pufendorf: 'La plupart des hommes s'imaginent que les Turcs sont des monstres d'inhumanité et de mauvaise foi; leur nom seul effraie quantité de gens par l'idée affreuse qu'ils s'en sont formée. Ceux qui les ont plus pratiqués, et qui les connaissent le mieux, en font un portrait plus avantageux' (*Introduction à l'histoire générale et politique de l'univers*, Amsterdam, 1743-1745, BV2830, t.6, p.495). Là-dessus l'opinion de Voltaire restera tranchante aussi: 'Nous sommes voisins des Turcs, nous commerçons avec eux, et nous ne les connaissons pas. Le comte de Marsigli, qui a vécu vingt-cinq ans au milieu d'eux, dit qu'aucun [auteur] n'a donné une véritable connaissance ni de leur empire, ni de leurs lois. Nous n'avons eu même aucune traduction tolérable de l'*Alcoran* avant celle que nous a donnée M. Sale en 1734. Presque tout ce qu'on dit de leur religion et de leur jurisprudence est faux; et les conclusions qu'on en tire tous les jours contre eux sont trop peu fondées' (*Idées républicaines par un membre d'un corps*, M, t.24, p.429; même texte dans *L'A.B.C.*, *OCV*, t.65A, p.215, et encore – avec de menues variantes – dans le *Commentaire sur l'Esprit des lois*, *OCV*, t.80B, p.340-41). Ces trois publications aident à faire comprendre que, dans ces lignes (62-65), la cible principale est bien le Montesquieu des *Lettres persanes* et de *De l'esprit des lois*. Voir, par exemple, les notes abondantes et souvent réprobatrices qui ornent ce dernier ouvrage (Leyde, 1749, BV1157; *CN*, t.5, p.727-51), et son *Commentaire sur l'Esprit des lois* (*OCV*, t.80B, p.313-450).

[14] Si tous les historiens présentent les *timars* et les *timariots* de cette façon (voir, par exemple, Vigenère: 'Personne ne possède des terres en propre en tout l'empire du Turc', col.83), il semblerait que Voltaire réponde ici à Rycaut car il n'y a que lui (lignes 69-70) qui mette ces concessions et les fiefs en adéquation: 'Toutes les terres étant de la sorte en la possession du souverain, il commença, dès que ses conquêtes furent bien assurées, à les distribuer entre les gens de guerre, comme la récompense de leur valeur et de leurs peines, et c'est ce que les Turcs appellent aujourd'hui *timars*, moyennant quoi ils sont obligés d'entretenir un certain nombre d'hommes et de chevaux pour aller à la guerre toutes les fois que le Grand Seigneur le commande'

Ces voyageurs devaient considérer qu'il y a des lois pour les héritages en Turquie, comme partout ailleurs. L'Alcoran qui est la loi civile, aussi bien que celle de la religion, pourvoit dès le quatrième chapitre aux héritages des hommes et des femmes; [15] et la
75 loi de tradition et de coutume supplée à ce que l'Alcoran ne dit pas.

Il est vrai que le mobilier des bachas décédés appartient au sultan, et qu'il fait la part à la famille. [16] Mais c'était une coutume établie en Europe dans le temps que les fiefs n'étaient point héréditaires; et longtemps après les évêques mêmes héritèrent
80 des meubles des ecclésiastiques inférieurs, et les papes exercèrent ce droit sur les cardinaux et sur tous les bénéficiers qui mouraient dans la résidence du premier pontife. [17]

Non seulement les Turcs sont tous libres, mais ils n'ont chez eux aucune distinction de noblesse. Ils ne connaissent de supériorité
85 que celle des emplois. [18]

Gouvernement turc.

72-76 54LD-W57G: ailleurs. ¶Il est

(livre 1, ch.2, p.16). Rycaut ajoute: 'Ces *timars* approchent fort des terres que nous possédons en Angleterre à condition d'assister le Seigneur en guerre, ou à celles que l'on tient de la couronne' (p.16-17).

[15] Encore une fois Voltaire semble ici s'en prendre à Rycaut, qui se demande 'pourquoi les arts sont si fort négligés en Turquie; pourquoi les Turcs ont si peu de soin de faire valoir les terres, et de bâtir des maisons de durée [...] et pourquoi ils ne font point de clos d'arbres fruitiers'? Et qui répond: 'Cela vient de ce qu'ils n'ont point d'héritiers assurés à qui ils puissent laisser le fruit de leur travail après leur mort' (livre 1, ch.17, p.196-97). Sur les 'héritages des hommes et des femmes' d'après l'*Alcoran*, voir surah 4 an-Nisa, 2, 5-8, 11-12.

[16] Rycaut: 'Le grand seigneur ne souffre point que qui que ce soit possède aucunes richesses par succession [...] il se saisit de tout le bien des bachas qui meurent, et ordonne telle part qui lui plaît, pour subsister aux enfants de ceux qui en ont' (livre 1, ch.16, p.177).

[17] Même remarque, parfaitement fondée, dans son *Commentaire sur l'Esprit des lois*, §24: 'le Grand Seigneur a droit de prendre tout le mobilier des mâles morts à son service; comme les évêques chez nous prenaient le mobilier des curés, les papes le mobilier des évêques' (p.359).

[18] C'est, dans ce court paragraphe, le sens de Rycaut: 'Qu'il est contraire aux maximes des Turcs de donner des survivances pour les gouvernements, et de conserver l'ancienne noblesse' (livre 1, ch.16, p.173). Quant à la supériorité absolue

Mœurs. Leurs mœurs sont à la fois féroces, altières, et efféminées; ils tiennent leur dureté des Scythes leurs ancêtres, et leur mollesse de la Grèce et de l'Asie. Leur orgueil est extrême. Ils sont conquérants et ignorants, c'est pourquoi ils méprisent toutes les nations. [19]

L'empire ottoman n'est point un gouvernement monarchique, tempéré par des mœurs douces, comme le sont aujourd'hui la France et l'Espagne; il ressemble encore moins à l'Allemagne, devenue avec le temps une république de princes et de villes, sous un chef suprême qui a le titre d'empereur. Il n'a rien de la Pologne, où les cultivateurs sont esclaves, et où les nobles sont rois; il est aussi éloigné de l'Angleterre par sa constitution que par la distance des lieux. Mais il ne faut pas imaginer que ce soit un gouvernement arbitraire en tout, où la loi permette aux caprices d'un seul d'immoler à son gré des multitudes d'hommes, comme des bêtes fauves qu'on entretient dans un parc pour son plaisir.

Il semble à nos préjugés qu'un chiaoux peut aller, un hatichérif à la main, demander de la part du sultan tout l'argent des pères de famille d'une ville, et toutes les filles pour l'usage de son maître. Il y a sans doute d'horribles abus dans l'administration turque; mais en général ces abus sont bien moins funestes au peuple qu'à ceux mêmes qui partagent le gouvernement: c'est sur eux que tombe la rigueur du despotisme. [20] La sentence secrète d'un divan suffit pour

90

95

100

105

---

des emplois, on lit chez Rycaut: 'Un homme, quel qu'il soit, n'est considéré que par la charge qu'il possède, et par les emplois que lui donne le Grand Seigneur, c'est cela seul qui le fait respecter, et qui est la règle et la mesure de son honneur et de sa grandeur' (p.175). On trouve le même genre d'observation partout jusque chez Pufendorf (t.6, p.500).

[19] Dernier de toute une lignée de commentateurs plutôt négatifs, même Pufendorf – qu'on ne pourrait soupçonner d'hostilité à leur égard – écrit: 'En général on accuse les Turcs d'être extrêmement fiers, et de regarder de haut en bas tout ce qui n'est point musulman' (t.6, p.496).

[20] Cantemir définit ainsi ces deux termes: '*tChaus*, que nous prononçons *chiaoux*. On entend par ce mot des messagers d'Etat, des hérauts' ('Explications des noms turcs' et livre 1, ch.2, §17 et n.*q*; voir aussi Rycaut, livre 3, ch.9, 'Des Chiaoux', p.463-64); '*chatischérif*: Empreinte sacrée, lettres patentes, mandat impérial, lettre de

sacrifier les principales têtes aux moindres soupçons. Nul grand corps légal établi dans ce pays pour rendre les lois respectables, et la
110 personne du souverain sacrée. Nulle digue opposée par la constitution de l'Etat aux injustices du vizir. [21] Ainsi peu de ressource pour le sujet quand il est opprimé, et pour le maître quand on conspire contre lui. Le souverain qui passe pour le plus puissant de la terre est en même temps le moins affermi sur son trône. Il suffit
115 d'un jour de révolution pour l'en faire tomber. Les Turcs ont en cela imité les mœurs de l'empire grec qu'ils ont détruit. Ils ont seulement plus de respect pour la maison ottomane que les Grecs n'en avaient pour la famille de leurs empereurs. Ils déposent, ils égorgent un sultan; mais c'est toujours en faveur d'un prince de la
120 maison ottomane. [22] L'empire grec au contraire avait passé par les

109   54LD-61: corps établi
119-20   54LD-W57G: faveur de l'héritier le plus prochain. L'empire

---

cachet' (Cantemir, 'Explications'). La nature totalement imprévue de l'existence des serviteurs de l'Etat chez les Turcs est ce qui, sans exception, frappe tous nos historiens. Rycaut fait à ce sujet une observation pittoresque: 'Ils [les Turcs] savent tous d'où ils viennent, que l'argile est de la terre, que le Grand Seigneur en est le maître, qu'il la pétrit comme il veut, et qu'il en fait des pots qu'il peut conserver ou casser quand il lui plaît' (livre 1, ch.11, p.120).

[21] Ces détails sont courants dans tous les livres consacrés aux Turcs. A titre d'exemple, voir Rycaut, que Voltaire semble suivre (livre 1, ch.11, 'Du Vizir Azem, ou premier Vizir', p.110-27), qui insiste partout sur 'son pouvoir sans limites' (p.114-15), et sa capacité d'influer sur l'esprit du Grand Seigneur (p.116). Mais quant aux lignes 111-12, Rycaut avait écrit: 'Cependant, si on a fait une injustice considérable à quelqu'un, dont il [le Vizir] soit complice, ou s'il a refusé de lui rendre justice, il est permis à cette personne-là, par une fort ancienne coutume, d'en appeler au Grand Seigneur' (p.116).

[22] C'est ce qui normalement frappe tous les commentateurs. Vigenère note que, chez les Ottomans, c'est la même dynastie qui règne 'de père en fils jusqu'à douze ou treize générations en droite ligne masculine sans interruption par l'espace de trois cents ans, peu s'en faut' (col.2, 2e pag.). Même observation, col.68: 'les janissaires ne se sont point aussi ingérés d'en établir d'autres au siège impérial que les enfants de leur défunt prince'. Même genre de remarque chez Cantemir, qui parle de 'la vénération que les Turcs ont pour la race régnante' (livre 4, ch.2, §8, n.h).

assassinats dans vingt familles différentes.[23]

La crainte d'être déposé est un plus grand frein pour les empereurs turcs, que toutes les lois de l'Alcoran. Maître absolu dans son sérail, maître de la vie de ses officiers au moyen d'un fetfa du muphti, il ne l'est pas des usages de l'empire; il n'augmente point les impôts; il ne touche point aux monnaies; son trésor particulier est séparé du trésor public.[24]   125

La place du sultan est quelquefois la plus oisive de la terre, et celle du grand-vizir la plus laborieuse: il est à la fois connétable, chancelier, et premier président. Le prix de tant de peines a été souvent l'exil ou le cordeau.[25]   130

130-247   54LD: peines est souvent l'exil ou le cordeau. Nous verrons comment cet empire s'est accru dans sa puissance et s'est maintenu dans ses usages féroces. ¶Pendant que les Ottomans étendaient leur domination, la France qui, depuis, fut leur alliée, augmenait ses forces et commençait à devenir un royaume très considérable.//   5

54LD*: peines est souvent l'exil ou le cordeau. Nous verrons comment cet empire s'est maintenu ^Vlongtemps dans ses usages féroces qui commencent enfin à s'adoucir <pendant que les Ottomans [...] royaume très considérable.>+//

[23] Le chiffre rond des dynasties ('vingt') que Voltaire donne pour les empereurs byzantins (sans doute depuis Constance) est néanmoins assez exact. Il est vrai aussi que, depuis l'époque de l'empereur Constant (340 ap. J.-C.) et de Maxime (388), l'histoire de Constantinople est, lors des successions, émaillée de violences, de dépositions et d'assassinats, en passant par Zénon et Flavius Basiliscus (476), Andronic Ier Comnène (1183) jusqu'aux grands spécialistes que seront les Comnène, les Ducas et les Paléologue.

[24] 'Fetva ou Fetvah [fatwah], sentence ou décision du mufti' (Cantemir, 'Explications'). Cantemir fait également la différence entre le trésor public, 'Dischchaziné qui s'appelle aussi Beitulmali Muslimin ou deniers des musulmans, et est sacré, dont le Testerdar a la garde, et le trésor privé de l'empereur: tCcchaziné' ('Explications', 'Chaziné'). Sur ce dernier, on peut aussi consulter Vigenère: 'L'ordre des finances du Turc' (col.107-109).

[25] Rycaut, dont Voltaire semble se faire ici l'écho, parle ainsi du sultan: 'Comme les princes d'Orient ont toujours été fort adonnés à la mollesse et à la volupté, ils ont trouvé qu'il était à propos, pour mieux goûter le plaisir et le repos de l'oisiveté, d'élever quelqu'un de leurs ministres [le Grand Vizir] au-dessus des autres auquel ils pussent confier le soin des affaires de l'Etat' (livre 1, ch.11, p.110). Cantemir n'est pas d'un avis différent sur ce qui les attend quand il évoque: 'cette autorité sans

Les places des bachas n'ont pas été moins dangercuses, et jusqu'à nos jours une mort violente a été souvent leur destinée.[26] Tout cela ne prouve que des mœurs dures et féroces, telles que l'ont été longtemps celles de l'Europe chrétienne, lorsque tant de têtes tombaient sur les échafauds, lorsqu'on pendait la Brosse le favori de saint Louis, que le ministre Laguette mourait dans la question sous Charles le Bel; que le connétable de France Charles de La Cerda était exécuté sous le roi Jean sans forme de procès; qu'on voyait Engueran de Marigni pendu au gibet de Montfaucon, que lui-même avait fait dresser; qu'on portait au même gibet le corps du premier ministre Montaigu; que le grand-maître des templiers et tant de chevaliers expiraient dans les flammes,[27] et que

Férocité égale dans toutes les nations.

135

140

---

134   w56-w57G: des mœurs longtemps dures

---

bornes en apparence que le sultan donne à son Grand Vizir sur tout son empire. En premier lieu il faut toujours reconnaître le bon plaisir du sultan pour base du pouvoir du Vizir; le glaive est toujours suspendu sur sa tête, et ne tient qu'à un filet' (livre 4, ch.2, §8, n.*h*).

[26] Rycaut donne de nombreux exemples de la précarité de la vie des bachas, instruments du sultan ou du Grand Vizir. Par exemple, voir livre 1, ch.17: 'Que le fréquent changement d'officier qui se fait en Turquie, en élevant les uns et en ruinant les autres, a toujours été pratiqué par les Turcs comme une chose utile et avantageuse au bien de leur empire' (p.188-97): 'De sorte que ce malheureux bacha meurt sans être accusé parce seulement que le Grand Seigneur le veut, et n'est le plus souvent enterré que dans la boue' (p.196).

[27] Le parallélisme que Voltaire suggère entre 'les mœurs dures et féroces' des Turcs et des Européens risque, pour diverses raisons politiques, de ne pas convaincre le lecteur. Mais il n'est pas seul dans son point de vue. Pufendorf, par exemple, évoque spécifiquement la rapacité des Turcs: 'de sorte que chez eux tout se fait par argent, et plût au ciel que les chrétiens fussent bien à couvert du même reproche' (t.6, p.496). Les six hommes qu'évoque Voltaire (lignes 136-43) avaient été victimes, soit de la raison d'Etat, soit surtout de luttes intestines de cour: Pierre de La Brosse (ou La Broce), chambellan de saint Louis, fut mis à mort le 30 juin 1276 (sous le règne de Philippe III; voir ci-dessus, ch.83, n.16); Gérard Laguette, favori de Philippe V et surintendant des finances, fut accusé de concussion et mis à mort (1322) peu après l'avènement de Charles IV; pour Charles de La Cerda, connétable en 1350, assassiné sur les ordres de Charles de Navarre, voir ci-dessus, ch.76, lignes 4-5 et n.3; Enguerrand de Marigny, grand chambellan et confident de Philippe IV, fut attaqué

de telles cruautés étaient ordinaires dans les Etats monarchiques. On se tromperait beaucoup si on pensait que ces barbaries fussent la suite du pouvoir absolu. Aucun prince chrétien n'était despotique, et le Grand Seigneur ne l'est pas davantage. Plusieurs sultans à la vérité ont fait plier toutes les lois à leurs volontés, comme un Mahomet II, un Sélim, un Soliman... [28] Les conquérants trouvent peu de contradictions dans leurs sujets; mais tous nos historiens nous ont bien trompés, quand ils ont regardé l'empire ottoman comme un gouvernement dont l'essence est le despotisme.

Opinion de Marsigli.   Le comte de Marsigli plus instruit qu'eux tous s'exprime ainsi: *In tutte le nostre storie sentiamo esaltar la sovranità che cosi despoticamente praticasi dal sultano: ma quanto si scostano elle dal vero!* La milice des janissaires, dit-il, qui reste à Constantinople, et qu'on nomme *capiculi*, a par ses lois le pouvoir de mettre en prison le sultan, de le faire mourir, et de lui donner un successeur. Il ajoute que le Grand Seigneur est souvent obligé de consulter l'Etat politique et militaire pour faire la guerre et la paix. [29]

145

150

155

160

---

dès la mort de ce dernier, accusé de sorcellerie (passible de mort) et exécuté le 30 avril 1315; Jean de Montaigu, fils illégitime de Charles V, surintendant des finances sous Charles VI, excita la haine de Jean Sans Peur, fut arrêté, soumis à un procès sommaire et décapité (17 octobre 1409); Voltaire a déjà démontré l'étendue de son dégoût pour l'énorme manipulation qu'était pour lui le procès des templiers (voir ch.66, notre t.3).

[28] Mehmet II al-Fatih, sultan (1444-1446, 1451-1481). Sélim Ier, sultan (1512-1520), restant en paix avec les Etats européens, il mena la guerre contre le schah de Perse, Ismail Ier, massacra les Chiites et annexa les pays sunnites (Kurdistan, Haute-Mésopotamie, Syrie, Egypte). Soliman, sultan (1520-1566), entreprit une grande politique de conquête: dès 1521 il prit Belgrade, puis assiégea Rhodes et l'occupa (1522). Ces trois guerriers représentent pour Voltaire l'aspect militairement redoutable de l'empire ottoman. Voilà pourquoi, chaque fois, il les cite ensemble (voir, par exemple, les *Annales de l'Empire*, p.486; *Le Siècle de Louis XIV, OH*, p.630, 707).

[29] Luigi Ferdinando Marsigli (1658-1730), soldat et érudit dont la passion dominante fut celle de s'instruire, se rendit à vingt ans à Constantinople et recueillit dans son voyage des notes sur les forces et l'organisation militaires des Ottomans, intérêt qui ne le quittera plus. Le résultat de ses réflexions et recherches ne devait paraître toutefois qu'après sa mort (voir ci-dessus, n.*). Voir Marsigli, p.28-29.

Les bachas ne sont point absolus dans leurs provinces, comme nous le croyons; ils dépendent de leur divan. Les principaux citoyens ont le droit de se plaindre de leur conduite, et d'envoyer contre eux des mémoires au grand divan de Constantinople. Enfin
165 Marsigli conclut par donner au gouvernement turc le nom de démocratie. C'en est une en effet à peu près dans la forme de celle de Tunis et d'Alger. [30] Ces sultans que le peuple n'ose regarder, et qu'on n'aborde qu'avec des prosternements qui semblent tenir de l'adoration, n'ont donc que le dehors du despotisme; ils ne sont
170 absolus que quand ils savent déployer heureusement cette fureur de pouvoir arbitraire qui semble être née chez tous les hommes. Louis XI, Henri VIII, Sixte-Quint, d'autres princes ont été aussi despotiques qu'aucun sultan. Si on approfondissait ainsi le secret des trônes de l'Asie, presque toujours inconnu aux étrangers, on
175 verrait qu'il y a bien moins de despotisme sur la terre qu'on ne pense. Notre Europe a vu des princes vassaux d'un autre prince qui n'est pas absolu, prendre dans leurs Etats une autorité plus arbitraire que les empereurs de la Perse et de l'Inde. [31] Ce serait pourtant une grande erreur de penser que les Etats de ces princes
180 sont par leur constitution un gouvernement despotique.

Toutes les histoires des peuples modernes, excepté peut-être celles d'Angleterre et d'Allemagne, nous donnent presque toujours de fausses notions, parce qu'on a rarement distingué les temps et les

[30] Voir Marsigli, p.31. Quand il évoque Tunis et Alger, Voltaire les présente toujours comme des républiques guerrières où le pouvoir est partagé entre le chef et une milice (voir, par exemple, ch.17, notre t.3; 'Voltaire's Notebooks: thirteen new fragments', éd. Th. Besterman, *SVEC* 148 (1976), 12a: 'Jamais de républiques en Asie depuis la chute de Tyr. Il y en a de guerrières en Afrique comme Tripoli, Tunis, Alger'). Mais la plupart du temps, il présente ces républiques de façon négative, soit comme des 'républiques de brigands' (art. 'Patrie' du *DP*, *OCV*, t.36. p.413) ou des 'républiques de soldats et de pirates' (art. 'Démocratie' des *QE*, *OCV*, t.40, p.375), soit comme des entités politiques où les soldats 'déposent leurs chefs et [...] souvent les tuent quand ils en sont mécontents' (*La Bible enfin expliquée*, M, t.30, p.100, n.1).

[31] Selon toute probabilité il s'agit ici d'une allusion à l'émergence des princes-électeurs de Brandebourg – vassaux des archiducs d'Autriche, empereurs des Romains – qui deviendront en 1701, avec Frédéric Iᵉʳ, rois de Prusse.

441

personnes, les abus et les lois, les événements passagers et les usages. [32]

Administration non uniforme. On se tromperait encore si on croyait que le gouvernement turc est une administration uniforme, et que du fond du sérail de Constantinople il part tous les jours des courriers qui portent les mêmes ordres à toutes les provinces. Ce vaste empire, qui s'est formé par la victoire en divers temps, et que nous verrons toujours s'accroître jusqu'au dix-huitième siècle, est composé de trente peuples différents, qui n'ont ni la même langue ni la même religion, ni les mêmes mœurs. Ce sont les Grecs de l'ancienne Ionie, des côtes de l'Asie Mineure et de l'Achaïe, les habitants de l'ancienne Colchide, ceux de la Chersonèse Taurique: ce sont les Gètes devenus chrétiens, et connus sous le nom de Valaques et de Moldaves; des Arabes, des Arméniens, des Bulgares, des Illyriens, des Juifs; ce sont enfin les Egyptiens, et les peuples de l'ancienne Carthage, que nous verrons bientôt engloutis par la puissance ottomane. La seule milice des Turcs a vaincu tous ces peuples et les a contenus. Tous sont différemment gouvernés: les uns reçoivent des princes nommés par la Porte, comme la Valachie, la Moldavie, et la Crimée. Les Grecs vivent sous l'administration municipale dépendante d'un bacha. [33] Le nombre des subjugués est immense

[32] Voltaire dit constamment du bien de Rapin de Thoyras, *Histoire d'Angleterre* (La Haye, 1724; nouv. éd., Paris, 1749, BV2871; voir, par exemple, *Le Siècle de Louis XIV*: 'Rapin de Thoyras, qui a donné en français la seule bonne histoire d'Angleterre', *OH*, p.1017). Pour l'Allemagne, il pense d'une part à C. F. Pfeffel von Kriegelstein, *Abrégé chronologique de l'histoire et du droit public d'Allemagne* (Paris, 1754, BV2709; voir son *Commentaire sur le livre Des délits et des peines*: 'Voyez l'excellent *Abrégé chronologique de l'histoire d'Allemagne*', *M*, t.25, p.559, n.3), et d'autre part à J. D. Schoepflin, *Alsatia illustrata, celtica, romana, francica* (Colmar, 1751, BV3118; voir la remarque approbatrice dans *Les Lois de Minos*, *OCV*, t.73, p.174).

[33] Nous ne savons pas dans quel ouvrage Voltaire puise cette information. Il s'agit peut-être d'une induction basée sur les nombreux éléments qu'il pouvait trouver chez les historiens qu'il pratiquait, ou bien chez Rycaut et Guillet. Ils évoquent de certains bachas, gouverneurs de villes bien définies (Gaza, Damas, Alep, etc.) et responsables d'un territoire appelé sandjak. Athènes (ou Sétines en turc) dépendait du sandjak du Morée, qui était soumis aux ordres du beglerbey qui gouvernait la Romanie (dont la Grèce faisait partie).

205 par rapport au nombre des vainqueurs; il n'y a que très peu de Turcs naturels; presque aucun d'eux ne cultive la terre, très peu s'adonnent aux arts. On pourrait dire d'eux ce que Virgile dit des Romains, *Leur art est de commander*.[34] La grande différence entre les conquérants turcs et les anciens conquérants romains, c'est que
210 Rome s'incorpora tous les peuples vaincus, et que les Turcs restent toujours séparés de ceux qu'ils ont soumis, et dont ils sont entourés.

Il est resté, à la vérité, deux cent mille Grecs dans Constantinople; mais ce sont environ deux cent mille artisans ou marchands, qui travaillent pour leurs dominateurs. C'est un peuple entier
215 toujours conquis dans sa capitale, auquel il n'est pas même permis de s'habiller comme les Turcs.[35]

Ajoutons à cette remarque, qu'une seule puissance a subjugué tous ces pays, depuis l'Archipel jusqu'à l'Euphrate, et que vingt puissances conjurées n'avaient pu par les croisades établir que des
220 dominations passagères dans ces mêmes contrées, avec vingt fois plus de soldats et des travaux qui durèrent deux siècles entiers.[36]

Ricault, qui a demeuré longtemps en Turquie, attribue la puissance permanente de l'empire ottoman *à quelque chose de surnaturel*.[37] Il ne peut comprendre comment ce gouvernement,

Puissance turque surnaturelle selon Ricault.

---

212 w56-w57G: Il reste à la vérité trois cent mille
213 w56-w57G: sont trois cent mille

---

[34] Il s'agit ici plutôt d'une interprétation, et non d'une traduction, de l'*Enéide*, livre 6, vers 850-51: 'Tu regere imperio populos, Romane, memento' ('Souviens-toi, Romain, de gouverner les nations avec fermeté').

[35] La source de cette information demeure mystérieuse. Rycaut énumère toutes sortes d'interdictions chez les Turcs, mais pas celle-ci. C'est peut-être la culture générale de Voltaire qui lui permettait de dire que, confrontés à ces peuples soumis, les Ottomans (comme les musulmans n'importe où) interdisaient aux Juifs et aux chrétiens de s'habiller comme leurs conquérants et de porter certains prénoms.

[36] Dans cette brève formule, Voltaire résume ce qui, pour lui, constituait l'un des mystères des croisades, lesquelles avaient quand même réuni dans un but commun la fine fleur de la chevalerie européenne. Voir ch.53-59, notre t.3, p.269-391.

[37] Laissons ici parler Rycaut un peu plus librement car il 'attribue sa fermeté inébranlable au-dedans et l'heureux succès de ses armes au-dehors plutôt à une cause surnaturelle qu'à la sagesse de ceux qui le gouvernent; comme si Dieu [...] avait

qui dépend si souvent du caprice des janissaires, peut se soutenir   225
contre ses propres soldats et contre ses ennemis. Mais l'empire
romain a duré cinq cents ans à Rome, et près de quatorze siècles
dans le Levant, au milieu des séditions des armées; les possesseurs
du trône furent renversés, et le trône ne le fut pas. Les Turcs ont
pour la race ottomane une vénération qui leur tient lieu de loi   230
fondamentale: l'empire est arraché souvent au sultan; mais, comme
nous l'avons remarqué, il ne passe jamais dans une maison
étrangère. [38] La constitution intérieure n'a donc eu rien à craindre,
quoique le monarque et les vizirs aient eu si souvent à trembler.

Jusqu'à présent cet empire n'a pas redouté d'invasions étran-   235
gères. Les Persans ont rarement entamé les frontières des Turcs.
Vous verrez au contraire le sultan Amurat IV prendre Bagdat
d'assaut sur les Persans en 1638, demeurer toujours le maître de la
Mésopotamie, envoyer d'un côté des troupes au Grand Mogol
contre la Perse, et de l'autre menacer Venise. Les Allemands ne se   240
sont jamais présentés aux portes de Constantinople comme les
Turcs à celles de Vienne. Les Russes ne sont devenus redoutables à
la Turquie que depuis Pierre le Grand. [39] Enfin la force et la rapine

---

suscité, élevé, et soutenu cette puissante nation pour le bien de son Eglise, et pour
punir les chrétiens de leurs péchés et de leurs vices' (livre 1, ch.1, p.11-12).

[38] La rubrique chez Rycaut (livre 1, ch.3) indique assez la teneur de son contenu:
'Les Turcs enseignent l'obéissance que l'on doit à leur empereur plutôt comme un
principe de religion que d'Etat' (p.24).

[39] Amurat (ou Murat) IV, fut le dernier sultan guerrier (1623-1640). Les détails
que donne Voltaire le concernant étaient si bien dans le domaine public qu'on n'a
guère besoin d'en indiquer la source. On peut consulter Chalcondyle (t.2, p.928-31)
ou Cantemir (livre 3, ch.6, §1; §18, n.*l*). Quant au caractère redoutable des Russes,
adversaires des Turcs, Pufendorf (t.6, p.500-504), ayant entrepris une comparaison
des forces européennes, orientales ou asiatiques aux prises avec les Turcs (fin XVIIe-
début XVIIIe siècles), avait déjà écrit: 'Le C̨ar est un voisin bien plus terrible. Il peut
toujours attaquer l'empire ottoman par son endroit le plus faible, c'est-à-dire, du côté
de la mer Noire. [...] Ce prince [Pierre le Grand] s'est élevé à un degré de gloire et de
puissance qui mérite l'attention des Turcs, comme de tous ses autres voisins' (p.503).
Voltaire était parfaitement bien informé des succès comme aussi des possibilités
militaires de la Russie dans le sud-est européen et la région de la mer Noire (voir
l'*Histoire de l'empire de Russie*, *OCV*, t.47, p.707-25, 913-30).

établirent l'empire ottoman, et les divisions des chrétiens l'ont
245 maintenu. Il n'est rien là que de naturel. Nous verrons comment cet
empire s'est accru dans sa puissance, et s'est conservé longtemps
dans ses usages féroces, qui commencent enfin à s'adoucir.

CHAPITRE 94

Du roi de France Louis XI.

Le gouvernement féodal périt bientôt en France, quand Charles VII eut commencé à établir sa puissance, par l'expulsion

a-341 [*Première rédaction de ce chapitre*: MSP]
a MSP: Chapitre 64
54LD: Chapitre 12
w56-w57G: Chapitre 80
61: Chapitre 90
b MSP: *De la France sous Louis XI. De l'extinction de la maison de Bourgogne au quinzième siècle.*
1-67 MSP: Les Anglais étaient chassés de leur ancien patrimoine en France et de ce qu'ils y avaient conquis. Ils étaient malheureux dans leur patrie et la France, presque réunie, devenait sous Charles VII un royaume formidable; mais après sa mort, la fureur des guerres civiles recommença, quoique pour peu de temps.

5 Louis XI, son fils, la fit naître par des sévérités déplacées et la dissipa par habileté. ¶Après avoir bien pesé toute sa conduite, je me le représente comme un homme qui voulut effacer toujours ses imprudences par des fourberies, et ses fourberies par des cruautés. A son avènement à la couronne, presque tous les grands vassaux soumis à son père se soulevèrent contre lui. Il est donc évident que le père gouvernait bien et

10 que le fils commença par gouverner mal. Il fut le seul roi majeur contre lequel on fit une ligue à son avènement. Elle le mit au hasard de perdre sa couronne et sa vie. La bataille donnée à Monthléry contre les confédérés ne fut point décisive. Il ne les désunit enfin qu'en donnant à chacun ce qu'il demandait; ainsi jusque dans son habileté il y eut de la faiblesse. ¶Il se fit sans raison un irréconciliable

* Pour ce chapitre, Voltaire dispose de sources relativement nombreuses. Outre l'*Histoire de France* de Daniel, celle de P.-F. Velly (Paris, 1755-1774, BV3409, cont. Villaret, ci-après Velly; t.15, 16), et l'*Abrégé chronologique* de Mézeray, il existe alors plusieurs récits du règne de Louis XI. D'abord, les *Mémoires* contemporains de P. de Commynes, dont il possède deux éditions (Genève, 1596, BV830; rééd. D. Godefroy et P. N. Lenglet Du Fresnoy, Londres et Paris, 1747, BV831). Ensuite trois ouvrages plus récents: l'*Histoire de Louis XI* de C. P. Duclos (Paris, 1745, BV1124), qu'il utilise de préférence; *La Minorité de saint Louis, avec l'histoire de Louis XI et de Henri II* d'A. Varillas (La Haye, 1685, BV3401), qu'il consulte parfois; l'*Histoire de Louis XI roi de France* de P. Matthieu (Paris, 1628), qu'il semble ignorer. Le portrait qu'il fait de Louis XI est très peu favorable, et les quelques aspects positifs qu'il mentionne en

447

des Anglais, par la jouissance de tant de provinces réunies à la couronne, et enfin par des subsides rendus perpétuels. [1]

L'ordre féodal s'affermissait en Allemagne, par une raison contraire, sous des empereurs électifs, qui en qualité d'empereurs n'avaient ni provinces, ni subsides. [2] L'Italie était toujours partagée en républiques et en principautés indépendantes. Le pouvoir absolu n'était connu ni en Espagne ni dans le Nord; et l'Angleterre jetait au milieu de ces divisions les semences de ce gouvernement singulier, dont les racines toujours coupées et toujours sanglantes,

5

10

---

fin de chapitre (lignes 235-79) sont loin de compenser l'impression laissée par tout ce qui précède. Certes, Louis est un souverain cruel (134-84), parjure et sans scrupules (56-60), mais cela est finalement bien typique d'une époque que le lecteur se doit de 'mépriser' (335-38). Toutefois, sa dévotion ridicule (202-19), sa fourberie, son total manque de panache (114-23), qui le met parfois dans des situations humiliantes (71-75), tous ces traits personnels de caractère en font, aux yeux de Voltaire, un personnage indigne de la fonction qu'il exerce. Il ne manque pas cependant – et ce sont là les seuls vrais mérites qu'il lui reconnaisse – de souligner que Louis XI agrandit considérablement la France ('par l'habileté, l'argent et le bonheur', c'est-à-dire la chance, 304-305), et devient le premier souverain absolu en Europe (27-28), faisant ainsi cesser l'anarchie féodale. Mais c'est pour faire place à une 'tyrannie' (310) et un 'despotisme' (281) qui rendent le peuple de France aussi tranquille que 'les forçats le sont dans une galère' (196-97). On est donc loin encore de ce 'mélange égal de la liberté et de la royauté', auquel Voltaire aspire et dont l'Angleterre – comme il le rappelle habilement aux lignes 9-13 – a cependant 'commencé à jeter les semences'. Ce chapitre, présent dans la version manuscrite, est largement remanié pour l'édition de 1754 par l'ajout d'une longue introduction contextuelle, et de remarques visant à accabler encore un peu plus le roi pour sa conduite et son caractère (lignes 1-67, 75-94, 133-99, 222-23, 281-341). Cette édition est remaniée à son tour de la main de Voltaire dans l'exemplaire de l'édition de Dresde qui sert de copie pour l'édition de 1756. La cruauté de Louis XI est notamment soulignée (282-309), ce que renforceront encore 61 et w68 (175-80, 225-28, 244-48; 75-92).

[1] Sur le règne de Charles VII, voir ci-dessus, ch.80.

[2] Voltaire revient au ch.96, ci-dessous, sur le contraste entre la France, qu'il présente ici comme le seul pays d'Europe où un pouvoir central fort commence à détruire la féodalité et à unifier les territoires, et l'empire où, au contraire, le caractère confédéral des institutions concourt à maintenir un certain émiettement politique. Par rapport à la version manuscrite, qui n'y consacrait que quatre lignes, Voltaire développe ici considérablement (lignes 1-67) l'analyse institutionnelle de la situation française et européenne.

ont enfin produit après des siècles, à l'étonnement des nations, le mélange égal de la liberté, et de la royauté. [3]

15 Il n'y avait plus en France que deux grands fiefs, la Bourgogne et la Bretagne: mais leur pouvoir les rendit indépendantes; et malgré les lois féodales, elles n'étaient pas regardées en Europe comme faisant partie du royaume. [4] Le duc de Bourgogne Philippe le Bon avait même stipulé qu'il ne rendrait point hommage à Charles VII, quand il lui pardonna l'assassinat du duc Jean son père. [5]

20 Les princes du sang avaient en France des apanages en pairies, mais ressortissant au parlement sédentaire. [6] Les seigneurs puissants dans leurs terres, ne l'étaient pas comme autrefois, dans l'Etat: il n'y avait plus guère au-delà de la Loire que le comte de Foix qui s'intitulât *Prince par la grâce de Dieu*, et qui fit battre monnaie; [7]

---

[3] Voltaire souligne que le système très particulier du '*king in parliament*' ('le mélange égal de la liberté, et de la royauté') ne s'est paradoxalement imposé en Angleterre qu'au prix d'une longue suite de violences (voir notre t.3, ch.50-51; ci-dessus, ch.75, 78).

[4] Cette présentation de la Bretagne et de la Bourgogne comme pratiquement indépendantes, et considérées comme telles en Europe, ne se retrouve pas d'une façon aussi affirmative dans les sources habituelles de Voltaire sur l'histoire de France (Boulainvilliers, Daniel, Pufendorf, Velly).

[5] Sur l'assassinat, à Montereau en 1419, de Jean Sans Peur, voir ci-dessus, ch.79, lignes 188-94. Par l'art.2 du traité d'Arras du 20 septembre 1435, Philippe le Bon se fit en effet dispenser de 'faire foi ni hommage' au roi Charles VII. Voir Daniel (ann.1435, §'Conditions de cet accord') et Velly (ann.1435, §'Traité d'Arras').

[6] Portions du domaine royal attribuées, depuis la dynastie capétienne, aux fils et petit-fils du souverain – par ailleurs pairs-nés du royaume – les apanages sont inaliénables. Le parlement de Paris est sédentarisé sous Philippe le Bel (voir ci-dessus, ch.85, ligne 22 et n.3), et juge en première instance des causes où sont impliqués les princes du sang.

[7] Seul Daniel évoque le fait que le comte de Foix s'était arrogé le droit de battre monnaie (ann.1420, §'Il prend le titre'). Quant au titre de 'Prince par la grâce de Dieu', plusieurs auteurs mentionnent qu'il était utilisé par les princes d'Orange (A.-A. Bruzen de La Martinière, *Le Grand Dictionnaire géographique et critique*, La Haye, 1726-1739, BV564, art. 'Orange'; Duclos, livre 7, ann.1475), ou par Jean IV, comte d'Armagnac (Mézeray, *Histoire de France*, 'Charles VII', §'Comtesse de Comminges: sa généalogie'), mais nul n'évoque les comtes de Foix, dont Bruzen écrit même qu'ils ont reconnu la suzeraineté du roi de France dès le règne de Louis IX (art. 'Foix').

449

mais les seigneurs des fiefs, et les communautés des grandes villes,   25
avaient d'immenses privilèges. [8]

Louis XI fils de Charles VII, devint le premier roi absolu en Europe depuis la décadence de la maison de Charlemagne. [9] Il ne parvint enfin à ce pouvoir tranquille que par des secousses violentes. Sa vie est un grand contraste. Faut-il pour humilier et   30 pour confondre la vertu, qu'il ait mérité d'être regardé comme un grand roi, lui, qu'on peint comme un fils dénaturé, un frère barbare, un mauvais père, et un voisin perfide? Il remplit d'amertume les dernières années de son père; il causa sa mort. Le malheureux Charles VII mourut, comme on sait, par la crainte que son fils ne le   35 fit mourir; il choisit la faim pour éviter le poison qu'il redoutait. Cette seule crainte dans un père, d'être empoisonné par son fils, prouve trop que le fils passait pour être capable de ce crime. [10]

Conduite de   Après avoir bien pesé toute la conduite de Louis XI, ne peut-on
Louis XI.   pas se le représenter comme un homme qui voulut effacer souvent   40

[8] Le renforcement du pouvoir central se fait surtout au détriment des grands féodaux. Vassaux et communautés urbaines sont au contraire épargnés. Voir ci-dessus, ch.83.

[9] Si Commynes, dans ses divers *Mémoires* sur le règne de Louis XI, n'emploie pas le terme 'absolu', celui-ci apparaît par contre chez Mézeray (*Abrégé chronologique*, ann.1483) et Duclos (livre 2, ann.1463; livre 10, ann.1483).

[10] Voir le poème inséré par Mézeray (*Abrégé chronologique*) en exergue au chapitre sur le règne de Louis XI: 'Louis renversa tout pour suivre son caprice. / Mauvais fils, mauvais père, infidèle mari, / Frère injuste, ingrat maître, dangereux ami / Il régna sans conseil, sans pitié, sans justice, / La fraude fut son jeu, sa vertu l'artifice.' 'Fils dénaturé': le récit fait ici de la mort, en 1461, de Charles VII est conforme à Daniel, Duclos, et Velly (ann.1461, §'Discussion sur les circonstances'). 'Frère barbare': allusion aux rumeurs selon lesquelles Louis est à l'origine de la mort par empoisonnement de son frère cadet, Charles (1446-1472), successivement duc de Berry, de Normandie puis de Guyenne, avec lequel ses relations étaient difficiles (voir Daniel, ann.1472, §'Présomptions'; ci-dessous, lignes 92-100). 'Mauvais père': des enfants de Louis XI, seuls trois parvinrent à l'âge adulte (Jeanne, Anne et le futur Charles VIII). Le roi ne leur fit donner qu'une éducation sommaire et chercha surtout, dès leur plus jeune âge, à les marier avantageusement. Voir P. Bayle, *Dictionnaire historique et critique* (Rotterdam, 1697, BV292, art. 'Louis XI', t.3, p.170-80), et Varillas, *Histoire de Louis XI* (Paris, 1689), livre 11, t.2, p.361 (dans Varillas, *La Minorité de saint Louis*). Quant au 'voisin perfide', ses démêlés bien connus avec les maisons de Bourgogne et de Bretagne le démontrent à l'envi.

ses violences imprudentes par des artifices, et soutenir des four- *Avec les amis de*
beries par des cruautés? D'où vient que dans les commencements *son père.*
de son règne, tant de seigneurs attachés à son père, et surtout ce
fameux comte de Dunois, dont l'épée avait soutenu la couronne,
45 entrèrent contre lui dans la ligue *du bien public*? Ils ne profitaient
pas de la faiblesse du trône, comme il est arrivé tant de fois. Mais
Louis XI avait abusé de sa force. N'est-il pas évident que le père
instruit par ses fautes et par ses malheurs, avait très bien gouverné,
et que le fils trop enflé de sa puissance commença par gouverner
50 mal? [11]

Cette ligue le mit au hasard de perdre sa couronne et sa vie. La *1465.*
bataille donnée à Montlhéri, contre le comte de Charolais et tant
d'autres princes ne décida rien; mais il est certain qu'il la perdit,
puisque ses ennemis eurent le champ de bataille, et qu'il fut obligé
55 de leur accorder tout ce qu'ils demandèrent. [12] Il ne se releva du
traité honteux de Conflans qu'en le violant dans tous ses points. [13]

52-64   54LD-w68: Montlhéri ne décida rien. Il ne désunit
52-53   61-w75G: Montléry ne décida rien. Mais

[11] Jean de Dunois (1403-1468), dit 'Le bâtard d'Orléans', un des grands capitaines
de Charles VII face aux Anglais, participe, en 1465, à la 'ligue du Bien public' qui
oppose clergé, grands féodaux – dont Charles, duc de Berry, frère cadet du roi – et
certaines franges du peuple à la politique de centralisation et de renforcement de la
fiscalité menée par Louis XI. Voltaire n'est pas opposé, par principe, à un pouvoir
fort et centralisé, mais Louis XI, 'trop enflé de sa puissance', n'a pas eu, pour ce faire,
la prudence de s'assurer d'un certain consensus.
[12] 'Comte de Charolais': le futur duc de Bourgogne, Charles le Téméraire. Dans
le ch.13, Voltaire souligne que l'usage de baiser les pieds, adopté par les papes, était
'l'ancien usage de l'Orient' (notre t.2, p.238). Cf. l'opuscule 'De Dioclétien' (*OCV*,
t.45B, p.170).
[13] Par le traité de Conflans-l'Archevêque (5 octobre 1465), Louis XI remet les
villes de la Somme (Péronne, Corbie, Abbeville, Amiens, Roye), ainsi que Guînes et
Boulogne-sur-Mer, au duc de Bourgogne Philippe le Bon, et accorde à son propre
frère, Charles de Berry, le titre de duc de Normandie. Quelques semaines plus tard, il
reprend la Normandie à Charles et, en 1477, à la mort du Téméraire, il récupère les
villes de la Somme. Duclos souligne que Louis XI a 'toujours protesté' contre les
clauses de ce traité (livre 6, ann.1470, 1471; voir aussi Daniel, ann.1465) et qu'il tente
dès 1470 de reprendre les villes de la Somme par la force.

Jamais il n'accomplit un serment, à moins qu'il ne jurât par un morceau de bois qu'on appelait *la vraie croix de saint Lo*. Il croyait avec le peuple que le parjure sur ce morceau de bois faisait mourir infailliblement dans l'année. [14]

Le barbare après le traité fit jeter dans la rivière plusieurs bourgeois de Paris soupçonnés d'être partisans de son ennemi. On les liait deux à deux dans un sac. C'est la chronique de Saint-Denis qui rend ce témoignage. [15] Il ne désunit enfin les confédérés qu'en donnant à chacun d'eux ce qu'il demandait. Ainsi jusque dans son habileté il y eut encore de la faiblesse.

Avec le duc de Bourgogne.   Il se fit un irréconciliable ennemi de Charles fils de Philippe le Bon, maître de la Bourgogne, de la Franche-Comté, de la Flandre, de l'Artois, des places sur la Somme, et de la Hollande. Il excite les Liégeois à faire une perfidie à ce duc de Bourgogne, et à prendre les armes contre lui. Il se remet en même temps entre ses mains à

1468.   Péronne, croyant le mieux tromper. Quelle plus mauvaise politique! Mais aussi étant découvert, il se vit prisonnier dans le château de Péronne, et forcé de marcher à la suite de son vassal contre ces Liégeois mêmes qu'il avait armés. Quelle plus grande humiliation! [16]

60

65

70

75

67   MSP, 54LD-61: fit sans raison un irréconciliable
69   MSP: excite publiquement les
75-94   MSP: humiliation! ¶Il craint son frère, le duc de Berry, et il le fait empoisonner par un moine bénédictin nommé Favre Vésois, confesseur de ce malheureux prince. Ce n'est
75-92   54LD-61: humiliation! ¶Il craint son frère

[14] Voir Duclos, 'Mémoire sur la croix de Saint Lo'.

[15] Rare allusion de Voltaire à ses sources. La chronique dite 'de (l'abbaye de) Saint-Denis', continuée par divers auteurs à partir du milieu du XIVe siècle, est parue en trois volumes, au début du XVIe siècle, sous le titre de *Grandes Chroniques de France* (Paris, 1514). L'*Histoire de Louis XI, roi de France* [...] *autrement dite la Chronique scandaleuse* (Paris, 1611) de Jean de Roye, greffier de l'hôtel de ville de Paris, en est un supplément, souvent réédité aux XVIe et XVIIe siècles. L'auteur y évoque quatre Parisiens 'noyés' (p.54-56), mais il n'est pas question de sac, et l'événement a lieu en juillet 1465, soit trois mois avant le traité de Conflans.

[16] L'histoire est bien connue, et Voltaire peut dès lors se concentrer sur l'image de Louis XI qu'il souhaite transmettre au lecteur: celle d'un souverain indigne, pris à

Non seulement il fut toujours perfide, mais il força le duc Charles de Bourgogne à l'être: car ce prince était né emporté, violent, téméraire; mais éloigné de la fraude. Louis XI en trompant tous ses voisins les invitait tous à le tromper. A ce commerce de
80 fraudes se joignirent les barbaries les plus sauvages. Ce fut surtout alors qu'on regarda comme un droit de la guerre de faire pendre, de noyer ou d'égorger les prisonniers faits dans les batailles, et de tuer les vieillards, les enfants et les femmes dans les villes conquises. Maximilien depuis empereur fit pendre par représaille après sa
85 victoire de Guinegaste un capitaine gascon qui avait défendu avec bravoure un château contre toute son armée, et Louis XI par une autre représaille fit mourir par le gibet cinquante gentilshommes de l'armée de Maximilien tombés entre ses mains.[17] Charles de Bourgogne se vengea de quelques autres cruautés du roi en
90 tuant tout dans la ville de Dinant prise à discrétion,[18] et en la réduisant en cendres.

Louis XI craint son frère le duc de Berri, et ce prince est empoisonné par un moine bénédictin nommé Favre Vésois, son confesseur. Ce n'est pas ici un de ces empoisonnements équivoques
95 adoptés sans preuves par la maligne crédulité des hommes. Le duc de Berri soupait entre la dame de Montsorau sa maîtresse et son

Avec son frère qu'il empoisonne.

1472.

---

son propre piège et humilié. Le ton est également critique, mais moins incisif, chez Duclos, plus indulgent encore chez Daniel (ann.1468).

[17] Sur l'épisode du capitaine gascon pendu après la prise de Guinegatte, voir Duclos, qui énumère 47 prisonniers pendus en représailles (livre 9, ann.1479), chiffre que Voltaire arrondit à 50. Duclos et Daniel mentionnent des massacres, mais uniquement de soldats et de prisonniers. De même, Philippe de Commynes n'évoque-t-il, après la prise de Grandson par Charles le Téméraire, que des hommes parmi les assiégés massacrés (livre 5, ann.1476). Mais l'*Histoire de Louys unzièsme, roi de France*, de J. 'de Troyes' (de Roye), chronique manuscrite publiée pour la première fois en 1611 sous le titre *Histoire de Louis XI, roi de France, autrement dit la Chronique scandaleuse écrite par un greffier de l'Hôtel-de-Ville de Paris*, mentionne le massacre de 'femmes, enfants, prêtres, religieuses, vieils et anciens hommes' lors du sac de Liège, en 1468.

[18] Sur le châtiment 'exemplaire' de Dinant, ville très anti-bourguignonne, par Philippe le Bon, voir Duclos (livre 4, ann.1466).

453

confesseur. Celui-ci leur fait apporter une pêche d'une grosseur singulière. La dame expire immédiatement après en avoir mangé. Le prince après de cruelles convulsions meurt au bout de quelque temps. [19]

Odet Daidie, brave seigneur, veut venger le mort, auquel il avait été toujours attaché. [20] Il conduit loin de Louis en Bretagne le moine empoisonneur. On lui fait son procès en liberté, et le jour qu'on doit prononcer la sentence à ce moine, on le trouve mort dans son lit. Louis XI pour apaiser le cri public, se fait apporter les pièces du procès, et nomme des commissaires; mais ils ne décident rien, et le roi les comble de bienfaits. [21] On ne douta guère dans l'Europe que Louis n'eût commis ce crime, lui qui étant dauphin, avait fait craindre un parricide à Charles VII son père. L'histoire ne doit point l'en accuser sans preuves; mais elle doit le plaindre d'avoir mérité qu'on l'en soupçonnât. Elle doit surtout observer que tout prince coupable d'un attentat avéré, est coupable aussi des jugements téméraires qu'on porte sur toutes ses actions. [22]

Avec le roi d'Angleterre, Telle est la conduite de Louis XI avec ses vassaux et ses proches. Voici celle qu'il tient avec ses voisins. Le roi d'Angleterre

101 MSP: seigneur que le P. Daniel fait mal à propos bâtard de la maison d'Armagnac, veut venger la mort du duc de Berry auquel
107 MSP: bienfaits. Personne ne douta donc dans
109-14 MSP: père. ¶Telle est
115 MSP: tint

[19] Voir ci-dessus, n.10. L'abbé bénédictin de Saint-Jean d'Angély, accusé du meurtre, est nommé 'Jean Fauve Deversois' par Duclos (livre 6, ann.1472), et 'Jean Faure Versois' par Varillas (livre 5, t.1, p.445).

[20] Odet d'Aydie ou d'Aidie (†1490), comte de Comminges et seigneur de Lescun, principal homme de confiance du duc de Guyenne.

[21] Récit inspiré de Duclos (ann.1472) et Velly (ann.1472, §'Sanglant manifeste du duc de Bourgogne'). Voltaire, qui présente une version assez simplifiée et quelque peu manichéenne des faits – il y a discussion, dans ses sources, sur le rôle de l'abbé et sur le lieu du crime – ne mentionne pas que Lescun lui-même fut soupçonné par certains d'avoir suscité par ambition l'empoisonnement de son maître et d'avoir ensuite éloigné l'abbé en Bretagne afin de pouvoir l'empêcher de parler.

[22] Voltaire se permet d'avertir les princes: tout crime avéré en fait légitimement soupçonner d'autres.

Edouard IV débarque en France pour tenter de rentrer dans les *dont il achète*
conquêtes de ses pères. Louis peut le combattre, mais il aime mieux *l'inaction. 1475.*
être son tributaire. Il gagne ses principaux officiers anglais. Il fait
des présents de vins à toute l'armée. Il achète le retour de cette
120 armée en Angleterre. N'eût-il pas été plus digne d'un roi de France,
d'employer à se mettre en état de résister et de vaincre, l'argent
qu'il mit à séduire un prince très mal affermi, qu'il craignait, et qu'il
ne devait pas craindre? [23]

Les grandes âmes choisissent hardiment des favoris illustres et *Avec ses*
125 des ministres approuvés. Louis XI n'eut guère pour ses confidents *ministres.*
et pour ses ministres que des hommes nés dans la fange, et dont le
cœur était au-dessous de leur état. [24]

Il y a peu de tyrans qui aient fait mourir plus de citoyens par les *Avec les*
mains des bourreaux, et par des supplices plus recherchés. Les *seigneurs du*
130 chroniques du temps comptent quatre mille sujets exécutés sous *royaume.*

---

122 MSP, 54LD-61: séduire celui qu'il craignait

[23] C'est pour reprendre les possessions perdues par Henri VI (voir ci-dessus,
ch.80) qu'Edouard IV (1461-1483) débarque à Calais. En matière de corruption,
Mézeray parle de 'présents et pensions, dont les Anglais sont fort avides' (*Abrégé
chronologique*, ann.1475), mais Duclos n'évoque que 'trois cents écus d'or' et 'trente
aunes de velours cramoisi' offerts au seul héraut d'armes envoyé par Edouard à
Louis XI afin de lui annoncer ses intentions (livre 7, ann.1475). Daniel souligne quant
à lui que de tels présents sont habituels en pareil cas (ann.1475, §'Réponse'). On peut
s'étonner de la mâle posture de Voltaire en la circonstance, lui qui plaidera si souvent
ailleurs contre les ravages de la guerre (voir S. Goyard-Fabre, art. 'Guerre, paix',
DgV, p.559-61), mais il tient manifestement à noircir l'image de Louis XI. Par le
traité de Picquigny (29 août 1475), qui met fin à la guerre de Cent Ans, aux ambitions
anglaises en France et à l'alliance anglo-bourguignonne, Edouard IV reçoit
75 000 écus d'or et se voit promettre une pension annuelle de 50 000 écus.
[24] Bien que teinté d'un mépris bien voltairien – et que partagent la plupart des
lecteurs contemporains – pour la 'populace', et témoignant ('fange', 'en dessous de
leur état') d'une évidente volonté de 'noircir le tableau', ce portrait reflète cependant
une certaine réalité pour ce qui regarde les 'hommes de main' du roi, Louis XI étant
connu pour les recruter au sein du peuple (Varillas, livre 10, t.2, p.329-30). Par contre
'confidents' et 'ministres' ne sont pas tous issus du peuple: Philippe de Commynes ou
Guillaume de Cerisay en sont de bons exemples.

son règne en public ou en secret. Les cachots, les cages de fer, les chaînes dont on chargeait ses victimes, sont les monuments qu'a laissés ce monarque, et qu'on voit avec horreur. [25]

1477. Avec le duc de Nemours dont il fit couler le sang sur la tête de ses enfants.   Il est étonnant que le père Daniel indique à peine le supplice de Jacques d'Armagnac duc de Nemours, descendant reconnu de Clovis. [26] Les circonstances et l'appareil de sa mort, le partage de ses dépouilles, les cachots où ses jeunes enfants furent enfermés jusqu'à la mort de Louis XI, sont de tristes et intéressants objets de la curiosité. On ne sait point précisément quel était le crime de ce prince. Il fut jugé par des commissaires, ce qui peut faire présumer qu'il n'était point coupable. [27] Quelques historiens lui imputent vaguement d'avoir voulu se saisir de la personne du roi, et faire tuer le dauphin. Une telle accusation n'est pas croyable. Un petit

135

140

133-99   MSP, 54LD: horreur. ¶Ce cœur artificieux et féroce avait pourtant deux penchants qui auraient dû adoucir [54LD: dû mettre de l'humanité dans] ses mœurs

134   54LD*: Daniel ne parle point du supplice

143   54LD*: accusation se détruit d'elle-même.

---

[25] Selon Mézeray (*Abrégé chronologique*, ann.1483, que cite Bayle, p.176, n.Q), 'il avait fait mourir plus de quatre mille personnes par divers supplices dont il se plaisait à être spectateur'. Cages de fer et chaînes sont mentionnées dans presque toutes les sources.

[26] Par sa mère, Eléonore de Bourbon, Jacques d'Armagnac (1433-1477) descend en ligne directe de Hugues Capet, et donc des Robertiens. Voltaire suit ici Duclos (livre 8, ann.1477), qui donne toutefois quelques motifs de la disgrâce du duc de Nemours, membre, en 1465, de la ligue du Bien public et soupçonné d'être en contact avec l'Angleterre. Velly fournit de nombreux détails (ann.1477, §'Procès du duc de Nemours').

[27] Les 'commissaires', arbitrairement désignés par le roi, siègent en-dehors de la juridiction ordinaire. Pour Voltaire (voir, par exemple, *La Henriade*, *OCV*, t.2, p.274; *Le Siècle de Louis XIV*, *OH*, p.898; l'*Histoire du parlement de Paris*, *OCV*, t.68, p.177, 224; le *Prix de la justice et de l'humanité*, *OCV*, t.80B, p.94, 183), ces commissaires étaient des pantins entièrement aux ordres du souverain, qui avaient pour mission, soit d'innocenter un prévenu (voir, par exemple, ch.16, notre t.2, p.272-73; ch.66, notre t.3, p.540), soit – en règle générale (comme ici, ligne 141) – de faire fondre sur lui tout le poids de la justice expéditive. Voilà pourquoi les formules qu'il utilise, 'jugé par commissaires', 'condamné par commissaires', signifient que les autorités avaient par personnes interposées commis un assassinat juridique.

prince ne pouvait guère, du pied des Pyrénées où il était réfugié,
145 prendre prisonnier Louis XI en pleine paix, tout-puissant et absolu
dans son royaume. L'idée de tuer le dauphin encore enfant, et de
conserver le père, est encore une de ces extravagances qui ne
tombent point dans la tête d'un homme d'Etat. Tout ce qui est bien
avéré, c'est que Louis XI avait en exécration la maison des
150 Armagnacs, qu'il fit saisir le duc de Nemours dans Carlat en
1477, qu'il le fit enfermer dans une cage de fer à la Bastille; qu'ayant
dressé lui-même toute l'instruction du procès, il lui envoya des
juges, parmi lesquels était ce Philippe de Comines, célèbre traître,
qui ayant longtemps vendu les secrets de la maison de Bourgogne
155 au roi, [28] passa enfin au service de la France, et dont on estime les
Mémoires, quoique écrits avec la retenue d'un courtisan qui
craignait encore de dire la vérité même après la mort de Louis XI.

Le roi voulut que le duc de Nemours fût interrogé dans sa cage
de fer, qu'il y subît la question, et qu'il y reçût son arrêt. On le
160 confessa ensuite dans une salle tendue de noir. La confession
commençait à devenir une grâce accordée aux condamnés.
L'appareil noir était en usage pour les princes. C'est ainsi qu'on
avait exécuté Conradin à Naples, et qu'on traita depuis Marie
Stuart en Angleterre. On était barbare en cérémonie chez les
165 peuples chrétiens occidentaux, et ce raffinement d'inhumanité n'a
jamais été connu que d'eux. Toute la grâce que ce malheureux
prince put obtenir, ce fut d'être enterré en habit de cordelier, grâce
digne de la superstition de ces temps atroces qui égalait leur
barbarie.
170 Mais ce qui ne fut jamais en usage, et ce que pratiqua Louis XI, *Avec les enfants*
ce fut de faire mettre sous l'échafaud dans les halles de Paris les *du duc de*

164-70   54LD*-61: Angleterre. ¶Mais

[28] Entré, en 1464, au service des ducs de Bourgogne, Philippe de Commynes
(1477-1511) commence dès l'entrevue de Péronne (1468) à renseigner Louis XI, qu'il
sert officiellement à partir de 1472. Il ne figure pas dans la liste des juges de Nemours
donnée par Duclos (ann.1477), mais il assiste à certains interrogatoires (voir ci-
dessous, n.31). Comme l'insinue Voltaire, il ne mentionne pas, dans ses mémoires,
les conditions atroces du supplice.

Nemours mis jeunes enfants du duc, pour recevoir sur eux le sang de leur père. [29] Ils
dans des cachots. en sortirent tout couverts; et en cet état on les conduisit à la Bastille
dans des cachots faits en forme de hottes, où la gêne que leurs corps
éprouvaient, était un continuel supplice. On leur arrachait les dents   175
à plusieurs intervalles. Ce genre de torture, aussi petit qu'odieux,
était en usage. C'est ainsi que du temps de Jean roi de France,
d'Edouard III roi d'Angleterre, et de l'empereur Charles IV on
traitait les Juifs en France, en Angleterre, et dans plusieurs villes
d'Allemagne, pour avoir leur argent. Le détail des tourments   180
inouïs que souffrirent les princes de Nemours-Armagnac serait
incroyable, s'il n'était attesté par la requête que ces princes
infortunés présentèrent aux états après la mort de Louis XI, en
1483. [30]

Jamais il n'y eut moins d'honneur que sous ce règne. Les juges   185
ne rougirent point de partager les biens de celui qu'ils avaient
condamné. Le traître Philippe de Comines qui avait trahi le duc de
Bourgogne en lâche et qui fut plus lâchement l'un des commissaires, eut les terres du duc dans le Tournésis. [31]

Les temps précédents avaient inspiré des mœurs fières et   190
barbares, dans lesquelles on vit éclater quelquefois de l'héroïsme.

175-80   54LD*-W57G: supplice. Le détail
181   W56-W57G: inouï qu'ils souffrirent serait
187-90   54LD*-61: condamné. ¶Les temps

[29] Ce récit est puisé dans Velly (ann.1477, §'Procès du duc de Nemours').
L'*Encyclopédie* (art. 'Confession', 1753) indique que la confession est permise, en
France, aux condamnés à mort depuis 1396. Sur la fin de Conradin, voir ch.61 (notre
t.3, p.448-50, lignes 174-200). Sur l'exécution de Marie Stuart, voir ch.169.

[30] Pour ce qui concerne le sort des enfants du duc de Nemours, que ne
mentionnent ni Velly, ni Duclos, Voltaire suit le comte de Boulainvilliers, *Histoire
de l'ancien gouvernement de la France* (La Haye et Amsterdam, 1727, BV505-506),
lettre 14. Jean II le Bon, Edouard III et Charles IV sont tous trois au pouvoir au
moment de la grande peste de 1348-1349, période d'intense persécution des Juifs,
qu'on accuse d'en être la cause, mais on ne mentionne cependant l'arrachage des
dents qu'en Angleterre (voir Montesquieu, *De l'esprit des lois*, livre 21, ch.16).

[31] Velly mentionne l'attribution à Commynes, comme aux autres commissaires
chargés de juger le duc de Nemours, de terres lui ayant appartenu (ann.1477,
§'Procès du duc de Nemours').

Le règne de Charles VII avait eu des Dunois, des La Trimouilles, des Clissons, des Richemonts, des Saintrailles, des La Hire, et des magistrats d'un grand mérite: mais sous Louis XI pas un grand homme. [32] Il avilit la nation. Il n'y eut nulle vertu: l'obéissance tint lieu de tout, et le peuple fut enfin tranquille comme les forçats le sont dans une galère.

195

Ce cœur artificieux et dur avait pourtant deux penchants qui auraient dû mettre de l'humanité dans ses mœurs, c'était l'amour et la dévotion. Il eut des maîtresses; il eut trois bâtards; [33] il fit des neuvaines et des pèlerinages. Mais son amour tenait de son caractère, et sa dévotion n'était que la crainte superstitieuse d'une âme timide et égarée. Toujours couvert de reliques, et portant à son bonnet sa Notre-Dame de plomb, on prétend qu'il lui

200

Avec ses maîtresses.

Avec la Sainte Vierge.

195-98   54LD*: nation. ¶Ce cœur
198-200   MSP: pourtant deux <faiblesses> ᵛpenchants⁺, <l'une qui eût dû> qui auraient dû adoucir ses mœurs, c'était l'amour, <l'autre était> ᵛet la dévotion.
200-201   MSP: dévotion. Mais son
54LD-W68: il fit des pèlerinages.
202-203   MSP: superstitieuse <d'un cœur lâche et d'un esprit égaré> ᵛd'une âme timide et égarée⁺
204   MSP: plomb, il lui
54LD: bonnet la Notre-Dame

[32] Une fois encore, Voltaire idéalise largement le portrait de ces grands capitaines afin d'augmenter le contraste entre le règne 'fier' et 'héroïque' – mais qu'il admet tout de même 'barbare' – de Charles VII, et celui, médiocre et avilissant, de son fils. Georges de La Trémoille (1384-1446) sert longtemps à la fois la Bourgogne et la France avant de se rallier définitivement à Charles VII en 1422. Avec le connétable Arthur de Richemont (1393-1458), il se débarrasse en 1427 de Pierre de Giac, dont il épouse la riche veuve. Les complices se brouillent peu après et manquent même de s'entretuer, Richemont restant fidèle à Charles VII, tandis que La Trémoille participe à la révolte de la 'Praguerie'. Jean de Xaintrailles (†1461), qui a combattu aux côtés de Jeanne d'Arc, est fait maréchal de France par Charles VII en 1445. Comme son principal compagnon 'La Hire' (Etienne de Vignolles, 1390-1443), chef des bien nommés 'Ecorcheurs', il est surtout réputé pour sa cruauté. Connétable de France, Olivier de Clisson (1336-1407) meurt, quant à lui, avant même le début du règne de Charles VII.

[33] Varillas, auquel renvoie Bayle, mentionne en effet trois contrats de mariage de bâtardes du roi signés de sa main (t.2, livre 11, p.363). On reconnaît aujourd'hui à Louis XI au moins deux maîtresses, et près d'une dizaine d'enfants illégitimes.

demandait pardon de ses assassinats avant de les commettre. Il 205
donna par contrat le comté de Boulogne à la Sainte Vierge. La piété
ne consiste pas à faire la Vierge comtesse, mais à s'abstenir des
actions que la conscience reproche, que Dieu doit punir, et que la
Vierge ne protège point. [34]

Il introduisit la coutume italienne de sonner la cloche à midi, et 210
de dire un *Ave Maria*. [35] Il demanda au pape le droit de porter le
surplis et l'aumusse, et de se faire oindre une seconde fois de
l'ampoule de Rheims. [36]

1483. Avec
Martorillo,
depuis
saint François de
Paule.

Enfin sentant la mort approcher, renfermé au château du Plessis-
les-Tours, inaccessible à ses sujets, entouré de gardes, dévoré 215
d'inquiétudes, [37] il fait venir de Calabre un ermite, nommé François
Martorillo, révéré depuis sous le nom de saint François de Paule. Il
se jette à ses pieds; il le supplie en pleurant d'intercéder auprès de
Dieu, et de lui prolonger la vie; comme si l'ordre éternel eût dû
changer à la voix d'un Calabrais dans un village de France, pour 220
laisser dans un corps usé une âme faible et perverse plus longtemps
que ne comportait la nature. [38] Tandis qu'il demande ainsi la vie à un
ermite étranger, il croit en ranimer les restes en s'abreuvant du sang
qu'on tire à des enfants, dans la fausse espérance de corriger

205-209   MSP: Il donna [...] point. [[V]*rédigé dans la marge*]
208-10   MSP, 54LD-W57G: punir. ¶Il introduisit
214   MSP: enfermé
216-17   MSP: ermite errant nommé François Marcotile, connu depuis
217-18   MSP: Paule il [Vle+] supplie en pleurant <ce Napolitain> d'intercéder
222-31   MSP: nature. ¶C'est

[34] La dévotion outrée de Louis XI est un lieu commun. Sur Boulogne, voir
Varillas, livre 10, t.2, p.302.
[35] Voir Varillas, livre 10, t.2, p.338.
[36] L'aumusse est une fourrure que les chanoines portent sur le bras lors des offices
(Daniel, ann.1483, §'Ses dévotions', 'Dévotions [...] recours').
[37] Sur la foi de Commynes, tous les auteurs insistent sur la méfiance du roi envers
ses proches mêmes, dont l'accès au Plessis, gardé par 'quatre cents archers', est très
restreint (Daniel, ann.1483, §'Il se retire'; Velly, ann.1482-1483, §'Inquiétudes de
Louis'; Varillas, livre 9, t.2, p.256).
[38] Daniel (ann.1483, §'Particulièrement') et Mézeray (ann.1483) évoquent les
supplications du roi envers le fondateur des Minimes.

225 l'âcreté du sien. [39] C'était un des excès de l'ignorante médecine de ces
temps, médecine introduite par les Juifs, de faire boire du sang d'un
enfant aux vieillards apoplectiques, aux lépreux, aux épileptiques. [40]

On ne peut éprouver un sort plus triste dans le sein des
prospérités, n'ayant d'autres sentiments que l'ennui, les remords,
230 la crainte, et la douleur d'être détesté.

C'est cependant lui qui le premier des rois de France prit
toujours le nom de *Très-Chrétien*, à peu près dans le temps que
Ferdinand d'Arragon, illustre par des perfidies autant que par des
conquêtes, prenait le nom de *Catholique*. [41] Tant de vices n'ôtèrent
235 pas à Louis XI ses bonnes qualités. [42] Il avait du courage; il savait
donner en roi; il connaissait les hommes et les affaires; il voulait que
la justice fût rendue, et qu'au moins lui seul pût être injuste. [43]

Paris désolé par une contagion, fut repeuplé par ses soins. [44] Il le   *Ses bonnes*
fut à la vérité de beaucoup de brigands, mais qu'une police sévère   *qualités.*
240 contraignit à devenir citoyens. De son temps il y eut, dit-on, dans
cette ville quatre-vingt mille bourgeois capables de porter les

---

225-28   54LD-W57G: du sien. ¶On ne
230-31   54LD: d'être haï. ¶C'est
240   MSP: contraignit de devenir
         MSP, 54LD-61: il y eut dans
241-42   MSP: capables de combattre. C'est

---

[39] Daniel l'évoque sans y croire (ann.1483, §'Remèdes'), de même que Velly
(ann.1482-1483, §'Remèdes').

[40] F.-T. de Choisy, *Histoire de l'Eglise* (Paris, 1716), évoque un 'médecin juif'
conseillant au pape Innocent VIII, frappé d'apoplexie, de boire le sang de 'trois
enfants âgés de dix ans' pour rétablir sa santé (livre 22, ch.6, ann.1490). Atteint de la
lèpre, Louis IX reçoit le même conseil.

[41] Selon Daniel, le titre de roi 'très-chrétien', porté depuis longtemps par les rois
de France, est attribué à Louis XI par le pape Paul II (ann.1483, §'Augmentation').

[42] Même constatation chez Bayle (t.3, p.176) et Daniel (ann.1483, §'Quelle [...]
éducation'). Varillas se montre plus sceptique (livre 10, t.2, p.332).

[43] Voir notamment Mézeray (ann.1483) et Daniel (ann.1483, §'Son amour').

[44] Voir Mézeray: 'Le roi, désirant la repeupler, y appela par un édit toutes sortes
de nations et de gens, même les bannis et les criminels auxquels, outre l'absolution, il
donna des privilèges et des franchises' (ann.1467).

armes. [45] C'est à lui que le peuple doit le premier abaissement des grands. Environ cinquante familles en ont murmuré, et plus de cinq cent mille ont dû s'en féliciter. Il empêcha que le parlement et l'université de Paris, deux corps alors également ignorants, parce que tous les Français l'étaient, ne poursuivissent comme sorciers les premiers imprimeurs qui vinrent d'Allemagne en France. [46]

De lui vient l'établissement des postes, non tel qu'il est aujourd'hui en Europe; il ne fit que rétablir les *veredarii* de Charlemagne et de l'ancien empire romain. Deux cent trente courriers à ses gages portaient ses ordres incessamment. Les particuliers pouvaient courir avec les chevaux destinés à ces courriers, en payant dix sous par cheval pour chaque traite de quatre lieues. Les lettres étaient rendues de ville en ville par les courriers du roi. Cette police ne fut longtemps connue qu'en France. [47] Il voulait rendre les poids et les mesures uniformes dans ses Etats, comme ils l'avaient été du temps de Charlemagne. [48] Enfin il prouva qu'un méchant homme peut faire le bien public, quand son intérêt particulier n'y est pas contraire.

245

250

255

243   MSP: Environ trente familles
244-48   MSP, 54LD-W57G: féliciter. ¶De lui
258   MSP: homme fait le bien

[45] Voir Mézeray: 'dans la première revue, qui se fit le quatrième de septembre, il se trouva près de 80 000 hommes, depuis l'âge de seize ans jusqu'à soixante. Dans une autre qui se fit deux ans après on en compta 84 000' (ann.1467).

[46] Voir G. Naudé, *Addition à l'histoire de Louis XI* (Paris, 1630), ch.7, selon lequel 'la barbarie a été chassée et bannie des écoles pendant le règne dudit roi' (p.190-91); et P. Marchand, *Histoire de l'origine et des premiers progrès de l'imprimerie* (La Haye, 1740), p.27, n.Q.

[47] Sur l'établissement des postes par Louis XI, le 19 juin 1464, voir Duclos, qui publie l'ordonnance ('Recueil de pièces pour servir de suite à l'Histoire de Louis XI'). Par l'allusion aux *veredarii* carolingiens, Voltaire veut signifier qu'il ne s'agit ici que de courriers au service de l'Etat, et non à celui des particuliers. '230 courriers': voir le *First Paris notebook*: 'Louis onze avait deux cent trente quatre courriers qu'on nomme de cabinet' (*OCV*, t.82, p.470).

[48] Signalé notamment par Mézeray (ann.1483) et Velly (ann.1479, §'Divers règlements').

260   Les impositions sous Charles VII, indépendamment du domaine, étaient de dix-sept cent mille livres de compte. Sous Louis XI elles se montèrent jusqu'à quatre millions sept cent mille livres; et la livre étant alors de dix au marc, cette somme revenait à vingt-trois millions cinq cent mille livres d'aujourd'hui. [49] Si en
265 suivant ces proportions, on examine les prix des denrées, et surtout celui du blé qui en est la base, on trouve qu'il valait la moitié moins qu'aujourd'hui. [50] Ainsi avec vingt-trois millions numéraires on faisait précisément ce qu'on fait à présent avec quarante-six.

    Telle était la puissance de la France avant que la Bourgogne,
270 l'Artois, le territoire de Boulogne, les villes sur la Somme, la Provence, l'Anjou, fussent incorporés par Louis XI à la monarchie française. [51] Ce royaume devint bientôt le plus puissant de l'Europe. C'était un fleuve grossi par vingt rivières, et épuré de la fange qui avait si longtemps troublé son cours.

275   Les titres commencèrent alors à être donnés au pouvoir. Louis XI fut le premier roi de France à qui on donna quelquefois le titre de *majesté*, que jusque-là l'empereur seul avait porté, mais que la chancellerie allemande n'a jamais donné à aucun roi, jusqu'à

267   MSP, 54LD-W57G: millions on
269-70   MSP, 54LD: Bourgogne, la Franche-Comté, l'Artois
276-77   MSP, 54LD: donna le titre

[49] Velly cite ce chiffre (ann.1483, §'Etat de ses troupes').
[50] En indiquant que le prix réel du blé a doublé depuis le XVe siècle, Voltaire souhaite sans doute attirer l'attention à la fois sur l'enrichissement concomitant des exploitants, sur un phénomène préoccupant de paupérisation des couches populaires, et sur les difficultés croissantes de l'Etat à intervenir en matière annonaire. A comparer cependant avec cet extrait, tout à fait contradictoire, de l'art. 'Bled ou blé' du *DP* (*QE*, 1770), §3: 'le prix du blé a toujours été assez uniforme, et, année commune, un setier de blé a toujours payé quatre paires de souliers depuis Charlemagne' (*OCV*, t.39, p.412).
[51] La Bourgogne est incorporée au royaume après la mort du Téméraire en 1477, et l'Artois est repris à Maximilien d'Autriche en 1482. La même année, la mort de Charles, duc d'Anjou et comte de Provence, qui a fait de Louis XI son héritier, apporte deux nouvelles provinces au royaume (voir ci-dessous, lignes 300-304). Sur Boulogne et les villes de la Somme, voir ci-dessus, n.13.

nos derniers temps. [52] Les rois d'Arragon, de Castille, de Portugal avaient les titres d'*altesse*. [53] On disait à celui d'Angleterre, *votre grâce*. On aurait pu dire à Louis XI, *votre despotisme*.

Sa puissance.   Nous avons vu par combien d'attentats heureux il fut le premier roi de l'Europe absolu depuis l'établissement du grand gouvernement féodal. Ferdinand le Catholique ne put jamais l'être en Arragon. Isabelle par son adresse prépara les Castillans à l'obéissance passive, mais elle ne régna point despotiquement. [54] Chaque Etat, chaque province, chaque ville avait ses privilèges dans toute l'Europe. Les seigneurs féodaux combattaient souvent ces privilèges, et les rois cherchaient à soumettre également à leur puissance les seigneurs féodaux et les villes. Nul n'y parvint alors que Louis XI, mais ce fut en faisant couler sur les échafauds le sang d'Armagnac et de Luxembourg, en sacrifiant tout à ses soupçons, en payant chèrement les exécuteurs de ses vengeances. [55] Isabelle de Castille s'y prenait avec plus de finesse sans cruauté. Il s'agissait, par exemple, de réunir à la couronne le duché de Placentia; que fait-elle? Ses insinuations et son argent soulèvent les vassaux du duc de Placentia contre lui. Ils s'assemblent, ils demandent à être les vassaux de la reine, et elle y consent par complaisance. [56]

280

285

290

295

279   MSP: nos jours. Les
281-341   MSP, 54LD: *grâce.* ¶On sait que Louis XI se fit donner la Provence par le dernier comte souverain de cet Etat, comme Philippe de Valois s'était fait donner le Dauphiné. L'Anjou et le Maine appartenant au comte de Provence furent réunis encore à la couronne. La Bourgogne mérite une attention plus particulière.//

[52] Cette affirmation provient de Daniel: 'ce terme de Majesté, qu'on n'avait guère jusqu'alors donné aux rois, commença à être mis plus fréquemment en usage sous ce règne' (ann.1474, n.*).

[53] Voir Moréri, *Grand Dictionnaire historique*, art. 'Altesse'.

[54] Sur Ferdinand d'Aragon et Isabelle de Castille, voir ci-dessous, ch.102.

[55] Louis de Luxembourg-Ligny (1418-1475), comte de Saint-Pol, est, en raison de ses intelligences avec la Bourgogne, condamné à mort par le parlement de Paris et décapité en place de Grève.

[56] Voir P.-J. d'Orléans, *Histoire des révolutions d'Espagne* (Paris, 1734, BV2619), livre 8, ann.1468. Cet épisode ne sera pas repris lorsqu'il sera de nouveau question d'Isabelle de Castille. Placencia de las Armas se trouve dans la province de Guipuzcoa, au Pays Basque.

Louis XI en augmentant son pouvoir sur ses peuples par ses
300 rigueurs, augmenta son royaume par son industrie. Il se fit donner
la Provence par le dernier comte souverain de cet Etat, et arracha
ainsi un feudataire à l'empire, comme Philippe de Valois s'était fait
donner le Dauphiné. L'Anjou et le Maine, qui appartenaient au
comte de Provence, furent encore réunis à la couronne. [57] L'habileté,
305 l'argent, et le bonheur accrurent petit à petit le royaume de France,
qui depuis Hugues Capet avait été peu de chose, et que les Anglais
avaient presque détruit. Ce même bonheur rejoignit la Bourgogne
à la France, et les fautes du dernier duc rendirent au corps de l'Etat
une province qui en avait été imprudemment séparée. [58]
310 Ce temps fut en France le passage de l'anarchie à la tyrannie. Ces
changements ne se font point sans de grandes convulsions. [59]
Auparavant les seigneurs féodaux opprimaient, et sous Louis XI
ils furent opprimés. Les mœurs ne furent pas meilleures ni en
France, ni en Angleterre, ni en Allemagne, ni dans le Nord. La
315 barbarie, la superstition, l'ignorance, couvraient la face du monde,
excepté en Italie. [60] La puissance papale asservissait toujours toutes
les autres puissances; et l'abrutissement de tous les peuples qui sont
au-delà des Alpes, était le véritable soutien de ce prodigieux
pouvoir contre lequel tant de princes s'étaient inutilement élevés de

309-41 w56-61: séparée.//

[57] Voir ci-dessus, n.51. Par le testament de Rodolphe III de Bourgogne-Provence,
cette dernière est terre d'empire depuis 1032. Sur le Dauphiné, vendu à la France, en
1349, par le dernier dauphin du Viennois, Humbert II, voir ci-dessus, ch.75
(lignes 404-16).
[58] A la mort de Philippe Ier de Rouvres, à l'âge de quinze ans en 1361, la
Bourgogne, héritage de la dynastie des Robertiens, revient au roi de France, Jean II
le Bon. Trois ans plus tard, celui-ci la donne en apanage à l'un de ses fils, Philippe II
dit le Hardi, fondateur d'une 'dynastie' bourguignonne qui posera beaucoup de
problèmes aux successeurs de Jean II.
[59] Une étape 'nécessaire' est donc franchie sur le long chemin, que Voltaire balise
en quelque sorte, vers cette monarchie puissante, et si possible éclairée, qui lui paraît
le système de gouvernement le plus adapté à la France.
[60] Allusion à la Renaissance italienne. Voir ci-dessus, ch.81, 82.

siècle en siècle. [61] Louis XI baissa la tête sous ce joug pour être plus le   320
maître chez lui. [62] C'était sans doute l'intérêt de Rome que les peuples
fussent imbéciles, et en cela elle était partout bien servie. On était
assez sot à Cologne pour croire posséder les os pourris de trois
prétendus rois qui vinrent, dit-on, du fond de l'Orient apporter de
l'or à l'enfant Jésus dans une étable. On envoya à Louis XI   325
quelques restes de ces cadavres qu'on faisait passer pour ceux de
ces trois monarques dont il n'est pas même parlé dans les Evangiles,
et l'on fit accroire à ce prince qu'il n'y avait que les os pourris des
rois qui pussent guérir un roi. [63] On a conservé une de ses lettres à je
ne sais quel prieur de Notre-Dame-de-Salles, par laquelle il   330
demande à cette Notre-Dame de lui accorder la fièvre quarte,
attendu, dit-il, que les médecins l'assurent qu'il n'y a que la fièvre
quarte qui soit bonne pour sa santé. [64] L'impudent charlatanisme
des médecins était donc aussi grand que l'imbécillité de Louis XI,
et son imbécillité était égale à sa tyrannie. Ce portrait n'est pas   335
seulement celui de ce monarque, c'est celui de presque toute
l'Europe. Il ne faut connaître l'histoire de ces temps-là que pour la
mépriser. [65] Si les princes et les particuliers n'avaient pas quelque

[61] Après le grand schisme, le pontificat de Martin V (1417-1431) a entamé un
redressement qui se poursuit sous ses successeurs, notamment à la faveur de la
préparation d'une croisade contre les Turcs ottomans (voir ci-dessus, ch.91, 92).

[62] Pratiquant, au début de son règne, une politique très gallicane et visant à
entraver les interventions politiques de la papauté, Louis XI, espérant notamment
l'excommunication de ses ennemis, se ménage dans ses dernières années de bonnes
relations avec Rome.

[63] Depuis la destruction de la cathédrale de Milan par Frédéric Ier Barberousse,
châtiant en 1162 une révolte des Lombards, la châsse contenant les 'reliques des Rois
Mages' est exposée dans la cathédrale de Cologne (voir Moréri, art. 'Epiphanie', et
Bruzen de La Martinière, art. 'Cologne'). Le fait que Louis XI s'en soit fait envoyer
des morceaux est notamment mentionné par Duclos (livre 10, ann.1483) et Velly
(ann.1482-1483, §'Son goût pour les reliques').

[64] Voir Velly (ann.1482-1483, §'Quelle était la dévotion de Louis'). La collégiale
de Notre-Dame de Salles se trouve à Bourges.

[65] Lire l'histoire doit servir à éveiller le sens critique du lecteur, notamment à
l'égard de l'obscurantisme, ainsi qu'à mesurer le chemin parcouru depuis la sortie de
la 'barbarie'. Comme souvent dans l'*EM*, Voltaire est ici quelque peu manichéen,

340 intérêt à s'instruire des révolutions de tant de barbares gouvernements, on ne pourrait plus mal employer son temps qu'en lisant
l'histoire.

---

n'hésitant pas à simplifier une réalité historique complexe afin d'augmenter les
contrastes utiles à sa démonstration. Voir aussi J. Goulemot, 'Moyen Age', dans
Inventaire Voltaire (Paris, 1995), p.953-54; et 'Les mythes des origines de la
monarchie française. Voltaire et le Moyen Age', dans D. Gembicki, *Clio au
XVIIIᵉ siècle. Voltaire, Montesquieu et autres disciples* (Paris, 2008), p.131-70.

CHAPITRE 95

De la Bourgogne, et des Suisses, ou Helvétiens, du temps de Louis XI, au quinzième siècle.

Charles le Téméraire, issu en droite ligne de Jean roi de France, possédait le duché de Bourgogne, comme l'apanage de sa maison,

Grandeur des ducs de Bourgogne.

a-133   [*Première rédaction de ce chapitre*: MSP]
a   MSP: Chapitre 65
     54LD: Chapitre13
     w56-w57G: Chapitre 81
     61: Chapitre 91
b-c   MSP: *De la Bourgogne au temps de Louis XI au quinzième siècle.*
       54LD, w56: *De la Bourgogne et des Suisses du temps de Louis XI au quinzième siècle.*
1   MSP: ligne de Charles V, roi

* Après Louis XI, souverain fourbe et cruel, voici Charles de Bourgogne, parfois surnommé 'le Hardi' mais auquel l'épithète de 'Téméraire' convient beaucoup mieux selon Voltaire. Il en dresse en effet un portrait sans nuances: celui d'un homme orgueilleux et gonflé d'ambition jusqu'à se voir en rival du roi de France, et auquel la richesse inouïe de ses Etats, en Flandre notamment (lignes 5-11), a fait perdre toute mesure. Sans aller jusqu'à évoquer la reconstitution, envisagée à son profit par le duc, d'une Lotharingie 'bourguignonne' – et qui est un poncif de notre historiographie contemporaine – il évoque ses entreprises en Lorraine, en Alsace et dans les cantons helvétiques, mais sans s'attarder longuement sur leur fin tragique. Il préfère en effet, procédé familier, s'attacher à accuser le contraste entre le faste présomptueux du duc, et la rupestre mais 'solide' simplicité de ses vainqueurs suisses, valeureux et prospères parce que frugaux. S'éloignant quelque peu de son propos, il ne résiste pas à évoquer au passage une Suisse où ont pénétré, au XVIIIe siècle, 'les douceurs de la société' et 'une saine philosophie' (76-85). Enfin, il en vient au triste destin de Marie de Bourgogne, souveraine à vingt ans, dépouillée d'une grande partie de ses Etats, otage de sujets gantois aux mœurs 'féroces' et mariée contre son gré à Maximilien de Habsbourg lequel, bientôt veuf, sera en butte, lui aussi, aux révoltés flamands. Au passage, il ne manque pas de relever un paradoxe (le diamant du duc vendu pour un écu, 72-74); de mettre en doute une légende historique ('la charrette de peaux de mouton', 51-59); de condamner la vanité des souverains et des papes (41-50); ou encore de s'élever contre l'abus que font les Flamands d'un droit de regard sur la

469

avec les villes sur la Somme que Charles VII avait cédées. [1] Il avait
par droit de succession la Franche-Comté, l'Artois, la Flandre, et
presque toute la Hollande. [2] Ses villes des Pays-Bas florissaient par   5

5-69   MSP: Hollande. Il était un des plus puissants souverains de l'Europe sans
porter le nom de roi. Il voulut être plus puissant encore et subjuguer les Suisses et les
Lorrains leurs voisins. ¶Il n'y avait alors que huit cantons suisses. Fribourg, Soleure,
Bâle, Schaffouse et Appenzel n'étaient pas annexés à la république. Les députés de ces
respectables paysans vinrent remontrer à cet ambitieux que tout leur pays ne valait   5
pas les éperons de ses chevaliers. Mais après lui avoir parlé avec cette simplicité, ils se
défendirent contre lui avec autant de courage que contre la maison d'Autriche. ¶La
gendarmerie couverte

---

politique de leurs souverains (119-26). La conclusion, relative aux rapports pleins de
paradoxes entre 'petite' et grande histoire, montre s'il en est encore besoin, que ce
chapitre remplit parfaitement le rôle assigné par Voltaire à l'histoire, et singulièrement
à l'*EM*: faire réfléchir le lecteur. En l'absence d'ouvrage spécifique sur Charles le
Téméraire, l'*Histoire de France* de Daniel fournit à Voltaire un récit général des
événements, que complète une consultation régulière de l'*Histoire de Louis XI* de C. P.
Duclos (Paris, 1745, BV1124). Pour l'histoire des cantons suisses, il dispose de
l'*Histoire de la confédération helvétique* d'A. L. Wattenwyl (Berne, 1754, BV3832), et a
peut-être également consulté l'*Histoire des Helvétiens* du baron Fr.-J. d'Alt de
Tiefenthal (Fribourg, 1749-1753). Sur les débuts du règne de Maximilien Ier de
Habsbourg, Voltaire a, comme souvent à propos de l'histoire du Saint Empire, recours
à l'*Histoire générale d'Allemagne* de J. Barre (Paris, 1748, BV270). Ce chapitre, présent
dans la version manuscrite, est remanié pour 54LD afin de proposer une approche plus
multi-dimensionelle, et de mettre l'accent sur des éléments peu visibles du contexte
historique, notamment la source des richesses de Charles (lignes 5-11, 72-76) et la
bévue de Louis dans ses calculs dynastiques (99-102), aux conséquences si néfastes.
w56-w57G replace l'impérialisme de Charles dans le contexte économique et politique
du siècle (12-59), alors qu'une conclusion (105-33) désormais dégagée de l'approche
dynastique de MSP et 54LD rejette sur les opiniâtres bourgeois de Gand la
responsabilité des malheurs de l'Europe du XVIe siècle, dominée par Charles Quint.
   [1] En 1364, Jean II le Bon attribue la Bourgogne en apanage à son quatrième fils,
Philippe II le Hardi (duc de Bourgogne de 1364 à 1404). Il est l'arrière-grand-père de
Charles le Téméraire (1467-1477). Sur les villes de la Somme, voir ci-dessus, ch.94,
n.13.
   [2] Le mariage, en 1384, de Philippe II le Hardi avec Marguerite III, fille du comte de
Flandre Louis de Mâle (1346-1384), réunit l'Artois, la Franche-Comté et la Flandre à
la Bourgogne. Propriété depuis un siècle des Wittelsbach, le comté de Hollande est
confisqué à Jacqueline de Bavière par Philippe le Bon en 1433. Dans les Pays-Bas,
seul le comté de Gueldre n'est pas bourguignon à l'avènement du Téméraire.

un commerce qui commençait à approcher de celui de Venise. Anvers était l'entrepôt des nations septentrionales. Cinquante mille ouvriers travaillaient dans Gand aux étoffes de laine. Bruges était aussi commerçante qu'Anvers. Arras était renommée
10   pour ses belles tapisseries, qu'on nomme encore de son nom en Allemagne, en Angleterre et en Italie. [3]

Les princes étaient alors dans l'usage de vendre leurs Etats quand ils avaient besoin d'argent, comme aujourd'hui on vend sa terre et sa maison. Cet usage subsistait depuis le temps des
15   croisades. Ferdinand roi d'Arragon vendit le Roussillon à Louis XI avec faculté de rachat. [4] Charles duc de Bourgogne venait d'acheter la Gueldre. [5] Un duc d'Autriche lui vendit encore tous les domaines qu'il possédait en Alsace et dans le voisinage des Suisses. [6] Cette acquisition était bien au-dessus du prix que Charles
20   en avait payé. Il se voyait maître d'un Etat contigu des bords de la Somme jusqu'aux portes de Strasbourg. Il n'avait qu'à jouir. Peu de rois dans l'Europe étaient aussi puissants que lui; aucun n'était

11-60   54LD: Italie. ¶Le duc de Bourgogne n'avait qu'à jouir; il était un des plus puissants souverains de l'Europe, sans porter le nom de roi. Il voulut être plus puissant encore et subjuguer les Suisses et les Lorrains leurs voisins. Les vastes projets de son ambition furent la véritable cause de cette guerre. Une querelle pour
5   une charrette de peaux de mouton en fut le prétexte. ¶Il n'y

[3] Voir J.-B. Christyn, *Histoire générale des Pays-Bas, contenant la description des XVII provinces* (Bruxelles, 1710; Bruxelles, 1720, BV768).
[4] Voir Duclos, livre 8, ann.1478.
[5] Voir Christyn, t.1, p.18-19 (ch. 'Description générale du pays'). En 1473, Arnold d'Egmont vend la Gueldre au duc de Bourgogne afin qu'elle ne revienne pas à son fils Adolphe, avec lequel il est en guerre.
[6] Voir L. Laguille, *Histoire de la province d'Alsace, depuis Jules César jusqu'au mariage de Louis XV* (Strasbourg, 1727), qui cite la vente, en 1469, à Charles le Téméraire, 'pour quatre-vingt mille florins d'or', par le duc Sigismond Ier d'Autriche (1427-1496) 'de tout ce qui lui appartenait dans le landgraviat d'Alsace, le Brisgau, le Sundgau et le comté de Ferrette' (livre 31, ann.1470). Ferrette (auj. département du Haut-Rhin) est frontalière de la Suisse. Les villes rhénanes de Rheinfelden, Soggingen (auj. Bad Säckingen), Lauffenburg et Waldshut sont également cédées à la Bourgogne (voir ci-dessous, n.11).

plus riche et plus magnifique. [7] Son dessein était de faire ériger ses Etats en royaume: ce qui pouvait devenir un jour très préjudiciable à la France. Il ne s'agissait d'abord que d'acheter le diplôme de l'empereur Frédéric III. L'usage subsistait encore de demander le titre de roi aux empereurs; c'était un hommage qu'on rendait à l'ancienne grandeur romaine. La négociation manqua, et Charles de Bourgogne, qui voulait ajouter à ses Etats la Lorraine et la Suisse, était bien sûr, s'il eût réussi, de se faire roi sans la permission de personne. [8]

1474. Son ambition ne se couvrait d'aucun voile, et c'est principalement ce qui lui fit donner le surnom de *téméraire*. [9] On peut juger de son orgueil par la réception qu'il fit à des députés de Suisse. Des écrivains de ce pays assurent que le duc obligea ces députés de lui parler à genoux. [10] C'est une étrange contradiction dans les mœurs d'un peuple libre, qui fut bientôt après son vainqueur.

Origine de la Voici sur quoi était fondée la prétention du duc de Bourgogne, à
guerre contre les laquelle les Helvétiens se soumirent. Plusieurs bourgades suisses
Helvétiens. étaient enclavées dans les domaines vendus à Charles par le duc d'Autriche. [11] Il croyait avoir acheté des esclaves. Les députés des communes parlaient à genoux au roi de France; le duc de

30   MSP: [*manchette*] *1476.*

[7] Le faste de la cour de Bourgogne était proverbial. Daniel: 'l'abondance était dans tous les Etats de Bourgogne' (ann.1475, §'Le roi vient à Lyon').

[8] Sur cette négociation avortée, à Trèves, avec l'empereur, voir Daniel (ann.1474, §'Il pense'). Sur les ambitions du duc en Lorraine, en Suisse, et jusqu'en Lombardie, voir Daniel (ann.1475, §'Vastes projets').

[9] Voir les *Annales de l'Empire*: 'Ce duc de Bourgogne aussi entreprenant que l'empereur l'était peu, inquiète tous ses voisins et presque tous à la fois. On ne pouvait mieux mériter le nom de *Téméraire*' (ann.1473-1474, p.457).

[10] Voir Wattenwyl, ann.1474, §'Les Suisses envoyent des ambassadeurs'.

[11] Pierre de Hagenbach, intendant du duc de Bourgogne pour ses nouveaux domaines d'Alsace et de Suisse, fait planter des drapeaux bourguignons dans le bailliage, bernois, de Schenckenberg, et ne les retire pas malgré les protestations des Suisses (d'Alt de Tiefenthal, ann.1470, t.4, p.447-48). Selon *La Géographie universelle* de J. Hübner (Bâle, 1746, BV1686), le château de Schenkenberg est voisin de ceux de Bruneck, Biberstein et Wildenstein, entre Aarau et la ville 'bourguignonne' de Bad Säckingen (voir ci-dessus, n.6).

Bourgogne avait conservé l'étiquette des chefs de sa maison. Nous avons d'ailleurs remarqué que plusieurs rois à l'exemple de
45 l'empereur avaient exigé qu'on fléchît un genou en leur parlant, ou en les servant; que cet usage asiatique avait été introduit par Constantin, et précédemment par Dioclétien. De là même venait la coutume qu'un vassal fît hommage à son seigneur les deux genoux en terre. De là encore l'usage de baiser le pied droit du pape. [12]
50 C'est l'histoire de la vanité humaine.

Philippe de Comines et la foule des historiens qui l'ont suivi, prétendent que la guerre contre les Suisses, si fatale au duc de Bourgogne, fut excitée pour une charrette de peaux de mouton. Le plus léger sujet de querelle produit une guerre, quand on a envie de
55 la faire: mais il y avait déjà longtemps que Louis XI animait les Suisses contre le duc de Bourgogne, et qu'on avait commis beaucoup d'hostilités de part et d'autre avant l'aventure de la charrette: il est très sûr que l'ambition de Charles était l'unique sujet de la guerre. [13]
60 Il n'y avait alors que huit cantons suisses confédérés. [14] Fribourg,

60 54LD-W57G: suisses. Fribourg

[12] Les cas mentionnés précédemment ne concernent qu'un fléchissement des deux genoux face au pape ou à un souverain, en signe d'allégeance, de vassalité (ch.48, lignes 71-74, notre t.3, p.174), ou de demande de pardon. Nulle part n'est évoquée l'origine asiatique de cet usage, ni son introduction en Occident par Dioclétien et Constantin. Par contre, l'art. 'Alexandre' des *QE* donne les informations suivantes: 'Les membres des parlements de France parlent à genoux au roi dans leurs lits de justice; le tiers état parle à genoux dans les états généraux. On sert à genoux un verre de vin au roi d'Angleterre. Plusieurs rois de l'Europe sont servis à genoux à leur sacre. On ne parle qu'à genoux au Grand Mogol, à l'empereur de la Chine, à l'empereur du Japon. Les colaos de la Chine d'un ordre inférieur fléchissent les genoux devant les colaos d'un ordre supérieur; on adore le pape, on lui baise le pied droit' (*OCV*, t.38, p.183-84).

[13] Sur l'épisode du chariot, voir les *Mémoires* de P. de Commynes, rééd. D. Godefroy et P. N. Lenglet Du Fresnoy (Londres et Paris, 1747, BV831), livre 5, ch.1, ann.1476.

[14] Sur les 'huit cantons', voir Wattenwyl (ann.1352, §'Berne entre dans la confédération'). Sur les autres cantons mentionnés par Voltaire, voir Wattenwyl

Soleure, Schaffouse et Appenzel n'étaient pas encore entrés dans l'union. Basle, ville impériale, que sa situation sur le Rhin rendait puissante et riche, ne faisait pas partie de cette république naissante, connue seulement par sa pauvreté, sa simplicité et sa valeur. Les députés de Berne vinrent remontrer à cet ambitieux, que tout leur pays ne valait pas les éperons de ses chevaliers. Ces Bernois ne se mirent point à genoux; ils parlèrent avec humilité, et se défendirent avec courage. [15]

1476.   La gendarmerie du duc couverte d'or fut battue et mise deux fois dans la plus grande déroute, par ces hommes simples, qui furent étonnés des richesses trouvées dans le camp des vaincus. [16]

Aurait-on prévu, lorsque le plus gros diamant de l'Europe pris par un Suisse à la bataille de Granson fut vendu au général pour un écu, [17] aurait-on prévu alors qu'il y aurait un jour en Suisse des villes aussi belles et opulentes que l'était la capitale du duché de Bourgogne? Le luxe des diamants, des étoffes d'or y fut longtemps

65   54LD: députés de ces respectables paysans vinrent
66-68   54LD: chevaliers. Il n'y a rien de plus beau que la conduite des Suisses, car ils parlèrent avec
69   54LD: deux fois [*avec note*: 1476.]
71-86   MSP: vaincus. ¶Un Suisse qui se saisit du plus gros diamant du duc de Bourgogne, lequel est actuellement au trésor de Florence, le vendit à un prêtre pour un florin, et le prêtre le revendit au général suisse pour un écu. Il voulut se venger
73   54LD: bataille fut vendu au général suisse pour

(ann.1481, §'Fribourg et Soleure'; ann.1501, §'Bale et Schaffhausen entrent dans la confédération'; ann.1513, §'Appenzell est reçu pour le treizième canton').

[15] Voir Daniel (ann.1475, §'Il ne peut empêcher') et Wattenwyl (ann.1475, §'Les Bernois'). Berne et Fribourg entrent en campagne le 9 octobre 1475.

[16] Allusion aux lourdes défaites bourguignonnes de Grandson, non loin d'Yverdon (2 mars 1476), et de Morat (Murten), entre Neuchâtel et Berne (22 juin 1476). Le terme de 'gendarmerie' est utilisé ici pour désigner l'élite des troupes bourguignonnes, par assimilation avec les 'gendarmes' français, de très haute réputation. Voir Daniel, *Histoire de la milice française* (Paris, 1721; 1728, BV939), livre 10, ch.2.

[17] On trouve cette anecdote chez de nombreux auteurs, notamment Duclos, qui précise que 'c'est aujourd'hui le second diamant de la couronne' de France (livre 8, ann.1476).

ignoré; et quand il a été connu, il a été prohibé: mais les solides richesses, qui consistent dans la culture de la terre, y ont été recueillies par des mains libres et victorieuses. Les commodités de
80 la vie y ont été recherchées de nos jours. Toutes les douceurs de la société, et la saine philosophie, sans laquelle la société n'a point de charme durable, ont pénétré dans des parties de la Suisse où le climat est le plus doux, et où règne l'abondance. Enfin dans ces pays autrefois si agrestes, on est parvenu en quelques endroits à joindre
85 la politesse d'Athènes à la simplicité de Lacédémone. [18]

Cependant Charles le Téméraire voulut se venger sur la *Mort de Charles*
Lorraine, et arracher au duc René légitime possesseur, la ville de *le Téméraire.*

[18] Cet éloge, datant de 1753, de la prospère frugalité helvétique développe en quelque sorte le paragraphe intitulé 'Bonheur de la Suisse' du ch.67 (notre t.3, p.554-55). Les vraies et 'solides richesses', celles de la terre, importent seules aux sages et libres Helvètes, qui cultivent par ailleurs les 'douceurs de la société' et la 'saine philosophie'. On sait qu'à compter de son séjour à Prangins, près de Nyon, en décembre 1754, Voltaire ne quittera plus ces régions. Il évoque à deux reprises dans sa correspondance les avantages de la Suisse et de Genève, où 'l'on n'est occupé que de ses devoirs, de son commerce, et de l'agriculture, et où les douceurs de la société ne sont jamais aigries par des querelles d'auteurs' (de Genève, au *Journal encyclopédique*, 5 janvier 1760, D8696; voir aussi D7174, de Monrion, au pasteur Jacob Vernes, février 1757). Quant à la notion de 'saine philosophie', la douzaine d'occurrences relevée dans ses œuvres montre qu'il entend avant tout par là une raisonnable modération, que ce soit entre athéisme et fanatisme religieux ou, en matière scientifique, entre hasard et déterminisme (voir, par exemple, les art. 'Athée, Athéisme' du *DP*, *OCV*, t.35, p.375-92, et 'Lettres, gens de lettres, ou lettrés', t.36, p.285-88; 'Athéisme' des *QE*, *OCV*, t.39, p.150-95; *LP*, 12, p.152-58; l'article sur les œuvres de Maupertuis dans la *Bibliothèque raisonnée des ouvrages savants de l'Europe*, t.49, juillet-août-septembre 1752, art.10, p.159; les *Questions sur les miracles*, 1765, lettre 2, *M*, t.25, p.373). Le refus du luxe par les Suisses, dès avant la réforme protestante, est signalé à quatre reprises, et en différents cantons, par d'Alt de Tiefenthal (t.4, p.80, 451-52, 480). Le parallèle que fait Voltaire entre la Suisse et les deux grandes cités grecques est unique dans son œuvre. S'il semble admirer ici la simplicité spartiate des Helvètes, il écrira cependant, en 1771, à l'art. 'Luxe' des *QE*: 'Quel bien Sparte fit-elle à la Grèce? Eut-elle jamais des Démosthène, des Sophocle, des Apelle, et des Phidias? Le luxe d'Athènes a fait des grands hommes en tout genre; Sparte a eu quelques capitaines, et encore en moins grand nombre que les autres villes. Mais à la bonne heure qu'une aussi petite république que Lacédémone conserve sa pauvreté. On arrive à la mort aussi bien en manquant de tout qu'en jouissant de ce qui peut rendre la vie agréable' (§2, *M*, t.20, p.17).

Nanci, qu'il avait déjà prise une fois.[19] Mais ces mêmes Suisses vainqueurs, assistés de ceux de Fribourg et de Soleure, dignes par là d'entrer dans leur alliance, défirent encore l'usurpateur, qui paya de son sang le nom de *téméraire* que la postérité lui donne.[20]

Ce fut alors que Louis XI s'empara de l'Artois et des villes sur la Somme, du duché de Bourgogne comme d'un fief mâle, et de la ville de Besançon, par droit de bienséance.[21]

La princesse Marie, fille de Charles le Téméraire, unique héritière de tant de provinces, se vit donc tout d'un coup dépouillée des deux tiers de ses Etats. On aurait pu joindre encore au royaume de France les dix-sept provinces qui restaient à peu près à cette princesse, en lui faisant épouser le fils de Louis XI. Ce roi se flatta

88-89   MSP, 54LD: Suisses, ses vainqueurs
97   MSP: On pouvait joindre
99-103   MSP: Louis XI. Deux grandes héritières, Marie de Bourgogne et Anne de Bretagne, fille du dernier duc, près de mourir, semblaient se disputer alors à qui porterait ses Etats au dauphin de France. On donna la préférence à l'héritière de Bretagne et on espéra, mais en vain, ôter à Marie de Bourgogne la Flandre et la Hollande. Les Gantois[22]

[19] En 1475, Charles le Téméraire a pris Nancy (Daniel, *Histoire de France*, ann.1475, §'Avantages'), qui est reprise l'année suivante par René II de Lorraine (1473-1508) (Daniel, ann.1476).

[20] Daniel parle plutôt de Fribourg et Zurich comme alliés des Bernois aux côtés de René II (ann.1476, §'E[s]t tué sans être connu'); d'Alt de Tiefenthal seulement de Zurich (t.5, p.75); Duclos évoque 'les Suisses', sans autre précision (livre 8, ann.1477). Charles le Téméraire meurt au combat de Nancy le 5 janvier 1477.

[21] Fief mâle: transmis uniquement par descendance masculine. C'est en tant que descendant de Jean II le Bon, en ligne directe masculine et à la quatrième génération, que Louis XI peut légitimement reprendre la Bourgogne (voir ci-dessus, n.1). Selon le *Dictionnaire de l'Académie*: 'On dit *par droit de bienséance*, pour dire sans avoir aucun autre droit que sa propre convenance, sa propre commodité.' Bien qu'enclavée en Franche-Comté, Besançon est ville libre du Saint Empire. Selon Daniel elle se met 'en la garde et possession' du roi le 3 juillet 1479 (ann.1479). Selon Duclos, 'ceux de Besançon se rendirent au roi aux mêmes conditions qu'ils s'étaient donnés aux derniers ducs de Bourgogne; disant qu'ils faisaient une association avec lui comme étant comte de Franche-Comté' (livre 9, ann.1479, 8 juillet).

[22] Duclos: 'Louis XI n'a pas toujours été aussi grand politique qu'on le suppose [...] Il manqua, pour le dauphin, le mariage de Marie de Bourgogne, et négligea celui

100 vainement d'avoir pour bru celle qu'il dépouillait: et ce grand
politique manqua l'occasion d'unir au royaume la Franche-Comté
et tous les Pays-Bas. [23]

Les Gantois, et le reste des Flamands, plus libres alors sous leurs
souverains, que les Anglais mêmes ne le sont aujourd'hui sous leurs
105 rois, destinèrent à leur princesse Maximilien fils de l'empereur
Frédéric III.

Aujourd'hui les peuples apprennent les mariages de leurs
princes, la paix et la guerre, les établissements des impôts, et
toute leur destinée, par une déclaration de leurs maîtres; il n'en était
110 pas ainsi en Flandres. Les Gantois voulurent que leur princesse
épousât un Allemand, et ils firent couper la tête au chancelier de
Marie de Bourgogne, et à Imbercourt son chambellan, parce qu'ils
négociaient pour lui donner le dauphin de France. Ces deux
ministres furent exécutés aux yeux de la jeune princesse, qui
115 demandait en vain leur grâce à ce peuple féroce. [24]

105-33   MSP, 54LD: rois, firent épouser à leur princesse Maximilien, fils de
l'empereur Frédéric III et ce mariage, auquel la princesse survécut peu, fut la source
de toutes les guerres qui pendant tant d'années ont mis la maison de France aux mains
avec celle d'Autriche.//

d'Anne de Bretagne' (livre 10, ann.1483). Le duc François II de Bretagne ne mourra
qu'en 1488, sa fille Anne épousant d'abord, par procuration, en 1490, Maximilien Ier
de Habsbourg, puis, l'année suivante, le roi de France Charles VIII, le premier
mariage étant, sur pression de la France, annulé par le pape (voir ci-dessous, ch.101).

[23] Agée de vingt ans seulement à la mort de son père, Marie, duchesse de
Bourgogne, se marie en août 1477 avec Maximilien de Habsbourg, futur empereur du
Saint Empire. Les 'dix-sept provinces' sont celles des Pays-Bas, mais Voltaire
anticipe, car elles ne seront réunies que sous Charles Quint, petit-fils de Marie. Sur le
projet de mariage avec le dauphin, que conteste Commynes, voir les longs
développements de Duclos, qui évoque 'ceux qui [comme Voltaire ici] déplorent
avec raison que ce mariage n'ait pas été fait' (livre 8, ann.1477).

[24] L'allusion de Voltaire à la tradition de liberté des Flamands, et particulièrement
des Gantois (voir ci-dessous, n.27), fait référence aux multiples révoltes gantoises
des XIVe et XVe siècles. Réunis à Gand par Marguerite, les Etats de Flandre
's'emparent bientôt du gouvernement' et veulent 'imposer des lois à la souveraine',
de laquelle ils vont en effet obtenir le Grand Privilège (Duclos, livre 8, ann.1477).

Mariage de sa fille.

Maximilien depuis empereur, mis en prison par ses bourgeois de Bruges.

Maximilien appelé par les Gantois plus que par la princesse, vint conclure ce mariage comme un simple gentilhomme qui fait sa fortune avec une héritière; sa femme fournit aux frais de son voyage, à son équipage, à son entretien. ²⁵ Il eut cette princesse, mais non ses Etats: il ne fut que le mari d'une souveraine; et même lorsque après la mort de sa femme on lui donna la tutelle de son fils, lorsqu'il eut l'administration des Pays-Bas, lorsqu'il venait d'être élu roi des Romains et César, les habitants de Bruges le mirent quatre mois en prison en 1488, pour avoir violé leurs privilèges. ²⁶ Si les princes ont abusé souvent de leur pouvoir, les peuples n'ont pas moins abusé de leurs droits. ²⁷

120

125

Selon Daniel, elle est pratiquement prisonnière de ses sujets (ann.1477, §'Les Gantois envoient'). A propos de leur influence sur le mariage avec Maximilien, il est cependant moins affirmatif que Voltaire. Accusés d'avoir livré Arras au roi de France, et projeté avec lui de faire enlever Marie de Bourgogne pour la marier au dauphin – ce qu'elle avait, en fait, elle-même proposé – Guillaume Hugonet, chancelier de Bourgogne, et Guy de Brimeu, seigneur d'Humbercourt, chevalier de la Toison d'or et conseiller de Charles le Téméraire, sont condamnés à mort par une cour composée de grands nobles et d'échevins gantois, et décapités le 3 avril 1477. Voir le récit dramatique de Daniel, dont Voltaire reprend ici, avec modération cependant, l'indignation (ann.1477, §'Ce qui coûte'). L'expression 'peuple féroce' se retrouve à deux autres reprises dans l'*EM* (ch.180, 195) ainsi que dans le *Traité sur la tolérance* (1763; ch.9, *OCV*, t.56c, p.176).

²⁵ Voir Daniel (ann.1477, §'Avarice') et Duclos (ann.1477, 8 août). Sur le peu de désir que Marie avait de l'épouser, voir ci-dessus, n.24.

²⁶ Daniel signale qu'après la mort inopinée, en mars 1482, de Marie de Bourgogne, les Gantois se saisissent de ses enfants, les futurs Philippe le Beau et Marguerite d'Autriche, et n'en accordent la tutelle à Maximilien qu'après qu'il ait accepté de marier sa fille au dauphin de France, le futur Charles VIII (ann.1482, §'Le roi profite'). Ce n'est qu'après de nouveaux affrontements victorieux avec les Gantois que Maximilien obtient, en juillet 1485, la reconnaissance définitive de cette tutelle, et le gouvernement des Pays-Bas. Voir Barre, ann.1485, t.7, p.740-41; et ann.1486, p.750; 1488, p.755; Daniel, ann.1488, §'Les Gantois se soulèvent'.

²⁷ Souvent ambivalent en matière politique, Voltaire, qui paraissait plutôt louer le droit des Flamands à se mêler des affaires de l'Etat (lignes 106-10), adopte ici une attitude sans équivoque quant aux limites du 'droit de résistance' des peuples face à l'arbitraire des souverains: 'séditions' et 'émotions populaires' ne sont en aucun cas acceptables. Voir, à ce sujet, S. Goyard-Fabre, 'Démocratie', *DgV*, p.288-89.

Ce mariage de l'héritière de Bourgogne avec Maximilien fut la source de toutes les guerres qui ont mis pendant tant d'années la maison de France aux mains avec celle d'Autriche. C'est ce qui produisit la grandeur de Charles-Quint; c'est ce qui mit l'Europe sur le point d'être asservie:[28] et tous ces grands événements arrivèrent, parce que des bourgeois de Gand s'étaient opiniâtrés à marier leur princesse.

130

[28] Le mariage entre Marie et Maximilien fait tomber les Pays-Bas – qui vont d'Arras et Luxembourg jusqu'à la Frise – dans l'orbite habsbourgeoise, faisant des dynastes austro-espagnols les ennemis 'naturels' de la France jusqu'au 'renversement des alliances' de 1756. En faisant un parallèle entre 'tous ces grands événements' et 'l'obstination' des Gantois, Voltaire pratique un de ces raccourcis dont il est familier entre grande et 'petite' histoire, soulignant les conséquences incalculables que peut avoir un événement en apparence anecdotique, tels le 'nez de Cléopâtre' de Pascal, ou ici même 'la charrette de peaux de mouton' invoquée par Commynes.

479

CHAPITRE 96

Du gouvernement féodal après Louis XI, au quinzième siècle.

Vous avez vu[1] en Italie, en France, en Allemagne, l'anarchie se

a-122   [*Première rédaction de ce chapitre:* 54LD*, *où il a été inséré tout entier en manuscrit, commençant à la ligne 24. Les lignes 1-23 sont un ajout de 1756*]
    a   w56-w57G: Chapitre 83
        61: Chapitre 92
  1-23   54LD*: [*absent*]

* Dans 54LD, le ch.95 est suivi de l'actuel ch.102, les ch.97-101 ayant été ajoutés seulement en 1761, tandis que le présent chapitre (après la ligne 23) est un ajout fait 'à la réflexion' et de façon quelque peu impromptue, entre l'impression de 54LD et celle de w56. Un exemplaire (notre 54LD*) comprenant ce texte en version manuscrite a été envoyé par Voltaire à Clavel de Brenles en février 1755: 'Voici mon cher monsieur ce tome troisième. [...]. Je vous envoie un exemplaire tel qu'il a été imprimé. J'y joints un autre exemplaire tel à peu près qu'il paraîtra dans l'édition complète de l'*histoire générale*. Je vous prie de [...] garder l'autre comme un manuscrit et une esquisse que mon amitié vous présente' (D6171). Dans ce chapitre, Voltaire fait le point sur ce qu'il a déjà dit du système féodal en France et ailleurs en Europe, particulièrement en Allemagne. Il explique une fois de plus l'essentiel du système avant de commenter son déclin, et de souligner (lignes 95-113) son caractère, foncièrement injuste puisqu'il s'est imposé par la force, et les incohérences dues aux conditions historiques très différentes de son établissement et de ses évolutions. Ce faisant, il est conscient du vif débat en France sur la préséance des pairs, et donc sur les origines du gouvernement féodal. Comme Montesquieu, Voltaire prend parti pour les critiques de 'l'anarchie féodale', terme qui ne lui est pas propre, mais dont il se sert en maints endroits. En dépit de ce qu'il vient de dire sur Louis XI, Voltaire est un défenseur de la monarchie absolue – son *Siècle de Louis XIV* est paru deux ans seulement avant la rédaction de ce chapitre. Pour ce qui est de l'Allemagne (lignes 65-78), le gouvernement et le droit féodal sont deux des leitmotive les plus importants des *Annales de l'Empire*, rédigées en 1753. Le droit féodal, par exemple, y figure comme 'le droit du plus fort', 'incertain', 'sujet de mille disputes indécises' (p.458, 375, 439); d'Henri l'Oiseleur Voltaire dit qu'il 'tire de l'anarchie féodale ce qu'on peut en tirer' (p.266); sous Frédéric Ier Barberousse, l'Allemagne est ravagée par une guerre civile, 'effet naturel du gouvernement féodal' (p.328), et ainsi de suite.

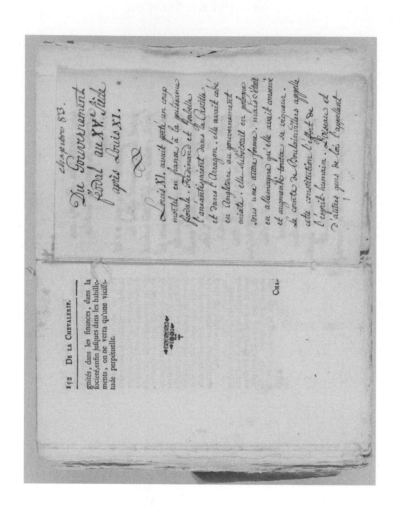

5. 54LD*, *Essai sur l'histoire générale*, t.3, le nouveau ch.83 (Fonds Clavel, Lausanne, BCU, cote D110).

On peut peut-être voir dans la composition des *Annales* un des points d'origine de cet ajout à l'*EM* fin 1754 ou début 1755. Voltaire se concentre ici sur les conséquences légales et juridiques de ce système de gouvernement; il passe sous silence les aspects guerriers de l'établissement du système féodal, qu'il avait signalés au ch.50 (notre t.3, p.196 et suiv.) et qu'il traite brièvement au ch.97. La structure de ce court chapitre témoigne d'une composition hâtive et sans plan d'ensemble. Les lignes 1-23, ajoutées en 1761, font état du système féodal sous l'empire carolingien, auquel Voltaire revient aux lignes 54-69, après avoir sauté plusieurs siècles pour retomber sur le XVe. Grâce à la lettre citée ci-dessus, et à ce que nous dit la correspondance sur la composition du tome 3 de l'*EM* aux mois de juin/juillet 1754 lors du séjour de Voltaire à Colmar, nous pouvons émettre l'hypothèse que les apports vraiment nouveaux de ce chapitre remontent aux recherches faites en juin dans la bibliothèque de dom Calmet à Senones. Cette bibliothèque était vaste et impressionnante (D5843, D5848, entre autres), mais nous ne savons rien de son contenu précis. Les ouvrages du XVIIe siècle sur les origines du système féodal abondent, et ne diffèrent pas beaucoup, tous citant les mêmes faits et les mêmes exemples. Parmi les plus importants, citons J. Du Tillet, *Recueil des rois de France* (Paris, 1607); C. Loyseau, *Traité des seigneuries* (Paris, 1608); E. Pasquier, *Recherches sur la France* (Paris, 1643), et L. Chantereau Le Febvre, *Traité des fiefs et de leur origine* (Paris, 1662). Voltaire fait usage dans plusieurs chapitres de l'*EM* des ouvrages historiques du comte de Boulainvilliers, publiés à titre posthume et de manière chaotique en Hollande et en Angleterre à partir de 1727 (voir la bibliographie établie par H. E. Ellis, *Boulainvilliers and the French monarchy*, Ithaca, NY, 1988, p.215-52, mais aussi celle, plus complète, proposée par D. Venturino, *Le Ragioni della tradizione. Nobiltà e mondo moderno in Boulainvilliers*, Florence, 1993, p.319-405). Les *marginalia* de Voltaire dans l'*Histoire de l'ancien gouvernement de la France. Avec XIV lettres historiques sur les parlements ou états-généraux* de Boulainvilliers (La Haye et Amsterdam, 1727, BV231) sont exceptionnellement nombreuses (*CN*, t.1, p.433-93); en particulier, pour ce chapitre, une source importante est la Lettre IV ('Détail du gouvernement féodal et de l'établissement des fiefs', *CN*, t.1, p.455-59). Tout au long du XVIIIe siècle, des éditeurs peu regardants ont republié à plusieurs reprises des versions incomplètes des œuvres historiques de Boulainvilliers, les réunissant parfois à d'autres textes, tel que l'*Etat de la France*, que Voltaire connaissait également, ou bien les publiant séparément (voir, par exemple, les *Lettres sur les anciens parlements de France*, Londres, 1753; les références à la Lettre IV ci-dessous renvoient à cette édition). En tout cas, des informations et des idées semblables sont présentes dans plusieurs textes de Boulainvilliers et il n'est pas toujours aisé d'identifier avec précision le lieu de l'emprunt voltairien. Le *Traité de la noblesse* de G. A. de La Roque de La Lontière (Rouen, 1734, BV1929) est également une source importante pour ce chapitre et les suivants. Mézeray fournit une section intitulée 'Mœurs et coutumes des Français' faisant suite au chapitre sur Hugues Capet dans son *Abrégé chronologique de l'histoire de France*. On constatera que tous

tourner en despotisme sous Charlemagne, et le despotisme détruit par l'anarchie sous ses descendants. [2]

Vous savez que c'est une erreur de penser que les fiefs n'eussent jamais été héréditaires avant les temps de Hugues Capet. La Normandie est une assez grande preuve du contraire. [3] La Bavière et l'Aquitaine avaient été héréditaires avant Charlemagne. [4] Presque

---

ces historiens traitent uniquement de l'histoire de France; la perspective comparative est propre à Voltaire, qui semble se baser sur ce qu'il avait déjà évoqué dans les chapitres antérieurs de l'*EM*, où J. Heiss von Kogenheim (*Histoire de l'Empire*, La Haye, 1685, BV1604; éd. consultée, Amsterdam, 1733) était sa source principale sur le gouvernement de l'empire.

[1] Comme dans plusieurs autres chapitres (voir, par exemple, les débuts des ch.68, 69, 81, 83, ci-dessus), Voltaire s'adresse directement au lecteur dans son entrée en matière.

[2] Voltaire consacre neuf chapitres de l'*EM* à l'empire de Charlemagne et son gouvernement. Sur le despotisme de Charlemagne, voir, en particulier, ch.15: 'La réputation de Charlemagne est une des plus grandes preuves que les succès justifient l'injustice et donnent la gloire' (notre t.2, p.256); et, sur la chute de l'empire, ch.24: 'son empire éprouva ce qui était arrivé à celui d'Alexandre [...] fondé avec précipitation, il s'écroula de même' (p.363). Les origines du gouvernement féodal sont traitées au ch.33.

[3] Même chose dans le *Saint-Fargeau notebook* (*OCV*, t.81, p.116). L'importance du caractère plus ou moins héréditaire des fiefs ainsi que le rôle majeur du règne de Hugues Capet dans l'histoire du système féodal, apparaissent dans presque toutes les sources. Voltaire conteste peut-être ici plus spécifiquement la position prise par Du Tillet (§'De l'origine des Français') ou Chantereau Le Febvre (livre 2, ch.1). Voir la Lettre IV de Boulainvilliers, sur laquelle Voltaire s'appuie régulièrement et qui réfute presque systématiquement l'ouvrage de Chantereau Le Febvre: 'L'on sait parfaitement qu'il n'était aucun duché ni comté dans le royaume qui ne fut inféodé longtemps avant Hugues Capet. L'exemple seul de la Normandie, cédée par Charles le Simple, l'an 912 à titre de fief, ne saurait souffrir de réplique' (p.105; voir également p.103).

[4] Pour la Bavière, voir ch.33: 'Avant Charlemagne, Tassillon possédait le duché de Bavière à condition d'un hommage; et ce duché eût appartenu à ses descendants, si Charlemagne, ayant vaincu ce prince, n'eût dépouillé le père et les enfants' (notre t.2, p.472, et n.11, la citation de Dubos). Dans la version primitive Voltaire évoque l'Aquitaine dans le même contexte que celui de la Bavière (p.472 var.). Même chose chez Pufendorf: 'Il rendit Tassillon son vassal et contraignit le duc d'Aquitaine de plier sous le joug de sa domination' (*Introduction à l'histoire générale et politique de l'univers*, éd. consultée, Amsterdam, 1722, t.2, ch.5, §18).

tous les fiefs l'étaient en Italie sous les rois lombards. [5] Du temps de
Charles le Gros et de Charles le Simple, les grands officiers
10 s'arrogèrent les droits régaliens, ainsi que quelques évêques. [6]
Mais il y avait toujours eu des possesseurs de grandes terres, des
Sires en France, des *Herren* en Allemagne, des *Ricos Hombres* en
Espagne. [7] Il y a toujours eu aussi quelques grandes villes
gouvernées par leurs magistrats, comme Rome, Milan, Lyon,
15 Rheims, etc. Les limites des libertés de ces villes, celles du pouvoir
des seigneurs particuliers, ont toujours changé. La force et la
fortune ont toujours décidé de tout. [8] Si les grands officiers devinrent
des usurpateurs, le père de Charlemagne l'avait été. Ce Pépin,
petit-fils d'un Arnoud précepteur de Dagobert et évêque de Metz,
20 avait dépouillé la race de Clovis. Hugues Capet détrôna la postérité
de Pépin: et les descendants de Hugues ne purent réunir tous les
membres épars de cette ancienne monarchie française, laquelle
avant Clovis n'avait été jamais une monarchie. [9]
Louis XI avait porté un coup mortel en France à la puissance

22-24 w56-61: française. ¶Louis XI

[5] Ci-dessous, lignes 55-57 et note.

[6] Voir Mézeray, 'Mœurs et coutumes des Français', ainsi que ch.33, par exemple:
'Les évêques de plusieurs grands sièges, déjà puissants par leurs dignités, n'avaient
plus qu'un pas à faire pour être princes: et ce pas fut bientôt fait' (notre t.2, p.462).

[7] Même chose ci-dessous, ch.98, lignes 30-31. Voltaire est plus explicite au ch.27, à
propos du Xe siècle: 'Les seigneurs de fief commencèrent alors à prendre le titre de
rich-homes, *ricos hombres*; riches signifiant possesseurs de terres' (notre t.2, p.411).

[8] Voir Boulainvilliers, Lettre IV: 'l'on commença sous le règne de Louis le Gros à
affranchir les grosses villes, c'est-à-dire à accorder à leurs habitants en général des
chartes de libertés et des coutumes, accompagnées de la remise du droit d'imposer
des tailles à volonté' (p.133; voir également p.119-20). Voltaire propose ici une
véritable leçon de philosophie de l'histoire au sujet des constantes vicissitudes du
pouvoir et du règne, tout aussi constant dans l'histoire, de la violence (voir ch.33,
ligne 1, notre t.2, p.467) et du hasard.

[9] Voltaire confond Pépin le Bref, père de Charlemagne, avec Pépin le Jeune. Ce
détail mis à part, il peut ici s'appuyer sur lui-même, voir en particulier ch.33,
lignes 1-5. Il ne contredit en rien ce qu'il a déjà dit sur l'histoire de la monarchie
française.

féodale. [10] Ferdinand et Isabelle la combattaient dans la Castille et   25
dans l'Arragon. [11] Elle avait cédé en Angleterre au gouvernement
mixte. Elle subsistait en Pologne sous une autre forme. [12] Mais c'était
en Allemagne qu'elle avait conservé et augmenté toute sa vigueur. [13]
Le comte de Boulainvilliers appelle cette constitution, *l'effort* [14] *de*
l'esprit humain. Loiseau et d'autres gens de loi l'appellent une   30
institution bizarre, un monstre composé de membres sans tête. [15]

25   54LD*: Isabelle l'anéantissaient dans

[10] Lieu commun. Voir, par exemple, Pufendorf, livre 2, ch.5, §54, intitulé
'Louis XI jette les fondements de la puissance absolue des rois de France'. Pufendorf
caractérise Louis XI comme un 'homme rusé, opiniâtre, malicieux et vindicatif'.

[11] Le gouvernement féodal était moins développé en Espagne, hormis en Castille.
Le pouvoir absolu de Ferdinand et Isabelle portait un 'coup mortel' à la féodalité en
Aragon par les faveurs accordées à l'Eglise et surtout à l'Inquisition.

[12] Voir ch.94, lignes 9-13. En ce qui concerne l'Angleterre, dans les *LP*, 9, 'Sur le
gouvernement', Voltaire se sert du terme 'mélange heureux' pour le 'concert' entre le
roi, les pairs et les communes qui subsistait en Angleterre (t.1, p.101). Les guerres
civiles anglaises du XVe siècle, dont parle Voltaire dans les chapitres précédents et
suivants, avaient précisément pour cause principale une noblesse riche, divisée,
jalouse, et plus puissante que les rois mineurs ou faibles. Voltaire revient plus loin sur
la question de la Pologne (ci-dessous, lignes 75-81).

[13] Voir ci-dessus, ch.94, lignes 5-7.

[14] Voir Boulainvilliers: 'Je crois donc pouvoir terminer cette description en disant
qu'encore que les philosophes grecs, et particulièrement Aristote, n'aient eu aucune
idée du gouvernement féodal, et qu'en particulier ce dernier ne l'ait point compris au
nombre de ses catégories politiques, on le peut regarder comme le chef-d'œuvre de
l'esprit humain dans ce genre; soit qu'on le considère par rapport à la véritable
grandeur des rois; soit qu'on l'estime par rapport à la liberté qu'il assurait aux sujets'
(Lettre IV, p.127). L'idéal du système féodal est essentiel à la conception de la
monarchie prônée par Boulainvilliers, et parcourt ses œuvres. Voltaire le contredit
pour ce qui est de la France, et reprend ce qu'il vient de dire dans sa notice sur
Boulainvilliers dans le 'Catalogue des écrivains' du *Siècle de Louis XIV*, où il ajoute:
'Le système féodal pourrait mériter le nom de chef-d'œuvre en Allemagne, mais en
France il fut un chef-d'œuvre d'anarchie' (*OH*, p.1142-43; Boulainvilliers, *Etat de la*
France, Lettre IV, t.3, p.37).

[15] Voltaire oppose deux opinions contraires. Le 'monstre composé de membres
sans tête' s'inspire, bien que l'expression exacte ne s'y retrouve pas, du *Traité des*
seigneuries du célèbre jurisconsulte Loyseau. Voir, par exemple, le premier
paragraphe: 'Si la possession de cette autorité [sur les seigneuries] est mal aisée à
faire paraître, son titre et son droit est encore plus difficile à fonder en raison: parce

On pourrait croire que ce n'est point un puissant effort du
génie, [16] mais un effet très naturel et très commun de la raison et de
la cupidité humaine, que les possesseurs des terres aient voulu être
35 les maîtres chez eux. Du fond de la Moscovie aux montagnes de la
Castille, tous les grands terriens eurent toujours la même idée sans
se l'être communiquée: tous voulurent que ni leurs vies ni leurs
biens ne dépendissent du pouvoir suprême d'un roi; tous s'associèrent dans chaque pays contre ce pouvoir, et tous l'exercèrent
40 autant qu'ils le purent sur leurs propres sujets. L'Europe fut ainsi
gouvernée pendant plus de cinq cents ans. Cette administration
était inconnue aux Grecs et aux Romains; mais elle n'est point
bizarre, puisqu'elle est si universelle dans l'Europe. [17] Elle paraît
injuste en ce que le plus grand nombre des hommes est écrasé par le
45 plus petit, et que jamais le simple citoyen ne peut s'élever que par
un bouleversement général. Nulle grande ville, point de commerce, point de beaux-arts sous un gouvernement purement
féodal. [18] Les villes puissantes n'ont fleuri en Allemagne, en Flandre,
qu'à l'ombre d'un peu de liberté. Car la ville de Gand, par exemple,

47-48   w56-w57G: gouvernement féodal

---

que les seigneuries, ayant du commencement été établies en confusion par force et
usurpation, il a depuis été comme impossible, d'apporter un ordre à cette confusion,
d'assigner un droit à cette force, et de régler par raison cette usurpation' (ch.1, §1). La
même idée est déjà présente dans l'*Abrégé de l'histoire universelle* (Londres, Nourse,
1753), §'Frédéric II et ses querelles avec les papes': 'L'Allemagne ne fut ni une
république, ni un pays partagé entre plusieurs souverains, mais un corps sans tête,
dont les membres se déchiraient' (ann.1250).

[16] Terme employé plusieurs fois par Boulainvilliers dans la préface de l'*Histoire de
l'ancien gouvernement*.

[17] Par opposition au gouvernement des cités grecques, le système féodal est un
système développé par, et convenant à, une société et une économie rurale, puisqu'il
est basé sur ceux qui travaillent la terre. Il est aussi, selon Voltaire, le fruit de
l'insatiable cupidité des propriétaires, dont l'intérêt premier est de se soustraire à la
domination immédiate des souverains.

[18] Pour Voltaire, la civilisation ne peut se développer que dans le cadre d'une
société urbanisée et commerçante. Voir, sur ce même thème, ci-dessus, ch.75,
lignes 389-404.

celles de Bruges et d'Anvers, étaient bien plutôt des républiques 50
sous la protection des ducs de Bourgogne, qu'elles n'étaient
soumises à la puissance arbitraire de ces ducs. Il en était de
même des villes impériales. [19]

Vous avez vu s'établir dans une grande partie de l'Europe
l'anarchie féodale sous les successeurs de Charlemagne. [20] Mais 55
avant lui il y avait eu une forme plus régulière de fiefs sous les rois
lombards en Italie. [21] Les Francs qui entrèrent dans les Gaules
partageaient les dépouilles avec Clovis. [22] Le comte de Boulainvilliers veut par cette raison que les seigneurs de châteaux soient tous
souverains en France. Mais quel homme peut dire dans sa terre, Je 60
descends d'un conquérant des Gaules? et quand il serait sorti en
droite ligne d'un de ces usurpateurs, les villes et les communes
n'auraient-elles pas plus de droit de reprendre leur liberté, que ce
Franc ou ce Visigoth n'en avait eu de la leur ravir? [23]

64   w56-61: Franc n'en

[19] Pour les villes et le commerce, même chose au ch.33 (p.473), et même principe
que pour la Grèce: les villes ont peu de place dans un système essentiellement fondé
sur la propriété de la terre. L'histoire des villes de Flandre – déjà rapidement évoquée
au ch.75, ci-dessus, lignes 5-11, 119-20 – fait partie de la culture générale. En ce qui
concerne les villes impériales, voir Heiss, livre 6, ch.25; Voltaire s'appuie sur ce qu'il
a appris en rédigeant les *Annales*. Il passe sous silence les villes hanséatiques, ainsi
que les villes anglaises et hollandaises.

[20] Voir, par exemple, ch.30, lignes 125-26 et note (notre t.2, p.440).

[21] Voir ch.33 (notre t.2, p.472 et note). L'idée que les Lombards du nord ont
introduit le gouvernement féodal en Italie, d'où Charlemagne l'a fait passer en
France et en Allemagne est commune à tous les historiens. Voir, par exemple,
Boulainvilliers, Lettre IV: 'il y a beaucoup d'apparence que Charlemagne, en ayant
pris l'idée des peuples du nord, s'y confirma depuis par l'exemple des Lombards, et
qu'après en avoir fait lui-même l'expérience en Italie, il donna tellement son estime à
cette police, qu'il l'introduisit dans tous les pays, où il le put faire sans détruire les lois
qui y étaient observées d'ancienneté' (p.102). Elle trouve peut-être son origine dans
le fait que les descriptions les plus anciennes de ce système proviennent des annales
lombardes du début du XIIe siècle.

[22] Voir ch.18, où Voltaire cite l'exemple du célèbre 'vase de Soissons' (notre t.2,
p.292-93).

[23] Voltaire paraphrase. Le partage égal des dépouilles est un lieu commun dans les
sources (voir, par exemple, Boulainvilliers, *Histoire de l'ancien gouvernement*, 'Etat de

65   On ne peut pas dire qu'en Allemagne la puissance féodale se soit établie par droit de conquête, ainsi qu'en Lombardie et en France. Jamais toute l'Allemagne n'a été conquise par des étrangers; c'est cependant aujourd'hui de tous les pays de la terre le seul où la loi des fiefs subsiste véritablement. Les boyards de Russie ont leurs
70   sujets, mais ils sont sujets eux-mêmes, et ils ne composent point un corps comme les princes allemands. Les kans des Tartares, les princes de Valachie et de Moldavie sont de véritables seigneurs féodaux qui relèvent du sultan turc; mais ils sont déposés par un ordre du divan, au lieu que les seigneurs allemands ne peuvent
75   l'être que par un jugement de toute la nation.[24] Les nobles polonais sont plus égaux entre eux, que les possesseurs des terres en Allemagne, et ce n'est pas là encore l'administration des fiefs. Il n'y a point d'arrière-vassaux en Pologne. Un noble n'y est pas sujet d'un autre noble comme en Allemagne. Il est quelquefois son
80   domestique, mais non son vassal. La Pologne est une république aristocratique, où le peuple est esclave.[25]

   La loi féodale subsiste en Italie d'une manière différente. Tout

---

la nation française après la conquête des Gaules', §'Partage des Français', t.1, p.49-55; traces de lecture, *CN*, t.1, p.438-39). Dans la Lettre IV, évoquant les anoblissements, et l'abus qu'on en a fait, Boulainvilliers précise que 'c'est ainsi que plus de quarante mille familles, sorties la plupart de servitude, sont en partage des honneurs et des droits autrefois réservés aux seuls conquérants de la Gaule' (p.142).

[24] Contrairement à la France ou à l'Italie, le féodalisme est un fait socio-politique particulièrement ancré dans la société germanique, pour laquelle il est le garant de sa protection contre l'arbitraire d'un pouvoir centralisé. Quant au jugement 'de la nation', il s'agit plutôt de celui de ses représentants, ce dont Voltaire a déjà donné un exemple à propos de la déposition de Venceslas, le 30 août 1400, par les sept électeurs du Saint Empire (voir ci-dessus, ch.70, lignes 125-27).

[25] Les abus notoires sous le système féodal polonais seront évoqués encore une fois au ch.119. Voir Montesquieu: 'La plus imparfaite de toutes [les sortes d'aristocratie] est celle où la partie du peuple qui obéit est dans l'esclavage civil de celle qui commande, comme l'aristocratie de Pologne, où les paysans sont esclaves de la noblesse' (*De l'esprit des lois*, livre 20, ch.3). Sur l'histoire de la Pologne, Voltaire s'est probablement servi de P. Massuet, *Histoire des rois de Pologne* (nouv. éd., Amsterdam, 1734, BV1088).

est réputé fief de l'empire en Lombardie, et c'est encore une source d'incertitudes; car les empereurs n'ont été dominateurs suprêmes de ces fiefs qu'en qualité de rois d'Italie, de successeurs des rois lombards. Or certainement une diète de Ratisbonne n'est pas roi d'Italie. [26] Mais qu'est-il arrivé? La liberté germanique ayant prévalu sur l'autorité impériale en Allemagne, l'empire étant devenu une chose différente de l'empereur, les fiefs italiens se sont dits vassaux de l'empire et non de l'empereur. Ainsi une administration féodale est devenue dépendante d'une autre administration féodale. Le fief de Naples est encore d'une espèce toute différente. C'est un hommage que le fort a rendu au faible; c'est une cérémonie que l'usage a conservée. [27]

Tout a été fief dans l'Europe, et les lois de fief étaient partout différentes. Que la branche mâle de Bourgogne s'éteigne, le roi Louis XI se croit en droit d'hériter de cet Etat. Que la branche de Saxe ou de Bavière eût manqué, l'empereur n'eût pas été en droit de s'emparer de ces provinces. Le pape pourrait encore moins prendre pour lui le royaume de Naples à l'extinction d'une maison régnante. La force, l'usage, les conventions donnent de tels droits. La force les donna en effet à Louis XI; car il restait un prince de la maison de Bourgogne, un comte de Nevers descendant de l'institué; et ce prince n'osa pas seulement réclamer ses droits. [28] Il était encore fort douteux que Marie de Bourgogne ne dût pas succéder à son père. La donation de la Bourgogne par le roi Jean portait que *les héritiers succéderaient*; et une fille est héritière. [29]

83   54LD*: Lombardie, et cela paraît une contradiction, car c'est encore

[26] Allusion peut-être à la diète de Ratisbonne de 1110 qui affirmait les droits régaliens en Italie de l'empereur Henri V: voir ch.47 (notre t.3, p.158).

[27] Allusion à la dépendance mutuelle entre les Normands de l'Italie du sud et les papes: voir ch.40-41 (notre t.3, surtout p.37).

[28] Jean de Bourgogne, comte de Nevers et d'Eu (†1491).

[29] Sur Louis XI et Marie de Bourgogne, voir le chapitre précédent. Marie de Bourgogne (duchesse de 1477 à 1482) était enfant unique de Charles le Téméraire. Lors de la mort de celui-ci, Louis XI eut le dessein de s'emparer de la Bourgogne et de marier la duchesse au dauphin, pour assurer le retour de la Bourgogne au royaume

La question des fiefs masculins et féminins, le droit d'hommage lige, ou d'hommage simple, l'embarras où se trouvaient des seigneurs vassaux de deux suzerains à la fois pour des terres différentes, ou vassaux de suzerains qui se disputaient le domaine suprême, mille difficultés pareilles firent naître de ces procès que la guerre seule peut juger. Les fortunes des simples citoyens furent souvent encore plus malheureuses.

Quel état pour un cultivateur que de se trouver sujet d'un seigneur, qui est lui-même sujet d'un autre dépendant encore d'un troisième! Il faut qu'il plaide devant tous ces tribunaux, et il perd son bien avant d'avoir pu obtenir un jugement définitif. Il est sûr que ce ne sont pas les peuples qui ont de leur gré choisi cette forme de gouvernement. [30] Il n'y a de pays digne d'être habité par des hommes que ceux où toutes les conditions sont également soumises aux lois. [31]

de France. Sa prétention à s'en mêler tenait pourtant non à sa qualité de roi mais à ce que sa sœur avait été la première épouse de Charles le Téméraire, dont il pouvait ainsi se proclamer le beau-frère. Dans les fiefs 'masculins', la succession se fait uniquement par les mâles, c'est-à-dire que le contrat féodal exclut les héritières femelles. Le terme de 'fief masculin' ne se trouve pas chez Boulainvilliers; les deux différentes catégories de fiefs semblent avoir évolué différemment selon les provinces (voir ci-dessus, ch.95, n.21). La question du statut de la Bourgogne en la matière se posait pour Marie de Bourgogne et ses fiefs dans les Pays-Bas. Pour le reste, voir les *Annales*: 'Comme le droit féodal n'est point un droit naturel, que ce n'est point la possession d'une terre qu'on cultive, mais une prétention sur les terres cultivées par autrui, il a toujours été le sujet de mille disputes indécises' (§'Sigismond', ann.1418, p.439).

[30] Cette évocation anticipe les malheurs de l'éponyme *Homme aux quarante écus* (1768).

[31] Cette définition d'un véritable 'état de droit' complète en quelque sorte celle de la 'vraie liberté' donnée au ch.26 (notre t.2, p.388, lignes 2-3).

CHAPITRE 97

De la chevalerie.

L'extinction de la maison de Bourgogne, le gouvernement de

a-128   [*Première rédaction de ce chapitre*: 54LD]
a   54LD: Chapitre 14
      w56-w57G: Chapitre 82
      61: Chapitre 93

* Pour Voltaire, la chevalerie évoque deux idées distinctes, pour ne pas dire opposées: 'la galanterie et la guerre' (*Fragment sur l'histoire générale*, M, t.29, p.223-83). On pourrait dire effectivement que ce phénomène social est l'exception qui confirme la règle (dans la pensée voltairienne, du moins) que le Moyen Age était une période d'obscurantisme marquée par la décadence politique et culturelle: ailleurs dans l'*EM*, Voltaire affirme que pendant le règne de Jean II le Bon (1350-1364) la chevalerie 'servait de contrepoids à la férocité générale des mœurs' et que 'l'honneur, la générosité jointes à la galanterie étaient ses principes' (ch.76). Mais pour les historiens du XVIIIe siècle, la chevalerie, quoiqu'admirable, ne suffisait pas à racheter 'ces temps barbares et ténébreux qu'on appelle *le Moyen Age*' (voir l'*Encyclopédie*, art. 'Erudition'). Et quand il en vient à rédiger un chapitre entier sur la chevalerie (publié pour la première fois en 1754), Voltaire se focalise plutôt sur les aspects négatifs du phénomène. Les ch.99, 'Des tournois', et 100, 'Des duels', publiés pour la première fois en 1761, sont un développement conséquent du sujet de la chevalerie, où Voltaire fait peu de cas de ces passe-temps qu'il considère comme barbares. Les ch.97, 99 et 100 sont liés tout d'abord par leur sujet mais également dans la mesure où Voltaire s'appuie *grosso modo* sur un même ensemble d'ouvrages-clés pour rédiger les trois chapitres. Sa source principale pour ce qui a trait à la chevalerie, aux tournois et aux duels, est M. Vulson de La Colombière, *Le Vrai Théâtre d'honneur et de chevalerie, ou le miroir héroïque de la noblesse* (Paris, 1648, BV3819), et Voltaire s'y réfère directement dans le ch.100. Il est par ailleurs au courant de la parution, en 1753, des cinq premiers mémoires de J.-B. de La Curne de Sainte-Palaye dans les *Mémoires de littérature de l'Académie royale des inscriptions et belles-lettres* (Paris, 1753, t.20, BV2415, ci-après Mémoires I-V), p.597-847. En effet, d'après une lettre à d'Argental, La Curne les aurait envoyés à Voltaire, coïncidence heureuse car le destinataire est 'actuellement plongé dans l'histoire de ces temps-là' (D5557). C. Du Fresne Du Cange, *Glossarium ad scriptores mediae et infimae latinitatis* (Paris, 1733-1736, BV1115), lui sert de source pour certains détails, et Voltaire s'appuie enfin, pour d'autres, sur l'historien de la noblesse G.-A. de La

493

Louis XI, et surtout la nouvelle manière de faire la guerre,[1] introduite dans toute l'Europe, contribuèrent à abolir peu à peu ce qu'on appelait *la chevalerie*, espèce de dignité et de confraternité, dont il ne resta plus qu'une faible image. 5

Cette chevalerie était un établissement guerrier qui s'était fait de lui-même parmi les seigneurs, comme les confréries dévotes s'étaient établies parmi les bourgeois. L'anarchie et le brigandage qui désolaient l'Europe, dans le temps de la décadence de la maison de Charlemagne, donnèrent naissance à cette institution. Ducs, 10 comtes, vicomtes, vidames, châtelains, étant devenus souverains dans leurs terres, tous se firent la guerre; et au lieu de ces grandes armées de Charles-Martel, de Pépin, et de Charlemagne, presque toute l'Europe fut partagée en petites troupes de sept à huit cents hommes, quelquefois de beaucoup moins. Deux ou trois bourgades 15 composaient un petit Etat combattant sans cesse contre son voisin. Plus de communication entre les provinces, plus de grands chemins, plus de sûreté pour les marchands, dont pourtant on ne

---

Roque de La Lontière, *Traité de la noblesse, de ses différentes espèces* (Paris, 1678; Rouen, 1734, BV1929; *CN*, t.5, p.201-209). A la différence d'un Vulson, dont le but déclaré est d'inscrire les actions héroïques de la chevalerie dans une lignée de noblesse remontant à l'antiquité, Voltaire tente de remettre en question et les origines et la continuité de ce phénomène. Selon lui, la chevalerie s'est faite d'elle-même, 'insensiblement', en raison surtout de l'insécurité provoquée par 'l'anarchie et le brigandage'. De plus, il s'empresse d'informer le lecteur qu'elle n'est qu'un usage et n'a jamais été 'une dignité réelle de l'Etat', idée qui est au centre d'un passage-clé ajouté en 1761 (lignes 70-74) et qui va à l'encontre de la thèse de La Curne, qui présente la chevalerie 'comme un établissement politique et militaire'. Voltaire brise ainsi la continuité entre l'ancienne chevalerie, galante et romanesque, et les ordres de chevalerie d'où la noblesse tire sa fierté (96-102). Il renchérit sur ce raisonnement en ajoutant en 1761 un dernier passage (117-23) qui ridiculise les doctorants en droit se parant du titre de 'chevalier ès lois', une preuve de plus que la chevalerie n'est que l'ombre du phénomène d'antan. Ce discours, qui insiste sur le fait que les origines des institutions sont souvent légendaires et que c'est plutôt l'usage qui finit par devenir la règle (73-74), résonne partout dans l'œuvre de Voltaire et sert à la fois ses projets historiographique et philosophique.

[1] Nouvelle formulation pour désigner un phénomène qui intrigue Voltaire: l'usage conjugué de la poudre et du canon. Voir ci-dessus, ch.75, lignes 287-96 et n.64, 65.

pouvait se passer; chaque possesseur d'un donjon les rançonnait
20 sur la route; beaucoup de châteaux sur les bords des rivières et aux
passages des montagnes ne furent que de vraies cavernes de
voleurs. On enlevait les femmes, ainsi qu'on pillait les marchands. [2]

Plusieurs seigneurs s'associèrent insensiblement pour protéger
la sûreté publique, et pour défendre les dames; ils en firent vœu; et
25 cette institution vertueuse devint un devoir plus étroit, en devenant
un acte de religion. On s'associa ainsi dans presque toutes les
provinces. Chaque seigneur de grand fief tint à honneur d'être
chevalier et d'entrer dans l'ordre.

On établit vers l'onzième siècle des cérémonies religieuses et
30 profanes, qui semblaient donner un nouveau caractère au récipien-
daire: [3] il jeûnait, se confessait, communiait, passait une nuit tout
armé: on le faisait dîner seul à une table séparée, pendant que ses
parrains et les dames qui devaient l'armer chevalier mangeaient à
une autre: pour lui vêtu d'une tunique blanche, il était à sa petite
35 table, où il lui était défendu de parler, de rire, et même de manger. Le
lendemain il entrait dans l'église avec son épée pendue au cou; le
prêtre le bénissait; ensuite il allait se mettre à genoux devant le
seigneur ou la dame qui devait l'armer chevalier. Les plus qualifiés
qui assistaient à la cérémonie lui chaussaient des éperons, le
40 revêtaient d'une cuirasse, de brassards, de cuissards, de gantelets,
et d'une cotte de maille appelée *haubert*. Le parrain qui l'installait, lui
donnait trois coups de plat d'épée sur le cou au nom de Dieu, de saint
Michel et de saint Georges. Depuis ce moment toutes les fois qu'il
entendait la messe, il tirait son épée à l'Evangile et la tenait haute.

40 54LD: revêtissaient

[2] Dans les *Annales de l'Empire*, Voltaire brosse un tableau similaire de la période:
'C'est dans ces troubles que tous les seigneurs se cantonnent, que chacun se fortifie
dans son château, que la plupart des villes sont sans police, que des troupes de
brigands courent d'un bout de l'Europe à l'autre, et que la chevalerie s'établit pour
réprimer ces brigands, et pour défendre les dames, ou pour les enlever' (ann.888,
p.260).
[3] Selon La Curne 'il serait difficile de faire remonter [la chevalerie] au-delà du
onzième siècle' (Mémoire II, p.613).

Cette installation était suivie de grandes fêtes, et souvent de 45
tournois; mais c'était le peuple qui les payait. Les seigneurs des
grands fiefs imposaient une taxe sur leurs sujets pour le jour où ils
armaient leurs enfants chevaliers. C'était d'ordinaire à l'âge de
vingt-et-un ans que les jeunes gens recevaient ce titre. [4] Ils étaient
auparavant bacheliers, ce qui voulait dire bas chevaliers, [5] ou 50
varlets et écuyers; et les seigneurs qui étaient en confraternité, se
donnaient mutuellement leurs enfants les uns aux autres, pour être
élevés loin de la maison paternelle sous le nom de varlets, dans
l'apprentissage de la chevalerie.

Le temps des croisades fut celui de la plus grande vogue des 55
chevaliers. Les seigneurs de fief, qui amenaient leurs vassaux sous
leur bannière, furent appelés *chevaliers bannerets*: non que ce titre
seul de chevalier leur donnât le droit de paraître en campagne avec
des bannières. La puissance seule, et non la cérémonie de
l'accolade, pouvait les mettre en état d'avoir des troupes sous 60
leurs enseignes. Ils étaient bannerets en vertu de leurs fiefs, et non
de la chevalerie. [6] Jamais ce titre qui ne fut qu'une distinction
introduite par l'usage et un honneur de convention, ne fut une
dignité réelle dans l'Etat, et il n'influa en rien dans la forme des
gouvernements. Les élections des empereurs et des rois ne se 65

46-47   54LD-61: Les grands seigneurs de fief imposaient
64-65   54LD: forme du gouvernement.

[4] Voltaire condense le récit de cette cérémonie détaillée dans Vulson, (t.1, p.18-25)
et La Curne (Mémoire II, p.615-18).

[5] Cette étymologie est signalée par Furetière, *Dictionnaire universel*, 'Bachelier':
'Fauchet tient que ce mot vient de *bas chevalier*.' Voir C. Fauchet, *Origines des
chevaliers, armoiries et héraux* (Paris, 1600), livre 1, p.12.

[6] Voltaire résume à sa façon l'explication que donne La Roque, qui précise que
'[l]es bannerets étaient des gentilshommes qui avaient de grands fiefs, lesquels leur
donnaient le droit de porter la bannière dans les armées royales' (ch.21). La Roque
précise pourtant que 'pour parvenir à la dignité de banneret, il ne suffisait pas d'être
puissant en fiefs et en vassaux [...] il fallait être gentilhomme de nom et d'armes; car le
titre de chevalier banneret, était réservé à la haute noblesse' (ch.9). Voir aussi
G. Daniel, *Histoire de la milice française* (Paris, 1721; 1728, BV939), livre 3, ch.5.

faisaient point par des chevaliers; il ne fallait point avoir reçu l'accolade pour entrer aux diètes de l'empire, aux parlements de France, aux *cortes* d'Espagne. [7] Les inféodations, les droits de ressort et de mouvance, les héritages, les lois, rien d'essentiel n'avait
70 rapport à cette chevalerie. [8] C'est en quoi se sont trompés tous ceux qui ont écrit de la chevalerie. Ils ont écrit sur la foi des romans, que cet honneur était une charge, un emploi, qu'il y avait des lois concernant la chevalerie. [9] Jamais la jurisprudence d'aucun peuple n'a connu ces prétendues lois, ce n'étaient que des usages. [10] Les
75 grands privilèges de cette institution consistaient dans les jeux sanglants des tournois. Il n'était pas permis ordinairement à un bachelier, à un écuyer, de *jouster* contre un chevalier. [11]

70-75   54LD-W57G: chevalerie. Les grands

[7] Les mêmes exemples sont repris dans les *Annales*, sous Charles Quint: 'Un seigneur de fief reçu chevalier pouvait être plus considéré qu'un autre dans certains châteaux, mais ce n'était pas comme chevalier qu'il entrait aux diètes de l'empire, aux états de France, aux cortès d'Espagne, au parlement d'Angleterre' (ann.1539, p.509).

[8] Inféodation: 'Acte par lequel le seigneur aliène une terre et la donne pour être tenue de lui en fief' (*Dictionnaire de l'Académie*, éd. 1762). Droit de ressort: 'celui de juger en dernier ressort, ce qui revient uniquement au roi, ou à ceux à qui il délègue expressément ce droit' (Furetière, *Dictionnaire universel*, La Haye et Rotterdam, 1690, art. 'Ressort'). Droit de mouvance: 'Dépendance d'un fief, d'une terre qui relève d'une autre; supériorité d'un fief dominant à l'égard d'un autre qui en relève' (Furetière, art. 'Mouvance').

[9] Vulson et La Curne citent de temps à autre des romans de chevalerie, comme *Le Jouvencel* (1466) de J. de Bueil, mais La Curne, qui s'appuie sur une importante documentation historique et dont les notes en bas de pages sont très amples, est conscient des problèmes éventuels de l'emploi des 'récits de nos romanciers' comme sources. Il affirme toutefois que 'l'accord de ces auteurs avec les relations historiques de ces tournois justifie la sincérité de leurs dépositions' (Mémoire II, p.626).

[10] Ce passage (lignes 70-74) n'est rajouté qu'en 1761, date à laquelle Voltaire a déjà résumé sa vision de la chevalerie de la même façon dans les *Annales*: 'La chevalerie avait été en grand honneur dans l'Europe [...] Peu à peu ces seigneurs de fief avaient fait de la chevalerie une espèce d'ordre imaginaire, composé de cérémonies religieuses, d'actes de vertu et de débauche; mais jamais ce titre de chevalier n'entra dans la constitution d'aucun Etat: on ne connut jamais que les lois féodales' (ann.1539, p.509).

[11] Voir La Curne, Mémoire IV, p.781.

Les rois voulurent être eux-mêmes armés chevaliers, mais ils n'en étaient ni plus rois ni plus puissants: ils voulaient seulement encourager la chevalerie et la valeur par leur exemple. On portait un grand respect dans la société à ceux qui étaient chevaliers, c'est à quoi tout se réduisait. [12]

Ensuite quand le roi Edouard III eut institué l'ordre de la Jarretière; Philippe le Bon duc de Bourgogne, l'ordre de la Toison d'or; Louis XI l'ordre de Saint Michel, d'abord aussi brillant que les deux autres, et aujourd'hui si ridiculement avili; [13] alors tomba l'ancienne chevalerie. Elle n'avait point de marque distinctive; elle n'avait point de chef qui lui conférât des honneurs et des privilèges particuliers. Il n'y eut plus de chevaliers bannerets, quand les rois et les grands princes eurent établi des compagnies d'ordonnance; [14] et l'ancienne chevalerie ne fut plus qu'un nom. On se fit toujours un honneur de recevoir l'accolade d'un grand prince ou d'un guerrier renommé. Les seigneurs constitués en quelque dignité prirent dans leurs titres la qualité de chevalier; et tous ceux qui faisaient profession des armes prirent celle d'écuyer.

Les ordres militaires de chevalerie, comme ceux du Temple, ceux de Malthe, l'ordre teutonique et tant d'autres, sont une imitation de l'ancienne chevalerie qui joignait les cérémonies religieuses aux fonctions de la guerre. Mais cette espèce de chevalerie fut absolument différente de l'ancienne. Elle produisit en effet des ordres monastiques militaires, fondés par les papes,

80

85

90

95

100

---

91   54LD-W57G: ordonnance; alors l'ancienne

[12] La Roque affirme 'que ceux à qui les rois confèrent la chevalerie sont anoblis, et que cette grâce les élève même au-dessus de la simple noblesse' (ch.22).

[13] L'ordre de la Jarretière est fondé en Angleterre en 1348. Celui de Saint-Michel est créé en 1469 par Louis XI, en réplique à la création de l'ordre bourguignon de la Toison d'or (1430). Au XVIIIe siècle l'ordre de Saint-Michel est surtout décerné à des roturiers ou des nobles récemment anoblis.

[14] Voir Daniel, livre 4, ch.1 (voir ci-dessus, ch.80, lignes 156-58 et n.42). Selon Daniel, il s'agit simplement d'un nouveau nom donné, sous Charles V (1364-1380), aux 'compagnies de gendarmerie', régiments d'élite de cavaliers nobles (livre 4, ch.2).

possédant des bénéfices, astreints aux trois vœux des moines. De ces ordres singuliers les uns ont été de grands conquérants, les autres ont été abolis pour leurs débauches, d'autres ont subsisté avec éclat.[15]

L'ordre teutonique fut souverain; l'ordre de Malthe l'est encore, et le sera longtemps.[16]

Il n'y a guère de prince en Europe qui n'ait voulu instituer un ordre de chevalerie. Le simple titre de chevalier que les rois d'Angleterre donnent aux citoyens, sans les agréger à aucun ordre particulier, est une dérivation de la chevalerie ancienne, et bien éloignée de sa source. Sa vraie filiation ne s'est conservée que dans la cérémonie par laquelle les rois de France créent toujours chevaliers les ambassadeurs qu'on leur envoie de Venise; et l'accolade est la seule cérémonie qu'on ait conservée dans cette installation.[17]

Les chevaliers ès lois s'instituèrent d'eux-mêmes comme les vrais chevaliers des armes et cela même annonçait la décadence de la chevalerie.[18] Les étudiants prirent le nom de bacheliers, après avoir soutenu une thèse, et les docteurs en droit s'intitulèrent chevaliers, titre ridicule, puisque originairement chevalier était l'homme combattant à cheval, ce qui ne pouvait convenir au juriste.[19]

105

110

115

120

116-24   54LD-W57G: installation. ¶Tout cela

[15] Allusion au procès des templiers (1309-1312), ordre fondé en 1118 à Jérusalem. Voir ch.55, 66 (notre t.3, p.312, 535-47).

[16] Voir ch.55-56 (notre t.3, p.312, 330). Après sa création, l'ordre teutonique devint 'une milice de conquérants' qui, au XIIIᵉ siècle, s'empara 'de la Prusse, de la Livonie, de la Courlande, de la Samogitie'.

[17] Voir Furetière, art. 'Chevalier'.

[18] Pour les chevaliers ès lois, voir ci-dessus, ch.85, lignes 77-81 et n.11.

[19] La Roque fournit l'exemple du concile de Bâle de 1431 où la préséance fut donnée par l'empereur Sigismond aux docteurs ès lois 'parce qu'il pouvait en un jour faire cent chevaliers d'armes; mais qu'il ne pourrait pas en mille ans, s'il vivait, faire un bon docteur' (ch.42, p.143; CN, t.5, p.205).

499

Tout cela présente un tableau bien varié; et si l'on suit attentivement la chaîne de tous les usages de l'Europe depuis 125 Charlemagne, dans le gouvernement, dans l'Eglise, dans la guerre, dans les dignités, dans les finances, dans la société, enfin jusque dans les habillements, on ne verra qu'une vicissitude perpétuelle.

CHAPITRE 98

De la noblesse.

Après ce que nous avons dit des fiefs,[1] il faut débrouiller autant

a-271 [*Première rédaction de ce chapitre*: 61]
a   61: Chapitre 94

*Dans la préface de la première édition du *Traité de la noblesse* (Paris, 1678; Rouen, 1734, BV1929; *CN*, t.5, p.201-209), la source principale pour ce chapitre, G. A. de La Roque de La Lontière – souvent, d'ailleurs, fautivement recopiée par Voltaire ou l'un de ses secrétaires – présente un bref résumé des caractéristiques de la noblesse, telles que décrites par d'autres historiens. Ces derniers – toujours des nobles eux-mêmes – se bornent à une description du statut de la noblesse, de ses particularités historiques et de ce qui la distingue de la majeure partie des mortels, les roturiers. Or l'approche de Voltaire, qui griffonne dans un de ses carnets que la noblesse 'est une chimère insultante au genre humain, [et qu']elle suppose des hommes formés d'un sang plus pur que les autres' (*Pierpont Morgan notebook*, *OCV*, vol.81, p.180), ne peut rejoindre celle de ces historiens, d'autant plus qu'il rédige une histoire qui se veut 'universelle'. Ce chapitre est publié pour la première fois en 1761 et la décision d'ajouter une série de brefs chapitres sur les chevaliers et leurs coutumes, histoire abrégée d'un ordre de l'Etat qui est au centre même de l'histoire de ce dernier, n'est pas négligeable. C'est surtout au XVIIIe siècle que s'articulent les revendications de la noblesse de robe, ce corps judiciaire qui fait remonter son rôle dans la constitution de l'Etat jusqu'au temps des premiers rois Francs (voir, par exemple, Boulainvilliers, *Histoire de l'ancien gouvernement de la France*, La Haye, 1727, BV505). Montesquieu, président à mortier au parlement de Bordeaux, formule cette 'thèse nobiliaire' en affirmant que la noblesse est consubstantielle à la monarchie (affirmation à laquelle Voltaire s'attaquera dans le *Commentaire sur l'Esprit des lois*, 1778). Ces idées 'constitutionnelles', qui se radicalisent sous l'influence de L.-A. Le Paige (*Lettres historiques sur les fonctions essentielles du parlement*, Amsterdam, 1753-1754, BV2050), sous-tendent l'idéologie des parlements, lesquels s'érigent, surtout après 1750, en corps intermédiaires entre le roi et ses sujets, tout en protégeant leurs propres privilèges. Dans l'*Histoire du parlement de Paris* (1769), on ne s'étonnera pas de voir Voltaire, historien qui remet en cause la valeur normative de l'histoire, réduire à néant ces prétentions. S'il reconnaît le mérite d'une forme de noblesse, c'est la noblesse militaire, seule apte à affirmer l'Etat et à ajouter à sa gloire, à la différence de la noblesse 'accidentelle', qu'il dédaigne: celle des commis, de la robe, de tous

qu'on le pourra ce qui regarde la noblesse, qui seule posséda longtemps ces fiefs.

Le mot de noble ne fut point d'abord un titre qui donnât des droits et qui fût héréditaire. *Nobilitas* chez les Romains signifiait ce qui est notable, et non pas un ordre de citoyens.[2] Le sénat fut institué pour juger, les chevaliers pour combattre à cheval quand ils étaient assez riches pour avoir un cheval; et les plébéiens furent souvent chevaliers, et quelquefois sénateurs.[3]

Chez les Gaulois les principaux officiers des villes, et les druides, gouvernaient, et le peuple obéissait;[4] dans tout pays il y a eu des distinctions d'état. Ceux qui disent que tous les hommes sont égaux, disent la plus grande vérité, s'ils entendent que tous les hommes ont un droit égal à la liberté, à la propriété de leurs biens, à la protection des lois. Ils se tromperaient beaucoup s'ils croyaient que les hommes doivent être égaux par les emplois, puisqu'ils ne le

7-10   K: institué pour gouverner; les chevaliers, pour combattre à cheval, quand ils étaient assez riches pour avoir un cheval; les plébéiens devinrent chevaliers, et souvent même sénateurs, soit qu'on voulût augmenter le sénat, soit qu'ils eussent obtenu le droit d'être élus pour les magistratures qui en donnaient l'entrée. Cette dignité et le titre de chevalier étaient héréditaires. ¶Chez

ceux, enfin, qui ont acheté une charge anoblissante. Tout comme la chevalerie (voir ci-dessus, ch.97), la noblesse est désormais 'avilie'. Son origine est peu claire. Sa nature a changé de façon aléatoire au cours des siècles, de sorte que son statut, ses revendications, son mérite enfin, ne vont plus de soi.

[1] Voir ci-dessus, ch.96, lignes 82-114.

[2] La Roque cite plusieurs auteurs au sujet de l'origine de ce mot (ch.2, 'Explication du nom de noble, et de ceux qui conviennent aux non-nobles').

[3] Au début du chapitre précédent, Voltaire suggère que la chevalerie est née 'dans le temps de la décadence de la maison de Charlemagne' (lignes 9-10), mais selon ce passage-ci l'existence des chevaliers remonte aux Romains. Cette contradiction se comprend quand on considère que Voltaire tente dans le ch.97 de briser le lien entre la chevalerie et la noblesse, lien que La Curne et Vulson s'empressent de souligner. Et La Roque affirme que les empereurs de Rome ont tellement considéré le sénat que les sénateurs 'faisaient partie du corps des empereurs mêmes' (ch.31), et que la dignité de sénateur était donc noble (*CN*, t.5, p.203).

[4] Sur le gouvernement des druides, voir *La Philosophie de l'histoire* (1765), ch.9 (*OCV*, t.59, p.118, ligne 17), et l'art. 'Théocratie' (1772) des *QE* (*M*, t.20, p.509).

sont point par leurs talents. [5] Dans cette inégalité nécessaire entre les conditions, il n'y a jamais eu ni chez les anciens, ni dans les neuf parties de la terre habitable, rien de semblable à l'établissement de
20 la noblesse dans la dixième partie qui est notre Europe.

Ses lois, ses usages ont varié comme tout le reste. Nous vous avons déjà fait voir que la plus ancienne noblesse héréditaire était celle des patriciens de Venise, qui entraient au conseil avant qu'il y eût un doge, dès les sixième et cinquième siècles; et s'il est encore
25 des descendants de ces premiers échevins, comme on le dit, ils sont sans contredit les premiers nobles de l'Europe. [6] Il en fut de même des anciennes républiques d'Italie. [7] Cette noblesse était attachée à la dignité, à l'emploi, et non aux terres.

Partout ailleurs la noblesse devint le partage des possesseurs de
30 terres. Les *Herren* d'Allemagne, les *Ricos Hombres* d'Espagne, les barons en France, en Angleterre, jouirent d'une noblesse héré-ditaire, par cela seul que leurs terres féodales ou non féodales demeurèrent dans leurs familles. [8] Les titres de duc, de comte, de vicomte, de marquis étaient d'abord des dignités, des offices à vie,
35 qui ensuite passèrent de père en fils, les uns plus tôt, les autres plus tard.

Dans la décadence de la race de Charlemagne, presque tous les Etats de l'Europe, hors les républiques, furent gouvernés comme

---

[5] Voltaire soutient de manière cohérente le principe de l'égalité devant la loi; dans le ch.67 il critique de la même façon 'cette égalité absurde et impossible par laquelle le serviteur et le maître, le manœuvre et le magistrat, le plaideur et le juge seraient confondus ensemble'. L'idée de l'égalité chez Voltaire (voir J. Lemaire, art. 'Egalité', *DgV*, p.427-28) rejoint celle de Montesquieu, qui affirme que 'les hommes naissent bien dans l'égalité, mais ils n'y sauraient rester; la société la leur fait perdre, et ils ne redeviennent égaux que par les lois' (*De l'esprit des lois*, t.1, livre 8, ch.3). A l'heure de la parution de ce chapitre, le *Contrat social* (1762) de Rousseau n'a pas encore vu le jour, mais son *Discours sur l'origine et les fondements de l'inégalité* a paru en 1755; Voltaire s'en prend notamment à ce dernier, comme il l'avait fait lors de sa parution, en le qualifiant de 'nouveau livre contre le genre humain' (à Rousseau, 30 août 1755, D6451).

[6] Voir ch.43 (notre t.3, p.77, lignes 107-11).

[7] Sur ces républiques, voir ci-dessus, ch.74.

[8] Ce développement se trouve également ci-dessus, ch.96, lignes 11-13.

l'Allemagne l'est aujourd'hui: [9] et nous avons déjà vu que chaque possesseur de fief devint souverain dans sa terre autant qu'il le put. [10]

Il est clair que des souverains ne devaient rien à personne, sinon ce que les petits s'étaient engagés de payer aux grands. Ainsi un châtelain payait une paire d'éperons à un vicomte, qui payait un faucon à un comte, qui payait à un duc une autre marque de vassalité. Tous reconnaissaient le roi du pays pour leur seigneur suzerain; mais aucun d'eux ne pouvait être imposé à aucune taxe. Ils devaient le service de leur personne, parce qu'ils combattaient pour leurs terres et pour eux-mêmes, en combattant pour l'Etat et pour le chef de l'Etat; et de là vient qu'encore aujourd'hui les nouveaux nobles, les anoblis qui ne possèdent même aucun terrain, ne payent point l'impôt appelé *taille*. [11]

Les maîtres des châteaux et des terres qui composaient le corps de la noblesse en tout pays, excepté dans les républiques, asservirent autant qu'ils le purent les habitants de leurs terres. Mais les grandes villes leur résistèrent toujours; les magistrats de ces villes ne voulurent point du tout être les serfs d'un comte, d'un baron, ni d'un évêque, encore moins d'un abbé qui s'arrogeait les mêmes prétentions que ces barons et que ces comtes. Les villes du Rhin et du Rhône, les autres plus anciennes, comme Autun, Arles, et surtout Marseille, florissaient avant qu'il y eût des seigneurs et des prélats. [12] Leur magistrature existait plusieurs siècles avant les

[9] Voir La Roque, ch.18, p.43-50 et plus spécialement p.44.

[10] Voir ci-dessus, ch.96, lignes 32-35.

[11] La Roque traite des anoblissements (ch.18, 21, 43, 65) qui sont, selon lui, la seconde espèce de noblesse, et Voltaire note ceux-ci dans les marges de son exemplaire (ch.21: *CN*, t.5, p.202; ch43, 65: p.205-206). La première espèce de noblesse évoquée par La Roque 'est lorsque cette qualité vient de la naissance, et de l'extraction que l'on tire de plusieurs ancêtres nobles' (ch.21, p.55), mais Voltaire la passe sous silence. Sur la question de la taille, La Roque cite un édit de 1629 par lequel le roi exige le paiement de la taille de ceux qui se sont fait anoblir (ch.65, p.201). Voltaire note sur un signet: 'annoblis / roturiers / declarez / louis 13 14' (p.205-206), mais il semble qu'il ne tienne pas compte du contenu de l'édit cité.

[12] A propos de la ville gallo-romaine d'Autun, La Roque écrit: 'Autun, lieu si fameux du temps de nos anciens Gaulois' (ch.49, p.168).

fiefs; mais bientôt les barons et les châtelains l'emportèrent presque partout sur les citoyens. Si les magistrats ne furent pas les serfs du seigneur, ils furent au moins ses bourgeois; et de là vient que dans 65 tant d'anciennes chartes on voit des échevins, des maires se qualifier bourgeois d'un comte, ou d'un évêque, bourgeois du roi. [13] Ces bourgeois ne pouvaient choisir un nouveau domicile sans la permission de leur seigneur, et sans payer d'assez gros droits; espèce de servitude qui est encore en usage en Allemagne.

Bourgeois libres, bourgeois serfs.

70 De même que les fiefs furent distingués en francs fiefs qui ne devaient rien au seigneur suzerain, en grands fiefs, et en petits redevables; il y eut aussi des *francs bourgeois*, c'est-à-dire, ceux qui achetèrent le droit d'être exempts de toute redevance à leur seigneur; il y eut de *grands bourgeois*, qui étaient dans les emplois 75 municipaux; et de *petits bourgeois*, qui en plusieurs points étaient esclaves. [14]

Cette administration qui s'était formée insensiblement, s'altéra de même en plusieurs pays, et fut détruite entièrement dans d'autres.

[13] Les lignes 65-67 reposent sur une interprétation tout à fait justifiée du texte de La Roque (p.225). Les bourgeois du roi sont mentionnés notamment par E. Pasquier (*Œuvres*, Amsterdam, 1723, BV2657, livre 4, col.383-84). Il existait des bourgeois 'du comte' ou 'de l'évêque' dans les cités qui avaient pour souverains immédiats un comte ou un évêque.

[14] Voir N. Brussel, *Nouvel Examen de l'usage général des fiefs en France pendant le XIᵉ[-]XIVᵉ siècle* (Paris, 1727), livre 3, ch.15, 'Des bourgeoisies', §18, qui renvoie au *Glossarium ad scriptores mediae et infimae latinitatis* de C. Du Fresne Du Cange (Paris, 1678; 1733-1736, BV1115), art. 'Burgenses', où les trois dénominations sont citées comme présentes dans la coutume de Nançay, en Berry. Le sens qui leur est attribué dans cette coutume ne confirme pas que les 'petits bourgeois' soient 'esclaves'. Bien au contraire, ils doivent moitié moins de redevances au seigneur que les 'grands bourgeois' (*Nouveau Coutumier général*, Paris, 1724, 'Coutumes locales de Berry et de Lorris', t.3, p.1037). La confusion faite par Voltaire provient sans doute de l'usage courant, qui veut qu'un 'grand bourgeois' soit au-dessus d'un 'petit bourgeois'. P. Richelet (*Dictionnaire de la langue française ancienne et moderne*, Paris, 1759) écrit pourtant clairement: 'Francs bourgeois, grands bourgeois, et petits bourgeois sont différents, en ce que les premiers ne paient aucun droit de bourgeoisie: les autres sont appelés grands ou petits bourgeois selon la qualité de la redevance qu'ils sont obligés de payer.'

Anoblissements   Les rois de France, par exemple, commencèrent par anoblir des   80
très anciens. bourgeois, en leur conférant des titres sans terres. On prétend qu'on
a trouvé dans le trésor des chartes de France les lettres d'anoblissement que Philippe Ier donna en 1095 à un bourgeois de Paris, nommé
Eudes le Maire.[15] Il faut bien que saint Louis eût anobli son barbier la
Brosse, puisqu'il le fit son chambellan. Philippe III qui anoblit Raoul   85
son argentier, n'est donc pas, comme on le dit, le premier roi qui se
soit arrogé le droit de changer l'état des hommes.[16] Philippe le Bel
donna de même le titre de noble et d'écuyer, de *miles*,[17] au bourgeois
Bertrand, et à quelques autres; tous les rois suivirent cet exemple.
Philippe de Valois en 1339 anoblit Simon de Luci président au   90
parlement, et Nicole Taupin sa femme.[18]

Le roi Jean en 1350 anoblit son chancelier Guillaume de
Dormans;[19] car alors aucun office de clerc, d'homme de lois,
d'homme de robe longue, ne donnait rang parmi la noblesse,
malgré le titre de chevalier ès lois, et de bachelier ès lois que   95
prenaient les clercs. Ainsi Jean Pastourel avocat du roi fut anobli
par Charles V en 1354 avec sa femme Sédille.[20]

Les rois d'Angleterre de leur côté créèrent des comtes, des

---

[15] La Roque, ch.21 ('De l'anobli'), p.55; papillon collé, *CN*, t.5, p.202.

[16] C'est La Roque qui évoque 'Raoul l'Orfèvre' (ch.21, p.55). Selon une autre
tradition historiographique (qui n'est pas celle de Voltaire) représentée par Mézeray
(*Abrégé chronologique*), Daniel (*Histoire de France*) et Velly (*Histoire de France*), ce
n'est pas saint Louis, mais son fils, Philippe III le Hardi, qui fait du chirurgien Pierre
de La Brosse son chambellan.

[17] Selon La Roque, *miles* était le nom latin que l'on donnait anciennement à un
chevalier (ch.22, 'De la noblesse par chevalerie', p.68). Peut-être Voltaire a-t-il lu
trop vite? La Roque (ch.21, p.59) évoque en effet l'anoblissement par Philippe VI de
Valois (et non Philippe IV le Bel) de 'Pierre Bertrand, bourgeois de Barbesieux' dont
les descendants seront 'décorés de l'honneur de la chevalerie'.

[18] Voir La Roque, ch.21, p.67.

[19] Il semble que Voltaire ait mal lu ce passage de La Roque (ch.21, p.57). Ce
dernier explique qu'au moment de son anoblissement, Dormans était qualifié
advocatus regis, et précise que cet avocat du roi ne fut nommé chancelier qu'en 1371.

[20] La Roque nous apprend que Jean Pastourel fut anobli en 1367 (ch.21, p.57).
Voltaire a sans doute lu négligemment et en diagonale: six lignes (et trois entrées)
plus haut, en tête de l'énumération, il est question de Jean de Reims qui 'paya trente
écus d'or le 31 octobre 1354 pour son anoblissement'.

barons qui n'avaient ni comté ni baronnie. Les empereurs usèrent
100 de ce privilège en Italie: à leur exemple les possesseurs des grands
fiefs se donnèrent la même liberté. Il y eut jusqu'à un comte de Foix
qui s'arrogea le pouvoir d'anoblir et de corriger le hasard de la
naissance. Il donna des lettres de noblesse à maître Bernard son
chancelier; et les descendants de Bernard se dirent nobles; mais il
105 dépendait du roi et des autres seigneurs de reconnaître ou non cette
noblesse. De simples seigneurs d'Orange, de Saluces et beaucoup
d'autres se donnèrent la même licence. [21]

La milice des francs-archers et des taupins sous Charles VII *Taupins*
étant exempte de la contribution des tailles, prit sans aucune *gentilshommes.*
110 permission le titre de noble et d'écuyer, confirmé depuis par le
temps qui établit et qui détruit tous les usages et les privilèges; [22] et
plusieurs grandes maisons de France descendent de ces Taupins
qui se firent nobles, et qui méritaient de l'être, puisqu'ils avaient
servi la patrie. [23]

115 Les empereurs créèrent non seulement des nobles sans terres,
mais des comtes palatins. Ces titres de comtes palatins furent
donnés à des docteurs dans les universités. L'empereur Charles IV
introduisit cet usage; et Bartole fut le premier auquel il donna ce
titre de comte, titre avec lequel ses enfants ne seraient point entrés
120 dans les chapitres, non plus que les enfants des taupins. [24]

101-103 ĸ: fiefs s'arrogèrent le pouvoir d'ennoblir et de corriger ainsi le hasard
de la naissance. Un comte de Foix donna

[21] Tout ce paragraphe (lignes 98-107) est un résumé rapide de La Roque, ch.28
('Qu'il n'appartient qu'aux souverains d'anoblir'), p.92-97, avec des exemples
pointus (comte de Foix, les seigneurs d'Orange, de Saluces) pris dans les p.95, 97.
A noter que le 'maître Bernard' (ligne 103) est chez La Roque 'maître Bertran'.

[22] Voir ci-dessus, ch.80, lignes 164-75 et n.44.

[23] La Roque (tout comme Boulainvilliers; cf. ci-dessus, ch.80, lignes 164-75 et
n.42) considère la prétendue noblesse des miliciens comme une forme d'usurpation
(ch.55, 'De la noblesse prétendue par les francs-archers, ou francs-taupins', p.178).
Voir aussi *CN*, t.5, p.205, en haut d'un signet: 'noblesse / des francs / archers'.

[24] Voir J. Heiss von Kogenheim, *Histoire de l'Empire* (La Haye, 1694; 1685,
BV1604), livre 4, ch.24. Sur Bartolus de Sassoferrato (1313-1357), professeur de droit
à Pérouse, anobli par l'empereur Charles IV, voir La Roque (ch.42, 'De la noblesse
comitive, et des prérogatives des docteurs régents, et professeurs de droit', p.140).

Papes sont nobles. Les papes qui prétendaient être au-dessus des empereurs, crurent qu'il était de leur dignité de faire aussi des palatins, des marquis. Les légats du pape qui gouvernent les provinces du Saint-Siège, firent partout de ces prétendus nobles: et de là vient qu'en Italie il y a beaucoup plus de marquis et de comtes que de seigneurs féodaux.[25] 125

En France quand Philippe le Bel eut établi le tribunal appelé *parlement,* les seigneurs de fief qui siégeaient en cette cour furent obligés de s'aider du secours des clercs tirés ou de la condition servile, ou du corps des francs, grands et petits bourgeois. Ces 130 clercs prirent bientôt les titres de chevaliers et de bacheliers, à l'imitation de la noblesse; mais ce nom de chevalier qui leur était donné par les plaideurs, ne les rendait pas nobles à la cour; puisque l'avocat général Pastourel et le chancelier Dormans furent obligés de prendre des lettres de noblesse.[26] Les étudiants des universités 135 s'intitulaient bacheliers après un examen, et prirent la qualité de licenciés après un autre examen, n'osant prendre celui de chevaliers.[27]

Gens de loi. Il paraît que c'eût été une grande contradiction que les gens de loi qui jugeaient les nobles, ne jouissent pas des droits de la 140 noblesse; cependant, cette contradiction subsistait partout; mais en France ils jouirent des mêmes exemptions que les nobles pendant

[25] Voir l'*Encyclopédie*, t.3 (1753), art. 'Comtes palatins': 'Les papes font aussi de ces comtes palatins'; et P. Dupuy, *Commentaire sur le 'Traité des libertés de l'Eglise gallicane' de maître Pierre Pithou* (Paris, 1662; Paris, 1731, BV1178), §19, t.1, p.50.

[26] Voir lignes 95-97. La Roque ne présente pas l'anoblissement de ces deux parlementaires comme une obligation qui leur fut imposée (ch.21, p.57). Au contraire, il laisse partout comprendre (voir aussi ci-dessous, n.28, 29) que le monarque récompense par là des mérites éminents, comme le prouve, par exemple, le passage suivant: '[cette noblesse] s'acquiert par le rescrit du Prince quand, pour reconnaître et signaler la vertu et les mérites de ceux qui ont rendu quelque service notable, il les honore et leur postérité du titre de nobles' (p.55).

[27] Voir ci-dessus, ch.97 (lignes 119-20), et La Roque (ch.9, 'Des bannerets, des bacheliers, des écuyers, et de leurs différences', p.23-24). Moréri indique que l'érudit Gilles Ménage (1613-1692) pensait, à tort, que le mot 'bachelier' était une contraction de 'bas-chevalier' (*Grand Dictionnaire historique*, art. 'Bachelier').

leur vie.[28] Il est vrai que leurs droits ne s'étendaient pas jusqu'à prendre séance aux états généraux en qualité de seigneurs de fiefs, de porter un oiseau sur le poing, de servir de leur personne à la guerre, mais seulement de ne point payer la taille, de s'intituler *messire*.

Le défaut de lois bien claires et bien connues, la variation des usages et des lois fut toujours ce qui caractérisa la France. L'état de la robe fut longtemps incertain.[29] Les cours de justice que les Français ont appelées *parlements*, jugèrent souvent des procès concernant le droit de noblesse que prétendaient les enfants des officiers de robe.[30] Le parlement de Paris jugea en 1540 que les enfants de Jean le Maître avocat du roi devaient partager noblement.[31] Il rendit ensuite un arrêt semblable en faveur d'un conseiller nommé Ménager en 1578;[32] mais les jurisconsultes eurent des opinions différentes sur ces droits que l'usage attachait insensiblement à la robe. Louet conseiller au parlement prétendit que les enfants des magistrats devaient partager en roture, qu'il n'y avait que les petits-fils qui pussent jouir du droit d'aînesse des gentilshommes.[33]

Les avis des jurisconsultes ne furent pas des décisions pour la

[28] Voir La Roque, ch.31 ('De la noblesse appelée civile et accidentelle qui s'acquiert par les offices de judicature et de finances, et par les autres emplois'), p.102.

[29] La Roque est pourtant certain que 'Nos rois ont toujours désiré que ces illustres corps fussent composés de personnes nobles, autant qu'il serait possible' (ch.31, p.103). Voltaire développera cette thèse de l'incertitude – fruit de 'la variation des usages et des lois' (leitmotiv de son historiographie) – dans l'*Histoire du parlement de Paris* (1769; *OCV*, t.68, p.72), où l'on trouvera toutes les références requises.

[30] La Roque, ch.50, p.169, en haut d'un signet: 'noblesse / des enfans / dofficiers / de judicature'; *CN*, t.5, p.205.

[31] Voir La Roque, ch.50, p.169.

[32] Lecture trop rapide: selon La Roque (ch.50, p.169), la date de l'arrêt en faveur de la fille aînée de Jacques Ménager, conseiller au parlement, 'contre la fille puînée', est le 8 mai 1573.

[33] La Roque précise que Louet est d'avis 'que les biens des officiers qui sont anoblis [sont] partag[és] roturièrement pour la première fois' (ch.50, p.170). La deuxième phrase où il est question du droit d'aînesse n'est pas attribuable à Louet. Formulée telle quelle, il ne se trouve nulle part chez La Roque.

cour. Henri III en 1582 déclara par un édit, qu'aucun, *sinon ceux de maison et race noble, ne prendrait dorénavant le titre de noble et le nom d'écuyer.*[34] 165

Henri IV fut moins sévère et plus juste en 1600, lorsque dans l'édit du règlement des tailles il déclara, quoique en termes très vagues, *que ceux qui ont servi le public en charges honorables, peuvent donner commencement de noblesse à leur postérité.*[35]

Cette dispute de plusieurs siècles sembla terminée depuis sous 170 Louis XIV en 1644 au mois de juillet, et ne le fut pourtant pas.[36] Nous devançons ici les temps pour donner tout l'éclaircissement nécessaire à cette matière. Vous verrez dans le *Siècle de Louis XIV* quelle guerre civile fut excitée dans Paris pendant la jeunesse de ce monarque.[37] Ce fut dans cette guerre que le parlement de Paris, la 175 chambre des comptes, la cour des aides, et toutes les autres cours des provinces obtinrent en 1644 *les privilèges des nobles de race, gentilshommes et barons du royaume,* affectés aux enfants des conseillers et présidents qui auraient servi vingt ans, ou qui seraient morts dans l'exercice de leurs charges.[38] Leur état semblait être 180 assuré par cet édit.

[34] L'édit d'Henri III pour les tailles en 1582 ne reconnaissait que deux sortes de noblesse. La citation que reproduit Voltaire est exacte, sauf que la fin de la phrase chez La Roque est comme suit: 'n'usurperont dorénavant le titre de noblesse, ni prendront le nom d'écuyer' (ch.31, p.103).

[35] Voltaire, grand admirateur d'Henri IV, tient ici à personnaliser ces termes de l'édit (art.25) que La Roque (ch.50, p.169) – dédaignant les italiques – n'attribue à personne.

[36] Les lignes 175-81 vont traiter des événements de 1644.

[37] Ch.4, 5.

[38] Voltaire cite mot à mot La Roque, ch.50, p.171. Voltaire simplifie car il ne s'agit pas d'un seul et même édit. Au mois de juillet 1644, 'Sa majesté octroie au parlement de Paris les privilèges des nobles de race, barons et gentilshommes du royaume [...] pourvu qu'ils eussent servi vingt années, ou qu'ils décédassent revêtus de leurs offices, nonobstant qu'ils fussent issus de noble et ancienne race.' Le Grand Conseil obtint les mêmes privilèges par lettres patentes (décembre 1644), suivis par le parlement de Bretagne en 1659, et (la même année sans doute) 'la même grâce fut accordée aux compagnies des autres provinces sur le modèle de celle du parlement de Paris' (La Roque, ch.50, p.171).

Pourrait-on penser après cela que Louis XIV en 1669, séant lui-même au parlement, révoqua les privilèges, et maintint seulement, tous ces officiers de judicature dans *leurs anciens droits*, en révoquant tous les privilèges de noblesse accordés à eux et à leurs descendants en 1644 et depuis jusqu'à l'année 1669? [39]

Louis XIV, tout puissant qu'il était, ne l'a pas été assez pour ôter à tant de citoyens un droit qui leur avait été donné sous son nom. Il est difficile qu'un seul homme puisse obliger tant d'autres hommes à se dépouiller de ce qu'ils ont regardé comme leur possession. L'édit de 1644 a prévalu; les cours de judicature ont joui des privilèges de la noblesse, et la nation ne les a pas contestés à ceux qui jugent la nation.

Pendant que les magistrats des cours supérieures disputaient ainsi sur leur état depuis l'an 1300, les bourgeois des villes et leurs officiers principaux flottèrent dans la même incertitude. Charles V dit *le Sage*, pour s'acquérir l'affection des citoyens de Paris, leur accorda plusieurs privilèges de la noblesse, comme de porter des armoiries, et de tenir des fiefs sans payer la finance qu'on appelle *le droit des francs fiefs*. Mais Henri III réduisit ce privilège au prévôt des marchands et à quatre échevins. Les maires, les échevins de plusieurs villes de France jouirent des mêmes droits, les uns par un ancien usage, les autres par des concessions. [40]

La plus ancienne concession de la noblesse à un office de plume en France, fut celle des secrétaires du roi. Ils étaient originairement

Secrétaires du roi.

185

190

195

200

205

200-201   K: *de franc-fief* et ils en jouissent encore. Les maires

---

[39] Voltaire résume la fin du ch.50 de La Roque, p.171.

[40] Dans ce paragraphe sur les villes, Voltaire suit La Roque, ch.39. ('De la noblesse qui tire son origine des privilèges et immunités des villes', p.121-39, plus particulièrement p.122-25). Dans E. Pasquier (*Œuvres*, Amsterdam, 1723, BV2657, t.1, ch.13, 'Des mots de clerc, et secrétaire', col.785-88), on trouve les informations suivantes: 'Or quant au mot de secrétaire, on l'appropria du commencement à ceux qui, pour être près des rois, reçoivent leurs commandements, qui furent appelés *clercs du secret*. Ainsi l'apprenons-nous d'un règlement de l'an 1309 par lequel le roi ordonne qu'il y ait trois *clercs du secret* près de sa personne' (col.788). Pasquier évoque rapidement aussi, dans le même développement, la venue des secrétaires d'Etat (voir lignes 212-15).

ce que sont aujourd'hui les secrétaires d'Etat; ils s'appelaient *clercs du secret*; et puisqu'ils écrivaient sous les rois et qu'ils expédiaient leurs ordres, il était juste de les distinguer. [41] Leur droit de jouir de la noblesse après vingt ans d'exercice, servit de modèle aux officiers de judicature. [42]

C'est ici que se voit principalement l'extrême variation des usages de France. Les secrétaires d'Etat qui n'ont originairement d'autre droit de signer les expéditions, et qui ne pouvaient les rendre authentiques, qu'autant qu'ils étaient clercs du secret, secrétaires notaires du roi, sont devenus des ministres et les organes tout-puissants de la volonté royale toute-puissante. Ils se sont fait appeler *monseigneur*; titre qu'on ne donnait autrefois qu'aux princes et aux chevaliers: et les secrétaires du roi ont été relégués à la chancellerie, où leur unique fonction est de signer des patentes. On a augmenté leur nombre inutile jusqu'à trois cents, uniquement pour avoir de l'argent; et ce honteux moyen a perpétué la noblesse française dans près de six mille familles, dont les chefs ont acheté tour à tour ces charges. [43]

Un nombre prodigieux d'autres citoyens, banquiers, chirurgiens, marchands, domestiques de princes, commis, ont obtenu des lettres de noblesse; et au bout de quelques générations, ils prennent chez leurs notaires le titre de très hauts et très puissants seigneurs.

[41] La Roque (ch.41, 'De la noblesse des secrétaires du roi', p.149-59 [pag. 140]) explique qu'au temps de Philippe le Bel (1285-1314) on appelait les secrétaires du roi 'clercs du secret' (p.150) pour distinguer leur fonction plus confidentielle que celle des notaires.

[42] Voltaire s'appuie sur les nombreux exemples, englobant les XVe-XVIIe siècles, fournis par La Roque de confirmations de noblesse d'officiers ayant servi vingt ans (ch.41, p.135, 136, 138).

[43] La Roque fait état de la multiplication progressive des charges de secrétaire (ch.41, p.150-52 et suiv.), mais n'évoque pas l'effectif actuel, dont l'inflation a débuté, sous Henri IV, avec l'institution, pour raisons financières, de la vénalité des offices. Depuis 1727, le nombre de titulaires de cette charge anoblissante, surnommée par le public 'la savonnette à vilains', est cependant fixé, comme l'indique Voltaire, à 300 titulaires. Voir J. F. Solnon, *Dictionnaire de l'Ancien régime*, éd. L. Bély (Paris, 1996), art. 'Secrétaire du roi', p.1144-46.

Ces titres ont avili la noblesse ancienne sans relever beaucoup la nouvelle.

230   Enfin le service personnel des anciens chevaliers et écuyers ayant entièrement cessé, les états généraux n'étant plus assemblés, les privilèges de toute la noblesse, soit ancienne, soit nouvelle, se sont réduits à payer la capitation au lieu de payer la taille. [44] Ceux qui n'ont eu pour père ni échevin, ni conseiller, ni homme anobli,

235 ont été désignés par des noms qui sont devenus des outrages; ce sont les noms de *vilain* et de *roturier*.

    Vilain vient de ville, parce qu'autrefois il n'y avait de nobles que les possesseurs des châteaux, et *roturier*, de rupture de terre, labourage, qu'on a nommé *roture*. [45] De là il arriva que souvent

240 un lieutenant général des armées, un brave officier couvert de blessures, était taillable, tandis que le fils d'un commis jouissait des mêmes droits que les premiers officiers de la couronne. Cet abus déshonorant n'a été réformé qu'en 1752 par M. d'Argenson secrétaire d'Etat de la guerre, celui de tous les ministres qui a

245 fait le plus de bien aux troupes, et dont je fais ici l'éloge d'autant plus librement qu'il est disgracié. [46]

    Cette multiplicité ridicule de nobles sans fonction et sans vraie noblesse, cette distinction avilissante entre l'anobli inutile qui ne paie rien à l'Etat, et le roturier utile qui paie la taille, ces charges

250 qu'on acquiert à prix d'argent, et qui donnent le vain nom d'écuyer, tout cela ne se trouve point ailleurs; c'est un effort de démence dans

Vilains.

Nobles à faire rire.

---

[44] Depuis la ligne 215 ci-dessus, Voltaire a délaissé l'érudition et décrit la situation contemporaine de la noblesse, dont il déplore l'avilissement. Erigée par Louis XIV en 1695, la capitation, impôt par tête, n'épargne que les mendiants et les pauvres. Taxe seigneuriale devenue royale au XVe siècle, la taille ne concerne que les roturiers, les ecclésiastiques en étant cependant exemptés. Quant aux états généraux, ils n'ont plus été réunis par le roi depuis 1614.

[45] Voir Du Cange, art. 'Ruptura'.

[46] La 'déclaration' du 22 janvier 1752 instaure l'anoblissement de tous les militaires parvenant au grade d'officier, ce qui leur permet d'échapper au paiement de la taille. Le comte d'Argenson a été nommé secrétaire d'Etat de la Guerre en 1743. Ministre réformateur, il a fondé l'école militaire en 1751 et réorganisé l'armée. Il a été obligé de démissionner le 1er février 1757, à cause de l'hostilité de Mme de Pompadour.

un gouvernement d'avilir la plus grande partie de la nation. Quiconque en Angleterre a quarante francs de revenu en terre, est *homo ingenuus*, franc citoyen, libre Anglais, nommant des députés au parlement. Tout ce qui n'est pas simple artisan est 255 reconnu pour gentilhomme, *gentleman*; et il n'y a de nobles dans la rigueur de la loi que ceux qui dans la chambre haute représentent les anciens barons, les anciens pairs de l'Etat. [47]

Dans beaucoup de pays libres les droits du sang ne donnent aucun avantage; on ne connaît que ceux de citoyen; et même à 260 Basle aucun gentilhomme ne peut parvenir aux charges de la république, à moins qu'il ne renonce à ses prérogatives de gentilhomme. [48] Cependant dans tous les Etats libres les magistrats ont pris le titre de *nobilis*, noble; c'est sans doute une très belle noblesse que d'avoir été de père en fils à la tête d'une république. 265 Mais tel est l'usage, tel est le préjugé, que cinq cents ans d'une si pure illustration, n'empêcheraient pas d'être mis en France à la taille, et ne pourraient faire recevoir un homme dans le moindre chapitre d'Allemagne.

Ces usages sont le tableau de la vanité et de l'inconstance: et c'est 270 la moins funeste partie de l'histoire du genre humain.

---

[47] Une comparaison du même ordre, mais moins circonstanciée, entre la France et l'Angleterre a déjà été faite par Voltaire dans les *LP* (1734), 9, 10 (t.1 p.101-29). Voir aussi l'art. 'Impôt' des *QE* (*OCV*, t.42A, p.382).

[48] L'*Histoire de la confédération helvétique* (Berne, 1754, BV3832) de A. Ludwig Wattenwyl n'est pas aussi précise, mais indique seulement que les nobles ont 'perdu de leurs prérogatives' à Bâle (livre 9, ann.1501).

CHAPITRE 99

Des tournois.

Les tournois si longtemps célèbres dans l'Europe chrétienne, et si souvent anathématisés, [1] étaient des jeux plus nobles que la lutte, le disque, et la course des Grecs, et bien moins barbares que les

---

a-158 [*Première rédaction de ce chapitre*: 61. *Une partie de ce chapitre est empruntée au ch.100 de* w56-w57G (*'Usages des quinzième et seizième siècles'*) *et un fragment à* 54LD. *Il s'agit de* w56-w57G: *ch.99, lignes 118-35*, 'La vie désœuvrée [...] l'année 1560.'; 54LD: *ch.99, lignes 135-38*, 'Avec eux [...] Charles-Quint.']
a   61: Chapitre 95

---

* Voir également ch.97, n.*. Ce chapitre, qui réunit deux fragments tirés d'une édition précédente (voir les variantes), revêt une forme distincte pour la première fois en 1761. La source principale est M. Vulson de La Colombière, *Le Vrai Théâtre d'honneur et de chevalerie* (Paris, 1648, BV3819). Vulson présente dans les détails les préparatifs, la forme, et la splendeur des tournois, et se focalise sur ceux qui brillent de leur magnificence ou de leur importance historique. Par contre, Voltaire évite toute présentation de ces spectacles, ne retenant que des faits précis qui, loin de soutenir une interprétation spécifique de la fonction de ces événements, servent à présenter de façon sommaire leur développement. Il semble que le but de ce chapitre soit double: dans un premier temps, Voltaire veut démontrer, encore une fois, que les phénomènes sociaux changent souvent de manière aléatoire au cours des siècles; dans un deuxième temps il tente de déprécier des pratiques qu'il considère comme barbares. Il a pu consulter, par ailleurs, les cinq premiers mémoires de La Curne dans les *Mémoires de littérature de l'Académie royale des inscriptions et belles-lettres* (voir ci-dessus, ch.97, n.*).

[1] Fleury (*Histoire ecclésiastique*) cite plusieurs exemples de l'opposition de l'Eglise aux tournois. A strictement parler, ces derniers ne furent anathématisés que deux fois. La première défense fut fulminée, en octobre 1131, au concile de Reims (livre 68, ann.1131, §9), et fut renouvelée par le 20e canon du 3e concile de Latran (livre 73, ann.1179, §21). En 1149, saint Bernard, fort de l'interdiction de 1131, écrivit à l'abbé Suger 'qui, en l'absence du roi, avait la principale autorité' dans le royaume, lui demandant d'interdire le tournoi organisé par 'Robert, frère du roi et Henri, fils aîné du comte de Champagne' (livre 69, ann.1149, §43).

combats des gladiateurs chez les Romains.[2] Nos tournois ne ressemblaient en rien à ces spectacles, mais beaucoup à ces exercices militaires si communs dans l'antiquité, et à ces jeux dont on trouve tant d'exemples dès le temps d'Homère. Les jeux guerriers commencèrent à prendre naissance en Italie vers le temps de Théodoric, qui abolit les gladiateurs au cinquième siècle, non pas en les interdisant par un édit, mais en reprochant aux Romains cet usage barbare, afin qu'ils apprissent d'un Goth l'humanité et la politesse.[3] Il y eut ensuite en Italie, et surtout dans le royaume de Lombardie, des jeux militaires, de petits combats qu'on appelait *bataillole*, dont l'usage s'est conservé encore dans les villes de Venise et de Pise.[4]

Il passa bientôt chez les autres nations. Nithard rapporte qu'en 870 les enfants de Louis le Débonnaire signalèrent leur réconciliation par une de ces joutes solennelles, qu'on appela depuis tournois. *Ex utraque parte, alter in alterum veloci cursu ruebant.*[5]

---

[2] Dès le début de son ouvrage, Vulson tente d'inscrire les actions héroïques de la chevalerie dans une tradition remontant à l'antiquité grecque et romaine (t.1, Préface servant d'avertissement à la noblesse, non pag., [p.1-7]). Il évoque, par exemple, les jeux olympiques (t.1, p.2) et les 'ébattements militaires qui se faisaient dans le Champ de Mars, ou ailleurs dans les cirques et les amphithéâtres publics' (p.3). Sur l'origine militaire des tournois, voir ch.33 (notre t.2, p.475, lignes 57-58). Au ch.44, Voltaire a notamment évoqué une origine arabe (notre t.3, p.82, ligne 17).

[3] Théodoric le Grand, roi des Ostrogoths (474-526) mena ces derniers en Italie où il fonda un royaume autonome et se posa en héritier de l'empire d'Occident, encourageant les lettres et les arts. Il s'entoura de conseillers romains et imposa le droit romain à tous. Vulson explique que 'les Allemands s'attribuent l'honneur d'avoir les premiers inventé les joutes et les tournois' (ch.3, p.30-31).

[4] Ces *batagliole* – la *guerra dei Pugni* vénitienne et le *giocco del Ponte* pisan – sont notamment évoquées par Bruzen de La Martinière, *Grand Dictionnaire géographique et critique* (La Haye, 1726-1739, BV564), art. 'Pise'. Dans la 29ᵉ dissertation ('*Dissertatio vigesimanona*') des *Antiquitates italicae medii aevi* (Milan, 1738-1742), t.2 (1739), col.831-32, §A-B, Muratori évoque en effet ces '*battagliole*' ou '*simulatis proeliis*' (combats simulés), dont il situe l'origine à Pavie ('consuevisse Ticinenses'; *Ticinum* est le nom latin de Pavie), capitale des anciens rois lombards, au début du XIVᵉ siècle.

[5] Voltaire résume Nithard (*Historiarum libri*, livre 3, §6) d'après Vulson, qui fournit la date de 870 (ch.3, p.31).

20   L'empereur Henri l'Oiseleur pour célébrer son couronnement en 920, donna une de ces fêtes militaires; [6] on y combattit à cheval. L'appareil en fut aussi magnifique qu'il pouvait l'être dans un pays pauvre, qui n'avait encore de villes murées que celles qui avaient été bâties par les Romains le long du Rhin.

25   L'usage s'en perpétua en France, en Angleterre, chez les Espagnols et chez les Maures. [7] On sait que Géofroi de Preuilli chevalier de Touraine, rédigea quelques lois pour la célébration de ces jeux, vers la fin de l'onzième siècle; [8] quelques-uns prétendent que c'est de la ville de Tours qu'ils eurent le nom de *tournois*; car on

30   ne tournait point dans ces jeux comme dans les courses des chars chez les Grecs et chez les Romains. Mais il est plus probable que *tournoi* venait d'épée tournante, *ensis torneaticus*, ainsi nommée dans la basse latinité, parce que c'était un sabre sans pointe, n'étant point permis dans ces jeux de frapper avec une autre pointe que

35   celle de la lance. [9]

Pourquoi tournois?

[6] Henri Ier l'Oiseleur, roi de Germanie (919-936), fonda la dynastie saxonne. Selon Vulson, il réforma et perfectionna les tournois et joutes 'environ l'an 930' (ch.3, p.31). Voir les *Annales de l'Empire*: Henri Ier 'exerce la noblesse par des joutes et des espèces de tournois: il en fait un, à ce qu'on dit, où près de mille gentilshommes entrent en lice. Ces tournois avaient été inventés en Italie par les rois lombards, et s'appelaient *batagliole*' (ann.930-936, p.267).

[7] La première partie de l'énumération se retrouve textuellement dans Vulson (ch.3, p.32). Mais nulle mention, où que ce soit, des Maures. Voltaire semble avoir extrapolé à partir du passage suivant: 'En Espagne, Portugal, Grenade, Andalousie, León et autres royaumes qui sont au-delà des Pyrénées, il y a eu un nombre infini de tournois [...] et autres dances armées qu'ils nommaient zambres, ou combats à la moresque' (t.1, p.228-29).

[8] 'On sait' parce que ce chapitre fut rédigé ultérieurement au ch.121, où Voltaire l'a déjà mentionné. La Curne fait remonter les tournois au XIe siècle (Mémoire III, p.635). Voltaire fait mention de la datation dans ses carnets: 'Savoir si les tournois n'était pas longtemps avant le sire de Preuilly au onzième siècle' (*First Paris notebook*, *OCV*, t.82, p.473). Selon Vulson, Philippe de Valois 'dressa plusieurs lois et ordonnances touchant ces tournois, et spécifia particulièrement ceux qui en devaient être exclus' (ch.3, p.32), mais Voltaire n'évoque que les règles établies par Geoffroy de Preuilly (†1066) et, plus tard, par René d'Anjou (1409-1480) (voir ci-dessous, lignes 39-42).

[9] Résumé de Vulson, ch.3, p.35.

Ces jeux s'appelaient d'abord chez les Français, *emprises, pardons d'armes*; et ce terme *pardon* signifiait qu'on ne se combattait pas jusqu'à la mort. [10] On les nommait aussi *béhourdis*, du nom d'une armure qui couvrait le poitrail des chevaux. [11] René d'Anjou roi de Sicile et de Jérusalem, duc de Lorraine, qui ne possédant 40 aucun de ces Etats, s'amusait à faire des vers et des tournois, fit de nouvelles règles pour ces combats. [12]

Lois des   *S'il veut faire un tournoi, ou béhourdis*, dit-il dans ses lois, *faut que*
tournois.   *ce soit quelque prince, ou du moins haut baron.* [13] Celui qui faisait le tournoi envoyait un héraut présenter une épée au prince qu'il 45 invitait, et le priait de nommer les juges du camp.

Les tournois, dit ce bon roi René, *peuvent être moult utiles: car par adventure il pourra advenir que tel jeune chevalier ou écuyer pour y bien faire, acquerra grâce ou augmentation d'amour de sa dame.* [14]

On voit ensuite toutes les cérémonies qu'il prescrit, comment on 50 pend aux fenêtres ou aux galeries de la lice, les armoiries des chevaliers qui doivent combattre les chevaliers, et des écuyers qui doivent jouter contre les écuyers.

Tout se faisait à l'honneur des dames, selon les lois du bon roi René. Elles visitaient toutes les armes; elles distribuaient les prix; et 55

[10] Vulson précise que les anciens appelaient ces tournois 'nobles assemblées ou pardons d'armes' (ch.4, p.47). C'est Voltaire qui ajoute le terme *emprises*, partout utilisé dans ce volume.

[11] Vulson explique dans une manchette que le 'behourt' était une 'mêlée de combat' (ch.2, p.20). L'*Encyclopédie*: 'mot dont l'origine et la racine sont assez obscures [...] pour signifier un combat que l'on faisait à cheval la lance au poing'. Selon Littré, l'étymologie de Voltaire est fautive, le 'béhourdis' dérivant de 'behourt', lance.

[12] Pour tout ce qui a trait à René d'Anjou, Voltaire s'appuie sur Vulson (ch.5, p.49-80), qui traite exclusivement des lois édictées par ce duc de Lorraine (1431-1453), comte de Provence (1434-1480) et roi titulaire de Sicile et de Jérusalem, traditionnellement surnommé le 'Bon Roi René'.

[13] Voltaire résume d'après Vulson, ch.5, p.49-50.

[14] Si René a en effet justifié les tournois en disant que 'moult bien s'en pourra ensuir', Voltaire – sans doute par pur espièglerie – en privilégie la quatrième et dernière raison, ch.5, p.53 (où d'ailleurs on lit, non 'pour y bien faire' mais 'par bien y faire').

si quelque chevalier ou écuyer du tournoi avait mal parlé de quelques-unes d'elles, les autres tournoyants le battaient de leurs épées, jusqu'à ce que les dames criassent, Grâce; ou bien on les mettait sur les barrières de la lice, les jambes pendantes à droite et à
60 gauche, comme on met aujourd'hui un soldat sur le cheval de bois. [15]

Outre les tournois on institua les pas d'armes, et ce même roi René fut encore législateur dans ces amusements. Le pas d'armes de la gueule du dragon auprès de Chinon fut très célèbre en 1446. [16] Quelque temps après celui du château de la joyeuse garde eut plus
65 de réputation encore. Il s'agissait dans ces combats de défendre l'entrée d'un château, ou le passage d'un grand chemin. [17] René eût mieux fait de tenter d'entrer en Sicile ou en Lorraine. La devise de ce galant prince était une chaufferette pleine de charbons, avec ces mots, *porté d'ardent désir*; et cet ardent désir n'était pas pour ses
70 Etats qu'il avait perdus, c'était pour mademoiselle Gui de Laval dont il était amoureux, et qu'il épousa après la mort d'Isabelle de Lorraine. [18]

Ce furent ces anciens tournois qui donnèrent naissance long-temps auparavant aux armoiries, vers le commencement du
75 douzième siècle. [19] Tous les blasons qu'on suppose avant ce temps sont évidemment faux, ainsi que toutes ces prétendues lois

Pas d'armes.

[15] Sur le cheval de bois, voir l'*Encyclopédie*, art. 'Châtiments militaires': 'C'est ainsi qu'on appelle deux planches mises en dos d'âne, terminées par la figure d'une tête de cheval, élevées sur deux tréteaux dans une place publique, où le soldat est comme à cheval avec beaucoup d'incommodité, exposé à la vue et à la dérision du peuple.'

[16] La date est correcte, d'après Vulson, ch.6, p.81, manchette.

[17] Voir Vulson, ch.6, p.82-83. Le tournoi 'de la Joyeuse Garde', qui aurait duré 40 jours, fut organisé en 1455 par le roi René. Voir J.-F. Gaufridi, *Histoire de Provence* (Aix, 1694), livre 8, §11.

[18] Voltaire suit une manchette de Vulson, ch.6, p.104.

[19] Selon Vulson, Charlemagne ordonna que les chevaliers représentent leurs armoiries sur leur cotte d'armes (ch.1, p.20). C.-F. Ménestrier met toutefois en doute l'existence d'armoiries avant le XIIe siècle (*Le Véritable Art du blason et l'origine des armoiries*, Lyon, 1671, p.134). Voltaire possède son *Traité des tournois, joutes, carrousels et autres spectacles publics* (Lyon, 1669, BV2420).

Armoiries. des chevaliers de la table ronde tant chantés par les romans.[20] Chaque chevalier qui se présentait avec le casque fermé, faisait peindre sur son bouclier ou sur sa cotte d'armes quelques figures de fantaisie. De là ces noms si célèbres dans les anciens romanciers, de   80
chevaliers des aigles et des lions. Les termes du blason qui paraissent aujourd'hui un jargon ridicule et barbare, étaient alors des mots communs. La couleur de feu était appelée gueule, l'azur était nommé *sinople*, un pieu était un *pal*, une bande était une *fasce*, de *fascia* qu'on écrivit depuis *face*.[21]   85

Tournois   Si ces jeux guerriers des tournois avaient jamais dû être
excommuniés. autorisés, c'était dans le temps des croisades, où l'exercice des armes était nécessaire, et devenait consacré; cependant c'est dans ce temps même que les papes s'avisèrent de les défendre, et d'anathématiser une image de la guerre, eux qui avaient si souvent   90
excité des guerres véritables.[22] Entre autres Nicolas III, le même qui depuis conseilla les Vêpres siciliennes, excommunia tous ceux qui avaient combattu, et même assisté à un tournoi en France sous Philippe le Hardi en 1279;[23] mais d'autres papes approuvèrent ces combats, et le roi de France Jean donna au pape Urbain V le   95
spectacle d'un tournoi, lorsque après avoir été prisonnier à Londres, il alla se croiser à Avignon, dans le dessein chimérique d'aller combattre les Turcs, au lieu de penser à réparer les malheurs de son royaume.[24]

83-84   K: gueule, le vert était nommé *sinople*
97   61: il se croisa à Avignon

[20] En s'appuyant sur des romans, Vulson traite de l'histoire des chevaliers de la Table Ronde (ch.8, p.132-36) et décrit les armoiries de chacun (p.136-45).
[21] Voir Furetière, *Dictionnaire universel* (La Haye et Rotterdam, 1690), art. 'Fasce', 'Pal'.
[22] Voir Vulson, t.1, ch.3, p.36-37, et, pour les anathèmes, ci-dessus, n.1.
[21] Sur la menace d'excommunication fulminée par le pape Nicolas III, mais qui ne fut pas mise à exécution, voir notamment Fleury (livre 87, ann.1279, §29), et Bruys (*Histoire des papes*, ann.1279).
[24] Jean II le Bon se rend à Avignon, auprès du nouveau pape Urbain V, en 1363.

100 L'empire grec n'adopta que très tard les tournois; toutes les coutumes de l'Occident étaient méprisées des Grecs; ils dédaignaient les armoiries; et la science du blason leur parut ridicule; enfin en 1326 le jeune empereur Andronic ayant épousé une princesse de Savoie, quelques jeunes Savoyards donnèrent le spectacle d'un

105 tournoi à Constantinople; les Grecs alors s'accoutumèrent à cet exercice militaire;[25] mais ce n'était pas avec des tournois qu'on pouvait résister aux Turcs, il fallait de bonnes armées et un bon gouvernement, que les Grecs n'eurent presque jamais.

L'usage des tournois se conserva dans toute l'Europe. Un des plus

110 solennels fut celui de Boulogne-sur-Mer en 1309, au mariage d'Isabelle de France avec Edouard II roi d'Angleterre.[26] Edouard III en fit deux beaux à Londres.[27] Il y en eut même un à Paris du temps du malheureux Charles VI en 1415;[28] ensuite vinrent ceux de René d'Anjou dont nous avons déjà parlé. Le nombre en fut

115 très grand jusque vers le temps qui suivit la mort du roi de France Henri II tué, comme on sait, dans un tournoi au palais des Tournelles en 1559.[29] Cet accident semblait devoir les abolir pour jamais.

La vie désoccupée des grands, l'habitude et la passion renouvelèrent pourtant ces jeux funestes à Orléans un an après la mort

118   54LD*: [*le développement qui suit a été ajouté en manuscrit, dans ce qui est devenu le ch.121, à l'endroit où se trouve actuellement un renvoi au chapitre* Des tournois. *L'addition manuscrite se reliait dans l'imprimé de* 54LD *aux lignes ci-dessous, retranchées en 1761, quand ce développement devint un chapitre distinct*] Cet esprit
5   régnait beaucoup du temps de François Ier et de Charles-Quint. François était un vrai

[25] Ce sont les chevaliers de la suite de Jeanne de Savoie, seconde épouse d'Andronic III Paléologue (1328-1341), qui ont les premiers organisé, en 1326, un tournoi à Constantinople. Le fait est notamment mentionné par S. von Pufendorf (*Introduction à l'histoire générale et politique de l'univers*, Amsterdam, 1721; 1722, BV2829, livre 7, ch.12, ann.1339) et L. Echard (*Histoire romaine*, Paris, 1736-1742, BV1201, livre 13, ch.3, ann.1326, §49).

[26] Voir Vulson, ch.14, p.222.

[27] 'Deux ou trois', selon Vulson, ch.14, p.223 (voir ci-dessus, ch.76, lignes 190-98 et n.46).

[28] Voir Vulson, ch.14, p.227.

[29] Voltaire suit Vulson, ch.16, p.248-49.

tragique de Henri II. Le prince Henri de Bourbon-Montpensier en 120
fut encore la victime; une chute de cheval le fit périr. [30] Les tournois
cessèrent alors absolument. Il en resta une image dans le pas
d'armes dont Charles IX et Henri III furent les tenants un an après
la Saint-Barthélemi; car les fêtes furent toujours mêlées, dans ces
temps horribles, aux proscriptions. Ce pas d'armes n'était pas 125
dangereux; on n'y combattait pas à fer émoulu. [31] Il n'y eut point de
tournois au mariage du duc de Joyeuse en 1581. Le terme de
tournois est employé mal à propos à ce sujet dans le journal de
L'Etoile. Les seigneurs ne combattirent point; et ce que L'Etoile
appelle *tournois*, ne fut qu'une espèce de ballet guerrier représenté 130
dans le jardin du Louvre par des mercenaires; [32] c'était un des
spectacles qu'on donnait à la cour, mais non pas un spectacle que la
cour donnât elle-même. Les jeux qu'on continua depuis d'appeler
tournois, ne furent que des carrousels.

Abolition des   L'abolition des tournois est donc de l'année 1560. Avec eux périt 135
tournois. l'ancien esprit de la chevalerie, qui ne reparut plus guère que dans
les romans. Cet esprit régnait beaucoup jusqu'au temps de

---

chevalier et Charles voulut l'être. Ils se donnèrent des démentis publics, ils
s'appelèrent solennellement en duel, il se virent ensuite familièrement et l'empereur
se mit entre les mains du roi de France sans autre sûreté qu'une parole d'honneur que
ce roi était incapable de violer. Il y a beaucoup de traits dans le règne de l'un et de
l'autre qui tiennent des temps héroïques et fabuleux, mais Charles par une politique 10
plus raffinée se rapprochait davantage de nos temps. [33]

[30] Voir C. Buffier, *Introduction à l'histoire des maisons souveraines de l'Europe*
(Paris, 1717), t.i, p.216. Il s'agit d'Henri de Bourbon, marquis de Beaupré, mort en
1560 à Orléans, à l'âge de quatorze ans.

[31] Emoulu: 'Qui est aiguisé, affilé, pointu' (*Dictionnaire de l'Académie*, art.
'Meule'). On n'a pu découvrir la source concernant le pas d'armes de Charles IX
et Henri III en 1573.

[32] Voltaire se trompe au sujet de l'endroit où se tenait ce 'ballet guerrier'; selon
P. de L'Etoile, le couple fut fiancé au Louvre et se maria à Saint-Germain-l'Auxerrois
(*Journal de Henri III*, La Haye, 1744, BV2063, t.i, p.331, septembre 1581).

[33] La première phrase de cette variante est reprise ci-dessous, lignes 137-38. Sur
ces souverains, voir ch.122-26.

François Ier et de Charles-Quint. Philippe II renfermé dans son palais, n'établit en Espagne d'autre mérite que celui de la soumission à ses volontés. La France après la mort de Henri II fut plongée dans le fanatisme, et désolée par les guerres de religion. L'Allemagne divisée en catholiques romains, luthériens, calvinistes, oublia tous les anciens usages de chevalerie, et l'esprit d'intrigue les détruisit en Italie.

A ces pas d'armes, aux combats à la barrière,[34] à ces imitations des anciens tournois partout abolis, ont succédé les combats contre les taureaux en Espagne, et les carrousels en France, en Italie, en Allemagne.[35] Il serait superflu de donner ici la description de ces jeux; il suffira du grand carrousel qu'on verra dans le *Siècle de Louis XIV*.[36] En 1750, le roi de Prusse donna dans Berlin un carrousel très brillant;[37] mais le plus magnifique et le plus singulier de tous, a été celui de Moscou donné par l'impératrice Catherine Seconde:[38] les dames coururent avec les seigneurs, et remportèrent

Derniers carrousels.

150-55   w56-w68: *Louis XIV*. Le dernier carrousel qu'on ait vu est celui qu'on fit à Berlin en 1750. Il fut très bien exécuté et les frères du roi de Prusse y firent paraître beaucoup d'adresse et de grâce. Tous ces jeux qui

[34] Combat qui se livrait à la barrière du champ des tournois (Littré).

[35] Vulson inscrit également les carrousels dans la lignée des tournois des chevaliers (ch.23-24, p.304-438, qu'il consacre à une description détaillée de nombreux carrousels qui avaient fait époque au XVIIe siècle). On voit la même constatation dans le *First Paris notebook* (*OCV*, t.82, p.473).

[36] Dans le *Siècle de Louis XIV*, ch.25, Voltaire évoque cet événement qui souligne la magnificence du règne de Louis XIV (*OH*, p.906-907).

[37] Voltaire avait assisté à ce spectacle lors de son séjour auprès du roi Frédéric II: 'Il n'y a pas moyen de tenir au carrousel que je viens de voir. C'était à la fois le carrousel de Louis XIV, et la fête des lanternes de la Chine [...] On ne peut pas se faire une juste idée de la beauté, de la singularité de ce spectacle, le tout terminé par un souper à dix tables, et un bal' (D4201, à d'Argental, 28 août 1750).

[38] Ce carrousel, dont la mention est ajoutée en 1775, est peut-être celui évoqué par Voltaire dans une lettre au duc de Richelieu d'avril 1770: 'Il faut à présent aller en Russie pour voir de grandes choses. Si on vous avait dit dans votre enfance qu'il y aurait à Moscou des carrousels d'hommes et de femmes plus magnifiques et plus galants que ceux de Louis XIV, si on avait ajouté que les Russes qui n'étaient alors

des prix. Tous ces jeux militaires commencent à être abandonnés; et de tous les exercices qui rendaient autrefois les corps plus ₁₅₅ robustes et plus agiles, il n'est presque plus resté que la chasse; encore est-elle négligée par la plupart des princes de l'Europe. Il s'est fait des révolutions dans les plaisirs comme dans tout le reste.

---

que des troupeaux d'esclaves sans habits et sans armes, feraient trembler le Turc dans Constantinople, vous auriez pris ces idées pour des contes des mille et une nuits' (D16304).

CHAPITRE 100

Des duels.

L'éducation de la noblesse étendit beaucoup l'usage des duels, qui se perpétua si longtemps, et qui commença avec les monarchies modernes. Cette coutume de juger des procès par un combat juridique, [1] ne fut connue que des chrétiens occidentaux. On ne voit

Coutume des Romains bien plus noble que les nôtres.

a-245   [*Première rédaction de ce chapitre*: 61]
a   61: Chapitre 96

* Voir également la note liminaire des ch.97 et 99. L'attitude de Voltaire devant les duels n'a rien d'étonnant quand on considère que ce chapitre est une suite logique des chapitres sur la chevalerie et les tournois. Dans le *Siècle de Louis XIV* (ch.2), Voltaire qualifie le duel de 'barbarie gothique'. Mais c'est dans ses carnets que son opposition à cette pratique arriérée est motivée: 'Louis XIV abolit les duels que tant d'autres rois avaient autrefois maintenus, et qui avaient été regardés longtemps comme le plus beau privilège de la noblesse et comme le devoir de la chevalerie. Le serment des anciens chevaliers était de ne souffrir aucun outrage et de venger même ceux de leurs amis. Mais il n'y a de pays bien policé que celui dans lequel, la vengeance n'est qu'entre les mains des lois' (*Leningrad notebooks*, *OCV*, t.81, p.230). Quant aux sources, Voltaire suit souvent l'ordre du récit historique adopté par les auteurs sur lesquels il s'appuie, et dans ce chapitre, il est clair qu'il ne s'écarte pas trop des ouvrages de M. Vulson de La Colombière, *Le Vrai Théâtre d'honneur et de chevalerie, ou le miroir héroïque de la noblesse* (Paris, 1648, BV3819), t.2; peut-être également de A. Favyn, *Le Théâtre d'honneur et de chevalerie, ou l'histoire des ordres militaires* (Paris, 1620). Pour certains points de détail, il se tourne vers Du Cange et son long art. 'Duellum' du *Glossarium ad scriptores mediae et infimae latinitatis* (Paris, 1733-1736, BV1115).

[1] Il est évident que Voltaire, loin de faire œuvre d'historien tâchant de comprendre des phénomènes dans leur contexte socio-politique, préfère voir ici de simples superstitions. Voilà pourquoi il range les combats juridiques parmi les pratiques barbares et risibles pour lesquels il n'a jamais caché son mépris. Dans le seul *EM*, il s'en prend également à l'épreuve de l'eau froide, de l'eau bouillante et de la barre de fer ardent (voir notre t.2, ch.22, p.340-44, 434-35; t.3, ch.45, p.110-12). Bien que s'élevant souvent contre de telles pratiques (voir, par exemple, l'art. 'Epreuve' des *QE*, *OCV*, t.41, p.197-205), il est, en ce domaine, parfaitement d'accord avec l'abbé Fleury (*Histoire ecclésiastique*, livre 47, ann.829, §30).

point de ces duels dans l'Eglise d'Orient; les anciennes nations 5
n'eurent point cette barbarie. César rapporte dans ses Commentaires, que deux de ses centurions, toujours jaloux et toujours
ennemis l'un de l'autre, vidèrent leur querelle par un défi; [2] mais ce
défi était de montrer qui des deux ferait les plus belles actions dans
la bataille. L'un après avoir renversé un grand nombre d'ennemis, 10
étant blessé et terrassé à son tour, fut secouru par son rival.
C'étaient là les duels des Romains.

Le plus ancien monument des duels ordonnés par les arrêts des
rois, est la loi de Gondebaut le Bourguignon, d'une race
germanique qui avait usurpé la Bourgogne. La même jurispru- 15
dence était établie dans tout notre Occident. L'ancienne loi
catalane citée par le savant Du Cange, les lois allemandes-
bavaroises spécifient plusieurs cas auxquels on devait ordonner
le duel. [3]

Formule du   Dans les assises tenues par les croisés à Jérusalem, on s'exprime 20
meurtre.   ainsi: *Le garant que l'on lieve, si come es par pu doit répondre à qui li*
lieve. Tu ments, et te rendrai mort ô recreant, et vessi mon gage. [4]

L'ancien coutumier de Normandie dit: *Plainte de meurtre doit*
être faite; et si l'accusé nie, il en offre gage... et bataille li doit être
ottroyée par justice. [5] 25

Il est évident par ces lois, qu'un homme accusé d'homicide était
en droit d'en commettre deux. On décidait souvent d'une affaire
civile par cette procédure sanguinaire. Un héritage était-il contesté, celui qui se battait le mieux avait raison; et les différends des
citoyens se jugeaient comme ceux des nations, par la force. [6] 30

---

[2] C.-J. Caesar, *Les Commentaires* (Paris, 1714, BV605; *CN*, t.2, p.21). Le récit se
trouve dans le livre 5; les deux centurions s'appelaient Varenus et Pulsion.

[3] Du Cange, art. 'Duellum' (*CN*, t.3, p.220). Il s'agit de la loi dite 'Gombette',
édictée au tout début du VIe siècle par Gondebaud (*c*.480-516), roi des Burgondes.
Sur les combats judiciaires, voir le titre 80 de la loi.

[4] Du Cange, art. 'Duellum'. Voltaire condense.

[5] Du Cange, art. 'Duellum'. Voltaire abrège considérablement.

[6] Voltaire effleure cette question au ch.22, lignes 39-42, où, dans une note ajoutée
en 1761, il renvoie le lecteur au ch.100 (notre t.2, p.339-40).

Cette jurisprudence eut ses variations comme toutes les institutions ou sages ou folles des hommes. Saint Louis ordonna qu'un écuyer accusé par un vilain, pourrait combattre à cheval, et que le vilain accusé par l'écuyer pourrait combattre à pied. Il exempte de la loi du duel les jeunes gens au-dessous de vingt-et-un ans, et les vieillards au-dessus de soixante. [7]

Les femmes et les prêtres nommaient des champions pour s'égorger en leur nom; la fortune, l'honneur dépendaient d'un choix heureux. Il arriva même quelquefois que les gens d'Eglise offrirent et acceptèrent le duel. On les vit combattre en champ clos; et il paraît par les constitutions de Guillaume le Conquérant, que les clercs et les abbés ne pouvaient combattre sans la permission de leur évêque: *Si clericus duellum sine episcopi licentia susceperit, etc.* [8]

Prêtres duellistes.

Par les établissements de saint Louis, et d'autres monuments rapportés dans Du Cange, il paraît que les vaincus étaient quelquefois pendus, quelquefois décapités ou mutilés; c'étaient les lois de l'honneur; et ces lois étaient munies du sceau d'un saint roi qui passe pour avoir voulu abolir cet usage digne des sauvages.

On avait perfectionné la justice du temps de Louis le Jeune au point qu'il statua en 1168, qu'on n'ordonnerait le duel que dans des causes où il s'agirait au moins de cinq écus, *quinque solidos.* [9]

Philippe le Bel publia un grand code de duels. [10] Si le demandeur voulait se battre par procureur, nommer un champion pour défendre sa cause, il devait dire; 'Notre souverain seigneur, je proteste et retiens, que par loyale essoine de mon corps (c'est-à-dire par faiblesse ou maladie) je puisse avoir un gentilhomme mon avoué, qui en ma présence, si je puis, ou en mon absence, à l'aide de

Code des meurtres.

51 K: cinq sous de ce temps,

[7] Traduction à peu près exacte de Du Cange, art. 'Duellum'.
[8] Du Cange, art. 'Duellum' (*CN*, p.220). Voltaire condense.
[9] Du Cange, art. 'Duellum' (*CN*, p.221).
[10] Du Cange (art. 'Duellum') et Vulson (ch.2, p.26-44) reproduisent le code de Philippe le Bel.

Dieu, de Notre Dame et de monseigneur saint George, fera son loyal devoir à mes coûts et dépens, etc.'[11]

Les deux parties adverses, ou bien leurs champions, comparais- 60 saient au jour assigné dans une lice de quatre-vingts pas de long et de quarante de large, gardée par des sergents d'armes. Ils arrivaient *à cheval, visière baissée, écu au col, glaive au poing, épées et dagues ceintes.*[12] Il leur était enjoint de porter un crucifix, ou l'image de la Vierge, ou celle d'un saint, dans leurs bannières. Les 65 hérauts d'armes faisaient ranger les spectateurs tous à pied autour des lices. Il était défendu d'être à cheval au spectacle, sous peine pour un noble de perdre sa monture, et pour un bourgeois de perdre une oreille.

Le maréchal du camp, aidé d'un prêtre, faisait jurer les deux 70 combattants sur un crucifix, que leur droit était bon, et qu'ils n'avaient point d'armes enchantées; ils en prenaient à témoin monsieur saint George, et renonçaient au paradis s'ils étaient menteurs. Ces blasphèmes étant prononcés, le maréchal criait, Laissez-les aller; il jetait un gant; les combattants partaient, et les 75 armes du vaincu appartenaient au maréchal.[13]

Les mêmes formules s'observaient à peu près en Angleterre. Elles étaient très différentes en Allemagne; on lit dans le *Théâtre d'honneur*, et dans plusieurs anciennes chroniques, que d'ordinaire le bourg de Hall en Souabe était le champ de ces combats.[14] Les deux 80

[11] Du Cange, art. 'Duellum'; Vulson, ch.2, art.9, p.29. Vu les légères variantes que présentent les deux textes, il est évident que Voltaire (malgré deux omissions faites en copiant Du Cange: avoir un gentilhomme *pour celui jour*; saint Georges *le bon chevalier*) cite ici d'après lui.

[12] Du Cange, art. 'Duellum'; Vulson, ch.2, art.13, p.30. A part le dernier membre de phrase qu'il respecte, Voltaire met au singulier ce qui chez Vulson est au pluriel.

[13] Les détails fournis par Voltaire (lignes 64-76) se trouvent tous dans le code de Philippe le Bel: voir Du Cange (art. 'Duellum'); Vulson, ch.2, art.14, 16, 17, 19, 21, 23, p.31-41.

[14] C'est Vulson (ch.9) qui précise que les duels avaient lieu 'à Halle en Souabe, qui est la ville où le théâtre était toujours dressé' (p.165). Le ch.11 ajoute toutefois: 'En Allemagne, il y avait trois lieux principaux [...] nommés par les ordonnances des rois et des empereurs pour l'éxécution des duels [...] 'à savoir Wirtsbourg en la Franconie, Onspach, et Halle en Souable' (p.209).

ennemis venaient demander permission aux notables de Souabe assemblés, d'entrer en lice. On donnait à chaque combattant un parrain, et un confesseur; le peuple chantait un *Libera*, et on plaçait au bout de la lice une bière entourée de torches pour le vaincu. Les
85 mêmes cérémonies s'observaient à Visbourg. [15]

Il y eut beaucoup de combats en champ clos dans toute l'Europe jusqu'au treizième siècle. C'est des lois de ces combats que viennent les proverbes, *Les morts ont tort, les battus payent l'amende.* [16]

Les parlements de France ordonnèrent quelquefois ces combats,
90 comme ils ordonnent aujourd'hui une preuve par écrit ou par témoins. [17] Sous Philippe de Valois en 1343, le parlement jugea, qu'il y avait gage de bataille, et nécessité de se tuer, entre le chevalier Dubois, et le chevalier de Vervins; parce que Vervins avait voulu persuader à Philippe de Valois que Dubois *avait*
95 *ensorcelé Son Altesse le roi de France.* [18]

Le duel de Legris et de Carrouge, ordonné par le parlement sous Charles VI, est encore fameux aujourd'hui. Il s'agissait de savoir si Legris avait couché ou non avec la femme de Carrouge malgré elle. [19]

Le parlement longtemps après en 1442, dans une cause
100 solennelle entre le chevalier Patarin et l'écuyer Tachon, déclara que le cas dont il s'agissait, ne requérait pas gage de bataille, et qu'il

[15] Voir Vulson, ch.9, 'Des combats à outrance à la mode d'Allemagne', p.165-66. La mention de Visbourg [Würzburg] est cautionnée par la p.209. Mais quant au contenu des lignes 83-85, Vulson indique qu'il s'agissait là d'une mise en scène destinée à 'intimider les combattants', et à 'les divertir de leur entreprise mortelle'. De même, le rôle du confesseur était 'de leur persuader de s'accorder' (p.166).

[16] Vulson, ch.8, 'Sentences et proverbes [tirés] de l'*Institution au droit français* de Maître Guy Coquille [Paris, 1607], touchant les crimes et gages de bataille', où l'on trouve: 'Le mort a tort, et le battu paie l'amende' (p.164).

[17] Voir Vulson, ch.11, §'Les gages de bataille étaient permis par les cours de parlement', p.201.

[18] Voir Vulson, ch.11, §'L'avait ensorcelé ou fait ensorceler', p.201-202.

[19] Selon Vulson (ch.11, p.203), ce duel fut 'autorisé et permis' par le parlement, et non 'ordonné'. Le sire Jean de Carrouges et l'écuyer Jacques Legris étaient tous deux au service de Pierre II de Valois, duc d'Alençon.

529

fallait une accusation grave et dénuée de témoins, pour que le duel fut légitimement ordonné. [20]

Ce cas grave arriva en 1454. Un chevalier nommé Jean Picard, accusé d'avoir abusé de sa propre fille, fut reçu par arrêt à se battre contre son gendre qui était sa partie. Le *Théâtre d'honneur et de chevalerie* ne dit pas quel fut l'événement; mais quel qu'il fût, le parlement ordonna un parricide pour avérer un inceste. [21]

Evêques ordonnent le duel. Les évêques, les abbés, à l'imitation des parlements et du conseil étroit des rois, ordonnèrent aussi le combat en champ clos dans leurs territoires. Yves de Chartres reproche à l'archevêque de Sens, et à l'évêque d'Orléans, d'avoir autorisé ainsi trop de duels pour des affaires civiles. [22] Géofroi du Maine évêque d'Angers, obligea les moines de saint Serge de prouver par le combat que certaines dîmes leur étaient dues, et le champion des moines, homme robuste, gagna leur cause à coups de bâton. [23]

Sous la dernière race des ducs de Bourgogne, les bourgeois des villes de Flandres jouissaient du droit de prouver leurs prétentions avec le bouclier et la massue de mesplier; ils oignaient de suif leur pourpoint, parce qu'ils avaient entendu dire qu'autrefois les athlètes se frottaient d'huile; ensuite ils plongeaient les mains dans un baquet plein de cendres, et mettaient du miel ou du sucre dans leurs bouches; après quoi ils combattaient jusqu'à la mort, et le vaincu était pendu. [24]

105

110

115

120

[20] Vulson, ch.11, §'Les quatre cas du gage de bataille', p.207-208. Quant à la date (1442), soit Voltaire a mal copié, soit il s'agit d'une coquille. Vulson situe ce duel en 1422 (p.207).

[21] La date de 1454 appelle le même genre de remarque que dans la note précédente: Vulson (p.206) donne 1354. Par 'événement' (ligne 107), Voltaire veut dire 'l'issue, le succès de quelque chose' (*Dictionnaire de l'Académie*, éd. 1762).

[22] Vulson, ch.11, p.205-205. Voltaire préfère passer sous silence le troisième incriminé: 'Guillaume, archidiacre de Paris' (p.204).

[23] Vulson, ch.11, p.205, §'Les roturiers ne se battaient en camp [*sic*] clos qu'avec le bâton simple sans être ferré'. Vulson situe ce duel, qui mit aux prises deux champions roturiers, 'environ l'an 1100', mais il ne précise pas quelle en fut l'issue.

[24] Vulson, ch.30, 'Combat à outrance, fait entre deux bourgeois de Valenciennes, en la présence du duc Philippe de Bourgogne', p.313-16. Les détails des lignes 119-23 se trouvent aux p.315-16, mais Voltaire les rend délibérément pittoresques en

125 La liste de ces combats en champ clos, commandés ainsi par les souverains, serait trop longue. Le roi François Ier en ordonna deux solennellement; et son fils Henri II en ordonna aussi deux. Le premier de ceux qu'ordonna Henri fut celui de Jarnac et de la Châtaigneraye en 1547.[25] Celui-ci soutenait que Jarnac couchait
130 avec sa belle-mère, celui-là le niait; était-ce là une raison pour un monarque de commander, de l'avis de son conseil, qu'ils se coupassent la gorge en sa présence? mais telles étaient les mœurs. Les deux champions jurèrent chacun sur les Evangiles, qu'ils combattait pour la vérité, et qu'il *n'avait sur lui ni paroles, ni*
135 *charmes, ni incantations.* La Châtaigneraye étant mort de ses blessures, Henri II fit serment, qu'il n'ordonnerait plus les duels; et deux ans après, il donna dans son conseil privé des lettres patentes, par lesquelles il était enjoint à deux jeunes gentilshommes d'aller se battre en champ clos à Sédan sous les yeux du maréchal de
140 la Mark, prince souverain de Sédan.[26] Henri croyait ne point violer son serment en ordonnant aux parties d'aller se tuer ailleurs qu'en son royaume. La cour de Lorraine s'opposa formellement à cet honneur que recevait le maréchal de la Mark. Elle envoya protester dans Sédan, que tous les duels entre le Rhin et la Meuse devaient
145 par les lois de l'empire se faire par l'ordre et en présence des souverains de Lorraine. Le camp n'en fut pas moins assigné à Sédan. Le motif de cet arrêt du roi Henri II, rendu en son conseil

supprimant les explications des trois procédés. La glose des lignes 120-21 lui est imputable. Le terme 'mesplier' (p.315; ci-dessus, ligne 119) est une forme archaïque ou régionale de *néflier*, dont le bois très dur était utilisé autrefois pour faire des manches d'outils.

[25] La date est exacte mais Voltaire simplifie le récit du différend entre La Chataigneraie et Jarnac. Selon Vulson, François Ier jugea en son conseil privé, 'Qu'un prince ne doit permettre chose de l'issue de laquelle on ne peut espérer bien' (ch.37, p.417-39), et le duel fut en sursis jusqu'à sa mort, après laquelle Henri II, qui lui succéda, ordonna ce combat. Voltaire citera les mêmes exemples dans l'*Histoire du parlement de Paris*, ch.20 (*OCV*, t.68, p.246).

[26] Vulson, ch.38, 'Le combat des seigneurs d'Aguerre et de Fendilles, fait à Sedan' [1549], p.439-67. Les lignes 140-52 en sont un condensé. Robert IV de La Marck, dit le maréchal de Bouillon (1512-1556), est duc de Bouillon et, depuis 1549, prince seigneur de Sedan.

privé, était que l'un de ces deux gentilshommes nommé Daguères, avait mis la main dans les chausses d'un jeune homme nommé Fendilles. Ce Fendilles blessé dans le combat, ayant avoué qu'il avait tort, fut jeté hors du camp par les hérauts d'armes, et ses armes furent brisées; c'était une des punitions du vaincu.[27] On ne peut concevoir aujourd'hui comment une cause si ridicule pouvait être vidée par un combat juridique.

Il ne faut pas confondre avec tous ces duels, regardés comme l'ancien jugement de Dieu, les combats singuliers entre les chefs de deux armées, entre les chevaliers des partis opposés. Ces combats sont des faits d'armes, des exploits de guerre, de tout temps en usage chez toutes les nations.

On ne sait si on doit placer plusieurs cartels de défi de roi à roi, de prince à prince, entre les duels juridiques, ou entre les exploits de chevalerie; il y en eut de ces deux espèces.

Duels de rois,
tous sans effet.
Lorsque Charles d'Anjou, frère de saint Louis, et Pierre d'Arragon se défièrent après les Vêpres siciliennes, ils convinrent de remettre la justice de leur cause à un combat singulier, avec la permission du pape Martin IV, comme le rapporte Jean-Baptiste Caraffa dans son histoire de Naples; le roi de France Philippe le Hardi leur assigna le camp de Bordeaux.[28] Rien ne ressemble plus aux duels juridiques. Charles d'Anjou arriva le matin au lieu et au jour assignés, et prit acte du défaut de son ennemi qui n'arriva que sur le soir. Pierre prit acte à son tour du défaut de Charles qui ne l'avait pas attendu. Ce défi singulier eût été au rang des combats juridiques, si les deux rois avaient eu autant d'envie de se battre que de se braver. Le duel qu'Edouard III fit proposer à Philippe de Valois appartient à la chevalerie. Philippe de Valois le refusa, prétendant que le seigneur suzerain ne pouvait être défié par son vassal; mais lorsque ensuite le vassal eut défait les armées du

[27] Voir Vulson, ch.38. Les 'outrages prétendus' (p.441) s'avèrent être – comme le dit Voltaire dans une formule bien à lui – des accusations d'attouchement (p.459). Pour le dénouement du duel, voir p.463-64.

[28] Vulson renvoie (ch.12, §'Défi de Charles d'Anjou', p.214) à *Dell'historie del regno di Napoli del. s. Gian Batista Carrafa, parte prima* (Naples, 1572), livre 5, §'Duello tra Carlo re di Napoli e Pietro Re di Sicilia'.

suzerain, Philippe proposa le duel, et Edouard III vainqueur le refusa, disant qu'il était trop avisé pour remettre au hasard d'un
180 combat singulier ce qu'il avait gagné par des batailles. [29]

Charles-Quint et François Ier se défièrent, s'envoyèrent des cartels, se dirent *qu'ils avaient menti par la gorge*, et ne se battirent point. [30] Il n'y a pas un seul exemple de rois qui aient combattu en champ clos; mais le nombre des chevaliers qui prodiguèrent leur
185 sang dans ces aventures est prodigieux.

Nous avons déjà cité le cartel de ce duc de Bourbon, qui pour éviter l'oisiveté proposait un combat à outrance à l'honneur des dames. [31]

Un des plus fameux cartels est celui de Jean de Verchin, *Origine de Don*
190 chevalier de grande renommée et sénéchal du Hainaut; il fit afficher *Quichotte.*
dans toutes les grandes villes de l'Europe qu'il se battrait à outrance, seul ou lui sixième, avec l'épée, la lance et la hache, *avec l'aide de Dieu, de la sainte Vierge, de monsieur saint George et de sa dame.* [32] Le combat se devait faire dans un village de Flandre,
195 nommé Conchy; [33] mais personne n'ayant comparu pour venir se battre contre ce Flamand, il fit vœu d'aller chercher des aventures dans tout le royaume de France et en Espagne, toujours armé de pied en cap; après quoi il alla offrir un bourdon à monseigneur saint Jacques en Galice. On voit par là que l'original de Don
200 Quichotte était de Flandre. [34]

[29] Voir Vulson, ch.12, §'Cartel du roi Edouard d'Angleterre', p.217. Voltaire a déjà évoqué ces défis au ch.75, ci-dessus, lignes 257-59, 327-32.

[30] Voir Vulson, t.2, ch.12, §'Défi du roi François Ier à l'empereur Charles Quint', p.219-20.

[31] Au ch.121, Voltaire date ce fait divers de 1414 (voir Vulson, p.264-65, qui évoque un combat à outrance dont 'le prétexte était l'amour des dames'), mais nulle mention de Jean Ier de Bourbon (1381-1434), quatrième duc de Bourbon en 1414. La source de cette anecdote demeure introuvable.

[32] Voltaire cite Vulson, t.2, ch.14, p.240. Sur les combats 'à outrance', voir ch.22 (notre t.2, p.339, n.8). Le membre de phrase mystérieux 'seul ou lui sixième' (ligne 192) ne figure ni dans Vulson, ni nulle part ailleurs dans l'œuvre de Voltaire.

[33] Conchy-sur-Canche, dans le Pas-de-Calais.

[34] Dans les lignes 195-200, Voltaire remanie le texte de Vulson dans un but

Le plus horrible duel qui fût jamais proposé, et pourtant le plus excusable, est celui du dernier duc de Gueldre Arnout ou Arnaud, dont les Etats tombèrent dans la branche de France de Bourgogne, appartinrent depuis à la branche d'Autriche espagnole, et dont une partie est libre aujourd'hui. [35]

Adolphe fils de ce dernier duc Arnout, fit la guerre à son père en 1470, du temps de Charles le Téméraire duc de Bourgogne; et cet Adolphe déclara publiquement devant Charles, que son père avait joui assez longtemps, qu'il voulait jouir à son tour; et que si son père voulait accepter une petite pension de trois mille florins, il la lui ferait volontiers. Charles qui était très puissant avant d'être malheureux, engagea le père et le fils à comparaître en sa présence. Le père quoique vieux et infirme jeta le gage de bataille, et demanda au duc de Bourgogne la permission de se battre contre son fils dans sa cour. Le fils l'accepta, le duc Charles ne le permit pas; et le père ayant justement déshérité son coupable fils, et donné ses Etats à Charles, ce prince les perdit avec tous les siens et avec la vie, dans une guerre plus injuste que tous les duels dont nous avons parlé. [36]

Cessation des duels juridiques. Ce qui contribua le plus à l'abolissement de cet usage, ce fut la nouvelle manière de faire combattre les armées. Le roi Henri IV

205

210

215

220

---

ludique: même avant d'aller à Conchy, Verchin – cherchant des adversaires – fit savoir qu'il avait l'intention 'de passer [de là] par le royaume de France, et de là à Bordeaux, et puis par le comté de Foix, de là au royaume de Navarre, et puis en celui de Castille et de là à monseigneur S. Jacques' (t.2, p.241-42). Le mot de la fin est toutefois du pur Voltaire qui invente de toutes pièces. Le 'bourdon' (ligne 198) est une 'sorte de long bâton [...] avec un ornement au haut en forme de pomme, et que les pèlerins portent ordinairement dans leurs voyages' (*Dictionnaire de l'Académie*, éd. 1762).

[35] Arnold d'Egmont (1410-1473), duc de Gueldre et comte de Zutphen, déposé par Philippe le Bon en 1465, cède en 1471 son duché à Charles le Téméraire, contre une pension viagère. L'adjectif 'libre' concerne sans doute les parties du duché attribuées en 1713, par le traité d'Utrecht, aux Provinces-Unies et à la Prusse.

[36] De 1465 à 1471, Adolphe d'Egmont est duc de Gueldre et comte de Zutphen en lieu et place de son père, déposé par Philippe le Bon. Fait prisonnier par les Gantois en 1471, il n'est libéré qu'après la mort de Charles le Téméraire, duc de Bourgogne, le 5 janvier 1477, lors de la bataille de Nancy. Voir ci-dessus, ch.95, lignes 86-91.

décria l'usage des lances à la journée d'Ivri;[37] et aujourd'hui que la supériorité du feu décide de tout dans les batailles, un chevalier serait mal reçu à se présenter la lance en arrêt. La valeur consistait autrefois à se tenir ferme et armé de toutes pièces sur un cheval de carrosse, qui était aussi bardé de fer. Elle consiste aujourd'hui à marcher lentement devant cent bouches de canon, qui emportent quelquefois des rangs entiers.

Lorsque les duels juridiques n'étaient plus d'usage, et que les cartels de chevalerie l'étaient encore, les duels entre particuliers commencèrent avec fureur; chacun se donna soi-même, pour la moindre querelle, la permission qu'on demandait autrefois aux parlements, aux évêques et aux rois.

Il y avait bien moins de duels quand la justice les ordonnait solennellement; et lorsqu'elle les condamna, ils furent innombrables. On eut bientôt des seconds dans ces combats, comme il y en avait eu dans ceux de chevalerie.

Un des plus fameux dans l'histoire est celui de Cailus, Maugiron et Livarot, contre Antraguet, Riberac et Schomberg, sous le règne de Henri III, à l'endroit où est aujourd'hui la Place Royale à Paris, et où était autrefois le palais des Tournelles.[38] Depuis ce temps il ne

[37] La bataille d'Ivry (Eure) a lieu le 14 mars 1590. 'Décria' est à prendre ici au sens d''ôter la réputation' par son action, et non par ses paroles (voir art. 'Décrier', *Dictionnaire de l'Académie*, éd. 1762). En effet, Henri IV se jette dans la bataille avec sa seule épée et parvient à rompre les lances espagnoles. Voir notamment à ce propos le poème 'Sur la bataille d'Ivry' de J.-A. de Thou, dans *Histoire universelle* (La Haye, 1733; Bâle, 1742, BV 3297), t.1, ch. 'Mémoires de la vie de J. A. de Thou', livre 5. Dans les *Commentaires* de Montluc – qu'Henri IV qualifie de 'bible des soldats' – l'ancien maréchal de France explique que l'usage des lances tombait en désuétude dès 1570: 'nous perdons fort l'usage de nos lances [...] nous les laissons pour prendre les pistolets des Allemands: aussi avec ces armes peut-on mieux combattre en host [en ordre profond] qu'avec les lances, car si on ne combat en haie [en ordre simple], les lanciers s'embarrassent plus, et le combat en haie n'est pas si assuré qu'en host' (*Commentaires du Maréchal Blaise de Montluc*, dans *Choix de chroniques et mémoires sur l'histoire de France*, Paris, 1836, ann.1570, p.368).

[38] Voir Vulson, ch.40, p.474-78. Ce combat (27 avril 1578) était célèbre car ce fut le premier duel où les seconds se mirent à se battre. Vulson s'élève contre cette pratique insensée, 'mauvais exemple à fuir' (p.475) car elle mettait en danger la vie,

se passa presque point de jour qui ne fût marqué par quelque duel, et cette fureur fut poussée au point qu'il y avait des compagnies de gendarmes dans lesquelles on ne recevait personne qui ne se fût battu au moins une fois, ou qui ne jurât de se battre dans l'année. Cette coutume horrible a duré jusqu'au temps de Louis XIV. [39]   245

---

non de deux, mais de six personnes (dont quatre étaient appelées à prendre part à une querelle qui n'était pas la leur). La Place Royale (actuelle Place des Vosges) fut construite en 1610 sur l'emplacement du Parc des Tournelles créé par la démolition (1564) du palais des Tournelles.

[39] Selon les *Anecdotes sur Louis XIV* (*OCV*, t.30c, p.164) l'abolition du duel est l'une des principales mesures dont Louis XIV tirait sa gloire.

CHAPITRE 101

De Charles VIII et de l'état de l'Europe, quand il entreprit la conquête de Naples.

Louis XI laissa son fils Charles VIII, enfant de quatorze ans, faible de corps, et sans aucune culture dans l'esprit, [1] maître du plus beau et du plus puissant royaume qui fût alors en Europe. Mais il lui laissa

a-70 [*Première rédaction de ce chapitre*: MSP]
a   MSP: Chapitre 66
    54LD: Chapitre 15
    w56-w57G: Chapitre 84
    61: Chapitre 97
1   MSP: [*manchette*] *1483*.
1-2 MSP: quatorze ans, sans grâce et sans force de corps, et sans aucune
3   MSP, 54LD-61: royaume de l'Europe. Mais

* Chronologiquement, ce chapitre fait suite au ch.95. Malgré son titre, la conquête de Naples est pourtant réservée au ch.110. Ayant évoqué la France florissante de la fin du règne de Louis XI, Voltaire souligne ici, encore une fois, les dissensions qui accompagnent le règne d'un souverain en bas âge. Il prend pour sujet central la 'guerre folle' qui se déroule dans le royaume de France entre la mort de Louis XI, en 1483, et la majorité de Charles VIII en 1488. C'est une conséquence directe de 'l'anarchie féodale', que Voltaire a déjà déplorée plusieurs fois, particulièrement dans le ch.96. La puissance et l'autorité du roi de France étant mises en question, ses ennemis – non seulement l'Angleterre mais également l'Autriche et l'Espagne – en profitent pour soutenir les rebelles. Toutefois, la principale conséquence de cette guerre intestine est l'annexion de la Bretagne au royaume de France. Dans les *Annales de l'Empire*, Voltaire s'arrête également à la fin du XVe siècle et profite de l'évocation du règne de Maximilien pour dresser un tableau détaillé de l'état de l'Europe vers 1480 (p.463-64). Ici, il veut surtout souligner la puissance et la prospérité de la France (lignes 60-61). Les données historiques sont communes à toutes les sources, qui traitent longuement du règne de Charles VIII, en particulier Mézeray (*Abrégé chronologique de l'histoire de France*, t.5), et Daniel (*Histoire de France*, ann.1483-1498).

[1] Tous les historiens traitent des malheurs du jeune prince, dont l'éducation était négligée par son père. Voir, par exemple, Daniel, ann.1483.

une guerre civile, compagne presque inséparable des minorités. Le roi à la vérité n'était point mineur par la loi de Charles V, [2] mais il l'était par celle de la nature. Sa sœur aînée Anne, femme du duc de Bourbon-Beaujeu, eut le gouvernement par le testament de son père, et on prétend qu'elle en était digne. [3] Louis duc d'Orléans, premier prince du sang, qui fut depuis ce même roi Louis XII dont la mémoire est si chère, commença par être le fléau de l'Etat, dont il devint depuis le père. [4] D'un côté sa qualité de premier prince du sang, loin de lui donner aucun droit au gouvernement, ne lui eût pas même donné le pas sur les pairs plus anciens que lui. De l'autre il semblait toujours étrange qu'une femme, que la loi déclare incapable du trône, régnât pourtant sous un autre nom. Louis duc d'Orléans ambitieux (car les plus vertueux le sont) fit la guerre civile au roi son maître pour être son tuteur. [5]

6-7   MSP: Anne de Beaujeu eut
8   MSP: et elle en était

[2] Charles V ordonna 'qu'à l'avenir les rois de France dès qu'ils entreront dans leur quatorzième année prendront en main le gouvernement de leur Etat' (Daniel, ann.1374; voir aussi ci-dessus, ch.78, lignes 76-79 et n.13). Mézeray précise que Louis XI laissa le gouvernement à sa fille 'parce que son fils était dans sa quatorzième année'. Charles VIII (†1498) naquit le 30 juin 1470 et succéda à son père le 30 août 1483.

[3] Anne de France (1461-1522), fille aînée de Louis XI et épouse de Pierre de Bourbon-Beaujeu (1439-1503). Daniel évoque sa 'dextérité' (ann.1484), tandis que, pour Mézeray, elle 'usurpait toute l'autorité' (ann.1484). A la mort de son père, en 1483, elle était déjà connue depuis dix ans sous le titre de 'Madame de Beaujeu', ce qui explique les doutes à propos de sa régence, doutes que Voltaire semble partager, en dépit de ses critiques, ailleurs, de la loi salique (voir, par exemple, ch.17, notre t.2, p.286-87, lignes 49-64).

[4] Louis d'Orléans (Louis XII, 1498-1515), cousin de Charles VIII et arrière-petit-fils de Charles V. Comme le dit, par exemple, Mézeray, 'la postérité lui conservera à jamais le surnom de "père du peuple" qui lui fut donné de son vivant' – en fait par les états généraux en 1506 (ann.1515).

[5] D'après Daniel (ann.1483) Jean II, duc de Bourbon (1426-1488), beau-frère aîné de la régente, avait lui aussi ses prétentions à la tutelle du jeune roi.

Le parlement de Paris vit alors quel crédit il pouvait un jour avoir dans les minorités. [6] Le duc d'Orléans vint s'adresser aux chambres assemblées, pour avoir un arrêt qui changeât le gouvernement. La Vaquerie, homme de loi, premier président, répondit que ni les finances, ni le gouvernement de l'Etat ne regardent le parlement, mais bien les états généraux, lesquels le parlement ne représente pas. [7]

On voit par cette réponse que Paris alors était tranquille, et que le parlement était dans les intérêts de Mme de Beaujeu. La guerre civile se fit dans les provinces, et surtout en Bretagne, où le vieux duc François II prit le parti du duc d'Orléans. [8] On donna la bataille

Parlement ne se mêle ni de l'Etat ni des finances.

1488.

---

19   MSP: minorités. Il avait donné autrefois un arrêt de bannissement contre le roi Charles VII encore dauphin. Mais dans ce malheureux arrêt il n'avait été que l'organe d'une force supérieure. Le duc d'Orléans

23-25   54LD: regardent point le parlement, mais bien les états généraux, qui devaient être encore assemblés. ¶On voit

23   w56-w57G: regardent point le

25-26   MSP: tranquille. La guerre

---

[6] Voltaire fait allusion ici au rôle du parlement de Paris lors de la Fronde. Voir le *Siècle de Louis XIV*, ch.4. Pour l'arrêt de bannissement du futur roi Charles VII évoqué dans la variante, voir ci-dessus, ch.85, ligne 162.

[7] Voir l'*Histoire du parlement de Paris*, ch.12, dont le titre – 'Du parlement dans la minorité de Charles VIII et comment il refusa de se mêler du gouvernement et des finances' – fait écho à la manchette ici. Daniel, ann.1484, §'Réponse vigoureuse du premier président'. Jean de La Vacquerie s'attira la faveur de Louis XI et, grâce à lui, fut reçu conseiller au parlement (novembre 1479), quatrième président (mai 148) et premier président (février 1482), franchissant ainsi tous les degrés de la carrière en vingt-huit mois.

[8] François II, dernier duc (1458-1488) de la Bretagne indépendante, a toujours mené une politique opposée au roi de France, et intriguait avec les Anglais lors de la guerre des Deux-Roses. En 1481, avant l'accession de Charles VIII au trône, il avait promis en mariage sa fille Anne, âgée de quatre ans, au jeune prince de Galles, fils d'Edouard IV, démarche à laquelle s'opposèrent les nobles bretons, ce qui donna l'occasion à la régente Anne de Beaujeu de s'allier avec quelques 'mécontents' prêts à reconnaître Charles VIII pour héritier de la Bretagne à défaut d'héritier mâle du duc François II. C'est dans ce contexte de crise de succession, pour assurer les droits de ses deux filles, Anne et Isabeau, que François II participa à la Guerre folle.

près de Saint-Aubin en Bretagne.[9] Il faut remarquer que dans l'armée des Bretons et du duc d'Orléans il y avait quatre ou cinq cents Anglais malgré les troubles qui épuisaient alors l'Angleterre. Quand il s'agit d'attaquer la France, rarement les Anglais ont été neutres.[10] Louis de la Trimouille grand général[11] battit l'armée des révoltés, et prit prisonnier le duc d'Orléans leur chef, qui depuis fut son souverain. On le peut compter pour le troisième des rois capétiens pris en combattant, et ce ne fut pas le dernier.[12] Le duc d'Orléans fut enfermé près de trois ans dans la tour de Bourges, jusqu'à ce que Charles VIII allât le délivrer lui-même.[13] Les mœurs des Français étaient bien plus douces que celles des Anglais, qui dans le même temps tourmentés chez eux par les guerres civiles,

Le bon roi Louis XII d'abord rebelle et prisonnier.

30

35

1491.

40

32 MSP: France, jamais les Anglais n'ont
35 54LD-61: On peut le compter
38 MSP, 54LD: Charles VIII l'alla délivrer

[9] La bataille de Saint-Aubin-du-Cormier a lieu le 28 juillet 1488. Elle est suivie le 9 septembre par la mort de François II.

[10] Pour les 'troubles qui épuisaient alors l'Angleterre', voir ch.94, ainsi que lignes 39-42, ci-dessous, et n.14. Rapin de Thoyras (*Histoire d'Angleterre*, éd. citée, Paris, 1749) parle de 400 Anglais à la bataille de Saint-Aubin (t.5, ann.1488, p.254); Daniel de 300. Tous deux évoquent 200 Bretons prenant la croix rouge des Anglais 'pour faire croire aux ennemis qu'il y avait dans l'armée beaucoup plus d'Anglais qu'il n'y en avait en effet' (Daniel, ann.1488, §'Bataille de St. Aubin').

[11] Pendant sa carrière militaire de près de cinquante ans, Louis de La Trémoille (1460-1525) servit les rois Louis XII et Charles VIII ainsi que François Ier. Il mourut à la bataille de Pavie.

[12] Le dernier des rois capétiens en ligne directe était Charles IV le Bel (†1328). Voltaire inclut donc la race de Capet-Valois dans ce curieux décompte. Il évoque Louis IX, pris après la bataille de Mansourah (1250) contre les Mamelouks lors de la septième croisade en 1250 (ch.58, notre t.3, p.377, ligne 104), le roi Jean, fait prisonnier à la bataille de Poitiers en 1356 (ch.76, ci-dessus, lignes 76-77), et le futur François Ier, fait prisonnier à la bataille de Pavie en 1525 (ch.124).

[13] Daniel raconte que, le roi ayant atteint sa majorité, 'n'étant dès lors plus question ni de tutelle ni de régence', il décida 'de faire connaître à toute sa cour et à tout son royaume que les grâces désormais sortiraient immédiatement de ses mains' (ann.1491, §'Et va lui-même le tirer de prison').

540

faisaient périr d'ordinaire par la main des bourreaux leurs ennemis vaincus. [14]

La paix et la grandeur de la France furent cimentées par le mariage de Charles VIII, qui força enfin le vieux duc de Bretagne à
45 lui donner sa fille et ses Etats. [15] La princesse Anne de Bretagne, l'une des plus belles personnes de son temps, aimait le duc d'Orléans jeune encore et plein de grâces. Ainsi par cette guerre civile il avait perdu sa liberté et sa maîtresse.

Les mariages des princes font dans l'Europe le destin des
50 peuples. [16] Le roi Charles VIII qui avait pu du temps de son père

---

[14] La guerre des Deux-Roses dure plus de trente ans, les droits des prétendants des maisons royales de Lancastre et d'York à la couronne, et les forces en présence, étant à peu près équivalents. A l'issue des batailles les vainqueurs décapitaient sommairement les nobles de la maison opposée qu'ils avaient capturés afin d'éliminer la dynastie rivale. Après la bataille de Wakefield (1460), remportée par la maison de Lancastre, les têtes des chefs de l'armée de la maison d'York furent placées sur des piques au-dessus des portes de la cité d'York. Puissante et célèbre image à laquelle Voltaire songe peut-être ici: 'Ensuite [lord] Clifford, ayant trouvé le corps du duc, lui coupa la tête, et lui ayant fait à la hâte une couronne de papier, il la mit au bout d'une lance et alla la présenter à la reine, qui la fit planter sur les murailles d'Yorck' (Rapin, t.4, ann.1460, p.368).

[15] Ce mariage, dont Voltaire explique le contexte dans l'alinéa suivant, eut lieu en 1491. Après la mort, le 9 avril 1483, d'Edouard IV d'Angleterre et la disparition, le 6 juillet suivant, de son fils Edouard V (sans doute assassiné), François II avait formé le projet de cimenter une autre alliance par le mariage de sa fille Anne (1477-1514) avec le futur empereur Maximilien. Toutefois, parmi les concessions qu'il avait été forcé d'accepter après la bataille de Saint-Aubin, il y avait la défense de marier ses filles sans le consentement du roi de France. Ce mariage, formalisé par procuration le 19 décembre 1490, fut donc ressenti en France comme une provocation (Daniel, ann.1489). Sur la date du mariage, en 1490 et non 1489, voir F. Pernot, *La Franche-Comté espagnole: à travers les archives de Simancas, une autre histoire des Franc-Comtois et de leurs relations avec l'Espagne, de 1493 à 1678* (Besançon, 2003), p.17.

[16] Voir les *Annales*: 'Le roi des Romains, Maximilien, qui comptait établir paisiblement la grandeur de sa maison en mariant sa fille Marguerite d'Autriche à Charles VIII, roi de France, chez qui elle était élevée, et en épousant bientôt Anne de Bretagne, épousée déjà en son nom par procurateur, apprend que sa femme est mariée en effet à Charles VIII, le 6 décembre 1491, et qu'on va lui renvoyer sa fille Marguerite. Les femmes ne sont plus des sujets de guerre entre les princes, mais les provinces le sont' (p.462).

épouser Marie l'héritière de Bourgogne, pouvait encore épouser la fille de cette Marie, et du roi des Romains Maximilien;[17] et Maximilien de son côté, veuf de Marie de Bourgogne, s'était flatté avec raison d'obtenir Anne de Bretagne. Il l'avait même épousée par procureur, et le comte de Nassau avait au nom du roi des Romains mis une jambe dans le lit de la princesse, selon l'usage de ces temps.[18] Mais le roi de France n'en conclut pas moins son mariage. Il eut la princesse, et pour dot la Bretagne, qui depuis a été réduite en province de France.

La France alors était au comble de la gloire. Il fallait autant de fautes qu'on en fit, pour qu'elle ne fût pas l'arbitre de l'Europe.

On se souvient comme le dernier comte de Provence donna par son testament cet Etat à Louis XI.[19] Ce comte en qui finit la maison d'Anjou, prenait le titre de roi des Deux Siciles,[20] que sa maison avait perdues toutes deux depuis longtemps. Il communique ce titre à Louis XI, en lui donnant réellement la Provence. Charles VIII voulut ne pas porter un vain titre, et tout fut bien préparé pour la

53   MSP: côté, s'était
56-57   MSP: princesse. Mais
58-60   MSP: depuis, réduite en province de la France, regrette en vain ses anciennes libertés. ¶La France

[17] En 1471, Louis XI forma le projet d'unir le dauphin Charles, alors âgé d'un an, à la fille de Charles le Téméraire, Marie de Bourgogne (1457-1482), de treize ans son aînée. En 1482, c'est la fille de Marie et de Maximilien, Marguerite d'Autriche (1480-1530) qui fut fiancée à l'âge de deux ans au futur Charles VIII, alors âgé de douze ans.

[18] Daniel (ann.1489) cite Nassau et l'aristocrate autrichien Wolfgang de Polheim (1458-1512). Chevalier de l'ordre de la Toison d'or, Engelbert II de Nassau (1451-1504) était stathouder de Flandre pour Charles le Téméraire.

[19] Voir ci-dessus, ch.94, lignes 303-04. Charles III du Maine, neveu et héritier de René d'Anjou mourut sans héritiers en 1481. Comme le comté du Maine, ses droits sur l'Anjou, la Provence et Naples passaient au roi de France.

[20] Ce fut Alphonse V d'Aragon qui réunit en 1442 les royaumes de Naples et de Sicile, divisés depuis les Vêpres siciliennes en 1282 (voir ch.61, notre t.2, p.451-54, lignes 209-39).

conquête de Naples et pour dominer dans toute l'Italie. [21] Il faut se représenter ici en quel état était l'Europe au temps de ces événements vers la fin du quinzième siècle.

70

[21] Il s'agit du commencement des guerres d'Italie. Avant cette campagne, Charles VIII, dont les prétentions en Italie étaient minces, assura la paix avec ses voisins et ses ennemis par le traité d'Etaples signé avec Henri VII d'Angleterre en 1491 (Daniel, ann.1492, §'Il ne laisse pas d'assiéger Boulogne et consent aussitôt à la paix'), celui de Barcelone avec Ferdinand II d'Aragon en 1493 (Daniel, ann.1495, §'Audace de l'ambassadeur d'Espagne'), et celui de Senlis avec l'empereur Maximilien en 1493 (Daniel, ann.1493, §'Articles du traité conclu avec l'Archiduc').

CHAPITRE 102

Etat de l'Europe à la fin du quinzième siècle.
De l'Allemagne, et principalement de l'Espagne.
Du malheureux règne de Henri IV surnommé
'l'Impuissant'. D'Isabelle et de Ferdinand.
Prise de Grenade. Persécution contre les Juifs
et contre les Maures.

L'empereur Frédéric III de la maison d'Autriche, venait de mourir. *1493.*
Il avait laissé l'empire à son fils Maximilien élu de son vivant roi des *Empire*

a-275 [*Première rédaction de ce chapitre*: MSP]
a MSP: Chapitre 67, §1
     54LD: Chapitre 16
     w56-w57G: Chapitre 85
     61: Chapitre 98
b-g MSP, 54LD-w57G: *Etat de l'Europe à la fin du quinzième siècle.//*
2-3 MSG: roi des Romains. Les empereurs n'avaient plus

* Dans ce chapitre, Voltaire traite d'un événement décisif dans l'histoire de l'Espagne: l'union dynastique des couronnes de Castille-León et d'Aragon, résultant du mariage, en 1469, d'Isabelle Ire de Castille (1451-1504) et de Ferdinand II d'Aragon (1452-1516). C'est un moment-clé de la transition de l'Espagne du monde médiéval vers le monde moderne et de sa transformation en une monarchie exclusivement catholique, gravitant autour de la couronne de Castille. Ce chapitre s'inscrit dans le prolongement naturel de ceux déjà consacrés à l'histoire de l'Espagne, particulièrement le ch.77 ci-dessus, et sa composition suit un ordre chronologique précis. Il aborde les différentes crises de succession à la couronne de Castille, qui culminent avec l'élection d'Isabelle (lignes 27-88); les circonstances du mariage de celle-ci avec Ferdinand (89-120); la conquête du royaume de Grenade, ultime rempart politique de la présence musulmane en Espagne (120-60); et, en dernier lieu, les conséquences sur les communautés juive et musulmane (162-254). En insistant sur la prise de Grenade, Voltaire ne veut pas seulement montrer qu'elle met un terme à une longue période caractérisée par la coexistence – assez conflictuelle – entre chrétiens, Juifs et musulmans; il entend également se démarquer

de l'historiographie catholique, alors la plus influente (J. de Mariana). Non seulement Voltaire ne fait preuve d'aucune sympathie envers Isabelle et Ferdinand, mais il présente leur lutte sans merci contre les Juifs et les musulmans comme une guerre de religion, et dresse de ces rois 'catholiques' un portrait humain et politique très éloigné de l'image providentielle et de l'espèce de vénération irrationnelle dont eux et leurs réformes font l'objet dans l'historiographie. Ainsi la conquête de Grenade met-elle à jour quelques-unes des armes implacables qu'allait utiliser cette nouvelle monarchie dans sa consolidation impériale imminente. Comme Voltaire l'exposera dans divers chapitres postérieurs, l'Espagne sera appelée à jouer un rôle actif dans la découverte et la colonisation particulièrement répressive de l'Amérique, et à achever son unité politique par la soumission du royaume de Navarre, de même qu'à entreprendre, en plus d'une vigoureuse politique d'alliances dynastiques, un programme agressif de guerres et de conquêtes dans le nord de l'Afrique et le sud de l'Europe. Le devenir de ce chapitre n'est pas des plus compliqués. Au niveau des manuscrits, on relève quelques menues différences de peu d'importance (variantes, lignes 2-3, 4, 12-13) entre MSG et MSP. C'est ce dernier qui servit de base à (ou était contemporain de) 54LD, édition qui ne connut que cinq modifications insignifiantes (variantes, lignes 17, 45-99 lignes 9-10, 263, 264, 274). A ce stade préliminaire, le chapitre – comme l'indiquait son titre originel (voir b-g var.) – traitait en effet 'de l'état de l'Europe à la fin du quinzième siècle' (lignes 1-45). A noter toutefois que cet intitulé occultait par là l'existence de réflexions déjà assez étendues sur le royaume de Castille (99-101, 103-105, 112-57, 260-67, 273-75). C'est ce dernier – domaine du malheureux Henri IV, 'un des descendants de Transtamare', et puis de sa sœur Isabelle, secondée de son mari Ferdinand 'héritier d'Arragon' – qui mérita, dans W56-W57G, non seulement un examen politique plus approfondi mais aussi des jugements de valeur assez percutants sur ses souverains (respectivement 45-98, 102-103, 105-12, 158-262, 267-72), développement conséquent qui ne sera reconnu, tardivement, au niveau du titre, que dans 61. Dès lors les interventions de Voltaire se feront plus rares. Il profitera de cette dernière édition pour insister encore plus fortement sur les inconséquences de la vie politique (71-75, 87-89), remanier et renforcer un jugement désobligeant sur les Juifs (203-205). Cette dernière initiative sera renouvelée dans w68 (219-22), où l'on trouve aussi un complément d'information assez insignifiant (248). Dès lors le texte a trouvé son état définitif. Voltaire utilise des sources nombreuses et variées, celles utilisées pour les passages consacrés à l'histoire de l'Espagne différant de celles relatives au sort des Juifs et des musulmans. Sur le premier point, sa source principale est l'ouvrage de P.-J. d'Orléans, *Histoire des révolutions d'Espagne* (Paris, 1734, BV2619), t.3-4. C'est de lui qu'il tire la chronologie des faits et le fil conducteur du chapitre, quoiqu'il ait sans doute eu recours à l'*Histoire générale d'Espagne* de J. de Mariana (Paris, 1723 et 1725; voir ci-dessus, ch.77, n.*), t.4-5, et à l'*Histoire générale d'Espagne* de J. de Ferreras (Paris, 1751). Au sujet des Juifs et des musulmans, Voltaire s'inspire de J. Basnage, *Histoire des Juifs* (Paris, 1710, BV282), et des *Lettres juives* (La Haye,

Romains. [1] Mais ces rois des Romains n'avaient plus aucun pouvoir *puissant et*
en Italie. Celui qu'on leur laissait en Allemagne n'était guère au- *empereur faible.*
dessus de la puissance du doge à Venise; et la maison d'Autriche
était encore bien loin d'être redoutable. En vain l'on montre à
Vienne cette épitaphe: *Ci-gît Frédéric III empereur pieux, auguste,*
souverain de la chrétienté, roi de Hongrie, de Dalmatie, de Croatie,
archiduc d'Autriche, etc., elle ne sert qu'à faire voir la vanité des
inscriptions. [2] Il n'eut jamais rien de la Hongrie que la couronne
ornée de quelques pierreries, qu'il garda toujours dans son cabinet,
sans les renvoyer ni à son pupille Ladislas qui en était roi, ni à ceux
que les Hongrois élurent ensuite, et qui combattirent contre les
Turcs. Il possédait à peine la moitié de la province d'Autriche; ses
cousins avaient le reste; et quant au titre de souverain de la
chrétienté, il est aisé de voir s'il le méritait. [3] Son fils Maximilien

4   MSG: laissait dans l'Allemagne
12-13   MSG: renvoyer à ceux que les Hongrois

1736-1737; La Haye, 1738, BV96) de Jean-Baptiste Boyer d'Argens. Enfin, tout au
long du chapitre, les références à la géographie et aux coutumes de l'Espagne
proviennent de J. de Vayrac, *Etat présent de l'Espagne* (Paris, 1718), et des œuvres,
présentées comme des traductions, de J. Alvarez de Colmenar, *Les Délices de*
l'Espagne et du Portugal (Leide, 1707) et les *Annales d'Espagne et de Portugal*
(Amsterdam, 1741, BV56).

[1] Fils de Frédéric III (1452-1493), Maximilien de Habsbourg (1459-1519) a été élu
roi des Romains en 1486.

[2] Voir J. Heiss von Kogenheim, *Histoire de l'Empire* (La Haye, 1694; La Haye,
1685, BV1604) qui cite en entier l'épitaphe ici résumée par Voltaire (ch. Frédéric III,
ann.1493). L'observation de Voltaire (lignes 9-10) fait écho au ch.74, lignes 171-76.

[3] Même analyse à propos de l'empire allemand au ch.70, ci-dessus. Voltaire
s'inspire des pages de l'*Histoire universelle* (Amsterdam et Leipzig, 1742-1802) de
G. Sale *et al.*, consacrées à Frédéric III d'Autriche (livre 25, ch.10). Sur la couronne
que Frédéric 'retenait sans aucune espèce de raison', voir Sale (ann.1458, §'Une
tempête est prête à éclater sur la tête de l'empereur') et J. Barre, *Histoire générale*
d'Allemagne (Paris, 1748, BV270), ann.1444, §'Les Hongrois envoient demander
leur roi Ladislas'. Sur le neveu et 'pupille' politique de Frédéric, Ladislas (†1457),
Ladislas V en Hongrie en 1444, Ladislas Ier en Bohême en 1453, voir Sale, ann.1440 et
1449-1450. C'est Mathias Corvin (1458-1490) puis les Jagellon qui lui succèdent en

avait, outre les domaines de son père, le gouvernement des Etats de Marie de Bourgogne sa femme, mais qu'il ne régissait qu'au nom de Philippe le Beau son fils. Au reste on sait qu'on l'appelait *Massimiliano pochi danari*, surnom qui ne désignait pas un puissant prince.[4]

Angleterre.   L'Angleterre encore presque sauvage, après avoir été longtemps déchirée par les guerres civiles de la *rose blanche* et de la *rose rouge*, ainsi que nous le verrons incessamment, commençait à peine à respirer sous son roi Henri VII, qui à l'exemple de Louis XI abaissait les barons et favorisait le peuple.[5]

Espagne, désordres d'un nouveau genre.   En Espagne les princes chrétiens avaient toujours été divisés. La race de Henri Transtamare, bâtard usurpateur, (puisqu'il faut appeler les choses par leur nom) régnait toujours en Castille, et une usurpation d'un genre plus singulier fut la source de la grandeur espagnole.[6]

20

25

30

---

17   MSP: avait au-delà des domaines
27   MSP, 54LD-W57G: [*intertitre*] De l'Espagne

Hongrie. Voir l'*EM*, ch.119, où Voltaire consacre un long développement à l'histoire de la Hongrie. Sur la guerre entre les Hongrois et les Ottomans à la frontière de la Bulgarie, voir Sale, ann.1447-1448. Présenté comme 'faible', 'avare' et 'indolent' (Sale, ann.1471, §'L'avarice et la négligence de l'empereur'; ann.1485, §'Indolence de l'empereur'), l'empereur apparaît indigne de porter ce titre.

[4] Grâce à son mariage en août 1477 avec Marie, duchesse de Bourgogne, Maximilien Ier d'Autriche avait obtenu les possessions de la France aux Pays-Bas. Celles-ci reviendraient à leur second fils, Philippe le Beau, qui allait régner sur les deux branches – impériale et espagnole – de la maison d'Autriche (Sale, livre 25, §10, ann.1473-1477, 1491-1493). Sur le surnom 'pochi danari', voir J. Le Clerc, *Bibliothèque ancienne et moderne* (Amsterdam, 1719, BV404), t.11, 1re partie, p.29.

[5] Voltaire abordera la question dans les ch.115-17.

[6] La dynastie castillane des Trastamare (Trastámara) a été fondée par Henri II le Magnifique, roi de Castille et de León (1366-1379). Voltaire signale ici les conséquences inéluctables des formes de gouvernement marquées par le fanatisme, la fragilité des alliances et les luttes sans merci entre les factions, violentes au point de rendre habituels le fratricide et la 'guerre civile'. Cette expression, très fréquente chez Mariana et d'Orléans, est employée à quatre reprises dans ce chapitre (lignes 23, 66, 95, 129). La toile de fond historique de *Don Pèdre, roi de Castille* ('Discours

Henri IV un des descendants de Transtamare, qui commença son malheureux règne en 1454, était énervé par les voluptés. Il n'y a jamais eu de cour entièrement livrée à la débauche, sans qu'il y ait
35   eu des révolutions, ou du moins des séditions. Sa femme Dona Juana, que j'appelle ainsi pour la distinguer de sa fille Jeanne et des autres princesses de ce nom, fille d'un roi de Portugal, ne couvrait ses galanteries d'aucun voile. Peu de femmes dans leurs amours eurent moins de respect pour les bienséances. Le roi Don Henri IV
40   passait ses jours avec les amants de sa femme, ceux-ci avec les maîtresses du roi. Tous ensemble donnaient aux Espagnols l'exemple de la plus grande mollesse et de la plus effrénée débauche. Le gouvernement étant si faible, les mécontents, qui sont toujours le plus grand nombre en tout temps et en tout pays,
45   devinrent très forts en Castille.[7] Ce royaume était gouverné

45-99 MSP, 54LD: Castille. On fit une ligue contre le roi. Les ligueurs le firent passer pour impuissant dans le temps qu'il était entouré de maîtresses; et par une procédure inouïe dans tous les Etats, on déclara sa fille Jeanne bâtarde et née d'adultère. ¶Un archevêque de Tolède à la tête de la faction, se mit aussi à la tête des
5   armées. Une assez longue guerre intestine fut le fruit des plaisirs de la cour. Enfin Isabelle, sœur de Henri IV, parvint à se faire assurer la couronne. Les Etats assemblés qu'on nomme *las Cortes* la reconnurent pour héritière au mépris de la fille légitime.[8]

historique et critique', 1774; *OCV*, t.52, p.93-104) trouve ainsi une prolongation dramatique dans l'atmosphère étouffante de la Castille des derniers rois Trastamare. Voir P. Ilie, 'Voltaire and Spain: the meaning of *Don Pèdre*', *SVEC* 117 (1974), p.153-78.

[7] Voltaire reprend les nombreuses critiques que d'Orléans adresse à Henri IV, dit l'Impuissant (1425-1474), pour sa 'mollesse' (livre 7, ann.1460 et suiv.), ses 'raffinements de débauche' ou son 'indolence voluptueuse' (ann.1454 et suiv.). Il en accuse également sa seconde épouse, l'infante Jeanne de Portugal (1438-1475), mère de Jeanne de Castille (1462-1530), héritière du trône: 'Le roi, la reine, les maîtresses et les favoris vivaient tous ensemble dans une intelligence scandaleuse' (ann.1457 et suiv.). D'Orléans, repris par Voltaire, voit dans cette négligence des affaires de l'Etat la cause des troubles politiques du règne d'Henri IV (ann.1454 et suiv.), interprétation qui ne se trouve pas chez Mariana.

[8] Le terme 'Cortes' est souvent employé par d'Orléans; il désigne 'l'assemblée des trois états du royaume, le clergé, la noblesse et le peuple, que le roi convoque pour tenter de résoudre les affaires les plus importantes'.

comme la France, l'Angleterre, l'Allemagne, et tous les Etats
monarchiques de l'Europe l'avaient été si longtemps. Les vassaux
partageaient l'autorité. Les évêques n'étaient point princes souverains comme en Allemagne; mais ils étaient seigneurs et grands
vassaux, ainsi qu'en France.[9]   50

Un archevêque de Tolède nommé Carillo, et plusieurs autres
évêques, se mirent à la tête de la faction contre le roi.[10] On vit
renaître en Espagne les mêmes désordres qui affligèrent la France
sous Louis le Débonnaire, qui sous tant d'empereurs troublèrent
l'Allemagne, que nous verrons reparaître encore en France sous   55
Henri III, et désoler l'Angleterre sous Charles Ier.[11]

1465.
Roi dépouillé
en effigie.

Les rebelles devenus puissants déposèrent leur roi en effigie.
Jamais on ne s'était avisé jusque-là d'une pareille cérémonie. On
dressa un vaste théâtre dans la plaine d'Avila. Une mauvaise statue
de bois représentant Don Henri, couverte des habits et des   60
ornements royaux, fut élevée sur ce théâtre. La sentence de
déposition fut prononcée à la statue. L'archevêque de Tolède lui
ôta la couronne, un autre l'épée, un autre le sceptre, et un jeune
frère de Henri nommé Alphonse fut déclaré roi sur ce même
échafaud. Cette comédie fut accompagnée de toutes les horreurs   65

Son frère qui conserva toujours le royaume avec une autorité chancelante
<chancelante> [V]méprisée[+] [54LD: chancelante mourut *avec note*: 1474.], non sans
soupçon de poison. [MSP *manchette*: 1474.] ¶En vain   10

[9] Allusion à la prépondérance progressive de la Castille, pendant la période des
Trastamare, sur le reste des royaumes ibériques et, en même temps, évocation
possible de ses différences constitutionnelles avec eux, en particulier avec la
Catalogne, que d'Orléans décrit comme une république naissante (livre 8,
ann.1462 et suiv.).

[10] Alfonso Carrillo de Acuña, archevêque de Tolède (1446-1482) est l'un des
meneurs du mouvement d'opposition à Henri IV qui, selon Ferreras (*Histoire
générale d'Espagne*) et d'Orléans, débute en 1460 (en 1463 pour Mariana). Voltaire
n'évoque pas sa nature, essentiellement aristocratique, puisqu'il rassemble 'les plus
grands seigneurs du royaume' (d'Orléans, livre 7, ann.1460 et suiv.).

[11] Voir ch.173.

tragiques des guerres civiles. [12] La mort du jeune prince à qui les
conjurés avaient donné le royaume, ne mit pas fin à ces troubles. [13] *Fille du roi née*
L'archevêque et son parti déclarèrent le roi impuissant dans le *en légitime*
temps qu'il était entouré de maîtresses; et par une procédure inouïe *mariage,*
déclarée bâtarde.
70 dans tous les Etats, ils prononcèrent que sa fille Jeanne était
bâtarde, née d'adultère, incapable de régner. [14] On avait auparavant reconnu roi le bâtard Transtamare, rebelle envers son roi
légitime: c'est à présent un roi légitime [15] qu'on détrône et dont on
déclare la fille bâtarde et supposée, quoique née publiquement de la
75 reine, quoique avouée par son père.

Plusieurs grands prétendaient à la royauté; mais les rebelles se
résolurent à reconnaître Isabelle sœur du roi âgée de dix-sept ans, [16]
plutôt que de se soumettre à un de leurs égaux; aimant mieux
déchirer l'Etat au nom d'une jeune princesse encore sans crédit,
80 que de se donner un maître.

71-76   w56-w57G: adultère. ¶Plusieurs

[12] Voltaire résume fidèlement les propos de d'Orléans (livre 8, ann.1465 et suiv.).
Lors de cette 'horrible momerie' et 'ridicule cérémonie', célébrée en juin 1465 et
connue sous le nom de '*farce d'Avila*', Carrillo joua avec quelques nobles castillans
un rôle de premier plan en retirant à Henri IV les symboles de la dignité royale, de la
justice et du gouvernement, et en proclamant l'infant Alphonse (1453-1468), demi-
frère d'Henri, nouveau roi de Castille.

[13] En 1468, la mort d'Alphonse, après un règne virtuel de presque quatre ans, fait
soupçonner qu'il ait été empoisonné par le puissant Juan Pacheco, marquis de Villena
(1419-1474), ancien *valido* (favori) de son père (d'Orléans, livre 8, ann.1468 et suiv.).
Mariana rejette cette hypothèse (ann.1468) que Voltaire, après l'avoir accréditée
(voir lignes 45-99 var., ligne 10), ne mentionne plus après 1754.

[14] Voltaire suit d'Orléans (livre 8, ann.1463 et suiv.). On suppose que Jeanne
(surnommée *la Beltraneja*, en français *la Bertranée*) était la fille naturelle de Bertrand
de La Cueva, fidèle *valido* d'Henri, ennemi de Carrillo et Pacheco, et dont les amours
avec la reine ont pu être encouragées par le roi lui-même (d'Orléans, livre 7,
ann.1457 et suiv.). Cependant, d'après d'Orléans (livre 8, ann.1463 et suiv.), les
'rebelles' avaient déclaré dès 1463 qu'elle ne pouvait occuper le trône de Castille, de
sorte que l'ordre des faits tel qu'exposé ici aux lignes 45-99 var (lignes 1-4) est plus
exact.

[15] Même remarque dans d'Orléans (livre 8, ann.1465 et suiv.).

[16] Isabelle Ire de Castille est la sœur cadette d'Alphonse et la demi-sœur d'Henri.

L'archevêque ayant donc fait la guerre à son roi au nom de
l'infant, la continua au nom de l'infante; et le roi ne put enfin sortir
1468. de tant de troubles et demeurer sur le trône que par un des plus
honteux traités que jamais souverain ait signés. Il reconnut sa sœur
Isabelle pour sa seule héritière légitime, au mépris des droits de sa   85
propre fille Jeanne; et les révoltés lui laissèrent le nom de roi à ce
prix.[17] Ainsi le malheureux Charles VI en France avait signé
l'exhérédation de son propre fils.[18]

Il fallait, pour consommer ce scandaleux ouvrage, donner à la
jeune Isabelle un mari qui fût en état de soutenir son parti. Ils   90
1469. jetèrent les yeux sur Ferdinand héritier d'Arragon, prince à peu
près de l'âge d'Isabelle. L'archevêque les maria en secret;[19] et ce
mariage fait sous des auspices si funestes, fut pourtant la source de
la grandeur de l'Espagne. Il renouvela d'abord les dissensions, les
guerres civiles, les traités frauduleux, les fausses réunions qui   95
augmentent les haines. Henri après un de ces raccommodements
1474. fut attaqué d'un mal violent dans un repas que lui donnaient
Et encore quelques-uns de ses ennemis réconciliés, et mourut bientôt après.[20]

87-89   w56-w57G: prix. Il fallait pour consommer leur ouvrage

---

[17] Voltaire suit d'Orléans à propos des intrigues qui suivent le soutien des
'rebelles' à 'Doña Isabel' au cours de l'année 1468 (livre 8, ann.1468 et suiv.). Le
traité qu'il mentionne est celui des Toros de Guisando (Avila), signé en septembre
entre Isabelle et Henri, et dont le contenu, que résume Voltaire (lignes 84-87),
constituait pour ce dernier un 'déshonneur', comme le dit d'Orléans.

[18] Voir ch.79, ci-dessus, ligne 242.

[19] D'après d'Orléans (livre 8, ann.1469 et suiv.), repris par Voltaire, le mariage fut
célébré à Valladolid en octobre. Agé de dix-sept ans, Ferdinand – qui avait onze mois
de moins que sa jeune épouse – rencontrait Isabelle pour la première fois. Non
seulement Carrillo avait arrangé le mariage, mais étant 'naturellement peu
scrupuleux', il avait fait un faux pour remplacer la dispense du pape, que la
proche parenté des conjoints rendait obligatoire.

[20] Voltaire suit d'Orléans (livre 9, ann.1474 et suiv.). La thèse d'un empoisonnement du roi est défendue par Mariana (ann.1473) et d'Orléans, bien que le second
n'en disculpe pas Isabelle et Ferdinand aussi fermement que le premier. Voltaire
demeure prudent à ce sujet.

En vain il laissa son royaume en mourant à Jeanne sa fille; en
100 vain il jura qu'elle était légitime; ni ses serments au lit de la mort, ni
ceux de sa femme, [21] ne purent prévaloir contre le parti d'Isabelle et
de Ferdinand surnommé depuis *le Catholique*, [22] roi d'Arragon et de
Sicile. Ils vivaient ensemble, non comme deux époux dont les biens
sont communs sous les ordres du mari, mais comme deux
105 monarques étroitement alliés. Ils ne s'aimaient, ni ne se haïssaient,
se voyant rarement, ayant chacun leur conseil, souvent jaloux l'un
de l'autre dans l'administration; la reine encore plus jalouse des
infidélités de son mari, qui remplissait de ses bâtards tous les grands
postes: mais unis tous deux inséparablement pour leurs communs
110 intérêts, agissant sur les mêmes principes, ayant toujours les mots
de religion et de piété à la bouche, et uniquement occupés de leur
ambition. [23] La véritable héritière de Castille Jeanne ne put résister
à leurs forces réunies. Le roi de Portugal, Don Alphonse, son
oncle, qui voulait l'épouser, arma en sa faveur. Mais la conclusion
115 de tant d'efforts et de tant de troubles, fut que la malheureuse
princesse passa dans un cloître une vie destinée au trône. [24]

bâtarde quand son père en mourant la dit légitime.

101-103 MSP, 54LD: d'Isabelle. Elle était mariée à Ferdinand le Catholique, roi
d'Arragon et de Sicile, non moins habile qu'elle. Ils vivaient
105-12 MSP, 54LD: alliés. La véritable

[21] Voir d'Orléans (livre 9, ann.1474). Voltaire ne mentionne pas qu'au motif que
le mariage d'Isabelle et Ferdinand trahissait le pacte de Guisando, Henri IV avait
rétabli les droits de succession de Jeanne lors d'un acte solennel célébré dans le
monastère de El Paular, près de Ségovie (ann.1470 et suiv.). La seconde femme
d'Henri IV est Jeanne de Portugal (1438-1475).

[22] Le titre de Roi Catholique lui est conféré par le pape Alexandre VI en 1496
(Mariana, ann.1496).

[23] Sans être textuel, et en omettant les vertus pour ne faire ressortir que les défauts,
Voltaire semble suivre d'Orléans dans cette description (livre 9, ann.1492-1516).
Néanmoins, les allusions à l'infidélité de Ferdinand proviennent de A. Varillas,
Histoire de Louis XII (Paris, 1688), livre 2, ann.1502, t.1, p.266-67. Sur Voltaire et
l'image qu'il a de Ferdinand, voir A. de Savio, 'Voltaire and Spain', *Hispania* 7
(1924), p.77-85.

[24] Voltaire résume ici d'Orléans (livre 9, ann.1479). L'implication d'Alphonse V
de Portugal (1438-1481) en faveur de Jeanne – qu'il avait épousée le 25 mai 1475,
espérant une dispense papale – compliqua la fin de cette guerre de succession, qui se

1479.
Ferdinand et
Isabelle, les plus
justes dévots de
leur temps.

Jamais injustice ne fut ni mieux colorée, ni plus heureuse, ni plus justifiée par une conduite hardie et prudente. Isabelle et Ferdinand formèrent une puissance telle que l'Espagne n'en avait point encore vu depuis le rétablissement des chrétiens. Les mahométans arabes-maures n'avaient plus que le royaume de Grenade, et ils touchaient à leur ruine dans cette partie de l'Europe, tandis que les mahométans turcs semblaient près de subjuguer l'autre.[25] Les chrétiens avaient, au commencement du huitième siècle perdu l'Espagne par leurs divisions,[26] et la même cause chassa enfin les Maures d'Espagne.

Ils prennent
Grenade.

Le roi de Grenade Alboacen vit son neveu Boabdilla révolté contre lui. Ferdinand le Catholique ne manqua pas de fomenter cette guerre civile, et de soutenir le neveu contre l'oncle pour les affaiblir tous deux l'un par l'autre. Bientôt après la mort d'Alboacen, il attaqua avec les forces de la Castille et de l'Arragon son allié Boabdilla. Il en coûta six années de temps pour conquérir le royaume mahométan. Enfin la ville de Grenade fut assiégée. Le siège dura huit mois. La reine Isabelle y vint jouir de son triomphe.[27] Le roi

120

125

130

124   MSP: <au huitième siècle> $^V\beta$

---

termina avec la victoire des Rois Catholiques à la bataille de Toro (1476) et la renonciation, en 1479, de Jeanne à tous ses droits. Elle entra au couvent l'année suivante.

[25] Allusion à la prise, en 1480, d'Otrante, au sud de l'Italie, par l'armée du sultan ottoman Mehmet II (1451-1481), à laquelle se réfère aussi d'Orléans (livre 9, ann.1481-1483). Voir aussi ci-dessus, ch.93, n.3 et 28.

[26] Voir ch.27 (notre t.2, p.397-411).

[27] Dans ce rapide panorama, Voltaire condense une masse d'informations provenant de d'Orléans (livre 9, ann.1481-1483). Les disputes entre les factions maures impliquent un troisième combattant: Abu Abdullah Zaghal (Mohammed XIII, dit 'le Jouvenceau'), frère de l'émir 'Alboacen' (Abul-Hassan) et auquel ce dernier a volontairement cédé le pouvoir en 1482. 'L'oncle' contre lequel 'Boabdil' (Abu'Abd Alla'h ou Mohammed XII), dernier roi maure de Grenade (1482-1492), se soulève est donc Abu Abdullah Zaghal, et non 'Alboacen', qui est son père. Voltaire ne dit pas non plus que Ferdinand, en dépit de sa promesse de 'soutenir le fils contre le père' (d'Orléans, ann.1483-1484), fut déloyal envers Boabdil. Il a déjà suggéré (lignes 123-26), à propos d'une autre période historique, que les divisions entre les maures étaient la cause de leur décadence.

135 Boabdilla se rendit à des conditions qui marquaient qu'il eût pu encore se défendre: car il fut stipulé qu'on ne toucherait ni aux biens, ni aux lois, ni à la liberté, ni à la religion des Maures: que leurs prisonniers même seraient rendus sans rançon, et que les Juifs compris dans le traité, jouiraient des mêmes privilèges. Boabdilla *1491.*

140 sortit à ce prix de sa capitale, et alla remettre les clefs à Ferdinand et Isabelle, qui le traitèrent en roi pour la dernière fois.

Les contemporains ont écrit qu'il versa des larmes[28] en se retournant vers les murs de cette ville bâtie par les mahométans depuis près de cinq cents ans, peuplée, opulente, ornée de ce vaste

145 palais des rois maures dans lequel étaient les plus beaux bains de l'Europe, et dont plusieurs salles voûtées étaient soutenues sur cent colonnes d'albâtre.[29] Le luxe qu'il regrettait fut probablement l'instrument de sa perte.[30] Il alla finir sa vie en Afrique.

Ferdinand fut regardé dans l'Europe comme le vengeur de la

150 religion et le restaurateur de la patrie. Il fut dès lors appelé roi d'Espagne. En effet maître de la Castille par sa femme, de Grenade par ses armes, et de l'Arragon par sa naissance, il ne lui manquait

---

[28] D'Orléans cite les 50 articles de la capitulation, rendue publique le 28 novembre 1491 (livre 9, ann.1491). C'est de lui aussi que provient la description de l'abandon de Grenade par Boabdil (ses 'pleurs', ann.1492 et suiv.). D'une énorme portée historique, elle met un terme à 760 années de présence des rois arabes en Espagne.

[29] Voltaire recopie des informations sur Grenade données par Vayrac. Il fait notamment allusion aux 'douze figures de lions', 'l'une des plus belles pièces' de l'Alhambra, avec les 'cent dix-sept colonnes d'albâtre fort hautes, qui soutenaient des galeries ornées aussi d'albâtre' (livre 1, §'Description du royaume de Grenade'). Une description identique figure dans *Les Délices de l'Espagne et du Portugal*, §'La ville de Grenade', et les *Annales d'Espagne et de Portugal*, partie 'Description et délices d'Espagne et de Portugal', §'La ville de Grenade' d'Alvarez de Colmenar. Voir illustration, p.556.

[30] Nouvel exemple de ce lieu commun que constitue, chez Voltaire, la 'splendeur des cultures orientales', justifiée, dans le cas du royaume de Grenade, par de nombreuses assertions sur la douceur du climat et la fertilité de la plaine alluviale, présentes chez Mariana (ann.1480), amplifiées chez Vayrac (t.1, livre 1, 'Description du royaume de Grenade'). Les exubérantes gravures de Grenade présentes dans *Les Délices de l'Espagne* d'Alvarez de Colmenar y contribuent également.

Veuë du Palais des anciens Roys Mores de Grenade, et de la Fontaine des Lions.

6. J. Alvarez de Colmenar, *Annales d'Espagne et de Portugal* (Amsterdam, 1741), p.22/23, la Cour des Lions de l'Alhambra, Grenade.

que la Navarre, qu'il envahit dans la suite.[31] Il avait de grands
démêlés avec la France pour la Cerdagne et le Roussillon engagés à
155 Louis XI. On peut juger si étant roi de Sicile, il voyait d'un œil
jaloux Charles VIII prêt d'aller en Italie déposséder la maison
d'Arragon établie sur le trône de Naples.[32]
   Nous verrons bientôt éclore les fruits d'une jalousie si naturelle.
Mais avant de considérer les querelles des rois, vous voulez
160 toujours observer le sort des peuples. Vous voyez, que Ferdinand
et Isabelle ne trouvèrent pas l'Espagne dans l'état où elle fut depuis
sous Charles-Quint et sous Philippe II. Ce mélange d'anciens
Visigoths, de Vandales, d'Africains, de Juifs et d'aborigènes,[33]
dévastait depuis longtemps la terre qu'ils se disputaient; elle n'était
165 fertile que sous les mains mahométanes. Les Maures vaincus étaient
devenus les fermiers des vainqueurs, et les Espagnols chrétiens ne
subsistaient que du travail de leurs anciens ennemis. Point de
manufacture chez les chrétiens d'Espagne, point de commerce; très
peu d'usage même des choses les plus nécessaires à la vie: presque
170 point de meubles, nulle hôtellerie dans les grands chemins, nulle
commodité dans les villes: le linge fin y fut très longtemps ignoré,
et le linge grossier assez rare. Tout leur commerce intérieur et
extérieur se faisait par les Juifs devenus nécessaires à une nation qui
ne savait que combattre.[34]

157-262 MSP, 54LD: Naples. ¶Les Portugais acquéraient [54LD: commençaient
à mériter] alors une gloire aussi durable que le monde par le changement

[31] En 1512. Elle était déjà dans l'orbite aragonaise depuis 1425, mais, faute
d'héritier, elle avait échu en 1479 aux vicomtes de Béarn.
[32] En 1461, Louis XI a envahi les comtés de Roussillon et de Cerdagne en garantie
d'un prêt consenti à Jean II d'Aragon (1398-1479), père de Ferdinand. D'Orléans
(livre 9, ann.1481-1483) évoque le traité qui, en 1493, restitue ces comtés à l'Aragon,
en échange de sa neutralité dans la conquête de Naples entreprise par Charles VIII;
sur celle-ci, voir ch.107.
[33] 'Habitants primitifs du pays' (art. 'Aborigène' de l'abbé Edme Mallet,
l'*Encyclopédie*, 1751).
[34] Voltaire reprend l'idée de la supériorité des musulmans d'Espagne sur les
chrétiens, exposée auparavant dans les ch.6 et 27 (notre t.2, p.133, 144, 402, 405), sans

Juifs riches et   Lorsque vers la fin du quinzième siècle, dans l'an 1492, on voulut   175
chassés. 1492.   rechercher la source de la misère espagnole, on trouva que les Juifs
avaient attiré à eux tout l'argent du pays par le commerce et par
l'usure. On comptait en Espagne plus de cent cinquante mille
hommes de cette nation étrangère si odieuse et si nécessaire.
Beaucoup de grands seigneurs, auxquels il ne restait que des   180
titres, s'alliaient à des familles juives, et réparaient par ces mariages
ce que leur prodigalité leur avait coûté; ils s'en faisaient d'autant
moins scrupule, que depuis longtemps les Maures et les chrétiens
s'alliaient souvent ensemble. [35] On agita dans le conseil de Ferdinand et d'Isabelle comment on pourrait se délivrer de la tyrannie   185
sourde des Juifs, après avoir abattu celle des vainqueurs arabes. On
prit enfin en 1492 le parti de les chasser et de les dépouiller. On ne
leur donna que six mois pour vendre leurs effets, qu'ils furent
obligés de vendre au plus bas prix. On leur défendit sous peine de la
vie d'emporter avec eux ni or, ni argent, ni pierreries. Il sortit   190
d'Espagne trente mille familles juives, ce qui fait cent cinquante
mille personnes à cinq par famille. [36] Les uns se retirèrent en Afrique,

---

qu'il soit possible d'identifier avec précision la source employée aux lignes 165-74.
Des formulations proches se trouvent chez M. de Luna, *Histoire de la conquête
d'Espagne par les Mores* (Paris, 1680, BV2233), 'Dissertation sur la vérité de cette
histoire', et J. B. Duchesne, *Abrégé de l'histoire d'Espagne* (Paris, 1741), partie 5,
ann.1609, p.366-67. Elles ne concernent pas pourtant le XVe siècle. Voltaire
caractérisera en des termes proches la décadence économique de l'Espagne à la fin
du siècle suivant au ch.177 de l'*EM*, et au ch.2 du *Siècle de Louis XIV* (*OH*,
p.623-24).

[35] Sur les Juifs, voir aussi ch.103. Mariana évoque le chiffre de 'cent soixante dix
mille', plus vraisemblable, écrit-il, que les huit cent mille évoqués par 'quelques
auteurs' (ann.1492). D'Orléans parle lui de 'près de deux cent mille' (livre 9,
ann.1492 à 1516). De Boyer d'Argens note les alliances contractées avec des familles
juives par 'beaucoup d'anciennes maisons, dans les provinces de France, d'Espagne
et de Portugal' (lettre 177). Un commentaire très proche de celui de Voltaire se
trouve dans C.-J.-F. Hénault, *Abrégé chronologique de l'Histoire d'Espagne et de
Portugal* (Paris, 1765), 5e période, 'Jusqu'à la conquête de Grenade par Ferdinand et
Isabelle', 'Remarques particulières'.

[36] Sur l'intérêt de Voltaire pour les statistiques démographiques, voir H. Hasquin,
'Voltaire démographe' dans *Etudes sur le XVIIIe siècle* 3 (1976), p.133-47.

les autres en Portugal et en France; [37] plusieurs revinrent feignant de
s'être faits chrétiens. [38] On les avait chassés pour s'emparer de leurs
195 richesses, on les reçut parce qu'ils en rapportaient; [39] et c'est contre
eux principalement que fut établi le tribunal de l'Inquisition, afin
qu'au moindre acte de leur religion, on pût juridiquement leur
arracher leurs biens et la vie. [40] On ne traite point ainsi dans les
Indes les banians, qui y sont précisément ce que les Juifs sont en
200 Europe, séparés de tous les peuples par une religion aussi ancienne
que les annales du monde, unis avec eux par la nécessité du
commerce dont ils sont les facteurs, et aussi riches que les Juifs le
sont parmi nous. Ces banians, et les guèbres aussi anciens qu'eux,
aussi séparés qu'eux des autres hommes, sont cependant bien
205 voulus partout; les Juifs seuls sont en horreur à tous les peuples

203-205 w56-w57G: Ces banians ne sont haïs ni des mahométans, ni des
chrétiens, ni des païens, et les Juifs sont

[37] Voir Ferreras (partie 9, 'Siècle XV', ann.1492, §'Retraite de quatre-vingt mille
Juifs des Etats de Castille en Portugal' et 'Plus de quinze mille autres sortent tout à
fait d'Espagne') que Voltaire a manifestement consulté. Mariana mentionne
l'Afrique, l'Italie et l'Orient, destinations plus évidentes (ann.1492).

[38] Hénault ('Remarques particulières') évoque également les conditions très
dures de l'expulsion des Juifs contenues dans le décret du 30 mars 1492. Le chiffre
de 'trente mille familles', cité par Voltaire (ligne 191), correspond avec celui de Sale
(livre 22, ch.1, §13, ann.1492); et le chiffre de 'cent cinquante mille personnes'
correspond à celui de Ferreras (suite de la 11e partie, 'siècle XVe', ann.1492). Vayrac
évoque '170 000 familles de Juifs et de marranes' (livre 2, ch. 'Des rois qui ont occupé
le trône d'Espagne depuis Ferdinand le Catholique'). Dans l'art. 'Inquisition' du
fonds de Kehl, Voltaire cite 'environ un million de Juifs dont la plupart périrent
misérablement' (M, t.19, p.478). Pour le délai laissé aux Juifs, Mariana dit quatre
mois et non six (ann.1492).

[39] Allusion possible à la comparaison de Montesquieu, qui voit les Espagnols
comme des 'sauvages' qui, 'pour avoir le fruit de l'arbre, le coupent par le pied' et au
bénéfice des pays ayant accueilli les Juifs expulsés, étant donné les 'richesses
immenses' que ceux-ci avaient ramenées d'Espagne (Mariana, ann.1492), et que
Basnage estime à 30 millions de ducats (livre 5, ch.16).

[40] De fait, l'expulsion des Juifs d'Espagne eut lieu une douzaine d'années après la
création de celui-ci. Analyse plus développée au ch.140.

chez lesquels ils sont admis. [41] Quelques Espagnols ont prétendu que cette nation commençait à être redoutable. Elle était pernicieuse par ses profits sur les Espagnols; mais n'étant point guerrière, elle n'était point à craindre. [42] On feignait de s'alarmer de la vanité que tiraient les Juifs d'être établis sur les côtes méridionales de ce royaume longtemps avant les chrétiens. Il est vrai qu'ils avaient passé en Andalousie de temps immémorial. Ils enveloppaient cette vérité de fables ridicules, telles qu'en a toujours débité ce peuple, chez qui les gens de bon sens ne s'appliquent qu'au négoce, et où le rabbinisme est abandonné à ceux qui ne peuvent mieux faire. Les rabbins espagnols avaient beaucoup écrit pour prouver qu'une colonie de Juifs avait fleuri sur les côtes du temps de Salomon, et que l'ancienne Bétique payait un tribut à ce troisième roi de Palestine. Il est très vraisemblable que les Phéniciens en découvrant l'Andalousie et en y fondant des colonies y avaient établi des Juifs, qui servirent de courtiers, comme ils en ont servi partout; mais de tout temps les Juifs ont défiguré la vérité par des fables absurdes. Ils mirent en œuvre de fausses médailles, de fausses inscriptions. [43] Cette espèce de fourberie jointe aux

210

215

220

219-22   61: Palestine. C'est ainsi que de tout temps
219-23   w56-w57G: Palestine. Ils mirent

[41] Voir, à propos des banians, ch.6 (notre t.2, p.137, lignes 275-76). Voltaire a pu s'inspirer de la présentation par Basnage ('Préface') du Juif survivant en dépit de 'la honte et de la haine' qui le poursuivent partout (voir aussi ch.6, lignes 176-205, p.132-33). La comparaison entre ces trois peuples ancestraux se trouve également dans l'art. 'Des Juifs' de 1756 (*OCV*, t.49B, p.114).

[42] Des évocations de Juifs semblables à celle-ci figurent dans d'autres écrits de Voltaire, comme l'art. 'Des Juifs' (voir la note précédente). Voltaire semble également reprendre ce lieu commun du XVIIIe siècle selon lequel l'esprit de conquête et de commerce s'excluent, ce qui signifie que l'Espagne ne peut pas 'être commerçante' (18e des 'Remarques pour servir de supplément de l'*EM*').

[43] Dans ce rapide panorama (lignes 209-24), Voltaire condense les critiques incisives que fait Basnage (livre 7, ch.9, §7-8) des thèses juives affirmant que le sud de l'Espagne versait un tribut à Salomon et fut même une source de capitaux destinés à l'érection de son temple à Jérusalem. Ces thèses s'opposaient à celle de Mégasthènes,

225 autres plus essentielles qu'on leur reprochait, ne contribua pas peu
à leur disgrâce. [44]

C'est depuis ce temps qu'on distingua en Espagne et en Portugal
les anciens chrétiens et les nouveaux, les familles dans lesquelles il
était entré des filles mahométanes, et celles dans lesquelles il en était
230 entré de juives.

Cependant le profit passager que le gouvernement tira de la
violence faite à ce peuple usurier, le priva bientôt du revenu certain
que les Juifs payaient auparavant au fisc royal. Cette disette se fit
sentir jusqu'au temps où l'on recueillit les trésors du nouveau
235 monde. On y remédia autant que l'on put par des bulles. Celle de la
Cruzade, donnée en 1509 par Jules II, produisit plus au gouvernement que l'impôt sur les Juifs. Chaque particulier est obligé
d'acheter cette bulle, pour avoir le droit de manger de la viande
en carême, et les vendredis et samedis de l'année. Tous ceux qui
240 vont à confesse, ne peuvent recevoir l'absolution sans montrer
cette bulle au prêtre. On inventa encore depuis la *bulle de
composition*, en vertu de laquelle il est permis de garder le bien

238-39 K: manger des œufs et certaines parties des animaux en carême

---

dominante dans l'historiographie hébraïque, qui situait l'arrivée des Juifs en Espagne
trois siècles plus tard – au VIe siècle av. J.-C. – attribuant celle-ci à Nabuchodonosor,
qui aurait fondé les premières colonies juives en Andalousie (F. Josèphe, *Histoire des
Juifs*, Paris, 1696; 1735-1736, BV1743, livre 10, ch.12). Cette idée, déjà rejetée par
Mariana (ann.131 et suiv.), était jugée 'fabuleuse' par Basnage (livre 7, ch.9, §8). Pour
compléter son argumentation, Voltaire, toujours soucieux d'un usage correct des
antiquités judaïques (voir l'art. 'De l'Histoire', 1764, *M*, t.19, p.355), emprunte à
Basnage son allusion tacite (lignes 223-24) à divers monuments funéraires trouvés à
la fin du XVe siècle dans le Levant espagnol avec des inscriptions hébraïques
provenant censément de l'époque de Salomon, lesquels, selon Basnage, étaient 'très
incertains ou faux' et œuvres d''imposteurs' (livre 7, ch.9, §4). L''ancienne Bétique'
était l'une des trois provinces romaines de la péninsule ibérique, qui comprenait le
sud de l'Estrémadure et une bonne partie de l'Andalousie, quoiqu'au XVIIIe siècle
elle s'identifiât uniquement à cette dernière.

[44] 'Cette nation toujours portée [...] à la fourberie' (Mariana, ann.1492, §5,
'Quelques uns se convertissent').

qu'on a volé, pourvu que l'on n'en connaisse pas le maître.[45] De telles superstitions sont bien aussi fortes que celles qu'on reproche aux Hébreux. La sottise, la folie, et les vices, font partout une partie du revenu public. 245

Bulle de la Cruzade remarquable. La formule de l'absolution qu'on donne à ceux qui ont acheté la bulle de la Cruzade n'est pas indigne de ce tableau général des coutumes et des mœurs des hommes: *Par l'autorité de Dieu tout-puissant, de saint Pierre et de saint Paul, et de notre très Saint-Père le* 250 *pape à moi commise, je vous accorde la rémission de tous vos péchés confessés, oubliés, ignorés, et des peines du purgatoire.*[46]

Musulmans persécutés. La reine Isabelle, ou plutôt le cardinal Ximénès, traita depuis les mahométans comme les Juifs; on en força un très grand nombre à se faire chrétiens, malgré la capitulation de Grenade, et on les brûla 255 quand ils retournèrent à leur religion. Autant de musulmans que de Juifs se réfugièrent en Afrique,[47] sans qu'on pût plaindre ni ces

248 w56-61: bulle n'est

[45] En ce qui concerne les bulles, voir Alvarez de Colmenar, *Annales d'Espagne*, Partie 'Description et délices d'Espagne et de Portugal', §'Du gouvernement et de la noblesse d'Espagne et de Portugal'. Tout en reconnaissant les rendements élevés de la première bulle, cet auteur, qui inspire J.-B. Labat, *Voyages en Espagne et en Italie* (Paris, 1730, BV1790; ch.10, §'Cavalcade pour la bulle de la croisade', et Vayrac (livre 4, §'Du conseil de la croisade'), n'affirme pas de manière péremptoire qu'ils dépassaient les impôts payés par les Juifs.

[46] Copie textuelle des dernières lignes de la bulle. Deux versions intégrales de celle-ci, l'une en espagnol et l'autre en français, figurent dans les œuvres de Labat ('Bulle de la croisade de Urbain VIII', en annexe à la première partie) et Alvarez de Colmenar (*Annales d'Espagne*, 'Bulle de la croisade d'Urbain VIII').

[47] En 1501, à la suite d'importants soulèvements dans l'ancien royaume de Grenade, environ 80 000 musulmans furent contraints de partir pour l'Afrique. Cette expulsion, dont Voltaire parle longuement au ch.140, précède celle décrétée par Philippe III en 1609, qu'il mentionne au ch.177 de l'*EM* en soulignant la baisse de population causée par cette politique religieuse agressive, exemple probant d'un fanatisme religieux (art. 'Fanatisme' du fonds de Kehl; *M*, t.17, p.77) qui contraste avec la tolérance pratiquée par les musulmans espagnols (voir ch.27, notre t.2, p.404-405). Encore au XVIIIe siècle, dans toutes les éditions du *Diccionario de l'Academia*, les termes qui se réfèrent au monde musulman témoignent d'une attitude très sectaire ('mahométan' est défini comme 'ce qui appartient à Mahomet et à sa détestable

Arabes qui avaient si longtemps subjugué l'Espagne, ni ces Hébreux qui l'avaient plus longtemps pillée.

260 Les Portugais sortaient alors de l'obscurité, et malgré toute l'ignorance de ces temps-là, ils commençaient à mériter alors une gloire aussi durable que l'univers, par le changement du commerce du monde, qui fut bientôt le fruit de leurs découvertes. Ce fut cette nation qui navigua la première des nations modernes sur l'océan

265 Atlantique. Elle n'a dû qu'à elle seule le passage du cap de Bonne-Espérance, au lieu que les Espagnols durent à des étrangers la découverte de l'Amérique. Mais c'est à un seul homme, à l'infant Don Henri, que les Portugais furent redevables de la grande entreprise contre laquelle ils murmurèrent d'abord.[48] Il ne s'est

270 presque jamais rien fait de grand dans le monde que par le génie et la fermeté d'un seul homme qui lutte contre les préjugés de la multitude, ou qui lui en donne.[49]

Le Portugal était occupé de ses grandes navigations et de ses succès en Afrique; il ne prenait aucune part aux événements de

275 l'Italie qui alarmaient le reste de l'Europe.

---

263   MSP: fut le
264   MSP: première dans l'océan
267-73   MSP, 54LD: l'Amérique. C'est ce qui sera traité à part. ¶Le Portugal
272-73   W56-W57G: multitude. ¶Le Portugal
274   MSP: Afrique. Il était maître en 1440 d'Algesir et de Tanger. Il ne

---

secte'). Voltaire voit en 'Ximénès' – graphie employée par d'Orléans – c'est-à-dire, F. Jiménez de Cisneros (1436-1517), 'cardinal d'Espagne', archevêque de Tolède et Grand Inquisiteur, l'incarnation de cette politique des Rois Catholiques: 'vêtu en moine, [il] disait qu'avec son cordon il conduisait les grands d'Espagne' (*Précis du siècle de Louis XV*, ch.3, *M*, t.15, p.177). Sur sa proximité avec Isabelle, dont il fut le confesseur, voir J. Marsollier, *Histoire du ministère du cardinal Ximenez* (Paris, 1704, BV2339), livre 1, t.1, p.40 et suiv.

[48] Sur Henri le Navigateur (1394-1460) et le passage du Cap de Bonne-Espérance, voir ch.141.

[49] On reconnaît ici le leitmotiv voltairien des 'grands hommes' qui font l'histoire: hommes de progrès ou obscurantistes, la foule n'est qu'un jouet entre leurs mains.

CHRONOLOGIE DES CHAPITRES

Titres des chapitres dans les différentes éditions

Chapitre 68[1]

MSP: Ch.47. Suite de l'état où étaient l'empire, l'Italie, la papauté au quatorzième siècle.

53-54N: Suite de l'état où étaient l'empire, l'Italie et la papauté au quatorzième siècle.

w56: Ch.56. Suite de l'état où étaient l'empire, l'Italie et la papauté au quatorzième siècle.

61: Ch.64. Suite de l'état où étaient l'empire, l'Italie et la papauté au quatorzième siècle.

w68-w75G: Ch.68. Suite de l'état où étaient l'empire, l'Italie, et la papauté, au quatorzième siècle.

Chapitre 69

w56: Ch.57. De Jeanne, reine de Naples.
61: Ch.65. De Jeanne, reine de Naples.
w68-w75G: Ch.69. De Jeanne, reine de Naples.

Chapitre 70

MSP: Ch.47. Suite de l'état où étaient l'empire, l'Italie, la papauté au quatorzième siècle.

w56: Ch.58. De l'empereur Charles IV et du retour du Saint-Siège d'Avignon à Rome à Rome.

61: Ch.66. De l'empereur Charles IV. De la bulle d'or. Du retour du Saint Siège à Rome. De Catherine de Sienne, etc.

---

[1] Les nombres de chapitre sont ceux du texte de la présente édition.

w68-w75G: Ch.70. De l'empereur Charles IV. De la bulle d'or. Du retour du Saint-Siège d'Avignon à Rome. De sainte Catherine de Sienne, etc.

Chapitre 71

MSP: Ch.48. Grand schisme d'Occident.
53-54N: Du grand schisme d'Occident.
w56: Ch.59. Grand schisme d'Occident.
61: Ch.67. Grand schisme d'Occident.
w68-w75G: Ch.71. Grand schisme d'Occident.

Chapitre 72

MSP: Ch.49. Concile de Constance.
53-54N: Concile de Constance.
w56: Ch.60. Concile de Constance.
61: Ch.68. Concile de Constance.
w68-w75G: Ch.72. Concile de Constance.

Chapitre 73

MSP: Ch.50. De Jean Hus et de Jérôme de Prague.
53-54N: De Jean Hus et de Jérôme de Prague.
w56: Ch.61. De Jean Hus et de Jérôme de Prague.
61: Ch.69. De Jean Hus et de Jérôme de Prague.
w68-w75G: Ch.73. De Jean Hus, et de Jérôme de Prague.

Chapitre 74

MSP: Ch.51. De l'état de l'Europe au quatorzième siècle.
53-54N: De l'état de l'Europe.
w56: Ch.62. De l'état de l'Europe vers le temps du concile de Constance.
61: Ch.70. De l'état de l'Europe vers le temps du concile de Constance.
w68-w75G: Ch.74. De l'état de l'Europe, vers le temps du concile de Constance. De l'Italie.

Chapitre 75

MSP: Ch.52. De l'Angleterre.

53-54N: De la France et de l'Angleterre.

w56: Ch.63. De la France et de l'Angleterre du temps de Philippe de Valois et d'Edouard III.

61: Ch.71. De la France et de l'Angleterre du temps de Philippe de Valois, d'Edouard II et d'Edouard III. Déposition du roi Edouard II par le parlement. Edouard III vainqueur de la France. Examen de la loi salique. De l'artillerie, etc.

w68-w75G: Ch.75. De la France et de l'Angleterre du temps de Philippe de Valois, d'Edouard II et d'Edouard III. Déposition du roi Edouard II par le parlement. Edouard III, vainqueur de la France. Examen de la loi salique. De l'artillerie, etc.

Chapitre 76

MSP: Ch.53. §1 De la France, de la dispute pour la couronne, de la loi salique, et des guerres d'Edouard III au quatorzième siècle.

MSP §2 De la France sous le roi Jean.

53-54N: De la France sous le roi Jean.

w56: Ch.64. De la France sous le roi Jean.

61: Ch.72. De la France sous le roi Jean. Célèbre tenue des états généraux. Bataille de Poitiers. Captivité de Jean. Ruine de la France. Chevalerie.

w68-w75G: Ch.76. De la France sous le roi Jean. Célèbre tenue des états généraux. Bataille de Poitiers. Captivité de Jean. Ruine de la France. Chevalerie, etc.

Chapitre 77

MSP: Ch.54. Du Prince Noir, du roi de Castille don Pèdre le Cruel; et du connétable Guesclin.

53-54N: Du Prince Noir, du roi de Castille, don Pèdre le Cruel et connétable Du Guesclin.

w56: Ch.65. Du Prince Noir, du roi de Castille don Pedre le Cruel, et du connétable Du Guesclin.

61: Ch.73. Du Prince Noir, du roi de Castille don Pedre le Cruel, et du connétable Du Guesclin.

w68-w75G: Ch.77. Du Prince Noir, du roi de Castille don Pèdre le Cruel, et du connétable du Guesclin.

Chapitre 78

MSP: Ch.55. De la France et de l'Angleterre du temps de Charles V, VI et VII aux quatorzième et quinzième siècles.

53-54N: De la France et de l'Angleterre du temps de Charles V, VI et VII, aux quatorzième et quinzième siècles.

w56: Ch.66. De la France et de l'Angleterre du temps du roi Charles V.

61: Ch.74. De la France et de l'Angleterre du temps du roi Charles V. Comment ce prince habile dépouille les Anglais de leurs conquêtes. Son gouvernement. Le roi d'Angleterre. Richard II, fils du Prince Noir, détrôné.

w68-w75G: Ch.78. De la France et de l'Angleterre du temps du roi Charles V. Comment ce prince habile dépouille les Anglais de leurs conquêtes. Son gouvernement. Le roi d'Angleterre Richard II, fils du Prince Noir, détrôné.

Chapitre 79

MSP: Ch.56. De l'invasion des Anglais en France.

53-54N: De l'invasion des Anglais en France.

w56: Ch.67. Du roi Charles VI et de la nouvelle invasion de la France par Henri V roi d'Angleterre.

61: Ch.75. Du roi Charles VI. De sa maladie. De la nouvelle invasion de la France par Henri V roi d'Angleterre.

w68-w75G: Ch.79. Du roi de France Charles VI. De sa maladie. De la nouvelle invasion de la France par Henri V, roi d'Angleterre.

Chapitre 80

MSP: Ch.57. De la France du temps de Charles VII.

53-54N: De la France du temps de Charles VII.

w56: Ch.68. De la France du temps de Charles VII.

568

61: Ch.76. De la France du temps de Charles VII. De la Pucelle et de Jacques Cœur.

w68-w75G: Ch.80. De la France du temps de Charles VII. De la Pucelle, et de Jacques Cœur.

Chapitre 81

MSP: Ch.41.[2] Mœurs et usages de ces tempslà.

54LD: Ch.1. Mœurs et usages dans le quatorzième siècle.

w56: Ch.69. Mœurs et usages, arts, sciences, vers les treizième et quatorzième siècles.

61: Ch.77. Mœurs et usages, commerce, richesses, vers les treizième et quatorzième siècles.

w68-w75G: Ch.81. Mœurs, usages, commerce, richesses, vers les treizième et quatorzième siècles.

Chapitre 82

54LD: Ch.1. Mœurs et usages dans le quatorzième siècle.

w56: Ch.69. Mœurs et usages, arts, sciences, vers les treizième et quatorzième siècles.

61: Ch.78. Sciences et beaux-arts aux treizième et quatorzième siècles.

w68-w75G: Ch.82. Sciences et beaux-arts aux treizième et quatorzième siècles.

Chapitre 83

MSP: Ch.58. Des états généraux sous Charles VII et de la nature de ces assemblées.

54LD: Ch.2. Affranchissements, privilèges des villes, états généraux.

w56: Ch.70. Affranchissements, privilèges des villes, états généraux.

61: Ch.79. Affranchissements, privilèges des villes, états généraux.

w68-w75G: Ch.83. Affranchissements, privilèges des villes, états généraux.

---

[2] Voir ci-dessous, p.257, n.*.

569

Chapitre 84

54LD: Ch.3. Tailles et monnaies.
w56: Ch.71. Tailles et monnaies.
61: Ch.80. Tailles et monnaies.
w68-w75G: Ch.84. Tailles et monnaies.

Chapitre 85

54LD: Ch.4. Du parlement jusqu'à Charles VII.
w56: Ch.72. Du parlement jusqu'à Charles VII.
61: Ch.81. Du parlement de Paris jusqu'à Charles VII.
w68-w75G: Ch.85. Du parlement de Paris jusqu'à Charles VII.

Chapitre 86

MSP: Ch.59. Du concile de Bâle tenu du temps de Charles VII.
54LD: Ch.5. Du concile de Bâle tenu du temps de Charles VII.
w56: Ch.73. Du concile de Bâle tenu du temps de Charles VII.
61: Ch.82. Du concile de Bâle tenu du temps de Charles VII.
w68-w75G: Ch.86. Du concile de Bâle tenu du temps de l'empereur Sigismond et de Charles VII, au quinzième siècle.

Chapitre 87

MSP: Ch.60. Empire grec détruit.
54LD: Ch.6. Décadence de l'empire grec.
w56: Ch.74. Décadence de l'empire grec.
61: Ch.83. Décadence de l'empire grec, soi-disant empire romain. Ses faiblesses, sa superstition.
w68-w75G: Ch.87. Décadence de l'empire grec, soi-disant empire romain. Sa faiblesse, sa superstition, etc.

Chapitre 88

MSP: Ch.61. De Tamerlan.
54LD: Ch.7. De Tamerlan.
w56: Ch.75. De Tamerlan.
61: Ch.84. De Tamerlan.
w68-w75G: Ch.88. De Tamerlan.

Chapitre 89

MSP: Ch.62. Suite de l'histoire des Turcs et des Grecs jusqu'à la prise de Constantinople.
54LD: Ch.8. Suite de l'histoire des Turcs et des Grecs jusqu'à la prise de Constantinople.
w56: Ch.76. Suite de l'histoire des Turcs et des Grecs jusqu'à la prise de Constantinople.
61: Ch.85. Suite de l'histoire des Turcs et des Grecs jusqu'à la prise de Constantinople.
w68-w75G: Ch.89. Suite de l'histoire des Turcs et des Grecs, jusqu'à la prise de Constantinople.

Chapitre 90

MSP: Ch.62. Suite de l'histoire des Turcs et des Grecs jusqu'à la prise de Constantinople.
54LD: Ch.9. De Scanderbeg.
w56: Ch.77. De Scanderbeg.
61: Ch.86. De Scanderbeg.
w68-w75G: Ch.90. De Scanderbeg.

Chapitre 91

MSP: Ch.63. De la prise de Constantinople par les Turcs.
54LD: Ch.10. De la prise de Constantinople par les Turcs.
w56: Ch.78. De la prise de Constantinople par les Turcs.
61: Ch.87. De la prise de Constantinople par les Turcs.
w68-w75G: Ch.91. De la prise de Constantinople par les Turcs.

571

Chapitre 92

MSP: Ch.63. De la prise de Constantinople par les Turcs.
54LD: Ch.11. Progrès des Turcs.
w56: Ch.79. Progrès des Turcs.
61: Ch.88. Entreprises de Mahomet II et de sa mort.
w68-w75G: Ch.92. Entreprises de Mahomet II, et sa mort.

Chapitre 93

54LD: Ch.11. Progrès des Turcs.
w56: Ch.79. Progrès des Turcs.
61: Ch.89. Etat de la Grèce sous le joug des Turcs. Leur gouvernement et leurs mœurs.
w68-w75G: Ch.93. Etat de la Grèce sous le joug des Turcs: leur gouvernement, leurs mœurs.

Chapitre 94

MSP: Ch.64. De la France sous Louis XI. De l'extinction de la maison de Bourgogne au quinzième siècle.
54LD: Ch.12. Du roi de France, Louis XI.
w56: Ch.80. Du roi de France Louis XI.
61: Ch.90. Du roi de France Louis XI.
w68-w75G: Ch.94. Du roi de France Louis XI.

Chapitre 95

MSP: Ch.65. De la Bourgogne au temps de Louis XI au quinzième siècle.
54LD: Ch.13. De la Bourgogne et des Suisses du temps de Louis XI, au quinzième siècle.
w56: Ch.81. De la Bourgogne et des Suisses au temps de Louis XI, au quinzième siècle.
61: Ch.91. De la Bourgogne et des Suisses ou Helvétiens au temps de Louis XI, au quinzième siècle.
w68-w75G: Ch.95. De la Bourgogne, et des Suisses ou Helvétiens, du temps de Louis XI, au quinzième siècle.

Chapitre 96

54LD* (inséré en manuscrit): Ch.83. Du gouvernement féodal au quinzième siècle après Louis XI.
w56: Ch.83. Du gouvernement féodal après Louis XI au quinzième siècle.
61: Ch.92. Du gouvernement féodal après Louis XI au quinzième siècle.
w68-w75G: Ch.96. Du gouvernement féodal après Louis XI, au quinzième siècle.

Chapitre 97

54LD: Ch.14. De la chevalerie.
w56: Ch.82. De la chevalerie.
61: Ch.93. De la chevalerie.
w68-w75G: Ch.97. De la chevalerie.

Chapitre 98

61: Ch.94. De la noblesse.
w68-w75G: Ch.98. De la noblesse.

Chapitre 99

61: Ch.95. Des tournois.
w68-w75G: Ch.99. Des tournois.

Chapitre 100

61: Ch.96. Des duels.
w68-w75G: Ch.100. Des duels.

Chapitre 101

MSP: Ch.66. De Charles VIII et de l'état de l'Europe quand il entreprit la conquête de Naples.

54LD: Ch.15. De Charles VIII et de l'état de l'Europe quand il entreprit la conquête de Naples.

w56: Ch.84. De Charles VIII et de l'état de l'Europe quand il entreprit la conquête de Naples.

61: Ch.97. De Charles VIII et de l'état de l'Europe quand il entreprit la conquête de Naples.

w68-w75G: Ch.101. De Charles VIII, et de l'état de l'Europe quand il entreprit la conquête de Naples.

Chapitre 102

MSP: Ch.67. Etat de l'Europe à la fin du quinzième siècle.

MSP §1 De l'Espagne.

54LD: Ch.16. Etat de l'Europe à la fin du quinzième siècle.

w56: Ch.85. Etat de l'Europe à la fin du quinzième siècle.

61: Ch.98. Etat de l'Europe à la fin du quinzième siècle. De l'Allemagne, et principalement de l'Espagne. Du malheureux règne de Henri IV, surnommé l'Impuissant. D'Isabelle et de Ferdinand. Prise de Grenade. Persécution contre les Juifs et contre les Maures.

w68-w75G: Ch.102. Etat de l'Europe à la fin du quinzième siècle. De l'Allemagne, et principalement de l'Espagne. Du malheureux règne de Henri IV, surnommé 'l'Impuissant'. D'Isabelle et de Ferdinand. Prise de Grenade. Persécution contre les Juifs et contre les Maures.

TABLEAU RÉCAPITULATIF[1]

MSP	53-54N[2]	54LD	W56-W57G	61	W68-W75G
47	√		56	64	68
			57	65	69
47	√		58	66	70
48	√		59	67	71
49	√		60	68	72
50	√		61	69	73
51	√		**62**	70	74
52	√		63	71	75
53 §1,2	√		64	72	76
54	√		65	73	77
55	√		66	74	78
56	√		67	75	79
57	√		68	76	80
41	√	1	69	77	81
		1	69	78	82
58		2	70	79	83
		3	71	80	84
		4	72	81	85
59		5	73	82	86
60		6	74	83	87
61		7	75	84	88
62		8	76	85	89
62		9	77	86	90
63		10	78	87	91
63		11	79	88	92
		11	79	89	93
64		12	80	90	94
65		13	81	91	95
		[54LD*: 83]	83	92	96
		14	82	93	97
				94	98
				95	99
				96	100
66		15	84	97	101
67 §1		16	85	98	102

[1] Les chiffres en gras indiquent la première rédaction.
[2] Chapitres non numérotés.

OUVRAGES CITÉS
ANTÉRIEURS À 1778

Ahmed Ibn Arabshah, *voir* Vattier

Alt de Tiefenthal, baron François-Joseph d', *Histoire des Helvétiens* (Fribourg, 1749-1753).

Alvarez de Colmenar, Juan, *Annales d'Espagne et de Portugal avec la description de ces deux royaumes*, 2 vol. (Amsterdam, 1741).

– *Les Délices de l'Espagne et du Portugal* (Leide, 1707).

Annales sultanorum othmanidarum, trad. Johann Löwenklau (Frankfurt, 1588).

Argens, Jean-Baptiste Boyer d', *Lettres juives* (La Haye, 1736-1737).

– – (La Haye, 1738).

– – (La Haye, 1742).

Baillet, Adrien, *Jugements des savants sur les principaux ouvrages des auteurs* (Paris, 1722).

Bandello, Mateo, *Histoire tragique* (Lyon, 1578).

Banier, Antoine, *Histoire générale des cérémonies, mœurs et coutumes religieuses* (Paris, 1741).

Barre, Joseph, *Histoire générale d'Allemagne*, 11 vol. (Paris, 1748).

Basnage, Jacques, *Histoire des Juifs, depuis Jésus-Christ, jusqu'à présent*, 7 vol. (Paris, 1710).

Bayle, Pierre, *Critique générale de l'Histoire du calvinisme de Mr Maimbourg* (Ville-Franche, 1682).

– *Dictionnaire historique et critique* (Rotterdam, 1697).

– – 5e éd. (Amsterdam, 1740).

Bellegarde, Jean-Baptiste Morvan de, *Histoire générale d'Espagne* (Paris, 1723).

Belloy, Pierre-Laurent de, *Le Siège de Calais* (Paris, 1762).

Bembo, Pietro, *Prose di M. Pietro Bembo, nelle quali si ragiona della volgar lingua* (Venise, 1525).

Bergeron, Pierre, *Voyages faits principalement en Asie dans les XIIe, XIIIe, XIVe et XVe siècles* (La Haye, 1735).

Bernier, François, *Voyages* (Amsterdam, 1709).

Bignon, Jérôme, *De l'excellence des rois et du royaume de France* (Paris, 1610).

Boileau, Jacques, *Histoire des flagellants* (Amsterdam, 1701).

Bossuet, Jacques-Bénigne, *Défense de la déclaration de l'assemblée du clergé de France de 1682* (s.l., 1735).

– *Histoire des variations des Eglises protestantes* (Paris, 1747).

– – (Paris, 1752).

Boulainvilliers, Henri, comte de, *Abrégé chronologique de l'histoire de France* (La Haye [Paris], 1733).

– *Etat de la France contenant XIV lettres sur les anciens parlements* (Londres, 1728).

– *Etat de la France dans lequel on voit* [...], 2 vol. (Londres, 1727).

– *Histoire de l'ancien gouvernement de la France, avec XIV lettres historiques sur les parlements ou états généraux* (La Haye, Amsterdam, 1727).

— *Lettres sur les anciens parlements de France que l'on nomme états généraux* (Londres, 1753).

Brussel, Nicolas, *Nouvel Examen de l'usage général des fiefs en France pendant le XIᵉ, le XIIᵉ, le XIIIᵉ et le XIVᵉ siècle, pour servir à l'intelligence des plus anciens titres du domaine de la couronne* (Paris, 1727).

Bruys, François, *Histoire des papes, depuis saint Pierre jusqu'à Benoît XIII inclusivement*, 5 vol. (La Haye, 1732-1734).

Bruzen de La Martinière, Antoine-Augustin, *Grand Dictionnaire géographique et critique* (La Haye, 1726-1739).

— *Introduction à l'histoire de l'Asie, de l'Afrique et de l'Amérique* (Amsterdam, 1739).

Buffier, Claude, *Introduction à l'histoire des maisons souveraines de l'Europe* (Paris, 1717).

Busbecq, Ogier Ghiselin de, *Lettres du baron de Busbec*, trad. l'abbé de Foix, 3 vol. (Paris, 1748).

Caesar, Caius-Julius, *Commentaires*, 2 vol. (Paris, 1714).

Calmet, Dom Augustin, *Histoire universelle sacrée et profane depuis le commencement du monde jusqu'à nos jours*, 8 vol. (Strasbourg, 1735-1747).

Cantemir, Dimitrie, *Histoire de l'empire ottoman où se voyent les causes de son aggrandissement et de sa décadence*, trad. de Joncquières, 4 vol. (Paris, 1743).

Catrou, François, *Histoire générale de l'empire du Mogol* (Paris, 1705).

Chalcondyle, Laonicus, *Histoire des Turcs*, dans *L'Histoire de la décadence de l'empire grec et établissement de celui*

des Turcs, trad. Blaise de Vigenère (Paris, 1632).

— — (Rouen, 1660).

Chantereau Le Febvre, Louis, *Traité des fiefs et de leur origine* (Paris, 1662).

Chartier, Jean, *Histoire de Charles VII* (Paris, 1661).

Châteauneuf, François de, *Dialogue sur la musique des Anciens* (Paris, 1725).

— — 2ᵉ éd. (Paris, 1735).

Chauffepié, Jacques-Georges, *Nouveau Dictionnaire historique et critique* (Amsterdam et La Haye, 1750).

Choisy, François-Timoléon de, *Histoire de Charles VI* (Paris, 1695).

— *Histoire de l'Eglise* (Paris, 1716).

Christyn, Jean-Baptiste, *Histoire générale des Pays-Bas, contenant la description des XVII provinces* (Bruxelles, 1710).

— — nouv. éd. (Bruxelles, 1720).

Clavigny, Jacques de La Mariousse de, *Le Grand Tamerlan* (Caen, 1683).

Commynes, Philippe de, *Mémoires* [...] *où l'on trouve l'histoire des rois de France Louis XI et Charles VIII* (Genève, 1596).

— — nouv. éd., Denis Godefroy et Pierre Nicolas Lenglet Du Fresnoy, 4 vol. (Londres et Paris, 1747).

Coquille, Guy, *Institution au droit des Français* (Paris, 1607).

Costanzo, Angelo di, *Istoria del regno di Napoli* (Naples, 1572).

Coulon, Louis (trad.), *L'Histoire et la vie des papes de Rome* (Paris, 1658).

Cousin, Louis, *Histoire de Constantinople depuis le règne de l'ancien Justin jusqu'à la fin de l'Empire*, trad. sur les originaux grecs, 8 vol. (Paris, 1671-1674).

Crescimbeni, Giovanni Mario, *L'Istoria della volgar poesia* (Rome, 1698).

Daniel, Gabriel, *Histoire de France depuis l'établissement de la monarchie française dans les Gaules*, 7 vol. (Paris, 1696).

– – nouv. éd., 10 vol. (Paris, 1729).

– *Histoire de la milice française*, 2 vol. (Paris, 1721).

Dante, *Comedia del divino poeta Danthe Alighieri con la dotta i leggiadra spositione di Christophoro Landino* (Venise, 1536).

Dubos, Jean-Baptiste, *Histoire critique de l'établissement de la monarchie dans les Gaules*, 3 vol. (Amsterdam, 1734).

Dubravius, Jan, *Historia bohemica à Cl. V. Thoma Jordano* (Francfort, 1687).

Du Cange, Charles Du Fresne, *Glossarium ad scriptores mediae et infimae latinitatis* (Paris, 1678).

– – (Paris, 1733-1736).

Du Chesne, André, *Historiae Francorum scriptores coaetanei*, 5 vol. (Paris, 1636-1649).

Duchesne, Jean Baptiste, *Abrégé de l'histoire d'Espagne* (Paris, 1741).

Duclos, Charles Pinot, *Histoire de Louis XI*, 3 vol. (Paris, 1745).

Du Haillan, seigneur, *De l'état et succès des affaires de France* (Paris, 1572).

Du Halde, Jean-Baptiste, *Description géographique, historique, chronologique, politique et physique de l'empire de la Chine et de la Tartarie chinoise* (La Haye, 1736).

Du Noyer, Anne-Marguerite Petit, *Lettres historiques et galantes de deux dames de condition* (Cologne, 1718)

– – (Amsterdam, 1720).

Dupin, Louis-Ellies, *Bibliothèque universelle des historiens* (Paris, 1707).

– *Histoire des controverses et des matières ecclésiastiques traitées dans le XVe siècle* (Paris, 1701).

Duponcet, Jean Nicolas, *Histoire de Scanderbeg roi d'Albanie* (Paris, 1709).

Dupuy, Pierre, *Commentaire sur le 'Traité des libertés de l'Eglise gallicane' de maître Pierre Pithou* (Paris, 1662).

– – (Paris, 1731).

– *Histoire de la condamnation des Templiers*, 2 vol. (Bruxelles, 1713).

– *Histoire du différend d'entre le pape Boniface VIII et Philippe le Bel* (Paris, 1655).

Du Tillet, Jean, *Recueil des rois de France, leurs couronnes et leurs maisons* (Paris, 1607).

Echard, Laurence, *Histoire romaine depuis la translation de l'Empire par Constantin jusqu'à la prise de Constantinople par Mahomet II*, t.7-16 de l'*Histoire romaine* (Paris, 1736-1742).

Encyclopédie, ou dictionnaire raisonné des sciences, des arts et des métiers, par une société des gens de lettres, éd. J. Le Rond D'Alembert et D. Diderot, 35 vol. (Paris, 1751-1780).

Fauchet, Claude, *Origines des chevaliers, armoiries et héraux* (Paris, 1600).

Favyn, André, *Le Théâtre d'honneur et de chevalerie, ou l'histoire des ordres militaires*, 2 vol. (Paris, 1620).

Félibien, André, *Entretiens sur les vies et les ouvrages des plus excellents peintres anciens et modernes* (Paris, 1666).

– – nouv. éd. (Trévoux, 1725).

Fénelon, François de Salignac de La Mothe, *Lettre à l'Académie*, éd. E. Caldarini (Genève, 1970).

579

Ferreras, Juan de, *Histoire générale d'Espagne* (Paris, 1751).

Fleury, Claude, *Histoire ecclésiastique* (La Haye et Bruxelles, 1692-1693).

– – 36 vol. (Paris, Emery, 1719-1738).

– – 36 vol. (Paris, 1726-1751).

Froissart, Jean, *Chroniques* (Paris, 1574).

Furetière, Antoine, *Dictionnaire universel* (La Haye et Rotterdam, 1690).

Gaguin, Robert, *Les Grandes Chroniques de France* (Paris, 1514).

Gaufridi, Jean-François, *Histoire de Provence* (Aix, 1694).

Gerardo, Pietro, *Histoire de la vie et faits d'Ezzelin III surnommé Da Romano, tyran de Padoue, sous la tyrannie duquel périrent de mort violente plus de douze mille Padouans* (Paris, 1644).

Giannone, Pietro, *Dell'Istoria civile del regno di Napoli* (Naples, 1723).

– – trad. fr., *Histoire civile du royaume de Naples*, 4 vol. (La Haye [Genève], 1742).

Godard de Beauchamps, Pierre-François, *Recherches sur les théâtres de France depuis l'année 1161 jusqu'à présent* (Paris, 1735).

Goujet, Claude-Pierre, abbé, *Bibliothèque française, ou histoire de la littérature française* (Paris, 1741-1756).

Grotius, Hugo, *Traité de la vérité de la religion chrétienne*, trad. P. Lejeune, nouv. éd. (Amsterdam, 1728).

Guignes, Joseph de, *Histoire générale des Huns, des Turcs, des Mogols et des autres Tartares occidentaux*, 4 vol. (Paris, 1756-1758).

Guillet, Georges, *Athènes ancienne et nouvelle, et l'état présent de l'empire des Turcs*, 2e éd. (Paris, 1675).

Guyon, Claude-Marie, *Histoire des empires et des républiques depuis le déluge jusqu'à Jésus-Christ* (Paris, 1712).

Heidegger, Johann-Heinrich, *Histoire du papisme, ou Abrégé de l'histoire de l'Eglise romaine, depuis sa naissance jusqu'à Innocent XI, pape* (Amsterdam, 1685).

Heiss von Kogenheim, Johann, *Histoire de l'Empire, contenant son origine; son progrès; ses révolutions; la forme de son gouvernement; sa politique; ses alliances*, 2 vol. *(La Haye, 1685)*.

– – (La Haye, 1694).

Hénault, Charles-Jean-François, *Abrégé chronologique de l'Histoire d'Espagne et de Portugal* (Paris, 1765).

– *Nouvel Abrégé chronologique de l'histoire de France* (Paris, 1744).

– – (Paris, 1756).

– – 2 vol. (Paris, 1768).

Herbelot de Molainville, Barthélemy d', *Bibliothèque orientale, ou Dictionnaire universel contenant généralement tout ce qui regarde la connaissance des peuples de l'Orient* (Paris, 1697).

Héricourt du Vatier, Louis d', *Les Lois ecclésiastiques de France dans leur ordre naturel* (Paris et Douai, 1721).

Hermant, Jean, *Histoire des conciles* (Rouen, 1695-1699).

– – (Rouen, 1755).

Histoire du procès entre demoiselle Cadière [...] *et le P. Girard* (s.l.n.d.).

Histoire universelle, voir Sale

Horace, *Œuvres* [...] *avec des remarques* [...] *Par M. Dacier* (Amsterdam, 1727).

Hübner, Johann, *La Géographie universelle* (Bâle, 1746).

Hume, David, *Histoire de la maison de Plantagenet*, 6 vol. (Amsterdam, 1765).

Josèphe, Flavius, *Histoire des Juifs* (Paris, 1696).
- - nouv. éd. (Paris, 1735-1736).
Judicium Francorum (s.l.n.d. [Paris, 1732]).

Labat, Jean-Baptiste, *Voyages du P. Labat de l'Ordre des FF. prêcheurs, en Espagne et en Italie*, 8 vol. (Paris, 1730).

Lacombe, François, *Dictionnaire du vieux langage français* (Paris, 1766).

La Croix, Jean François de, *Abrégé chronologique de l'histoire ottomane*, 2 vol. (Paris, 1768).

La Curne de Sainte-Palaye, Jean-Baptiste, Mémoires I-V, dans *Mémoires de littérature tirés des Registres de l'Académie royale des inscriptions et belles-lettres*, t.20 (Paris, 1753).

- *Mémoires sur l'ancienne chevalerie*, 3 vol. (Paris, 1759-1781).

Laguille, Louis, *Histoire de la province d'Alsace, depuis Jules César jusqu'au mariage de Louis XV* (Strasbourg, 1727).

La Mare, Nicolas de, *Traité de la police* (Paris, 1705).

La Mothe, *dit* La Hode, *Histoire des révolutions de France* (La Haye, 1738).

La Roche Flavin, Bernard de, *Les Treize livres des parlements de France* (Bordeaux, 1617).

La Roche-Guilhem, Anne de, *Histoire des favorites, contenant ce qui s'est passé de plus remarquable sous plusieurs règnes, par Mademoiselle D**** (Amsterdam, 1697, 1700).

La Roque de La Lontière, Gilles-André de, *Traité de la noblesse, de ses différentes espèces* (Paris, 1678).

- - (Rouen, 1734).

Larroque, Matthieu de, *Conformité de la discipline ecclésiastique des protestants de France avec celle des anciens chrétiens* (Quevilly, 1678).

Lebeuf, Jean, abbé, *Recueil de divers écrits pour servir d'éclaircissements à l'histoire de France* (Paris, 1738).

Le Blanc, François, *Traité historique des monnaies de France [...] depuis le commencement de la monarchie jusqu'à présent* (Amsterdam, 1690).

- - (Amsterdam, 1692).

Le Breton, Guillaume, *Philippidos libri duodecim* (Zwickau, 1657).

Le Clerc, Jean, *Bibliothèque ancienne et moderne* (Amsterdam, 1719).

Le Gendre, Louis, *Nouvelle Histoire de France, depuis le commencement de la monarchie jusqu'à la mort de Louis XIII* (Paris, 1718).

Le Laboureur, Jean, *Histoire de Charles VI* (Paris, 1663).

Lenfant, Jacques, *Apologie pour l'auteur de l'Histoire du concile de Constance, contre le Journal de Trévoux du mois de décembre 1714* (Amsterdam, 1726).

- *Histoire du concile de Constance* (Amsterdam, 1714).

- - (Amsterdam, 1727).

- *Histoire du concile de Pise et de ce qui s'est passé de plus mémorable depuis ce concile jusqu'au concile de Constance* (Amsterdam, 1724).

- *Poggiana, ou la vie, le caractère, les sentences, et les bons mots de Pogge Florentin* (Amsterdam, 1720).

Lenglet Du Fresnoy, Nicolas, *La Catanoise, ou Histoire secrète des mouvements arrivés au royaume de Naples, sous la reine Jeanne* (Paris, 1731).

Le Paige, Louis-Adrien, *Lettres historiques sur les fonctions essentielles du parlement* 2 vol. (Amsterdam, 1753-1754).

L'Etoile, Pierre de, *Journal de Henri III, roi de France et de Pologne, ou Mémoires pour servir à l'histoire de France*, 5 vol. (La Haye, 1744).

Lobineau, Guy Alexis, *Histoire de Bretagne* (Paris, 1707).

Loyseau, Charles, *Traité des seigneuries* (Paris, 1608).

Lucotte Du Tilliot, Jean-Baptiste, *Mémoires pour servir à l'histoire de la fête des fous* (Genève, 1741).

Luna, Miguel de, *Histoire de la conquête d'Espagne par les Mores* (Paris, 1680).

Machiavelli [Machiavel], Niccolò, *Opere*, éd. M. Bonfantini (Milan et Naples, 1954).

Maimbourg, Louis, *Histoire de la décadence de l'Empire après Charlemagne et des différends des empereurs avec les papes au sujet des investitures et de l'indépendance* (Paris, 1679).

– *Histoire des croisades pour la délivrance de la Terre Sainte* (Paris, 1684-1685).

– *Histoire du calvinisme* (Paris, 1682).

– *Histoire du grand schisme d'Occident* (Paris, 1678).

– *Histoire du schisme des Grecs*, 2 vol. (Paris, 1682).

– *Histoires du sieur Maimbourg, ci-devant Jésuite*, t.8 (Paris, 1686).

Marchand, Prosper, *Histoire de l'origine et des premiers progrès de l'imprimerie* (La Haye, 1740).

Margat de Tilly, Jean-Baptiste, *Histoire de Tamerlan, empereur des Mogols et conquérant de l'Asie*, 2 vol. (Paris, 1739).

Mariana, Juan de, *Histoire générale d'Espagne*, trad. J. N. Charenton (Paris, 1725).

– – trad. J.-B. Morvan de Bellegarde (Paris, 1723).

Marsigli, Luigi Ferdinando, *Stato militare dell'imperio ottomanno* (La Haye et Amsterdam, 1732).

Marsollier, Jacques, *Histoire du ministère du cardinal Ximenez* (Paris, 1704).

Massuet, Pierre, *Histoire des rois de Pologne, et des révolutions arrivées dans ce royaume depuis le commencement de la monarchie*, nouv. éd., 2 vol. (Amsterdam, 1734).

Matthieu, Pierre, *Histoire de Louis XI roi de France* (Paris, 1628).

Mauvillon, Eléazar, *Le Droit public germanique* (Amsterdam, 1749).

Ménestrier, Claude-François, *Des représentations en musique, anciennes et modernes* (Paris, 1685).

– *Le Véritable art du blason et l'origine des armoiries* (Lyon, 1671).

– *Traité des tournois, joutes, carrousels et autres spectacles publics* (Lyon, 1669).

Mézeray, François Eudes de, *Abrégé chronologique de l'histoire de France* (Paris, 1643).

– – (Paris, 1667-1668).

– – (Amsterdam, 1673-1674).

– nouv. éd., t.2-5 (Amsterdam, 1701).

– *Histoire de France depuis Pharamond jusqu'au règne de Louis le Juste* (Paris, 1643-1651).

– – (Paris, 1685).

– – (Amsterdam, 1696).

Mignot, Vincent, *Histoire de Jeanne première, reine de Naples* (Paris, 1764).

Misson, Maximilien, *Nouveau voyage d'Italie* (La Haye, 1691).

– – (La Haye, 1698).

Monstrelet, Enguerran de, *Chroniques* (Paris, 1572).

– – (Paris, 1595).

Montaigne, Michel de, *Essais*, éd. Maurice Rat (Paris, 1952).

Montesquieu, Charles-Louis de, *Consi-*

dérations sur les causes de la grandeur des Romains et de leur décadence, *OCM*, t.2. (Oxford, 2000).

– *De l'esprit des lois* (Genève, 1748).

– – (Leyde, 1749).

Montluc, Blaise de, *Commentaires du maréchal Blaise de Montluc*, dans *Choix de chroniques et mémoires sur l'histoire de France* (Paris, 1836).

Moréri, Louis, *Le Grand Dictionnaire historique, ou le mélange curieux de l'histoire sacrée et profane* (Lyon, 1674).

– – (Amsterdam, 1740).

Muratori, Ludovico Antonio, *Annali d'Italia* (Milan, 1744-1749).

– *Antiquitates italicae medii aevi*, 6 vol. (Milan, 1738-1742).

– *Della perfetta poesia italiana spiegata e dimostrata con varie osservazioni* (Modène, 1706).

– *Le Rime di Francesco Petrarca* (Modène, 1711).

– *Les Droits de l'Empire sur l'Etat ecclésiastique* (Utrecht, 1713).

– *Rerum italicarum scriptores* (Milan, 1723-1751).

– – (Paris, 1731).

– *Vocabolario degli Accademici della Crusca* (Florence, 1691).

Muyart de Vouglans, *voir* Vouglans

Naudé, Gabriel, *Addition à l'histoire de Louis XI* (Paris, 1630).

Nicot, Jean, *Le Trésor de la langue française* (Paris, 1606).

Nonnotte, Claude-François, *Les Erreurs de Voltaire* (Avignon et Paris, 1762).

– – 2 vol. (Amsterdam [Paris], 1766).

Nouveau Coutumier général ou corps des coutumes générales et particulières de France (Paris, 1724).

Ordonnances des rois de France de la troisième race (Paris, 1723).

– – (Paris, 1777).

Orléans, Pierre-Joseph, d', *Histoire des révolutions d'Espagne*, 3 vol. (Paris, 1734).

Orsi, Giovan Gioseffro, *Considerazioni [...] sopra la maniera di bien pensare ne componimenti, gia pubblicata dal padre Domenico Bouhours* (Modène, 1735).

Ossat, Arnaud cardinal d', *Lettres* (Rouen, 1643).

Parfaict, François et Claude, *Histoire du théâtre français depuis son origine jusqu'à présent* (Amsterdam, 1735-1751).

Pascal, Blaise, *Pensées [...] sur la religion* (Paris, 1748).

Pasquier, Etienne, *Œuvres* (Amsterdam, 1723).

– *Recherches sur la France* (Paris, 1643).

Pétis de La Croix, Alexandre-Louis-Marie, *Histoire de Timur-Bec, connu sous le nom du Grand Tamerlan*, 4 vol. (Paris, 1722).

– *Histoire du grand Genghizcan, premier empereur des anciens Mogols et Tartares* (Paris, 1710).

Pfeffel von Kriegelstein, Christian Friedrich, *Abrégé chronologique de l'histoire et du droit public d'Allemagne* (Paris, 1754).

– *Recherches historiques concernant les droits du pape sur la ville et l'Etat d'Avignon* (s.l., 1768).

Piles, Roger de, *Abrégé de la vie des peintres* (Paris, 1715).

Pinsson de La Martinière, Jean, Nicolas Besongne et Louis Trabouillet, *L'Etat de la France* (Paris, 1665; rééd., 1736).

Platina, Bartolomeo *voir* Coulon

Poggio Bracciolini, Giovanni Francesco, *voir* Lenfant, Jacques, *Poggiana*

Pufendorf, Samuel von, *Introduction à l'histoire générale et politique de l'univers*, complétée et continuée par Antoine-Augustin Bruzen de La Martinière (Amsterdam, 1722).
— — 8 vol. (Amsterdam, 1743-1745).

Rapin de Thoyras, Paul de, *Histoire d'Angleterre* (La Haye, 1724).
— — nouv. éd., N. Tindal, 16 vol. (La Haye [Paris], 1749).

Recueil général des pièces contenues au procès du père Jean-Baptiste Girard (s.l., 1731).

[Renoult, Jean-Baptiste, éd.] *Taxe de la chancellerie romaine ou la banque du pape dans laquelle l'absolution des crimes les plus énormes se donne pour de l'argent* (Rome, 1744).

Riccoboni, Luigi, *Histoire du théâtre italien depuis la décadence de la comédie latine* (Paris, 1728).
— — (Paris, 1731).
— *Réflexions historiques et critiques sur les différents théâtres de l'Europe* (Amsterdam, 1740).

Richelet, Pierre, *Dictionnaire de la langue française ancienne et moderne* (Paris, 1759).

Rogissart, Alexandre de, et l'abbé Havard, *Les Délices de l'Italie* (Paris, 1707).

Rousseau, Jean-Jacques, *Du contrat social*, dans *Œuvres complètes* (Paris, 1959-1995).

Roye, Jean de, *Histoire de Louis XI, roi de France* [...] *autrement dite la Chronique scandaleuse écrite par un greffier de l'Hôtel-de-Ville de Paris* (Paris, 1611).

Rycaut, Paul, *Histoire de l'état présent de l'empire ottoman*, trad. Briot (Amsterdam, 1670).
— — (Amsterdam, 1671).

Rymer, Thomas, *A Short view of tragedy* (Londres, 1693).

Sade, Jacques-François-Paul-Aldonce de, abbé, *Mémoires pour la vie de François Pétrarque* (Amsterdam [Avignon], 1764).

Sainctyon, Louis de, *Histoire du grand Tamerlan, tirée d'un excellent manuscrit et de quelques autres originaux* (Amsterdam, 1677).

Sale, George, *Koran*, trad. anglaise (Londres, 1734).
— *Observations historiques et critiques sur le mahométisme, ou traduction du discours préliminaire mis à la tête de la version anglaise de l'Alcoran* (Genève, 1751).
— *et al.* (éd.), *Histoire universelle depuis le commencement du monde jusqu'à présent traduite de l'anglais d'une société de gens de lettres*, 46 vol. (Amsterdam et Leipzig, 1742-1802).

Salviati, Leonardo de, *Degli avvertimenti della lingua sopra 'l Decamerone* (Venise, 1586).

Sarpi, Paolo, *Traité des bénéfices* (Amsterdam, 1699).

Schoepflin, Johann Daniel, *Alsatia illustrata, celtica, romana, francica* (Colmar, 1751).

Seyssel, Claude de, *La Grande Monarchie de France* (Paris, 1519).

Spon, Jacob, *Voyage d'Italie, de Dalmatie, de Grèce, et du Levant fait dans les années 1675 et 1676* (Lyon, 1678).

Sylvius, Aeneas, *De Bohemorum origine ac gestis historia*, dans Johannes Dubravius, *Historia bohemica à Cl. V. Thoma Jordano. Cui in fine adjecta*

Aeneae Sylvii, de Bohemorum origine ac gestis historia (Francfort, 1687).

Tasso, Torquato, *Delle Opere di Torquato Tasso con le controversie sopra la Gerusalemme liberata* (Venise, 1735).

Thiers, Jean-Baptiste, *Critique de l'Histoire des flagellants et justification de l'usage des disciplines volontaires* (Paris, 1703).

Thou, Jacques-Auguste de, *Histoire universelle* (La Haye, 1733).

– – (Bâle, 1742).

Tindal, Nicholas, *Remarques historiques et critiques sur l'Histoire d'Angleterre de M. de Rapin Thoyras* (La Haye, 1733).

Varillas, Antoine, *Histoire de l'hérésie de Viclef, Jean Hus, et Jérôme de Prague, avec celle des guerres de Bohême qui en ont été les suites*, 2 vol. (Lyon, 1682).

– *Histoire de Louis XI* (Paris, 1689).

– *Histoire de Louis XII* (Paris, 1688).

– *La Minorité de saint Louis, avec l'histoire de Louis XI et de Henri II* (La Haye, 1685).

– *Les Anecdotes de Florence, ou l'histoire secrète de la maison de Médicis* (La Haye, 1685).

Vasari, Giorgio, *Le vite de più eccellenti architetti, pittori et scultori italiani, da Cimabue insino a'tempi nostri* (Florence, 1550).

Vattier, Pierre (trad.), *Histoire du grand Tamerlan* (Paris, 1658).

Vayrac, Jean de, *Etat présent de l'Espagne* (Paris, 1718).

Velly, Paul-François, cont. par Claude Villaret et Jean-Jacques Garnier, *Histoire de France depuis l'établissement de la monarchie jusqu'au règne de Louis XIV*, 24 vol. (Paris, 1755-1786).

Villani, Giovanni, *Nuova Cronica* ou *Historia universalis a condita Florentia*, dans L. A. Muratori, *Rerum italicarum scriptores*, t.13 (Milan, 1728).

– – éd. G. Porta, 3 vol. (Parme, 1990-1991).

Villaret, Claude, *voir* Velly

Virgilii, Polydori, *De inventoribus rerum libri octo* (Bâle, 1554).

Vouglans, Pierre-François, Muyart de, *Institutes au droit criminel* (Paris, 1757).

Vulson de La Colombière, Marc, *Le Vrai Théâtre d'honneur et de chevalerie, ou le miroir héroïque de la noblesse*, 2 vol. (Paris, 1648).

Wattenwyl, Alexander Ludwig, *Histoire de la confédération helvétique* (Berne, 1754).

Wicquefort, Abraham van, *Discours historique de l'élection de l'empereur et des électeurs de l'Empire* (Paris, 1658).

– – (Rouen, 1711).

INDEX

Les deux index de ce volume cherchent à rassembler les principales références aux personnes mentionnées par Voltaire et les thèmes qui l'intéressaient.

L'Index des noms de personnes s'efforce d'amplifier l'information donnée dans les notes là où il est nécessaire, et de distinguer les différents porteurs du même nom.

L'Index analytique comprend les lieux et les peuples mentionnés, suivant l'orthographe moderne. Les thèmes sont regroupés sous des rubriques largement englobantes, avec renvois, pour éviter une structure parsemée et rendre l'index plus facilement utilisable. Au plan géographique, seuls apparaissent ici les fleuves, monts, etc. qui font l'objet d'une discussion quant à leur importance stratégique ou autre. Au plan politique, le statut des entités régionales, telles les comtés, change au cours de la période décrite. Nous inscrivons séparément ces entités. Il en va de même pour les villes telles Venise et Gênes qui ont une importance à part.

INDEX DES NOMS DE PERSONNES

INDEX ANALYTIQUE